DIREITO CONSTITUCIONAL

COLEÇÃO
CARREIRAS POLICIAIS

COORDENADORES
EDUARDO FONTES
HENRIQUE HOFFMANN

RODRIGO PERIN NARDI

DIREITO CONSTITUCIONAL

2ª edição | revista atualizada ampliada

2023

EDITORA JusPODIVM
www.editorajuspodivm.com.br

EDITORA
*Jus*PODIVM
www.editorajuspodivm.com.br

Rua Canuto Saraiva, 131 – Mooca – CEP: 03113-010 – São Paulo – São Paulo
Tel: (11) 3582.5757
• Contato: https://www.editorajuspodivm.com.br/central-de-relacionamento

Diagramação: Futura *(rogerio@futuraeditoracao.com)*

Capa: Marcelo S. Brandão *(santibrando@gmail.com)*

Imagem de Capa: fotolia.com.br | #85319691 | conejota e #94777006 | Jiri Hera

N223c Nardi, Rodrigo Perin
Carreiras Policiais - Direito Constitucional / Rodrigo Perin Nardi – 2. ed., rev., atual. e ampl. - São Paulo: Juspodivm, 2023.

880 p.
(Coleção Carreiras Policiais)

Inclui Bibliografia
ISBN: 978-85-442-4274-2

1. Direito Constitucional. I. Nardi, Rodrigo Perin. II. Título.

CDD 341.2

Bibliotecária responsável:

Ana Carolina Ribeiro Mois – CRB7 – RJ 007348/0

Sobre o autor

Rodrigo Perin Nardi

Delegado de Polícia Federal.

Coautor dos livros: *Direitos Humanos, Delegado de Polícia Federal: Doutrina e Jurisprudência (Volume Único), Revisão Final: Delegado de Polícia Civil*, todos pela Editora Juspodivm, bem como da obra *O Direito em épocas extraordinárias* pela Ed. D'Plácido.

Professor de Direito Constitucional e Direitos Humanos.

Palestrante.

Especialista em Direito pela Faculdade Maxplanck/Ductor.

Foi professor do Curso Vitória (Foz do Iguaçu/PR), bem como da Universidade Dinâmica Cataratas (Foz do Iguaçu/PR), tendo ministrado as disciplinas de Direito Penal, Processual Penal e Constitucional.

Ex-advogado (2002 a 2006).

Apresentação da Coleção Carreiras Policiais

A Coleção Carreiras Policiais tem a missão de preparar o concurseiro para provas de concursos públicos para delegado de polícia e demais carreiras policiais.

Os conteúdos são apresentados com clareza e aprofundamento necessários por autores experientes, delegados de polícia que tiveram êxito no certame policial e aprimoraram ainda mais seu conhecimento como professores. A metodologia e a didática empregadas facilitam a tarefa de adquirir conhecimento e revisar a matéria.

Este Projeto Editorial preenche lacuna com o desiderato de se tornar referência segura para os postulantes a carreiras policiais e também para aqueles que já integram as fileiras policiais.

Eduardo Fontes e Henrique Hoffmann
Coordenadores da Coleção Carreiras Policiais

Ricardo Didier
Editora Juspodivm

Prefácio

Para aqueles que não foram apresentados à pessoa, Rodrigo Perin é professor de Direito Constitucional e Direitos Humanos que cativa seus alunos e colegas pela didática na exposição dos conceitos e clareza na explicação dos fundamentos. O talento para o magistério, aliado à simpatia e humildade que marcam sua personalidade, resultaram na extraordinária e rara capacidade de traduzir em poucas e simples palavras os espinhosos e densos temas de Direito Constitucional. Essa admirável habilidade não se esgota em vocalizar resumidamente os temas mais complexos, pois se estende também à escrita, compondo o ensinamento jurídico em redações breves, diretas, sem demasia nem prolixidade. Certamente, todo estudante de Direito, candidato em concursos públicos ou mero diletante do saber se jactaria ao consultar as páginas dessa combinação harmoniosa de erudição sólida e explanação hialina, convolando os mais árduos pontos dogmáticos num diálogo proveitoso.

Para aqueles que desejam conhecer sua obra, o livro que ora repousa sobre as mãos e se ilumina diante dos olhos do leitor revela sobejamente esses adjetivos atribuídos ao Autor. Resultado do investimento frutífero da Editora Juspodivm na maestria de Rodrigo Perin, que lhe reservara, merecidamente, especial recanto na Coleção Carreiras Policiais, o livro concretiza a perseverança do Autor na preparação de futuros colegas de profissão, guiando outros combativos Delegados de Polícia sobre as atualidades legislativas e acadêmicas do Direito Constitucional e ensinando essa disciplina a qualquer interessado em aprender e alargar seus conhecimentos.

Exemplo do toque peculiar de Rodrigo Perin na combinação instrutiva de conteúdo constitucional e explicação singela e eficaz é constatado logo nas primeiras páginas da obra, que, em linguagem agradável e respeitosa à cientificidade jurídica, revolvem facilmente o amplo tema do constitucionalismo, muito cobrado em concursos públicos de carreiras jurídicas, e ainda sintetizam as vertentes largamente debatidas na Academia sobre procedimentalismo e substancialismo, apontando as principais divergências de pensamento entre os consagrados expoentes. Além disso, ao final de cada capítulo, o Autor seleciona questões de concursos públicos sobre o ponto abordado e esmiúça o tópico em tabelas organizadas e de fácil memorização, conjugação propedêutica e conveniente na intensa rotina de estudos dos seus discípulos.

"Direito Constitucional", da lavra de Rodrigo Perin, vivifica textualmente suas inúmeras lições nos cursos preparatórios para concursos públicos de carreiras jurídicas com a mesma seriedade e humildade que granjeia a atenção de seus alunos e a admiração de seus colegas, otimizando o entendimento do leitor e a rápida consulta ao texto, oportuna ao ofício diário dos operadores do Direito, sobre os temas mais atuais em matéria constitucional. A obra é merecedora da atenção e prestígio de todo interessado na Ciência Jurídica, afeiçoado ou não às carreiras policiais, porque contempla o estudo intelectualmente honesto do Direito Constitucional, ao tempo em que engrandece o vigoroso elenco de Autores dessa honrada Editora.

Rio de Janeiro, outono de 2020.
Guilherme Peña de Moraes

Membro do Ministério Público do Estado do Rio de Janeiro. Professor Adjunto da Faculdade de Direito e Professor Permanente do Programa de Pós-Graduação em Direito Constitucional da Universidade Federal Fluminense (UFF). Mestre em Direito Constitucional pela Pontifícia Universidade Católica do Rio de Janeiro (PUC/RJ). Doutor em Direito Constitucional pela Pontifícia Universidade Católica de São Paulo (PUC/SP). Pós-Doutor em Direito Constitucional pela Fordham School of Law – Jesuit University of New York *(FU/NY).*

Apresentação da obra

É com imensa satisfação que apresento aos leitores a presente obra, amplamente atualizada. O principal compromisso didático é trazer a abordagem dos mais relevantes temas de maneira completa, mas sem exceder em extensão.

No desenvolver da presente obra a principal preocupação foi trazer aos leitores, especialmente àqueles que se preparam para os concursos públicos voltados às carreiras policiais, uma linguagem clara e precisa sobre os mais diversos conteúdos da disciplina de Direito Constitucional. Evitamos utilizar palavras prolixas, a fim de tornar a leitura bem agradável e facilitar a compreensão dessa tão importante disciplina que é a base de todo nosso ordenamento jurídico.

O livro foi baseado nos principais temas constantes dos mais variados editais de concursos públicos voltados às carreiras policiais. Cada tema vem dividido em capítulos, sendo que nesses trouxe aspectos doutrinários e jurisprudenciais relevantes para auxiliar os alunos que almejam a aprovação em concursos públicos.

Ao final de cada tema constam quadros sinóticos com os principais pontos do conteúdo tratado ao longo deles, bem como algumas questões extraídas dos últimos certames públicos para as carreiras policiais.

Embora a preocupação inicial seja a preparação para os concursos públicos, a presente obra mostra-se de grande valia para a vida profissional daqueles que precisam adquirir uma base sobre a disciplina de Direito Constitucional.

Ao longo da presente obra procuramos trazer as atualizações legislativas, especialmente com relação às Emendas Constitucionais promulgadas, além de trazermos entendimentos jurisprudenciais reputados importantes. Ademais, sempre que possível, fizemos algumas digressões com as outras disciplinas que integram nosso ordenamento jurídico.

Aproveito o ensejo para agradecer, primeiramente, a Deus, à minha família, bem como aos meus pais e meu irmão, por todo apoio dado ao longo de minha vida profissional.

Gostaria, ainda, de externar meus agradecimentos aos amigos Eduardo Fontes e Henrique Hoffmann, com quem tenho a honra de compartilhar experiências fantásticas na área policial, bem como na acadêmica. Aos amigos Guilherme Peña e Flávia Bahia pelas constantes trocas de conhecimento no mundo jurídico.

Por fim, estou convicto de que a presente obra será extremamente importante para os concurseiros dominarem os institutos de Direito Constitucional e serem aprovados na tão almejada carreira policial.

Rodrigo Perin Nardi
Autor da Obra

Sumário

PARTE 1

CONSTITUCIONALISMO

PARTE 2

CONSTITUIÇÃO: CONCEITO. ORIGEM. CLASSIFICAÇÕES. ELEMENTOS. HISTÓRICO

PARTE 3

TEORIA DA NORMA CONSTITUCIONAL

PARTE 4

HERMENÊUTICA CONSTITUCIONAL

PARTE 5

PODER CONSTITUINTE

PARTE 6

PRINCÍPIOS FUNDAMENTAIS

PARTE 7

TEORIA GERAL DOS DIREITOS FUNDAMENTAIS

PARTE 8

DIREITOS E GARANTIAS FUNDAMENTAIS

PARTE 9

DIREITOS SOCIAIS

PARTE 10

DIREITO DE NACIONALIDADE

PARTE 11

DIREITOS POLÍTICOS

PARTE 12

PARTIDOS POLÍTICOS

PARTE 13

REMÉDIOS CONSTITUCIONAIS

PARTE 14

ORGANIZAÇÃO POLÍTICO-ADMINISTRATIVA

PARTE 15

ADMINISTRAÇÃO PÚBLICA

PARTE 16

ORGANIZAÇÃO DOS PODERES

PARTE 17

DEFESA DO ESTADO E DAS INSTITUIÇÕES DEMOCRÁTICAS

PARTE 18

ORDEM SOCIAL

PARTE 19

CONTROLE DE CONSTITUCIONALIDADE

PARTE 1

CONSTITUCIONALISMO

Capítulo 1

Histórico

A ideia de supremacia da Constituição foi forjada a partir da história do constitucionalismo, sendo que esse significa a *limitação do poder* e a *supremacia da lei.*

Nos últimos anos, cada vez mais, vem sendo sedimentado o caráter normativo das normas constitucionais, sendo que **a Constituição se aloca no centro do sistema jurídico**, transformando-se no ponto focal do direito infraconstitucional, dando fundamento de validade a este. *Além da supremacia formal a Constituição tem adquirido também uma supremacia de valor, ou seja, axiológica.* A este fenômeno dá-se o nome de **constitucionalização do Direito**, ocorrendo uma verdadeira mudança de paradigma ao ordenamento jurídico como um todo, afetando ramos tradicionais e autônomos do Direito (p.ex., direito civil).

Nas lições da doutrina o conceito de constitucionalismo:

> "está vinculado à noção e importância da Constituição, na medida em que é através da Constituição que aquele movimento pretende realizar o ideal de liberdade humana com a criação de meios e instituições necessárias para limitar e controlar o poder político, opondo-se, desde sua origem, a governos arbitrários, independente de época e de lugar".[1]

Importante frisar, inicialmente, que embora as expressões *constitucionalismo* e *democracia* se aproximem, elas não devem ser confundidas. Isso porque, o constitucionalismo é entendido como sendo uma limitação do poder e Estado de direito, ao passo que a democracia identifica soberania popular e governo da maioria.

Em que pese ser considerada uma potência militar, Atenas é conhecida como sendo o **berço do ideal constitucionalista e democrático**, podendo-se destacar importantes temas relacionados à divisão das funções estatais, a separação entre poderes, dentre outros.

---

1. CUNHA JÚNIOR, Dirley da. *Curso de Direito Constitucional*. 12.ª ed. rev. ampl. e atual. – Jus PODIVM, 2018. P. 29.

Em razão do fato do constitucionalismo ter-se demonstrado como sendo um importante movimento político e filosófico, há autores que utilizam a denominação **movimentos constitucionais**, classificando-o como *constitucionalismo antigo, medieval, moderno* e *contemporâneo.*

A partir de agora, analisaremos cada uma dessas fases de forma individualizada.

Capítulo 2

Fases

2.1 Constitucionalismo antigo

Conforme dito, Atenas (501 até 338 a.C.) é conhecida como o berço do ideal constitucionalista e democrático, sendo que pela primeira vez na história, o povo passou a governar-se a si mesmo. Frise-se que isso foi possível em razão de o *poder político dos governantes ter sido limitado*, a partir da soberania das leis, bem como pela instituição de mecanismos de cidadania ativa.

Ao lado de Atenas, podemos destacar a República Romana, que durante os séculos V a II antes de Cristo foi também importante palco para o amadurecimento dos ideais constitucionalistas, especialmente em virtude do sistema de *checks and balances* para dividir e limitar o poder político.

Tais limitações foram de real importância para poder limitar o poder absoluto do rei que vigorava à época.

2.2 Constitucionalismo medieval

Nesse período evolutivo o constitucionalismo obteve importantes vitórias para com a limitação do poder absoluto, especialmente com o advento da Magna Carta Inglesa de 1215 (Idade Média), estabelecendo-se, ainda que apenas de maneira formal, a proteção de importantes direitos individuais, destacando-se o devido processo legal, a liberdade de locomoção e a garantia da propriedade.

Abalizada doutrina preceitua que:

> "o importante é destacar que a Magna Carta inaugurou a pedra fundamental para a construção da democracia moderna, pois, a partir dela, o poder do governante passou a ser limitado, não apenas por normas superiores, fundadas no costume ou na religião, mas também por direitos subjetivos dos governados. A Magna

Carta deixa implícito pela primeira vez na história política medieval, que o rei acha-se naturalmente vinculado pelas próprias leis que edita".[1]

2.3 Constitucionalismo moderno

No transcorrer da Idade Moderna foram elaborados importantes documentos de índole constitucional, destacando-se o *Petition of Rights* (1628), o *Habeas Corpus Act* (1679), o *Bill of Rights* (1689) e o *Act of Settlement* (1701).

É de se destacar que além dos pactos, temos as denominadas *cartas de franquia* (ou *forais*), as quais são voltadas para a proteção dos direitos individuais. A despeito disso, tais cartas de franquia tinham como destinatários *determinados homens*, não atingindo a coletividade como um todo.

Frise-se que o constitucionalismo moderno surge vinculado à ideia de *Constituição escrita* como sendo importante instrumento para conter qualquer arbítrio decorrente do poder. Os principais marcos dessa fase são a Constituição norte-americana de 1787 e a Constituição francesa de 1791, diplomas esses que possuem duas características importantes: (a) *organização do Estado* e (b) *limitação do poder estatal, por meio de uma declaração de direitos e garantias fundamentais.*

Esse constitucionalismo legitimou o aparecimento da denominada *constituição moderna*, a qual deve ser entendida como sendo:

> "a ordenação sistemática e racional da comunidade política através de um documento escrito no qual se declaram as liberdades e os direitos e se fixam os limites do poder político"[2].

Para o constitucionalismo moderno a Constituição não ostenta mais a condição de simples aspiração política da liberdade, passando a ser compreendida como um ***texto escrito*** e ***fundamental.***

2.4 Constitucionalismo contemporâneo

O constitucionalismo contemporâneo está ligado ao denominado **totalitarismo constitucional**, sendo esse entendido como efeito da *constituição programática*, a qual robustece importante conteúdo social.

Com base nas lições de José Roberto Dromi e André Ramos Tavares podemos identificar dentro do constitucionalismo contemporâneo o **constitucionalismo de verdade**, o **constitucionalismo da continuidade** e o **constitucionalismo globalizado**.

Na referência do **constitucionalismo de verdade** existem duas categorias de normas que merecem destaque. Vejamos:

---

1. CUNHA JÚNIOR, Dirley da. *Curso de Direito Constitucional*. 12.ª ed. rev. ampl. e atual. Salvador: Juspodivm, 2018. P. 31.
2. CANOTILHO, J.J. Gomes. *Direito Constitucional e Teoria da Constituição*. 3.ª ed. Coimbra: Almedina, 1997. P. 48.

> "Uma parcela, que é constituída de normas que jamais passam de programáticas e são praticamente inalcançáveis pela maioria dos Estados; e uma outra sorte de normas que não são implementadas por simples falta de motivação política dos administradores e governantes responsáveis.
>
> As primeiras precisam ser erradicadas dos corpos constitucionais, podendo figurar, no máximo, apenas como objetivos a serem alcançados a longo prazo, e não como declarações de realidades utópicas, como se bastasse a mera declaração jurídica para transformar-se o ferro em ouro. As segundas precisam ser cobradas do Poder Público com mais força, o que envolve, em muitos casos, a participação da sociedade na gestão das verbas públicas e a atuação de organismos de controle e cobrança, como o Ministério Público, na preservação da ordem jurídica e consecução do interesse público vertido nas cláusulas constitucionais".[3]

O **constitucionalismo da continuidade** está baseado no pressuposto de que *é muito perigoso em nosso tempo conceber Constituições que produzam uma ruptura da lógica dos antecedentes, uma descontinuidade com todo o sistema precedente.*[4]

Por fim, o **constitucionalismo globalizado** é vislumbrado a partir da nossa fase atual, que tem por objetivo difundir a ideia de *proteção aos direitos humanos* e a *propagação para todas as nações.*

---

3. TAVARES, André Ramos. BASTOS, Celso Ribeiro. *As tendências do Direito Público no Limiar de um Novo Milênio*, São Paulo: Saraiva, 2000. P. 58.
4. DROMI, José Roberto. *La Reforma Constitucional: El Constitucionalismo del "por-venir"*. In: *El Derecho Público de Finales de Siglo: Uma Perpectiva Iberoamericana.* Madrid: Fundación BBV, 1997. P. 16.

Capítulo 3

Neoconstitucionalismo

Também denominado de **constitucionalismo pós-moderno** ou **pós-positivismo** ele passou a ser desenvolvido a partir do século XXI, objetivando-se buscar a *eficácia da Carta Magna*, afastando-se do caráter meramente retórico do texto posto, almejando alcançar a *concretização dos direitos fundamentais*.

Conquanto tenha como objetivo a concretização dos direitos fundamentais, são inegáveis as complexidades da conciliação entre esses direitos e a soberania popular, consistindo em um desafio grande a ser superado.

A respeito dessa nova perspectiva o modelo normativo do neoconstitucionalismo "*não é o descritivo ou deontológico, mas o axiológico. No constitucionalismo moderno a diferença entre normas constitucionais e infraconstitucionais era apenas de grau, no neoconstitucionalismo a diferença é axiológica*"[1].

Ainda, temos que:

> "O neoconstitucionalismo representa o constitucionalismo atual, contemporâneo, que emergiu como uma reação às atrocidades cometidas na segunda guerra mundial, e tem ensejado um conjunto de transformações responsável pela definição de um novo direito constitucional, fundado na dignidade da pessoa humana. O neoconstitucionalismo destaca-se, nesse contexto, como uma nova teoria jurídica a justificar a mudança de paradigma, de Estado Legislativo de Direito, para Estado Constitucional de Direito, consolidando a passagem da Lei e do Princípio da Legalidade para a periferia do sistema jurídico e o trânsito da Constituição e do Princípio da Constitucionalidade para o centro de todo o sistema, em face do reconhecimento da força normativa da Constituição, com eficácia jurídica vinculante e obrigatória, dotada de supremacia material e intensa carga valorativa".[2]

---

1. AGRA, Walber de Moura. *Curso de Direito Constitucional*. 4ª ed. rev. e atual. Rio de Janeiro: Forense, 2008. P. 31.
2. CUNHA JÚNIOR. Dirley da. *Curso de Direito Constitucional*. 12ª ed. rev. ampl. e atual. Salvador: Juspodivm, 2018. P. 35.

Por fim, podemos destacar as seguintes características do Neoconstitucionalismo:

a) Supremacia do texto constitucional;
b) Garantia, promoção e preservação dos direitos humanos;
c) Força normativa dos princípios constitucionais;
d) Constitucionalização do Direito; e,
e) Ampliação da jurisdição constitucional.

Capítulo 4

Procedimentalismo x Substancialismo

As teorias procedimentalista e substancialista constituem *duas das principais linhas de pensamento que vem despertando atenção no debate político-constitucional contemporâneo,* razão pela qual analisaremos ambas, no intuito de compreendê-las mais facilmente.

A **teoria procedimentalista** tem como seu principal defensor o professor universitário John Hart Ely. Para essa teoria ***a atuação dos juízes de inferir amplos direitos e valores morais a partir da Constituição é radicalmente antidemocrática,*** haja vista que os valores substantivos de uma sociedade devem ser escolhidos por meio de uma deliberação democrática.

Outro importante nome articulador teórico dessa teoria é o jusfilósofo alemão Jürgen Habermas. Segundo ele, ante a ausência de consensos materiais acerca das grandes incertezas e em virtude do pluralismo, somente serão consideradas com legitimidade as decisões políticas assentadas no processo democrático de produção das normas.

Pela teoria procedimentalista ***o magistrado possui papel de garantidor do processo democrático***, o qual é realizado através do Parlamento. Temos que:

> "(...) o controle judicial de constitucionalidade deve ocupar-se basicamente de eliminar as obstruções ao processo democrático, e a negação do voto parece ser a mais representativa das obstruções. (...) Não devemos deixar que os 'incluídos' decidam quem deve ficar de fora – portanto é obrigação dos tribunais assegurar não apenas que a ninguém se segue sem motivo seu direito ao voto, mas também que, quando há um motivo (...), ele seja bastante convincente"[1].

O Ministro do Supremo Tribunal Federal Luís Barroso preceitua que:

> "um procedimentalista preconizará que estejam fora da Constituição os temas mais controvertidos do ponto de vista moral, econômico ou político. A decisão

1. ELY, John Hart. *Democracia e desconfiança: uma teoria do controle judicial de constitucionalidade.* Trad. Juliana Lemos. 1.ª ed. São Paulo: Martins Fontes, 2010.

acerca de cada um deles deve ser tomada pelas maiorias políticas que se formam em cada tempo. Ainda pela mesma lógica, o procedimentalismo defende uma jurisdição constitucional mais modesta e autocontida, que não procura extrair da Constituição, mediante construção argumentativa, direitos ou pretensões que não resultem de clara decisão política do constituinte. Tudo o que não seja direta e inequivocamente extraível do texto constitucional deve ficar ao alvedrio do legislador ordinário"[2].

De uma maneira simplista podemos afirmar que a teoria procedimentalista cobra dos juízes ***neutralidade moral e fidelidade à lei e ao texto***.

De outro lado, temos Ronald Dworkin que defende a **teoria substancialista**, sustentando que ***os juízes têm o dever de respeitar a história e a integridade, de produzir decisões que se harmonizem à estrutura da Constituição e às decisões constitucionais passadas***.

Nesse sentido, temos que:

> "O direito como integridade, num caso de direito consuetudinário como o McLoughlin, pede que o juiz que se considere como um autor na cadeia do direito consuetudinário. Ele sabe que outros juízes decidiram casos que, apesar de não exatamente iguais ao seu, tratam de problemas afins; deve considerar as decisões deles como parte de uma longa história que ele tem que interpretar e continuar, de acordo com suas opiniões sobre o melhor andamento a ser dado à história em questão. (...) O veredito do juiz – suas conclusões pós-interpretativas – deve ser extraído de uma interpretação que ao mesmo tempo se adapte aos fatos anteriores e os justifique, até onde isso chega possível"[3].

Para a teoria substancialista ***o Poder Judiciário pretende garantir os valores democráticos dentro do procedimento***. Em virtude disso, podemos afirmar que o Poder Judiciário *possui uma função intervencionista*, atuando em diversas vertentes, para que referido poder possa ter uma atuação autônoma. Tal teoria defende um papel mais proeminente para a Constituição Federal, bem como para a jurisdição constitucional.

Importante mencionar, mais uma vez, o Ministro Luís Barroso:

> "não deve passar despercebido o fato de que a Constituição brasileira de 1988 é claramente substancialista, de modo que procurar minimizar o seu alcance, em nome de uma visão procedimentalista do Direito e da vida, incorrerá no risco sério de contrariar seu texto e espírito. Em suma: na busca do equilíbrio entre constitucionalismo e democracia, os substancialista dão ênfase aos direitos fundamentais e os procedimentalista ao princípio majoritário. Deve-se reconhecer, no entanto, a existência de uma larga zona de interseção entre as duas concepções, mais expressiva do que suas diferenças".[4]

---

2. BARROSO, Luís Roberto. *Curso de Direito Constitucional Contemporâneo* – Os Conceitos Fundamentais e a Construção do Novo Modelo. 7.ª ed. São Paulo: Saraiva Educação, 2018. P. 119/120.
3. DWORKIN, Ronald. *O império do direito*. Trad. Jefferson Luiz Camargo. São Paulo: Martins Fontes, 2007.
4. BARROSO. Luís Roberto. *Curso de Direito Constitucional Contemporâneo – Os Conceitos Fundamentais e a Construção do Novo Modelo*. 7.ª ed. São Paulo: Saraiva Educação, 2018. P. 121.

Capítulo 5

Ativismo Judicial e Efeito *Backlash*

A partir da mudança de pensamento constitucional, e com o surgimento do **neoconstitucionalismo**, passou-se a reconhecer a *supremacia material* e *axiológica* da Constituição, sendo que seu conteúdo dotado de força normativa e expansiva passou a condicionar a validade e a compreensão de todo o Direito, estabelecendo deveres de atuação (imposições) aos poderes políticos. Como já vimos, a Constituição Federal e o Princípio da Constitucionalidade passam a ser o centro de todo o sistema.

O neoconstitucionalismo trouxe uma atuação mais enfática e presente do Poder Judiciário na defesa e efetivação dos direitos fundamentais, judicializando-se principalmente questões sociais.

O Ministro Luís Barroso afirmou que:

> "A ideia de ativismo judicial está associada a uma participação mais ampla e intensa do Judiciário na concretização dos valores e fins constitucionais, com maior interferência no espaço de atuação dos outros dois Poderes. A postura ativista se manifesta por meio de diferentes condutas, que incluem: (a) a aplicação direta da Constituição a situações não expressamente contempladas em seu texto e independentemente de manifestação do legislador ordinário; (b) a declaração de inconstitucionalidade de atos normativos emanados do legislador, com base em critérios menos rígidos que os de patente e ostensiva violação da Constituição; (c) a imposição de condutas ou de abstenções ao poder público, notadamente em matéria de políticas públicas"[1].

É inegável que na atualidade o Poder Judiciário, especialmente por intermédio do Supremo Tribunal Judicial, com base no ativismo judicial e ante a necessidade de efetivação de medidas de políticas públicas, vem tomando *decisões judiciais majoritárias* ou *contramajoritárias*, favoráveis ou não aos anseios da maioria social,

1. BARROSO, Luís Roberto. *Judicialização, Ativismo Judicial e Legitimidade Democrática.* https://www.conjur.com.br/2008-dez-22/judicializacao_ativismo_legitimidade_democratica.

fato esse que acaba por agravar, em algumas situações, as instabilidades e divisões sociais, haja vista a extrema insegurança jurídica gerada.

Frise-se que em virtude disso, e como forma de reação ao ativismo judicial, podemos mencionar o denominado **efeito *backlash***, o qual pode ser entendido como uma *forte reação por um grande número de pessoas ou por um outro Poder a uma mudança ou evento recente, tanto no âmbito social, quanto político ou jurídico.*

Para facilitar a compreensão, importante trazer à baila o julgamento da ADI 4983/CE e posteriores desdobramentos. Referida ação constitucional foi proposta pelo Procurador-Geral da República em face da Lei Estadual Cearense n.º 15.299/13 que regulamentava a atividade da denominada "vaquejada", fixando os critérios para a competição, obrigando os organizadores a adotarem medidas de segurança para os vaqueiros, público e animais.

A despeito da votação apertada pelo Plenário do STF (6x5), referida lei foi declarada inconstitucional, sob o fundamento de que os animais envolvidos na alegada prática desportiva eram submetidos à tratamento cruel, contrariando o direito fundamental insculpido no art. 225, § 1.º, VII, da CF. Em linhas gerais os Ministros entenderam que a obrigação do Estado em garantir a todos o pleno exercício de direitos culturais, incentivando a valorização e a difusão das manifestações, não prescinde da observância do disposto no inciso VII do § 1.º do art. 225 da nossa Constituição, dispositivo esse que veda práticas que submetam os animais à crueldade.

Ao declarar a inconstitucionalidade de referida lei estadual, a mesma deixou de ter aplicabilidade. Não obstante isso, os efeitos da ação atingiram, apenas e tão somente, a lei cearense.

Alguns dias após a declaração de inconstitucionalidade da lei estadual em questão, houve verdadeira reação legislativa à decisão do Pretório Excelso, tendo sido editada a lei federal n.º 13.364/16 tratando sobre o *rodeio* e a *vaquejada.* Destaque-se que a atuação do Poder Legislativo foi legal, vez que a decisão do STF no presente caso não tem o condão de impedir a atuação legiferante daquele Poder.

Exatos 08 (oito) meses após o julgamento da ADI em tela, o Congresso Nacional promulgou a Emenda Constitucional n.º 96/17 que inseriu o § 7.º ao art. 225 da nossa Carta Magna, nos seguintes termos:

> "Para fins do disposto na parte final do inciso VII do § 1º deste artigo, não se consideram cruéis as práticas desportivas que utilizem animais, desde que sejam manifestações culturais, conforme o § 1º do art. 215 desta Constituição Federal, registradas como bem de natureza imaterial integrante do patrimônio cultural brasileiro, devendo ser regulamentadas por lei específica que assegure o bem-estar dos animais envolvidos."

Vislumbra-se, a partir dessa atuação do Congresso Nacional, uma verdadeira ***manifestação de ativismo congressual*** (superação legislativa da jurisprudência ou reversão jurisprudencial). A promulgação de referida EC constitui um excelente e cristalino exemplo do que a doutrina constitucionalista denomina de **efeito *backlash***.

Conquanto a reação do Poder Legislativo tenha sido, em princípio, pautada nos princípios democráticos, especialmente na denominada separação dos poderes, **entendemos que a Emenda Constitucional n.º 96/17 padece de vício de inconstitucionalidade**. Esse entendimento deve-se ao fato de o *direito ao meio ambiente ecologicamente equilibrado ser considerado um direito fundamental de terceira geração*, sendo uma cláusula pétrea, não podendo ser abolido nem restringido, mesmo que por emenda constitucional (fruto do poder constituinte reformador)! Até o presente momento, contudo, não houve qualquer questionamento perante o Supremo Tribunal Federal a respeito disso.

Capítulo 6

Teoria da Democracia Militante

Inicialmente, deixo registrado que tecerei breves considerações a respeito da teoria em questão, sem tomar parte de qualquer partido político, nunca perdendo o foco do objetivo da presente obra.

Durante o governo do então Presidente da República Jair Bolsonaro, em virtude dos diversos conflitos verificados entre os poderes instituídos, veio à tona a discussão a respeito da denominada teoria da democracia militante.

Inobstante relevantes divergências doutrinárias a respeito de sua aplicação ou não, entendo ter o tema demonstrado sua importância, principalmente no que tange à grande potencialidade de sua incidência nos concursos públicos vindouros.

Referida teoria foi desenvolvida pelo jurista alemão Karl Loewenstein em 1937 – sim, o mesmo que estudaram comigo no Capítulo 3, da Parte 2 desta obra – ou que vocês conhecem por ter desenvolvido a classificação da constituição quanto ao critério ontológico.

Em síntese Loewenstein, defendia que o sistema democrático tivesse mecanismos de defesa para garantir a própria sobrevivência, haja vista a crescente disseminação de movimentos autoritários pela Europa, especialmente na Alemanha, Itália e Portugal. A título de ilustração, o mais famoso instrumento de autodefesa da democracia apontado por ele consistia na proibição da criação de partidos políticos de viés antidemocrático.

Por intermédio da teoria da democracia militante Loewenstein tenta explicar o modo pelo qual a democracia constitucional é capaz de proteger as liberdades civis e políticas, especialmente por intermédio de limitações das instituições democráticas, a fim de conter o fascismo crescente à época.

Não obstante isso existem críticas sobre sua efetiva aplicabilidade:

> Democracia é consenso e conflito: para funcionar de forma saudável, todo regime democrático deve buscar construir uma plataforma de valores consensuais a partir da qual se desenrolarão os conflitos entre os mais diversos agentes e grupos políticos. Nessa linha, qualquer tentativa de impor o consenso na lar-

> gada por meio de medidas calcadas em argumentos de dominação cada vez mais abrangentes tem como efeito pernicioso a própria negação do conflito, já que é impossível travar disputas efetivas quando, no limite, toda oposição pode ser considerada manifestação do extremismo. Em outros termos, a teoria da democracia militante deve buscar proteger os princípios que formam o suporte consensual das democracias, sem, contudo, subjugar a outra parte e eliminar a dimensão agonística dos regimes democráticos[1].

Em outras palavras, a teoria da democracia militante deve buscar proteger os princípios que formam o suporte consensual das democracias, sem, contudo, subjugar a outra parte e eliminar a dimensão combativa dos regimes democráticos.

O debate sobre a aplicação ou não da teoria em questão voltou à tona em razão da reação proativa por parte do Poder Judiciário em face dos constantes ataques do Chefe do Poder Executivo, bem como demais apoiadores, aos demais poderes constituídos, bem como ao sistema eleitoral brasileiro.

Algumas ações (inquéritos das milícias digitais e dos atos antidemocráticos, p.ex.) por parte do Supremo Tribunal Federal e do Tribunal Superior Eleitoral fizeram suscitar comparações com referida teoria alemã.

Destaque-se que as ações adotadas por parte do Poder Judiciário, muitas delas acertadas, a meu ver, possuem como fundamento a manutenção da democracia que, naquele período conturbado, estava sofrendo sérios riscos de ruir.

Analisando-se a maioria esmagadora das ações do judiciário verificamos que sempre existia um **real conflito entre dois princípios constitucionais** importantíssimos: **democracia** e **liberdade de expressão**.

Como veremos mais a frente na presente obra, o conflito entre princípios constitucionais é constante, sendo que devemos resolvê-los da melhor maneira possível. Para tanto, devemos nos valer, principalmente, da **metodologia da ponderação dos princípios** de Robert Alexy, sendo que no caso em apreço sempre que houver um conflito entre a democracia e a liberdade de expressão, *aquela ganha muito mais peso nessa ponderação, devendo se sobrepor*.

Voltando à origem da teoria da democracia militante vamos verificar que ela foi desenvolvida no intuito de se manter a integridade da democracia. Naquela época Loewenstein desenvolveu referida teoria no intuito de se evitar o avanço do fascismo e comunismo que almejavam chegar ao poder e ali se perpetuar.

De outro vértice, vemos que em nossa história recente a situação foi diferente. Isso porque, as ações adotadas pelo Poder Judiciário tiveram como base a defesa a ataques e ameaças de quem estava efetivamente no Poder, no caso, o Chefe do Poder Executivo Federal (e seus aliados). Além disso, infindáveis decisões foram determinadas em um momento delicado de nossa história, qual seja, o processo

1. PONTES, João Gabriel Madeira. *Democracia militante em tempo de crise*. Editora Lumen Juris, 2020. P. 126.

eleitoral. Em virtude disso é que ela vem sendo chamada, no Brasil, de **democracia combativa**.

Em virtude dessas duas peculiaridades, principalmente, nesse momento atual fica difícil sabermos se essas ações adotadas por parte do poder judiciário contribuirão efetivamente para a manutenção da democracia de nosso país. Isso porque, conforme alguns doutrinadores vem defendendo, durante o período do governo do então Presidente da República Jair Bolsonaro foi construída uma "jurisprudência de crises", haja vista a situação de anormalidade pela qual passamos.

A dúvida é saber se com a assunção do novo governo o Poder Judiciário continuará com essa postura combativa ou se retornará à atuação que era adotada anteriormente, restabelecendo-se a natural harmonia entre os Poderes constituídos, conforme estabelece o próprio art. 2.º de nossa Carta Magna.

Independentemente da divergente nos posicionamentos acerca da aplicação ou não da referida teoria, bem como as incertezas existentes na atual conjuntura, importante que o leitor tenha conhecimento, ainda que de maneira não tão aprofundada, desta teoria para não ser surpreendido em eventuais questionamentos nos concursos públicos.

Quadro Sinótico

CONSTITUCIONALISMO	
Histórico	A ideia de supremacia da Constituição foi forjada a partir da história do constitucionalismo, sendo que esse significa a *limitação do poder* e a *supremacia da lei*. O conceito de constitucionalismo *está vinculado à noção e importância da Constituição, na medida em que é através da Constituição que aquele movimento pretende realizar o ideal de liberdade humana com a criação de meios e instituições necessárias para limitar e controlar o poder político, opondo-se, desde sua origem, a governos arbitrários, independente de época e de lugar*.
Fases	***Constitucionalismo antigo*** – Atenas (501 até 338 a.C.) é conhecida como o berço do ideal constitucionalista e democrático, sendo que pela primeira vez na história, o povo passou a governar-se a si mesmo. Ao lado daquela, podemos destacar a República Romana, que durante os séculos V a II antes de Cristo foi também importante palco para o amadurecimento dos ideais constitucionalistas, especialmente em virtude do sistema de *checks and balances* para dividir e limitar o poder político. ***Constitucionalismo medieval*** – o constitucionalismo obteve importantes vitórias para com a limitação do poder absoluto, especialmente com o advento da Magna Carta Inglesa de 1215 (Idade Média), estabelecendo-se, ainda que apenas de maneira formal, a proteção de importantes direitos individuais, destacando-se o devido processo legal, a liberdade de locomoção e a garantia da propriedade.
Fases	***Constitucionalismo moderno*** – surge vinculado à ideia de *Constituição escrita* como sendo importante instrumento para conter qualquer arbítrio decorrente do poder. Os principais marcos dessa fase são a Constituição norte-americana de 1787 e a Constituição francesa de 1791, diplomas esses que possuem duas características importantes: (a) *organização do Estado* e (b) *limitação do poder estatal, por meio de uma declaração de direitos e garantias fundamentais*. Ele legitimou o aparecimento da denominada *constituição moderna*. ***Constitucionalismo contemporâneo*** – está ligado ao denominado *totalitarismo constitucional*, sendo esse entendido como efeito da *constituição programática*, a qual robustece importante conteúdo social.

Neoconstitucionalismo	É também denominado de **constitucionalismo pós-moderno** ou **pós-positivismo**. Passou a ser desenvolvido a partir do século XXI, objetivando-se buscar a *eficácia da Carta Magna*, afastando-se do caráter meramente retórico do texto posto, almejando alcançar a *concretização dos direitos fundamentais*. Conquanto tenha como objetivo a concretização dos direitos fundamentais, é inegável as complexidades da conciliação entre esses direitos e a soberania popular, consistindo em um desafio grande a ser superado.
Procedimentalismo e Substancialismo	A **teoria procedimentalista** tem como seu principal defensor o professor universitário John Hart Ely. Para essa teoria a atuação dos juízes de inferir amplos direitos e valores morais a partir da Constituição é *radicalmente antidemocrática*, haja vista que os valores substantivos de uma sociedade devem ser escolhidos por meio de uma deliberação democrática. A **teoria substancialista**, por sua vez, sustenta que os juízes têm o dever de respeitar a história e a integridade, de produzir decisões que se harmonizem à estrutura da Constituição e às decisões constitucionais passadas.
Ativismo judicial e efeito *backlash*	É inegável que na atualidade o Poder Judiciário, especialmente por intermédio do Supremo Tribunal Judicial, com base no ativismo judicial e ante a necessidade de efetivação de medidas de políticas públicas, vem tomando *decisões judiciais majoritárias* (ou *contramajoritárias*), favoráveis ou não aos anseios da maioria social, fato esse que acaba por agravar, em algumas situações, as instabilidades e divisões sociais, haja vista a extrema insegurança jurídica gerada. Como forma de reação ao ativismo judicial podemos mencionar o denominado **efeito *backlash***, o qual pode ser entendido como uma *forte reação por um grande número de pessoas ou por um outro Poder a uma mudança ou evento recente, seja no âmbito social, político ou jurídico.*
Teoria da Democracia Militante	Em síntese Loewenstein, defendia que o sistema democrático tivesse mecanismos de defesa para garantir a própria sobrevivência, haja vista a crescente disseminação de movimentos autoritários pela Europa, especialmente na Alemanha, Itália e Portugal. A título de ilustração, o mais famoso instrumento de autodefesa da democracia apontado por ele consistia na proibição da criação de partidos políticos de viés antidemocrático. Por intermédio da teoria da democracia militante Loewenstein tenta explicar o modo pelo qual a democracia constitucional é capaz de proteger as liberdades civis e políticas, especialmente por intermédio de limitações das instituições democráticas, a fim de conter o fascismo crescente à época.

EXERCÍCIOS

Questões

1- (DP/SP – Delegado de Polícia – FCC - 2006) – O que assegura aos cidadãos o exercício dos seus direitos, a divisão dos poderes e, segundo um dos seus grandes teóricos, a limitação do governo pelo direito é:

a) O constitucionalismo;

b) A separação dos poderes;

c) O princípio da legalidade;

d) O federalismo;

e) O Estado Democrático de Direito.

2 – (DPC/ES – Delegado de Polícia – Instituto Acesso – 2019) – “Para alguns espíritos, ou ingênuos em relação aos fatores reais que influem efetivamente nos governos chamados democráticos, os interessados em transformar os meios em fins, idealizando-os para o efeito de assegurar, pela reverência pública, a sua continuação, a democracia não se define pelos valores ou pelos fins, mas pelos meios, pelos processos, pela máquina, pela técnica ou pelos diversos expedientes mediante os quais os políticos fabricam a opinião ou elaboram os substitutos legais da vontade do povo ou da Nação. Ora, a máquina democrática não tem nenhuma relação com o ideal democrático. A máquina democrática pode produzir e tem, efetivamente, produzido exatamente o contrário da democracia ou do ideal democrático. Dadas as condições de um país, quanto mais se avoluma e aperfeiçoa a máquina democrática, tanto mais o Governo se distancia do povo e mais remoto da realidade se torna o ideal democrático. Não haverá ninguém de boa-fé que dê como democrático um regime pelo simples fato de haver sido montada, segundo todas as regras, a máquina destinada a registrar a vontade popular. Seja, porém, qual for a técnica ou a engenharia de um governo, este será realmente democrático se os valores que inspiram a sua ação decorrem do ideal democrático.” (CAMPOS, Francisco. O Estado Nacional. Editora Senado Federal, 2001)

Tendo como referência o texto acima citado, podemos afirmar que, o modelo de constitucionalismo defendido pelo autor, mais se aproxima do constitucionalismo

a) Substancial;

b) Aberto aos intérpretes da constituição;

c) Procedimental;

d) Liberal;

e) Como integridade.

3 – (PC/GO – Delegado de Polícia – UEG – 2013) – O Constitucionalismo contemporâneo apresenta movimentos teóricos importantes, dentre os quais destacam-se o Neoconstitucionalismo, cuja característica é a presença hegemônica dos princípios como critério de interpretação, como fator de onipresença da Constituição Federal, e o Novo Constitucionalismo Democrático Latino Americano, fundado nas novas perspectivas trazidas pelas Constituições da América Latina. Esses movimentos distinguem-se entre si, pois:

a) O Neoconstitucionalismo valoriza a dimensão jurídica da Constituição Federal, enquanto para o Novo Constitucionalismo Democrático Latino Americano a busca da legitimidade democrática se dá pela maior e mais efetiva participação popular;
b) O Novo Constitucionalismo Democrático Latino Americano reconhece e incorpora os princípios do estado moderno, servindo-se dos modelos de freios e contrapesos, enquanto o Neoconstitucionalismo nega tal modelo;
c) O Novo Constitucionalismo Democrático Latino Americano reconhece o pluralismo jurídico pautado na jurisdição estatal única, enquanto o Neoconstitucionalismo funda-se em uma jurisdição constitucional separada;
d) Neoconstitucionalismo inaugura um modelo e valorização da diversidade e do plurinacionalismo, enquanto o Novo Constitucionalismo Democrático Latino Americano assume e garante a associação da ideia Estado-nação.

4 – (PC/GO – Delegado de Polícia – UEG – 2013 – segunda prova) – Nos estudos sobre a formação do direito constitucional, verifica-se que o constitucionalismo representou um importante movimento político e filosófico, com manifestações distintas, nos diferentes períodos da história. Os teóricos desse ramo do direito apresentam classificação do constitucionalismo, identificando características próprias a cada período. Assim, o constitucionalismo:

a) Antigo, desenvolvido nas cidades-estado da Grécia, entre os séculos V a III a.C., caracteriza-se por um regime político constitucional ditatorial, cujo poder político é concentrado no chefe político, e o exercício do governo é afastado dos governados;
b) Na Idade Média, marcado pela Magna Carta Inglesa de 1215, caracteriza-se pelo avanço do absolutismo, tendo em vista que esse documento confere poder ilimitado e absoluto ao Rei, sobretudo nas questões referentes à propriedade;
c) Moderno, identificado nas Constituições dos Estados Unidos da América de 1787 e da França de 1791, caracteriza-se pela vinculação à ideia de

constituição escrita e rígida, com força para limitar e vincular os órgãos do poder político;

d) Contemporâneo, cujo marco inicial são as Constituições Mexicanas de 1917 e de Weimar de 1919, caracteriza-se por inaugurar o modelo de organização do Estado e por limitar o poder estatal, por meio de uma declaração de direitos e garantias fundamentais.

5 - (PC/AL - Delegado de Polícia - CESPE - 2012) - O constitucionalismo moderno surgiu no século XVIII, trazendo novos conceitos e práticas constitucionais, como a separação de poderes, os direitos individuais e a supremacia constitucional.

( ) Certo

( ) Errado

6 - (PC/ES - Delegado de Polícia - Instituto Acesso - 2019 - segunda fase - discursiva) - Uma das clivagens mais importantes da teoria constitucional contemporânea é a que distingue as concepções procedimentalista das substancialista. Com base nesse debate, aponte como tais teorias discutem o papel da constituição na sociedade e o espaço adequado da jurisdição constitucional. Qual seria a postura que um tribunal constitucional diante de um tema polêmico como o aborto (sem entrar na questão de mérito)?

7 - (PC-PA - Delegado de Polícia Civil - Instituto AOCP - 2021) Segundo a doutrina, o Neoconstitucionalismo tem como uma de suas marcas a concretização das prestações materiais prometidas pela sociedade, servindo como ferramenta para implantação de um Estado Democrático Social de Direito. São características do Neoconstitucionalismo, EXCETO:

a) encolhimento da justiça distributiva.
b) positivação e concretização de um catálogo de direitos fundamentais.
c) inovações hermenêuticas.
d) densificação da força normativa do Estado.
e) onipresença dos princípios e das regras.

Gabarito e Explicação

Questão	Gabarito	Abordagem do assunto no livro
1	A	Capítulo 1
2	A	Capítulo 4
3	A	Capítulo 3
4	C	Capítulo 2
5	Certo	Capítulo 2
6	Discursiva	Capítulo 4
7	A	Capítulo 3

PARTE 2

CONSTITUIÇÃO: CONCEITO. ORIGEM. CLASSIFICAÇÕES. ELEMENTOS. HISTÓRICO

Capítulo 1

Conceito

Tema de grande controvérsia diz respeito ao conceito de Constituição, haja vista que ela envolve a perspectiva histórico-universal dos intitulados ciclos constitucionais. Faz-se importante perceber que a ideia de Constituição *deve ser compreendida mesmo antes do surgimento do constitucionalismo em sentido estrito*. Isso porque, toda e qualquer sociedade, independentemente da época e do lugar, sempre possuiu um conjunto de regras de organização do Estado, semelhantes ao que intitulamos de Constituição.

Conquanto exista diversos parâmetros para se conceituar o Direito Constitucional e, por consequência, a própria Constituição, partiremos do conceito cunhado a partir do qual o direito constitucional é "*Direito Público fundamental por referir-se diretamente à organização e fundamento do Estado, à articulação dos elementos primários do mesmo e ao estabelecimento das bases da estrutura política*".[1]

A partir dessa definição, podemos conceituar a **Constituição Federal** como sendo **a norma máxima de um Estado que estabelece sua organização e fundamentos, trazendo as regras mínimas essenciais para sua subsistência e formação.** Com isso, a Constituição Federal passa a ser a *norma de validade* de todo o ordenamento jurídico pátrio, sendo ela o *parâmetro de validade* dos demais atos normativos, haja vista o **princípio da supremacia formal das normas constitucionais.**

Não obstante a definição ora fornecida, conforme já dito, existem vários sentidos (perspectivas ou critérios) adotados pela doutrina para definir o termo "Constituição", haja vista o ângulo de visão de seu observador.

A partir disso, passaremos à análise de algumas perspectivas (sentidos ou conceitos) das Constituições.

1. SILVA, José Afonso da. *Curso de Direito Constitucional Positivo*. 20.ª ed. rev. São Paulo: Malheiros, 2002. P. 48.

1.1 Perspectiva sociológica

Esta perspectiva tem como expoente Ferdinand Lassale.

Preceitua essa perspectiva que uma Constituição só seria legítima se **representasse o efetivo poder estatal**, contemplando as forças sociais que o constituem. A Constituição, portanto, *reflete o resultado das forças sociais, sendo uma realidade política e social do presente.*

Nesse sentido, Ferdinand Lassale afirma que a **Constituição seria a somatória dos fatores reais do poder dentro de uma sociedade**. Os problemas constitucionais seriam problemas de poder e não problemas jurídicos.

1.2 Perspectiva política

Partindo-se do pensamento de Carl Schmitt, o professor José Afonso da Silva afirma que a **Constituição está relacionada à decisão política fundamental**, ao passo que as *leis constitucionais* seriam os demais dispositivos inseridos no texto do documento constitucional, não contendo matéria de decisão política fundamental. Nesse diapasão, *há uma distinção entre a Constituição e a Lei Constitucional.*

Dentro da classificação moderna, e com base nos pensamentos de Schmitt, podemos afirmar que a **Constituição** se enquadra no conceito de **normas materialmente constitucionais**, ao passo que a **Lei Constitucional** está inserida no conceito de **normas formalmente constitucionais**.

Na esteira das lições de Schmitt as leis constitucionais podem ser reformadas, nos moldes previstos nas Constituições normativas, ao passo que as decisões políticas fundamentais (isto é, a Constituição) jamais poderão ser reformadas, haja vista corresponderem à própria substância e essência da Constituição. Logo, as decisões políticas fundamentais poderiam ser consideradas verdadeiras cláusulas pétreas da Constituição em virtude de integrarem sua parte imutável.

Destaque-se, por fim, que pelo fato de a Constituição ser fruto da vontade do povo (titular do poder constituinte) essa teoria é considerada **decisionista** (ou **voluntarista**).

1.3 Perspectiva jurídica

Essa perspectiva possui como seu representante Hans Kelsen, segundo o qual a Constituição foi alocada no **mundo do dever ser**, sendo fruto da vontade racional do homem.

A Constituição *possui um conceito acima de tudo normativo, consistente em um conjunto de normas jurídicas.* Aquela é um conjunto de normas "de maior força hierárquica dentro do ordenamento jurídico e que tem por fim organizar e estruturar o poder político, além de definir os seus limites, inclusive pela concessão de direitos fundamentais do cidadão"[2].

Kelsen, quando do desenvolvimento da perspectiva jurídica, dividiu a Constituição nos sentidos **lógico-jurídico** e **jurídico-positivo**. Pelo *sentido lógico-jurídico* a Constituição é uma norma hipotética fundamental, servindo de fundamento lógico de validade da própria Constituição jurídico-positiva. De outro vértice, o *sentido jurídico-positivo* representa uma norma positiva suprema, a qual serve de validade para todas as outras normas positivas, estando no ápice do ordenamento jurídico.

Nesse sentido, temos:

> "Assim, para Kelsen, a Constituição posta (no sentido jurídico-positivo) é a norma jurídica que fundamenta todo o sistema jurídico-positivo, conferindo-lhe unidade e fechamento. Contudo, além de uma Constituição posta há ainda uma Constituição pressuposta (no sentido lógico-jurídico) que serve de fundamento de validade à própria Constituição positivada. Essa, a pressuposta ou suposta (assim denominada porque é hipotética, não sendo imposta por nenhuma autoridade humana), prescreveria obediência irrestrita àquela, a posta (esta sim, é imposta por uma autoridade humana)"[3].

Com base nos ensinamentos de Hans Kelsen forçoso presumir que a **norma fundamental** é o ponto de partida do Direito, ou seja, do processo de criação do Direito positivo. A Constituição seria uma estrutura de normas jurídicas básicas, necessárias para viabilizar o desenvolvimento da sociedade e solucionar problemas.

1.4 Perspectiva Cultural (ou culturalista)

Segundo essa perspectiva, a Constituição deve ser *entendida com um produto de um fato cultural, oriundo da sociedade*. O Direito, para essa perspectiva, é parte de uma cultura, haja vista ser criação do homem.

Essa perspectiva é a conjugação das perspectivas anteriormente estudadas, ao argumento de que uma Constituição não pode ser considerada como sendo mero fato social, ou como mera decisão política fundamental, nem puramente jurídica.

Nesse diapasão a Constituição não pode, nem deve construir o Estado de forma abstrata e teórica, desprezando-se a realidade da vida histórico-concreta do seu tempo, sob pena de permanecer sem sentido e abater-se ante as forças sociais da realidade.

---

2. BASTOS, Celso Ribeiro. *Curso de Direito Constitucional*. 22.ª ed. atual. São Paulo: Saraiva, 2001. P. 52.
3. CUNHA JÚNIOR, Dirley da. *Curso de Direito Constitucional*. 12.ª ed. rev. ampl. e atual. Salvador: Juspodivm. P. 80.

Somente a partir de uma interação com a realidade político-social será possível que a Constituição demonstre sua força ativa, motivadora e ordenadora da vida do Estado e da Sociedade, isto é, produza e mantenha sua força normativa.

Portanto, é imprescindível que a Constituição reflita as características mais sensíveis da sociedade que pretende regular, em correlação harmônica. Isto significa dizer que as normas constitucionais devem, efetivamente, interagir com a realidade social.

Em virtude disso, nas lições de Meirelles Teixeira, temos a denominada **Constituição Total**:

> "Constituição normativa apresenta-se, em primeiro lugar, como expressão da cultura total, em determinado momento histórico, e, em segundo lugar, como elemento configurante das demais partes da Cultura influindo sobre a evolução cultural com determinados sentidos ou, como diz Burdeau, a Constituição vincula o poder à ideia de Direito, impondo-lhe exigências e diretrizes para a sua ação"[4].

4. TEIXEIRA, J.H. Meirelles. *Curso de Direito Constitucional*. São Paulo: Forense Universitária, 1991. P. 750.

Capítulo 2

Origem

Conquanto a doutrina pátria divirja a respeito do exato momento do surgimento da primeira Constituição escrita, é importante consignar que já na civilização ateniense era possível identificar a existência de leis constitucionais (*nómoi*) e leis ordinárias (*pséfisma*), sendo que aquelas deveriam prevalecer em caso de eventual conflito.

No transcorrer da história foram surgindo diversos outros modelos relacionados à jurisdição constitucional.

Ainda que de forma mais tímida, podemos afirmar que foi na Inglaterra que a liberdade política e a igualdade civil manifestaram-se no mundo moderno, como sendo condições indispensáveis à vida social. Nesse momento histórico importante podemos afirmar que a *primeira manifestação constitucional escrita* surgiu com a assinatura da Magna Carta, em 1215, por João Sem Terra, diploma esse que possuía garantias e limitações à autoridade real, as quais eram reclamadas pelos nobres e religiosos.

Transcorridos mais de 400 (quatrocentos) anos, foi aprovada a Declaração de Direitos ou Projetos de Direitos (*Bill of Rights*), a qual se aproximou do sentido atual de Constituição. Com o passar dos anos, o Parlamento foi limitando a autoridade do rei, especialmente no que tange à submissão do monarca às leis aprovadas por aquele poder, estabelecendo-se a liberdade dos cidadãos.

A despeito disso, a maioria dos autores apontam a Constituição dos Estados Unidos da América (1787) como sendo a primeira Constituição escrita. Em seguida, após a Revolução Francesa (1789) foi elaborada a famosa *Declaração dos Direitos do Homem e do Cidadão*, sendo a mais ampla declaração de direitos individuais.

Atualmente, podemos afirmar que o capítulo das declarações dos direitos humanos se repete em todas as constituições do mundo, inclusive no Brasil.

Capítulo 3

Classificações

Registre-se que a doutrina brasileira costuma utilizar-se de variados critérios de classificação das constituições, existindo variação entre eles. Entretanto, importante que tenhamos uma visão panorâmica de alguns dos critérios que comumente são mais cobrados nos diversos concursos públicos.

3.1 Quanto à origem

As Constituições poderão ser classificadas como sendo **outorgadas** (aquelas impostas pelo agente revolucionário que não recebeu do povo a legitimidade para, em nome dele, atuar), **promulgadas, democráticas, votadas** ou **populares** (fruto do trabalho de uma Assembleia Nacional Constituinte, eleita diretamente pelo povo), **cesaristas** ou **bonapartistas** (não é propriamente outorgada, nem democrática, ainda que criada com a participação popular, vez que essa visa apenas ratificar a vontade do detentor do poder) e, **pactuadas** ou **dualistas** (são aquelas que surgem através de um pacto entre as classes dominante e oposição).

3.2 Quanto à forma

A partir dessa classificação as Constituições podem ser **escritas** (instrumentais) ou **costumeiras** (não escritas).

3.3 Quanto à extensão

No que tange à extensão as Constituições podem ser denominadas de **sintéticas, concisas, breves, sumárias, sucintas** ou **básicas** (aquelas que apenas vinculam os princípios fundamentais e estruturais do Estado) e **analíticas, amplas, extensas, largas, prolixas, longas, desenvolvidas, volumosas** ou **inchadas** (são as Constituições que abordam todos os assuntos que os representantes do povo entenderem por fundamentais).

3.4 Quanto ao conteúdo

A Constituição pode ser **material** (conjunto de normas que regulam a estrutura do Estado, organização do poder, bem como direitos e garantias fundamentais, *inseridas ou não no texto escrito*) ou **formal** (conjunto de normas escritas inseridas no bojo da Constituição, tenham ou não valor constitucional material).

Importante registrar que toda e qualquer norma inserida em nossa Constituição Federal possui conteúdo formal, mas nem todas elas possuem conteúdo material (p.ex., art. 242, § 2.º, da CF).

3.5 Quanto ao modo de elaboração

As Constituições podem ser **dogmáticas** (são aquelas que consubstanciam os dogmas estruturais e fundamentais do Estado) ou **históricas** (constituem-se através de um lento e contínuo processo de formação, ao longo do tempo).

3.6 Quanto à alterabilidade (estabilidade)

Com relação à estabilidade as Constituições podem ser classificadas como sendo **rígidas** (são aquelas que exigem um processo legislativo mais dificultoso para sua alteração), **flexíveis** (o processo legislativo de sua alteração é o mesmo das normas infraconstitucionais), **semirrígidas** (são as Constituições que possuem matérias que exigem um processo de alteração mais dificultoso, enquanto outras normas não o exigem), **fixas** ou **silenciosas** (são as Constituições que somente podem ser alteradas por um poder de competência igual àquele que as criou), **transitoriamente flexíveis** (são as suscetíveis de reforma, com base no mesmo rito das leis comuns, mas por apenas determinado período preestabelecido), **imutáveis** (são as Constituições inalteráveis) ou **super-rígidas** (são aquelas que possuem um processo legislativo diferenciado para a alteração de suas normas e, de forma excepcional, algumas matérias são imutáveis).

> Destaque-se que conquanto a maioria da nossa doutrina classifique nossa CF como sendo rígida, há quem sustente tratar-se de super-rígida, vez que as cláusulas pétreas não poderão ser alteradas, diversamente do que ocorre com as demais normas constitucionais.
> Registre-se, contudo, que a regra constitucional (art. 60, § 4.º) impede apenas que a cláusulas pétreas sejam abolidas ou restringidas, não havendo qualquer impedimento para sua ampliação. Logo, elas podem ser alteradas para ampliar seu espectro de proteção.

3.7 Quanto à sistemática

Com base nessa classificação as Constituições podem ser divididas em **reduzidas** (aquelas que se materializam em um só instrumento legal) ou **variadas** (aquelas que se distribuem em vários textos esparsos).

3.8 Quanto à dogmática

As Constituições poderão ser denominadas **ortodoxa** (Constituição formada por uma só ideologia) ou **eclética** (formada por ideologias conciliatórias diversas).

3.9 Quanto ao critério ontológico

Esse critério foi desenvolvido pelo político e filósofo Karl Loewenstein.

Segundo referido critério a constituição pode ser classificada como sendo **normativa** (aquela cujos limites ao poder político, estabelecidos em seu texto, são de fato respeitados na realidade), **nominalista** ou **nominativa** (conquanto ela possua regras delimitadoras do poder político, essa delimitação não se concretiza na realidade) e **semântica** ou **instrumentalista** (é a constituição que não possui qualquer pretensão à limitação do poder político, servindo apenas para conferir legitimidade formal aos detentores do poder, sendo característica de regimes autoritários).

Destaque-se que a doutrina diverge a respeito da classificação da CF no que tange ao presente critério. Para alguns, nossa Carta Magna se classifica como sendo *nominalista*, ante os desmandos de poder ainda presentes na política nacional. Outros, por sua vez, entendem que ela *pretende ser normativa*, já que não raras vezes ainda falha na concretização dos limites ao poder político. A doutrina majoritária aponta que nossa Constituição Federal seria nominativa.

3.10 Quanto à finalidade

No que tange a essa classificação a doutrina identifica a constituição como sendo *garantia*, *balanço* e *dirigente*.

Diz-se **garantia** aquela constituição que possui um extenso rol de direitos fundamentais oponíveis ao Estado, limitando-se a atuação desse em face do indivíduo.

A constituição **balanço**, por sua vez, é aquela que tem a finalidade de explicitar o desenvolvimento atual da sociedade, objetivando-se deixar transparecer os patamares atuais da economia, bem como das instituições políticas.

Por fim, a constituição **dirigente** é aquela que consagra normas de eficácia programáticas, ou seja, normas que fixam programas a serem seguidos pelos poderes públicos.

3.11 Classificação da Constituição Federal de 1988

Segundo a maioria da doutrina a Constituição Federal de 1988 possui a seguinte classificação: **promulgada, escrita, analítica, formal, dogmática, rígida, variada, eclética, nominativa** e **dirigente**.

Capítulo 4

Elementos das Constituições

Conquanto as Constituições sejam um **todo unitário e orgânico**, elas possuem normas incidentes nas mais variadas matérias, bem como possuem finalidades diversas. Ante essa característica a doutrina nos ensina que as Constituições são formadas por muitas faces.

Não obstante a divergência doutrinária a respeito de quais elementos integram as Constituições, vamos adotar as lições do prof. José Afonso da Silva que, a nosso ver, traz a classificação mais completa a respeito do tema.

Nesse sentido, os elementos podem ser estruturados em[1]:

a) *Orgânicos* – são aqueles que se alocam nas normas que regulamentam o Estado e o poder (p.ex., Títulos II e IV da CF);

b) *Limitativos* – são aqueles integrantes dos direitos e garantias fundamentais, os quais limitam os poderes do Estado (p.ex., art. 5.º da Carta Magna);

c) *Socioideológicos* – demonstram o comprometimento das Constituições contemporâneas entre os Estados individual e social (p.ex., Títulos VII e VIII da CF);

d) *De estabilização constitucional* – integram as normas que objetivam garantir a solução dos conflitos constitucionais, a defesa da Constituição, do Estado, bem como das instituições democráticas (p.ex., arts. 34/36 e 102, I, todos da CF);

e) *Formais de aplicabilidade* – são normas que estabelecem regras de aplicação das Constituições (p.ex., preâmbulo e Ato das Disposições Constitucionais Transitórias).

Destaque-se, por fim, que os elementos ora estudados *não devem ser confundidos* com os denominados **elementos integrantes do Estado** (soberania, finalidade, povo e território).

---

1. SILVA, José Afonso da. *Curso de Direito Constitucional Positivo*. 16.ª ed. São Paulo: Malheiros, 1999. P. 46/47.

Capítulo 5

Histórico das Constituições

Ao longo de nossa história tivemos 08 (oito) Constituições que disciplinaram nosso ordenamento jurídico. Frise-se que pelo seu caráter revolucionário a EC n.º 1/69 pode ser considerada como sendo um poder constituinte originário, razão pela qual está inserida no cômputo das Constituições de nossa história.

A partir de agora, passaremos à análise sucinta de cada uma das Constituições que vigeram em nossa história, bem como a respeito da atual Constituição Federal de 1988.

5.1 Constituição de 1824

Com a declaração da Independência do Brasil (07/9/1822), Dom Pedro I convocou, no ano seguinte, a Assembleia Geral Constituinte e legislativa, com ideias marcadamente liberais. Ocorre que, em virtude de divergências com seus ideais e pretensões arbitrárias, a Assembleia foi destituída e substituída pelo Conselho de Estado, com a finalidade de tratar sobre os *negócios de maior monta*, bem como elaborar um novo projeto de total acordo com a vontade da Majestade Imperial.

Pois bem. Em 25/3/1824 foi **outorgada** a Constituição Política do Império do Brasil, que vigorou por 65 (sessenta e cinco) anos.

Essa Constituição era marcada por um **forte centralismo administrativo** (forma unitária de Estado) **e político**, bem como por **absolutismo**.

Outro ponto que merece destaque em referida norma jurídica é a existência de quatro "Poderes", quais sejam, *Legislativo*, *Executivo*, *Judiciário* e ***Moderador*** (era um mecanismo que assegurou a estabilidade do trono do Imperador, haja vista que através dele o monarca nomeava os Senadores, convocava extraordinariamente a Assembleia Geral, sancionava e vetava proposições do Legislativo, nomeava e demitia livremente os Ministros de Estado, suspendia os magistrados, dentre outros atos).

O **sufrágio** era **censitário** (para votar e ser votado o titular precisava ostentar determinadas condições econômico-financeiras) e as **eleições** para o Poder Legislativo eram **indiretas**.

O Poder Judiciário era intitulado como **Poder Judicial**, o qual era independente e composto por **juízes** e **jurados**. Os primeiros aplicavam as leis, ao passo que os segundos se pronunciavam a respeito dos fatos. O órgão de cúpula do referido poder era denominado de **Supremo Tribunal de Justiça**.

Durante a conhecida Guerra do Paraguai os militares passam a alimentar um elevado sentimento de descontentamento com a Monarquia, sentimento esse ocorrido em diversos outros segmentos da sociedade da época.

Em virtude do enfraquecimento paulatino da Monarquia, entre os anos de 1889 e 1891 instalou-se no Brasil o **Governo Provisório**, materializado através do Decreto n.º 1, de 15/11/1889, que tinha o objetivo de consolidar o novo regime e promulgar a primeira Constituição da República.

5.2 Constituição de 1891

Após o enfraquecimento da Monarquia e a instalação do Governo Provisório, no ano de 1890 foi eleita a Assembleia Constituinte, sendo que em 24/2/1891 foi **promulgada** a primeira Constituição da República do Brasil, a qual vigorou até o ano de 1930.

A relatoria da nova Constituição ficou a cargo do então Senador Rui Barbosa, tendo sofrido forte influência da Constituição norte-americana de 1787. Em virtude disso, a Constituição de 1891 abandonou o unitarismo, bem como a monarquia, consagrando-se o **sistema de governo *presidencialista***, a **forma de *Estado Federal*** e a **forma de governo *republicana***.

Com a adoção do Estado Federal houve a declaração da *união perpétua* e *indissolúvel* das antigas Províncias, vedando-se a possibilidade de secessão (separação), haja vista o **princípio do pacto federativo**.

A Capital da União era a cidade do Rio de Janeiro. Ressalte-se, contudo, que já naquela época houve a seguinte previsão no art. 3.º da Constituição:

> "fica pertencendo à União, no planalto central da República, uma zona de 14.400 quilômetros quadrados, que será oportunamente demarcada para nela estabelecer-se a futura Capital Federal. Efetuada a mudança da Capital, o atual Distrito Federal passará a constituir um Estado".

Outra característica importante da nova Constituição foi a constitucionalização do Brasil como sendo um país **leigo**, **laico** ou **não confessional**. Isso significa dizer que o país deixou de ter uma religião oficial.

Houve a extinção do Poder Moderador, passando-se a adotar a clássica teoria da Tripartição de Poderes de Montesquieu.

No âmbito do Poder Legislativo instaurou-se o conhecido **bicameralismo federativo**. Os representantes da **Câmara dos Deputados** eram eleitos através do **sufrágio direto**, para um **mandato de 03 anos**. Os **Senadores** também eram eleitos pelo sufrágio direto, para um **mandato de 09 anos**, com uma **renovação trienal** da casa.

Diversamente do que conhecemos hoje, no âmbito dos Estados também vigorava a ideia do **bicameralismo estadual**.

A despeito do Ato das Disposições Transitórias prever que o Chefe do Poder Executivo Federal seria eleito através de **eleições diretas (sufrágio direto)**, a primeira eleição da República foi **indireta** (Presidente Marechal Deodoro da Fonseca).

Merece destaque, também, que o órgão máximo do Poder Judiciário passou a chamar-se **Supremo Tribunal Federal**, composto na época por 15 (quinze) juízes. Houve a manutenção da Justiça Federal.

O processo de alteração da Constituição passou a ser mais dificultoso que as demais normas legais, sendo uma **Constituição rígida** (no que tange à estabilidade).

No que tange à **declaração dos direitos** houve significativo aprimoramento, abolindo-se algumas penas mais severas (p.ex., de banimento). Pela primeira vez em nossa história houve a previsão constitucional do remédio constitucional do ***habeas corpus***.

No mês de setembro de 1926 a Constituição Federal sofreu uma minirreforma, tendo havido a restrição da autonomia dos Estados a partir da **centralização do poder**.

Em virtude de diversos acontecimentos históricos (p.ex., domínio das oligarquias, fraude eleitoral institucionalizada, surgimento da classe operária) começou a haver a ruína da República Velha. Com a eclosão da Revolução de 1930 a *República Velha chega ao fim*, sendo que em 11 de novembro de 1930 foi instituído o **Governo Provisório**, tendo sido Getúlio Vargas alçado ao poder.

O Decreto n.º 19.398/30, dentre outras disposições, previa que competia ao Governo Provisório *exercer, discricionariamente e em toda a sua plenitude, as funções e atribuições dos Poderes Executivo e Legislativo*, até que fosse restabelecia a reorganização constitucional do Brasil, por intermédio da Assembleia Constituinte. Com isso, verifica-se que houve a dissolução do Congresso Nacional, bem como as demais casas legislativas das outras esferas do poder. Em virtude disso, nomeou-se um *interventor* para cada Estado e Município.

Ainda durante o Governo Provisório de Getúlio Vargas foi promulgado o Código Eleitoral (1932), tendo promovido importantes mudanças, adotando-se o **sufrágio universal, direto e secreto**, bem como o **voto feminino**.

5.3 Constituição de 1934

Diversamente da Constituição anterior, a de 1934 (**promulgada**) sofreu forte influência da Constituição Alemã de 1919 (**Constituição de Weimar**), bem como do **fascismo**. Tais influências podem ser facilmente notadas em virtude dos denominados *direitos humanos de segunda dimensão*, da perspectiva de um *Estado Social de Direito*, bem como da *representação classista do Parlamento*.

Dentre as importantes características da Constituição em questão, podemos destacar o fato de que, a despeito de continuar sendo um país leigo houve a previsão para se admitir o **casamento religioso com efeitos civis**, bem como a **facultatividade das escolas públicas em ministrar o ensino religioso**. Ademais, no preâmbulo da Constituição houve a inserção e previsão da palavra "**Deus**".

No que tange ao Poder Legislativo impende destacar a prevalência de um **bicameralismo desigual** ou **unicameralismo imperfeito**, haja vista que aquele era exercido pela Câmara dos Deputados com a colaboração do Senado Federal, *dissociando-se da ideia do bicameralismo federativo*.

O **mandato** dos **Deputados Federais** passou a ser de **04 (quatro) anos**, sendo eles eleitos pelo **sistema proporcional** e **sufrágio universal**. Ressalte-se, contudo, que a Câmara dos Deputados era composta por *representantes do povo* e *de representantes eleitos* pelas organizações profissionais, na forma que a lei indicasse.

Em comparação à Constituição anterior, na de 1934 o mandato dos **Senadores** foi diminuído para **08 (oito) anos, sendo eles eleitos mediante sufrágio universal, igual e direto**. Pela regra insculpida no art. 89 o Senado Federal era composto de 02 (dois) representantes de cada Estado e do Distrito Federal, **renovando-se os representantes pela metade**, conjuntamente com a eleição da Câmara dos Deputados, ou seja, a cada 04 (quatro) anos havia a renovação de metade dos Senadores.

Havia a previsão de que o Poder Judiciário era composto pela (a) Corte Suprema, (b) por Juízes e Tribunais Federais, (c) por Juízes e Tribunais Militares, bem como (d) por Juízes e Tribunais Eleitorais. Garantiu-se aos magistrados a *vitaliciedade*, a *inamovibilidade* e a *irredutibilidade de vencimentos*.

Frise-se, ainda, que na ocasião houve a constitucionalização do **voto feminino**, bem como do **voto secreto** (conhecido também por *voto australiano*, haja vista sua origem).

Em virtude de seu viés social novos títulos foram incluídos, destacando-se os da **ordem econômica e social**, **da família, educação e cultura,** bem como da **segurança nacional.** Além da representação classista a nova Carta prestigiou a **legislação trabalhista**.

Por fim, é de se ressaltar que pela primeira vez, no âmbito constitucional, foram previstos os remédios constitucionais do **mandado de segurança** e da **ação popular**.

5.4 Constituição de 1937

Tendo em vista o forte antagonismo protagonizado entre a Ação Integralista Brasileira (direita fascista) e a Aliança Nacional Libertadora (movimento de esquerda), no mês de julho de 1935 o Governo Federal (de Getúlio Vargas) fechou essa última, sob o fundamento de ilegalidade com base na Lei de Segurança Nacional.

Com a eclosão da conhecida ***Intentona Comunista*** o Governo Federal decretou *estado de sítio*, deflagrando-se um forte movimento de repressão ao comunismo. Ademais, com o apoio do Congresso Nacional o então Presidente da República (Getúlio Vargas) decretou *estado de guerra.*

Após a veiculação do **Plano Cohen** (plano comunista para a tomada do poder), em 10/11/1937 Getúlio Vargas dá o *golpe militar, centralizando o poder e fechando o Congresso Nacional.*

Em razão desses acontecimentos foi **outorgada** a Constituição de 1937, influenciada por ideais *autoritários* e *fascistas*, advindos da Constituição Polonesa de 1935, surgindo, então, o **Estado Novo**. Tendo em vista a influência dessa Constituição, a nossa Constituição da época ficou conhecida como **polaca**.

Durante esse período, além do fechamento do Congresso nacional, o Governo tinha amplo domínio sobre o Poder Judiciário. Ademais, houve o enfraquecimento de direitos fundamentais, sendo que o Estado atuava diretamente na economia.

De outro vértice, para ampliar o apoio popular, foram consagrados importantes direitos sociais, bem como promulgação da Consolidação das Leis do Trabalho.

A despeito de ter sido mantida a forma do Estado (Federal), houve uma diminuição das autonomias estaduais, razão pela qual a doutrina afirma que o **regime federativo era nominal**. Situação parecida ocorreu com a organização dos Poderes que, conquanto ainda existissem os três poderes, tanto o Legislativo, quanto o Judiciário foram esvaziados de suas funções.

Com relação ao Poder Legislativo importante consignar que houve uma mudança em sua estrutura. Isso porque, o Legislativo federal era exercido pelo **Parlamento Nacional** com a colaboração do **Conselho de Economia Nacional** e do **Presidente da República**. Frise-se que o Parlamento Nacional era composto pelas **Câmaras dos Deputados** e do **Conselho Federal**, sendo que o Senado Federal deixou de existir durante o Estado Novo.

Os representantes do povo, que integravam a Câmara dos Deputados, passaram a ser eleitos por **sufrágio indireto** para mandato de 04 (quatro) anos. O Conselho Federal, por sua vez, era composto de representantes dos Estados e 10 (dez) membros nomeados pelo Presidente da República, com mandato de 06 (seis) anos.

Ocorre que, por expressa disposição constitucional (art. 178), houve a dissolução da Câmara dos Deputados, do Senado Federal, das Assembleias Legislativas dos Estados e as Câmaras Municipais, sendo que deveria ter sido marcada eleições futuras para o novo parlamento, situação que nunca se consolidou. Nesse período, era de atribuição do Presidente da República expedir **decretos-leis** sobre todas as matérias da competência legislativa da União.

No caso do Poder Executivo a **eleição** passou a ser **indireta**, com **mandato de 06 (seis) anos**.

Conforme já dito anteriormente, o Poder Judiciário restou esvaziado de suas funções. Além disso, a Justiça Eleitoral foi extinta, subsistindo apenas como órgãos desse poder o Supremo Tribunal Federal, os Juízes e Tribunais dos Estados, do Distrito Federal e dos Territórios, bem como os Juízes e Tribunais Militares.

Outra característica importante dessa Constituição e que merece destaque diz respeito aos **direitos fundamentais**. Nesse ponto houve restrição ao *direito de manifestação do pensamento*, não foram previstos os *princípios da irretroatividade das leis* e *da reserva legal*, bem como não houve disciplina sobre os remédios constitucionais do *mandado de segurança* e *da ação popular*. Ademais, havia previsão de *pena de morte* para aqueles que cometessem crimes políticos ou homicídio cometido por motivo fútil e com extremos de perversidade. Frise-se que a *tortura* foi utilizada com instrumento de repressão do governo.

No âmbito dos **direitos sociais** restaram proibidos o *lock-out* e a greve.

A despeito dos diversos pontos *negativos* é inegável que houve uma *nacionalização formal da economia* (p.ex., criação da Companhia Vale do Rio Doce) bem como uma *conquista de direitos e vantagens trabalhistas*.

Ao longo da Segunda Grande Guerra Mundial o Governo brasileiro entrou na guerra ao lado dos Aliados, buscando-se enfrentar as ditaduras nazifascistas de Mussolini e Hitler. Com a entrada na Guerra, Getúlio Vargas acabou perdendo importante apoio, situação essa exteriorizada por intermédio do denominado **Manifesto dos Mineiros** (24/10/1943), instrumento esse assinado por intelectuais que apontavam a contradição entre a política interna e a externa.

Em virtude da forte pressão política da época, Getúlio Vargas acabou por assinar a Lei Constitucional n.º 9, de 28/2/1945 (**Ato Adicional**), convocando eleições presidenciais e marcando a derrocada do conhecido *Estado Novo*. Referido ato normativo atribuiu *poderes constituintes* ao Parlamento que seria eleito em dezembro de 1945 para a elaboração da nova Constituição.

Conquanto durante a campanha presidencial tenha surgido o denominado movimento **queremismo** (*queremos Getúlio*), bem como tenham sido adotadas algumas medidas políticas objetivando-se salvar o então Governo (p.ex., substituição do chefe de Polícia do Distrito Federal – então cidade do Rio de Janeiro – por Benjamim Vargas, irmão de Getúlio), tais fatos culminaram na *expulsão* (deposto pelas Forças Armadas) de Getúlio Vargas do poder pelos Generais Gaspar Dutra e Góis Monteiro.

5.5 Constituição de 1946

No dia 1.º/2/1946 foi instalada a Assembleia Constituinte para a elaboração da nova Constituição. Após pouco mais de sete meses de trabalho, em 18/9/1946 foi **promulgada** a nova Constituição que veio *redemocratizar o País*, em repúdio ao Estado totalitário que vigorava desde 1930.

De uma maneira geral podemos destacar que o novo texto constitucional buscou inspiração nas *ideias liberais da Constituição de 1891*, bem como nas *ideias sociais na de 1934*. Ademais disso, na ordem econômica houve a busca para harmonizar os *princípios da livre iniciativa* com o *da justiça social*.

A **forma de Governo** e a **forma de Estado** foram mantidas, embora tivesse sido prestigiado o municipalismo. Foi mantida, também, a **neutralidade confessional**, embora a expressão "Deus" tivesse sido inserida no preâmbulo da nova Carta Constitucional.

No que tange aos **Poderes** instituídos, houve o restabelecimento da *teoria clássica da tripartição de Montesquieu*.

Houve, ainda, o restabelecimento do **bicameralismo federativo igual**, haja vista que o Congresso Nacional era composto pela Câmara dos Deputados e Senado Federal, de forma igualitária.

A **composição da Câmara dos Deputados** era de *representantes do povo*, eleitos pelo *sistema proporcional*, pelos Estados, pelo Distrito Federal e pelos Territórios, para *mandato de 04 (quatro) anos*. Já o **Senado Federal** era composto por *representantes dos Estados e do Distrito Federal* (cada um com 03 Senadores), eleitos pelo *sistema majoritário*, para *mandato de 08 (oito) anos*, renovando-se a representação a cada 04 (quatro) anos, alternadamente, por 1/3 e 2/3.

Frise-se que por expressa disposição constitucional as funções de Presidente do Senado Federal eram exercidas pelo Vice-Presidente da República.

Tendo-se em vista o princípio da pluralidade dos partidos políticos e a garantia dos direitos fundamentais, houve a **constitucionalização dos partidos políticos**, vedando-se, entretanto, a organização, o registro ou o seu funcionamento nas hipóteses em que o programa ou ação contrariassem o regime democrático.

Outra característica de suma importância a ser destacada é que houve o restabelecimento da normalidade democrática, sendo que o **Presidente da República** deveria ser **eleito diretamente** para *mandato de 05 (cinco) anos*, junto com o respectivo Vice.

Acrescente-se que no tocante ao **Poder Judiciário** também houve a retomada da situação de normalidade, sendo ele exercido pelos seguintes órgãos: (a) Supremo Tribunal Federal; (b) Tribunal Federal de Recursos; (c) Juízes e Tribunais Militares; (d) Juízes e Tribunais Eleitorais; e, (e) Juízes e Tribunais do Trabalho.

No campo dos **direitos fundamentais** importantes avanços podem ser notados. Tanto o *mandado de segurança* quanto a *ação popular* foram restabelecidas no texto constitucional. A nova Constituição consagrou o *princípio da inafastabilidade do controle jurisdicional*. Foram vedadas as *penas de morte* (salvo em tempo de guerra), *banimento*, *confisco* e *de caráter perpétuo*.

Com relação aos **direitos sociais** houve o reconhecimento do *direito de greve*, tendo sido mantidos os demais direitos trabalhistas conquistados durante o Estado Novo.

No dia 25/8/1961, em razão de perda de apoio político, o então Presidente da República Jânio Quadros acabou renunciando alegando "forças ocultas terríveis". Irresignado com o aludido afastamento, em 02 de setembro do mesmo ano, o Congresso Nacional aprovou o **regime parlamentarista**, tendo como novidade o exercício dual do Poder Executivo (exercido pelo Presidente da República e pelo Conselho de Ministro). Ocorre que, durante referendo realizado em 06/1/1963 o povo determinou o imediato restabelecimento do **regime presidencialista**.

Em 31/3/1964 iniciou-se a denominada **nova ordem revolucionária do País**, em virtude da derrubada de Jânio Quadros da Presidência da República, por um movimento militar, acusado de estar a serviço do *comunismo internacional*.

Capitaneados pelo General Costa e Silva, pelo Brigadeiro Francisco Correia de Melo e o Almirante Augusto Rademaker, foi constituído o conhecido Supremo Comando da Revolução, sendo que em 09/4/1964 foi baixado o **Ato Institucional n.º 1** que impôs uma série de restrições à democracia, destacando-se, dentre outras as seguintes: (a) o Comando da Revolução poderia decretar o estado de sítio, com fulcro no art. 6.º; e, (b) o art. 7.º do referido ato conferia o poder de aposentar civis ou militares.

No ano de 1965 foram baixados os **Atos Institucionais n.º 2 e 3** que, respectivamente, estabeleceram eleições indiretas para Presidente e Vice-Presidente da República, bem como aos Governadores e Vice-Governadores dos Estados.

Em 1966 houve o fechamento do Congresso Nacional, sendo que por intermédio do **Ato Institucional n.º 4/66** ele foi reaberto para aprovar a Constituição de 1967.

Por fim, é de se destacar que a despeito da vigência da Constituição de 1946, desde o Golpe de 1964 o país era governado por intermédio dos Atos Institucionais, os quais objetivavam consolidar a *Revolução Vitoriosa*, combatendo-se o comunismo que assolava o país.

5.6 Constituição de 1967

Inicialmente, importante consignar que a despeito de parcela da doutrina afirmar que referida Constituição tenha sido promulgada, não podemos nos esquecer que quando de sua elaboração o país estava sob a administração do Supremo Comando da Revolução, fato esse que, sem sombra de dúvidas, acabava por restringir a atuação plena e sem ingerências do Congresso Nacional. Em virtude dessas características, concordamos com o posicionamento de Pedro Lenza que afirma que o texto de 1967 foi **outorgado unilateralmente** pelo regime ditatorial militar implantado, conquanto a Constituição tenha sido *formalmente* votada, aprovada e promulgada.

Não obstante o texto constitucional prever que a **forma de Estado** fosse **federativa**, podia-se verificar que na prática o estado aproximava-se mais do *unitário centralizado*, haja vista que houve um esvaziamento dos poderes dos Estados e Municípios, sob o argumento de segurança nacional.

A clássica *teoria da tripartição dos Poderes* foi formalmente mantida, embora somente o Poder Executivo fosse o que existia na prática, haja vista o enfraquecimento dos outros dois poderes.

No que tange ao **Poder Executivo** houve a previsão de **eleição indireta**, para mandato de *04 (quatro) anos*.

Outro ponto importante que merece destaque diz respeito ao fato de o Presidente da República (*iniciativa exclusiva*) legislar por **decretos-leis**, os quais podiam ser editados nos casos de *urgência* **ou** de *interesse público relevante*, **e** desde que não ocorresse aumento de despesa sobre a (a) segurança nacional ou (b) finanças públicas.

Com relação aos decretos-leis impende ressaltar que os mesmos tinham vigência imediatamente após sua publicação, sendo que o Congresso Nacional tinha o prazo de 60 (sessenta) dias para aprovar ou rejeitar, não se admitindo emendas. Caso não houvesse deliberação dentro desse prazo, o texto seria tido como aprovado (**aprovação tácita por decurso do prazo**).

Nos termos do art. 151 os **direitos políticos** podiam ser suspensos, havendo inúmeras possibilidades naquele dispositivo constitucional. De outro vértice, os **direitos dos trabalhadores** foram definidos com maior eficácia.

Em 13/12/1968 foi baixado, pelo General Costa e Silva, o conhecido **Ato Institucional n.º 5**, o qual perdurou até 17/10/1978 quando foi revogado pela Emenda Constitucional n.º 11. No mesmo dia em que aquele ato foi baixado, por intermédio do **Ato Complementar n.º 38**, houve o fechamento do Congresso Nacional, por mais de 10 (dez) meses.

5.7 Constituição de 1969 (EC n.º 1/69)

Frise-se que embora exista divergência sobre sua efetiva natureza de Constituição, é inegável que ante o caráter revolucionário da Emenda Constitucional n.º 1/69 houve uma verdadeira manifestação de poder (**poder constituinte originário**) que acabou por **outorgar** a nova Carta que *constitucionalizava* a utilização dos conhecidos Atos Institucionais, que foram mantidos em vigor.

Com a nova Carta o *mandato* presidencial foi *aumentado para 05 (cinco) anos*, continuando a haver *eleição indireta*.

Ao longo do governo do General Médici o Brasil experimentou o conhecido ***milagre econômico***. Posteriormente, quando do governo de Ernesto Geisel, o país sofreu *forte inflação* e *grave crise econômica*. Em razão disso, e temeroso em perder apoio, em 1.º/7/1976 foi baixada a **Lei Falcão** que reduziu a propaganda política, objetivando-se diminuir a atuação da oposição.

O então Presidente da República Geisel baixou o denominado **Pacote de Abril de 1977**, que dissolveu o Congresso Nacional e previu 14 (catorze) emendas e 06 (seis) decretos.

Pouco mais de um ano depois foi lançado o **Pacote de Junho de 1978** que, dentre as várias medidas, destacou-se a *revogação total do famigerado Ato Institucional n.º 5*.

Com essa série de importantes medidas, teve-se início ao **processo de redemocratização**, o qual ganhou força durante o governo de João Figueiredo, que durante seu mandado (de 06 anos) teve a missão de pôr termo ao governo militar.

Ainda durante a vigência da Constituição em tela, podemos destacar importantes acontecimentos, a saber: ***Lei da Anistia*** (todos aqueles que, no período entre 02/9/1961 a 15/8/1979, cometeram crimes políticos ou conexos e crimes eleitorais foram anistiados. Ademais, os benefícios da anistia foram estendidos àqueles que tiveram seus direitos políticos suspensos e aos servidores da Administração Pública – Direta e Indireta, de fundações vinculadas ao poder público, aos servidores dos Poderes Legislativo e Judiciário, bem como aos militares e aos dirigentes e representantes sindicais que haviam sido punidos com fundamento nos Atos Institucionais e Complementares); ***Reforma Partidária*** (por intermédio da Lei n.º 6.767/79 foi regulamentado no Brasil o pluripartidarismo partidário); ***EC n.º 15/80*** (previu eleições diretas em âmbito estadual); e o movimento das ***Diretas Já*** (movimento que propôs, por meio da PEC n.º 5/83, eleição direta para o Poder Executivo Federal).

A despeito do movimento das *Diretas Já*, a PEC n.º 5/83 (conhecida também como *PEC Dante de Oliveira*, em razão do fato de seu proponente ter sido o então Deputado Federal Dante de Oliveira), ela foi rejeitada. Entretanto, no mês de janeiro de 1985 o Colégio Eleitoral (voto indireto) elegeu o civil Tancredo Neves, *caracterizando-se o fim do regime militar*. Como promessa de campanha, Tancredo Neves disse que estabeleceria a *Nova República, democrática e social*.

Entretanto, em virtude de uma doença que ceifou sua vida, Tancredo não chegou a tomar posse no cargo de Presidente da República, sendo esse cargo assumido por seu vice (José Sarney). Em virtude do compromisso assumido pela Aliança Democrática, José Sarney instituiu o Decreto n.º 91.450/85 criando a *Comissão*

Provisória de Estudos Constitucionais (**Comissão Afonso Arinos**), a qual tinha por objetivo o desenvolvimento de pesquisas e estudos fundamentais para colaborar com os trabalhos da Assembleia Nacional Constituinte.

O anteprojeto de Constituição foi entregue no dia 18/9/1986 sendo, entretanto, rejeitado pelo então Presidente da República, especialmente em razão de ter optado pelo **sistema parlamentarista**, o que, sem sombra de dúvidas, acabaria por diminuir os poderes do Chefe do Executivo. Alguns meses após essa rejeição, José Sarney determinou a convocação de uma Assembleia Nacional Constituinte (1.º/2/1987), sob a presidência do então Ministro do Supremo Tribunal Federal José Carlos Moreira Alves.

Após mais de um ano de um árduo trabalho, e dificuldades inerentes aos diversos membros da referida Comissão, *em 05/10/1988 foi promulgada a atual Constituição Federal*, intitulada por Ulysses Guimarães (Presidente da Assembleia Nacional Constituinte na época) como **Constituição Cidadã**, haja vista a *ampla participação popular durante a sua elaboração e a constante busca de efetivação da cidadania.*

É inegável que após longo período de regime militar, a atual Constituição Federal de 1988 representou um extremo avanço em diversos aspectos, contribuindo, principalmente, para a redemocratização do País.

5.8 Constituição Federal de 1988

Dentre os avanços advindos da nova Carta Constitucional podemos destacar a ampliação do **pluripartidarismo**, destacando-se que o pluralismo político é um dos *fundamentos* da República Federativa do Brasil (cf. art. 1.º, V, da CF). Houve a erradicação da censura à imprensa, bem como a consolidação do sindicalismo e grandes centrais sindicais.

Após duas décadas e meia de regime militar, em 1989 **Fernando Collor de Mello** foi eleito, de **forma direta**, Presidente da República. Depois de quase três anos de exercício do mandato (15/3/1990 a 29/12/1992), Collor sofreu o processo de *impeachment*, sendo que o vice **Itamar Franco** assumiu o cargo de Presidente (29/12/1992 a 1.º/1/1995).

Posteriormente, tivemos a eleição direta de **Fernando Henrique Cardoso**, que, dentre outras medidas, abriu a possibilidade de uma única reeleição subsequente através da promulgação da EC n.º 16/97. Em virtude disso, e considerando a promulgação da Emenda Constitucional de Revisão n.º 5/94 (governo Itamar Franco) que *diminuiu o mandato presidencial de 05 (cinco) para 04 (quatro) anos,* Fernando Henrique exerceu o cargo de Presidente da República de 1.º/1/95 a 1º/1/03.

Em seguida, a população elegeu democraticamente e de forma direta, **Luiz Inácio Lula da Silva** para exercer o mandato de 1.º/1/2003 até 1.º/1/2007, tendo também sido reeleito para um segundo mandato (1.º/1/2007 até 1.º/1/2011).

No mês de outubro de 2009 a então candidata **Dilma Rousseff** sagrou-se vencedora nas eleições presidenciais, tendo sido a primeira mulher a exercer o cargo de Presidente da República na história do Brasil. Seu primeiro mandato foi exercido de 1.º/1/2011 até 1.º/1/2015, tendo sido reeleita e assumido o segundo mandato em 1.º/1/2015, com previsão de término em 1.º/1/2019. Contudo, após o surgimento de diversos escândalos, Dilma também sofreu o processo de *impeachment*, tendo deixado o cargo em 31/8/2016, assumindo seu vice **Michel Temer** (31/8/16 a 1.º/1/2019).

Em outubro de 2018 foi eleito o então candidato **Jair Bolsonaro** que tomou posse no cargo de Presidente da República em 1.º/1/2019. Durante seu mandato foi promulgada a EC n.º 103, de 12/11/2019, que alterou o sistema de previdência social e estabeleceu regras de transição e disposições transitórias.

Após a realização do segundo turno do pleito eleitoral, no final de outubro de 2022, em uma votação apertada (50,90% dos votos válidos), o então candidato **Luiz Inácio Lula da Silva** sagrou-se vencedor, tendo sido empossado em 1.º/1/2023 para seu terceiro mandato, por um período de 04 (quatro) anos.

Impende destacar que, não obstante a redação dada pela EC n.º 111/2021 ao art. 82, a posse do Presidente da República foi no dia 1.º/1/2023, haja vista que a alteração de data somente passará a produzir efeito nas eleições de 2026 (cf. art. 5.º da referida EC).

Outro ponto que merece destaque desse período da *Nova República* diz respeito ao fato de que o primeiro plebiscito ocorreu em razão do previsto no art. 2.º do Ato das Disposições Constitucionais Transitórias que tem a seguinte redação:

> "Art. 2º. No dia 7 de setembro de 1993 o eleitorado definirá, através de plebiscito, a forma (república ou monarquia constitucional) e o sistema de governo (parlamentarismo ou presidencialismo) que devem vigorar no País.
>
> § 1º Será assegurada gratuidade na livre divulgação dessas formas e sistemas, através dos meios de comunicação de massa cessionários de serviço público.
>
> § 2º O Tribunal Superior Eleitoral, promulgada a Constituição, expedirá as normas regulamentadoras deste artigo".

Conquanto a previsão para realização do plebiscito estivesse marcada para o dia 07/9/1993, ele foi antecipado para o dia 21 do mês de março daquele ano. O resultado final foi a manutenção da **república constitucional**, bem como do **sistema presidencialista de governo**.

Ainda, com base no artigo 3.º do Ato das Disposições Constitucionais Transitórias, havia a previsão de que cinco anos após a promulgação da Constituição, deveria ocorrer a manifestação do conhecido **poder constituinte derivado revisor**, sendo que em decorrência disso foram aprovadas 06 Emendas Constitucionais de Revisão, por um processo mais simplificado que as Emendas Constitucionais (fruto do *poder constituinte derivado reformador*).

Destacam-se, também, que a ***forma de Governo*** é a República, o ***sistema de Governo*** é o Presidencialismo e a ***forma de Estado*** a Federação.

Em virtude de expressa previsão constitucional (art. 18, § 1.º) Brasília é a Capital Federal. Importante lembrar que a mudança de local se deu em virtude das Constituições anteriores, sendo Brasília inaugurada como a nova capital do Brasil em 21/4/1960.

No que tange à **organização dos Poderes** buscou-se um maior equilíbrio, especialmente ante a adoção da técnica do *sistema de freios e contrapesos.* Com isso, a supremacia do Poder Executivo que imperava até então foi abrandada.

Com o advento da Carta Magna houve a substituição do *extinto decreto-lei* pela **medida provisória**, ato normativo de titularidade exclusiva do Chefe do Poder Executivo.

O art. 92 da atual Constituição Federal estabelece os órgãos do Poder Judiciário. Importante consignar que nossa Carta Magna criou o **Superior Tribunal de Justiça**, órgão este responsável pela uniformização da interpretação da lei federal em todo o território nacional, constituindo-se órgão de convergência da Justiça comum (Estadual e Federal).

Por fim, é de se destacar também que diversas outras mudanças profundas foram trazidas pela Constituição Cidadã, sendo elas debatidas em momento oportuno.

Quadro Sinótico

CONSTITUIÇÃO	
Conceito e perspectivas	Podemos conceituar a **Constituição Federal** como sendo **a norma máxima de um Estado que estabelece sua organização e fundamentos, trazendo as regras mínimas essenciais para sua subsistência e formação**. Com isso, a Constituição Federal passa a ser a *norma de validade* de todo o ordenamento jurídico pátrio, sendo ela o *parâmetro de validade* dos demais atos normativos, haja vista o **princípio da supremacia formal das normas constitucionais**. A depender do ponto de vista que a Constituição é apreciada e concebida, ela poderá ser vista sob quatro perspectivas. Pela ***perspectiva sociológica*** uma Constituição só seria legítima se **representasse o efetivo poder estatal**, contemplando as forças sociais que o constituem. A Constituição, portanto, *reflete o resultado das forças sociais, sendo uma realidade política e social do presente*. Segundo a ***perspectiva política*** a **Constituição está relaciona à decisão política fundamental**, ao passo que as leis constitucionais seriam os demais dispositivos inseridos no texto do documento constitucional, não contendo matéria de decisão política fundamental. Para a ***perspectiva jurídica*** a Constituição possui um conceito acima de tudo normativo, consistente em um conjunto de normas jurídicas. Aquela é um conjunto de normas *de maior força hierárquica dentro do ordenamento jurídico e que tem por fim organizar e estruturar o poder político, além de definir os seus limites, inclusive pela concessão de direitos fundamentais do cidadão.*
Conceito e perspectivas	Por fim, a ***perspectiva cultural*** entende que a Constituição deve ser *entendida com um produto de um fato cultural, oriundo da sociedade*. O Direito, para essa perspectiva, é parte de uma cultura, haja vista ser criação do homem.
Origem	Ainda que de forma mais tímida, podemos afirmar que foi na Inglaterra que a liberdade política e a igualdade civil manifestaram-se no mundo moderno, como sendo condições indispensáveis à vida social. Nesse momento histórico importante podemos afirmar que a *primeira manifestação constitucional escrita* surgiu com a assinatura da Magna Carta, em 1215, por João Sem Terra, diploma esse que possuía garantias e limitações à autoridade real, as quais eram reclamadas pelos nobres e religiosos.

Classificações	***Quanto à origem*** – as Constituições poderão ser classificadas como sendo *outorgadas*, *promulgadas* (democrática, votada ou popular), *cesaristas* (bonapartistas) e, *pactuadas* (dualistas). ***Quanto à forma*** – classificam-se em escritas (instrumentais) ou costumeiras (não escritas). ***Quanto à extensão*** – podem ser denominadas de sintéticas (concisas, breves, sumárias, sucintas ou básicas) e ***analíticas*** (amplas, extensas, largas, prolixas, longas, desenvolvidas, volumosas ou inchadas). ***Quanto ao conteúdo*** – A Constituição pode ser ***material*** ou ***formal.*** ***Quanto ao modo de elaboração*** – podem ser dogmáticas ou históricas. ***Quanto à estabilidade*** – as Constituições podem ser classificadas como sendo rígidas, flexíveis, semirrígidas, fixas ou silenciosas, transitoriamente flexíveis, imutáveis ou super-rígidas.
Classificações	***Quanto à sistemática*** – podem ser divididas em reduzidas ou variadas. ***Quanto à dogmática*** – poderão ser denominadas de ortodoxa ou eclética. ***Quanto ao critério ontológico*** – a constituição pode ser classificada como sendo ***normativa, nominalista*** ou ***semântica***. ***Quanto à finalidade*** – a constituição pode ser classificada como garantia, balanço e dirigente.
Elementos das Constituições	A partir das lições do prof. José Afonso da Silva, os elementos podem ser estruturados em: *orgânicos* (são aqueles que se alocam nas normas que regulamentam o Estado e o poder); *limitativos* (são aqueles integrantes dos direitos e garantias fundamentais, os quais limitam os poderes do Estado); *sócio ideológicos* (demonstram o comprometimento das Constituições contemporâneas entre os Estados individual e social); *de estabilização constitucional* (integram as normas que objetivam garantir a solução dos conflitos constitucionais, a defesa da Constituição, do Estado, bem como das instituições democráticas); e, *formais de aplicabilidade* (são normas que estabelecem regras de aplicação das Constituições).
Histórico das Constituições	A ***Constituição de 1824***, que foi *outorgada*, era marcada por um **forte centralismo administrativo** (forma unitária de Estado) **e político**, bem como por **absolutismo**. Existiam quatro "Poderes" (*Legislativo*, *Executivo*, *Judiciário* e ***Moderador***. O **sufrágio** era **censitário** e as **eleições** para o Poder Legislativo eram **indiretas**. O Poder Judiciário era intitulado como **Poder Judicial**, o qual era independente e composto por **juízes** e **jurados**.

Histórico das Constituições	A ***Constituição de 1891*** (*promulgada*) abandonou o unitarismo, bem como a monarquia, consagrando-se o **sistema de governo *presidencialista***, a **forma de *Estado Federal*** e a **forma de governo *republicana***. Com a adoção do Estado Federal houve a declaração da *união perpétua* e *indissolúvel* das antigas Províncias, vedando-se a possibilidade de secessão (separação), haja vista o **princípio do pacto federativo**. Houve a extinção do Poder Moderador, passando-se a adotar a clássica teoria da Tripartição de Poderes de Montesquieu. No âmbito do Poder Legislativo instaurou-se o conhecido **bicameralismo federativo**. Os representantes da **Câmara dos Deputados** eram eleitos através do **sufrágio direto**, para um **mandato de 03 anos**. Os **Senadores** também eram eleitos pelo sufrágio direto, para um **mandato de 09 anos**, com uma **renovação trienal** da casa. A primeira eleição da República foi **indireta** (Presidente Marechal Deodoro da Fonseca). O processo de alteração da Constituição passou a ser mais dificultoso que as demais normas legais, sendo uma **Constituição rígida** (no que tange à estabilidade). No que tange à **declaração dos direitos** houve significativo aprimoramento, abolindo-se algumas penas mais severas (p.ex., de banimento). Pela primeira vez em nossa história houve a previsão constitucional do remédio constitucional do ***habeas corpus***.
Histórico das Constituições	Dentre as importantes características da **Constituição de 1934** (promulgada) podemos destacar o fato de que, a despeito de continuar sendo um país leigo houve a previsão para se admitir o **casamento religioso com efeitos civis**, bem como a **facultatividade das escolas públicas em ministrar o ensino religioso**. Ademais, no preâmbulo da Constituição houve a inserção e previsão da palavra "**Deus**". No que tange ao Poder Legislativo impende destacar a prevalência de um **bicameralismo desigual** ou **unicameralismo imperfeito**, haja vista que aquele era exercido pela Câmara dos Deputados com a colaboração do Senado Federal, *dissociando-se da ideia do bicameralismo federativo*. O **mandato** dos **Deputados Federais** passou a ser de **04 (quatro) anos**, sendo eles eleitos pelo **sistema proporcional** e **sufrágio universal**. Ressalte-se, contudo, que a Câmara dos Deputados era composta por *representantes do povo* e *de representantes eleitos* pelas organizações profissionais, na forma que a lei indicasse. Houve a constitucionalização do **voto feminino**, bem como do **voto secreto** (conhecido também por *voto australiano*, haja vista sua origem). Em virtude de seu viés social novos títulos foram incluídos, destacando-se os da **ordem econômica e social**, **da família, educação e cultura,** bem como da **segurança nacional.** Além da representação classista a nova Carta prestigiou a **legislação trabalhista**. Pela primeira vez, no âmbito constitucional, foram previstos os remédios constitucionais do **mandado de segurança** e da **ação popular**.

Histórico das Constituições	A ***Constituição de 1937*** (*outorgada*), também conhecida como *Constituição Polaca*, foi influenciada por ideais *autoritários* e *fascistas*, advindos da Constituição Polonesa de 1935, surgindo, então, o **Estado Novo**. Além do fechamento do Congresso nacional, o Governo tinha amplo domínio sobre o Poder Judiciário. Ademais, houve o enfraquecimento de direitos fundamentais, sendo que o Estado atuava diretamente na economia. Foram consagrados, entretanto, importantes direitos sociais, bem como promulgação da Consolidação das Leis do Trabalho. A despeito de ter sido mantida a forma do Estado (Federal), houve uma diminuição das autonomias estaduais, razão pela qual a doutrina afirma que o **regime federativo era nominal**. Situação parecida ocorreu com a organização dos Poderes que, conquanto ainda existissem os três poderes, tanto o Legislativo, quanto o Judiciário foram esvaziados de suas funções. Com relação ao Poder Legislativo importante consignar que houve uma mudança em sua estrutura. Isso porque, o Legislativo federal era exercido pelo **Parlamento Nacional** com a colaboração do **Conselho de Economia Nacional** e do **Presidente da República**. Frise-se que o Parlamento Nacional era composto pelas **Câmaras dos Deputados** e do **Conselho Federal**, sendo que o Senado Federal deixou de existir durante o Estado Novo. Os representantes do povo passaram a ser eleitos por **sufrágio indireto** para mandato de 04 (quatro) anos. No caso do Poder Executivo a **eleição** passou a ser **indireta**, com **mandato de 06 (seis) anos**. No que tange aos direitos fundamentais houve restrição ao *direito de manifestação do pensamento*, não foram previstos os *princípios da irretroatividade das leis* e *da reserva legal*, bem como não houve disciplina sobre os remédios constitucionais do *mandado de segurança* e *da ação popular*. Ademais, havia previsão de *pena de morte* para aqueles que cometessem crimes políticos ou homicídio cometido por motivo fútil e com extremos de perversidade. Frise-se que a *tortura* foi utilizada com instrumento de repressão do governo. No âmbito dos **direitos sociais** restaram proibidos o *lock-out* e a greve.

Histórico das Constituições	A ***Constituição Federal de 1946*** foi *promulgada* em 18 de setembro. No que tange aos **Poderes** instituídos, houve o restabelecimento da *teoria clássica da tripartição de Montesquieu*. O **bicameralismo federativo igual** foi restabelecido. A **composição da Câmara dos Deputados** era de *representantes do povo*, eleitos pelo *sistema proporcional*, pelos Estados, pelo Distrito Federal e pelos Territórios, para *mandato de 04 (quatro) anos*. Já o **Senado Federal** era composto por *representantes dos Estados e do Distrito Federal* (cada um com 03 Senadores), eleitos pelo *sistema majoritário*, para *mandato de 08 (oito) anos*, renovando-se a representação a cada 04 (quatro) anos, alternadamente, por 1/3 e 2/3. Houve a **constitucionalização dos partidos políticos**, vedando-se, entretanto, a organização, o registro ou o seu funcionamento nas hipóteses em que o programa ou ação contrariassem o regime democrático. No campo dos **direitos fundamentais** importantes avanços podem ser notados. Tanto o *mandado de segurança* quanto a *ação popular* foram restabelecidas no texto constitucional. A nova Constituição consagrou o *princípio da inafastabilidade do controle jurisdicional*. Foram vedadas as *penas de morte* (salvo em tempo de guerra), *banimento, confisco* e *de caráter perpétuo*. Com relação aos **direitos sociais** houve o reconhecimento do *direito de greve*, tendo sido mantidos os demais direitos trabalhistas conquistados durante o Estado Novo. E 09/4/1964 foi baixado o **Ato Institucional n.º 1** que impôs uma série de restrições à democracia, destacando-se, dentre outras as seguintes: (a) o Comando da Revolução poderia decretar o estado de sítio, com fulcro no art. 6.º; e, (b) o art. 7.º do referido ato conferia o poder de aposentar civis ou militares. No ano de 1965 foram baixados os **Atos Institucionais n.º 2 e 3** que, respectivamente, estabeleceram eleições indiretas para Presidente e Vice-Presidente da República, bem como aos Governadores e Vice-Governadores dos Estados. Em 1966 houve o fechamento do Congresso Nacional, sendo que por intermédio do **Ato Institucional n.º 4/66** ele foi reaberto para aprovar a Constituição de 1.967. Conquanto a ***Constituição Federal de 1967*** (*outorgada*) previa que a **forma de Estado** fosse **federativa**, podia-se verificar que na prática o estado aproximava-se mais do *unitário centralizado*, haja vista que houve um esvaziamento dos poderes dos Estados e Municípios, sob o argumento de segurança nacional. A clássica *teoria da tripartição dos Poderes* foi formalmente mantida. No que tange ao **Poder Executivo** houve a previsão de **eleição indireta**, para mandato de *04 (quatro) anos*. O Chefe do Poder Executivo Federal detinha iniciativa exclusiva legislar por **decretos-leis**, os quais podiam ser editados nos casos de *urgência* **ou** de *interesse público relevante*, **e** desde que não ocorresse aumento de despesa sobre a (a) segurança nacional ou (b) finanças públicas.

Histórico das Constituições	Os **direitos políticos** podiam ser suspensos, havendo inúmeras possibilidades naquele dispositivo constitucional. De outro vértice, os **direitos dos trabalhadores** foram definidos com maior eficácia. Em 13/12/1968 foi baixado o conhecido **Ato Institucional n.º 5**, o qual perdurou até 17/10/1978 quando foi revogado pela Emenda Constitucional n.º 11. No mesmo dia em que aquele ato foi baixado, por intermédio do **Ato Complementar n.º 38**, houve o fechamento do Congresso Nacional, por mais de 10 (dez) meses. Com a ***Carta Constitucional de 1969*** o *mandato* presidencial foi *aumentado para 05 (cinco) anos*, continuando haver *eleição indireta*. Com uma série de importantes medidas ao longo dos governos, teve-se início ao **processo de redemocratização**, o qual ganhou força durante o governo de João Figueiredo, que durante seu mandado (de 06 anos) teve a missão de por termo ao governo militar. A despeito do movimento das *Diretas Já*, a PEC n.º 5/83 (conhecida também como *PEC Dante de Oliveira*, em razão do fato de seu proponente ter sido o então Deputado Federal Dante de Oliveira), ela foi rejeitada. Entretanto, no mês de janeiro de 1985 o Colégio Eleitoral (voto indireto) elegeu o civil Tancredo Neves, *caracterizando-se o fim do regime militar*. Como promessa de campanha, Tancredo Neves disse que estabeleceria a *Nova República, democrática e social*. Entretanto, em virtude de uma doença que ceifou sua vida, Tancredo não chegou a tomar posse no cargo de Presidente da República, sendo esse cargo assumido por seu vice (José Sarney). Em virtude do compromisso assumido pela Aliança Democrática, José Sarney instituiu o Decreto n.º 91.450/85 criando a *Comissão Provisória de Estudos Constitucionais* (**Comissão Afonso Arinos**), a qual tinha por objetivo o desenvolvimento de pesquisas e estudos fundamentais para colaborar com os trabalhos da Assembleia Nacional Constituinte. Em **05/10/1988** foi *promulgada* a nossa atual **Constituição Federal** destacando-se a ampliação do **pluripartidarismo**, um dos *fundamentos* da República Federativa do Brasil (cf. art. 1.º, V, da CF). Houve a erradicação da censura à imprensa, bem como a consolidação do sindicalismo e grandes centrais sindicais. A ***forma de Governo*** é a República, o ***sistema de Governo*** é o Presidencialismo e a ***forma de Estado*** a Federação. No que tange à **organização dos Poderes** buscou-se um maior equilíbrio, especialmente ante a adoção da técnica do *sistema de freios e contrapesos*. Com isso, a supremacia do Poder Executivo que imperava até então foi abrandada. Com o advento da Carta Magna houve a substituição do *extinto decreto-lei* pela **medida provisória**, ato normativo de titularidade exclusiva do Chefe do Poder Executivo.

EXERCÍCIOS

Questões

1 - (PC/TO - Delegado de Polícia - CESPE/Unb - 2008) - Os elementos orgânicos que compõem a Constituição dizem respeito ás normas que regulam a estrutura do Estado e do poder, fixando o sistema de competência dos órgãos, instituições e autoridades públicas.

( ) Certo

( ) Errado

2 - (PC/SP - Delegado de Polícia - FCC - 2006) - O termo "Constituição" comporta uma série de significados e sentidos. Assinale a alternativa que associa corretamente frase, autor e sentido.

a) Todos os países possuem, possuíram sempre, em todos os momentos da sua história uma Constituição real e efetiva. Carl Schmitt. Sentido político.
b) Constituição significa, essencialmente, decisão política fundamental, ou seja, concreta decisão de conjunto sobre o modo e a forma de existência política. Ferdinand Lassale. Sentido político.
c) Constituição é a norma fundamental hipotética e lei nacional no seu mais alto grau na forma de documento solene e que somente pode ser alterada observando-se certas prescrições especiais. Jean Jacques Rousseau. Sentido lógico-jurídico.
d) A verdadeira Constituição de um país somente tem por base os fatores reais do poder que naquele país vigem e as constituições escritas não têm valor nem são duráveis a não ser que exprimam fielmente os fatores do poder que imperam a realidade. Ferdinand Lassale. Sentido sociológico.
e) Todas as constituições pretendem, implícita ou explicitamente, conformar globalmente o político. Há uma intenção atuante e conformadora do direito constitucional que vincula o legislador. Jorge Miranda. Sentido dirigente.

3 - (PC/GO - Delegado de Polícia - UEG - 2018) - Constituição Federal brasileira de 1988 classifica-se quanto à origem, ao modo de elaboração, à alterabilidade, à dogmática e ao critério ontológico de Karl Loewenstein, respectivamente, em:

a) Outorgada, dogmática, rígida, eclética e normativa.
b) Outorgada, histórica, semirrígida, ortodoxa e nominalista.

c) Promulgada, dogmática, rígida, eclética e normativa.
d) Promulgada, histórica, semirrígida, ortodoxa e nominalista.
e) Cesarista, histórica, imutável, eclética e semântica.

4 – (PC/PI – Delegado de Polícia – NUCEPE – 2018) – A Constituição Federal de 1988 pode ser considerada:

a) Semirrígida, porque algumas matérias, denominadas cláusulas pétreas, são imutáveis.
b) Sintética, porque veicula tão somente princípios e normas gerais.
c) Analítica, pois aborda minúcias, estabelecendo regras que poderiam estar em leis infraconstitucionais.
d) Pactuada, segundo valores e tradições estabelecidos e conservados pela sociedade.
e) Outorgada, permitiu a participação do povo em seu processo de elaboração.

5 – (PC/MA – Delegado de Polícia – CESPE – 2018) – De acordo com a doutrina majoritária, quanto à origem, as Constituições podem ser classificadas como:

a) Promulgadas, que são ditas democráticas por se originarem da participação popular por meio do voto e da elaboração de normas constitucionais.
b) Outorgadas, que surgem da tradição, dos usos e costumes, da religião ou das relações políticas e econômicas.
c) Cesaristas, que são as derivadas de uma concessão do governante, ou seja, daquele que tem a titularidade do poder constituinte originário.
d) Pactuadas, que são formadas por dois mecanismos distintos de participação popular, o plebiscito e o referendo, ambos com o objetivo de legitimar a presença do detentor do poder.
e) Históricas, que surgem do pacto entre o soberano e a organização nacional e englobam muitas das Constituições monárquicas.

6 – (PC/RN – Delegado de Polícia – CESPE – 2009) – Acerca dos sentidos, dos elementos e das classificações atribuídos pela doutrina às constituições, assinale a opção correta.

a) O elemento de estabilização constitucional é consagrado nas normas destinadas a assegurar a solução de conflitos constitucionais, a defesa da Constituição, do Estado e das instituições democráticas.

b) O elemento socioideológico é assim denominado porque limita a ação dos poderes estatais e dá a tônica do estado de direito, consubstanciando o elenco dos direitos e garantais fundamentais.
c) Quanto à forma, diz-se formal a constituição cujo texto é composto por normas materialmente constitucionais e disposições diversas que não tenham relação direta com a organização do Estado.
d) Segundo o sentido sociológico da constituição, na concepção de Ferdinand Lassalle, o texto constitucional equivale à norma positiva suprema, que regula a criação de outras normas.
e) Segundo o sentido político da constituição, na concepção de Carl Schmitt, o texto constitucional equivale à soma dos fatores reais de poder, não passando de uma folha de papel.

7 – (PC/SP – Delegado de Polícia – VUNESP – 2022) Considerando o entendimento doutrinário consolidado sobre a classificação das Constituições, assinale a alternativa correta.

a) A Constituição normativa é a que logra ser fielmente cumprida por todos os interessados, limitando, efetivamente o poder, enquanto a semântica é a formalização do poder de quem o detém no momento.
b) A Constituição material é aquela que possui apenas matérias tipicamente constitucionais, enquanto as formais são as que possuem normas constitucionais e normas não constitucionais.
c) As Constituições estatutárias traçam metas, programas de ação e objetivos para as atividades do estado nos domínios econômico, social e cultural, enquanto as dirigentes concentram a sua atenção normativa nos aspectos de estrutura de poder.
d) Constituição cesarista é aquela feita e imposta ao povo pelo governante, enquanto a promulgada é a feita pelo governante, mas submetida à apreciação posterior do povo.
e) A Constituição semirrígida é aquela que possui normas submetidas ao mesmo procedimento de alteração das demais leis, bem como normas que não podem ser alteradas.

8 – (PC/AM – Delegado de Polícia – FGV – 2022) Após uma revolução que culminou com a derrubada do regime anterior, o grupo político dominante do País Alfa resolveu solicitar que uma comissão de notáveis elaborasse um projeto de Constituição, submetendo-o, ato contínuo, a referendo popular. A Constituição assim elaborada buscou conciliar inúmeras correntes políticas aparentemente opostas entre si e direcionar as políticas públicas a serem adotadas para a implementação dos direitos sociais, além de ter exigido um procedimento qualificado para a reforma

de parte de seus comandos, considerados materialmente constitucionais, enquanto a outra parte poderia ser alterada com observância do mesmo procedimento afeto à lei ordinária. Por fim, observa-se que essa Constituição era demasiado extensa.

A Constituição assim descrita é classificada como:

a) bonapartista, compromissória, de garantia, rígida e sintética.
b) cesarista, compromissória, dirigente, semirrígida e analítica.
c) bonapartista, ortodoxa, dirigente, semirrígida e analítica.
d) cesarista, pragmática, dirigente, semirrígida e sintética.
e) outorgada, eclética, de garantia, flexível e analítica.

9 – (PC/PR – Delegado de Polícia – NC/UFPR – 2021) Assinale a alternativa correta a respeito da teoria da Constituição e de suas classificações:

a) O conceito moderno de Constituição pressupõe uma norma jurídico-política que prevê direitos fundamentais e que organiza os poderes políticos.
b) O sentido sociológico da Constituição coincide com o sentido jurídico, pois ambos representam os fatores reais do poder em uma sociedade.
c) De acordo com o sentido político de Constituição, ela é a norma jurídica fundamental que ocupa o último escalão na hierarquia das normas de um ordenamento jurídico.
d) Em razão da sua força normativa, o preâmbulo orienta a interpretação constitucional e serve como parâmetro para o controle de constitucionalidade.
e) Segundo o sentido jurídico de Constituição, ela é a decisão concreta sobre o modo e a forma de existência da comunidade.

10 – (PC/CE – Inspetor de Polícia Civil – IDECAN – 2021) De acordo com o conteúdo, a forma, o modo de elaboração e a origem, a Constituição da República Federativa do Brasil de 1988 é corretamente ser classificada como:

a) material, escrita, histórica e democrática.
b) formal, escrita, dogmática e democrática.
c) formal, consuetudinária, histórica e outorgada.
d) material, costumeira, dogmática e democrática.
e) formal, escrita, histórica e democrática.

11 – (PC/PA – Delegado de Polícia – Instituto AOCP – 2021) Ao conceber a constituição como a soma de fatores reais do poder que regem a nação, ou seja,

um produto dos pleitos das forças sociais de determinada época, está se tratando da ideia de constituição concebida por:

a) Carl Schmitt.
b) José Afonso da Silva.
c) Hans Kelsen.
d) Ferdinand Lassalle.
e) Peter Häberle.

12 – (PC/PA – Delegado de Polícia – Instituto AOCP – 2021) No que se refere à classificação das constituições, assinale a alternativa correta.

a) Quanto ao conteúdo, as constituições podem ser classificadas como constituição garantia ou constituição dirigente.
b) A constituição classificada como substancial ou material, segundo a doutrina, está mais relacionada ao universo do "ser" que do "dever ser".
c) A constituição garantia, que também é chamada de programática ou social, disciplina o mínimo possível de matérias.
d) O Brasil é regido por uma Constituição classificada pela doutrina, quanto ao conteúdo, como constituição garantia.
e) O Brasil é regido por uma Constituição classificada pela doutrina, quanto à função, ou finalidade, como constituição formal.

13 – (PF – Delegado de Polícia Federal – CESPE/CEBRASPE – 2021) Acerca dos sentidos e das concepções de constituição e da posição clássica e majoritária da doutrina constitucionalista, julgue o item que se segue.

Sob a ótica da constituição polícia, um Estado pode ter uma constituição material sem que tenha uma constituição escrita que descreva a sua organização de poder.

( ) Certo
( ) Errado

14 – (PF – Delegado de Polícia Federal – CESPE/CEBRASPE – 2021) Acerca dos sentidos e das concepções de constituição e da posição clássica e majoritária da doutrina constitucionalista, julgue o item que se segue.

A Constituição Federal brasileira pode ser considerada uma constituição-garantia, pois regulamenta, de forma analítica, os assuntos mais relevantes à formação, à destinação e ao funcionamento do Estado.

( ) Certo
( ) Errado

Gabarito e Explicação

Questão	Gabarito	Abordagem do assunto no livro
1	Certo	Capítulo 4
2	D	Capítulo 1
3	C	Capítulo 3
4	C	Capítulo 3
5	A	Capítulo 3
6	A	Capítulos 3 e 4
7	A	Capítulo 3
8	B	Capítulo 3
9	A	Capítulo 3
10	B	Capítulo 3
11	D	Capítulo 1
12	B	Capítulos 4 e 5
13	Certo	Capítulo 4
14	Errado	Capítulo 5

PARTE 3

TEORIA DA NORMA CONSTITUCIONAL

Capítulo 1

Constituição: um Sistema Aberto de Normas

Conquanto a Constituição seja composta por um conjunto de normas jurídicas aptas a regular todos os fenômenos em sociedade, *ela não é um conjunto fechado de normas*, haja vista que deve interagir com a realidade político-social de onde ela advém, razão pela qual a Constituição é considerada um *sistema aberto de normas*, apta a acompanhar a evolução e adaptar-se às transformações sociais.

Em razão dessa característica Canotilho nos ensina que a Constituição deve ser compreendida como um *sistema jurídico aberto de regras e princípios*. Nesse sentido, temos[1]:

> "(1) é um sistema jurídico porque é um sistema dinâmico de normas; (2) é um sistema aberto porque tem uma estrutura dialógica (Caliess), traduzida na disponibilidade e 'capacidade de aprendizagem' das normas constitucionais para captarem a mudança da realidade e estarem abertas às concepções cambiantes da 'verdade' e da 'justiça'; (3) é um sistema normativo, porque a estruturação das expectativas referentes a valores, programas, funções e pessoas, é feita através de normas; (4) é um sistema de regras e princípios, pois as normas do sistema tanto podem revelar-se sob a forma de princípios como sob a forma de regras".

1. CANOTILHO, J.J. Gomes. *Direito Constitucional e Teoria da Constituição*. 3.ª ed. Coimbra: Almedina, 1997. P. 1351.

Capítulo 2

Conceito e Natureza Jurídica

Segundo a doutrina tradicional as *normas constitucionais* dividem-se em *materiais* e *formais*. Consideram-se ***normas constitucionais materiais*** aquelas que regulam a estrutura do Estado, a organização do poder e os direitos fundamentais, estejam ou não inseridas no texto escrito da Constituição. As ***normas constitucionais formais***, por sua vez, são aquelas que só pelo fato de se encontrarem em um texto constitucional, independentemente de seu conteúdo, são consideradas constitucionais.

Doutrina mais moderna, entretanto, afirma que tal distinção *possui apenas valor para fins didáticos*, pois na prática, ambas são normas constitucionais, possuindo a mesma hierarquia e mesmos efeitos, somente podendo ser alteradas por um processo legislativo dificultoso. Uma vez prevista na Constituição, independentemente de seu conteúdo, a *norma* será *constitucional*.

Ressalte-se, contudo, que tanto o § 2.º quanto o § 3.º do art. 5.º da nossa Carta Magna trazem a previsão de *normas constitucionais apenas no sentido estrito*!

É pacífico o entendimento de que a *imperatividade* é um atributo fundamental das normas jurídicas, como um todo. Por intermédio desse atributo existe um dever de obediência, sendo que a sua inobservância acarreta em sanção, a qual é resultante da própria norma ou do sistema normativo. No caso das normas constitucionais, dada sua condição peculiar e hierárquica (supremacia formal da Constituição) dentro do ordenamento jurídico, a sua desobediência acarretará a sanção de *nulidade absoluta do ato*.

Capítulo 3

Aplicabilidade das Normas Constitucionais

Nas lições da doutrina temos que:

> "A liberdade do legislador na escolha do conteúdo concretizador das normas constitucionais será tanto maior quanto menor for a densidade dos preceitos constitucionais envolvidos. Isso nos conduz a outro ponto importante para a compreensão das características das normas constitucionais: a questão da abertura dessas normas à complementação e concretização legislativa.
>
> (...)
>
> De fato, a Constituição não é um código, nem pretende tudo resolver nas suas disposições, como se fosse um sistema cerrado e bastante em si. Percebe-se no Texto Constitucional, entretanto, que essa abertura à ação complementar e integradora do legislador não ocorre de modo sempre idêntico. Há, no conjunto das normas constitucionais, variações de grau de abertura às mediações do legislador. Há **normas densas** em que a disciplina disposta pelo constituinte é extensa e abrangente, dispensando ou pouco deixando para a interferência do legislador no processo de concretização da norma. A liberdade de conformação é ampla, porém, nas normas que se valem de conceitos de significação aberta, vazadas, por vezes, com termos de múltiplas denotações, ou naquelas formuladas de modo genérico" [1]. (negritei)

Extrai-se da lição supra que *quanto maior for a densidade de uma norma constitucional, menor a liberdade de atuação do legislador*. Por outro lado, *quanto menor for a densidade, maior a liberdade de atuação, possibilitando-se maior juízo de conveniência para se concretizar a norma de acordo com as forças políticas relevantes*.

1. MENDES, Gilmar Ferreira e BRANCO, Paulo Gustavo Gonet. *Curso de Direito Constitucional*. 9.ª ed. rev. e atual. São Paulo: Saraiva, 2014. P. 67/68.

A despeito de o constitucionalismo moderno entender que todas as normas constitucionais são executáveis por si mesmas, há que se fazer algumas ponderações, especialmente no que tange à aplicabilidade daquelas normas.

Para tanto, a partir de agora, passaremos a estudar algumas (das diversas) classificações existentes.

3.1 Classificação de Rui Barbosa

Rui Barbosa foi o difusor no Brasil da doutrina norte-americana que divide as normas constitucionais, quanto à sua aplicabilidade, em normas *self-executing provisions* e *not self-executing provisions*.

As normas ***self-executing*** (autoexecutáveis ou autoaplicáveis) são aquelas dotadas de aptidão para gerar, desde sua promulgação, todos os efeitos jurídicos a que se destinam, regulando matérias, situações ou comportamentos que cogitam. Como exemplos podemos mencionar as isenções, imunidades e prerrogativas constitucionais, bem como a elaboração de normas legislativas que revistam de meios de ação.

Por sua vez, as normas ***not self-executing*** (não autoexecutáveis ou não autoaplicáveis) são aquelas que não possuem, desde a sua promulgação, a plena eficácia para irradiar todos seus efeitos, dependendo de atuação do legislador infraconstitucional.

Conquanto Pontes de Miranda tenha se filiado a essa doutrina de Rui Barbosa, ele acabou por dar uma terminologia própria, denominando-as de ***normas bastantes em si*** e ***normas não bastantes em si***.

3.2 Classificação de José Afonso da Silva

Sem sombra de dúvidas podemos afirmar que a classificação mais difundida na doutrina brasileira é a do professor José Afonso da Silva, classificação essa que teve como origem parte da classificação do autor italiano Vezio Crisafulli.

José Afonso parte da premissa de que, embora todas as normas constitucionais sejam jurídicas, nem todas elas estão aptas a produzir, por si só, todos os efeitos, precisando de uma atuação do legislador infraconstitucional.

Adotando-se as lições do ilustre professor, as normas constitucionais podem ser classificadas em **normas constitucionais de eficácia plena**, **normas constitucionais de eficácia contida** e **normas constitucionais de eficácia limitada ou reduzida**.

As **de eficácia plena** são aquelas normas constitucionais que, desde a sua promulgação e entrada em vigor, irradiam direta e imediatamente todos os seus efeitos, independentemente de atuação do legislador infraconstitucional, haja vista serem dotadas de normatividade suficiente para tanto. Por isso, são conhecidas como normas de *aplicabilidade direta, imediata e integral*. Podemos mencionar as normas definidoras de direitos e garantias fundamentais, as normas de competências dos entes federativos, dentre outras.

As **de eficácia contida**, por sua vez, são aquelas normas que, a despeito de irradiarem todos os seus efeitos desde a promulgação e entrada em vigor, poderão ter os efeitos restringidos pela atuação do legislador infraconstitucional. Destaque-se que enquanto não sobrevier norma infraconstitucional que limite seus efeitos, na essência, elas serão equiparadas às normas constitucionais de eficácia plena e aplicabilidade integral. Em razão disso, são conhecidas como sendo normas de *aplicabilidade direta, imediata,* mas *não integral*. Como exemplos temos as regras constantes nos incisos VIII e XIII do art. 5.º da Constituição Federal.

Já as normas **de eficácia limitada** (ou reduzida) são aquelas que não irradiam, desde sua promulgação e entrada em vigor, todos os efeitos por ela esperados, sendo imprescindível a ação do legislador infraconstitucional para complementá-las. Não obstante isso, tais normas possuem os denominados *efeitos paralisantes* (*inibidores* ou *impeditivos*), os quais impedem quaisquer disposições em sentido contrário. São, portanto, consideradas como sendo normas de *aplicabilidade indireta, mediata* e *reduzida*.

Para referido doutrinador as normas de eficácia limitada são classificadas em **definidoras de princípio institutivo (ou organizativo)** e **definidoras de princípio programático.**

As *definidoras de princípio institutivo* são aquelas por intermédio das quais o legislador constituinte estabelece esquemas gerais de estruturação e atribuições de órgãos, entidades ou institutos, a fim de que em momento posterior sejam estruturados, em definitivo, mediante legislação infraconstitucional (arts. 33 e 113 da CF, por exemplo). Essas normas podem determinar (*impositivas*), peremptoriamente, ao legislador a emissão de uma legislação integrativa (arts. 33 e 88 da CF), bem como limitar ao legislador infraconstitucional (*facultativas ou permissivas)* a possibilidade de instituir ou regular a situação delineadas nas normas constitucionais (arts. 22, parágrafo único, e 154, I, ambos da CF).

Por sua vez, as *normas constitucionais de eficácia limitada definidoras de princípio programático* são aquelas em que o legislador constituinte limita-se a traçar princípios e diretrizes para serem cumpridos pelos órgãos integrantes dos poderes constituídos (não são normas voltadas ao indivíduo), como programas das respectivas atividades, objetivando-se à realização dos fins sociais do Estado (v.g., art. 7.º, XX e XXVII, da CF).

A despeito de serem normas de eficácia limitada, preceitua o professor José Afonso que as normas programáticas terão eficácia jurídica *imediata, direta e vinculante* com relação aos seguintes aspectos:

i. Estabelecem deveres ao legislador ordinário;
ii. Condicionam a legislação infraconstitucional futura;
iii. Informam a concepção do Estado e da sociedade e inspiram sua ordenação jurídica, mediante a atribuição de fins sociais, proteção dos valores da justiça social e revelação dos componentes do bem comum;
iv. Constituem sentido teleológico para a interpretação, integração e aplicação das normas jurídicas;
v. Condicionam a atividade discricionária da Administração Pública e do Poder Judiciário; e,
vi. Criam situações jurídicas subjetivas, de vantagem ou de desvantagem.

3.3 Classificação de Maria Helena Diniz

Combinando-se os critérios de intangibilidade e da produção de efeitos concretos das normas constitucionais, referida professora nos ensina que as normas constitucionais são classificadas em **normas com eficácia absoluta, normas com eficácia plena, normas com eficácia relativa restringível** e **normas com eficácia relativa dependente de complementação legislativa**.

As **normas com eficácia absoluta**, também conhecidas como **normas supereficazes**, são aquelas intangíveis, que não podem ser contrariadas em hipótese alguma, nem mesmo pela atuação do poder constituinte derivado reformador. Enquadram-se nessa classificação as denominadas *cláusulas pétreas*.

Por sua vez, as **normas com eficácia plena** são aquelas que possuem eficácia plena desde a entrada em vigor da Constituição, haja vista conterem todos os elementos imprescindíveis para que ocorra a produção imediata de todos seus efeitos. Elas poderão ser modificadas por intermédio da atuação do poder constituinte derivado reformador.

Normas com eficácia relativa restringível são as de aplicabilidade imediata, conquanto exista possibilidade de serem reduzidas, nos termos da lei. Elas correspondem às *normas de eficácia contida* (José Afonso) e *redutível ou restringível* (Michel Temer).

Por fim, as **normas com eficácia relativa dependentes de complementação legislativa** (ou **complementável**), são aquelas que não possuem aplicação imediata, vez que dependem de norma posterior que lhes desenvolva a eficácia plena. Equiparam-se às normas constitucionais de eficácia limitada (José Afonso). A despeito de não produzirem todos os efeitos, desde a entrada em vigor da Constituição, elas possuem as denominadas eficácias *paralisante* e *impeditiva*.

3.4 Classificação de Celso Ribeiro Bastos e Carlos Ayres de Brito

Conquanto os ilustres autores entendam que todas as normas constitucionais sejam dotadas de eficácia, existindo para serem aplicadas, eles reconhecem que nem todas elas possuem a virtude de incidir imediatamente.

A partir dessa premissa, eles dividem as normas constitucionais em **normas de aplicação** e **normas de integração**.

As **normas de aplicação** são aquelas que incidem diretamente sobre os fatos regulados, independentemente de norma complementar, ou seja, são normas jurídicas plenas. Ainda nos ensinamentos dos autores em testilha, elas podem ser divididas em *normas irregulamentáveis* (incidem diretamente sobre os fatos regulados, sendo que a normatividade surge e se esgota na própria Constituição – art. 2.º da CF, p.ex.) e *normas regulamentáveis* (são aquelas que admitem regulamentação infraconstitucional, sendo que eventuais normas infraconstitucionais terão a função de apenas desdobrar os aspectos da norma constitucional, não sendo possível alterar o conteúdo, alcance ou sentido da norma constitucional).

Já as **normas de integração** são aquelas que precisam da atividade complementar do legislador infraconstitucional para serem capazes de incidir sobre os fatos regulados. Elas se dividem em *normas completáveis* (normas que exigem um aditamento ao seu campo de regulação, demandando efetivamente de complemento) e *normas restringíveis* (são aquelas normas plenas que admitem restrição legislativa).

Capítulo 4

Preâmbulo da Constituição

Como já tivemos a oportunidade de estudar, as normas constitucionais possuem uma eficácia diferenciada, dadas suas características.

Questão interessante a ser analisada aqui é saber se o preâmbulo possui valor jurídico, tal qual se contém ou não norma constitucional.

Para enfrentar essa problemática, vejamos parte do voto proferido pela Ministra Cármen Lúcia, relatora da ADI 2.649 (julgamento em 08/5/2008, Plenário, DJe de 17/10/08):

> "Devem ser postos em relevo os valores que norteiam a Constituição e que devem servir de orientação para a correta interpretação e aplicação das normas constitucionais e apreciação da subsunção, ou não, da Lei n.º 8.899/1994 a elas. Vale, assim, uma palavra, ainda que brevíssima, ao Preâmbulo da Constituição, no qual se contém a explicitação dos valores que dominam a obra constitucional de 1988 (...). Não apenas o Estado haverá de ser convocado para formular as políticas públicas que podem conduzir ao bem-estar, à igualdade e à justiça, mas a sociedade haverá de se organizar segundo aqueles valores, a fim de que se firme como uma comunidade fraterna, pluralista e sem preconceitos (...). e, referindo-se, expressamente, ao Preâmbulo da Constituição brasileira de 1988, escolia José Afonso da Silva que 'O Estado Democrático de Direito destina-se a assegurar o exercício de determinados valores supremos. 'Assegurar' tem, no contexto, função de garantia dogmático-constitucional; não, porém, de garantia dos valores abstratamente considerados, mas no seu 'exercício'. Este signo desempenha, aí, função pragmática, porque, com o objetivo de 'assegurar', tem o efeito imediato de prescrever o Estado uma ação em favor da efetiva realização dos ditos valores em direção (função diretiva) de destinatários das normas constitucionais que dão a esses valores conteúdo específico' (...). Na esteira destes valores supremos explicitados no Preâmbulo da Constituição brasileira de 1988 é que se afirma, nas normas constitucionais vigentes, o princípio jurídico da solidariedade".

No ano de 2003, no bojo da ADI 2076, o Ministro Carlos Velloso ao proferir seu voto de relator entendeu que o Preâmbulo da Constituição Federal de 1988:

> "não constitui norma central da Constituição, de reprodução obrigatória na Constituição do Estado-membro. O que acontece é que o Preâmbulo contém, de regra, proclamação ou exortação no sentido dos princípios inscritos na Carta. (...) Esses princípios, sim, inscritos na Constituição, constituem normas de reprodução obrigatória".

Prevalece o entendimento de que o Preâmbulo da Constituição *não possui força obrigatória, não criando direitos nem obrigações*. Ele não possui caráter dispositivo, mas sim enunciativo.

Não obstante isso, inegável que o Preâmbulo possui *importante papel no âmbito da interpretação e aplicação do direito constitucional*, haja vista revelar as linhas estruturantes da Carta Magna, os objetivos externados em sua concepção.

Nesse sentido, vejamos excerto do voto do relator (Min. Gilmar Mendes) na Rcl 38782 (j. 03/11/2020, publicado em 24/2/2021):

> "(...) Nesse aspecto, destaco que, desde 1934, as Constituições brasileiras – salvo o texto de 1937 – invocam Deus em seus preâmbulos, o que não fere o princípio de laicidade do Estado. O atual texto constitucional menciona que os representantes do povo brasileiro, reunidos em Assembleia Nacional Constituinte, promulgam a Constituição Federal 'sob a proteção de Deus'.
>
> **Sobre a importância do preâmbulo, esta Corte já entendeu que seu texto não se situa no âmbito do Direito, mas, sim, no domínio da política, expressando posição ideológica do constituinte.** Na ADI 2.076, o relator, Min. Sepúlveda Pertence assentou que "locução 'sob a proteção de Deus' não é norma jurídica, até porque não se teria a pretensão de criar obrigações para a divindade invocada. Ela é uma afirmação de fato jactanciosa e pretensiosa, talvez – de que a divindade estivesse preocupada com a Constituição do país". (ADI 2.076, Rel. Min. Carlos Velloso, julg. em 15.8.2002)
>
> Peter Häberle complementa essa ideia e aponta que **o preâmbulo das Constituições integra a análise do que denomina "constituição como cultura"** e, especificamente sobre a menção a Deus feita no preâmbulo do texto constitucional de 1988, anota que esta referência "chama a atenção para as raízes religiosas da cultura do país ('Deus é brasileiro'), com toda a pluralidade de religiões e confissões, mesmo de culturas indígenas" (HÄBERLE, Peter. Constituição 'da cultura' e constituição 'como cultura': um projeto científico para o Brasil. Direito público. Instituto Brasiliense de Direito Público (IDP), v. 13, n. 72, p. 9-32, nov./dez. 2016).
>
> Assim como no preâmbulo da Constituição de 1988, Deus está igualmente presente em nosso dia a dia nas cédulas de real, com a expressão "Deus seja louvado", menção feita desde a década de 1980. (...)".

Capítulo 5

Ato das Disposições Constitucionais Transitórias

Diversamente do que constatamos dos preceitos constantes no Preâmbulo, as normas do Ato das Disposições Constitucionais Transitórias (ADCT) são *normas constitucionais*, possuindo o mesmo status jurídico das demais normas constantes no corpo do texto principal, não obstante a maioria seja constituída por *dispositivos transitórios* (direito intertemporal).

Destaque-se que o fato de possuir numeração própria dos artigos que o integram, não significa dizer que constituam documento retirado da Constituição. Nesse sentido, no bojo da ADI n.º 830, o Ministro relator Moreira Alves, assim se manifestou:

> "(...) essa autonomia da numeração se justifica por motivo de ordem prática: o de evitar, no texto permanente da Constituição, dispositivos que, exaurida totalmente sua eficácia provisória, perdem exemplo" (DJ de 16/9/1994).

Por fim, há que se registrar que, não raras vezes, o dispositivo da ADCT é determinado pelo constituinte originário para excetuar hipóteses concretas da incidência de uma norma geral, constante do texto principal da Carta Magna, bem como pode se voltar especificamente para atribuir um regime mais vantajoso a determinado grupo concreto de pessoas.

Quadro Sinótico

TEORIA DA NORMA CONSTITUCIONAL	
Constituição: um sistema aberto de normas	Embora a Constituição seja composta por um conjunto de normas jurídicas aptas a regular todos os fenômenos em sociedade, *ela não é um conjunto fechado de normas*, haja vista que deve interagir com a realidade político-social de onde ela advém, razão pela qual a Constituição é considerada um *sistema aberto de normas*, apta a acompanhar a evolução e adaptar-se às transformações sociais.
Conceito e natureza jurídica	Para a doutrina tradicional as *normas constitucionais* dividem-se em *materiais* (aquelas que regulam a estrutura do Estado, a organização do poder e os direitos fundamentais, estejam ou não inseridas no texto escrito da Constituição) e *formais* (são aquelas que só pelo fato de se encontrarem em um texto constitucional, independentemente de seu conteúdo, são consideradas constitucionais). A doutrina mais moderna afirma que tal distinção *possui apenas valor para fins didáticos*, pois na prática, ambas são normas constitucionais, possuindo a mesma hierarquia e mesmos efeitos, somente podendo ser alteradas por um processo legislativo dificultoso. Uma vez prevista na Constituição, independentemente de seu conteúdo, a *norma* será *constitucional.*
Aplicabilidade das normas constitucionais	Quanto maior for a densidade de uma norma constitucional, menor a liberdade de atuação do legislador. Por outro lado, quanto menor for a densidade, maior a liberdade de atuação, possibilitando-se maior juízo de conveniência para se concretizar a norma de acordo com as forças políticas relevantes. A despeito do constitucionalismo moderno entender que todas as normas constitucionais são executáveis por si mesmas, há que se fazer algumas ponderações, especialmente no que tange à aplicabilidade daquelas normas. Rui Barbosa divide as normas constitucionais em ***self-executing*** (dotadas de aptidão para gerar, desde sua promulgação, todos os efeitos jurídicos a que se destinam, regulando matérias, situações ou comportamentos que cogitam) e ***not self-executing*** (aquelas que não possuem, desde a sua promulgação, a plena eficácia para irradiar todos seus efeitos, dependendo de atuação do legislador infraconstitucional).

Aplicabilidade das normas constitucionais	O prof. José Afonso da Silva, por sua vez, afirma que as normas constitucionais podem ser classificadas em **plena** (normas constitucionais que, desde a sua promulgação e entrada em vigor, irradiam direta e imediatamente todos os seus efeitos, independentemente de atuação do legislador infraconstitucional, haja vista serem dotadas de normatividade suficiente para tanto), **contida** (normas que, a despeito de irradiarem todos os seus efeitos desde a promulgação e entrada em vigor, poderão ter os efeitos restringidos pela atuação do legislador infraconstitucional) ou **limitada** (aquelas que não irradiam, desde sua promulgação e entrada em vigor, todos os efeitos por ela esperados, sendo imprescindível a ação do legislador infraconstitucional para complementá-las). Para a professora Maria Helena Diniz as normas constitucionais podem ser classificadas como **normas com eficácia absoluta** (aquelas intangíveis, que não podem ser contrariadas em hipótese alguma, nem mesmo pela atuação do poder constituinte derivado reformador. Enquadram-se nessa classificação as denominadas *cláusulas pétreas*), **com eficácia plena** (aquelas que possuem eficácia plena desde a entrada em vigor da Constituição, haja vista conterem todos os elementos imprescindíveis para que ocorra a produção imediata de todos seus efeitos), **com eficácia relativa restringível** (de aplicabilidade imediata, conquanto exista possibilidade de serem reduzidas, nos termos da lei) e as **com eficácia relativa dependentes de complementação legislativa** (aquelas que não possuem aplicação imediata, vez que dependem de norma posterior que lhes desenvolva a eficácia plena). Por fim, podemos mencionar a classificação trazida pelos professores Celso Ribeiro e Carlos Ayres segundo os quais as normas constitucionais podem ser divididas em **normas de aplicação** (aquelas que incidem diretamente sobre os fatos regulados, independentemente de norma complementar, ou seja, são normas jurídicas plenas) e **normas de integração** (aquelas que precisam da atividade complementar do legislador infraconstitucional para serem capazes de incidir sobre os fatos regulados). Destaque-se que as primeiras podem ser divididas em *normas irregulamentáveis* (incidem diretamente sobre os fatos regulados, sendo que a normatividade surge e se esgota na própria Constituição) e *normas regulamentáveis* (são aquelas que admitem regulamentação infraconstitucional, sendo que eventuais normas infraconstitucionais terão a função de apenas desdobrar os aspectos da norma constitucional, não sendo possível alterar o conteúdo, alcance ou sentido da norma constitucional).

Preâmbulo	Prevalece o entendimento de que o Preâmbulo da Constituição *não possui força obrigatória, não criando direitos nem obrigações*. Ele não possui caráter dispositivo, mas sim enunciativo. Não obstante isso, inegável que o Preâmbulo possui *importante papel no âmbito da interpretação e aplicação do direito constitucional*, haja vista revelar as linhas estruturantes da Carta Magna, os objetivos externados em sua concepção.
Ato das Disposições Constitucionais e Transitórias	As normas do Ato das Disposições Constitucionais Transitórias (ADCT) são *normas constitucionais*, possuindo o mesmo status jurídico das demais normas constantes no corpo do texto principal, não obstante a maioria seja constituída por *dispositivos transitórios* (direito intertemporal). Destaque-se que o fato de possuir numeração própria dos artigos que o integram, não significa dizer que constituam documento retirado da Constituição.

EXERCÍCIOS

Questões

1 – (PF – Delegado Federal – CESPE – 2018) – A respeito dos direitos fundamentais e do controle de constitucionalidade, julgue o item que se segue.

Em relação aos estrangeiros, a norma constitucional que garante o acesso a cargos, empregos e funções públicas é de eficácia contida.

( ) Certo

( ) Errado

2 – (PC/BA – Investigador de Polícia – VUNESP – 2018) Sob a ótica da classificação doutrinária e com base na Constituição Federal brasileira, assinale a alternativa que representa uma norma constitucional de natureza programática.

a) É garantido o direto de propriedade.
b) É plena a liberdade de associação para fins lícitos, vedada a de caráter militar.
c) É garantido o direito de herança.
d) A lei penal não retroagirá, salvo para beneficiar o réu.
e) A ordem social tem como base o primado do trabalho, e como objetivo o bem-estar e a justiça sociais.

3 – (PC/MA – Escrivão de Polícia Civil – CESP – 2018) – O art. 5.º , inciso XIII, da Constituição Federal de 1988 (CF) assegura ser livre o exercício de qualquer trabalho, ofício ou profissão, atendidas as qualificações profissionais que a lei estabelecer. Com base nisso, o Estatuto da Ordem dos Advogados do Brasil estabelece que, para exercer a advocacia, é necessária a aprovação no exame de ordem. A norma constitucional mencionada, portanto, é de eficácia:

a) Contida.
b) Programática.
c) Plena.
d) Limitada.
e) Diferida.

4 – (PC/AC – Delegado de Polícia – IBADE – 2017) – José Afonso da Silva, em sua obra clássica "Aplicabilidade das normas constitucionais", formulou a classificação das normas constitucionais em: 1- normas constitucionais de eficácia plena; 2- normas constitucionais de eficácia contida; e 3- normas constitucionais de eficácia limitada. Assinale a alternativa que reflete hipótese de norma constitucional de eficácia limitada.

a) "Constituem objetivos fundamentais da República Federativa do Brasil construir uma sociedade livre, justa e solidária".
b) "São brasileiros natos os nascidos na República Federativa do Brasil, ainda que de pais estrangeiros, desde que estes não estejam a serviço de seu país".
c) "O alistamento eleitoral e voto são obrigatórios para os maiores de dezoito anos".
d) "É assegurado a todos o livre exercício de qualquer atividade econômica, independentemente de autorização de órgãos públicos, salvo nos casos previstos em lei".
e) "O civilmente identificado não será submetido à identificação criminal, salvo nas hipóteses previstas em lei".

5 – (PC/AC – Perito Criminal – FUNCAB – 2015) – O art. 5º, XII, da Constituição Federal estabelece que "é inviolável o sigilo da correspondência e das comunicações telegráficas, de dados e das comunicações telefônicas, salvo, no último caso, por ordem judicial, nas hipóteses e na forma que a lei estabelecer para fins de investigação criminal ou instrução processual penal". A última parte do dispositivo transcrito, que permite a redução do alcance da norma constitucional pela atividade do legislador infraconstitucional, corresponde à classificação doutrinária de norma constitucional de eficácia:

a) Plena.

b) Limitada de conteúdo programático.
c) Contida.
d) Limitada de conteúdo institutivo.
e) Reduzida.

6 – (PC/RJ – Inspetor de Polícia Civil – FGV – 2021) Nos termos do Art. 26, I, da Constituição da República de 1988, estão incluídos entre os bens dos Estados "as águas superficiais ou subterrâneas, fluentes, emergentes e em depósito, ressalvadas, neste caso, na forma da lei, as decorrentes de obras da União". Esse preceito constitucional dá origem a uma norma de eficácia:

a) plena e aplicabilidade diferida;
b) limitada e princípio institutivo;
c) plena e aplicabilidade imediata;
d) contida e aplicabilidade imediata;
e) limitada e princípio programático.

7 – (PC/PR – Delegado de Polícia – NC/UFPR – 2021) Sobre a classificação das constituições e das normas constitucionais, assinale a alternativa correta.

a) A vedação à censura prévia para a liberdade de expressão confirma que as normas que expressam vedações e proibições podem ser consideradas normas de eficácia imediata.
b) São consideradas formalmente constitucionais as disposições que regulam o exercício das funções políticas, a estruturação do sistema de governo e da federação, e os direitos fundamentais.
c) As constituições dirigentes correspondem a um ideal de Constituição típico do constitucionalismo liberal que prescreve um Estado mínimo.
d) As constituições garantias são a expressão de um constitucionalismo social que defende a Constituição como forma de garantia dos direitos sociais e de um Estado interventor.
e) São consideradas normas materialmente constitucionais as disposições que estão escritas na Constituição, não importando o seu tema e sua relevância para a comunidade política.

8 – (PC/CE – Escrivão de Polícia Civil – IDECAN – 2021) O art. 20, IX, da Constituição prevê que os recursos minerais, inclusive os do subsolo, são bens da União. Essa norma constitucional é classificada como norma

a) de eficácia contida.
b) de eficácia plena.

c) programática.
d) de eficácia limitada.
e) de princípio institutivo.

9 – (PC/ES – Delegado de Polícia – Instituto Acesso – 2021) Em julgamento de Recurso Extraordinário (RE-AgR 436.996), o Supremo Tribunal Federal entendeu que o atendimento em creche e o acesso à unidades de pré-escola à criança menor de 05 (cinco) anos de idade não podem fundar-se em juízo de simples conveniência ou de mera oportunidade. Isto porque o sistema de ensino municipal é constitucionalmente regido por normas de eficácia

a) submetida ao princípio da reserva do possível.
b) contida, ou seja, têm aplicabilidade indireta, mediata e reduzida.
c) limitada, ou seja, têm aplicabilidade indireta, mediata e reduzida e estabelecem diretrizes para as políticas públicas.
d) plena, ou seja, têm aplicabilidade direta, imediata e integral, que não se submetem ao princípio da reserva do possível.
e) contida, ou seja, têm aplicabilidade direta, imediata e possivelmente não integral.

Gabarito e Explicação

Questão	Gabarito	Abordagem do assunto no livro
1	Errada	Capítulo 3
2	E	Capítulo 3
3	A	Capítulo 3
4	A	Capítulo 3
5	C	Capítulo 3
6	D	Capítulo 3
7	A	Capítulo 3
8	B	Capítulo 3
9	D	Capítulo 3

PARTE 4

HERMENÊUTICA CONSTITUCIONAL

Capítulo 1

Mutações e Reformas Constitucionais

Como já é sabido por todos, a Constituição Federal é uma norma jurídica qualificada, dadas suas características diferenciadas, bem como pelo fato de ser fundamento de validade de todo nosso ordenamento jurídico. Em virtude dessa natureza de norma jurídica é inegável que ela deverá ser interpretada para que seja possível alcançar o verdadeiro significado do texto constitucional.

E nessa árdua tarefa de interpretação o hermeneuta assume um importante papel, haja vista que o verdadeiro significado do texto constitucional deverá ser alcançado por intermédio da consideração da história, das ideologias, das realidades sociais, econômicas e políticas do Estado, dentre outros fatores.

Destaque-se que em razão da *harmonia do sistema jurídico*, quando da interpretação ele deverá ser analisado como um todo e, deparando-se com eventual antinomia de normas, caberá ao intérprete, por intermédio das técnicas de interpretação que são balizadas pelos princípios constitucionais, afastar e solucionar o *conflito aparente de normas*. É inadmissível que, diante de eventual conflito aparente de normas, o julgador deixe de apreciar o caso concreto levado ao juízo, ao argumento de contradição no ordenamento!

É de se ressaltar, nesse momento introdutório do estudo sobre a hermenêutica, dois institutos que não devem ser confundidos, quais sejam: **reforma constitucional** e **mutações constitucionais**.

A **reforma constitucional** deve ser entendida como sendo a modificação do texto constitucional, por intermédio das denominadas *Emendas Constitucionais*, tendo por finalidade a *alteração*, *supressão* ou *acréscimos de dispositivos* ao texto da Magna Carta. Frise-se, ainda, que houve reforma constitucional também no ano de 1993 (cf. art. 3.º do ADCT) quando da promulgação das denominadas *Emendas de Revisão*.

A **mutação constitucional** (também designada de *mudança constitucional silenciosa, processo de fato de mudança constitucional* ou *vicissitude constitucional tácita*), por sua vez, deve ser entendida como a *alteração no significado e sentido interpretativo* de determinada norma constitucional, *sem, contudo, ocorrer alteração física* de dispositivos constitucionais. A mutação constitucional é entendida pela doutrina como sendo um *processo informal de alteração* da Constituição (**mutação constitucional informal**).

A despeito da doutrina tradicional afirmar que, em regra, a decisão que declara incidentalmente uma lei inconstitucional produza efeitos *inter* partes e não vinculantes, no ano de 2017 o Supremo Tribunal Federal, ao apreciar uma ADI que questionava a constitucionalidade da Lei Estadual carioca n.º 3.579/01, entendeu que mesmo em se declarando, incidentalmente, a inconstitucionalidade de uma lei, a decisão final também terá efeito *vinculante* e *erga omnes*. Objetivando-se evitar anomias e fragmentação da unidade, deve-se atribuir à decisão proferida em sede de controle incidental a mesma eficácia da decisão tomada em sede de controle abstrato. Na ocasião do julgamento, o Ministro Celso de Mello afirmou que o STF fez uma verdadeira *mutação constitucional com o objetivo de expandir os poderes do Tribunal com relação à jurisdição constitucional.*

Destaque-se que nesse exemplo mencionado no parágrafo anterior não houve qualquer alteração física da norma, alterando-se apenas a sua interpretação. Com base nesse julgamento, o art. 52, X, da Constituição Federal deverá ser entendido no sentido de que o papel do Senado Federal no controle de constitucionalidade é simplesmente o de, mediante publicação, divulgar a decisão do órgão máximo do Poder Judiciário (STF).

A *mutação constitucional* é:

> "(...) o processo informal de mudança da constituição, por meio do qual são atribuídos novos sentidos, conteúdos até então não ressaltados à letra da constituição, quer através da interpretação, em suas diversas modalidades e métodos, quer por intermédio da construção (*construction*), bem como dos usos e dos costumes constitucionais".[1]

Outro exemplo que pode ser trazido a baila para reforçar o estudo do instituto da *mutação constitucional* diz respeito à recente releitura do § 1.º do art. 53 da Constituição Federal. Pela literalidade do texto constitucional, assim que um parlamentar federal (Deputado ou Senador) for diplomado ele já será detentor de foro por prerrogativa de função junto ao STF, por infrações penais, pouco importando a data de cometimento. Com base nessa regra, toda e qualquer ação penal (esteja ou não em andamento na data da diplomação) deverá tramitar junto ao STF.

Ocorre que, ao julgar a AP 937-QO/RJ o Plenário do Supremo Tribunal Federal passou a entender que a aplicabilidade daquele dispositivo constitucional

1. BULOS, Uadi Lammêgo. *Constituição Federal anotada*. Saraiva. 1 ed. São Paulo: Saraiva, 2000. P.22.

é restrita aos crimes cometidos durante o exercício do cargo **e** *relacionados às funções desempenhadas*. Somente se houver o preenchimento desses dois requisitos (cumulativos) é que o STF terá competência para processar e julgar o Parlamentar Federal acusado de praticar infração penal.

Veja-se, ainda, excerto do voto do relator (Min. Gilmar Mendes) extraído do julgamento do HC 168052/SP (j. 20/10/2020, publicado em 02/12/2020):

> "(...) No julgamento do HC 91.867/PA (Segunda Turma, de minha relatoria, DJe 20.9.2012), destaquei a diferença entre comunicação telefônica e registros telefônicos, os quais receberiam proteção jurídica distinta. Naquela oportunidade, defendi a impossibilidade de interpretar-se a cláusula do artigo 5º, XII, da CF, no sentido de proteção aos dados enquanto registro, depósito registral, porquanto a proteção constitucional seria da comunicação, e não dos dados. Creio, contudo, que a modificação das circunstâncias fáticas e jurídicas, a promulgação de leis posteriores e o significativo desenvolvimento das tecnologias da comunicação, do tráfego de dados e dos aparelhos *smart phones* leva, nos dias atuais, à solução distinta. Ou seja, penso que se está diante de **típico caso de mutação constitucional.**
>
> (...)
>
> As normas do art. 3º, II, III; 7º, I, II, III, VII; 10 e 11 da Lei 12.965/2014 e as significativas alterações no contexto fático subjacente **evidenciam se tratar de verdadeiro caso de mutação constitucional na interpretação do âmbito de proteção dos direitos estabelecidos** no art. 5º, X e XII, da CF. (...)"

Ainda nessa parte introdutória de nosso estudo, importante saber se as expressões **hermenêutica** e **interpretação** são ou não sinônimas. Para uma primeira corrente, elas são sinônimas, sendo que, inclusive, os próprios Tribunais Superiores acabam por tratar como tais. Outra corrente, capitaneada por Miguel Reale, afirmam ser irrelevante a distinção entre elas, haja vista a inutilidade pública desta diferenciação. Por fim, os professores Celso Ribeiro Bastos e Limongi França (dentre outros) afirmam ser expressões distintas, vez que a interpretação opera em um caso concreto, valendo-se das regras abstratamente construídas na ciência da hermenêutica, sendo aquela a aplicação dos cânones hermenêuticos.

Capítulo 2

Regras e Princípios

Para a doutrina clássica capitaneada por Celso Antônio Bandeira de Mello, os *princípios* eram denominados de vigas mestras de um determinado sistema, ou seja, ideias centrais que permitem a compreensão de um dado ramo jurídico.

Entretanto, nos últimos anos verifica-se que a doutrina vem debatendo a respeito da importante e complexa distinção entre **regras** e **princípios**, partindo-se do ponto de que ambos são espécies de **normas**. A despeito de serem espécie do gênero normas, não há que se falar em relação de hierarquia entre eles, haja vista serem considerados referenciais para a atuação dos intérpretes, bem como pela unidade da Constituição Federal.

Em linhas gerais podemos afirmar que as **regras** constituem relatos descritivos de condutas a partir dos quais, pelo enquadramento delas à situação fática, chegaremos à uma conclusão. Existindo qualquer conflito entre as regras, apenas uma delas prevalecerá, devendo-se adotar a ideia do *all or nothing*. Os **princípios**, por sua vez, trazem, de maneira abstrata, a previsão dos relatos, vez que o caso concreto deverá ser apreciado para que o intérprete verifique qual princípio deverá prevalecer no caso de colisão entre princípios.

Partindo-se para uma apreciação mais aprofundada a respeito do conteúdo de cada um desses institutos, transcreveremos excerto doutrinário:

> "Regras são normas que são sempre ou satisfeitas ou não satisfeitas. Se uma regra vale, então, deve se fazer exatamente aquilo que ela exige; nem mais, nem menos. Regras contêm, portanto, determinações no âmbito daquilo que é fática e juridicamente possível. Isso significa que a distinção entre regras e princípios é uma distinção qualitativa, e não uma distinção de grau. Toda norma é ou uma regra ou um princípio.
>
> Princípios são normas que ordenam que algo seja realizado na maior medida possível dentro das possibilidades jurídicas e fáticas existentes. Princípios são, por conseguinte, mandamentos de otimização, que são caracterizados por po-

derem ser satisfeitos em graus variados e pelo fato de que a medida devida de sua satisfação não depende somente das possibilidades fáticas, mas também das possibilidades jurídicas. O âmbito das possibilidades jurídicas é determinado pelos princípios e regras colidentes"[1].

1. ALEXY, Robert. *Teoria dos direitos fundamentais*. São Paulo: Malheiros, 2008. P. 91/92.

Capítulo 3

Conflito entre Princípios

Como visto há pouco, é perfeitamente possível (e até constante) a existência de *conflito entre princípios*, sendo que somente no caso concreto poderá ser possível ver qual deles prevalecerá. Adotando-se a **metodologia da ponderação dos princípios** Robert Alexy apresenta três etapas prejudiciais, as quais devem ser observadas na seguinte ordem cronológica: *adequação* (o juiz, quando do julgamento de um caso, deve indagar se a medida adotada pelo Poder Público promove o fim almejado ou, ao menos, mostra-se capaz de incentivá-lo); *necessidade* (dentre todos os meios entendidos como eficazes, deve-se buscar o menos invasivo); e, *proporcionalidade em sentido estrito* (deve-se aferir a relação custo-benefício).

Para tentar facilitar a compreensão dos leitores, podemos verificar a concretização das etapas descritas através do julgamento do Inq. 3922 AgR/CE (j. de 15/12/15) em que a 2.ª Turma do Supremo Tribunal Federal decidiu:

> "(...) Diante de indícios da existência de uma organização criminosa voltada à prática de crimes contra a administração pública, de fraudes a licitações e de desvio de recursos públicos, bem como da possível participação da investigada nesses ilícitos, é legítimo o afastamento de seu sigilo bancário. Essa restrição ao direito de intimidade se afigura: i) apta a atingir o resultado proposto, qual seja, demonstração dos ilícitos penais e sua autoria (adequação ou idoneidade); ii) necessária, uma vez que inexiste outro meio alternativo, menos gravoso e igualmente eficaz, para rastreamento do real destino dos recursos supostamente desviados e dos valores eventual e ilicitamente auferidos pela investigada; e iii) proporcional em sentido estrito, uma vez que as vantagens, para a presente investigação, decorrentes do afastamento de seu sigilo bancário, compensam o sacrifício, o ônus imposto a seu direito à intimidade".

Conquanto a ideia de Alexy tenha sido no sentido de tentar justificar racionalmente as decisões sobre a proporcionalidade de atos do Poder Público que restrinjam direitos fundamentais, objetivando-se inibir decisionismos, doutrinadores de porte (como Lênio Streck) entendem que ele não foi capaz de superar a discricionariedade que o positivismo metodológico atribuiu aos magistrados, especialmente em virtude do fato de que é o próprio magistrado quem escolhe os direitos que entrarão em choque.

Corroborando as críticas de parcela da doutrina, imperiosa a transcrição parcial constante no voto-vista proferido na **Arguição de Descumprimento de Preceito Fundamental 101/DF** na qual o Ministro Eros Grau afirmou:

> "(...) a ponderação entre princípios é operada discricionariamente, à margem da interpretação/aplicação do direito, e conduz à incerteza jurídica. (...) Daí que os juízos de ponderação entre princípios de direito extirpam seu caráter de norma jurídica. (...) Apenas valores podem ser submetidos a essa operação. (...) A doutrina tropeça em si mesma ao admitir que os princípios, embora sejam normas jurídicas, não são normas jurídicas".

A partir da leitura desse excerto do voto-vista é forçoso concluir que o ex-Ministro Eros Grau entendia que inexistem critérios para definir o peso de cada princípio, sendo que cada peso será atribuído dentro dos limites de determinadas ideologias, o que, sem sombra de dúvidas, acaba por conduzir a incertezas jurídicas.

Capítulo 4

Derrotabilidade das Regras (*Defeasibility*)

Iniciemos o presente capítulo trazendo os dizeres da doutrina pátria:

> "(...) as regras não devem ser obedecidas somente por serem regras e serem editadas por uma autoridade. Elas devem ser obedecidas, de um lado, porque sua obediência é moralmente boa e, de outro, porque produz efeitos relativos a valores prestigiados pelo próprio ordenamento jurídico, como segurança, paz e igualdade. Ao contrário do que a atual exaltação dos princípios poderia fazer pensar, as regras não são normas de segunda categoria. Bem ao contrário, elas desempenham uma função importantíssima de solução previsível, eficiente e geralmente equânime de solução de conflitos sociais"[1].

Destaque-se que a ideia de **derrotabilidade** (ou **superabilidade**) vem sendo atribuída a Hart, sendo que esse modelo vem superando o modelo do "tudo ou nada" de Dworking. Por força dessa doutrina, uma norma pode alojar infinitas exceções imprevisíveis e implícitas que, diante de um caso concreto, acabam por justificar que episodicamente seja afastada, a pretexto de fazer a justiça (ou assegurar seus fins), mantendo-se a higidez do texto que compreende seu comando.

O *fundamento* da derrotabilidade das regras está pautado no fato de que é impossível que o legislador anteveja todas as hipóteses reais e possíveis que justificassem que houvesse exceções à regra que pretende elaborar. Isso porque a vida apresenta, indiscutivelmente, infinitas hipóteses casuísticas que justificam, em tese, a flexibilização de uma regra.

1. ÁVILA. Humberto. *Teoria dos princípios: da definição à aplicação dos princípios jurídicos*. 7. ed. rev. e atual. São Paulo: Malheiros, 2007. P. 112/114.

Por fim, pode-se verificar que a teoria da derrotabilidade funciona como uma *interrupção da sua incidência, judicialmente provocada*, sendo essa sua *natureza jurídica*. Equivocada a conclusão de que a norma objeto de derrota é revogada, invalidada ou não recepcionada, vez que a regra derrotada simplesmente *não incide no suporte fático por obra do judiciário*.

Capítulo 5

Correntes Interpretativistas e não Interpretativistas

Durante as décadas de 50 e 60 do século XX os Estados Unidos da América passaram por uma época de *intenso ativismo judicial.* Ao longo desse período a Suprema Corte proferiu uma série de decisões progressistas, vindo a desagradar setores mais conservadores da sociedade americana.

Nessa época despontaram as correntes interpretativistas (interpretativismo) e não interpretativistas (não interpretativismo).

Para a **corrente interpretativista** é impossível que o juiz, quando da interpretação constitucional, crie o Direito, devendo alcançar o significado original da Constituição. *O magistrado não poderá se valer de valores substantivos, atendo-se à captação e declaração do sentido dos preceitos expressos na Carta Magna, conforme a vontade do legislador.*

De outro vértice, a **corrente não interpretativista** sustenta ser imprescindível o ativismo judicial na interpretação da norma constitucional, ao fundamento de a Constituição ser um organismo vivo, razão pela qual cada geração tem o direito de interpretá-la à sua maneira, podendo as normas constitucionais sofrerem uma atualização quanto ao seu significado, conforme o tempo correlato. Vejamos.

> "A corrente não interpretativista prega, com razão, uma postura substancial-concretista da interpretação constitucional, voltada à realização dos valores cardeais que permeiam a Constituição, uma vez que, por detrás de seus preceitos e suas palavras, há uma ordem de valores esperando densificação. Possibilita-se, assim, uma criação judicial do Direito, exigindo-se uma posição pró-ativa dos juízes"[1].

1. CUNHA JÚNIOR, Dirley da. *Curso de Direito Constitucional*. 12. ed. rev. ampl. e atual. Salvador: Juspodivm, 2018. P. 180.

Capítulo 6

Métodos de Interpretação Constitucional

Dadas as peculiaridades que circundam as normas constitucionais, não é possível dizer que exista apenas um método de interpretação, mas sim um *conjunto de métodos distintos*, os quais são reciprocamente complementares.

A despeito das divergências doutrinárias, utilizaremos os métodos propostos pelo mestre português Canotilho que os divide em: *jurídico*; *tópico-problemático*, *hermenêutico-concretizador*, *científico-espiritual* e *normativo-estruturante*.

6.1 Método jurídico

Também intitulado de **método hermenêutico-clássico**, ele parte da premissa de que a Constituição é uma lei, razão pela qual sua interpretação não deixa de ser a de uma lei. Em virtude dessa premissa, o intérprete deverá se valer dos elementos clássicos da hermenêutica jurídica, quais sejam: (a) elemento gramatical; (b) elemento histórico; (c) elemento sistemático; (d) elemento teleológico; e, (e) elemento genético.

Conquanto seja uma *norma jurídica qualificada*, a doutrina não afasta a aplicação do método em estudo, pois a Constituição pode ser perfeitamente interpretada a partir dos elementos clássicos. Registre-se, nesse ponto, que o próprio Supremo Tribunal Federal vem, reiteradamente, trabalhando com uma interpretação constitucional combinando aqueles elementos. Senão vejamos.

> "Agravo regimental. A posição sustentada pelo agravante pretende basear-se em **interpretação puramente literal**, que é a forma mais rudimentar de exegese. Por isso, esta Primeira Turma acolheu, quanto a esse artigo 7.º, XXIX da Constituição, a **interpretação lógica** que, sem contrapor-se à letra do dispositivo, é a no sentido de que esse texto, com a expressão créditos, abarca os direitos de crédito quaisquer que sejam, não estabelecendo regra alguma sobre se essa prescrição alcança apenas as prestações vencidas (prescrição parcial) ou se

atinge também o denominado fundo de direito (prescrição total). Agravo a que se nega provimento" (STF, Al-AgR 200733/RS, Primeira Turma, Relator Min. Moreira Alves. Julgamento: 30/09/1997, publicação DJ14/11/1997). (Negritei.)

A despeito de sua importância, *esse método não é suficiente e não satisfaz, por si só, a interpretação constitucional, sendo imprescindível a utilização de métodos mais adequados.*

6.2 Método tópico-problemático

A partir da utilização desse método exige-se do intérprete uma técnica mental (pensar) que se orienta para solução de um problema. Esse método ***parte do problema para a norma***, fato esse que, na visão do mestre Canotilho é um equívoco, pois pode causar um casuísmo sem limite.

Como se vê, esse método faz o caminho oposto dos demais métodos tradicionais de interpretação (objetivam a solução do caso concreto a partir da norma). Em virtude disso, a interpretação acaba por levar a um processo aberto de argumentação entre os vários intérpretes, tentando-se adaptar a norma constitucional ao problema concreto apresentado.

Partindo-se de pontos de vista utilizáveis e aceitáveis (*topoi*) o intérprete vai tentar revelar, dentro das diversas possibilidades dadas pelos vários significados do texto constitucional, a interpretação mais conveniente para o problema apresentado.

6.3 Método hermenêutico-concretizador

Conhecido também como método concretista, parte da ideia de que a interpretação constitucional é uma atividade de concretização da própria Constituição, fato esse que permite que o intérprete *determine o próprio conteúdo material da norma.*

Seu principal teorizador foi Konrad Hesse que afirma:

> "a vinculação da interpretação à norma a ser concretizada, à (pré)-compreensão do intérprete e ao problema concreto a ser resolvido, cada vez significa, negativamente, que não pode haver método de intepretação autônomo, separado desses fatores, positivamente, que o procedimento de concretização deve ser determinado pelo objeto da interpretação, pela Constituição e pelo problema respectivo"[1].

---

1. HESSE, Konrad. *Elementos de Direito Constitucional da República Federal da Alemanha*. Trad. Luís Afonso Heck. Porto Alegre: Sergio Antônio Fabris, 1998. P. 63.

6.4 Método científico-espiritual

Para essa teoria, que teve como expoente Rudolf Smend, *a Constituição deve ser compreendida como uma ordem de valores*, constituindo um elemento do processo de integração. Portanto, a interpretação da Constituição deverá ser feita de uma maneira mais profunda, não apenas superficial, a respeito do conteúdo axiológico subentendido ao texto.

6.5 Método normativo-estruturante

Segundo esse método há uma relação obrigatória entre o *texto* e a *realidade*, ou seja, entre os preceitos jurídicos e os fatos a serem regulados. Teve como expoente Friedrich Müller.

A partir das premissas desse método *a norma é considerada pressuposto da interpretação*, vez que a partir da interpretação do texto normativo é que se extrai a norma. *A norma não se restringe apenas ao texto, englobando uma parcela da realidade social.*

Conquanto seja um método também *concretista*, a norma a ser concretizada não está inteiramente no texto, sendo resultado da conjugação entre o texto e a realidade.

Capítulo 7

Princípios de Interpretação Constitucional

Conquanto exista divergências doutrinárias a respeito dos princípios relacionados à interpretação constitucional, passarei a discorrer, de for sucinta, sobre os principais e mais cobrados nos concursos públicos. Senão, vejamos.

7.1 Princípio da unidade da Constituição

É inadmissível a interpretação fragmentada da Constituição Federal, sendo essa compreendida como uma unidade de pluralidades de normas, sem distinção hierárquica das normas que a integram, haja vista possuírem a mesma fonte e o mesmo fundamento de validade (Poder Constituinte Originário).

Por se tratar de norma diferenciada, conforme já visto anteriormente na presente obra, **a Constituição deve ser interpretada de maneira a evitar contradições entre as suas normas**, cabendo ao intérprete a árdua tarefa de sempre buscar harmonizar os espaços e tensão existentes entre as normas constitucionais a serem concretizadas.

7.2 Princípio do efeito integrador

É inconcebível pensar que a Constituição seja considerada um instrumento de desagregação social, haja vista ser um instrumento normativo que tem por objetivo ordenar o Estado e a Sociedade, destinando-se a assegurar coesão sociopolítica.

Por intermédio da interpretação da Constituição **tem-se que privilegiar a interpretação que resulte em uma melhor integração como um todo**.

7.3 Princípio da máxima efetividade

Conhecido também como princípio da *interpretação efetiva*, tem o condão de orientar o intérprete a conferir às normas constitucionais o sentido mais efetivo, **objetivando-se alcançar a otimização daquelas para extrair sua total (ou quase total) potencialidade.**

7.4 Princípio da correção funcional

Também conhecido por *princípio da justeza, da conformidade ou exatidão funcional*. Referido princípio tem por **finalidade obstar o intérprete a modificar o sistema de repartição e divisão das funções constitucionais, evitando-se resultados que atrapalhem a organização funcional** estabelecida na Constituição.

Nesse sentido, vejamos:

> "O intérprete máximo da Constituição, no caso brasileiro o STF, ao concretizar a norma constitucional, será responsável por estabelecer a força normativa da Constituição, não podendo alterar a repartição de funções constitucionalmente estabelecidas pelo constituinte originário, como é o caso da separação de poderes, no sentido de preservação do Estado de Direito" [1].

7.5 Princípio da harmonização

Ele é denominado também de *princípio da concordância prática.*

Conforme já tivemos oportunidade de estudar, em virtude do princípio da unidade da Constituição, as ideias, valores e bens jurídicos constantes nas Constituições, por mais opostos que possam parecer, devem ser conciliados, através do esforço da doutrina e jurisprudência pátria, sempre objetivando a melhor solução.

Compete ao intérprete **a árdua tarefa de coordenação e harmonização dos bens jurídicos em conflitos, a fim de se evitar o sacrifício total de um em relação a outro**. Para tanto, será imprescindível a aplicação da técnica da ponderação.

7.6 Princípio da força normativa da Constituição

Como sabemos, a Constituição dispõe de força normativa suficiente para vincular e impor os seus comandos, **cabendo ao intérprete a tarefa de preservá-la, valendo-se de um trabalho de atualização de suas normas**, a fim de garantir sua eficácia e permanência.

---

1. LENZA, Pedro. *Direito Constitucional Esquematizado*. 15ª ed. rev., atual. e ampl. São Paulo: Saraiva, 2011. P. 148.

7.7 Princípio da proporcionalidade

Esse princípio constitucional implícito, também conhecido como *proporcionalidade ampla*, tem a importante **função de limitar a atuação e discricionariedade dos poderes públicos**, vedando que seus órgãos atuem com excesso ou praticando atos inúteis ou desproporcionais.

Para que o ato praticado seja razoável e proporcional é imprescindível que estejam presentes três requisitos (subprincípios), quais sejam: adequação, necessidade e proporcionalidade em sentido estrito.

Nesse sentido, temos que:

> "Adequação (ou utilidade) – É aquele que exige que as medidas adotadas pelo poder público se apresentem aptas para atingir os fins almejados. Ou seja, que efetivamente promovam e realizem os fins. Ora, fere até o bom senso que os órgãos públicos possam se valer de atos e meios, ou tomar decisões, que se revelem inúteis a ponto de não conseguirem realizar os fins para os quais se destinam.
>
> Necessidade (ou exigibilidade) – em razão deste subprincípio, impõe-se que o poder público adote, entre os atos e meios adequados, aquele ou aqueles que menos sacrifícios ou limitações causem aos direitos fundamentais. Por este subprincípio, objetiva-se evitar o excesso da Administração.
>
> Proporcionalidade em sentido estrito – Em face deste subprincípio, deve-se encontrar um equilíbrio entre o motivo que ensejou a atuação do poder público e a providência por ele tomada na consecução dos fins visados. Impõe-se que as vantagens que a medida adotada trata superem as desvantagens"[2].

2. CUNHA JÚNIOR, Dirley. *Curso de Direito Constitucional*. 12 ed. rev. ampl. e atual. Salvador: Juspodivm, 2018. P. 201.

Quadro Sinótico

HERMENÊUTICA CONSTITUCIONAL	
Mutação e Reforma Constitucional	A **reforma constitucional** deve ser entendida como sendo a modificação do texto constitucional, por intermédio das denominadas Emendas Constitucionais, tendo por finalidade a *alteração*, *supressão* ou *acréscimos de dispositivos* ao texto da Magna Carta. A **mutação constitucional** (também designada de *mudança constitucional silenciosa*, *processo de fato de mudança constitucional* ou *vicissitude constitucional tácita*), por sua vez, deve ser entendida como a *alteração no significado e sentido interpretativo* de determinada norma constitucional, *sem, contudo, ocorrer alteração física* de dispositivos constitucionais. A mutação constitucional é entendida pela doutrina como sendo um *processo informal de alteração* da Constituição (**mutação constitucional informal**).
Regras e Princípios	As **regras** constituem relatos descritivos de condutas a partir dos quais, pelo enquadramento delas à situação fática, chegaremos à uma conclusão. Existindo qualquer conflito entre as regras, apenas uma delas prevalecerá, devendo-se adotar a ideia do *all or nothing*. Os **princípios**, por sua vez, trazem, de maneira abstrata, a previsão dos relatos, vez que o caso concreto deverá ser apreciado para que o intérprete verifique qual princípio deverá prevalecer no caso de colisão entre princípios.
Conflito entre Princípios	É perfeitamente possível a existência de *conflito entre princípios*, sendo que somente no caso concreto poderá ser possível ver qual deles prevalecerá. Adotando-se a **metodologia da ponderação dos princípios** Robert Alexy apresenta três etapas prejudiciais, as quais devem ser observadas na seguinte ordem cronológica: *adequação* (o juiz, quando do julgamento de um caso, deve indagar se a medida adotada pelo Poder Público promove o fim almejado ou, ao menos, mostra-se capaz de incentivá-lo); *necessidade* (dentre todos os meios entendidos como eficazes, deve-se buscar o menos invasivo); e, *proporcionalidade em sentido estrito* (deve-se aferir a relação custo-benefício).
Derrotabilidade das regras	Uma norma pode alojar infinitas exceções imprevisíveis e implícitas que, diante de um caso concreto, acabam por justificar que episodicamente seja afastada, a pretexto de fazer a justiça (ou assegurar seus fins), mantendo-se a higidez do texto que compreende seu comando. O *fundamento* da derrotabilidade das regras está pautado no fato de que é impossível que o legislador anteveja todas as hipóteses reais e possíveis que justificassem que houvesse exceções à regra que pretende elaborar

Correntes Interpretativistas e Não Interpretativistas	Para a **corrente interpretativista** é impossível que o juiz, quando da interpretação constitucional, crie o Direito, devendo alcançar o significado original da Constituição. O magistrado não poderá se valer de valores substantivos, atendo-se à captação e declaração do sentido dos preceitos expressos na Carta Magna, conforme a vontade do legislador. Já a **corrente não interpretativista** sustenta ser imprescindível o ativismo judicial na interpretação da norma constitucional, ao fundamento de a Constituição ser um organismo vivo, razão pela qual cada geração tem o direito de interpretá-la à sua maneira, podendo as normas constitucionais sofrerem uma atualização quando ao seu significado, conforme o tempo correlato.
Métodos de Interpretação	O mestre português Canotilho elenca quatro métodos de interpretação *jurídico; tópico-problemático, hermenêutico-concretizador, científico-espiritual* e *normativo-estruturante*. O **método jurídico** parte da premissa de que a Constituição é uma lei, razão pela qual sua interpretação não deixa de ser a de uma lei. Em virtude dessa premissa, o intérprete deverá se valer dos elementos clássicos da hermenêutica jurídica, quais sejam: (a) elemento gramatical; (b) elemento histórico; (c) elemento sistemático; (d) elemento teleológico; e, (e) elemento genético. Já o **método tópico-**problemático *parte do problema para a norma*, fato esse que, na visão do mestre Canotilho é um equívoco, pois pode causar um casuísmo sem limite. Ele faz o caminho oposto dos demais métodos tradicionais de interpretação (objetivam a solução do caso concreto a partir da norma). Em virtude disso, a interpretação acaba por levar a um processo aberto de argumentação entre os vários intérpretes, tentando-se adaptar a norma constitucional ao problema concreto apresentado. O denominado **método hermenêutico-concretizador** parte da ideia de que a interpretação constitucional é uma atividade de concretização da própria Constituição, fato esse que permite que o intérprete *determine o próprio conteúdo material da norma*. Temos, ainda, o **método científico-espiritual** segundo o qual *a Constituição deve ser compreendida como uma ordem de valores*, constituindo um elemento do processo de integração. Por fim, podemos verificar o **método normativo-estruturante**, segundo o qual há uma relação obrigatória entre o *texto* e a *realidade*, ou seja, entre os preceitos jurídicos e os fatos a serem regulados.

Princípios de Interpretação	Dentre os princípios que regem a interpretação, podemos elencar os que se seguem: ***Princípio da unidade da Constituição*** - É inadmissível a interpretação fragmentada da Constituição Federal, sendo essa compreendida como uma unidade de pluralidades de normas, sem distinção hierárquica das normas que a integram, haja vista possuírem a mesma fonte e o mesmo fundamento de validade (Poder Constituinte Originário). ***Princípio do efeito integrador*** - é inconcebível pensar que a Constituição seja considerada um instrumento de desagregação social, haja vista ser um instrumento normativo que tem por objetivo ordenar o Estado e a Sociedade, destinando-se a assegurar coesão sócio-política. ***Princípio da máxima efetividade*** - tem o condão de orientar o intérprete a conferir às normas constitucionais o sentido mais efetivo, objetivando-se alcançar a otimização daquelas para extrair a total (ou quase total) potencialidade. ***Princípio da correção funcional*** - tem por finalidade obstar o intérprete a modificar o sistema de repartição e divisão das funções constitucionais, evitando-se resultados que atrapalhem a organização funcional estabelecida na Constituição. ***Princípio da harmonização*** - compete ao intérprete a árdua tarefa de coordenação e harmonização dos bens jurídicos em conflitos, a fim de se evitar o sacrifício total de um em relação a outro. Para tanto, será imprescindível a aplicação da técnica da ponderação. ***Princípio da força normativa da Constituição*** - a Constituição dispõe de força normativa suficiente para vincular e impor os seus comandos, cabendo ao intérprete a tarefa de preservá-la, valendo-se de um trabalho de atualização de suas normas, a fim de garantir sua eficácia e permanência. ***Princípio da proporcionalidade*** - limita a atuação e discricionariedade dos poderes públicos, vedando que seus órgãos atuem com excesso ou praticando atos inúteis ou desproporcionais.

EXERCÍCIOS

Questões

1 – (PC/MS – Delegado de Polícia – FAPEMS – 2017) – Sobre a interpretação das normas constitucionais, um dos temas que há vários anos permanece em discussão é o da diferença entre regras e princípios, indo desde a proposta de Ronaldo Dwordin em 1967, passando pela ponderação de valores proposta por Robert Alexy na década de 1980, e alcançando as práticas judiciais atuais no Brasil. Consoante os autores NERY JR. e ABBOUD (2017), [...] *de forma concomitante com o crescimento da importância da Constituição, a consolidação de sua força normativa e a criação da jurisdição constitucional especializada (após a 2.ª Guerra Mundial), consagrou-se, principalmente, pela revalorização dos princípios constitucionais [...]. (NERY JR., Nelso; ABBOUD, Georges. Direitos Constitucional Brasileiro: Curso Completo. São Paulo: RT, 10'7, p. 124).*

Diante disso, afirma-se que:

a) O Supremo Tribunal Federal tem adotado a máxima da proporcionalidade, ainda que não rigorosamente, para a solução de colisão de princípios (por exemplo, o voto do Ministro Luís Roberto Barroso no *Habeas Corpus* 126.293 de 17/2/2016).
b) A ponderação de valores não tem sido adotada pelo Poder Judiciário brasileiro.
c) Não há diferença entre regras e princípios.
d) Princípios são aplicados à maneira "ou-tudo-ou-nada".
e) O positivismo jurídico aceita a distinção entre regras e princípios.

2 – (PC/SP – Delegado de Polícia – VUNESP – 2018) - Ao julgar o RE nº 251.445/GO, o Supremo Tribunal Federal decidiu que o termo "casa", resguardado pela inviolabilidade conferida pelo art. 5º, inciso XI, da Constituição Federal e antes restrito a domicílio e residência, revela-se abrangente, devendo, portanto, se estender também a qualquer compartimento privado onde alguém exerça profissão ou atividade. Essa fixação de novo entendimento pelo Supremo Tribunal Federal que acarretou num processo de alteração do sentido da norma constitucional, sem alteração do texto, é denominada pela hermenêutica constitucional de

a) Repristinação constitucional.
b) Mutação constitucional informal.
c) Interpretação conforme.
d) Interpretação literal.
e) Interpretação teleológica.

3 - (PJC/MT - Delegado de Polícia - CESPE - 2017) - O método de interpretação da Constituição que, por considerá-la um sistema aberto de regras e princípios, propõe que se deva encontrar a solução mais razoável para determinado caso jurídico partindo-se da situação concreta para a norma, é denominado método

a) Hermenêutico clássico.
b) Científico-espiritual.
c) Tópico-problemático.
d) Normativo-estruturante.
e) Hermenêutico concretizador.

4 - (PC/MS - Delegado de Polícia - FAPEMS - 2017) - Considere o seguinte texto.

Eis os métodos clássicos, tradicionais ou ortodoxos, pelos quais as constituições têm sido interpretadas ao longo do tempo: o método gramatical observa a pontuação, a etimologia e a colocação das palavras; o método lógico procura a coerência e a harmonia das normas em si, ou em conjunto; o método histórico investiga os fatores que resultaram no trabalho de elaboração normativa; o método sistemático examina o contexto constitucional; o método teleológico busca os fins da norma constitucional; o método popular realiza-se pelo plebiscito, referendum, recall, iniciativa e veto populares; o método doutrinário equivale à doutrina dos juristas; e o método evolutivo propicia mutação constitucional. (*BULOS, Uadi Lammego. Curso de direito constitucional. 4. ed. São Paulo: Saraiva, 2009, p. 358).*

Além desses métodos clássicos de interpretação jurídica, a atual hermenêutica descreve, estuda e aplica princípios interpretativos, especificamente voltados à interpretação da Constituição. Sobre os princípios da hermenêutica constitucional, assinale a alternativa correta.

a) O Princípio da Conformidade Funcional impede que o intérprete subverta o esquema organizatório-funcional estabelecido pela Constituição.
b) De acordo com o Princípio do Efeito Integrador, as normas constitucionais devem ser vistas como preceitos integrados em um sistema unitário de regras e princípios, de modo que a Constituição só pode ser compreendida e interpretada se entendida como unidade.
c) De acordo com o Princípio da Convivência das Liberdades Públicas, o aplicador da Constituição, ao construir soluções para os problemas jurídico-constitucionais, dever preferir os critérios ou pontos de vista que favoreçam a integração social e a unidade política.

d) O Princípio da Unidade da Constituição determina que nenhum direito é absoluto, pois todos encontram limites em outros direitos consagrados pela própria Constituição.

e) O Princípio da Presunção da Constitucionalidade das Leis impede a declaração de inconstitucionalidade dos atos normativos.

5 – (PC/MS – Delegado de Polícia – FAPEMS – 2017) – Sobre a interpretação das normas constitucionais, um dos temas que há vários anos permanece em discussão é o da diferença entre regras e princípios, indo desde a proposta de Ronald Dworkin em 1967, passando pela ponderação de valores proposta por Robert Alexy na década de 1980, e alcançando as práticas judiciais atuais no Brasil. Consoante aos autores NEY JR. e ABBOUD (2017), [...] de forma concomitante com o crescimento da importância da Constituição, a consolidação de sua força normativa e a criação da jurisdição constitucional especializada (após a 2- Guerra Mundial), consagrou-se, principalmente, pela revalorização dos princípios constitucionais [...]. (*NERY JR, Nelson; ABBOUD, Georges. Direito Constitucional Brasileiro: Curso Completo. São Paulo: RT, 2017, p. 124).*

Diante disso, afirma-se que:

a) O Supremo Tribunal Federal tem adotado a máxima da proporcionalidade, ainda que não rigorosamente, para a solução de colisão de princípios (por exemplo, voto do Ministro Luís Roberto Barroso no *Habeas Corpus* 126.292 de 17/02/2016).

b) A ponderação de valores não tem sido adotada pelo Poder Judiciário brasileiro.

c) Não há diferença entre regras e princípios.

d) Princípios são aplicáveis à maneira do "ou-tudo-ou-nada"

e) O positivismo jurídico aceita a distinção entre regras e princípios.

Gabarito e Explicação

Questão	Gabarito	Abordagem do assunto no livro
1	A	Capítulo 7
2	C	Capítulo 1
3	C	Capítulo 6
4	A	Capítulo 7
5	A	Capítulo 3

PARTE 5

PODER CONSTITUINTE

Capítulo 1

Considerações Iniciais e Conceito

A despeito de existir divergências sobre a origem da expressão *poder constituinte*, a maioria da doutrina sustenta que o abade Joseph Sieyès foi seu precursor, haja vista ser o criador da teoria do Poder Constituinte.

O conceito de Poder Constituinte surgiu com as revoluções burguesas, notadamente com a Revolução Francesa.

Para nossa doutrina pátria:

> "(...) a autoridade máxima da Constituição vem de uma força política capaz de estabelecer e manter o vigor normativo do texto. Essa magnitude que fundamenta a validez da Constituição, desde a Revolução Francesa, é conhecida como poder constituinte originário".[1]

Como já tivemos a oportunidade de estudar, a Constituição é idealizada como uma *norma jurídica fundamental*, sendo a base da ordem jurídica e fonte de sua validade. A Constituição (e demais normas constitucionais) é a base de todo o ordenamento jurídico, sendo que todos os atos normativos devem possuir compatibilidade vertical com ela, sob pena de estarem eivados de inconstitucionalidade. A Constituição, portanto, é a *norma suprema do ordenamento jurídico*, sendo que essa supremacia decorre de sua origem.

Nas precisas lições doutrinárias temos que:

> "Poder Constituinte é a expressão maior da vontade de um povo ou grupo destinada a estabelecer os fundamentos de organização de sua própria comunidade. É um poder político fundamental e supremo capaz de criar as normas constitucionais, organizando o Estado, delimitando seus poderes e fixando-lhes a competência e limites. É a manifestação soberana de vontade, de um ou alguns indivíduos, determinada a gerar um núcleo social"[2].

---

1. MENDES, Gilmar Ferreira e BRANCO, Paulo Gustavo Gonet. *Curso de Direito Constitucional*. 9ª ed. São Paulo: Saraiva, 2014. (Série IDP). P. 103.
2. CUNHA JÚNIOR, Dirley da. *Curso de Direito Constitucional*. 12. ed. rev. ampl. e atual. Salvador: Juspodivm, 2018. P. 208.

A partir dessas lições, bem como considerando o entendimento da doutrina moderna, podemos afirmar que a **titularidade** do Poder Constituinte pertence ao **povo**. Essa conclusão é reforçada, inclusive, pelo disposto no parágrafo único do art. 1.º de nossa Carta Magna que preceitua que *todo o poder emana do povo*. Conquanto a titularidade pertença ao povo, seu exercício é desempenhado por outros entes, conforme veremos ao longo de nosso estudo.

Sublinhe-se, entretanto, que a expressão **povo** deve ser entendida de uma maneira abrangente, compreendendo os partidos políticos, as associações, as entidades, as igrejas, dentre outas. Para Peter Häberle a expressão povo deve ser compreendida como uma *grandeza pluralística*.

A despeito de já sabermos a quem pertence a titularidade do Poder Constituinte, antes de avançarmos no estudo, importante saber como se dá o seu exercício. Basicamente, há duas maneiras de exercê-lo:

a) **Exercício autocrático** – manifestado por intermédio da outorga, por uma minoria detentora do poder, sem qualquer participação popular. Em virtude disso, referido poder é conhecido também como **poder constituinte usurpado**.

b) **Exercício democrático indireto** – diversamente do anterior, esse poder é exercido pelo povo que escolhem seus representantes, a fim de que esses elaborem uma nova ordem constitucional.

Destaque-se que a **nossa atual Constituição Federal é fruto do exercício democrático indireto**, assim como as Constituições de 1891. 1934 e 1946. De outro vértice, as Constituições de 1824, 1937, 1967 e 1969 foram frutos do exercício autocrático.

Feitas essas observações preliminares, de uma maneira mais sintética podemos conceituar o Poder Constituinte como sendo aquele capaz de *elaborar* ou *atualizar* uma Constituição, por intermédio de supressão, modificação ou acréscimo de normas constitucionais. Partindo-se dessa conceituação, temos a existência de duas espécies de poder constituinte, quais sejam: **ordinário** e **derivado**.

A partir de agora, passaremos ao estudo das espécies de Poder Constituinte, as quais não se limitam às duas mencionadas no parágrafo anterior.

Capítulo 2

Poder Constituinte Originário

2.1 Conceito

Inicialmente, há que se observar que referido poder também é denominado de **poder inicial, inaugural, de primeiro grau, primogênito, genuíno, primário** ou **fundacional**.

O **Poder Constituinte Originário** pode ser conceituado como sendo *a força política consciente de si que resolve disciplinar os fundamentos do modo de convivência na comunidade política*[1].

Em havendo manifestação do poder constituinte originário, o Estado e a ordem jurídica são *inaugurados* (no caso de ser a primeira manifestação do poder constituinte originário) ou *reinaugurados*. Ressalte-se, contudo, que a reinauguração do Estado não significa dizer que ele, necessariamente, teve seus limites territoriais alterados. Ainda que os limites territoriais permaneçam íntegros, com a manifestação do poder constituinte originário *juridicamente o Estado é outro*!

Portanto, referido poder é o que elabora a Constituição de um Estado, organizando-o e instituindo os poderes que regerão os interesses de todo o povo.

2.2 Classificação

Comumente a doutrina costuma afirmar que o poder constituinte originário pode ser classificado em ***histórico*** (esse sim, considerado o verdadeiro poder constituinte originário, vez que inaugura e estrutura, pela primeira vez, o Estado) e ***revolucionário*** (são todos os posteriores ao histórico, rompendo por completo com a ordem jurídica anterior e, criando, um novo Estado).

1. MENDES, Gilmar Ferreira e BRANCO, Paulo Gustavo Gonet. *Curso de Direito Constitucional*. 9ª ed. São Paulo: Saraiva, 2014. (Série IDP). P. 103.

Frise-se, ainda, que parte da doutrina atribui a classificação ao poder constituinte de ***originário fundacional*** (é o responsável pela elaboração da primeira constituição de um Estado) e ***originário pós-fundacional*** (responsável pela elaboração das demais constituições do Estado).

Por fim, a doutrina afirma que o poder constituinte pode ser dividido em ***formal*** (é o ato de criação, de positivação de um ato normativo, atribuindo-lhe o status de norma constitucional) e ***material*** (lado substancial do poder constituinte, que qualifica o direito constitucional formal com o status de norma constitucional). Destaque-se que o poder constituinte material precede ao formal, lógica e historicamente.

Nessa linha de ideia, temos que *o poder material estabelece o que é constitucional, ao passo que o formal materializa como constituição.*

2.3 Características

Embora haja certa divergência doutrinária a respeito do número de características, passaremos a analisar cinco delas. Senão, vejamos.

A primeira característica trazida pela doutrina é aquela que afirma ser o poder constituinte originário ***inicial***, ou seja, ele é o marco zero do novo Estado e da nova ordem jurídica. É de se destacar, entretanto, que isso não significa dizer que o ordenamento jurídico anterior será totalmente desconsiderado, haja vista o **princípio da segurança jurídica**. Nesse ponto, inclusive, destacamos o instituto da recepção e não-recepção.

Frise-se que o poder constituinte originário é dito ***ilimitado***, entendendo-se que a nova Constituição Federal não encontra limites anteriores, podendo revogar qualquer norma do ordenamento jurídico anterior.

No tocante a essa característica importante destacar o posicionamento firmado entre os *positivistas* e os *jusnaturalistas*. Para os primeiros (posição, inclusive, do próprio Supremo Tribunal Federal) não há qualquer limite que assuma o caráter jurídico. Segundo a **jurisprudência do STF o poder constituinte não se encontra sujeito a qualquer limite imposto pela ordem jurídica interna, tampouco a limitações de ordem suprapositiva**. Por sua vez, para os jusnaturalistas, a condição de validade do poder constituinte originário é o direito natural, o qual se sobrepõe ao direito material.

Destaque-se, outrossim, que parcela da doutrina afirma que o poder constituinte originário somente deve possuir essa característica de ilimitado no plano interno, sendo que no plano internacional ele não poderia violar regras mínimas de convivência com outros países soberanos, conforme regras do Direito Internacional. Entretanto, *não é esse entendimento que prevalece na nossa doutrina constitucionalista, nem da* ***jurisprudência do STF***.

Não obstante isso, os próprios positivistas (e ministros do STF) comungam da ideia de que essa ausência de limites não é absoluta, vez que a existência de alguns limites é indiscutível (p.ex., limites geográficos). Portanto, para essa ilimitabilidade está ligada à ideia de não vinculação e não subordinação ao regramento jurídico-positivo anterior!

Veja-se, inclusive, excerto doutrinário:

> "Mesmo para esta última visão, a ausência de limitação jurídica não afasta a existência de limites impostos pela realidade. O poder constituinte não pode decidir o impossível: não pode mudar a órbita dos planetas. Quem exerce, de fato, o poder constituinte tampouco pode desconsiderar as expectativas do seu titular"[2].

Diz-se, ainda, que o poder constituinte originário é ***incondicionado***, pois não depende de um procedimento preestabelecido para ser exercido, sendo que a forma mais democrática para seu exercício é por intermédio da instituição de uma Assembleia Constituinte.

Ademais, é conhecido como sendo um ***poder político***, ou seja, a ordem jurídica começa com referido poder e não antes dele.

Por fim, é um ***poder permanente***, vez que o poder constituinte originário poderá ser exercido a qualquer tempo, não se esgotando no momento de seu exercício. Destaque-se que a atuação da Assembleia Constituinte é temporal, findando-se após sua atuação.

2.4 Formas de expressão

O Poder Constituinte Originário poderá se manifestar por intermédio da ***outorga*** (declaração unilateral do agente revolucionário) ou da ***assembleia nacional constituinte*** (nasce a partir da deliberação da representação popular. Essa forma de expressão é também conhecida como **convenção**). Nesse ponto, remetemos o leitor à parte final do capítulo 1 da presente parte.

2. SOUZA NETO, Cláudio Pereira de; SARMENTO, Daniel. *Direito Constitucional: teoria, história e métodos de trabalho*. Belo Horizonte: Fórum, 2012, p. 206.

Capítulo 3

Poder Constituinte Derivado

3.1 Conceito

Inicialmente, importante registrar que ele é denominado também de **poder constituinte instituído, constituído, secundário** ou **de segundo grau**.

O poder constituinte derivado é o poder de se *alterar* a Constituição Federal em vigor, tendo duas finalidades: a) adaptação da CF à realidade; e, b) correção de erros de previsão feita pelo constituinte.

A *adaptação* da Constituição Federal em vigor à realidade é feita através das denominadas **Emendas Constitucionais**.

Como formas de *correção* de revisão podemos mencionar: a) Mutação Constitucional (que é a *mudança de interpretação* da CF, sem que tenha havido alteração formal. Constitui, portanto, uma alteração informal da Constituição); b) art. 2.º do ADCT (foi o plebiscito ocorrido em 1993); e, c) art. 3.º do ADCT (revisão constitucional – Emendas Constitucionais de Revisão).

3.2 Características

Diversamente do Poder Constituinte Originário essa espécie possui 04 (quatro) características distintas.

Diz-se ***derivado*** em razão do fato de ter sido criado (e decorrer) pelo Poder Constituinte Originário, previsto na CF.

Ele também é dito ***limitado,*** vez que encontra limites previamente estabelecidos na própria Constituição Federal, limitações essas estabelecidas pelo Poder Constituinte Originário.

É um poder ***condicionado***, haja vista que para seu exercício depende de procedimento preestabelecido pelo próprio Poder Constituinte Originário.

Por fim, ele é um ***poder jurídico***, pois está presente e regulado no texto da própria Constituição Federal.

3.3 Espécies

Segundo a maioria da doutrina pátria o poder constituinte derivado pode ser de duas espécies, quais sejam: **reformador** e **decorrente**. Destaque-se que o prof. Pedro Lenza inclui também uma terceira espécie: **revisor**.

3.3.1 Poder Constituinte Derivado Reformador. Características e limitações

Pode-se dizer que esse é o poder de *modificar* a Carta Magna, por intermédio de um procedimento específico, o qual foi estabelecido pelo Poder Constituinte Originário. Conquanto haja a modificação da Constituição, não há que se falar em verdadeira revolução.

Sua manifestação é exteriorizada através das denominadas *emendas constitucionais*, espécies normativas que possuem a finalidade de realizar alterações pontuais no texto constitucional (cf. arts. 59, I, e 60 da CF). As emendas constitucionais poderão ser utilizadas a qualquer momento, sempre que houver necessidade em se modificar o texto constitucional e adequá-lo à realidade social.

Conforme já dito em momento anterior, o Poder de Revisão, por ser derivado, é um poder que encontra limitações na própria Constituição Federal, estando sujeito a limites de ordem formal, material, circunstancial e temporal.

O primeiro deles diz respeito aos **limites formais ou procedimentais**, que são divididos em *subjetivos* e *objetivos.*

Os *limites formais subjetivos* estão previstos nos incisos I, II e III do art. 60 da C.F., e dizem respeito aos legitimados para a propositura das Propostas de Emenda à Constituição (PEC). A própria Constituição delineia quem tem a competência para apresentar uma proposta de alteração de seu texto.

Atualmente, a Constituição Federal poderá ser emendada mediante proposta:

a) De um terço, no mínimo, dos membros da Câmara dos Deputados ou do Senado Federal;

b) Do Presidente da República;

c) De mais da metade das Assembleias Legislativas das unidades da Federação, manifestando-se, cada uma delas, pela maioria relativa de seus membros.

Ressalte-se que a limitação formal está relacionada à *fase iniciadora do processo de elaboração*, sendo que nesse caso somente os legitimados supra poderão propor uma PEC, sob pena de ser reconhecida a inconstitucionalidade da nova norma constitucional, por vício de iniciativa.

Ao lado dos limites formais subjetivos encontram-se os *limites formais objetivos*, os quais estão previstos nos parágrafos 2.º, 3.º e 5.º do art. 60 da Constituição Federal. Esses limites dizem respeito às demais fases do processo legislativo.

Superada a questão das limitações formais, passaremos agora a analisar os denominados **limites materiais ou substanciais.** O Poder Constituinte Originário estabeleceu que algumas matérias são intangíveis, sendo essas denominadas de *cláusulas pétreas* (*cerne duro* ou *cerne fixo da Constituição*).

Conquanto haja diferenças doutrinárias a respeito da real finalidade das cláusulas pétreas, concordamos com a ideia de que o significado último delas está em *prevenir um processo de erosão da Constituição.*[1] Sublinhe-se, contudo, que não há impedimento algum para a ampliação das cláusulas pétreas, aumentando-se o espectro de proteção.

Pela regra da Constituição Federal, constante no § 4.º do art. 60 temos que:

> "Não será objeto de deliberação a proposta de emenda tendente a abolir: I – a forma federativa do Estado; II – o voto direto, secreto, universal e periódico; III – a separação dos Poderes; e, IV – os direitos e garantias individuais". Essas são as denominadas cláusulas pétreas".

Uma vez iniciado qualquer Projeto de Emenda Constitucional que tenda a violar quaisquer dos princípios descritos nos incisos em questão, é possível que sejam manuseadas ações para que seja feito controle jurisdicional da observância dessas restrições.

Não obstante o fato de o constituinte ter estabelecido expressamente as cláusulas pétreas, admite-se que as limitações materiais não estão exaustivamente enumeradas nesse dispositivo em comento, sendo possível falar em *cláusulas pétreas implícitas* (v.g., proibição de se violar as limitações expressas).

Faz-se necessário ressaltar que o Brasil *não adotou* a conhecida **teoria da dupla revisão (teoria da dupla reforma ou da reforma em dois tempos)**. Por essa teoria, admite-se que seja feita uma primeira revisão acabando com as limitações expressas e, em seguida, uma segunda revisão proibindo aquilo que era proibido.

Além dessas limitações vistas até agora, temos ainda as denominadas **limitações circunstanciais**, que são aquelas situações em que, uma vez presentes, proíbem a modificação da Constituição.

Não é possível que se emende a Constituição Federal na vigência de (a) intervenção federal, (b) estado de defesa ou, (c) estado de sítio (cf. art. 60, § 1.º, da CF). A razão dessa proibição é que nas três circunstâncias o país está passando por momentos de instabilidade e quaisquer alterações poderiam abalar os princípios de nossa ordem constitucional, em virtude especialmente da falta de livre deliberação dos órgãos constituintes.

É de se deixar consignado que, embora não haja previsão constitucional nesse sentido, já houve em nossa história (mais especificadamente na Constituição de

1. MENDES, Gilmar Ferreira e BRANCO, Paulo Gustavo Gonet. *Curso de Direito Constitucional.* 9ª ed. São Paulo: Saraiva, 2014. (Série IDP). P. 123.

1824) a denominada **limitação temporal**, que vedava emendas durante certos períodos (no caso, antes de quatro anos da outorga do texto constitucional).

Por fim, importante registrar que, mesmo que o Supremo Tribunal Federal venha a declarar a inconstitucionalidade de determinada lei, é possível a propositura de Proposta de Emenda Constitucional por parte do Poder Legislativo, haja vista que esse poder não fica vinculado à decisão de inconstitucionalidade do Poder Judiciário, em observância à proibição da fossilização constitucional, bem como à preservação da atividade legislativa.

3.3.2 Poder Constituinte Derivado Decorrente. Características e limitações

É o poder atribuído pelo poder constituinte originário aos **Estados-Membros** e ao **Distrito Federal** para se *auto-organizarem* por meio das respectivas Constituições Estaduais e Lei Orgânica (no caso do DF). Parte da doutrina denomina referido poder de *constituinte derivado decorrente institucionalizador.*

De forma clara a doutrina preceitua que o poder constituinte derivado decorrente:

> "(...) intervém para exercer uma tarefa de caráter nitidamente constituinte, qual seja, a de estabelecer a organização fundamental de entidades componentes do Estado Federal. Tem o Poder Constituinte Decorrente um caráter de complementaridade em relação à Constituição: destina-se a perfazer a obra do Poder Constituinte Originário nos Estados Federais, para estabelecer a Constituição dos seus Estados componentes" [2].

Consoante se extrai do disposto na parte final do *caput* do art. 25 da Carta Magna a capacidade de auto-organização dos Estados-Membros deve observar os "*princípios desta Constituição*". Pois bem. Segundo abalizada doutrina esses princípios compreendem os denominados ***princípios constitucionais sensíveis*** (ou ***apontados*** *ou* ***enumerados*** – art. 34, VII, da CF); *princípios* ***constitucionais estabelecidos*** (ou ***organizatórios*** – são aqueles que vedam a ação indiscriminada do Poder Constituinte Derivado); e os ***princípios constitucionais extensíveis*** (integram a estrutura da federação).

Logo, ao exercer a sua capacidade de auto-organização o Estado-Membro deverá observar todos esses princípios constitucionais, bem como os princípios implícitos, sob pena de flagrante inconstitucionalidade da regra da Constituição Estadual que contrarie algum deles (p.ex. a Constituição Estadual não pode condicionar a nomeação, exoneração e destituição dos secretários de estado à prévia aprovação da Assembleia Legislativa; não pode, ainda, tratar de matérias de ini-

---

2. FERRAZ, Anna Cândida da Cunha. *Poder Constituinte dos Estados-Membros*. São Paulo: RT, 1979. P. 19.

ciativa privativa do Chefe do Poder Executivo, a partir de proposta de emenda apresentada por parlamentar, dentre outras vedações).

A despeito do fato de o **Distrito Federal** ser regido por *lei orgânica* o entendimento pacífico é que ela possui verdadeira natureza de Constituição local, haja vista que sua vinculação decorre diretamente da Carta Magna.

Nesse sentido, vejamos excerto do julgamento do RE 577.025 (j. 11/12/2008) em que o Supremo Tribunal Federal decidiu:

> "(...) a Lei Orgânica do Distrito Federal apresenta, no dizer da doutrina, a natureza de verdadeira Constituição local, ante a autonomia política, administrativa e financeira que a Carta confere a tal ente federado. Por essa razão, entendo que se mostrava cabível a propositura da ação direta de inconstitucionalidade pelo MPDFT no caso em exame".

Situação diversa ocorre com os **Municípios**, pois a competência outorgada a eles para elaboração das respectivas Leis Orgânicas não decorre exclusivamente da Carta Magna, *ex vi* do art. 29, *caput*, da CF. Veja-se que o respeito ao conteúdo deve ser dado tanto em relação à Constituição Estadual quanto à Constituição Federal. Logo, doutrina e jurisprudência afirmam que o Poder Constituinte Derivado Decorrente, conferido aos Estados-Membros e Distrito Federal, não foi estendido aos Municípios.

Para finalizar, caso venha a ser criado futuramente algum **Território Federal**, não há que se falar em Poder Constituinte Derivado Decorrente àquele. Isso porque, pelas regras constitucionais em vigor o Território Federal integra a União Federal, não possuindo autonomia (cf. art. 18, § 2.º, CF).

3.3.3 Poder Constituinte Derivado Revisor

Quando falamos nessa espécie de poder constituinte é importante consignar o estabelecido em dois artigos do Ato das Disposições Constitucionais Transitórias, quais sejam, arts. 2.º e 3.º.

O primeiro dispositivo em comento **(art. 2.º do ADCT)** estabeleceu que em 07/9/1993 seria realizado um **plebiscito** para definir qual a *forma* (república ou monarquia constitucional) e o *sistema* de governo (parlamentarismo e presidencialismo) deveriam vigorar no Brasil. Destaque-se que, após referido plebiscito, tanto a forma (República) quanto o sistema de governo (Presidencialismo) foram mantidos no país, os quais subsistem até os dias atuais.

Independentemente do resultado do referido plebiscito, o art. **3.º do ADCT** trouxe a previsão de que cinco anos, contados da promulgação da Constituição, essa seria *atualizada* e *adequada* às realidades que a sociedade apontasse como necessárias. Pela redação constante no referido dispositivo, forçoso presumir que a revisão constitucional poderia ser realizada apenas e tão somente uma única vez, haja vista a expressão "a revisão constitucional". Em virtude disso, doutrina afirma tratar-se de dispositivo com **eficácia exaurida** e **aplicabilidade esgotada**.

Com base nesse último dispositivo, foram elaboradas seis **Emendas Constitucionais de Revisão.**

A despeito da modificação de dispositivos constitucionais para *atualizar* e *adequar* a Constituição Federal de 1988, o constituinte originário previu que essa revisão seria realizada por um procedimento mais simplificado que o procedimento estabelecido no art. 60, § 2.º, da CF. Isso porque, as Emendas Constituições de Revisão foram elaboradas e aprovadas por *maioria absoluta dos membros do Congresso Nacional, em sessão unicameral.*

Frise-se que quando do exercício do Poder Constituinte Revisor houve necessidade de observância e obediência às denominadas *cláusulas pétreas.*

Capítulo 4

Poder Constituinte Difuso

Essa espécie está relacionada com a denominada ***mutação constitucional*** (ou *interpretação constitucional evolutiva*).

O poder constituinte difuso pode ser conceituado como sendo um *poder de fato*, manifestando-se por intermédio das mutações constitucionais. Trata-se, portanto, de *um procedimento informal de alteração dos dispositivos* da Constituição Federal.

Nesse sentido:

> "(...) a mutação constitucional é um processo informal que desencadeia um poder constituinte difuso voltado à alteração de sentidos, significados e alcance dos enunciados normativos contidos no texto constitucional através de uma interpretação constitucional que se destina a adaptar, atualizar e manter a Constituição em contínua interação com a sua realidade social. Com a mutação não se muda o texto, mas lhe altera o sentido à luz e por necessidade do contexto. É um fenômeno que vem se revelando necessário para a respiração das Constituições, cujos enunciados muitas vezes ficam asfixiados à espera de revisões formais que nunca vêm ou que, vindo, não atendem adequadamente as demandas do texto e dos fatos" [1].

Quando do estudo sobre a hermenêutica já tivemos a oportunidade de mencionar alguns exemplos de mutação constitucional, razão pela qual remetemos o aluno à leitura daquele tópico.

---

1. CUNHA JÚNIOR, Dirley da. *Curso de Direito Constitucional*. 12. ed. rev. ampl. e atual. Salvador: Juspodivm, 2018. P. 227.

Capítulo 5

Poder Constituinte Supranacional

O estudo dessa espécie nos remete, inevitavelmente, à ideia do **transconstitucionalismo**, o qual se contrapõe ao denominado constitucionalismo provinciano. Isso porque, aquele seria considerado como sendo o mais adequado para solucionar problemas de direitos fundamentais ou direitos humanos, bem como de organização legítima do poder.

Vejamos o que nos ensina a doutrina sobre referido tema:

> "O poder constituinte supranacional busca a sua fonte de validade na cidadania universal, no pluralismo de ordenamentos jurídicos, na vontade de integração e em um conceito remodelado de soberania"[1].

---

1. LENZA, Pedro. *Direito Constitucional Esquematizado*. 15ª. ed. rev. ampl. e atual. São Paulo: Saraiva, 2011. P. 185.

Capítulo 6

Direito Constitucional Intertemporal

As normas infraconstitucionais anteriores que estavam sob a égide da Constituição Federal revogada continuarão vigorando, *desde que estejam em consonância com o novo ordenamento constitucional oriundo do poder constituinte originário.*

Caso isso ocorra, estaremos diante do fenômeno conhecido como **recepção**. Destaque-se que as normas anteriores que estiverem em *conformidade material* com a nova ordem constitucional, serão por essa aproveitadas, encontrando novo fundamento de validade.

De outro vértice, as normas anteriores que estiverem em descompasso (material) com a nova ordem jurídica serão consideradas **não recepcionadas** (tecnicamente é incorreto falar que essas normas incompatíveis são inconstitucionais frente à nova Constituição, haja vista que a *inconstitucionalidade é congênita*, situação que estudaremos mais a frente).

Quando tratamos de direito constitucional intertemporal não podemos nos olvidar do fenômeno da **desconstitucionalização**, que deve ser entendido como sendo *o fenômeno pelo qual as normas da Constituição anterior, que forem materialmente compatíveis com a nova ordem constitucional, permanecem em vigor, mas com status de lei infraconstitucional* (há uma queda de hierarquia da norma).

Frise-se que no Brasil somente será possível a ocorrência desse fenômeno se a nova ordem constitucional *fizer previsão expressa nesse sentido*. Caso contrário, como tem ocorrido até o presente momento, a constituição anterior será integralmente revogada pela nova ordem jurídica.

Quadro Sinótico

PODER CONSTITUINTE	
Introdução	O Poder Constituinte pode ser entendido como sendo aquele capaz de *elaborar* ou *atualizar* uma Constituição, por intermédio de supressão, modificação ou acréscimo de normas constitucionais. Partindo-se dessa conceituação, temos a existência de duas espécies de poder constituinte, quais sejam: **ordinário** e **derivado**. A **titularidade** do Poder Constituinte pertence ao **povo**. Essa conclusão é reforçada, inclusive, pelo disposto no parágrafo único do art. 1.º de nossa Carta Magna que preceitua que *todo o poder emana do povo*. Conquanto a titularidade pertença ao povo, seu exercício é desempenhado por outros entes, conforme veremos ao longo de nosso estudo. No Brasil, o exercício do poder constitucional na atual CF/88 foi manifestado por intermédio do exercício democrático indireto.
Poder Constituinte Originário	O **Poder Constituinte Originário** pode ser conceituado como sendo *a força política consciente de si que resolve disciplinar os fundamentos do modo de convivência na comunidade política*. Ele pode ser classificado em ***histórico*** (inaugura e estrutura, pela primeira vez, o Estado) e ***revolucionário*** (são todos os posteriores ao histórico, rompendo por completo com a ordem jurídica anterior e criando um novo Estado). Pode ser dividido em ***formal*** (é o ato de criação, de positivação de um ato normativo, atribuindo-lhe o status de norma constitucional) e ***material*** (lado substancial do poder constituinte, que qualifica o direito constitucional formal com o status de norma constitucional). Embora haja certa divergência doutrinária a respeito do número de características, passaremos a analisar cinco delas. Senão, vejamos.
Poder Constituinte Originário	Conquanto haja divergência doutrinária, podemos dizer que o poder constituinte originário possui 05 (cinco) características: ***inicial*** (ele é o marco zero do novo Estado e da nova ordem jurídica); ***ilimitado*** (a nova Constituição Federal não encontra limites anteriores, podendo revogar qualquer norma do ordenamento jurídico anterior); ***incondicionado*** (não depende de um procedimento preestabelecido para ser exercido, sendo que a forma mais democrática para seu exercício é por intermédio da instituição de uma Assembleia Constituinte); ***político*** (a ordem jurídica começa com referido poder e não antes dele); e, ***permanente*** (poderá ser exercido a qualquer tempo, não se esgotando no momento de seu exercício). O Poder Constituinte Originário poderá se manifestar por intermédio da ***outorga*** (declaração unilateral do agente revolucionário) ou da ***assembleia nacional constituinte*** (nasce a partir da deliberação da representação popular. Essa forma de expressão é também conhecida como **convenção**).

Poder Constituinte Derivado	O poder constituinte derivado é o poder de se *alterar* a Constituição Federal em vigor, tendo duas finalidades: a) adaptação da CF à realidade; e, b) correção de erros de previsão feita pelo constituinte. A *adaptação* da Constituição Federal em vigor à realidade é feita através das denominadas **Emendas Constitucionais**. Como formas de *correção* de revisão podemos mencionar: a) **Mutação Constitucional** (que é a *mudança de interpretação* da CF, sem que tenha havido alteração formal. Constitui, portanto, uma alteração informal da Constituição); b) **art. 2.º do ADCT** (foi o plebiscito ocorrido em 1993); e, c) **art. 3.º do ADCT** (revisão constitucional – Emendas Constitucionais de Revisão).
Poder Constituinte Derivado	A despeito de não se tratar de tema pacífico, podemos dizer que ele possui 04 (quatro) características distintas, quais sejam: ***derivado*** (em razão do fato de ter sido criado e decorrer do Poder Constituinte Originário, previsto na CF); ***limitado*** (encontra limites previamente estabelecidos na própria Constituição Federal); ***condicionado*** (seu exercício depende de procedimento preestabelecido pelo próprio Poder Constituinte Originário); e, ***jurídico*** (está presente e regulado no texto da própria Constituição Federal). A doutrina reconhece a existência de três espécies de poder constituinte derivado: **reformador** (é o poder de *modificar* a Carta Magna, por intermédio de um procedimento específico, o qual foi estabelecido pelo Poder Constituinte Originário); **decorrente** (é o poder atribuído pelo poder constituinte originário aos **Estados-Membros** e ao **Distrito Federal** para se *auto organizarem* por meio das respectivas Constituições Estaduais e Lei Orgânica); e, **revisor** (tem por finalidade atualizar a CF).
Poder Constituinte Difuso	Destaque-se que o poder constituinte derivado encontra limitações na própria Constituição Federal, estando sujeito a limites de ordem formal (subjetivos e objetivos), material, circunstancial e temporal. É de se deixar consignado que, embora não haja previsão constitucional nesse sentido, já houve em nossa história (mais especificadamente na Constituição de 1824) a denominada **limitação temporal**, que vedava emendas durante certos períodos (no caso, antes de quatro anos da outorga do texto constitucional). O poder constituinte difuso pode ser conceituado como sendo um *poder de fato*, manifestando-se por intermédio das mutações constitucionais. Trata-se, portanto, de *um procedimento informal de alteração dos dispositivos* da Constituição Federal.
Poder Constituinte Supranacional	O poder constituinte supranacional busca a sua fonte de validade na cidadania universal, no pluralismo de ordenamentos jurídicos, na vontade de integração e em um conceito remodelado de soberania.

Direito Constitucional Intertemporal	As normas infraconstitucionais anteriores que estavam sob a égide da Constituição Federal revogada continuarão vigorando, *desde que estejam em consonância com o novo ordenamento constitucional oriundo do poder constituinte originário.* Nesse ponto, devemos lembrar dos institutos da recepção (as normas anteriores que estiverem em *conformidade material* com a nova ordem constitucional, serão por essa aproveitadas, encontrando novo fundamento de validade); da não-recepção (normas anteriores que estiverem em descompasso com a nova ordem jurídica) e da desconstitucionalização (fenômeno pelo qual as normas da Constituição anterior, que forem materialmente compatíveis com a nova ordem constitucional, permanecem em vigor, mas com status de lei infraconstitucional).

EXERCÍCIOS

Questões

1 - (PC/GO – Delegado de Polícia – UEG – 2018) – É constitucionalmente possível, apesar das limitações constitucionais ao poder constituinte derivado, segundo a doutrina nacional predominante:

a) A alteração na titularidade dos poderes constituintes originário e derivado reformador.

b) A edição, ainda este ano, da centésima Emenda Constitucional, pois a intervenção federal no Rio de Janeiro, prevista para durar até 31 de dezembro de 2018, não configura nenhuma limitação temporal ao poder de reforma.

c) A Constituição ser emendada mediante proposta de iniciativa popular.

d) A dupla revisão, com a revogação da cláusula pétrea num primeiro momento e a posterior abolição do direito por ela protegido.

e) A hipotética redução da maioridade penal de 18 para 16 anos.

2 – (PC/PI – Delegado de Polícia – NUCEPE – 2018) – Sobre o Poder Constituinte, assinale a alternativa **CORRETA**.

a) Reformador é incondicionado e ilimitado.

b) Originário é aquele que instaura uma nova ordem jurídica, provocando uma ruptura com a ordem jurídica anterior.

c) Dos estados-membros é incondicionado e ilimitado juridicamente.

d) Reformador pode suprimir cláusulas pétreas.

e) Decorrente é o conferido aos municípios dos territórios.

3 - (PC/RS – Delegado de Polícia – FUNDATEC – 2018) – O poder constituinte pode ser conceituado como o poder de elaborar ou atualizar uma Constituição. A titularidade desse poder pertence ao povo, como aponta a doutrina moderna. Sobre as proposições em relação ao tema, assinale a alternativa INCORRETA.

a) Recepção é um processo abreviado de criação de normas jurídicas, pelo qual a nova Constituição adota as leis já existentes, se com ela compatíveis, dando-lhes validade e evitando o trabalho de se elaborar toda a legislação infraconstitucional novamente. Já a desconstitucionalização ocorre quando as normas da Constituição anterior permanecem em vigor, desde que compatíveis com a nova ordem, mas com status de lei infraconstitucional.
b) O poder constituinte originário tem como principais características ser: inicial, ilimitado e incondicionado; já o poder constituinte derivado, por sua vez, possui as seguintes características principais: subordinado, condicionado e limitado.
c) Há possibilidade de se apontar duas formas básicas de expressão do Poder Constituinte originário: Assembleia Nacional Constituinte e Movimento Revolucionário (outorga).
d) O poder constituinte derivado revisor consiste na possibilidade que os Estados-membros têm, em virtude de sua autonomia político-administrativa, de se auto-organizarem através de suas respectivas constituições estaduais, sempre respeitando as limitações estabelecidas pela Constituição Federal.
e) O poder constituinte difuso dá fundamento ao fenômeno denominado de mutação constitucional. Por meio dela, são dadas novas interpretações aos dispositivos da Constituição, mas sem alterações na literalidade de seus textos, que permanecem inalterados.

4 – (PC/BA – Delegado de Polícia – VUNESP – 2018) – O poder que enseja a elaboração da Constituição de um Estado-membro da federação, organizando o arcabouço constitucional daquela unidade federada, é denominado:

a) Poder constituinte derivado decorrente reformador normal.
b) Poder constituinte derivado decorrente institucionalizador.
c) Poder constituinte derivado decorrente revisional anômalo.
d) Poder constituinte derivado decorrente reformador anômalo.
e) Poder constituinte derivado decorrente revisional normal.

5 – (PC/MA – Delegado de Polícia – CESPE – 2018) – O poder constituinte originário:

a) É fático e soberano, incondicional e preexistente à ordem jurídica.
b) É reformador, podendo emendar e reformular.
c) É decorrente e normativo, subordinado e condicionado aos limites da própria Constituição.
d) É atuante junto ao Poder Legislativo comum, com critérios específicos e de forma contínua.
e) É derivado e de segundo grau, culminando em atividade diferida.

6 - (PC/AC - Delegado de Polícia - IBADE - 2017) - Supondo-se que 27 senadores resolvam propor emenda à Constituição para autorizar e regulamentar o exercício da vaquejada em todo território nacional. Considerando: 1) que a referida emenda à constituição reconhece a vaquejada como tradição cultural, esporte e lazer brasileiro; 2) que exige regulamentação em lei específica para que se assegure o bem-estar dos animais envolvidos; 3) e que o STF julgou inconstitucional a Lei cearense n° 15.299/2013 que regulamentava vaquejada como prática desportiva e cultural no estado, através da Ação Direta de Inconstitucionalidade (ADI) 4.983, analise as alternativas a seguir, assinalando a correta.

a) Os senadores não podem propor emenda à constituição para autorizar e regulamentar o exercício da vaquejada, tendo em vista que a declaração de constitucionalidade ou inconstitucionalidade impede o legislador de emendar à constituição sobre o mesmo conteúdo julgado pelo STF como inconstitucional.
b) Os senadores podem propor emenda à constituição para autorizar e regulamentar o exercício da vaquejada, em observância ao princípio da separação dos poderes. Entretanto, o STF pode, através de proposição de ação civil pública, exercer o controle prévio de constitucionalidade material da proposta de emenda constitucional, tendo em vista que o caso em questão viola o núcleo de cláusula pétrea da CRFB/88.
c) O quórum de senadores para propor emenda à constituição é de, no mínimo, 3/5 dos membros do Senado Federal, existindo erro no número mencionado no enunciado.
d) O Poder Legislativo não se submete à decisão de inconstitucionalidade da Lei cearense n° 15.299/2013 julgada pelo STF (ADI 4.983), em observância à proibição da fossilização constitucional e preservação da atividade legislativa do Estado.
e) A atuação legislativa contrária à decisão do STF, o qual assentou a inconstitucionalidade de lei cearense que regulamentava a prática da vaquejada no referido Estado, só pode ser feita pela via legislativa ordinária e não por via de emenda constitucional.

7 – (PC/PE – Agente de Polícia – CESPE – 2016) - Assinale a opção correta a respeito da Constituição Federal de 1988 (CF) e dos poderes constituintes.

a) O poder constituinte originário, que elaborou a CF, é essencialmente político, extrajurídico, sem limites formais, e esgotou-se com a promulgação da CF.
b) A CF é uma constituição promulgada, oriunda da atuação do poder constituinte derivado, uma vez que a assembleia nacional constituinte foi convocada por emenda à Constituição anterior.
c) Da elaboração da CF, que é uma constituição promulgada, participaram cidadãos que, nessa condição, votaram diversos de seus dispositivos na própria assembleia nacional constituinte.
d) A CF pode ser modificada pela atuação de poder constituinte derivado, obedecidas as normas nela inseridas pelo poder constituinte originário.
e) A CF pode ser modificada pela atuação de poder constituinte decorrente, obedecidas as normas nela inseridas pelo poder constituinte originário.

8 – (PC/SE – Agente de Polícia Judiciária – IBFC – 2014) – No que diz respeito às emendas à Constituição, existem algumas limitações materiais e circunstanciais em que o texto constitucional não poderá ser emendado. A respeito do tema, assinale a alternativa **INCORRETA**:

a) A Constituição não poderá ser emendada na vigência de intervenção federal, de estado de defesa ou de estado de sítio.
b) A matéria constante de proposta de emenda rejeitada ou havida por prejudicada não pode ser objeto de nova proposta na mesma sessão legislativa.
c) A Constituição poderá ser emendada mediante proposta de mais da metade das Assembleias Legislativas das unidades da Federação, manifestando-se, cada uma delas, pela maioria relativa de seus membros.
d) É vedada a proposta de emenda tendente a abolir voto direto, secreto, obrigatório, universal e periódico.

9 – (PC/GO – Agente de Polícia – Instituto AOCP – 2022) – Depois de intensos debates, a Assembleia Legislativa do recém-criado Estado Beta aprovou a primeira Constituição do Estado. Nesse caso, é correto afirmar que a elaboração da Constituição dos Estados-Membros realiza-se pelo poder constituinte:

a) derivado decorrente.
b) reformador.
c) originário.
d) revisor.
e) difuso.

10 – (PC/SP – Delegado de Polícia – VUNESP – 2022) – Poder constituinte originário é o que cria uma Constituição. Assinale a alternativa correta, considerando as características desse importante instituto jurídico:

a) Não é possível a declaração de inconstitucionalidade de norma anterior à Constituição, com ela materialmente compatível, editada com desobediência à Constituição então vigente.
b) O Poder Judiciário pode exercer controle de constitucionalidade sobre preceitos estatuídos pelo poder constituinte originário.
c) O poder constituinte originário da origem à nova ordem jurídica, razão pela qual os diplomas infraconstitucionais perdem vigor com o advento de uma nova Constituição.
d) O princípio da segurança das relações jurídicas não permite a restauração da eficácia de lei que perdeu vigência com o advento de uma nova Constituição, quando esta é revogada por uma terceira Constituição.
e) As normas supervenientes do poder constituinte originário possuem como regra eficácia retroativa mínima e média e, excepcionalmente, eficácia retroativa máxima.

11 – (GDF – Polícia Penal – Instituto AOCP – 2022) – A CF pode ser emendada, dentre outras hipóteses, mediante proposta de iniciativa popular subscrita por, no mínimo, um por cento do eleitorado nacional.

( ) Certo
( ) Errado

12 – (PC/AM – Delegado de Polícia – FGV – 2022) – Em um período no qual a região norte do País estava sendo atingida por uma calamidade de grandes proporções da natureza, um grupo de vinte Senadores subscreveu uma proposta de emenda constitucional, visando a alterar a sistemática afeta à estruturação dos órgãos de segurança pública. Acresça-se que proposta idêntica fora apresentada e rejeitada pelo Senado Federal na mesma legislatura, mais especificamente no ano anterior.

À luz da sistemática constitucional, é correto afirmar que essa proposta afronta:

a) os limites formais, materiais, circunstanciais e temporais de reforma constitucional.
b) apenas os limites formais, circunstanciais e temporais de reforma constitucional.
c) apenas os limites circunstanciais e temporais de reforma constitucional.
d) apenas os limites formais e materiais de reforma constitucional.
e) apenas os limites formais de reforma constitucional.

13 – (PJC/MT – Escrivão e Investigador de Polícia – UFMT – 2022) – A reforma constitucional põe-se como possibilidade de alteração formal, racional e planejada do texto constitucional, seguindo uma condição legitimamente amparada nos anseios do povo, manifestados expressamente, a fim de que a Lei Magna se dê ao cumprimento dos ideais e ideias tidas como justas em dado momento histórico. A reforma constitucional tem natureza de poder constituinte, pois por ela se recria ou se revigora o sistema constitucional, colocando ele em acordo aos reclamos sociais do momento mesmo de sua ocorrência. Mas não se dota da mesma característica do poder constituinte originário, de cuja atuação nasce a Constituição em sua essencialidade e identidade originárias. Os seus contornos e o seu conteúdo são pré-traçados pelo próprio poder constituinte criador da Constituição (...). Não sendo a Constituição absolutamente imutável (pois que, então, se esclerosaria), não se cogitaria de poder constituinte que não convivesse com o rejuvenescimento e atualidade permanente de sua obra, pelo que volta ele a atuar sempre que tanto se fizer historicamente preciso. Daí que em sua manifestação originária – que se poderia denominar de primeiro grau – incumbe-se ele de estabelecer os limites de sua própria atuação quando tanto se fizer mister, condicionando-se em sua ordenação normativa reformadora, como é próprio e adequado em qualquer desempenho democrático do poder político. Este poder de *re-criar* ou de *re-constituir* a obra normativa fundamental de um povo deriva daquela manifestação primeira, originária. Daí a terminologia que a teoria da Constituição adotou – poder constituinte derivado – para designar o seu desempenho, quando necessário se fizesse, para uma formulação modificadora do texto constitucional originariamente posto. (ROCHA, Cármen Lúcia Antunes. *Constituição e mudança constitucional: limites ao exercício do poder de reforma constitucional.* Revista de Informação Legislativa, v. 30. n. 120, out./dez. 1993. Disponível em:https://www2.senado.leg.br/bdsf/bitstream/handle/id/176171/000483308.pdf?sequence=3&isAllowed=y. Acesso em 12 jan. 2022.

Há limites expressos, de ordem formal, ao poder de reforma da Constituição, classificados na teoria como "circunstanciais". São entendidos como limitações decorrentes de condições políticas e sociais anômalas, em cujo momento não se possibilita a realização de reforma constitucional. De acordo com a norma em vigor, a Constituição Federal **NÃO** poderá ser emendada:

a) após a convocação de plebiscito ou referendo acerca de matéria relevante para o regime político e democrático.

b) na vigência de intervenção federal ou estadual, estado de defesa ou estado de sítio.

c) na vigência de intervenção federal, estado de defesa ou estado de sítio.

d) no período de noventa dias que antecede o pleito eleitoral para escolha de membros dos Poderes Executivo e Legislativo Federal e Estadual.

e) na vigência de decreto legislativo federal que reconhece o estado de calamidade pública, estado de defesa ou estado de sítio.

Gabarito e Explicação

Questão	Gabarito	Abordagem do assunto no livro
1	E	Capítulo 3
2	B	Capítulo 2
3	D	Capítulo 3
4	B	Capítulo 3
5	A	Capítulo 2
6	D	Capítulo 3
7	D	Capítulo 3
8	D	Capítulo 3
9	A	Capítulo 2
10	D	Capítulo 3
11	Errado	Capítulo 3
12	E	Capítulo 3
13	C	Capítulo 3

PARTE 6

PRINCÍPIOS FUNDAMENTAIS

Capítulo 1

Considerações Gerais

O Título I da nossa Constituição Federal é intitulado "princípios fundamentais", haja vista que nele há o estabelecimento de toda a *estrutura do Estado brasileiro*, contendo normas jurídicas vinculantes.

Os princípios fundamentais podem ser entendidos como sendo:

> "(...) princípios constitucionais politicamente conformadores do Estado, que explicam as valorações políticas fundamentais do legislador constituinte, revelando as concepções políticas triunfantes numa Assembleia Constituinte, constituindo-se, assim, no cerne político de uma Constituição polícia"[1].

Tais princípios estão agrupados em 04 (quatro) artigos distintos que tratam, respectivamente, sobre: (a) *fundamentos*; (b) *princípio da separação dos poderes*; (c) *objetivos fundamentais*; e, (d) *princípios que regem as relações internacionais da República Federativa do Brasil.*

No primeiro momento, estudaremos cada um desses grupos, sendo que em seguida passaremos ao estudo dos *princípios federativo, republicano e da soberania popular*.

1. CANOTILHO, J.J. Gomes. *Direito Constitucional e Teoria da Constituição*. 3.ª ed. Coimbra: Almedina, 1997. P. 1091.

Capítulo 2

Dos Fundamentos

Preceitua o art. 1.º da Constituição Federal que:

> "A República Federativa do Brasil, formada pela união indissolúvel dos Estados e Municípios e do Distrito Federal, constitui-se em Estado Democrático de Direito e tem como fundamentos:
>
> I – a soberania;
>
> II – a cidadania;
>
> III – a dignidade da pessoa humana;
>
> IV – os valores sociais do trabalho e da livre iniciativa;
>
> V – o pluralismo político.
>
> Parágrafo único. Todo o poder emana do povo, que o exerce por meio de representantes eleitos, ou diretamente, nos termos desta Constituição."

O **fundamento** deve ser entendido como a *viga mestre de todo nosso ordenamento jurídico brasileiro*, vez que é ele que dá estruturação e sustentação a esse.

Pela expressão **soberania**, contida no inciso I do art. 1.º da nossa Constituição, devemos entender o poder do Estado (poder interno) supremo em relação aos indivíduos que formam a sua população, bem como independente relativamente ao poder de outros Estados.

O fundamento da **cidadania** possui um conceito mais amplo que aquele contido nos artigos 14 e seguintes de nossa Carta Magna, haja vista que aquele tem o intuito de qualificar todas as pessoas como sendo titulares de direitos face ao Estado, devendo o indivíduo ser reconhecido como parte integrante e indissociável da sociedade.

O terceiro fundamento da República Federativa do Brasil diz respeito à **dignidade da pessoa humana,** o qual deve ser entendido como sendo um valor moral e espiritual inerente à pessoa, constituindo-se como um *princípio máximo* do Estado Democrático de Direito. Todo o ser humano faz-se *merecedor do mesmo* *respeito e consideração por parte do Estado e da comunidade*, tornando-se inerente o conjunto de direitos e deveres fundamentais.

Dada sua relevância e aplicabilidade prática no dia a dia, vejamos o julgado a seguir envolvendo a aplicação do referido fundamento:

> "ENFOQUE CONSTITUCIONAL DA MATÉRIA DADO PELO TRIBUNAL A QUO (AFRONTA AOS PRINCÍPIOS DA ISONOMIA E DA DIGNIDADE DA PESSOA HUMANA), CUJA ANÁLISE REFOGE À COMPETÊNCIA DESTA CORTE. AGRAVO REGIMENTAL DO ESTADO DO MARANHÃO A QUE SE NEGA PROVIMENTO. 1. O Tribunal de origem, analisando a documentação acostada aos autos, à luz da interpretação da legislação local (Lei n.º 7.799/2002, do Estado do Maranhão), concluiu pela inexistência de óbice a isenção de IPA, no caso de aquisição de automóvel, por portador de deficiência física com mais de um veículo. 2. Entendeu, outrossim, que negar tal direito implicaria afrontar os preceitos constitucionais da isonomia e da dignidade da pessoa humana. 3. Destarte, seja por depender a modificação julgado da análise das provas carreadas aos autos à luz da interpretação de legislação local, seja por necessitar do exame de ofensa a preceitos constitucionais (princípios da isonomia e da dignidade da pessoa humana), a insurgência recursal, sob qualquer ângulo, não merece acolhida. 4. Agravo Regimental do Estado do Maranhão a que se nega provimento". (STJ. Agravo regimental no agravo em Recurso Especial - AgRg no AREsp 227647 - MA 2012/0187089-3)

Temos, ainda, os conhecidos **valores sociais do trabalho e da livre iniciativa**, os quais possuem a finalidade de garantir a importância do trabalho humano como valor social e a liberdade de iniciativa econômica, como valor de produção e desenvolvimento.

Registre-se que os fundamentos mencionados no parágrafo anterior são também considerados *fundamentos da ordem econômica*, conforme se extrai da regra contida no *caput* do art. 170 da Constituição Federal:

> "Art. 170. A ordem econômica, fundada na valorização do trabalho humano e na livre iniciativa, tem por fim assegurar a todos existência digna, conforme os ditames da justiça social, observados os seguintes princípios".

O **pluralismo político** tem a finalidade de garantir a multiplicidade de opiniões, crenças e convicções que se manifestam, via de regra, por intermédio de instituições partidárias. Com base nesse fundamento, em tese, não seria admissível restringir, indiscriminadamente, a criação de novos partidos políticos.

Por fim, há que se frisar que a regra constante no parágrafo único do art. 1.º da CF (**princípio da soberania popular**) constitui a base da titularidade do Poder Constituinte, conforme já tivemos oportunidade de ver anteriormente.

Capítulo 3

Princípio da Separação dos Poderes

Veremos mais adiante, quando do estudo da Organização dos Poderes, que a teoria clássica da separação das funções estatais remonta à antiguidade, tendo como precursor o filósofo Aristóteles. Conquanto em um primeiro momento, a concepção da tripartição de poderes não tenha sido idêntica ao que conhecemos atualmente, é inegável a relevante importância de Aristóteles em seu desenvolvimento.

O art. 2.º da CF estabelece que:

> "São Poderes da União, independentes e harmônicos entre si, o Legislativo, o Executivo e o Judiciário".

A principal razão de ser do princípio da Separação dos Poderes *é evitar a concentração e o exercício dominador do poder*, vez que, se aquele não existisse, seria inegável a concentração de poderes nas mãos de apenas uma pessoa (ou grupo de pessoas), o que ensejaria o aumento de corrupção. Em virtude disso, podemos afirmar, sem dúvida alguma, que esse princípio constitui uma das principais garantias das liberdades públicas.

Procurando deixar mais claro essa relação entre concentração de poder e corrupção, podemos nos valer da famosa frase de John Emerich Dalberg-Acton (Lord Acton):

> "O poder tende a corromper, e o poder absoluto corrompe absolutamente, de modo que os grandes homens são quase sempre homens maus".

Registre-se, contudo, que a despeito da existência do princípio da separação dos poderes, a própria Constituição Federal previu um mecanismo de controle mútuo, visando ao estabelecimento de um sistema de *checks and balances*, buscando-se o equilíbrio necessário à realização do bem da coletividade, indispensável para evitar o arbítrio e desmando de um poder em detrimento dos demais.

De acordo com nossa doutrina, a Constituição Federal de 1988 adotou a denominada **separação de poderes flexível**, tendo em vista que *nenhum dos poderes exercem apenas as funções estatais que lhes seriam típicas, mas acabam por* *desempenhar funções denominadas atípicas*. Através da separação flexível, cada um dos poderes constituídos exerce, de certa medida, as três funções estatais, sendo uma em caráter predominante (função típica) e outras de natureza acessória (função atípica). É nesse sentido que se caracteriza a independência entre os órgãos instituídos.

Capítulo 4

Objetivos Fundamentais

Inicialmente, importante que não sejam confundidas as expressões "fundamentos" e "objetivos fundamentais". Enquanto aquelas são entendidas como vigas mestras de todo nosso ordenamento jurídico brasileiro, os **objetivos fundamentais** devem ser compreendidos como sendo *metas a serem alcançadas.*

Estabelece o art. 3.º da Constituição Federal que:

> "Constituem objetivos fundamentais da República Federativa do Brasil:
>
> I - construir uma sociedade livre, justa e solidária;
>
> II - garantir o desenvolvimento nacional;
>
> III - erradicar a pobreza e a marginalização e reduzir as desigualdades sociais e regionais;
>
> IV - promover o bem de todos, sem preconceitos de origem, raça, sexo, cor, idade e quaisquer outras formas de discriminação".

Comumente nos concursos públicos são cobradas questões envolvendo os "fundamentos" e os "objetivos fundamentais", sendo de vital importância ao candidato memorizar bem esses dispositivos para não ser induzido a erro pelo examinador.

Uma singela dica para auxiliar a memorização é que todos os objetivos encontram-se com o *verbo no infinitivo*, sendo que com relação aos *fundamentos* não é possível transformá-los nessa forma verbal.

A doutrina nos ensina que:

> "Com esses objetivos, a Constituição impõe ao Estado a construção e organização de uma sociedade fraterna onde as pessoas possam, com iguais oportunidades, desenvolver as suas potencialidades e gozar dos mesmos bens materiais e espirituais, sem qualquer tipo de preconceito, seja de que ordem for"[1].

1. CUNHA JÚNIOR. Dirley da. *Curso de Direito Constitucional.* 12ª ed. rev. ampl. e atual. Salvador: Juspodivm, 2018. P. 484.

Capítulo 5

Princípios Regentes das Relações Internacionais

O art. 4.º da nossa Carta Magna elenca os denominados princípios fundamentais que regem as relações internacionais da República Federativa do Brasil, nos seguintes termos:

> Art. 4º A República Federativa do Brasil rege-se nas suas relações internacionais pelos seguintes princípios:
>
> I - independência nacional;
>
> II - prevalência dos direitos humanos;
>
> III - autodeterminação dos povos;
>
> IV - não-intervenção;
>
> V - igualdade entre os Estados;
>
> VI - defesa da paz;
>
> VII - solução pacífica dos conflitos;
>
> VIII - repúdio ao terrorismo e ao racismo;
>
> IX - cooperação entre os povos para o progresso da humanidade;
>
> X - concessão de asilo político.
>
> Parágrafo único. A República Federativa do Brasil buscará a integração econômica, política, social e cultural dos povos da América Latina, visando à formação de uma comunidade latino-americana de nações.

Referido artigo, segundo a estrutura da nossa Constituição Federal é o dispositivo que *finaliza os princípios que orientarão a ação do Estado brasileiro, através de seus representantes acreditados internacionalmente, junto a órgãos internacionais, bem como junto a outros Estados soberanos.*

Com base nesse dispositivo é inegável a correlação e complementaridade entre o Direito Constitucional e o Direito Internacional Público.

Capítulo 6

Princípio Federativo

Esse princípio está relacionado à *forma de Estado*, o qual, segundo os preceitos de nossa Constituição Federal, constitui-se a partir da *união indissolúvel* (**princípio da indissolubilidade do pacto federativo**) da União Federal, dos Estados-Membros, do Distrito Federal e dos Municípios. Trata-se de cláusula pétrea prevista no § 4.º do art. 60 da CF.

Quando estudamos o conceito de Estado Federal, não podemos nos olvidar que há um governo central, bem como diversos outros governos locais, sendo que todos eles exercem, em condições de igualdade e com base na Constituição, o poder político.

A ideia central do federalismo relaciona-se à *autonomia* que os entes federativos que integram o Estado Federal possuem. Nessa linha de ideia, é importante lembrar que apenas o Estado Federal é soberano (supremo e independente), sendo que os demais entes federados são autônomos. Só será possível conceber a ideia de federação a partir do momento em que houver *descentralização política*, ou seja, quando as ordens passam a usufruir de autonomia em um mesmo território, vez que os entes federados foram contemplados constitucionalmente com atribuições próprias.

A despeito de a Federação brasileira ter se inspirado no modelo norte-americano, ela formou-se de modo contrário. Remontando à nossa história, devemos nos recordar que no Império o Brasil era um Estado Unitário, com concentração de poderes em um único ente. Em razão das dimensões territoriais de nosso país, o que acabou por gerar dificuldades de governabilidade, viu-se a necessidade de descentralização dos poderes, outorgando-se atribuições aos entes circundantes. É devido a essa descentralização que a doutrina comumente afirma que a federação brasileira é conhecida como **centrífuga** ou **por desagregação**.

Podemos afirmar que:

> "O Brasil, portanto, é um Estado Federal, em que a União, os Estados-membros e os Municípios, todos igualmente autônomos, ocupam, juridicamente, o mesmo plano hierárquico, devendo, por conseguinte, receber tratamento jurídico-formal isonômico. Em razão disso, essas entidades federadas podem, nos assuntos de suas competências privativas, eleger prioridades, sem que o governo de uma delas possa determinar o que o governo de outra deve fazer ou não fazer; ou mesmo o que deve fazer em primeiro lugar. Foi por isso, nunca é demais reiterar, que a Constituição delimitou a competência de cada uma, de modo que as entidades federadas só possam desenvolver suas atividades nos campos que lhes foram reservados. Se assim é, nem a União há de invadir os assuntos de competência privativa dos Estados e Municípios, nem estes poderão intrometer-se em assuntos àquela afetados, sob pena de irremediável inconstitucionalidade"[1].

Por sua vez, a federação norte-americana é conhecida como sendo **centrípeta** ou **por agregação**. A confederação norte-americana foi criada pelo denominado *Articles of Confederation*, assemelhando-se ao modelo existente na Grécia Antiga. Posteriormente, por intermédio dos trabalhos de Hamilton, Madison e Jay, foi criada uma forma de organização territorial, surgindo a Federação.

Nesse sentido, temos:

> "As confederações eram caracterizadas como uma forma de união de Estados, com a ausência de um poder político único centralizado, ao contrário do que se dava na federação, detentora de poder soberano do círculo das relações internacionais. As atividades das confederações encontravam-se no âmbito externo e, não, em sentido interno. A União, que expressava o poder centralizado, não devia ser investida de todo o poder de elaborar e fazer executar as leis, ficando sua jurisdição limitada a determinados assuntos, que tratavam de todos os membros da república. Os Estados-membros podiam exercer sua autoridade sobre os assuntos que lhe dissessem respeito com exclusividade, conservando sua competência e atuação. Os autores percebiam claramente que a Confederação, pela qual estavam ligados, era insuficiente para manter a união das trezes ex-Colônias"[2].

Diz-se **federação centrípeta** em virtude do fato das colônias, até então soberanas, terem cedido parcela de seus poderes para um poder central, a fim de se fortalecerem e enfrentarem os constantes ataques da coroa britânica.

---

1. CUNHA JÚNIOR. Dirley da. *Curso de Direito Constitucional*. 12ª ed. rev. ampl. e atual. Salvador: Juspodivm, 2018. P. 468.
2. COSTA, Nelson Nery. *Ciência Política*. 3.ª ed. Rio de Janeiro: Forense, 2012. P. 219.

Capítulo 7

Princípio Republicano

Esse princípio está relacionado à *forma de Governo*, isto é, à forma como os governantes chegam ao Governo, bem como a forma de relacionamento entre governantes e governados.

A forma de Governo adotada no Brasil, desde a Constituição de 1891, é a *República*. Funda-se na *isonomia formal entre as pessoas*, na qual os detentores do poder irão exercê-lo de maneira eletiva, de maneira representativa, temporária e com responsabilidade.

Três pontos importantes que merecem destaque aqui são: a ***temporariedade*** do exercício do Governo, sendo transitória; a ***responsabilidade*** dos Governantes, haja vista que eles estarão sujeitos a sanções penais, civis e políticas, não obstante a existência de algumas prerrogativas dos governantes; além da *eletividade*, que se materializa a partir das eleições pelo povo dos membros dos Poderes Executivo e Legislativo. Em virtude disso, podemos concluir que referido princípio é considerado como sendo a viga mestra do Estado brasileiro, haja vista que a própria democracia se confunde com as características da República.

Destaque-se, ainda, que o constituinte originário conferiu relevância ao princípio republicano, considerando-o como sendo **cláusula pétrea**, o que impede qualquer tipo de proposta de emenda constitucional que tenda a aboli-lo. Vejamos:

> Art. 60. (...)
>
> § 4º Não será objeto de deliberação a proposta de emenda tendente a abolir:
>
> I - a forma federativa de Estado;

A despeito disso, o próprio constituinte originário previu, no art. 2.º do Ato das Disposições Constitucionais Transitórias, a possibilidade de se alterar, por intermédio de plebiscito, a forma de Governo. Entretanto, após a consulta popular feita à época, a população brasileira optou em manter a forma Republicana.

Por fim, vejamos a seguir um recente julgado do Supremo Tribunal Federal baseado, dentre outros fundamentos, no princípio republicano.

Art. 28, §12, da Lei Federal 9.504/1997 (Lei das Eleições). (...) Os princípios democrático e republicano repelem a manutenção de expedientes ocultos no que concerne ao funcionamento da máquina estatal em suas mais diversas facetas. É essencial ao fortalecimento da democracia que o seu financiamento seja feito em bases essencialmente republicanas e absolutamente transparentes. Prejudica-se o aprimoramento da democracia brasileira quando um dos aspectos do princípio democrático – a democracia representativa – se desenvolve em bases materiais encobertas por métodos obscuros de doação eleitoral. Sem as informações necessárias, entre elas a identificação dos particulares que contribuíram originariamente para legendas e para candidatos, com a explicitação também destes, o processo de prestação de contas perde em efetividade, obstruindo o cumprimento, pela justiça eleitoral, da relevantíssima competência estabelecida no art. 17, III, da CF. (ADI 5.394, rel. min. Alexandre de Moraes, j. 22-3-2018, P, *DJE* de 18-2-2019)

Capítulo 8

Estado Democrático de Direito

O Estado Democrático de Direito estrutura-se da soberania popular, vez que está ligado à noção de *governo do povo, pelo povo e para o povo.* O Estado de Direito teve origem na luta da burguesia contra o absolutismo dominante até o século XVIII, vez que naquela época existia forte submissão de todos ao império da lei. Por intermédio dessa luta objetivou-se, principalmente, a declaração de direitos ao cidadão, bem como a separação dos poderes.

No **Estado Democrático de Direito** as leis são criadas *pelo povo* e *para o povo*, tendo como primado a dignidade da pessoa humana. Impende destacar que aquele não deve ser confundido com o **Estado de Direito**, o qual é pautado em *leis criadas* e *cumpridas pelo próprio Estado.*

Esse conceito foi cunhado a partir da ideia de democracia, na Grécia antiga, juntamente com o conceito de cidadão ativo, ou seja, aquele que exercia os poderes políticos.

O Estado Democrático de Direito:

> "(...) é princípio fundamental que reúne os princípios do Estado de Direito e do Estado Democrático, não como simples reunião formal de seus respectivos elementos, tendo em vista que revela um conceito novo que os supera, mas como providência de transformação do *status quo* e garantia de uma sociedade pluralista, livre, justa e solidária, em que todo o poder emane do povo e seja exercido em benefício do povo, com o reconhecimento e a afirmação dos direitos humanos fundamentais que possam realizar, na sua plenitude, a dignidade da pessoa humana"[1].

É conhecido como sendo **Princípio Nuclear**, que implica o pluralismo político, na separação de poderes e na legalidade.

Vejamos uma decisão do STF pautada no Estado Democrático de Direito:

1. CUNHA JÚNIOR, Dirley da. *Curso de Direito Constitucional.* 12.ª ed. rev. ampl. e atual. Salvador: Juspodivm, 2018. P. 470.

> Controle jurisdicional da atividade persecutória do Estado: uma exigência inerente ao Estado Democrático de Direito. O Estado não tem o direito de exercer, sem base jurídica idônea e suporte fático adequado, o poder persecutório de que se acha investido, pois lhe é vedado, ética e juridicamente, agir de modo arbitrário, seja fazendo instaurar investigações policiais infundadas, seja promovendo acusações formais temerárias, notadamente naqueles casos em que os fatos subjacentes à *persecutio criminis* revelam-se destituídos de tipicidade penal.(HC 98.237, rel. min. Celso de Mello, j. 15-12-2009, 2ª T, *DJE* de 6-8-2010)

Nesse ponto, importante fazer à seguinte indagação: ***o ativismo judicial interfere no Estado Democrático de Direito***?

Em linhas gerais, podemos dizer que o ativismo judicial consiste em uma postura proativa do Poder Judiciário na interferência de opções políticas dos demais poderes constituídos. É inegável que o ativismo judicial comporta elevada carga política. Diversamente do que ocorre com o mandado de injunção, por exemplo, o desempenho do ativismo judicial não está claramente autorizado por nossa Constituição Federal.

Não obstante a imunidade judiciária ser um atributo relacionado ao desempenho das atividades do Poder Judiciário, inegável que o ativismo judicial está relacionado, em grande parcela, com a espiritualidade do magistrado, o que pode representar certo perigo quando da prolação de decisões judiciais, haja vista a imprevisibilidade.

A fim de facilitar a compreensão da questão ora apresentada, passaremos à análise da importante decisão do Supremo Tribunal Federal que firmou a tese que atos homofóbicos e transfóbicos são formas contemporâneas de racismo social.

A vedação à prática de racismo é considerada um direito fundamental, com proteção constitucional expressa no inciso XLII do art. 5.º da Carta Magna:

> "Art. 5.º (...)
>
> XLII - a prática do racismo constitui crime inafiançável e imprescritível, sujeito à pena de reclusão, nos termos da lei";

Já no âmbito infraconstitucional temos atualmente a Lei n.º 7.716/89 que define os crimes resultantes de preconceito de raça ou de cor, destacando-se o art. 20:

> "Art. 20. Praticar, induzir ou incitar a discriminação ou preconceito de raça, cor, etnia, religião ou procedência nacional.
>
> Pena: reclusão de um a três anos e multa.
>
> § 1º Fabricar, comercializar, distribuir ou veicular símbolos, emblemas, ornamentos, distintivos ou propaganda que utilizem a cruz suástica ou gamada, para fins de divulgação do nazismo

> Pena: reclusão de dois a cinco anos e multa.
>
> § 2º Se qualquer dos crimes previstos no caput é cometido por intermédio dos meios de comunicação social ou publicação de qualquer natureza:
>
> Pena: reclusão de dois a cinco anos e multa.
>
> § 3º No caso do parágrafo anterior, o juiz poderá determinar, ouvido o Ministério Público ou a pedido deste, ainda antes do inquérito policial, sob pena de desobediência:
>
> I - o recolhimento imediato ou a busca e apreensão dos exemplares do material respectivo;
>
> II - a cessação das respectivas transmissões radiofônicas, televisivas, eletrônicas ou da publicação por qualquer meio;
>
> III - a interdição das respectivas mensagens ou páginas de informação na rede mundial de computadores.
>
> § 4º Na hipótese do § 2º, constitui efeito da condenação, após o trânsito em julgado da decisão, a destruição do material apreendido".

Doutrina e jurisprudência, inclusive do STF, sempre afirmaram que o rol de elementos de preconceito e discriminação contido no art. 20 em questão *era taxativo*, razão pela qual não poderíamos punir as condutas homofóbicas e transfóbicas com base nesse dispositivo legal.

Não obstante isso, no julgamento da Ação Direta de Inconstitucionalidade por Omissão 26/DF, bem como no Mandado de Injunção n.º 4.733/DF, o Plenário do STF firmou o entendimento de que os atos homofóbicos e transfóbicos são sim considerados formas contemporâneas de racismo social, podendo ser punidos com base no art. 20 da Lei n.º 7.716/89. A saber:

> "O Tribunal, por unanimidade, conheceu parcialmente da ação direta de inconstitucionalidade por omissão. Por maioria e nessa extensão, julgou-a procedente, com eficácia geral e efeito vinculante, para: a) reconhecer o estado de mora inconstitucional do Congresso Nacional na implementação da prestação legislativa destinada a cumprir o mandado de incriminação a que se referem os incisos XLI e XLII do art. 5º da Constituição, para efeito de proteção penal aos integrantes do grupo LGBT; b) declarar, em consequência, a existência de omissão normativa inconstitucional do Poder Legislativo da União; c) cientificar o Congresso Nacional, para os fins e efeitos a que se refere o art. 103, § 2º, da Constituição c/c o art. 12-H, caput, da Lei nº 9.868/99; d) dar interpretação conforme à Constituição, em face dos mandados constitucionais de incriminação inscritos nos incisos XLI e XLII do art. 5º da Carta Política, para enquadrar a homofobia e a transfobia, qualquer que seja a forma de sua manifestação, nos diversos tipos penais definidos na Lei nº 7.716/89, até que sobrevenha legislação autônoma, editada pelo Congresso Nacional, seja por considerar-se, nos termos deste voto, que as práticas homotransfóbicas qualificam-se como espécies do gênero racismo, na dimensão de racismo

social consagrada pelo Supremo Tribunal Federal no julgamento plenário do HC 82.424/RS (caso Ellwanger), na medida em que tais condutas importam em atos de segregação que inferiorizam membros integrantes do grupo LGBT, em razão de sua orientação sexual ou de sua identidade de gênero, seja, ainda, porque tais comportamentos de homotransfobia ajustam-se ao conceito de atos de discriminação e de ofensa a direitos e liberdades fundamentais daqueles que compõem o grupo vulnerável em questão; e e) declarar que os efeitos da interpretação conforme a que se refere a alínea "d" somente se aplicarão a partir da data em que se concluir o presente julgamento, nos termos do voto do Relator, vencidos os Ministros Ricardo Lewandowski e Dias Toffoli (Presidente), que julgavam parcialmente procedente a ação, e o Ministro Marco Aurélio, que a julgava improcedente. Em seguida, por maioria, fixou-se a seguinte tese: 1. Até que sobrevenha lei emanada do Congresso Nacional destinada a implementar os mandados de criminalização definidos nos incisos XLI e XLII do art. 5º da Constituição da República, as condutas homofóbicas e transfóbicas, reais ou supostas, que envolvem aversão odiosa à orientação sexual ou à identidade de gênero de alguém, por traduzirem expressões de racismo, compreendido este em sua dimensão social, ajustam-se, por identidade de razão e mediante adequação típica, aos preceitos primários de incriminação definidos na Lei nº 7.716, de 08/01/1989, constituindo, também, na hipótese de homicídio doloso, circunstância que o qualifica, por configurar motivo torpe (Código Penal, art. 121, § 2º, I, "in fine"); 2. A repressão penal à prática da homotransfobia não alcança nem restringe ou limita o exercício da liberdade religiosa, qualquer que seja a denominação confessional professada, a cujos fiéis e ministros (sacerdotes, pastores, rabinos, mulás ou clérigos muçulmanos e líderes ou celebrantes das religiões afro-brasileiras, entre outros) é assegurado o direito de pregar e de divulgar, livremente, pela palavra, pela imagem ou por qualquer outro meio, o seu pensamento e de externar suas convicções de acordo com o que se contiver em seus livros e códigos sagrados, bem assim o de ensinar segundo sua orientação doutrinária e/ou teológica, podendo buscar e conquistar prosélitos e praticar os atos de culto e respectiva liturgia, independentemente do espaço, público ou privado, de sua atuação individual ou coletiva, desde que tais manifestações não configurem discurso de ódio, assim entendidas aquelas exteriorizações que incitem a discriminação, a hostilidade ou a violência contra pessoas em razão de sua orientação sexual ou de sua identidade de gênero; 3. O conceito de racismo, compreendido em sua dimensão social, projeta-se para além de aspectos estritamente biológicos ou fenotípicos, pois resulta, enquanto manifestação de poder, de uma construção de índole histórico-cultural motivada pelo objetivo de justificar a desigualdade e destinada ao controle ideológico, à dominação política, à subjugação social e à negação da alteridade, da dignidade e da humanidade daqueles que, por integrarem grupo vulnerável (LGBTI+) e por não pertencerem ao estamento que detém posição de hegemonia em uma dada estrutura social, são considerados estranhos e diferentes, degradados à condição de marginais do ordenamento jurídico, expostos, em consequência de odiosa inferiorização e de perversa estigmatização, a uma injusta e lesiva situação de exclusão do sistema geral de proteção do direito, vencido o Ministro Marco Aurélio, que não subscreveu a tese proposta.

Conquanto a decisão em questão tivesse tido a intenção de coibir uma prática ilícita tão odiosa, a partir do momento que o ativismo judicial passa a criar tipo penal à revelia do Poder Legislativo, ou aplicar lei penal preexistente por extensão analógica, valendo-se de artifícios hermenêuticos que não encontram guarida no sistema jurídico em vigor, há cristalina afronta ao paradigma constitucional da reserva legal prevista no inciso XXXIX do art. 5.º da Constituição Federal, o qual é considerado cláusula pétrea.

Não podemos nos esquecer de que o exercício do poder jurisdicional está previsto na Constituição Federal, tendo sido limitado pelo Poder Legislativo. Nas precípuas lições de Norberto Bobbio, o poder superior restringe e regula o poder inferior por intermédio de dois diferentes limites: *formais* e *materiais*.

> "A observação desses limites é importante, porque eles delimitam o âmbito em que a norma inferior emana legitimamente: uma norma inferior que exceda os limites materiais, isto é, que regule uma matéria diversa da que lhe foi atribuída ou de maneira diferente daquela que lhe foi prescrita, ou que exceda os limites formais, isto é, não siga o procedimento estabelecido, está sujeita a ser declarada ilegítima e a ser expulsa do sistema"[2].

Além da responsabilidade jurídica e social, é inegável a responsabilidade política dos magistrados, mas no sentido de entregar a concretização das opções do legislador, principalmente do constituinte (originário ou não). Somente do exercício da responsabilidade política pautada nesse pilar é que se legitima a razão de ser da atividade judicial.

Concluindo: se o ativismo judicial não se pautar nos limites impostos pelo ordenamento jurídico, ele acabará por destruir os pilares do Estado Democrático de Direito!

2. BOBBIO, Norberto. *Teoria do Ordenamento Jurídico*. 10.ª ed. Editora UNB, 1999. P. 54.

Quadro Sinótico

PRINCÍPIOS FUNDAMENTAIS	
Conceito	Os princípios fundamentais são princípios constitucionais politicamente conformadores do Estado, que explicam as valorações políticas fundamentais do legislador constituinte, revelando as concepções políticas triunfantes numa Assembleia Constituinte, constituindo-se, assim, no cerne político de uma Constituição polícia.
Fundamentos	O **fundamento** é a *viga mestre de todo nosso ordenamento jurídico brasileiro*, vez que é ele que dá estruturação e sustentação a esse. Constituem fundamentos da República Federativa do Brasil: **soberania** (poder interno do Estado supremo em relação aos indivíduos que formam a sua população, bem como independente relativamente ao poder de outros Estados); **cidadania** (tem o intuito de qualificar todas as pessoas como sendo titulares de direitos face ao Estado, devendo o indivíduo ser reconhecido como parte integrante e indissociável da sociedade); **dignidade da pessoa humana (**valor moral e espiritual inerente à pessoa, constituindo-se como um *princípio máximo* do Estado Democrático de Direito; **valores sociais do trabalho e da livre iniciativa** (garantem a importância do trabalho humano como valor social e a liberdade de iniciativa econômica, como valor de produção e desenvolvimento); e, **pluralismo político** (garante a multiplicidade de opiniões, crenças e convicções que se manifestam, via de regra, por intermédio de instituições partidárias).
Princípio da Separação dos Poderes	Está previsto no art. 2.º da CF. A principal razão de ser do princípio da Separação dos Poderes *é evitar a concentração e o exercício dominador do poder*, vez que se aquele não existisse, seria inegável a concentração de poderes nas mãos de apenas uma pessoa (ou grupo de pessoas), o que ensejaria o aumento de corrupção. Em virtude disso, podemos afirmar, sem dúvida alguma, que esse princípio constitui uma das principais garantias das liberdades públicas.
Objetivos Fundamentais	Estão previstos no art. 3.º da Constituição Federal e não devem ser confundidos com os fundamentos da República Federativa do Brasil (art. 1.º). Com esses objetivos, a Constituição impõe ao Estado a construção e organização de uma sociedade fraterna onde as pessoas possam, com iguais oportunidades, desenvolver as suas potencialidades e gozar dos mesmos bens materiais e espirituais, sem qualquer tipo de preconceito, seja de que ordem for.
Princípios regentes das Relações Internacionais	Segundo a estrutura da nossa Constituição Federal é o dispositivo que *finaliza os princípios que orientação a ação do Estado brasileiro, através de seus representantes acreditados internacionalmente, junto a órgãos internacionais, bem como junto a outros Estados soberanos.*

Princípio Federativo	Esse princípio está relacionado à *forma de Estado*, o qual, segundo os preceitos de nossa Constituição Federal, constitui-se a partir da *união indissolúvel* (**princípio da indissolubilidade do pacto federativo**) da União Federal, dos Estados-Membros, do Distrito Federal e dos Municípios. A ideia central do federalismo relaciona-se à *autonomia* que os entes federativos que integram o Estado Federal possuem. Nessa linha de ideia, é importante lembrar que apenas o Estado Federal é soberano (supremo e independente), sendo que os demais entes federados são autônomos. Só será possível conceber a ideia de federação a partir do momento em que houver *descentralização política*, ou seja, quando as ordens passam a usufruir de autonomia em um mesmo território, vez que os entes federados foram contemplados constitucionalmente com atribuições próprias.
Princípio Republicano	Está relacionado à *forma de Governo*, isto é, à forma como os governantes chegam ao Governo, bem como a forma de relacionamento entre governantes e governados. Merecem destaque a *temporariedade* do exercício do Governo, sendo transitório, a *responsabilidade* dos Governantes, haja vista que eles estarão sujeitos a sanções penais, civis e políticas, não obstante a existência de algumas prerrogativas dos governantes, além da *eletividade*, que se materializa a partir das eleições pelo povo dos membros dos Poderes Executivo e Legislativo. Em virtude disso, podemos concluir que referido princípio é considerado como sendo a viga mestra do Estado brasileiro, haja vista que a própria democracia se confunde com as características da República.
Estado Democrático de Direito	O Estado Democrático de Direito estrutura-se da soberania popular, vez que está ligado à noção de *governo do povo, pelo povo e para o povo*. O Estado de Direito teve origem na luta da burguesia contra o absolutismo dominante até o século XVIII, vez que naquela época existia forte submissão de todos ao império da lei. Por intermédio dessa luta objetivou-se, principalmente, a declaração de direitos ao cidadão, bem como a separação dos poderes. No **Estado Democrático de Direito** as leis são criadas *pelo povo* e *para o povo*, tendo como primado a dignidade da pessoa humana. Impende destacar que aquele não deve ser confundido com o **Estado de Direito**, o qual é pautado em *leis criadas* e *cumpridas pelo próprio Estado*.

EXERCÍCIOS

Questões

1 - (PC/PI – Delegado de Polícia – NUCEP – 2018) – A Constituição Federal de 1988 inovou, ao estabelecer princípios que governam as relações internacionais, marque a alternativa que **NÃO** contempla os princípios fixados pela CF.

a) Independência nacional, prevalência dos direitos humanos, defesa da paz.

b) Concessão de asilo político, solução pacífica de conflitos, defesa da paz, igualdade entre os Estados.

c) Não intervenção, autodeterminação dos povos, igualdade entre os Estados.

d) Cooperação entre os povos para o progresso da humanidade, não-intervenção, prevalência de direitos humanos.

e) Integração econômica entre os povos, prevalência de direitos humanos, erradicação das desigualdades.

2 – (PC/GO – Delegado de Polícia – UEG – 2013) – O *caput* do artigo 1º da Constituição Federal, ao dispor que a "República Federativa do Brasil, formada pela união indissolúvel dos Estados e Municípios e do Distrito Federal, constitui-se em Estado democrático de direito...", consagra o princípio do Estado democrático de direito que se traduz em:

a) Princípio valor fonte, que exclui valores pessoais como a isonomia e a dignidade das pessoas.

b) Princípio restritivo ao asseguramento da participação política por sufrágio.

c) Princípio nuclear, que implica o pluralismo político, na separação de poderes e na legalidade.

d) Superprincípio que distingue os modelos liberal e social de Estado de direito.

3 – (PC/RJ – Delegado de Polícia – FUNCAB – 2012) – Quanto aos Princípios Fundamentais da República Federativa do Brasil, elencados na Constituição Federal, é correto afirmar como fundamento e objetivo, respectivamente:

a) Pluralismo político e promoção do bem de todos.

b) Independência nacional e construção de uma sociedade livre, justa e solidária.

c) Defesa da paz e igualdade entre os Estados.

d) Soberania da União e garantia do desenvolvimento nacional.

e) Livre-iniciativa e eliminação das desigualdades sociais e econômicas.

4 - (PC/SC – Agente de Polícia Civil – FEPESE – 2017) – Com base na Constituição Federal, a República Federativa do Brasil, formada pela união indissolúvel dos Estados e Municípios e do Distrito Federal, constitui-se em Estado Democrático de Direito e tem como fundamentos:

1. a autonomia.
2. a cidadania.
3. a dignidade da pessoa humana.
4. o pluralismo político.

Assinale a alternativa que indica todas as afirmativas **corretas**.

a) São corretas apenas as afirmativas 1, 2 e 3.

b) São corretas apenas as afirmativas 1, 2 e 4.

c) São corretas apenas as afirmativas 1, 3 e 4.

d) São corretas apenas as afirmativas 2, 3 e 4.

e) São corretas as afirmativas 1, 2, 3 e 4.

5 – (PC/SC – Agente de Polícia Civil – FEPESE – 2017) – Assinale a alternativa **correta** sobre o Princípio da Federação (Princípio do Direito Constitucional).

a) O legislador constituinte originário elegeu a forma federativa de Estado como cláusula pétrea da Constituição Federal de 1988.

b) A Federação caracteriza-se pela união dos Estados-membros, dotados de soberania.

c) Numa Federação como o Brasil, as entidades federadas constituem pessoas jurídicas de direito público internacional.

d) No modelo federativo brasileiro, a União Federal é superior hierarquicamente aos Estados-membros, ao Distrito Federal e aos Municípios.

e) Os Municípios ostentam a condição de entes federativos autênticos no Brasil porque possuem Poder Judiciário próprio e representantes no Congresso Nacional.

6 – (PC/SE – Escrivão Substituto – IBFC – 2014) – Todos os enunciados abaixo correspondem a objetivos fundamentais da República Federativa do Brasil, previstos no artigo 3º da Carta Política, **exceto**:

a) Promover a cooperação entre os povos para o progresso da humanidade.

b) Erradicar a pobreza e a marginalização e reduzir as desigualdades sociais e regionais.
c) Garantir o desenvolvimento nacional.
d) Promover o bem de todos, sem preconceitos de origem, raça, sexo, cor, idade e quaisquer outras formas de discriminação

7 – (PC/SC – Agente de Polícia – ACAFE – 2014) – A República Federativa do Brasil, formada pela união indissolúvel dos Estados e Municípios e do Distrito Federal, constitui-se em Estado Democrático de Direito (art. 1º da CF). Com base no enunciado acima é correto afirmar, **exceto**:

a) São objetivos fundamentais da República Federativa do Brasil erradicar a pobreza e a marginalização e reduzir as desigualdades sociais e regionais.
b) A soberania, a cidadania e o pluralismo político não são fundamentos da República Federativa do Brasil.
c) Ninguém será obrigado a fazer ou deixar de fazer alguma coisa senão em virtude de lei,
d) É livre a manifestação de pensamento, sendo vedado o anonimato.
e) Construir uma sociedade livre, justa e solidária é um dos objetivos fundamentais da República Federativa do Brasil.

8 – (PC/SP – Escrivão de Polícia Civil – VUNESP – 2014) – A Constituição de 1988 enuncia que a República Federativa do Brasil é um Estado Democrático de Direito, que possui, dentre outros, os seguintes fundamentos:

a) A soberania, a busca do pleno emprego e a função social da propriedade.
b) A defesa do consumidor, a função social da propriedade e a busca do pleno emprego.
c) O pluralismo político, a redução das desigualdades regionais e sociais e a propriedade privada.
d) A cidadania, a dignidade da pessoa humana e os valores sociais do trabalho e da livre iniciativa.
e) A cidadania, a função social da propriedade e a promoção do bem de todos, sem qualquer discriminação

9 – (PC/ES – Delegado de Polícia – CESPE/CEBRASPE – 2022) – Constitui objetivo fundamental da República Federativa do Brasil:

a) O valor social do trabalho e da livre iniciativa.
b) A solução pacífica dos conflitos.
c) O repúdio ao terrorismo e ao racismo.

d) A dignidade da pessoa humana.
e) A garantia do desenvolvimento nacional.

10 – (PC/SP – Escrivão de Polícia – VUNESP – 2022) – Nos termos da Constituição Federal, é correto afirmar que a República Federativa do Brasil, formada pela União indissolúvel dos Estados e Municípios e do Distrito Federal, constitui-se em Estado Democrático de Direito e tem, entre outros, como fundamento:

a) A garantia do desenvolvimento nacional.
b) A dignidade da pessoa humana.
c) A promoção do bem de todos, sem preconceitos de origem, raça, sexo, cor e idade.
d) A construção de uma sociedade livre, justa e solidária.
e) A erradicação da pobreza e da marginalização.

11 – (GDF – Polícia Penal – Instituto AOCP – 2022) – A dignidade da pessoa humana pode ser apontada como um objetivo fundamental da República Federativa do Brasil:

( ) Certo
( ) Errado

12 – (PC/MG – Técnico Assistente da Polícia Civil – FUMARC – 2022) – Não corresponde a um objetivo fundamental da República Federativa do Brasil:

a) Erradicação da pobreza e marginalização e redução das desigualdades sociais e regionais.
b) Garantia do desenvolvimento nacional.
c) O pluralismo político.
d) Promoção do bem de todos, sem preconceito de origem, raça, sexo, cor, idade e quaisquer outras formas de discriminação.

Gabarito e Explicação

Questão	Gabarito	Abordagem do assunto no livro
1	E	Capítulo 5
2	C	Capítulo 8
3	A	Capítulos 2 e 4
4	D	Capítulo 2
5	A	Capítulo 6
6	A	Capítulo 4
7	B	Capítulo 2
8	D	Capítulo 2
9	E	Capítulo 4
10	B	Capítulo 2
11	Errado	Capítulo 2
12	C	Capítulo 2

PARTE 7

TEORIA GERAL DOS DIREITOS FUNDAMENTAIS

Capítulo 1

Terminologia

A despeito de possuírem certa similitude e se aproximarem em alguns aspectos, é importante que não utilizemos de forma equivocada e indiscriminada as seguintes expressões: *direitos do homem*, *direitos humanos* e *direitos fundamentais*.

A expressão "*direitos do homem*" possui cunho jusnaturalista, compreendendo a série de direitos naturais hábeis à proteção global do homem e válidos em todos os tempos. Em tese, são direitos que não se encontram consubstanciados nos textos constitucionais, nem nos tratados internacionais protetivos. Segundo a doutrina, trata-se de expressão em desuso em diversos países.

Já a expressão "*direitos humanos*" está relacionada ao conjunto de direitos que podem ser exigidos por todos os seres humanos do planeta e em qualquer condição, bastando que ocorra a violação de um direito seu reconhecido em norma internacional e que seja aceita pelo Estado em cuja jurisdição se encontre. Parcela da doutrina utiliza a expressão "*direitos humanos fundamentais*", objetivando-se representar a união material da proteção de fonte constitucional com a preservação de cunho internacional daqueles direitos. Destaque-se que a CF deu tratamento diferenciado aos tratados e convenções internacionais sobre direitos humanos, conferindo-lhe status de norma constitucional, desde que observado o procedimento estabelecido no § 3.º do art. 5.º da CF.

De outro vértice, a expressão "*direitos fundamentais*" deve ser compreendida como sendo a proteção interna dos direitos dos seres humanos, ligada a normas protetivas constitucionais que se encontram positivadas nas Constituições contemporâneas. Frise-se que os direitos fundamentais se encontram objetivamente vigentes em uma ordem jurídica concreta.

Partindo-se dos conceitos sobre os direitos humanos e os direitos fundamentais, forçoso presumir que os primeiros são mais amplos que os últimos, haja vista que esses possuem uma amplitude mais restrita, ou seja, em um determinado ordenamento jurídico interno.

Registrem-se os ensinamentos doutrinários:

> "Por questão de técnica, porém, preferimos o uso do termo direitos humanos para conotar a proteção da ordem internacional a esses direitos, e o emprego da expressão direitos fundamentais quando a matriz protetiva se encontra *in foro* doméstico" [1].

Por fim, é de se registrar que através do estudo dos parágrafos do artigo 5.º da nossa Carta Magna, verificamos que o legislador constituinte foi feliz na utilização das expressões "direitos fundamentais" e "direitos humanos", haja vista ter se valido de total precisão técnica, conforme conceitos que acabamos de ver neste capítulo.

1. MAZZUOLI, Valério de Oliveira. *Curso de direitos humanos*. 6.ª ed. Rio de Janeiro: Forense; São Paulo: Método, 2019. P. 30.

Capítulo 2

Espécies de Direitos e Garantias Fundamentais

Ao iniciarmos o estudo do presente tema é de suma importância deixarmos consignado que a Constituição Federal de 1988, em seu Título II, classifica os *direitos e garantias fundamentais* como sendo gênero, do qual decorre cinco espécies:

a) direitos e deveres individuais e coletivos;

b) direitos sociais;

c) direitos de nacionalidade;

d) direitos políticos; e,

e) partidos políticos.

Dito isso, é um equivocado pensar (e afirmar) que os direitos fundamentais são aqueles elencados, única e exclusivamente, no art. 5.º da nossa Constituição Federal de 1988.

Ademais, com base na **jurisprudência do Supremo Tribunal Federal** e em abalizada doutrina, podemos afirmar, tranquilamente, que os direitos e deveres individuais e coletivos não estão restritos ao rol dos incisos constantes do art. 5.º da Carta Magna, podendo ser encontrados ao longo do texto constitucional, explícita ou implicitamente, bem como constantes de tratados e convenções internacionais de que o Brasil seja parte (cf. art. 5.º, § 2.º, da CF). Trata-se, portanto, de **rol** meramente **exemplificativo**.

Em virtude disso, inclusive, que podemos afirmar que os direitos fundamentais podem ser divididos em **formal** e **material**. Enquadram-se na categoria de *direitos fundamentais formais* aqueles elencados no art. 5.º da CF/88, sendo que os *direitos fundamentais materiais* estão espalhados ao longo de nossa CF.

Capítulo 3

Os Quatro *Status* de Jellinek

No final do século XIX o professor alemão Georg Jellinek desenvolveu a denominada **teoria dos quatro status**, tendo em vista as variadas funções desenvolvidas pelos direitos humanos, as quais colocarão o indivíduo em determinado patamar diante do Estado. A despeito de ter sido desenvolvida no século XIX essa teoria ainda é atual, embora existam algumas críticas a respeito dela.

O primeiro ***status*** é o **passivo**, segundo o qual o indivíduo encontra-se em *posição de subordinação aos poderes públicos*, sendo detentor de deveres para com o Estado. Aqui, o Estado poderá obrigar o indivíduo, seja por intermédio de condutas ativas (mandamentos), seja por condutas passivas (proibições).

Há também o ***status* negativo**, o qual se contrapõe ao primeiro *status*. O indivíduo passa a ser possuidor de personalidade, tem direito de usufruir de um espaço de liberdade. Nesse segundo *status* o Estado não tem ingerência na autodeterminação do indivíduo.

Por sua vez, o ***status* positivo** é aquele em que o indivíduo tem o direito de exigir do Estado uma atuação positiva em seu favor, oferecendo serviços ou bens.

Por fim, reconheceu-se o ***status* ativo** em que o indivíduo passa a usufruir de atribuições para aconselhar a formação da vontade estatal, guardando correlação direta com o exercício dos direitos políticos.

Abalizada doutrina preceitua:

> "Em suma, com base na teoria clássica de Jellinek, os direitos fundamentais correspondem a cada um daqueles *status*, desempenhando funções distintas. Destarte, com fundamento no *status* negativo, o indivíduo titulariza direitos de defesa em face do Estado, em virtude dos quais ele pode, quando se sentir ameaçado ou prejudicado por entes ou órgãos estatais, repelir a intervenção ilegítima destes no âmbito de sua autonomia individual garantida por lei. Com arrimo no *status* positivo, pode o indivíduo exigir prestações do Estado para suprir suas necessidades e, finalmente, com supedâneo no *status* ativo, o indivíduo tem o

direito de participar da vida política de sua comunidade. O *status* passivo, na verdade, não contempla nenhum direito, e sim obrigações. A teoria proposta corresponde, de certo modo, ao processo histórico de emancipação da pessoa humana. No início, os homens conquistam a liberdade e passam da condição de mero objeto do Estado à condição de sujeitos de direitos frente a esse Estado. Depois, adquirem uma posição jurídica perante o Estado, do qual recebem prestações. Enfim, posteriormente, estão habilitados a participar ativamente do processo político, tornando-se sujeitos do próprio Estado"[1].

1. MIRANDA, Jorge. *Manual de Direito Constitucional*, T. IV, p. 84, *apud* CUNHA JÚNIOR, Dirley da. *Curso de Direito Constitucional*. 12. Ed. rev. ampl. e atual. Salvador: Juspodivm. P. 498.

Capítulo 4

Evolução

Dentre as diversas classificações trazidas pela doutrina, vamos destacar neste momento aquela que divide os direitos fundamentais em **dimensões** (ou gerações) **de direitos**. A despeito de alguns doutrinadores ainda se utilizarem da expressão "geração" (a qual dá a ideia de sucessão), preferimos utilizar o termo "dimensão", haja vista que esta não abandonaria as conquistas das dimensões anteriores, vedando-se a denominada *proibição de evolução reacionária.*

Frise-se que, não obstante a classificação a seguir descrita, a doutrina não é pacífica quanto à alocação dos direitos mencionados em cada uma dessas dimensões, nem quanto ao número exato dessas. Em razão disso, o leitor poderá encontrar exemplos diversos em outras obras.

Com base na divisão acima, os direitos fundamentais podem ser classificados em cinco dimensões.

4.1 Primeira dimensão dos direitos fundamentais

Essa geração está relacionada às **liberdades individuais**, em contraposição ao até então Estado autoritário. As liberdades individuais representavam formas de absenteísmo estatal. O Estado deixa de ser autoritário, passando para um Estado de Direito.

Destaque-se que a liberdade é traduzida pelos **direitos civis** e **políticos**.

Para a doutrina temos que:

> "Os direitos de primeira geração ou direitos de liberdades têm por titular o indivíduo, são oponíveis ao Estado, traduzem-se como faculdades ou atributos da pessoa e ostentam uma subjetividade que é seu traço mais característico; enfim, são direitos de resistência ou de oposição perante o Estado" [1].

---

1. BONAVIDES. Paulo. *Curso de Direito Constitucional.* 7.ª ed., rev. atual. e ampl. São Paulo: Malheiros, 1997. P. 563/564.

4.2 Segunda dimensão dos direitos fundamentais

Essa dimensão diz respeito aos **direitos sociais, culturais** e **econômicos**, bem como aos **direitos coletivos.**

Em razão das péssimas situações e condições de trabalhos, realizam-se reivindicações trabalhistas e normas de assistência social, eclodindo importantes movimentos revolucionários (v.g., Comuna de Paris em 1848).

Teve como marco a conhecida Revolução Industrial Europeia.

4.3 Terceira dimensão dos direitos fundamentais

Referida dimensão diz respeito ao meio ambiente, desenvolvimento, propriedade sobre o patrimônio comum da humanidade e de comunicação, preocupando-se com a coletividade.

Cada vez mais viu-se que o ser humano está inserido em uma coletividade, razão pela qual passa a ter **direitos de solidariedade** ou **fraternidade.**

Trata-se de **direitos transindividuais**, preocupando-se com a proteção do gênero humano, possuindo elevado teor de humanismo e universalidade.

4.4 Quarta dimensão dos direitos fundamentais

Enquanto Norberto Bobbio, de um lado, afirma que essa dimensão decorre dos avanços no campo da **engenharia genética**, Paulo Bonavides afirma que a presente dimensão está relacionada à denominada **globalização política**.

Dada a divergência doutrinária apontada, importante trazer as seguintes lições:

> "(...) a proposta do Prof. Bonavides, comparada com as posições que arrolam os direitos contra a manipulação genética, mudança de sexo, etc., como integrando a quarta geração, oferece nítida vantagem de constituir, de fato, uma nova fase no reconhecimento dos direitos fundamentais, qualitativamente diversa das anteriores, já que não se cuida apenas de vestir com roupagem novas reivindicações deduzidas, em sua maior parte, dos clássicos direitos de liberdade"[2].

4.5 Quinta dimensão dos direitos fundamentais

A despeito de Karel Vasak afirmar que o **direito à paz** integra a 3.ª dimensão dos direitos humanos, o prof. Paulo Bonavides entende ser um direito de 5.ª dimensão, vez que a paz é axioma da democracia participativa. Outros doutrinadores, por sua vez, relacionam essa dimensão com a evolução da **cibernética e de tecnologias como a realidade virtual e a internet**.

2. SARLET, Ingo Wolfgang. *A eficácia dos direitos fundamentais*. 7ª ed., rev. atual. e ampl. Porto Alegre: Livraria do Advogado, 2007. P. 51

Capítulo 5

Direitos e Garantias: Expressões Sinônimas?

Quando estudamos o tema "direitos fundamentais", nos deparamos com as expressões **direitos** e **garantias**, as quais não se confundem. Os **direitos** são bens e vantagens prescritos na norma constitucional (p.ex., direito de propriedade, direito à vida), ao passo que as **garantias** são instrumentos através dos quais se asseguram o exercício dos direitos ou os reparam, se violados.

Destaque-se, ainda, que a expressão **remédio constitucional** é considerada espécie do gênero garantia.

Frise-se que os direitos fundamentais, como normas obrigatórias, são resultados de maturação histórica, o que nos leva a afirmar que eles não são os mesmos em todas as épocas, variando de tempos em tempos (característica da historicidade). Ao longo da história os direitos fundamentais, cada vez mais, foram ganhando conotação e expressividade, alcançando o patamar da atualidade.

Segundo abalizada doutrina os direitos fundamentais são considerados o **cerne da proteção da dignidade da pessoa humana**, princípio esse basilar de todo o ordenamento e considerado um dos fundamentos da República Federativa do Brasil (cf. art. 1.º, III, da CF).

Por fim, considerando a vida em sociedade há a necessidade em se observar também os denominados **deveres fundamentais**, vez que o direito de um indivíduo depende do dever de outro em não violar ou impedir que o direito fundamental não se concretize. Lembre-se: o direito de um termina quando nasce o direito de outrem, sendo que existem limites para sua utilização.

Capítulo 6

Características

Conquanto não haja unanimidade na doutrina, podemos elencar as seguintes características dos direitos fundamentais:

a) *Historicidade* – possuem caráter histórico, não se resumindo a um acontecimento específico. A doutrina nos ensina que os direitos fundamentais tiveram sua origem histórica com o cristianismo;

b) *Universalidade* – destinam-se a todos os seres humanos indistintamente, haja vista serem imprescindíveis à convivência e existência da pessoa humana;

c) *Limitabilidade* – significa dizer que os direitos fundamentais poderão ter seu alcance limitado, não sendo absolutos como regra. De acordo com parcela da doutrina, entretanto, o **direito de não ser torturado** e o **direito de não ser escravizado** são *direitos absolutos*. Ademais, podemos acrescentar ao rol de direitos absolutos o de **não ser compulsoriamente associado em uma associação**, bem como a **impossibilidade de brasileiro nato ser extraditado**;

d) *Concorrência* – os direitos fundamentais podem ser exercidos cumulativamente, sendo que um não exclui o outro;

e) *Irrenunciabilidade* – não é possível renunciá-los, embora seja possível não os exercer momentaneamente;

f) *Inalienabilidade* – significa dizer que são indisponíveis, não sendo constituídos de conteúdo econômico-patrimonial. Não é possível aliená-los, seja gratuita, seja onerosamente;

g) *Imprescritibilidade* – podem ser exercidos a qualquer tempo, não havendo limitação temporal para tanto. Destaque-se que o fato de não serem exercidos por determinado momento, não significa dizer que eles prescrevem;

h) *Vedação ao retrocesso* – em virtude do fato dos direitos fundamentais serem resultado de um processo evolutivo, em sendo eles reconhecidos, não poderão ser enfraquecidos, suprimidos nem abolidos;

i) *Constitucionalização* – essa característica decorre do fato de os direitos fundamentais serem anteriores e superiores ao Estado, ou seja, à positivação das normas.

Capítulo 7

Eficácias Vertical, Horizontal e Diagonal

Partindo-se da origem histórica dos primeiros documentos reconhecendo os direitos fundamentais, podemos concluir que se tratam de garantias do indivíduo em face da atuação ou omissão Estatal capaz de agredi-lo. Logo, os sujeitos da relação na qual os direitos fundamentais produzirão seus efeitos, é, sem dúvida alguma, o próprio Estado e o indivíduo. Portanto, a relação regida pelos direitos fundamentais será firmada entre o Estado e o indivíduo. A isso convencionou-se chamar de **teoria vertical dos direitos fundamentais**, haja vista que os direitos fundamentais foram criados para proteger o indivíduo da atuação estatal.

Com o passar do tempo reconheceu-se que referidas violações não se restringem ao âmbito das relações públicas, alcançando também as relações privadas de fonte geradora das mais variadas formas de agressão dos direitos humanos e, consequentemente, dos direitos fundamentais.

Em razão desse novo contexto surgiu a necessidade, cada vez mais premente, de que os direitos fundamentais irradiassem seus efeitos também nas relações privadas, independentemente da participação direta do Estado. Com isso, existindo conflito de interesses entre dos particulares, passou-se a reconhecer a imprescindibilidade da aplicação dos direitos fundamentais para reestabelecer o equilíbrio, fazendo prevalecer a dignidade e o Estado Democrático de Direito. Surge, então, a denominada **teoria da eficácia horizontal dos direitos fundamentais** (também conhecida como *eficácia dos direitos fundamentais nas relações privadas*, *eficácia privada dos direitos fundamentais* ou *eficácia externa dos direitos fundamentais*).

Basicamente podemos dizer que três são as teorias que tentam explicar a aplicação dos direitos fundamentais às relações privadas. Nesse ponto, vejamos:

> "Para as **teorias negativas**, os direitos fundamentais só vinculam o poder público, nunca os particulares. Tais teorias foram responsáveis pela criação, nos Estados Unidos, da doutrina do *state action*, que, fundada na intangibilidade da autonomia privada recusa a aplicação dos direitos fundamentais nas relações entre particulares (...).

> A **teoria da eficácia indireta ou mediata** defende a aplicação dos direitos fundamentais nas relações privadas, condicionando essa incidência, contudo, à prévia atuação do legislador infraconstitucional, que teria o dever de conformar as relações privadas à luz das normas constitucionais definidores de direitos (...).
>
> A **teoria da eficácia direta ou imediata**, apesar de defendida originalmente na Alemanha pelos autores Nipperdey e Leisner, não teve aceitação naquele país. Para essa teoria, os direitos fundamentais têm aplicabilidade direta e imediata sobre as relações privadas, independentemente de prévia atividade legislativa (...)"[1]. (Negritei)

A partir da **jurisprudência do Supremo Tribunal Federal**, bem como tomando-se por base nossa doutrina pátria, podemos afirmar que há uma tendência em se adotar a **teoria da eficácia direta** (ou imediata) dos direitos fundamentais nas relações privadas.

> "Eficácia dos direitos fundamentais nas relações privadas. As violações a direitos fundamentais não ocorrem somente no âmbito das relações entre o cidadão e o Estado, mas igualmente nas relações travadas entre pessoas físicas e jurídicas de direito privado. Assim, os direitos fundamentais assegurados pela Constituição vinculam diretamente não apenas os poderes públicos, estando direcionados também à proteção dos particulares em face dos poderes privados. Os princípios constitucionais como limites à autonomia privada das associações. A ordem jurídico-constitucional brasileira não conferiu a qualquer associação civil a possibilidade de agir à revelia dos princípios inscritos nas leis e, em especial, dos postulados que têm por fundamento direto o próprio texto da Constituição da República, notadamente em tema de proteção às liberdades e garantias fundamentais. O espaço de autonomia privada garantido pela Constituição às associações não está imune à incidência dos princípios constitucionais que asseguram o respeito aos direitos fundamentais de seus associados. A autonomia privada, que encontra claras limitações de ordem jurídica, não pode ser exercida em detrimento ou com desrespeito aos direitos e garantias de terceiros, especialmente aqueles positivados em sede constitucional, pois a autonomia de vontade não confere aos particulares, no domínio de sua incidência a atuação, o poder de transgredir ou de ignorar as restrições postas e definidas pela própria Constituição, cuja eficácia e força normativa também se impõem, aos particulares, no âmbito de suas relações privadas, em tema de liberdades fundamentais". (RE 201.819, Rel. p/ o ac. Min. Gilmar Mendes, julgamento em 11/10/2005, Segunda Turma, DJ de 27/10/2006)

A despeito da adoção da teoria da eficácia horizontal dos direitos fundamentais em nosso ordenamento jurídico, existem situações que, mesmo nas relações entre particulares, existirão relações bastantes desiguais (p.ex., relações de trabalho). A partir dessas relações Sergio Gamonal desenvolveu a conhecida **teoria da eficá-**

1. CUNHA JÚNIOR. Dirley da. *Curso de Direito Constitucional*. 12ª. ed. rev. ampl. e atual. Salvador: Juspodivm, 2018. P. 555.

cia diagonal dos direitos fundamentais, teoria essa que consiste na necessária incidência e observância dos direitos fundamentais em relações entre particulares que são marcadas por uma flagrante desigualdade de forças, seja em razão da hipossuficiência, seja em virtude da vulnerabilidade de uma das partes da relação. Diz-se eficácia diagonal, pois as partes, em tese, estão em situações de igualdade, mas, na prática, há um império do poder econômico, o que autoriza a observância dos direitos fundamentais nelas.

Vejamos, a seguir, ementa extraída de julgamento proferido pelo Tribunal Superior do Trabalho aplicando a teoria da eficácia diagonal dos direitos fundamentais:

> Entendo que há mesmo a necessidade da motivação do ato de dispensa, com procedimento formal, dos empregados das empresas públicas e sociedades de economia mistas, com arrimo nos princípios insculpidos no art. 37, *caput*, da CR (legalidade, impessoalidade, moralidade e publicidade), na decisão proferida pelo Supremo Tribunal Federal, em sede de Plenário, no RE 589998, nos princípios constitucionais da ampla defesa e do contraditório, tendo em vista a eficácia diagonal dos direitos fundamentais - é a oponibilidade dos direitos fundamentais nas relações trabalhistas -, bem como no art. 2º e 50 da Lei n.º 9784/99 que determinam a motivação dos atos administrativos. Recurso improvido. (TRT-1 - RO: 7524420125010342 RJ, Relator: Bruno Losada Albuquerque Lopes, Data de Julgamento: 09/09/2013, Sétima Turma, Data de Publicação: 16-09-2013).

Quadro Sinótico

TEORIA GERAL DOS DIREITOS FUNDAMENTAIS	
Terminologia	A expressão ***"direitos fundamentais"*** deve ser compreendida como sendo a proteção interna dos direitos dos seres humanos, ligada a normas protetivas constitucionais que se encontram positivadas nas Constituições contemporâneas. Frise-se que os direitos fundamentais se encontram objetivamente vigentes em uma ordem jurídica concreta. A expressão ***"direitos do homem"*** possui cunho jusnaturalista, compreendendo a série de direitos naturais hábeis à proteção global do homem e válidos em todos os tempos. Já a expressão ***"direitos humanos"*** está relacionada ao conjunto de direitos que podem ser exigidos por todos os seres humanos do planeta e em qualquer condição, bastando que ocorra a violação de um direito seu reconhecido em norma internacional e que seja aceita pelo Estado em cuja jurisdição se encontre.
Espécies de Direitos e Garantias Fundamentais	O Título II da CF classifica os *direitos e garantias fundamentais* como sendo gênero, do qual decorre cinco espécies: (i) direitos e deveres individuais e coletivos; (ii) direitos sociais; (iii) direitos de nacionalidade; (iv) direitos políticos; e, (v) partidos políticos. Destaque-se, contudo, que os direitos e deveres individuais e coletivos não estão restritos ao rol dos incisos constantes do art. 5.º da Carta Magna, podendo ser encontrados ao longo do texto constitucional, explícita ou implicitamente, bem como constantes de tratados e convenções internacionais de que o Brasil seja parte.
Os quatro *status* de Jellinek	Tendo em vistas as multifuncionalidades dos direitos fundamentais Jellinek, no final do século XIX, desenvolveu a conhecida teoria dos quatro *status*. O primeiro ***status*** é o **passivo**, segundo o qual o indivíduo encontra-se em *posição de subordinação aos poderes públicos*, sendo detentor de deveres para com o Estado. Há também o ***status* negativo**, o qual se contrapõe ao primeiro *status*. O indivíduo passa a ser possuidor de personalidade, tem direito de usufruir de um espaço de liberdade. O ***status* positivo** é aquele em que o indivíduo tem o direito de exigir do Estado uma atuação positiva em seu favor, oferecendo serviços ou bens. O ***status* ativo**, por sua vez, é aquele em que o indivíduo passa a usufruir de atribuições para aconselhar a formação da vontade estatal, guardando correlação direta com o exercício dos direitos políticos.

Evolução	Destaque-se que os direitos fundamentais podem ser classificados em cinco dimensões. A **primeira dimensão** está relacionada às **liberdades individuais**, em contraposição ao até então Estado autoritário. Destaque-se que a liberdade é traduzida pelos *direitos civis e políticos*. A **segunda dimensão** dos direitos fundamentais, por sua vez, diz respeito aos *direitos sociais, culturais e econômicos*, bem como os *direitos coletivos*. Temos, ainda, a **terceira dimensão** a qual diz respeito ao meio ambiente, desenvolvimento, propriedade sobre o patrimônio comum da humanidade e de comunicação, preocupando-se com a coletividade (*direitos de solidariedade* ou *fraternidade*). Temos, ainda, a **quarta dimensão** dos direitos fundamentais, que diz respeito à engenharia genética ou à globalização política, dependendo do doutrinador. Por fim, temos a **quinta dimensão** dos direitos fundamentais, que está relacionado ao *direito à paz*.
Direitos e garantias: expressões sinônimas?	Os **direitos** são bens e vantagens prescritos na norma constitucional (p.ex., direito de propriedade, direito à vida), ao passo que as **garantias** são instrumentos através dos quais se asseguram o exercício dos direitos ou os reparam, se violados.
Características	*Historicidade* (possuem caráter histórico, não se resumindo a um acontecimento específico); *universalidade* (destinam-se a todos os seres humanos indistintamente); *limitabilidade* (não são direitos absolutos, como regra); *concorrência* (podem ser exercidos cumulativamente, sendo que um não exclui o outro); *irrenunciabilidade* (não é possível renunciá-los); *inalienabilidade* (são direitos indisponíveis, não sendo constituídos de conteúdo econômico-patrimonial; *imprescritibilidade* (podem ser exercidos a qualquer tempo); *vedação ao retrocesso* (uma vez reconhecidos, não poderão ser enfraquecidos, suprimidos nem abolidos); *constitucionalização* (os direitos fundamentais são anteriores e superiores ao Estado).
Eficácias: vertical, horizontal e diagonal	**Teoria da eficácia vertical dos direitos fundamentais** (eficácia vertical) - a relação regida pelos direitos fundamentais será firmada entre o Estado e o indivíduo. **Teoria da eficácia horizontal dos direitos fundamentais** - existindo conflito de interesses entre dos particulares, passou-se a reconhecer a imprescindibilidade da aplicação dos direitos fundamentais para reestabelecer o equilíbrio, fazendo prevalecer a dignidade e o Estado Democrático de Direito. Não obstante a adoção da teoria da eficácia horizontal dos direitos fundamentais em nosso ordenamento jurídico, existem situações que, mesmo nas relações entre particulares, existirão relações bastantes desiguais (p.ex., relações de trabalho). A partir dessas relações foi desenvolvida a conhecida **teoria da eficácia diagonal dos direitos fundamentais**, teoria essa que consiste na necessária incidência e observância dos direitos fundamentais em relações entre particulares que são marcadas por uma flagrante desigualdade de forças, seja em razão da hipossuficiência, seja em virtude da vulnerabilidade de uma das partes da relação.

EXERCÍCIOS

Questões

1 - (PC/MS – Delegado de Polícia – FAPEMS – 2017) – Sobre a eficácia dos direitos fundamentais, analise as afirmativas a seguir.

I- A eficácia vertical dos direitos fundamentais foi desenvolvida para proteger os particulares contra o arbítrio do Estado, de modo a dedicar direitos em favor das pessoas privadas, limitando os poderes estatais.

II- A eficácia horizontal trata da aplicação dos direitos fundamentais entre os particulares, tendo na constitucionalização do direito privado a sua gênese.

III- A eficácia diagonal trata da aplicação dos direitos fundamentais entre os particulares nas hipóteses em que se configuram desigualdades fáticas.

Está correto o que se afirma em:

a) III, apenas.

b) I e III, apenas.

c) II e III, apenas.

d) I e II, apenas.

e) I, II e III.

2 - (PC/MG – Delegado de Polícia – FUMARC – 2011) – Os direitos e garantias, enumerados na Constituição, não excluem outros decorrentes do regime e dos princípios por ela adotados, ou dos tratados internacionais em que a República Federativa do Brasil seja parte. Leia e analise as assertivas abaixo:

I - A Constituição atribuiu aos direitos internacionais uma natureza especial e diferenciada, qual seja, a natureza de norma constitucional.

II - Os direitos enunciados nos tratados de direitos humanos, de que o Brasil é parte, integram o elenco dos direitos constitucionalmente consagrados.

III - A interpretação sistemática do texto constitucional exige que a dignidade da pessoa seja o parâmetro orientador para a compreensão do fenômeno constitucional.

Marque a opção CORRETA:

a) Apenas as assertivas I e II estão corretas.

b) As assertivas I, II e III estão incorretas.

c) As assertivas I, II e III estão corretas.

d) Apenas as assertivas II e III estão corretas.

3 - (PC/DF – Agente de Polícia – FUNIVERSA – 2009) – A teoria dos direitos fundamentais leva ao estudo daqueles de natureza indisponível por parte dos

cidadãos, na medida de sua titularidade pela comunidade como um todo, como a essência mínima de caracterização da própria definição de sociedade humana. A respeito dos direitos e garantias fundamentais, assinale a alternativa correta.

a) Por caracterizarem espécie altamente diferenciada de direitos, impondo, inclusive, limitações ao poder constituinte derivado, é assente na jurisprudência do Supremo Tribunal Federal que, como exceção que são, assim devem ser tratados, restringindo-os às espécies previstas no art. 5º da Constituição Federal, o conhecido artigo da cidadania,

b) Na evolução das conhecidas **dimensões** dos direitos fundamentais, há, sucessivamente, substituição de direitos na medida do atingimento de novos estágios.

c) Os direitos previstos no art. 5º da Carta Federal também têm sido deferidos pelo Supremo Tribunal Federal mesmo aos estrangeiros não residentes.

d) Os direitos e garantias fundamentais têm, sem exceção, aplicação imediata.

e) Tendo em conta o histórico do nascimento dos direitos fundamentais, não há que se considerar a sua aplicação em face dos particulares.

4 – (PC/RJ – Delegado de Polícia – CESPE/CEBRASPE – 2022) - Acerca dos direitos fundamentais, assinale a opção correta.

a) A fundamentalidade material dos direitos fundamentais decorre da circunstância de serem os direitos fundamentais elemento constitutivo da Constituição material, contendo decisões fundamentais sobre a estrutura básica do Estado e da sociedade.

b) A noção da fundamentalidade material não permite a abertura da Constituição a outros direitos fundamentais não constantes do seu texto.

c) A noção da fundamentalidade formal não permite a abertura da Constituição a outros direitos fundamentais não constantes do seu texto.

d) A fundamentalidade material não possui aplicabilidade imediata.

e) A noção da fundamentalidade formal dos direitos fundamentais não os submete aos limites formais e materiais do poder de reforma constitucional.

5 - (PC/RJ – Delegado de Polícia – CESPE/CEBRASPE – 2022) – Com relação à teoria dos direitos fundamentais e à sua aplicação no direito constitucional brasileiro, assinale a opção correta.

a) Segundo a jurisprudência, os direitos fundamentais são absolutos, inalienáveis e imprescritíveis, cabendo ao intérprete o dever de concordância prática para acomodar os eventuais conflitos entre eles.

b) A superproteção conferida pelo art. 60, § 4.º, IV (direitos e garantias individuais), aos direitos fundamentais limita-se ao disposto no art. 5.º, da Constituição, em deferência ao princípio democrático.

c) Os tratados internacionais de direitos humanos, após a EC n.º 45/2004, devem seguir o mesmo procedimento de emenda à Constituição para que possam ser incorporados ao direito brasileiro.

d) Os direitos fundamentais de primeira geração (ou dimensão) são denominados de direitos sociais, que demandam um *fazer* por parte do Estado, e foram inaugurados com as revoluções burguesas do século XVIII.

e) O método de solução de conflitos entre direitos fundamentais constitucionalmente previstos, em caso de colisão, é a ponderação de interesses; o legislador, contudo, por força do princípio democrático, pode resolver conflitos por meio da lei, efetuando a ponderação em abstrato.

6 - (PC/RJ – Delegado de Polícia – CESPE/CEBRASPE – 2022) – O *caput* do art. 5.º, iniciando o Título II da Constituição Federal de 1988, referente aos direitos e garantias fundamentais, estabelece, de forma expressa, que todos são iguais perante a lei, sem distinção de qualquer natureza, garantindo-se aos brasileiros e aos estrangeiros residentes no Brasil determinados direitos. A respeito desse assunto, assinale a opção correta.

a) Embora o ordenamento jurídico estabeleça que as pessoas jurídicas são detentoras de personalidade jurídica, o texto constitucional garante a plenitude de direitos apenas às pessoas físicas. Sendo assim, as pessoas jurídicas têm seus direitos garantidos apenas com base na legislação infraconstitucional.

b) O texto constitucional é claro ao prever que apenas os estrangeiros residentes no Brasil dispõem de todos os direitos garantidos aos brasileiros. Assim, os estrangeiros não residentes no Brasil estarão submetidos apenas ao ordenamento jurídico de seu país de origem.

c) Os direitos e garantias fundamentais destinam-se à proteção do ser humano em sua totalidade. Assim, uma interpretação teleológica e lógico-sistemática permite afirmar que os direitos e garantias fundamentais têm como destinatários não apenas os brasileiros, mas também os estrangeiros, residentes ou não no Brasil, e apátridas, caso se encontrem dentro do território nacional.

d) Decisão recente do Supremo Tribunal Federal reconhece como beneficiários dos direitos e garantias fundamentais acolhidos pela Constituição Federal de 1988 não somente os brasileiros e estrangeiros residentes no Brasil, mas também os estrangeiros de passagem pelo território brasileiro, desde que haja, nesse caso, tratado internacional entre o Brasil e o país de origem do estrangeiro, para que ele tenha preservados seus direitos.

e) Uma análise sistematizada do texto constitucional permite afirmar que os estrangeiros não residentes no Brasil são detentores de direitos, limitados, no entanto, àqueles que dizem respeito à vida e à integridade física, em razão do que dispõe o inciso III do art. 1.º da Carta Política, ao tratar da dignidade da pessoa humana como princípio fundamental da República Federativa do Brasil.

7 – (PC/SE – Agende de Polícia Judiciária – CESPE/CEBRASPE – 2021) - Julgue o próximo item, relativos a conceitos, terminologias e afirmação histórica dos direitos humanos.

Os direitos fundamentais são os reconhecidos e vinculados à esfera constitucional de determinado Estado, ao passo que os direitos humanos estão firmados por posições jurídicas internacionais, que exprimem certa consciência ética universal. Apesar dessa distinção, essas terminologias podem se confundir ou se complementar em determinados momentos.

( ) Certo

( ) Errado

8 - (PRF – Policial Rodoviário Federal – CESPE/CEBRASPE – 2015) - Com relação às características dos direitos humanos e ao sistema nacional de proteção desses direitos, julgue o item a seguir.

A Constituição Federal apresenta um rol taxativo de direitos e garantias, razão pela qual somente têm estatura de direitos fundamentais aqueles que constem expressamente do texto constitucional.

( ) Certo

( ) Errado

Gabarito e Explicação

Questão	Gabarito	Abordagem do assunto no livro
1	E	Capítulo 6
2	D	Capítulo 1
3	C	Capítulo 6
4	A	Capítulo 2
5	E	Capítulo 2
6	C	Capítulo 2
7	Certo	Capítulo 2
8	Errado	Capítulo 2

PARTE 8

DIREITOS E GARANTIAS FUNDAMENTAIS

Capítulo 1

Considerações Iniciais

A partir de agora iniciaremos o estudo da primeira categoria dos Diretos Fundamentais, categoria essa exteriorizada no art. 5.º da nossa Carta Magna.

O *caput* do art. 5.º da CF preceitua que: "*Todos são iguais perante a lei, sem distinção de qualquer natureza, garantindo-se aos brasileiros e aos estrangeiros residentes no País a inviolabilidade do direito à vida, à liberdade, à igualdade, à segurança e à propriedade, nos termos seguintes (...)*".

Pela literalidade do dispositivo constitucional ora transcrito poderíamos chegar à falsa conclusão de que apenas os *brasileiros* (natos e naturalizados) e *estrangeiros residentes no País*, seriam os **titulares** dos direitos e garantias fundamentais.

Entretanto, consonante entendimento consolidado do Supremo Tribunal Federal, bem como da doutrina pátria, é de se destacar que a regra insculpida no *caput* do art. 5.º da CF abrange, não apenas e tão somente os *brasileiros* (natos e naturalizados) e *estrangeiros residentes no território nacional*, como também *toda e qualquer pessoa que aqui esteja em trânsito, nos limites de nossa soberania*. Da mesma forma, esse espectro de proteção pode incidir tanto sobre as *pessoas físicas*, quanto *jurídicas* e *entes estatais*, desde que haja compatibilidade com essas últimas. Por fim, é de se destacar que as *empresas estrangeiras* também gozam desses direitos, podendo, entretanto, sofrer tratamento diferenciado (p.ex., art. 222, *caput*, da CF).

Nesse sentido, vejamos:

> "O súdito estrangeiro, mesmo aquele sem domicílio no Brasil, tem direito a todas as prerrogativas básicas que lhe assegurem a preservação do *status libertatis* e a observância, pelo Poder Público, da cláusula constitucional do *due process*. O súdito estrangeiro, mesmo o não domiciliado no Brasil, tem plena legitimidade para impetrar o remédio constitucional do *habeas corpus*, em ordem a tornar efetivo, nas hipóteses de persecução penal, o direito subjetivo, de que também é titular, à observância e ao integral respeito, por parte do Estado, das prerrogativas que compõem e dão significado à cláusula do devido processo legal. A condição jurídica de não nacional do Brasil e a circunstância de o réu estrangeiro não possuir domicílio em nosso País não legitimam a adoção, contra tal acusado,

de qualquer tratamento arbitrário ou discriminatório. Precedentes. Impõe-se, ao Judiciário, o dever de assegurar, mesmo ao réu estrangeiro sem domicílio no Brasil, os direitos básicos que resultam do postulado do devido processo legal, notadamente as prerrogativas inerentes à garantia da ampla defesa, à garantia do contraditório, à igualdade entre as partes perante o juiz natural e à garantia de imparcialidade do magistrado processante". (HC 94.016, Rel. Min. Celso de Mello, julgamento em 16/9/2008, Segunda Turma, DJE de 27/2/2009)

Logo, o posicionamento prevalente é que são **titulares dos direitos e garantias fundamentais** as *pessoas físicas* (brasileiros ou estrangeiros), as *pessoas jurídicas* constituídas em território nacional (desde que haja compatibilidade) e as *pessoas estatais* (desde que haja compatibilidade), que se encontrarem nos limites territoriais da soberania brasileira.

Avançando um pouco no estudo do art. 5.º da Constituição Federal, importante tecer considerações sobre as disposições constantes em seus parágrafos.

Conquanto exista divergências doutrinárias, a partir do disposto no § 1.º do art. 5.º em questão, verificamos que o constituinte originário acolheu o denominado **princípio da aplicabilidade imediata** das normas definidoras dos direitos fundamentais. Não obstante a existência de normas constitucionais de eficácia limitada, parcela da doutrina sustenta que *todos os direitos fundamentais devem alcançar imediata aplicação*, cabendo aos poderes públicos a obrigação de conferir a máxima eficácia a todas as normas definidores desses direitos.

Nesse ponto, importante trazer à baila brilhantes ensinamentos doutrinários:

> "Não se ignora, obviamente, a existência de normas constitucionais definidoras de direitos fundamentais que, por exigência do Estado Social de Direito, prestam-se a fixar programas, finalidades e tarefas a serem implementadas pelos órgãos de direção política e que reclamam, por isso, mediação legislativa (as chamadas normas programáticas), tendo, portanto, em razão dessa função e prestação material social, uma eficácia limitada. Mas, nem por isso, essas normas são destituídas de aplicação imediata. Elas apenas exigem um esforço maior de complementação por parte dos órgãos do Judiciário, no exercício de sua atividade de garantia e efetivação dos direitos fundamentais. Assim, em face da vinculação de todos os órgãos públicos (eficácia vertical) e de todos os particulares (eficácia horizontal) aos direitos fundamentais e forte no que dispõem os princípios da aplicação imediata das normas definidoras desses direitos e da inafastabilidade do controle judicial, qualquer órgão do Judiciário encontra-se investido do dever-poder de aplicar imediatamente, diante do caso concreto, as normas de direitos fundamentais, assegurando o pleno gozo das posições subjetivas neles consagradas, seja qual for a natureza e a função desses direitos, e isso se dá independentemente de qualquer concretização legislativa"[1].

1. CUNHA JÚNIOR. Dirley da. *Curso de Direito Constitucional.* 12ª. ed. rev. ampl. e atual. Salvador: Juspodivm, 2018. P. 569/570.

Ao estudarmos o § 2.º do art. 5.º da Carta Magna verificamos que os direitos e garantias fundamentais *não se esgotam no rol trazido na Constituição*, sendo eles meramente exemplificativos. Tal conclusão se extrai da expressão "não excluem outros decorrentes do regime e dos princípios por ela adotados, ou dos tratados internacionais em que a República Federativa do Brasil seja parte".

Logo, conforme já tivemos oportunidade de ver na presente obra, não é difícil concluir que o rol dos direitos e garantias fundamentais constantes na Constituição Federal é **meramente exemplificativo**, haja vista a possibilidade de ampliação, seja através do regime e princípios por ela adotados, seja pela incorporação de tratados internacionais ao ordenamento jurídico brasileiro. Temos aqui a denominada **cláusula de abertura material dos direitos fundamentais**, que é consequência do princípio da dignidade da pessoa humana, princípio esse consagrado como sendo fundamento do Estado de Direito (cf. art. 1.º, III, da CF).

O parágrafo 3.º, a despeito de algumas críticas doutrinárias a respeito de sua efetiva utilidade, estabelece que se os *tratados* ou *convenções internacionais sobre direitos humanos* forem incorporados em nosso ordenamento jurídico brasileiro, seguindo-se o processo de tramitação para aprovação de uma emenda constitucional, terão **status de normas constitucionais**.

Ponto importante a ser destacado neste parágrafo diz respeito ao status de um tratado ou convenção internacional sobre direitos humanos incorporado em nosso ordenamento jurídico brasileiro. Se seguir o processo de tramitação de aprovação de uma proposta de emenda constitucional, não restam dúvidas que aquele terá status de norma constitucional (*norma materialmente constitucional*).

A divergência surge no caso de não haver a observância à regra em tela, bem como àqueles que foram incorporados em nosso ordenamento jurídico antes do advento da Emenda Constitucional n.º 45/04.

Pois bem. Conquanto exista certa divergência doutrinária sobre a problemática apresentada, passarei a expor o atual posicionamento da **jurisprudência do Supremo Tribunal Federal** a respeito do tema. Para a maioria dos Ministros da Colenda Corte se o tratado ou convenção internacional sobre direitos humanos tiver sido incorporado em nosso ordenamento jurídico *antes do advento da EC n.º 45/04*, ou *sem a observância do processo de votação descrito no § 3.º do art. 5.º*, terá **status supralegal**, isto é, estará alocado abaixo das normas constitucionais, mas acima da legislação ordinária. Não obstante esse posicionamento firmado, a corrente vencedora admite a hipótese do **nível constitucional** de tal tratado, *quando ratificado pelo Congresso Nacional pelo mesmo procedimento obedecido na votação das emendas constitucionais* (cf. art. 5.º, § 3.º, e art. 60, § 2.º, ambos da CF).

Vale aqui a ressalva de que os tratados ou convenções internacionais que *não versarem sobre direitos humanos* e forem inseridos em nosso ordenamento jurídico, na visão do Supremo Tribunal Federal terão **status de normas ordinárias**.

Registre-se que atualmente existem dois tratados internacionais de direitos humanos aprovados nos termos do § 3.º do art. 5.º da Constituição Federal, quais sejam, a *Convenção Internacional sobre os Direitos das Pessoas com Deficiência e seu Protocolo Facultativo* (Decreto n.º 6.949/2009) e o *Tratado de Marraqueche*, firmado com a finalidade de facilitar o acesso a obras publicadas às pessoas cegas, com deficiência visual ou com outras dificuldades para ter acesso ao texto impresso (Decreto n.º 9.522/2018). Portanto, *ambos os tratados internacionais possuem status de norma constitucional.*

Em virtude dessa diferenciação de *status* dos tratados internacionais sobre direitos humanos incorporados em nosso território nacional, verifica-se que o **Supremo Tribunal Federal** adotou a denominada **teoria do duplo estatuto.**

Capítulo 2

O Estado de Coisas Inconstitucional

Dada sua atualidade e importância faz-se imperioso tecer algumas considerações a respeito do denominado **Estado de Coisas Inconstitucional (ECI).**

Referido instituto tem origem nas decisões da Corte Constitucional Colombiana (CCC) diante da constatação de "*violações generalizadas, contínuas e sistemáticas*" de direitos fundamentais.

Ele ocorre quando se verifica a existência de um quadro de *violação generalizada* e *sistêmica dos direitos fundamentais*, causado pela inércia ou incapacidade reiterada e persistente das autoridades públicas em modificar a conjuntura, de modo que apenas transformações estruturais do Poder Público e a atuação de uma pluralidade de autoridades podem modificar a situação inconstitucional.

Tem por *finalidade* a construção de "***soluções estruturais***" voltadas à superação desse lamentável quadro de violação massiva de direitos das populações vulneráveis em face das omissões do poder público.

Registre-se que o Supremo Tribunal Federal, no ano de 2015, chegou a **reconhecer expressamente a existência do Estado de Coisas Inconstitucional**, ao deferir parcialmente o pedido de medidas cautelares formulado na ADPF n.º 347/DF, proposta em face da **crise do sistema carcerário brasileiro**, ante as graves, generalizadas e sistemáticas violações de direitos fundamentais da população carcerária. Ao deferir parcialmente a liminar, o STF (a) proibiu o Poder Executivo de contingenciar os valores disponíveis no Fundo Penitenciário Nacional – FUNPEN (a decisão determinou que a União libere o saldo acumulado do Fundo Penitenciário Nacional para utilização com a finalidade para a qual foi criado, abstendo-se de realizar novos contingenciamentos) e (b) determinou aos Juízes e Tribunais que passem a realizar audiências de custódia para viabilizar o comparecimento do preso perante a autoridade judiciária, num prazo de até 24 horas do momento da prisão. Ressalte-se, contudo, que até o fechamento da presente obra não houve julgamento do mérito, conforme informações constantes do *site* do Supremo Tribunal Federal.

Mais recentemente, ao julgar a ADI n.º 5529/DF[1], voltou à tona o debate relacionado à técnica decisória do ECI. Quando da declaração de inconstitucionalidade do dispositivo legal questionado, o Ministro-Relator Dias Toffoli entendeu que a norma, além de ser inconstitucional, haveria um **estado de coisas inconstitucional no que tange à vigência das patentes no Brasil**. Posteriormente, mesmo tendo pontuado os pressupostos do ECI, o Ministro-Relator acabou voltando atrás no que tange ao reconhecimento daquele estado.

No ano de 2021, por ocasião do julgamento da Medida Cautelar na ADPF n.º 347 o então Ministro Marco Aurélio Mello reconheceu o **estado de coisas inconstitucional no acesso à saúde**. Entretanto, não houve o julgamento final até o fechamento desta obra.

Por fim, no mês de abril de 2022, ao proferir o seu voto na ADPF n.º 760 e ADO n.º 54 a Ministra-Relatora Cármen Lúcia reconheceu o **estado de coisas inconstitucional ambiental**, haja vista a extrema gravidade e a urgência da questão ambiental, bem como a insuficiência das justificativas das autoridades. Frise-se que até o fechamento desta edição não houve o julgamento final das ações em tela, conforme consta do site do STF.

1. A ADPF em questão foi proposta pela Procuradoria-Geral da República para questionar a validade constitucional do parágrafo único do art. 40 da Lei de Propriedade Industrial.

Capítulo 3

Direitos e Garantias Fundamentais em Espécie

Os direitos e garantias fundamentais a seguir estudados estão estruturados nos 78 (setenta e oito) incisos constantes do art. 5.º da Constituição Federal. O *caput* do referido dispositivo constitucional já traz a previsão de que todos seus titulares são iguais perante a lei (**igualdade formal**), sem distinção de qualquer natureza, garantindo-se a inviolabilidade do direito à vida, à liberdade, à igualdade, à segurança e à propriedade, nos termos dos seus incisos, os quais são mais amplos que os direitos garantidos inicialmente.

Considerando o objetivo principal da presente obra, passarei a analisar os direitos e garantias fundamentais de maior incidência nos concursos públicos, bem como aqueles de maiores questionamentos em nosso cotidiano.

3.1 Direito à vida

O direito à vida vem previsto no *caput* do art. 5.º da nossa Constituição Federal, sendo o principal direito fundamental, pois a partir dele advêm todos os demais direitos e garantias fundamentais.

Apenas e tão somente o *ser humano* é titular de referido direito fundamental. Em virtude disso, em que pesem alguns posicionamentos em sentido contrário, entendo que o nascituro também é titular do direito à vida, vez que essa se inicia com a fecundação (concepção) e termina com a morte.

Esse direito é composto por uma série de outros direitos, quais sejam: *de permanecer vivo, a uma vida digna* e *de agir em defesa da própria vida*. Ao lado desses direitos, existem os deveres do Estado de respeitar e preservar a vida do indivíduo, bem como o dos demais indivíduos de respeitarem e preservarem a vida de outrem.

Ainda que uma das vertentes do direito à vida seja o direito de permanecer vivo, a própria CF admite a possibilidade de a pessoa vir a ser morta (cf. inciso

XVLII do art. 5.º e art. 84, XIX - no caso de guerra declarada), haja vista a característica da relatividade dos direitos fundamentais.

Quando estudamos o presente direito algumas decisões jurisprudenciais são de leitura obrigatória. Nesse ponto, chamo atenção às relacionadas aos temas das *células-tronco embrionárias* e à *interrupção de gravidez de feto anencefálico*. Vejamos.

Ao enfrentar a Ação Direta de Inconstitucionalidade n.º 3.510 o Plenário do Supremo Tribunal Federal declarou constitucional o art. 5.º da Lei de Biossegurança (Lei n.º 11.105/05), firmando o entendimento de que pesquisas realizadas com células-tronco embrionárias não violam o direito fundamental à vida. Na visão dos Ministros do Pretório Excelso, ao adotar a teoria *natalista* a nossa Constituição Federal não considera todo e qualquer estágio da vida humana um bem jurídico tutelável constitucionalmente, mas da vida que já é própria de uma concreta pessoa, vez ser nativiva.

Nesse sentido, vejamos excerto da referida decisão:

> "O Magno Texto Federal não dispõe sobre o início da vida humana ou o preciso instante em que ela começa. Não faz de todo e qualquer estágio da vida humana um autonomizado bem jurídico, mas da vida que já é própria de uma concreta pessoa, porque nativiva (teoria "natalista", em contraposição às teorias "concepcionista" ou da "personalidade condicional"). E, quando se reporta a "direitos da pessoa humana" e até a "direitos e garantias individuais" como cláusula pétrea, está falando de direitos e garantias do indivíduo-pessoa, que se faz destinatário dos direitos fundamentais "à vida, à liberdade, à igualdade, à segurança e à propriedade", entre outros direitos e garantias igualmente distinguidos com o timbre da fundamentalidade (como direito à saúde e ao planejamento familiar). Mutismo constitucional hermeneuticamente significante de transpasse de poder normativo para a legislação ordinária. A potencialidade de algo para se tornar pessoa humana já é meritória o bastante para acobertá-la, infraconstitucionalmente, contra tentativas levianas ou frívolas de obstar sua natural continuidade fisiológica. Mas as três realidades não se confundem: o embrião é o embrião, o feto é o feto e a pessoa humana é a pessoa humana. Donde não existir pessoa humana embrionária, mas embrião de pessoa humana. O embrião referido na Lei de Biossegurança (*in vitro* apenas) não é uma vida a caminho de outra vida virginalmente nova, porquanto lhe faltam possibilidades de ganhar as primeiras terminações nervosas, sem as quais o ser humano não tem factibilidade como projeto de vida autônoma e irrepetível. O Direito infraconstitucional protege por modo variado cada etapa do desenvolvimento biológico do ser humano. Os momentos da vida humana anteriores ao nascimento devem ser objeto de proteção pelo direito comum. O embrião pré-implanto é um bem a ser protegido, mas não uma pessoa no sentido biográfico a que se refere a Constituição". (ADI 3.510, Rel. Min. Ayres Britto, julgamento em 29/5/2008, Plenário, DJE de 28/5/2010)

Outro tema de suma importância que merece destaque aqui diz respeito à *interrupção de gravidez de feto anencefálico*. Ao julgar a Ação de Descumprimento de Preceito Fundamental n.º 54, por 08 (oito) votos a 02 (dois) os Ministros entenderam que **não é crime interromper a gravidez de fetos anencéfalos**, ou seja, os médicos que fizerem a cirurgia e as gestantes que decidirem interromper a gravidez não cometerão crime de aborto. O principal fundamento é que *não há a possibilidade de vida do feto fora do útero*. Registre-se que a despeito do Ministro Gilmar Mendes ter votado pela descriminalização da prática, ele entendeu que a conduta configura aborto sim. Para o Ministro o aborto de feto anencéfalo pode ser enquadrado no art. 128, II, do Código Penal, o qual afirma que não se pune o aborto praticado por médico se não há outro meio de salvar a vida da gestante.

Veja-se a ementa do julgado mencionado no parágrafo anterior:

> ADPF. Adequação. Interrupção da gravidez. Feto anencéfalo. Política judiciária. Macroprocesso. Tanto quanto possível, há de ser dada sequência a processo objetivo, chegando-se, de imediato, a pronunciamento do Supremo Tribunal Federal. Em jogo valores consagrados na Lei Fundamental – como o são os da dignidade da pessoa humana, da saúde, da liberdade e da autonomia da manifestação da vontade e da legalidade -, considerados a interrupção da gravidez de feto anencéfalo e os enfoques diversificados sobre a configuração do crime de abordo, adequada surge a arguição de descumprimento de preceito fundamental.

3.2 Direito à igualdade

De uma forma ampla podemos dizer que o direito à igualdade compreende o *direito a que todos os indivíduos possuem ter o mesmo tratamento, na medida em que se igualem, bem como um tratamento desigual na medida em que se desigualem.*

No âmbito dos direitos e garantias fundamentais ele vem estampado no *caput* do art. 5.º da Constituição Federal, bem como nos incisos I, XLI e XLII do mesmo dispositivo constitucional.

Entretanto, não são apenas nesses dispositivos constitucionais que há a previsão do direito à igualdade. Nesse sentido, podemos verificar a previsão do referido direito em outros dispositivos constitucionais esparsos, destacando-se os arts. 3.º, IV; 7.º, XXX, XXXI, XXXII, XXXIV; 12, § 2.º; 19, III; 37, X e XIII; 150, II; dentre outros.

Frise-se, contudo, que para se alcançar efetivamente a igualdade não basta limitar-se à lei (em sentido amplo), não se contentando com a denominada ***igualdade formal***, ou seja, com a igualdade perante a ordem jurídica vigente. É imprescindível que se alcance, também, a denominada ***igualdade material***, isto é, a possibilidade de se oportunizar o acesso aos bens da vida, haja vista que todas as pessoas nascem iguais em dignidade e direitos.

Importante registrar que a doutrina nos afirma que a igualdade formal compreende tanto a *igualdade na lei* (não deve existir distinções nas leis que não sejam autorizadas pelas normas constitucionais) quanto a *igualdade perante a lei* (ainda que se crie uma desigualdade, a lei deve ser aplicada igualmente). Enquanto a primeira vertente tem por destinatário o legislador, a segunda é destinada aos aplicadores da lei.

A despeito da existência desse direito, é perfeitamente possível que existam **discriminações positivas**. Nesse sentido, vejamos o que preceitua a doutrina:

> "O constituinte tratou de proteger certos grupos que, a seu entender, mereceriam tratamento diverso. Enfocando-os a partir de uma realidade histórica de marginalização social ou de hipossuficiência decorrente de outros fatores, cuidou de estabelecer medidas de compensação, buscando concretizar, ao menos em parte, uma igualdade de oportunidades com os demais indivíduos, que não sofreram as mesmas espécies de restrições" [1].
>
> "O fato de a lei, só por si, conter algum fator discriminatório, qualquer que seja ele, não é suficiente para se considerar ofendida a cláusula da igualdade. As leis podem discriminar (...). Contudo, as discriminações legais, segundo leciona Celso Antônio de Mello, só se coadunam com o dogma da igualdade se existir uma pertinência lógica entre a distinção inserida na lei e o tratamento distintivo dela consequente (...). É necessário, todavia, que essa correlação não seja incompatível com os interesses prestigiados na Constituição"[2].

Vejamos, ainda, duas decisões do Supremo Tribunal Federal a respeito do presente tema:

> "É constitucional a regra que veda, no âmbito do Sistema Único de Saúde (SUS), a internação em acomodações superiores, bem como o atendimento diferenciado por médico do próprio SUS, ou por médico conveniado, mediante o pagamento da diferença dos valores correspondentes. O procedimento da "diferença de classes", tal qual o atendimento médico diferenciado, quando praticados no âmbito da rede pública, não apenas subverte a lógica que rege o sistema de seguridade social brasileiro, como também afronta o acesso equânime e universal às ações e serviços para promoção, proteção e recuperação da saúde, violando, ainda, os princípios da igualdade e da dignidade da pessoa humana. Inteligência dos arts. 1º, inciso III; 5º, inciso I; e 196 da Constituição Federal. Não fere o direito à saúde, tampouco a autonomia profissional do médico, o normativo que veda, no âmbito do SUS, a assistência diferenciada mediante pagamento ou que impõe necessidade de triagem dos pacientes em postos de saúde previamente à internação". (RE 581.488, rel. min. Dias Toffoli, j. 3-12-2015, P, DJE de 8-4-2016, com repercussão geral. Vide RE 226.835, rel. min. Ilmar Galvão, j. 14-12-1999, 1ª T, DJ de 10-3-2000).

---

1. ARAÚJO, Luiz Alberto David de; e, NUNES JÚNIOR, Vidal Serrano. *Curso de Direito Constitucional*, 6.ª ed. São Paulo: Saraiva, 2002. P. 93.
2. CUNHA JÚNIOR, Dirley da. *Curso de Direito Constitucional.* 12ª. ed. rev. ampl. e atual. Salvador: Juspodivm, 2018. P. 602.

> "No tocante à violência doméstica, há de considerar-se a necessidade da intervenção estatal. (...) No caso presente, não bastasse a situação de notória desigualdade considerada a mulher, aspecto suficiente a legitimar o necessário tratamento normativo desigual, tem-se como base para assim se proceder a dignidade da pessoa humana – art. 1º, III –, o direito fundamental de igualdade – art. 5º, I – e a previsão pedagógica segundo a qual a lei punirá qualquer discriminação atentatória dos direitos e liberdades fundamentais – art. 5º, XLI. A legislação ordinária protetiva está em fina sintonia com a Convenção sobre a Eliminação de Todas as Formas de Violência contra a Mulher, no que revela a exigência de os Estados adotarem medidas especiais destinadas a acelerar o processo de construção de um ambiente onde haja real igualdade entre os gêneros. Há também de se ressaltar a harmonia dos preceitos com a Convenção Interamericana para Prevenir, Punir e Erradicar a Violência contra a Mulher – a Convenção de Belém do Pará –, no que mostra ser a violência contra a mulher uma ofensa aos direitos humanos e a consequência de relações de poder historicamente desiguais entre os sexos. (...) Procede às inteiras o pedido formulado pelo PGR, buscando-se o empréstimo de concretude maior à CF. Deve-se dar interpretação conforme à Carta da República aos arts. 12, I; 16; e 41 da Lei 11.340/2006 – Lei Maria da Penha – no sentido de não se aplicar a Lei 9.099/1995 aos crimes glosados pela lei ora discutida, assentando-se que, em se tratando de lesões corporais, mesmo que consideradas de natureza leve, praticadas contra a mulher em âmbito doméstico, atua-se mediante ação penal pública incondicionada. (...) Representa a Lei Maria da Penha elevada expressão da busca das mulheres brasileiras por igual consideração e respeito. Protege a dignidade da mulher, nos múltiplos aspectos, não somente como um atributo inato, mas como fruto da construção realmente livre da própria personalidade. Contribui com passos largos no contínuo caminhar destinado a assegurar condições mínimas para o amplo desenvolvimento da identidade do gênero feminino". (ADI 4.424, voto do rel. min. Marco Aurélio, j. 9-2-2012, P, DJE de 1º-8-2014).

Ainda, no que tange ao direito da igualdade, vejamos recente decisão do Superior Tribunal de Justiça a respeito da aplicabilidade da Lei Maria da Penha às mulheres trans em situação de violência doméstica:

> 1. A aplicação da Lei Maria da Penha não reclama considerações sobre a motivação da conduta do agressor, mas tão somente que a vítima seja mulher e que a violência seja cometida em ambiente doméstico, familiar ou em relação de intimidade ou afeto entre agressor e agredida.
>
> 2. É descabida a preponderância, tal qual se deu no acórdão impugnado, de um fator meramente biológico sobre o que realmente importa para a incidência da Lei Maria da Penha, cujo arcabouço protetivo se volta a julgar autores de crimes perpetrados em situação de violência doméstica, familiar ou afetiva contra mulheres. Efetivamente, conquanto o acórdão recorrido reconheça diversos direitos relativos à própria existência de pessoas trans, limita à condição de mulher biológica o direito à proteção conferida pela Lei Maria da Penha.

3. A vulnerabilidade de uma categoria de seres humanos não pode ser resumida tão somente à objetividade de uma ciência exata. As existências e as relações humanas são complexas e o Direito não se deve alicerçar em argumentos simplistas e reducionistas. 4. Para alicerçar a discussão referente à aplicação do art. 5º da Lei Maria da Penha à espécie, necessária é a diferenciação entre os conceitos de gênero e sexo, assim como breves noções de termos transexuais, transgêneros, cisgêneros e travestis, com a compreensão voltada para a inclusão dessas categorias no abrigo da Lei em comento, tendo em vista a relação dessas minorias com a lógica da violência doméstica contra a mulher.

5. A balizada doutrina sobre o tema leva à conclusão de que as relações de gênero podem ser estudadas com base nas identidades feminina e masculina. Gênero é questão cultural, social, e significa interações entre homens e mulheres. Uma análise de gênero pode se limitar a descrever essas dinâmicas. O feminismo vai além, ao mostrar que essas relações são de poder e que produzem injustiça no contexto do patriarcado. Por outro lado, sexo refere-se às características biológicas dos aparelhos reprodutores feminino e masculino, bem como ao seu funcionamento, de modo que o conceito de sexo, como visto, não define a identidade de gênero. Em uma perspectiva não meramente biológica, portanto, mulher trans mulher é.

6. Na espécie, não apenas a agressão se deu em ambiente doméstico, mas também familiar e afetivo, entre pai e filha, eliminando qualquer dúvida quanto à incidência do subsistema da Lei n. 11.340/2006, inclusive no que diz respeito ao órgão jurisdicional competente - especializado - para processar e julgar a ação penal.

7. As condutas descritas nos autos são tipicamen te influenciadas pela relação patriarcal e misógina que o pai estabeleceu com a filha. O modus operandi das agressões - segurar pelos pulsos, causando lesões visíveis, arremessar diversas vezes contra a parede, tentar agredir com pedaço de pau e perseguir a vítima - são elementos próprios da estrutura de violência contra pessoas do sexo feminino. Isso significa que o modo de agir do agressor revela o caráter especialíssimo do delito e a necessidade de imposição de medidas protetivas.

8. Recurso especial provido, a fim de reconhecer a violação do art. 5º da Lei n. 11.340/2006 e cassar o acórdão de origem para determinar a imposição das medidas protetivas requeridas pela vítima L. E. S. F. contra o ora recorrido.

(REsp n. 1.977.124/SP, relator Ministro Rogerio Schietti Cruz, Sexta Turma, julgado em 5/4/2022, DJe de 22/4/2022.

De outro vértice, o STF entende ser inconstitucional lei que estabeleça requisitos diferentes entre homens e mulheres para que recebam pensão por morte. Vejamos:

É inconstitucional, por transgressão ao princípio da isonomia entre homens e mulheres [Constituição Federal (CF), art. 5º, I], a exigência de requisitos legais diferenciados para efeito de outorga de pensão por morte de ex-servidores públicos em relação a seus respectivos cônjuges ou companheiros/companheiras (CF, art. 201, V).

Portanto, contraria o referido postulado constitucional exigir, para concessão da pensão por morte ao cônjuge varão supérstite, a comprovação de invalidez e de dependência econômica não exigidos à mulher ou companheira. Isso porque estudos recentes do Instituto de Pesquisa Econômica Aplicada (IPEA) revelam a importância das mulheres como "chefes de família", o que torna completamente ultrapassada a presunção de dependência econômica da mulher em relação a seu cônjuge ou companheiro a justificar a mencionada discriminação. No caso, a atual lei que disciplina o regime de previdência social dos servidores públicos do estado do Rio Grande do Sul (Lei Complementar estadual 15.142/2018) revogou expressamente a Lei estadual 7.672/1982, que exigia essa comprovação de invalidez e de dependência econômica do cônjuge varão para o recebimento de pensão por morte. Assim, eliminou qualquer fator de discriminação entre homens e mulheres e consagrou, de maneira explícita, a presunção de dependência econômica do cônjuge ou companheiro/companheira, sem nenhuma ressalva concernente ao gênero do beneficiário.

Ademais, não há ofensa ao princípio da fonte de custeio, eis que o argumento relativo à necessária indicação de contrapartida — como condição para fazer cumprir o princípio constitucional da igualdade — não se justifica, por tratar-se de benefício já instituído, sem que a ele corresponda aumento do valor pago. As contribuições previdenciárias continuam a ser adimplidas pelos respectivos segurados, independentemente do gênero a que pertencem, alimentadas por alíquotas estáveis e com idêntico índice percentual, sem que se registre aumento no valor ou no **quantum** do respectivo benefício de ordem previdenciária. O art. 201, V, da CF é preceito autoaplicável, revestido de aplicabilidade direta, imediata e integral, qualificando-se como estrutura jurídica dotada de suficiente densidade normativa, a tornar prescindível qualquer mediação legislativa concretizadora.

Com base nesse entendimento, o Plenário, ao apreciar o Tema 457 da repercussão geral, negou provimento a recurso extraordinário. (RE 659424/RS, rel. Min. Celso de Mello, julgamento virtual em 9.10.2020 RE-659424)

3.3 Direito à legalidade

Registre-se, inicialmente, que a expressão "lei" aqui quer se referir a qualquer ato normativo produzido, conforme os ditames constitucionalmente estabelecidos.

No tocante ao referido direito (ou princípio), sua aplicabilidade terá *incidência distinta no âmbito privado* e *no âmbito da administração pública*. No âmbito privado o princípio da legalidade deve ser compreendido como a possibilidade em se fazer tudo aquilo que a lei não proibir. De outro vértice, no âmbito da administração pública o administrador somente poderá fazer aquilo que for autorizado por lei, não podendo adotar solução diversa da prevista, ainda que entenda mais benéfico.

A despeito do direito à legalidade estar previsto inicialmente no inciso II do art. 5.º da Constituição Federal, de uma forma ampla, existem diversos outros dispositivos constitucionais que trazem previsão específica, dependendo do ramo incidência. Nesse diapasão podemos destacar os seguintes artigos constantes da CF: 5.º, XXXIX (Direito Penal); 37, *caput* (Direito Administrativo); e, 150, I, (Direito Tributário).

Dada sua importância aos certames públicos, vejamos como nossa jurisprudência pátria vem se posicionando.

> "O Supremo Tribunal Federal, em várias oportunidades e, em casos idênticos ao presente, concluiu pela validade do exame psicotécnico para o ingresso nas carreiras militares daquele Estado, fundado na Lei estadual 10.123/1968 (Lei Orgânica da Polícia), a qual, no seu art. 36, VI, estabelece como requisito para matrícula nos cursos de formação ou nomeação para as carreiras policiais 'possuir temperamento adequado ao exercício da função policial, apurado em exame psicotécnico'". (**Rcl 26.239 AgR**, voto do rel. min. **Roberto Barroso**, 1ª T, j. 20-2-2018, *DJE* 39 de 1º-3-2018).

> "1. A sentença que indica haver leis amparando a exigência do exame psicotécnico em concurso público está de acordo com a Súmula Vinculante 44 (Só por lei se pode sujeitar a exame psicotécnico a habilitação de candidato a cargo público). 2. A alegação de que as leis citadas não preveem o teste psicológico extrapola o restrito âmbito da reclamação. 3. Reclamação não é recurso. Não está entre suas importantes finalidades funcionar como um atalho para trazer ao Supremo Tribunal Federal toda e qualquer discussão em curso nas instâncias ordinárias". (**Rcl 26.711 AgR**, rel. min. **Alexandre de Moraes**, 1ª T, j. 2-6-2017, *DJE* 133 de 20-6-2017).

> "No caso em exame, a inobservância da Súmula foi justificada. (...) o Tribunal consignou que a exigência de avaliação psicológica, de caráter eliminatório, tem previsão no edital do concurso público. Ora, o embasamento em edital não atende a necessidade indicada pelo precedente desta Corte. Assim, relevantes os fundamentos trazidos pelo reclamante, cumprindo examinar se também está presente o requisito da urgência. Neste ponto, há que se observar que o reclamante almeja reverter decisão que se negou a anular ato administrativo que o considerou inapto em uma das fases do concurso público para admissão no cargo de soldado PM de 2ª classe, razão pela qual há evidente prejuízo e razoável risco de que, caso somente ao término desta ação seja-lhe deferido o pedido, quede-se ineficaz o provimento judicial. Ante o exposto, com fulcro no art. 989, II, do Código de Processo Civil, determino a suspensão do ato reclamado (...) até o julgamento final da presente reclamação". (Rcl 26.821 MC, rel. min. Edson Fachin, dec. monocrática, j. 4-5-2017, *DJE* 96 de 9-5-2017).

3.4 Proibição da tortura

A proibição à tortura e ao tratamento desumano e degradante vem insculpida no inciso III do art. 5.º da Carta Magna, sendo considerado um direito fundamental do indivíduo. Ela é consagração do princípio da dignidade da pessoa humana, que é considerado fundamento do Estado Democrático do Direito, *ex vi* do art. 1.º, III, da CF.

Referido dispositivo constitucional impõe tanto ao Estado quanto aos demais indivíduos que se abstenham da prática de atos que se caracterizem como tortura.

O inciso XLIII também dispõe a respeito da tortura, *equiparando-a a crime hediondo*, bem como asseverando tratar-se de crime *inafiançável* e *insuscetível de graça* e *anistia*.

Importante consignar que a vedação à tortura é *uma exceção à regra da relatividade dos direitos fundamentais*, pois em hipótese alguma será admissível sua utilização. Inclusive, a **jurisprudência do Supremo Tribunal Federal** já se posicionou que a proibição da tortura é considerada um **direito fundamental absoluto**.

A Convenção contra Tortura e Outros Tratamentos ou Penas Cruéis ou Degradantes foi o primeiro tratado internacional a tratar de pessoas não vulneráveis. Entrou em vigor internacionalmente através da Resolução 39/46 da Assembleia Geral das Nações Unidas, em 1987. No Brasil a Convenção contra Tortura e Outros Tratamentos ou Penas Cruéis ou Degradantes foi aprovada pelo Congresso Nacional em 1989, por meio do Decreto Legislativo nº 41, seguido do deposito da Carta de Ratificação em 28 de fevereiro de 1989. Porém, a Convenção, apenas passou a ter vigência interna com o advento do Decreto nº 40/91.

No âmbito infraconstitucional é de suma importância o estudo das Leis n.º 9.455/97 (Crime de Tortura) e n.º 9.072/90 (Crimes Hediondos).

Ainda nesse tópico é importante tecer algumas rápidas considerações sobre a denominada **teoria do cenário da bomba relógio**. De acordo com essa teoria, se uma bomba relógio for instalada em determinado local, inexistindo meios de se localizá-la ou desarmá-la, a tortura do terrorista responsável é justificável. Essa teoria, portanto, *tem o condão de relativizar a proibição da tortura*. A despeito de sua aplicabilidade em alguns ordenamentos jurídicos, em hipótese alguma ela poderá ser adotada no direito brasileiro. A uma, porque a Constituição Federal veda a tortura. A duas, porque o Supremo Tribunal Federal tem posicionamento pacífico que a vedação à tortura é um direito fundamental absoluto, não admitindo qualquer tipo de relativização.

Ademais, é de extrema importância que o leitor domine o enunciado da Súmula Vinculante n.º 11[3], dispositivo esse que deve ser observado no cotidiano das forças policiais e demais órgãos que atuam na persecução penal.

---

3. Preceitua o enunciado da Súmula Vinculante n.º 11: *Só é lícito o uso de algemas em casos de resistência e de fundado receio de fuga ou de perigo à integridade física própria ou alheia, por parte do preso ou de terceiros, justificada a excepcionalidade por escrito, sob pena de responsabilidade disciplinar, civil e penal do agente ou da autoridade e de nulidade da prisão ou do ato processual a que se refere, sem prejuízo da responsabilidade civil do Estado.*

Por fim, no que tange à utilização de algemas, importante trazer ao conhecimento dos leitores a seguinte decisão proferida pelo Supremo Tribunal Federal:

> "O uso de algemas durante audiência de instrução e julgamento pode ser determinado pelo magistrado quando presentes, de maneira concreta, riscos a segurança do acusado ou das pessoas ao ato presentes". (Rcl 9.468 AgR, rel. min. Ricardo Lewandowski, j. 24-3-2011, P, DJE de 11-42011. Rcl 10.479 AgR, rel. min. Dias Toffoli, j. 23-5-2013, P, DJE de 1º-8-2013).

3.5 Liberdade de manifestação de opinião ou pensamento

O presente direito pode ser classificado como sendo espécie do gênero *direito à liberdade*. Doutrinadores do porte de Dirley da Cunha Júnior entendem que esse gênero abrange, além do direito em estudo, as seguintes espécies: *liberdade de ação, liberdade de locomoção, liberdade de expressão de atividade intelectual, artística, científica e de comunicação, liberdade de informação, liberdade de consciência e crença, liberdade de reunião, liberdade de associação* e *liberdade de opção profissional*.

O direito em tela vem estampado no inciso IV do art. 5.º da Constituição Federal, devendo ser entendido como a *proteção à possibilidade de se exprimir e divulgar, livremente, suas convicções individuais, bem como seus pensamentos, sem que haja um controle Estatal prévio*.

O ponto que merece destaque aqui para nós é a parte final do referido inciso que *veda o anonimato*. A razão dessa vedação deve-se ao fato de que a liberdade de manifestação de pensamento, assim como os demais direitos fundamentais, é passível de restrições em virtude de afronta a direitos fundamentais de terceiros, o que poderá gerar responsabilização da pessoa que excedeu no exercício de seu direito e causou algum prejuízo a outrem.

Não obstante essa vedação é de se consignar que é perfeitamente possível dar ensejo à investigação criminal a partir de uma denúncia anônima. A jurisprudência do STJ e do STF afirma que não há ilegalidade em iniciar investigações preliminares com base em "denúncia anônima" a fim de se verificar a plausibilidade das alegações contidas no documento apócrifo (cf. Informativos n.º 855 e 890 do STF).

No ano de 2018 o STJ editou a Súmula 611 com o seguinte enunciado: *"Desde que devidamente motivada e com amparo em investigação ou sindicância, é possível a instauração de processo administrativo disciplinar com base em denúncia anônima, em face do poder-dever de autotutela imposto à Administração"*.

É de se destacar, também, que no âmbito da Polícia Federal é possível instaurar procedimento prévio com base em denúncia anônima, desde que não seja caso de arquivamento de plano, nem haja elementos suficientes para se instaurar inquérito policial diretamente (Instrução Normativa n.º 108/16 – DG/PF).

Impende registrar, ainda, que no mês de maio de 2018 o Supremo Tribunal Federal, ao julgar a ADI 2566, julgou inconstitucional a **proibição do proselitismo** de qualquer natureza na programação das emissoras de radiodifusão comunitária. Na visão do Plenário da Colenda Corte, o art. 4.º, § 1.º, da Lei n.º 9.612/98 (Serviço de Radiodifusão) *constitui censura prévia e ofende ao princípio constitucional da liberdade de expressão*. Destaque-se que a **jurisprudência do STF** tem enfatizado a *primazia do princípio da liberdade de expressão*, sendo inadmissível que o estado exerça controle prévio sobre o que é veiculado pelos meios de comunicação. Vejamos excerto da presente decisão:

> "O Plenário, por maioria, julgou procedente pedido formulado em ação direta para declarar a inconstitucionalidade do § 1º do art. 4º da Lei 9.612/1998. O dispositivo proíbe, no âmbito da programação das emissoras de radiodifusão comunitária, a prática de proselitismo, ou seja, a transmissão de conteúdo tendente a converter pessoas a uma doutrina, sistema, religião, seita ou ideologia.
>
> (...) a **jurisprudência do Supremo Tribunal Federal** tem realçado a primazia que goza o direito à liberdade de expressão na Constituição (...) as restrições à ampla liberdade de expressão devem ser interpretadas à luz do que estritamente previsto em lei. (...)
>
> Afirmou que a restrição ao proselitismo, tal como disposto na regra atacada, não se amolda a qualquer das cláusulas que legitimam a restrição às liberdades de expressão e de religião.
>
> Citou, no ponto, o acórdão proferido no julgamento do RHC 134.682/BA. Naquela oportunidade, no tocante à liberdade de expressão religiosa, o Tribunal reconheceu que, nas hipóteses de religiões que se alçam a universais, o discurso proselitista é da essência de seu integral exercício. Desse modo, a finalidade de alcançar o outro, mediante persuasão, configura comportamento intrínseco dessas religiões. Concluiu que isso seria simplesmente inviável se fosse impedido o discurso que se denomina proselitista.
>
> (...) a liberdade de pensamento inclui o discurso persuasivo, o uso de argumentos críticos, o consenso e o debate público informado e pressupõe a livre troca de ideias e não apenas a divulgação de informações. (...)
>
> Ainda que se verifique uma teleologia compatível com a Constituição, é preciso levar em conta a veiculação em rádio de discurso proselitista sem incitação ao ódio, ou violação à própria Constituição, e, evidentemente, sem discriminações, que venham a ser minimamente invasivas em relação à intimidade, direito a ser potencialmente resguardado. (ADI 2.566/DF, Plenário, rel. orig. Min. Alexandre de Moraes, red. p/ o ac. Min. Edson Fachin, julgamento em 16.5.2018).

No tocante ao direito em análise importante destacar a ADPF n.º 187, na qual o STF considerou legítima a "marcha da maconha", encontrando respaldo nos direitos fundamentais da livre manifestação do pensamento e de reunião (inciso XVI), assegurando-se o direito das minorias (cf. Informativo n.º 631 do STF). Vejamos:

> "O Tribunal, por unanimidade, rejeitou as preliminares de não-conhecimento da arguição e a de ampliação do objeto da demanda. No mérito, também por

unanimidade, o Tribunal julgou procedente a arguição de descumprimento de preceito fundamental, para dar, ao artigo 287 do Código Penal, com efeito vinculante, interpretação conforme à Constituição, "de forma a excluir qualquer exegese que possa ensejar a criminalização da defesa da legalização das drogas, ou de qualquer substância entorpecente específica, inclusive através de manifestações e eventos públicos", tudo nos termos do voto do Relator".

A partir de notícias veiculadas pela imprensa no ano de 2020, de que o Ministério da Justiça e Segurança Pública estaria investigando e elaborando dossiês sigilosos contra um grupo de servidores públicos identificados como integrantes do "movimento antifascismo", houve a propositura da ADPF 722 MC/DF a fim de que referida investigação fosse declarada como violadora de diversos preceitos fundamentais (p.ex., liberdade de expressão, reunião, vida privada, dentre outros). Dada a importância, vejamos as principais partes do julgado:

> O Plenário, por maioria, deferiu medida cautelar em arguição de descumprimento de preceito fundamental (ADPF) para suspender todo e qualquer ato do Ministério da Justiça e Segurança Pública (MJSP) de produção ou compartilhamento de informações sobre a vida pessoal, as escolhas pessoais e políticas, as práticas cívicas de cidadãos, servidores públicos federais, estaduais e municipais identificados como integrantes de movimento político antifascista, professores universitários e quaisquer outros que, atuando nos limites da legalidade, exerçam seus direitos de livremente expressar-se, reunir-se e associar-se.
>
> No caso, a ADPF foi ajuizada contra ato do MJSP de promover investigação sigilosa sobre grupo de 579 servidores federais e estaduais de segurança identificados como integrantes do "movimento antifascismo" e professores universitários.
>
> (...)
>
> Quanto ao mérito, o colegiado destacou que o princípio da inafastabilidade da jurisdição consubstancia elemento intrínseco ao Estado democrático de direito [Constituição Federal (CF), art. 5º XXXV].
>
> Afirmou que é inadmissível, no ordenamento jurídico vigente, que ato administrativo, norma legal ou mesmo emenda constitucional dificulte, impeça ou bloqueie o acesso à jurisdição sob qualquer pretexto. O Estado não está acima da lei e nem pode agir fora dela, menos ainda da Constituição.
>
> Ademais, não há Estado de direito sem acesso à Justiça, porque os atos estatais deixam de ser controlados e o poder estatal torna-se absoluto e voluntarioso.
>
> Consignou que o serviço de inteligência do Estado é tema mais que sensível e não pode ser desempenhado fora de estritos limites constitucionais e legais, sob pena de comprometer a sociedade e a democracia em sua instância mais central, que é a de garantia dos direitos fundamentais.
>
> Por isso, os órgãos de inteligência de qualquer nível hierárquico de qualquer dos Poderes do Estado submetem-se também ao crivo do Poder Judiciário, porque podem incorrer em desbordamentos legais. Até mesmo atos do Judiciário são examinados e decididos, em sua validade constitucional e legal, à luz do Direito.

Assim, é incompatível com o disposto no art. 5º, XXXV, da CF, subtrair do Poder Judiciário dados e informações objetivas que comprometam a função-dever de julgar os casos submetidos a seu exame.

Assinalou que se distancia de dúvida razoável, a prática de investigar-se, sob o manto do segredo institucional e a ressalva de pretensa "salvaguarda das informações e documentos de inteligência", sem definição objetiva e formal das bases e limites legais.

A abertura de sindicância no MJSP, para a apuração de eventuais responsabilidades administrativas em relação aos fatos narrados nesta ADPF, e o comparecimento do ministro perante a Comissão Mista de Controle de Atividades de Inteligência do Congresso Nacional, para prestar esclarecimentos, não substituem a jurisdição constitucional a cargo do Supremo Tribunal Federal nem minimizam o dever de atendimento à determinação judicial, inicialmente não cumprida com o rigor legalmente determinado.

São asseguradas, pela CF, as manifestações livres de expressão, de reunião e de associação, a inviolabilidade da intimidade, da vida privada e da honra, conferindo-se a todos a garantia da liberdade para veicular ideias e opiniões e para se reunirem e também para se associarem (CF, art. 5º, IV, X, XVI e XVII).

A liberdade de expressão, assim como todos os direitos fundamentais, não tem caráter absoluto e nem constitui escudo para imunizar o autor de prática delituosa.

No caso dos autos, o relatório de inteligência teria sido preparado sobre pessoas e teriam sido colhidos dados pessoais, compartilhados sigilosamente com outros órgãos da Administração.

Observou que os fatos não foram negados pelo MJSP, que se limitou a defender a necessidade de se resguardar o sigilo da atividade de inteligência e a afirmar que esse proceder não seria inédito.

A manifestação do órgão ministerial conduz à conclusão, ao menos nesta fase processual, de haver plausibilidade dos dados relatados e dos argumentos apresentados e elaborados a partir de fatos divulgados pela imprensa. Desse modo, por cautela, deve-se determinar, judicialmente, a cessação ou o impedimento de qualquer comportamento de investigação secreta da vida de quem quer que seja, fora dos suportes constitucionais e legais garantidores do devido processo legal e do direito ao contraditório, pelos órgãos competentes.

O Tribunal assinalou, ademais, que não se demonstrou a legitimidade da atuação de órgão estatal de investigar e de compartilhar informações de participantes de movimento político antifascista a pretexto de se cuidar de atividade de inteligência, sem observância do devido processo legal e quanto a cidadãos que exercem o seu livre direito de se manifestar, sem incorrer em afronta ao sistema constitucional ou legal.

Não é aceitável a assertiva de que os dados colhidos em atividade de inteligência não seriam utilizados para persecução penal, mas para o "tratamento de conhecimento sobre elementos que, imediata ou potencialmente, possam impactar o

> processo decisório e ação governamental, bem como a defesa e a segurança da sociedade e do Estado".
>
> Essa confissão não se compadece com o direito constitucional. O uso — ou o abuso — da máquina estatal para a colheita de informações de servidores com postura política contrária ao governo caracteriza desvio de finalidade. (STF, Plenário. ADPF 722 MC/DF, j. 19 e 20/8/2020).

A investigação em questão é inconstitucional.

Por fim, *retirar de circulação produto audiovisual disponibilizado em plataforma de "streaming" apenas porque seu conteúdo desagrada parcela da população, ainda que majoritária, não encontra fundamento em uma sociedade democrática e pluralista como a brasileira. Por se tratar de conteúdo veiculado em plataforma de transmissão particular, na qual o acesso é voluntário e controlado pelo próprio usuário, é possível optar-se por não assistir ao conteúdo disponibilizado, bem como é viável decidir-se pelo cancelamento da assinatura contratada* (Rcl 38.782/RJ, rel. Min. Gilmar Mendes, j. 03/11/2020). Tal caso refere-se à decisão de retirar da Netflix o especial de Natal do Porta dos Fundos porque seu conteúdo satiriza crenças e valores do cristianismo (informativo n.º 998).

3.6 Direito à privacidade

O direito fundamental em tela vem previsto no inciso X do art. 5.º da CF, dispositivo esse que contempla também a vida privada, a honra e a imagem das pessoas.

A privacidade relaciona-se com a plena autonomia do indivíduo em reger sua vida do modo que melhor entender, preservando-a no aspecto familiar.

De acordo com a doutrina pátria[4], existem 04 (quatro) meios de se afrontar a privacidade do indivíduo:

a) Intromissão na reclusão ou na solidão do indivíduo;

b) Exposição pública de fatos privados;

c) Exposição do indivíduo a uma falsa percepção do público, que ocorre quando a pessoa é retratada de modo inexato ou censurável;

d) Apropriação do nome e da imagem da pessoa, sobretudo para fins comerciais.

Questão interessante a ser abordada nesse ponto diz respeito ao denominado **direito ao esquecimento** (**direito de ser deixado em paz** ou **direito de estar só**), que deve ser entendido com o direito de se impedir que determinado fato (ainda

4. MENDES, Gilmar Ferreira; BRANCO, Paulo Gustavo Gonet; COELHO, Inocêncio Mártires. *Curso de Direito Constitucional*. 5.ª ed. São Paulo: Saraiva, 2010, p. 471.

que verídico), seja relembrado e constantemente exposto ao público, mesmo após o transcurso de diversos anos, causando sofrimento na pessoa.

Conquanto não esteja expressamente previsto em nosso ordenamento jurídico brasileiro, durante muito tempo doutrina sustentou que ele seria um direito decorrente do direito à privacidade, intimidade e honra (art. 5.º, X, da CF), encontrando amparo legal no art. 21 do Código Civil. Ademais, seu fundamento teórico decorreria do princípio da dignidade da pessoa humana, que é um dos fundamentos da República Federativa do Brasil (art. 1.º, III, da CF).

Acompanhando a doutrina o Superior Tribunal de Justiça proferiu, no ano de 2013, duas importantes decisões (REsp 1.335.153-RJ e REsp 1.334.097-RJ, ambos julgados em 28/5/2013, tendo como Relator o Min. Luís Felipe Salomão) reconhecendo o direito ao esquecimento. Nesse sentido, vejamos excerto do julgado constante do REsp 1.335.153-RJ:

> (...)
>
> 3. Assim como os condenados que cumpriram pena e os absolvidos que se envolveram em processo-crime (REsp 1.334/097/RJ), as vítimas de crimes e seus familiares têm direito ao esquecimento – se assim desejarem -, direito esse consistente em não se submeterem a desnecessárias lembranças de fatos passados que lhes causaram, por si, inesquecíveis feridas. Caso contrário, chegar-se-ia à antipática e desumana solução de reconhecer esse direito ao ofensor (que está relacionado com sua ressocialização) e retirá-lo dos ofendidos, permitindo que os canais de informação se enriqueçam mediante a indefinida exploração das desgraças privadas pelas quais passaram".

Ainda, durante a 6.ª jornada de Direito Civil do CFJ/STJ foi publicado o enunciado 531: *A tutela da dignidade da pessoa humana na sociedade das informações inclui o direito ao esquecimento.*

Ocorre que, no começo do ano de 2021, em sede de repercussão geral, o Plenário do STF decidiu, no bojo dos autos do RE 1010606/RJ (cf. Tese 786), que *é incompatível com a Constituição a ideia de um direito ao esquecimento, assim entendido como o poder de obstar, em razão da passagem do tempo, a divulgação de fatos ou dados verídicos e licitamente obtidos e publicados em meios de comunicação social analógicos ou digitais. Eventuais excessos ou abusos no exercício da liberdade de expressão e de informação devem ser analisados caso a caso, a partir dos parâmetros constitucionais – especialmente os relativos à proteção da honra, da imagem, da privacidade e da personalidade em geral – e as expressas e específicas previsões legais nos âmbitos penal e cível. O "direito ao esquecimento" caracteriza restrição excessiva e peremptória às liberdades de expressão e de manifestação de pensamento e ao direito que todo cidadão tem de se manter informado a respeito de fatos relevantes da história social, bem como equivale a atribuir, de forma absoluta e em abstrato, maior peso aos direitos à imagem e à vida privada, em detrimento da liberdade de expressão, compreensão que não se compatibiliza com a ideia de unidade da Constituição.*

Não obstante esse posicionamento firmado pelo STF, no início do ano de 2022, a 3.ª Turma do Superior Tribunal de Justiça, ao julgar o REsp 1.961.581, entendeu que o direito ao esquecimento não justifica obrigação de excluir notícia de site. Na ocasião, a Min. Nancy Andrighi concluiu que o direito ao esquecimento, porque incompatível com o ordenamento jurídico brasileiro, não é capaz de justificar a atribuição da obrigação de excluir a publicação jornalística relativa a fatos verídicos, devendo ser afastada a exigência de exclusão da notícia imposta à Editora Globo.

3.7 Inviolabilidade do domicílio

O direito à inviolabilidade do domicílio (inciso XI do art. 5.º da CF) é considerado espécie do gênero *direito à privacidade*, que também possui os seguintes direitos como sendo suas espécies: *direito à intimidade, direito à vida privada, direito à honra, direito à imagem,* e *direito ao sigilo de correspondências e das comunicações telegráficas, de dados e das comunicações telefônicas.*

O dispositivo em questão tem por escopo proteger a casa de invasão por parte de terceiros, sendo que, como regra, somente será possível o ingresso em uma residência se houver consentimento expresso do morador.

Importante consignar que a expressão ***casa*** não se restringe apenas ao domicílio do indivíduo, devendo abranger também escritórios, oficinas, garagens, quartos de hotéis, dentre outros. Ou seja, a expressão casa deve abranger todo e qualquer compartimento habitado[5].

Em 25/8/2020 a 5.ª Turma do STJ firmou o entendimento de que *não há nulidade na busca e apreensão efetuada por policiais, sem prévio mandado judicial, em apartamento que não revela sinais de habitação, nem mesmo de forma transitória ou eventual, se a aparente ausência de residentes no local se alia à fundada suspeita de que o imóvel é utilizado para a prática de crime permanente.* Ainda, de acordo com o STJ, *a proteção constitucional, no tocante à casa, independentemente de seu formato e localização, de se tratar de bem móvel ou imóvel, pressupõe que o indivíduo a utilize para fins de habitação, moradia, ainda que de forma transitória, pois tutela-se o bem jurídico da intimidade da vida privada.*

É de se destacar que no mês de outubro de 2021 (informativo n.º 715) a 6.ª Turma do STJ, ao julgar o HC 659.527-SP (Rel. Min. Rogerio Schietti Cruz) firmou ou entendimento de que ***é lícita*** *a entrada de policiais, sem autorização e sem o consentimento do hóspede, em quarto de hotel,* ***desde que presentes fundadas razões da ocorrência de flagrante delito***. No julgado em questão a 6.ª Turma esclareceu que, *embora o quarto de hotel regularmente ocupado seja, juridicamente, qualificado*

5. RHC 90.376, Rel. Min. Celso de Mello, j. 03.4.07, DJ de 18.5.07.

como "casa" para fins de tutela constitucional da inviolabilidade domiciliar (art. 5.º, XI), a exigência, em termos de standard *probatório, para que policiais ingressem em um quarto de hotel sem mandado judicial não pode ser igual às fundadas razões exigidas para o ingresso em uma residência propriamente dita, a não ser que se trate (o quarto de hotel) de um local de moradia permanente do suspeito.*

Registre-se que quem deve dar o consentimento para a entrada é o *morador*, o qual não é necessariamente o proprietário do imóvel! Esse registro é de suma importância, principalmente, para aqueles leitores que estejam se preparando para concursos públicos.

A despeito da necessidade de consentimento do morador, o próprio dispositivo constitucional traz algumas situações em que é possível o ingresso em residência alheia à revelia daquele. Conforme o próprio dispositivo constitucional, ainda que não haja consentimento do morador, poderá haver o ingresso em domicílio alheio nas seguintes situações: (a) no caso de flagrante delito, desastre ou para prestar socorro, independentemente de autorização do morador ou de ordem judicial, a qualquer horário; ou, (b) durante o dia, por determinação judicial.

Teceremos algumas considerações a respeito da violação de domicílio em virtude de cumprimento de ordem judicial. Conquanto exista divergência quanto à classificação sobre o que se entende pela **expressão dia**, prevalece o entendimento que deve ser entendida pelo período compreendido entre 6h às 18h. Isso não significa dizer, entretanto, que a diligência decorrente da medida judicial somente poderá ser efetivada nesse lapso temporal. É perfeitamente possível que uma diligência seja *iniciada entre o período em questão e finalizada após ele*, dependendo da sua complexidade e necessidade. Destaque-se que a medida ***deve ter início*** **dentro daquele período.**

A despeito desse posicionamento doutrinário e jurisprudencial consolidados, entendo que existirão questionamentos em virtude da novel legislação a respeito do Abuso de Autoridade (Lei n.º 13.869, de 05/9/2019). Isso porque o inciso III do § 1.º do art. 22 da referida legislação considera como sendo *abuso de autoridade cumprir mandado de busca e apreensão domiciliar após as 21h (vinte e uma horas) ou, antes das 5h (cinco horas).*

Pela literalidade do tipo penal incriminador constante do parágrafo anterior, verificamos que nenhuma busca e apreensão domiciliar poderá ser realizada após as 21h, sob pena de cometimento de crime de abuso de autoridade.

Conquanto a limitação de horário possa parecer plausível, vez que a grande maioria das medidas de busca e apreensão é realizada, efetivamente, durante o dia, não raras vezes elas poderão se estender noite adentro dada a complexidade e necessidade da medida. Normalmente medidas judiciais em que se objetivam a apreensão de documentos em grandes escritórios, p.ex., acabam demandando muito tempo das equipes, podendo se estender durante a noite.

Estabelecer um horário limite para o cumprimento de medidas judiciais, sem que haja qualquer tipo de flexibilização, sem sombra de dúvidas, acabará por comprometer trabalhos importantes realizados pela Polícia Judiciária.

Imagine a seguinte situação: equipes policiais chegam às 06h no local indicado para a execução da medida judicial, a qual tem por objeto apreender documentos relacionados à investigação. Não obstante o empenho e quantidade de policiais envolvidos no cumprimento da medida, em virtude da elevada gama de documentos a serem arrecadados (ou apreendidos), as equipes acabam finalizando a medida às 23h. Com a novel legislação, pela literalidade da norma, as equipes deveriam encerrar as diligências às 21h e se retirarem do local. Pergunta-se: nesse caso, haveria alguma eficácia interromper as buscas e reiniciar no dia seguinte? Ainda que houvesse cautela da equipe policial em preservar o local, não poderia existir destruição de provas, por parte de algum funcionário que conhecesse alguma entrada secreta?

Conhecendo a dinâmica policial, o mais salutar seria que houvesse a flexibilização de tal tipo penal incriminador, em casos específicos e determinados, desde que devidamente demonstrada e justificada a complexidade e necessidade das diligências, isentando os policiais que realizarem o cumprimento da medida após as 21h. Entretanto, se não houver qualquer flexibilização da jurisprudência nesse sentido, é inegável que importantes investigações poderão ser fatalmente afetadas! A nosso ver, uma forma de se afastar eventual crime é o reconhecimento de uma das causas de excludente de ilicitude (estrito cumprimento de dever legal). Não obstante isso cabe a nós esperarmos e vermos qual será o futuro posicionamento jurisprudencial sobre esse ponto.

Impende ressaltar que, embora seja possível o legislador infraconstitucional estabelecer o conceito da expressão "dia" (o que traria total segurança jurídica), entendemos equivocado o posicionamento de alguns doutrinadores que afirma que o tipo penal incriminador em questão agiu dessa forma. Veja-se: o que o legislador fez foi incriminar a conduta de realizar buscas entre às 21h e 5h, sendo que, em momento algum, trouxe qualquer conceito (ainda que implícito) do que seria "dia". A nosso ver, o que o legislador objetivou aqui foi reconhecer uma proteção maior àquele horário que, em tese, as pessoas estejam em seu período de descanso.

É de se registrar, ainda, que o Supremo Tribunal Federal tem precedente admitindo o cumprimento de mandado judicial em período noturno, dadas as especificidades do caso. Na situação, a Colenda Corte considerou válido o cumprimento da medida judicial realizada a noite para a implementação de escuta ambiental em escritório de advocacia. Se assim não fosse, a medida não teria como ser implementada com a eficácia necessária.

Vejamos excerto da presente decisão:

> "Afastou-se, de igual modo, a preliminar de ilicitude das provas obtidas mediante instalação de equipamento de captação acústica e acesso a documentos

no ambiente de trabalho do último acusado, porque, para tanto, a autoridade, adentrara o local três vezes durante o recesso e de madrugada. Esclareceu-se que o relator, de fato, teria autorizado, com base no art. 2º, IV, da Lei 9.034/95, o ingresso sigiloso da autoridade policial no escritório do acusado, para instalação dos referidos equipamentos de captação de sinais acústicos, e, posteriormente, determinara a realização de exploração do local, para registro e análise de sinais ópticos. Observou-se, de início, que tais medidas não poderiam jamais ser realizadas com publicidade alguma, sob pena de intuitiva frustração, o que ocorreria caso fossem praticadas durante o dia, mediante apresentação de mandado judicial. Afirmou-se que a Constituição, no seu art. 5º, X e XI, garante a inviolabilidade da intimidade e do domicílio dos cidadãos, sendo equiparados a domicílio, para fins dessa inviolabilidade, os escritórios de advocacia, locais não abertos ao público, e onde se exerce profissão (CP, art. 150, § 4º, III), e que o art. 7º, II, da Lei 8.906/94 expressamente assegura ao advogado a inviolabilidade do seu escritório, ou local de trabalho, de seus arquivos e dados, de sua correspondência, e de suas comunicações, inclusive telefônicas ou afins, salvo caso de busca ou apreensão determinada por magistrado e acompanhada de representante da OAB. Considerou-se, entretanto, que tal inviolabilidade cederia lugar à tutela constitucional de raiz, instância e alcance superiores quando o próprio advogado seja suspeito da prática de crime concebido e consumado, sobretudo no âmbito do seu escritório, sob pretexto de exercício da profissão. Aduziu-se que o sigilo do advogado não existe para protegê-lo quando cometa crime, mas proteger seu cliente, que tem direito à ampla defesa, não sendo admissível que a inviolabilidade transforme o escritório no único reduto inexpugnável de criminalidade. Enfatizou-se que os interesses e valores jurídicos, que não têm caráter absoluto, representados pela inviolabilidade do domicílio e pelo poder-dever de punir do Estado, devem ser ponderados e conciliados à luz da proporcionalidade quando em conflito prático segundo os princípios da concordância. Não obstante a equiparação legal da oficina de trabalho com o domicílio, julgou-se ser preciso recompor a *ratio* constitucional e indagar, para efeito de colisão e aplicação do princípio da concordância prática, qual o direito, interesse ou valor jurídico tutelado por essa previsão. Tendo em vista ser tal previsão tendente à tutela da intimidade, da privatividade e da dignidade da pessoa humana, considerou-se ser, no mínimo, duvidosa, a equiparação entre escritório vazio com domicílio stricto sensu, que pressupõe a presença de pessoas que o habitem. De toda forma, concluiu-se que as medidas determinadas foram de todo lícitas por encontrarem suporte normativo explícito e guardarem precisa justificação lógico-jurídico constitucional, já que a restrição consequente não aniquilou o núcleo do direito fundamental e está, segundo os enunciados em que desdobra o princípio da proporcionalidade, amparada na necessidade da promoção de fins legítimos de ordem pública. Vencidos os Ministros Marco Aurélio, Celso de Mello e Eros Grau, que acolhiam a preliminar, ao fundamento de que a invasão do escritório profissional, que é equiparado à casa, no período noturno estaria em confronto com o previsto no art. 5º, XI, da CF". (Inq 2424/RJ, rel. Min. Cezar Peluso, 19 e 20.11.2008)

Superado esse ponto a respeito do alcance da expressão "dia", importante consignar que o STF tem posicionamento firmado através de repercussão geral (RE 603616), estabelecendo que *a entrada forçada em domicílio sem mandado judicial só é lícita, mesmo em período noturno, quando amparada em fundadas razões devidamente justificadas posteriormente que indiquem que dentro da casa ocorre situação de flagrante delito, sob pena de responsabilidade disciplinar, civil e penal do agente ou da autoridade e de nulidade dos atos praticados*. Frise-se que o STJ tem posicionamento no mesmo sentido.

A despeito do posicionamento firmado, a dispensabilidade de mandado judicial não é irrestrita, e é aplicada de acordo com as circunstâncias do caso concreto. Isso porque, o próprio Superior Tribunal de Justiça, em outra decisão, considerou ilegal a busca realizada por policiais que abordaram um indivíduo na rua, perseguiram-no até sua residência e, diante da suspeita de que ali havia drogas, efetuaram a busca sem mandado. No caso não há como se considerar lícita a violação do domicílio, vez que nenhuma diligência prévia indicava que na casa havia substância entorpecente armazenada. A situação de flagrância não havia sido identificada previamente, com a segurança necessária, *antes* da entrada no imóvel, mas fora descoberta *por acaso* após a entrada. Conforme jurisprudência consolidada, a mera intuição não autoriza o ingresso em casa alheia sem autorização prévia! Veja-se:

> "HABEAS CORPUS. TRÁFICO DE DROGAS. FLAGRANTE. BUSCA DOMICILIAR. FALTA DE JUSTA CAUSA. NULIDADE DE PROVAS CONFIGURADA. CONSTRANGIMENTO ILEGAL EVIDENCIADO. 1. Diz a jurisprudência do Superior Tribunal de Justiça que a mera intuição acerca de eventual traficância praticada pelo paciente, embora pudesse autorizar abordagem policial, em via pública, para averiguação, não configura, por si só, justa causa a permitir o ingresso em seu domicílio, sem seu consentimento - que deve ser mínima e seguramente comprovado - e sem determinação judicial (HC n. 415.332/SP, Ministro Rogerio Schietti Cruz, Sexta Turma, DJe 21/8/2018).2. Hipótese em que a invasão de domicílio pelos policiais se fundou tão somente no fato de o paciente ter adentrado rapidamente a sua residência quando avistou a viatura, o que não caracteriza elemento objetivo, seguro e racional apto a justificar a medida.3. Ordem concedida para, reconhecida a ilicitude do ingresso dos policiais no domicílio do ora paciente, determinar o trancamento da Ação Penal n. 0000076-04.2017.8.26.0592, da Vara Criminal da comarca de Tupã/SP". (HC 435.465/SP, Rel. Ministra LAURITA VAZ, Rel. p/ Acórdão Ministro SEBASTIÃO REIS JÚNIOR, SEXTA TURMA, julgado em 09/10/2018, DJe 09/11/2018)

Registre-se, ainda, que ao proferir o julgamento no RHC 89.853 a 5.ª Turma do Superior Tribunal de Justiça firmou o entendimento de que *denúncia anônima e fuga da polícia, por si só, não configuram fundadas razões para violação de domicílio por parte da polícia na hipótese de flagrante em crimes de natureza permanente*, *declarando ilícitas as provas contra réu condenado por tráfico de drogas e posse de arma de fogo.*

Ao julgar o HC 598.051/SP a 6.ª Turma do Superior Tribunal de Justiça firmou o entendimento de que a **prova da legalidade e da voluntariedade do consentimento** para o ingresso na residência do suspeito incumbe, em caso de dúvida, ao Estado, e deve ser feita com declaração assinada pela pessoa que autorizou o interesso domiciliar, indicando-se, sempre que possível, testemunhas do ato (cf. informativo n.º 687 – j. 02/3/2021). A despeito de ter sido imposta a obrigatoriedade de que, em todo caso, a operação deve ser registrada em áudio-vídeo (e preservada a prova enquanto durar o processo), o Supremo Tribunal Federal afastou posteriormente essa obrigatoriedade (cf. RE 1.342.077).

No mês de dezembro de 2022 a 6.ª Turma do STJ, por unanimidade, *entendeu que a abordagem policial em estabelecimento comercial, ainda que a diligência tenha ocorrido quando não havia mais clientes, é hipótese de local aberto ao público,* ***que não recebe*** *a proteção constitucional da inviolabilidade do domicílio* (HC 754.789-RS – j. 06/12/2022 – informativo n.º 760)

Para finalizar o estudo da presente garantia constitucional, faz-se necessário enfrentar mais um questionamento: *a* ***boleia de caminhão*** *merece a proteção constitucional da inviolabilidade da casa*?

Jurisprudência e doutrina majoritárias entendem que a boleia do caminhão deve receber a proteção constitucional da inviolabilidade domiciliar, objetivando-se resguardar a privacidade e intimidade do motorista, sendo considerada como "casa". Isso porque, ainda que de forma transitória, o motorista do caminhão a utiliza como moradia. Por outro lado, corrente minoritária defende que a boleia do caminhão não deve ser considerada "casa", por se tratar de um instrumento de trabalho do caminhoneiro, razão pela qual não merece a proteção constitucional da inviolabilidade do domicílio.

Destaque-se que tanto o STF quanto o STJ possuem posicionamento de que **é dispensável** o mandado judicial para que seja realizada a busca por objetos em interior de veículo de propriedade do investigado, *desde que haja fundadas suspeitas de que a pessoa esteja de posse de material que possa constituir corpo de delito*. De outro vértice, é indispensável o mandado quando o veículo for utilizado para a moradia (permanente ou temporária) do investigado.

A parte final do parágrafo anterior reforça a tese de que a boleia do caminhão deve ser tratada como "casa", merecendo proteção constitucional da inviolabilidade de domicílio. Em razão disso, eventual busca realizada no interior da boleia de caminhão deverá seguir as diretrizes tratadas até o presente momento.

Frise-se, por fim, que se um policial em serviço ingressar irregularmente na boleia de um caminhão para realizar buscas, sem que haja fundadas suspeitas, ele não responderá criminalmente por abuso de autoridade, pois o crime previsto no art. 22 da Lei n.º 13.869/19 prevê que a invasão deve ser em *imóvel alheio ou suas dependências*. Conquanto a boleia de caminhão seja considerada "casa" para fins de proteção constitucional do direito em tela, ela não é imóvel, razão pela qual restará afastado o crime em questão.

3.8 Sigilo de correspondência e das comunicações

Conforme dito no início do tópico anterior, o sigilo de correspondência e das comunicações (inciso XII) é considerado espécie do gênero *direito à privacidade*.

Pelo dispositivo constitucional em estudo, como regra, é inviolável o sigilo das correspondências, das comunicações telegráficas e das comunicações de dados (sigilo fiscal e bancário). Entretanto, assim como os demais direitos fundamentais, é admissível a quebra dos referidos direitos.

A LC n.º 105/01 dispõe sobre o **sigilo bancário**, trazendo as hipóteses em que há a possibilidade de ser decretada sua quebra (é uma exceção ao direito de intimidade previsto no inciso X do art. 5.º da CF). No tocante ao **sigilo fiscal**, a inviolabilidade pode ser afastada para fiscalização da Administração Tributária (cf. arts. 198 e 199 do Código Tributário Nacional).

A respeito da quebra de **sigilo de dados**, fazem-se necessárias algumas observações, especialmente a respeito de decisões tomadas pelo Supremo Tribunal Federal nos anos de 2016 e 2019. Vejamos.

Conforme publicado no informativo n.º 815 do STF, ao enfrentar ações envolvendo a temática em questão (ADI's 2390, 2386, 2397 e 2859, bem como do RE 601.314 – repercussão geral), o Plenário da Corte firmou a tese de que:

> "As autoridades e agentes fiscais tributários da União, dos Estados-Membros, do Distrito Federal e dos Municípios poderiam requisitar diretamente das instituições financeiras informações sobre as movimentações bancárias dos contribuintes, tendo por fundamento a norma constante do art. 6.º da LC n.º 105/01, haja vista que referida norma estabelece apenas a 'transferência de sigilo' dos bancos ao Fisco, não se caracterizando efetiva 'quebra de sigilo bancário.'"

Durante o julgamento da ação em questão, a partir da leitura da decisão da Colenda Corte verificamos que, como regra, é necessária autorização judicial para que se tenha acesso aos dados bancários de uma pessoa, haja vista tratar-se de cláusula de reserva de jurisdição. Não obstante isso, o próprio Supremo afirmou que a Receita Federal do Brasil poderá requisitar informações bancárias das instituições financeiras, sem que haja autorização judicial para tanto, vez que o art. 6.º da Lei Complementar n.º 105/01 é constitucional.

Acrescente-se que essa regra de obtenção direta de dados bancários das instituições financeiras sem autorização judicial não se aplica apenas à Receita Federal, sendo extensível às Receitas Estaduais e Municipais. Ocorre que, no caso desses entes federativos *é imprescindível a edição* de atos normativos que regulamentem e tragam todas as regras operacionais para a aplicação do art. 6.º da LC n.º 105/01, com sistemas de segurança adequados e registros de acesso aos dados, a fim de se evitar qualquer vazamento das informações compartilhadas. Frise-se que o Decreto n.º 3.724/01 regulamenta o art. 6.º em questão, no âmbito federal.

Impende destacar que essa decisão foi de suma importância, representando uma mudança de posicionamento da jurisprudência da Colenda Corte. Isso porque, até aquele momento, prevalecia a decisão tomada no bojo do RE 389.808 (julgado em 15/12/2010) que entendia pela inconstitucionalidade do art. 6.º da LC n.º 105/01:

> "SIGILO DE DADOS – AFASTAMENTO. Conforme disposto no inciso XII do artigo 5º da Constituição Federal, a regra é a privacidade quanto à correspondência, às comunicações telegráficas, aos dados e às comunicações, ficando a exceção – a quebra do sigilo – submetida ao crivo de órgão equidistante – o Judiciário – e, mesmo assim, para efeito de investigação criminal ou instrução processual penal. SIGILO DE DADOS BANCÁRIOS – RECEITA FEDERAL. Conflita com a Carta da República norma legal atribuindo à Receita Federal – parte na relação jurídico-tributária – o afastamento do sigilo de dados relativos ao contribuinte".

O novo posicionamento do STF adotado a partir de 2016 já era adotado, ao menos em parte, pelo Superior Tribunal de Justiça, conforme se extrai da própria leitura do Resp 1.134.665/SP (j. 25/11/2009).

Pois bem. Com base nesses posicionamentos expostos, não restam dúvidas de que é possível a solicitação direta de informações feitas pela Receita junto às instituições bancárias, sem prévia autorização, para fins de instrução de *processo administrativo fiscal*. Entretanto, **é possível utilizá-las em processos criminais?**

No âmbito do STJ podemos verificar o seguinte posicionamento, conforme se extrai da leitura da ementa do Resp 1.361.174-RS:

> Penal e Processo Penal. Recurso Especial. Compartilhamento dos relatórios de inteligência financeira da UIF e da íntegra do procedimento fiscalizatório da Receita Federal do Brasil com os órgãos de persecução penal para fins criminais. Desnecessidade de prévia autorização judicial. Nulidade da prova. Não ocorrência. RE 1.005.941/SP-RG. Tema 99/STF. Juízo de Retratação. Adequação ao decidido pelo STF. Recurso Especial não provido.
>
> 1. O Plenário do Supremo Tribunal Federal, no julgamento do RE 1.055.941/SP-RG (Rel. Min. Dias Tóffoli, Tribunal Pleno, julgado em 04/12/2019, DJ 18/3/2021), com repercussão geral reconhecida, firmou a tese de que 1. É constitucional o compartilhamento dos relatórios de inteligência financeira da UIF e da íntegra do procedimento fiscalizatório da Receita Federal do Brasil – em que se define o lançamento do tributo – com os órgãos de persecução penal para fins criminais sem prévia autorização judicial, devendo ser resguardado o sigilo das informações em procedimentos

formalmente instaurados e sujeitos a posterior controle jurisdicional; 2. O compartilhamento pela UIF e pela RFB referido no item anterior deve ser feito unicamente por meio de comunicações formais, com garantia de sigilo, certificação do destinatário e estabelecimento de instrumentos efetivos de apuração e correção de eventuais desvios (Tema 990/STF).

2. Juízo de retratação que se exerce, no caso concreto, com base no art. 1.004, inciso II, do CPC.
3. Recurso especial não provido. Extinção da punibilidade pela prescrição.

A despeito da importante decisão do STF na época, não houve qualquer manifestação expressa sobre a possibilidade ou não de utilização dessas informações no âmbito criminal. Até aquela época, no âmbito do Superior Tribunal de Justiça, o entendimento era no sentido negativo (Resp 1.361.174-RS).

Frise-se que esse entendimento diz respeito aos órgãos de fiscalização tributária. Vejamos, agora, a situação de outros órgãos que poderão se valer de informações bancárias:

a) **Autoridade Policial** – para embasar o inquérito policial em curso é imprescindível autorização judicial prévia para a obtenção de informações bancárias;
b) **Membros do Ministério Público** – também não poderá requisitar as informações bancárias diretamente das instituições bancárias, sendo imprescindível autorização judicial prévia. Contudo, há precedentes do STJ entendendo ser lícita a requisição direta de informações bancárias de contas vinculadas a órgãos ou entidades públicas, objetivando-se proteger o patrimônio público, afastando qualquer alegação de quebra ilegal de sigilo bancário;
c) **Tribunal de Contas da União** – na mesma linha do Ministério Público, como regra, exige-se a autorização prévia para ter acesso a dados bancários. A exceção fica por conta de informações relativas a operações de crédito originárias de recursos públicos, as quais não estão amparadas pela proteção constitucional do sigilo bancário; e,
d) **Comissão Parlamentar de Inquérito** – com fulcro no art. 4.º, § 1.º, da LC n.º 105/2001[6], é possível a solicitação direta de informações bancárias às instituições financeiras, em se tratando de CPI Federal, Estadual ou Distrital. Por sua vez, em se tratando de CPI Municipal, isso não é possível.

6. Art. 4.º, § 1.º "As comissões parlamentares de inquérito, no exercício de sua competência constitucional e legal de ampla investigação, obterão as informações e documentos sigilosos de que necessitarem, diretamente das instituições financeiras, ou por intermédio do Banco Central do Brasil ou da Comissão de Valores Mobiliários".

Ocorre que, em 2019, o STF foi acionado novamente (RE 1055941/SP), sendo instigado a se manifestar sobre *a possibilidade ou não das informações bancárias obtidas pelo Fisco, sem autorização judicial, serem compartilhadas com o Ministério Público* para serem utilizadas em processos penais.

A despeito da decisão liminar monocrática do Min. Dias Toffoli suspendendo todas as ações penais baseadas em relatórios de inteligência financeira (RIF), ao julgar o mérito da medida o Plenário do STF entendeu ser:

> "(...) constitucional o compartilhamento dos relatórios de inteligência financeira (RIF) da Unidade de Inteligência Financeira (UIF – antigo COAF) e da íntegra do procedimento fiscalizatório da Receita Federal do Brasil, que define o lançamento do tributo, com os órgãos de persecução penal para fins criminais, sem a obrigatoriedade de autorização judicial prévia, devendo ser resguardado o sigilo das informações em procedimentos formalmente instaurados e sujeitos a posterior controle por parte do Poder Judiciário. Ademais, na decisão do Plenário o compartilhamento pela UIF e pela Receita Federal do Brasil deve ser feito unicamente por meio de comunicações formais, com garantia de sigilo, certificação do destinatário e estabelecimento de instrumentos efetivos de apuração e correção de eventuais desvios".

A partir desse recente julgamento o Supremo Tribunal Federal entendeu ser constitucional o compartilhamento dos relatórios de inteligência financeira, bem como da íntegra do procedimento administrativo fiscalizatório por parte do Fisco **com órgãos de persecução penal para fins penais**, ***sem obrigatoriedade de prévia autorização judicial***. Nesse caso, contudo, deverão ser adotadas as medidas necessárias para o resguardo do sigilo das informações em procedimentos formalmente instaurados e sujeitos a um posterior controle por parte do Poder Judiciário. Ademais, o STF decidiu que esse compartilhamento deverá ser feito unicamente por intermédio de comunicações formais, com garantia de sigilo, certificação do destinatário e estabelecimento de instrumentos efetivos de apuração e correção de eventuais desvios.

Mais recentemente o STF entendeu ser *constitucional a requisição,* ***sem prévia autorização judicial****, de dados bancários e fiscais considerados imprescindíveis pelo* ***Corregedor Nacional de Justiça*** *para apurar infração de sujeito determinado, desde que em processo regularmente instaurado mediante decisão fundamentada e baseada em indícios concretos da prática do ato.* (ADI 4709/DF, Rel. Min. Rosa Weber, julgamento virtual finalizado em 27/5/2022).

É possível também a **quebra de sigilo das comunicações telefônicas**, sendo que os requisitos autorizadores se encontram insculpidos na Lei n.º 9.296/96, sem nos olvidarmos dos pressupostos constitucionais trazidos no próprio dispositivo em comento.

Destaque-se que a Lei n.º 12.850/13 (Organização Criminosa) previu a possibilidade de tanto a Autoridade Policial, quanto o membro do Ministério Público, independentemente de autorização judicial, *terem acesso aos dados cadastrais do investigado que se encontram nas empresas telefônicas* (cf. art. 15). Contudo, é de suma importância que o leitor não confunda essas situações, vez que essa Lei faz menção apenas aos "dados cadastrais" (registros), ao passo que a Lei n.º 9.296/96 traz as hipóteses de monitoramento telefônico (interceptação telefônica), sendo que nesse caso sempre se exigirá prévia autorização judicial, sob pena de nulidade absoluta.

O próprio Superior Tribunal de Justiça, inclusive, já tem posicionamento consolidado de que a proteção constitucional em apreço se limita à comunicação dos dados, mas não sobre os dados em si mesmos.

Registre-se que na *interceptação telefônica* sempre há a figura de um terceiro que capta as conversas, sem o conhecimento dos interlocutores. Caso um dos interlocutores tenha conhecimento da gravação da conversa telefônica realizada por terceira pessoa estaremos diante da denominada *escuta telefônica*. Por outro lado, quando a conversa telefônica é gravada por um dos interlocutores, sem a existência de terceira pessoa, estaremos diante de uma *gravação telefônica*.

Para que a interceptação telefônica seja válida é *indispensável prévia autorização judicial*, sendo essa exigida também (posição majoritária) para a validade da escuta telefônica. Situação diversa ocorre com a gravação telefônica, a qual é considerada válida mesmo que não tenha autorização judicial.

Ainda no que tange ao estudo do presente direito constitucional, pode surgir a seguinte questão: ***se uma pessoa for presa em flagrante delito, pode a autoridade policial acessar as conversas de whatsapp constantes do aparelho celular apreendido em poder do preso, independentemente de autorização judicial?*** Para o STJ a resposta é no sentido negativo, sendo imprescindível autorização judicial prévia para tanto. Vejamos.

> "Na ocorrência de autuação de crime em flagrante, ainda que seja dispensável ordem judicial para a apreensão de telefone celular, as mensagens armazenadas no aparelho estão protegidas pelo sigilo telefônico, que compreende igualmente a transmissão, recepção ou emissão de símbolos, caracteres, sinais, escritos, imagens, sons ou informações de qualquer natureza, por meio de telefonia fixa ou móvel ou, ainda, por meio de sistemas de informática e telemática". (STJ. 5.ª Turma. RHC 67.379-RN, Rel. Min. Ribeiro Dantas, julgado em 20/10/2016 – informativo 593).
>
> "Sem prévia autorização judicial, são nulas as provas obtidas pela polícia por meio da extração de dados e de conversas registradas no *whatsapp* presentes no celular do suposto autor de fato delituoso, ainda que o aparelho tenha sido apreendido no momento da prisão em flagrante". (STJ. 6.ª Turma. RHC 51.531-RO, Rel. Min. Nefi Cordeiro, julgado em 19/4/2016 – informativo 583).

De outro vértice, o STJ entende que *não há ilegalidade na perícia de aparelho de telefonia celular pela polícia, sem prévia autorização judicial, na hipótese em que seu proprietário (vítima) foi morto, tendo o referido telefone sido entregue à autoridade policial por sua esposa.* Nesse sentido, mesmo que não haja autorização judicial, é possível que a polícia acesse conversas do *whatsapp* da vítima morta (STJ. 6.ª Turma. RCH 86.076-MT, Re. Min. Sebastião Reis Júnior, Rel. Acd. Min. Rogerio Schietti Cruz, julgado em 19/10/2017 - informativo 617).

Por fim, é de se registrar que ao julgar o HC n.º 425.044 a 6.ª Turma do STJ entendeu ser *nula prova obtida por policial militar após forçar o réu a atender celular no viva-voz,* haja vista aquela estar "envenenada". Isso porque, na visão dos ministros, a prova havia sido colhida de forma coercitiva pela polícia, por meio de conversa realizada pelos investigados e terceira pessoa pelo telefone daqueles.

Na ocasião, o Min. Sebastião Reis Júnior afirmou que:

> "A garantia está consagrada no artigo 5.º, inciso LVI, da Constituição, que proclama a nódoa de provas, supostamente consideradas lícitas e admissíveis, mas obtidas a partir de outras declaradas nulas pela forma ilícita de sua colheita".

3.9 Direito de reunião

Referido direito vem consagrado em nosso texto constitucional (art. 5.º, XVI), sendo que todos podem reunir-se pacificamente, sem armas, em locais abertos ao público, independentemente de autorização, desde que não frustrem outra reunião anteriormente convocada para o mesmo local, sendo apenas exigido prévio aviso à autoridade competente.

Da conceituação constante do parágrafo anterior impende verificar que *não há necessidade de autorização* prévia para o exercício do direito constitucional em tela. De outro vértice, o constituinte exige a necessidade de *prévio aviso* à autoridade competente, no intuito de evitar que uma reunião não frustre outra anteriormente convocada para o mesmo local.

Não obstante o texto constitucional exija o *aviso prévio* para o regular exercício do direito constitucional de reunião, o Supremo Tribunal Federal, em sede de repercussão geral, ao julgar o RE 806.339/SE (j. 14/12/2020) firmou a tese de que *a exigência constitucional de aviso prévio relativamente ao direito de reunião é satisfeita com a veiculação de informação que permita ao Poder Público zelar para que seu exercício se dê de forma pacífica ou para que não frustre outra reunião no mesmo local.*

A partir desse julgamento a Colenda Corte passou a entender que o **aviso prévio não consiste em condição para o exercício do direito constitucional em apreço**, sendo que a falta daquele aviso não tem o condão de tornar ilegal qualquer reunião realizada com os propósitos em questão. Sublinhe-se, ainda, que o Pretório Excelso entende que não há qualquer formalidade para a manifestação dessa condicionante, podendo o aviso prévio ser externado por qualquer forma.

Nesse sentido, vejamos:

> 1. Em uma sociedade democrática, o espaço público não é apenas um lugar de circulação, mas também de participação. Há um custo módico na convivência democrática e é em relação a ele que eventual restrição a tão relevante direito deve ser estimada. 2. O aviso ou notificação prévia visa permitir que o poder público zele para que o exercício do direito de reunião se dê de forma pacífica e que não frustre outra reunião no mesmo local. Para que seja viabilizado, basta que a notificação seja efetiva, isto é, que permita ao poder público realizar a segurança da manifestação ou reunião. 3. Manifestações espontâneas não estão proibidas nem pelo texto constitucional, nem pelos tratados de direitos humanos. A inexistência de notificação não torna ipso facto ilegal a reunião. 4. A notificação não precisa ser pessoal ou registrada, porque implica reconhecer como necessária uma organização que a própria Constituição não exigiu. 5. As manifestações pacíficas gozam de presunção de legalidade, vale dizer, caso não seja possível a notificação, os organizadores não devem ser punidos por sanções criminais ou administrativas que resultem multa ou prisão. 6. Tese fixada: A exigência constitucional de aviso prévio relativamente ao direito de reunião é satisfeita com a veiculação de informação que permita ao poder público zelar para que seu exercício se dê de forma pacífica ou para que não frustre outra reunião no mesmo local.

Questão interessante, e que guarda correlação também com o direito de liberdade de manifestação de opinião ou pensamento, diz respeito **às manifestações ocorridas pós-segundo turno das eleições presidenciais de 2022**. Longe de adotar qualquer posicionamento político, entendo que essa questão que poderá ser cobrada nos próximos concursos públicos.

Como já tivemos oportunidade de ver a Constituição Federal assegura tanto o direito de liberdade de manifestação de opinião ou pensamento, quanto o direito de reunião.

Preenchidos os pressupostos constitucionais para o exercício de ambos, não há que se falar em qualquer inconstitucionalidade. Entretanto, imprescindível que além do preenchimento dos pressupostos constitucionais em tela, não haja qualquer abuso ou ilegalidade no desempenho de referidos direitos.

Não obstante a obstrução de vias públicas não constituir, em tese, infração penal, caso haja determinação do agente público para a desobstrução daquelas e não houver o atendimento, esse ato poderá configurar o crime de desobediência previsto no art. 330 do Código Penal. Ainda que não houvesse qualquer tipo penal, a obstrução total das vias públicas acaba por ferir o direito constitucional da liberdade de locomoção dos demais transeuntes, podendo configurar um exercício abusivo.

Impende sublinhar que em alguns casos pontuais, durante as manifestações que se espalharam em praticamente todo o país, houve a instauração de inquéritos policiais pelos mais diversos crimes, destacando-se aqueles previstos no Título XII do Código Penal (Dos Crimes contra o Estado Democrático de Direito).

Por fim, não podemos nos esquecer que não há ilícito penal previsto no Título XII em questão a *manifestação crítica aos poderes constitucionais, nem a atividade jornalística ou a reivindicação de direitos e garantias constitucionais por meio de passeatas, de reuniões, de greves, de aglomerações ou de qualquer outra forma de manifestação política com propósitos sociais.*

3.10 Direito à segurança jurídica

Esse direito vem expresso no *caput* do art. 5.º da Constituição Federal e tem por finalidade a *garantia da certeza e estabilidade das relações jurídicas, bem como a proteção à confiança.* Tendo em vista essas finalidades, a doutrina divide esse direito em duas vertentes: *objetiva* e *subjetiva*, respectivamente.

É imprescindível que o Poder Público garanta o respeito à estabilidade das relações jurídicas já constituídas, bem como a obrigação de antecipar os efeitos das decisões que interferirão nos direitos e liberdades dos indivíduos. As pessoas devem conhecer antecipadamente as consequências diretas de seus atos e de seus fatos.

Partindo-se dos preceitos constitucionais chegamos à conclusão de que a segurança jurídica se manifesta, precipuamente, por intermédio do *direito adquirido*, do *ato jurídico perfeito* e *da coisa julgada.*

Em rápidas palavras podemos definir o *direito adquirido* como sendo espécie de direito subjetivo incorporado de forma definitiva ao patrimônio jurídico de seu titular, já consumado ou não, que poderá ser exigível judicialmente, desde que não cumprido de forma voluntária pelo sujeito de dever.

O *ato jurídico perfeito* pode ser definido como sendo aquele já finalizado segundo a lei vigente ao tempo em que se efetuou, tendo satisfeito todos os requisitos formais para gerar a plenitude de seus efeitos, tornando-se completo. Ele dá a proteção à pessoa a respeito da imutabilidade da situação jurídica que, de boa-fé, foi realizada dentro dos parâmetros legais.

Por sua vez, a *coisa julgada* é a qualidade conferida à sentença judicial da qual não caiba mais recurso judicial, situação que a torna imutável e indiscutível. Registre-se que a doutrina divide a coisa julgada em *formal* e *material.* A primeira consiste na impossibilidade de se modificar a sentença judicial dentro do mesmo processo, em virtude da ocorrência da preclusão recursal, ao passo que a segunda é a impossibilidade de modificação da sentença dentro do mesmo processo ou em qualquer outro, haja vista que a matéria *sub judice* cumpriu todos seus trâmites procedimentais capazes de permitir que o Judiciário enfrente e decida a questão definitivamente.

3.11 Direitos assegurados aos presos

Com relação aos direitos assegurados aos presos podemos destacar os constantes nos incisos XLIV, L, LXII, LXIII e LXIL, do art. 5.º da Carta Magna, direitos esses assegurados aos *presos*, tantos os *provisórios* quantos os *definitivos.*

Ressalte-se que referidos direitos devem ser observados desde o primeiro momento em que a pessoa tiver cerceada sua liberdade de locomoção (p.ex., prisão em flagrante) até o término de cumprimento de sua pena, se acaso houver sido condenada criminalmente.

Importante destacar que, quando da lavratura do auto de prisão em flagrante, a Autoridade Policial responsável pela confecção do procedimento deverá ler ao preso os diversos direitos constitucionais a ele garantidos, *sob pena de nulidade do ato*, sendo prudente entrega-lo documento escrito nesse sentido (no âmbito da Polícia Federal, antes de se iniciar o interrogatório, a Autoridade Policial procede à leitura desses direitos, entregando ao preso a denominada "Nota de Ciência e Garantias Constitucionais").

De acordo com a jurisprudência a omissão injustificada da administração pública em providenciar a disponibilização de banho quente nos estabelecimentos prisionais fere a dignidade dos presos sob sua custódia.

Por fim, o leitor deve se atentar ainda ao enunciado da Súmula Vinculante n.º 11 do Supremo Tribunal Federal, que disciplina a respeito da utilização de algemas, bem como a necessidade de sua justificação.

3.12 Vedação às provas ilícitas

A proteção contra a utilização das denominadas provas ilícitas está prevista expressamente no inciso LVI do art. 5.º em questão. As provas ilícitas devem ser retiradas do processo (judicial ou administrativo), não devendo influenciar o convencimento do julgador.

Segundo a doutrina, o gênero é a *prova ilegal*, ao passo que as *provas ilícitas* e *ilegítimas* são consideradas espécies daquela. As *provas ilícitas* são aquelas colhidas com violação a normas de direito material (p.ex. grampo telefônico), sendo que as *provas ilegítimas* são aquelas colhidas com violação às normas de direito processual (p.ex. juntada de provas no processo após a fase adequada).

Partindo-se do direito norte-americano, surgiram em nosso ordenamento as denominadas *provas ilícitas por derivação* (**Teoria dos frutos da árvore envenenada**), que são as provas que, apesar de serem consideradas lícitas, são derivadas daquelas colhidas por meios ilícitos, sendo considerada também como ilícita. Destaque-se, contudo, que em alguns casos excepcionais e em favor da defesa, é admitida a utilização de provas ilícitas, tendo como fundamento o princípio da proporcionalidade.

Frise-se, por fim, que o estudo aprofundado a respeito das provas será feito nas disciplinas que versam sobre o processo (penal ou civil).

3.13 Identificação criminal

Trata-se de direito estampado no inciso LIII do artigo 5.º da CF, norma essa classificada como sendo de eficácia contida, vez que há a possibilidade de restrição ao direito consagrado constitucionalmente, por meio de legislação infraconstitucional.

Consoante a regra constitucional, a identificação criminal somente será possível se (a) inexistir identificação civil ou (b) incidindo em uma das hipóteses elencadas na Lei n.º 12.037/09 (atual lei que rege a identificação criminal).

Destaque-se que em ocorrendo uma das hipóteses elencadas nessa lei infraconstitucional, ainda que a pessoa possua identificação civil, ela também será criminalmente identificada.

Importante consignar que a identificação criminal poderá ser realizada por meio de processos *datiloscópico*, *fotográfico* e *coleta de material biológico para a obtenção do perfil genético em hipóteses específicas.*

3.14 Extradição

O presente instituto vem previsto nos incisos LI e LII do art. 5.º da Constituição Federal.

A extradição deve ser entendida, de uma maneira sucinta, como sendo a entrega de um indivíduo a outro país (solicitante), no qual praticou determinado crime, para que seja lá julgado, com a aplicação das leis desse país. É possível, ainda, que o próprio estrangeiro se entregue de forma espontânea.

Segundo a Lei de Migração (Lei n.º 13.455/17) a extradição possui natureza jurídica de *medida de cooperação internacional entre o Estado brasileiro e outro Estado.*

Quem pode ser extraditado?

a) Estrangeiro, salvo nas hipóteses do inciso LII (crime político ou de opinião); ou,

b) Brasileiro naturalizado em caso de crime comum praticado antes da naturalização, ou de comprovado envolvimento em tráfico ilícito de entorpecentes e drogas afins.

Através dessas regras podemos chegar às seguintes conclusões: (a) o estrangeiro poderá ser extraditado por crime comum, independentemente do momento da prática desse; (b) o brasileiro nato nunca poderá ser naturalizado; e, (c) a extradição de brasileiro naturalizado por comprovado envolvimento em tráfico de drogas independe do momento consumativo do crime.

Importante que o leitor não confunda o instituto da extradição com os institutos da **deportação** e **expulsão**.

A *deportação* consiste em devolver o estrangeiro ao exterior, por meio de medida compulsória adotada pelo Brasil, quando o estrangeiro *entra* ou *permanece irregularmente* no território. A *expulsão*, por sua vez, é medida coercitiva tomada pelo Estado, para retirar forçadamente de seu território o estrangeiro que *praticou atentado à ordem jurídica do país em que se encontra*.

A respeito da expulsão, importante consignar que o STF tem tese firmada (Tema 373) no sentido de *ser proibida a expulsão caso o estrangeiro tenha filho brasileiro e ele esteja sob a sua guarda ou dependência econômica ou socioafetiva, mesmo que isso tenha ocorrido após o fato ensejador do ato expulsório*. Conforme se extrai da leitura do julgado do RE 608.898/DF (Rel. Min. Marco Aurélio, julgado em sede de repercussão geral em 25/6/2020), o STF entendeu que o art. 75, § 1.º, do extinto Estatuto do Estrangeiro (Lei n.º 6.815/80) não fora recepcionado pela Carta Constitucional de 1988, vedando-se, dessa forma, a expulsão de estrangeiro cujo filho brasileiro foi reconhecido ou adotado posteriormente ao fato ensejador do ato expulsório, uma vez comprovado estar a criança sob a guarda do estrangeiro e deste depender economicamente.

Por fim, há que se registrar a existência do instituto da **entrega** (ou ***surrender***), instituto esse em que um Estado entrega um estrangeiro ou brasileiro para que seja julgado pelo Tribunal Penal Internacional (Haia), o qual é previsto no Estatuto de Roma. A despeito de divergência a respeito do tema, *prevalece o entendimento* de que é possível entregar um brasileiro nato para ser julgado pelo TPI, sem que haja violação ao inciso LI do art. 5.º da Constituição Federal, vez que a entrega não se dá a outro Estado.

3.15 Prisão criminal

A prisão decorrente da prática de infração penal somente é admissível, em nosso ordenamento jurídico, em *virtude de flagrante delito* ou *de ordem escrita e fundamentada de autoridade judiciária competente* (p.ex., mandado de prisão preventiva). Registre-se que essa garantia está relacionada à prisão cautelar, ou seja, aquela decretada antes da sentença penal condenatória transitada em julgado (se a prisão for após o trânsito em julgado teremos a denominada *prisão pena*).

Assim sendo, em princípio, fora dessas hipóteses constitucionalmente previstas, nenhuma pessoa poderá ter seu direito de locomoção cerceado, sem que haja abuso.

Entretanto, importante lembrar-se de duas outras hipóteses constitucionalmente estabelecidas: (a) nos casos de transgressão ou crime militar, o indivíduo poderá ser preso, mesmo que não se enquadre em nenhuma das regras; e, (b) na vigência do Estado de Defesa (art. 136, § 3.º, I – crime de Estado) ou de Sítio (art. 137, I e II - caso de guerra declarada ou agressão estrangeira).

3.16 Prisão civil

O inciso LXVII do art. 5.º de nossa Constituição Federal estabelece que, em regra, não haverá prisão civil por dívida. Entretanto, o mesmo dispositivo constitucional estabelece duas exceções: (a) a do depositário infiel; e, (b) a do responsável pelo inadimplemento voluntário e inescusável de obrigação alimentícia.

Ressalte-se, contudo, que a despeito das duas exceções constitucionais mencionadas no dispositivo em questão, após longa discussão sobre o tema, o Supremo Tribunal Federal editou o enunciado da Súmula Vinculante n.º 25 que preceitua: *"é ilícita a prisão civil de depositário infiel, qualquer que seja a modalidade de depósito"*.

O principal fundamento da edição de referida súmula, e a mudança de posicionamento da Colenda Corte, foi o art. 7.º, § 7.º, do Tratado de São José da Costa Rica (tratado internacional sobre direitos humanos, incorporado em nosso ordenamento jurídico brasileiro) que proibiu essa modalidade de prisão. Além desse tratado internacional, existem outros que também proíbem essa modalidade de prisão (p.ex., Pacto Internacional sobre Direitos Civis e Políticos).

A despeito do enunciado em tela, não podemos nos esquecer que o próprio Supremo Tribunal Federal tem o posicionamento atual de que o Pacto de São José da Costa Rica possui status de norma supralegal, razão pela qual as normas ali constantes não poderiam se sobrepor às normas constitucionais, pois se encontram em posição hierarquicamente inferior a essas.

Dito isso, não obstante a Constituição Federal admita duas modalidades de prisão civil, a *única modalidade de prisão civil atualmente admitida* em nosso ordenamento jurídico pátrio é a decorrente de inadimplemento voluntário e inescusável de obrigação alimentícia.

3.17 Direito da não culpabilidade

A despeito da existência de outros direitos e deveres fundamentais, conforme já consignado inicialmente, esse será o último ponto a ser abordado nesta parte.

O inciso LVII do art. 5.º da nossa Carta Magna garante que *ninguém será considerado culpado até o trânsito em jugado de sentença penal condenatória.*

Antes de começar a analisar a jurisprudência e doutrina pátrias sobre o assunto, faz-se necessário trazer à baila o disposto no art. 7.º, § 2.º, do Pacto de São José a Costa Rica:

> "Ninguém pode ser privado de sua liberdade física, salvo pelas causas e nas condições previamente fixadas pelas Constituições políticas dos Estados-Partes ou pelas leis de acordo com elas promulgadas".

A despeito da existência desse princípio, ao longo de muito tempo, discutiu-se na doutrina e na jurisprudência se a prisão cautelar, ou seja, antes do trânsito em julgado da sentença condenatória, viola ou não aquele.

A partir do estudo desse direito constitucionalmente assegurado a todos, importante trazer à baila algumas considerações a respeito da denominada **execução provisória da pena**.

Durante muito tempo a jurisprudência da Colenda Corte oscilou a respeito da possibilidade ou não da execução provisória da pena. Em virtude disso, farei uma rápida análise a respeito do tema com base na **jurisprudência do STF**.

Com base no julgamento do HC 68726 (j. 28/6/1991), o Plenário do STF passou a entender *ser possível a execução provisória da pena*, ou seja, se o réu condenado interpusesse recursos especial e/ou extraordinário, teria que iniciar o cumprimento provisório da pena enquanto aguardasse o julgamento.

Ocorre que esse posicionamento perdurou até fevereiro de 2009. Ao julgar (05/2/09) o HC 84078, o STF passou a entender que *não era mais possível a execução provisória de pena*. Analisando-se o teor do julgamento em questão, verifica-se que o STF admitiu a possibilidade de o réu condenado aguardar o julgamento do Recurso Especial e/ou do Recurso Extraordinário preso, desde que preenchidos os pressupostos autorizativos da prisão preventiva.

Passados pouco mais de 07 (sete) anos, o STF restabeleceu seu posicionamento anterior, *admitindo a execução provisória de pena*. Referido posicionamento foi externado quando do julgamento do HC 126292 (j. 17/2/16). De uma forma resumida, descreverei os principais argumentos desse novo posicionamento: (a) a execução provisória da pena após acórdão condenatório de 2.º grau não ofende o princípio constitucional da não culpabilidade; (b) como os recursos especial e extraordinário não possuem efeito suspensivo, a decisão condenatória continua a produzir seus efeitos, admitindo-se a execução provisória; (c) a presunção de não culpabilidade deve ser observada até que seja prolatada a sentença penal condenatória, confirmada em 2.º grau, especialmente pelo fato de que os recursos especial e extraordinários não se prestam a discutir fatos e provas, limitando-se à matéria de direito; (d) se o condenado tiver sido tratado como inocente ao longo do curso do processo criminal, a execução provisória da pena na pendência dos recursos especial ou ordinário não compromete o núcleo essencial do princípio constitucional da não culpabilidade; e, (e) é necessário equilibrar o princípio da presunção de inocência com a efetividade da função jurisdicional penal, atendendo-se não apenas aos interesses dos réus, como também da coletividade, diante da realidade do intrincado e complexo sistema brasileiro de justiça criminal.

Ocorre que, mais uma vez, o STF mudou de posicionamento. Ao julgar as ADC's 43, 44 e 54, em 07/11/19, o Plenário do STF decidiu, por 6 votos a 5, que o cumprimento da pena somente pode ter início com o esgotamento de todos os recursos, *proibindo-se a execução provisória da pena*. Dentre os principais argumentos da corrente vencedora podemos destacar os seguintes: (a) o art. 283 do Código de Processo Penal é plenamente compatível com nossa Carta Magna; (b) o princípio constitucional da não culpabilidade (art. 5.º, LVII) não deixa margem a dúvidas ou a controvérsias de interpretação; (c) é infundada a interpretação de que a defesa do princípio da presunção de inocência possa obstruir as atividades investigatórias e persecutórias do Estado, vez que a repressão às infrações penais não pode desrespeitar e transgredir a ordem jurídica vigente; e, (d) a Constituição Federal não pode submeter à vontade dos poderes constituídos, nem o Poder Judiciário embasar suas decisões no clamor público.

Importante consignar, contudo, que a despeito do **atual posicionamento do STF inadmitindo a execução provisória da pena**, ***é possível que o réu condenado seja preso antes do trânsito em julgado***, desde que presentes os requisitos autorizativos da prisão provisória (art. 312 do CPP), demonstrados em decisão judicial individualmente fundamentada.

Não obstante as constantes mudanças de posicionamento do STF, que acaba por trazer insegurança jurídica a toda a coletividade, é imprescindível que o leitor fique atento a eventuais novos posicionamentos para que não seja surpreendido, principalmente, em provas de concursos públicos.

Por fim, registre-se que estão tramitando o Projeto de Lei n.º 166/2018 e a PEC 199/2019, no Senado Federal e na Câmara dos Deputados, respectivamente, projetos esses admitindo a execução provisória da pena logo após a condenação em segunda instância. Até o fechamento da presente obra não houve a finalização (arquivamento ou aprovação) de nenhum deles.

3.18 Direito genérico à informação

Todos possuem direito a receber dos órgãos públicos informações de seu interesse particular, ou de interesse coletivo ou geral, que serão prestadas no prazo da lei, sob pena de responsabilidade, ressalvadas aquelas cujo sigilo seja imprescindível à segurança da sociedade e do Estado.

Durante o período eleitoral do ano de 2022 muito se ouviu falar a respeito da necessidade de revogação do "decreto de 100 anos de sigilo", razão pela qual imperioso tecer algumas considerações a respeito do presente direito fundamental.

O direito à informação vem regulamentado atualmente pela Lei n.º 12.527/11, bem como pelo Decreto n.º 7.724/12.

Estão subordinados ao regime da legislação infraconstitucional em tela os órgãos públicos integrantes da administração direta dos Poderes Executivo, Legislativo, incluindo as Cortes de Contas, bem como o Poder Judiciário e o Ministério Público. Ademais, os entes da administração pública indireta também devem obediência à lei em questão.

Dentre outras definições a Lei n.º 12.527/11 estabelece que **informação sigilosa** é aquela submetida temporariamente à restrição de acesso público em razão de sua imprescindibilidade para a segurança da sociedade e do Estado. Ainda, conceitua a **informação pessoal** como sendo aquela relacionada à pessoa natural identificada ou identificável.

Inobstante tratar-se de um direito fundamental, o acesso à informação solicitada poderá ser negado, haja vista não ser um direito absoluto, sendo que a própria norma estabelece as restrições, com os prazos de sigilo. Nesse sentido, informações consideradas imprescindíveis à segurança da sociedade ou do Estado são passíveis de classificação no que tange à possibilidade de divulgação ou acesso irrestrito (cf. art. 23), podendo elas ser classificadas em reservadas, secretas ou ultrassecretas.

E nesse ponto há que se chamar a atenção dos leitores, pois a legislação sob análise estabelece os prazos máximos de sigilo, conforme a classificação atribuída à informação solicitada. Conforme estabelece a norma, os prazos máximos de restrição de acesso à informação, de acordo com a classificação atribuída, vigoram a partir da data de sua produção e são: (i) de 05 (cinco) anos para a informação reservada; (ii) de 15 (quinze) anos para a informação secreta e, (iii) de 25 (vinte e cinco) anos para a informação ultrassecreta. Findos tais prazos (ou eventual termo final aposto) a informação tornar-se-á, automaticamente, de acesso público.

Importante notar que o prazo máximo de sigilo previsto legalmente (e reproduzido no decreto regulamentar) é de 25 (vinte e cinco) anos, não podendo ser aumentado por ato infralegal.

Ademais, as informações que puderem colocar em risco a segurança do Presidente e Vice-Presidente da República, bem como respectivos cônjuges e filhos, serão classificadas como reservadas e ficarão sob sigilo até o término do mandato em exercício ou do último mandato, em caso de reeleição.

Considerando que o prazo máximo de sigilo da informação é de 25 (vinte e cinco) anos, qual a razão de ser da divulgação a respeito da necessidade de se revogar o decreto de 100 anos de sigilo?

Pois bem. O cerne da questão controversa gira em torno da própria lei que regulamenta o dispositivo constitucional sob apreciação.

O tratamento das informações pessoais deve ser feito de forma transparente e com respeito à intimidade, vida privada, honra e imagem das pessoas, bem como às liberdades e garantias individuais. E **essas informações pessoais relativas à intimidade, vida privada, honra e imagem**, *terão seu acesso restrito, independentemente de classificação de sigilo e prazo máximo de 100 (cem) anos* a contar da sua data de produção, a agentes públicos legalmente autorizados e à pessoa a que elas se referirem. E mais: essas informações poderão ter autorizada sua divulgação ou acesso por terceiros diante de previsão legal ou consentimento expresso da pessoa a que eles se referirem.

Em se tratando de informações pessoais relativas à intimidade, vida privada, honra e imagem, a própria lei estabelece que **haverá restrição ao acesso** daquelas, **independentemente de classificação** e **pelo prazo máximo de 100 (cem) anos**, *sem que haja necessidade da expedição de qualquer ato regulamentar (decreto)*, para tanto.

Portanto, não há que se falar em revogação do "decreto de 100 anos de sigilo", pois nunca existiu referido decreto, haja vista que esse prazo específico de até 100 (cem) anos está previsto na Lei n.º 12.527/11, somente podendo ser afastados nas hipóteses previstas taxativamente ou com eventual revogação da atual legislação.

Quadro Sinótico

DIREITOS E GARANTIAS FUNDAMENTAIS	
Considerações iniciais	O *caput* do art. 5.º da CF preceitua que: "*Todos são iguais perante a lei, sem distinção de qualquer natureza, garantindo-se aos brasileiros e aos estrangeiros residentes no País a inviolabilidade do direito à vida, à liberdade, à igualdade, à segurança e à propriedade, nos termos seguintes (...)*". O entendimento consolidado do Supremo Tribunal Federal, bem como da doutrina pátria, é de se destacar que a regra insculpida no *caput* do art. 5.º da CF abrange, não apenas e tão somente os *brasileiros* (natos e naturalizados) e *estrangeiros residentes no território nacional*, como também *toda e qualquer pessoa que aqui esteja em trânsito, nos limites de nossa soberania*. Da mesma forma, esse espectro de proteção pode incidir tanto sobre as *pessoas físicas*, quanto *jurídicas* e *entes estatais*, desde que haja compatibilidade com essas últimas. Por fim, é de se destacar que as *empresas estrangeiras* também gozam desses direitos, podendo, entretanto, sofrer tratamento diferenciado (p.ex., art. 222, *caput*, da CF). Não obstante a existência de normas constitucionais de eficácia limitada, parcela da doutrina sustenta que *todos os direitos fundamentais devem alcançar imediata aplicação*, cabendo aos poderes públicos a obrigação de conferir a máxima eficácia a todas as normas definidores desses direitos, tendo como fundamento o disposto no § 1.º do art. 5.º da CF. Tendo em vista o disposto no § 2.º do art. 5.º da Magna Carta, chegamos à conclusão que o rol dos direitos e garantias fundamentais constantes na Constituição Federal é **meramente exemplificativo**, haja vista a possibilidade de ampliação, seja através do regime e princípios por ela adotados, seja pela incorporação de tratados internacionais ao ordenamento jurídico brasileiro. Por fim, frise-se que os *tratados* ou *convenções internacionais sobre direitos humanos* forem incorporados em nosso ordenamento jurídico brasileiro, seguindo-se o processo de tramitação para aprovação de uma emenda constitucional, terão **status de normas constitucionais**.

O Estado de Coisas Inconstitucional	Ele ocorre quando se verifica a existência de um quadro de *violação generalizada* e *sistêmica dos direitos fundamentais*, causado pela inércia ou incapacidade reiterada e persistente das autoridades públicas em modificar a conjuntura, de modo que apenas transformações estruturais do Poder Público e a atuação de uma pluralidade de autoridades podem modificar a situação inconstitucional. Tem por *finalidade* a construção de "***soluções estruturais***" voltadas à superação desse lamentável quadro de violação massiva de direitos das populações vulneráveis em face das omissões do poder público.
Direitos e Garantias Fundamentais em Espécie	**Direito à vida -** O direito à vida vem previsto no *caput* do art. 5.º da nossa Constituição Federal, sendo o principal direito fundamental, pois a partir dele advêm todos os demais direitos e garantias fundamentais. Apenas e tão somente o *ser humano* é titular de referido direito fundamental. Esse direito é composto por uma série de outros direitos, quais sejam: *de permanecer vivo*, *a uma vida digna* e *de agir em defesa da própria vida*. Ao lado desses direitos, existem os deveres do Estado de respeitar e preservar a vida do indivíduo, bem como o dos demais indivíduos de respeitarem e preservarem a vida de outrem. Ao julgar a Ação de Descumprimento de Preceito Fundamental n.º 54, por 08 (oito) votos a 02 (dois) os Ministros entenderam que não é crime interromper a gravidez de fetos anencéfalos, ou seja, os médicos que fizerem a cirurgia e as gestantes que decidirem interromper a gravidez não cometerão crime de aborto. O principal fundamento é que *não há a possibilidade de vida do feto fora do útero*. Registre-se que a despeito do Ministro Gilmar Mendes ter votado pela descriminalização da prática, ele entendeu que a conduta configura aborto sim. Para o Ministro o aborto de feto anencéfalo pode ser enquadrado no art. 128, II, do Código Penal, o qual afirma que não se pune o aborto praticado por médico se não há outro meio de salvar a vida da gestante. **Direito à igualdade** - compreende o *direito a que todos os indivíduos possuem ter o mesmo tratamento, na medida em que se igualem, bem como um tratamento desigual na medida em que se desigualem*. Para se alcançar efetivamente a igualdade não basta limitar-se à lei (em sentido amplo), não se contentando com a denominada ***igualdade formal***, ou seja, com a igualdade perante a ordem jurídica vigente. É imprescindível que se alcance, também, a denominada ***igualdade material***, isto é, a possibilidade de se oportunizar o acesso aos bens da vida, haja vista que todas as pessoas nascem iguais em dignidade e direitos.

Direitos e Garantias Fundamentais em Espécie	**Direito à legalidade** - sua aplicabilidade terá *incidência distinta no âmbito privado* e *no âmbito da administração pública*. No âmbito privado o princípio da legalidade deve ser compreendido como a possibilidade em se fazer tudo aquilo que a lei não proibir. De outro vértice, no âmbito da administração pública o administrador somente poderá fazer aquilo que for autorizado por lei, não podendo adotar solução diversa da prevista, ainda que entenda mais benéfico. **Proibição da tortura -** impõe tanto ao Estado quanto aos demais indivíduos que se abstenham da prática de atos que se caracterizem como tortura. Importante consignar que a vedação à tortura é *uma exceção à regra da relatividade dos direitos fundamentais*, pois em hipótese alguma será admissível sua utilização. Inclusive, a **jurisprudência do Supremo Tribunal Federal** já se posicionou que a proibição da tortura é considerada um **direito fundamental absoluto.** **Liberdade de manifestação de opinião ou pensamento -** é considerado como sendo a *proteção à possibilidade de se exprimir e divulgar, livremente, suas convicções individuais, bem como seus pensamentos, sem que haja um controle Estatal prévio*. A despeito da vedação (ao anonimato) constante na parte final do dispositivo, a jurisprudência do STJ e do STF afirma que não há ilegalidade em iniciar investigações preliminares com base em "denúncia anônima" a fim de se verificar a plausibilidade das alegações contidas no documento apócrifo. **Direito à privacidade** – O direito fundamental em tela vem previsto no inciso X do art. 5.º da CF, dispositivo esse que contempla também a vida privada, a honra e a imagem das pessoas. A privacidade relaciona-se com a plena autonomia do indivíduo em reger sua vida do modo que melhor entender, preservando-a no aspecto familiar. **Inviolabilidade do domicílio** - tem por escopo proteger a casa de invasão por parte de terceiros, sendo que, como regra, somente será possível o ingresso em uma residência se houver consentimento expresso do morador. A expressão *casa* não se restringe apenas ao domicílio do indivíduo, devendo abranger também escritórios, oficinas, garagens, quartos de hotéis, dentre outros. A despeito da necessidade de consentimento do morador, o próprio dispositivo constitucional traz algumas situações em que é possível o ingresso em residência alheia à revelia daquele. Conforme o próprio dispositivo constitucional, ainda que não haja consentimento do morador, poderá haver o ingresso em domicílio alheio nas seguintes situações: (a) no caso de flagrante delito, desastre ou para prestar socorro, independentemente de autorização do morador ou de ordem judicial, a qualquer horário; ou, (b) durante o dia, por determinação judicial.

Direitos e Garantias Fundamentais em Espécie	**Sigilo de correspondência e das comunicações** - como regra, é inviolável o sigilo das correspondências, das comunicações telegráficas e das comunicações de dados (sigilo fiscal e bancário). Entretanto, assim como os demais direitos fundamentais, é admissível a quebra dos mesmos. A LC n.º 105/01 dispõe sobre o sigilo bancário, trazendo as hipóteses em que há a possibilidade de ser decretada sua quebra (é uma exceção ao direito de intimidade previsto no inciso X do art. 5.º da CF). No tocante ao sigilo fiscal, a inviolabilidade por ser afastada para fiscalização da Administração Tributária (cf. arts. 198 e 199 do Código Tributário Nacional). Com base nos atuais posicionamentos do STF e STJ, não restam dúvidas de que é possível a solicitação direta de informações feitas pela Receita junto às instituições bancárias, sem prévia autorização, para fins de instrução de *processo administrativo fiscal*. Após o julgamento final do RE 1055941/SP o Supremo Tribunal Federal entendeu ser constitucional o compartilhamento dos relatórios de inteligência financeira, bem como da íntegra do procedimento administrativo fiscalizatório por parte do Fisco com órgãos de persecução penal para fins penais, *sem obrigatoriedade de prévia autorização judicial*. Nesse caso, contudo, deverão ser adotadas as medidas necessárias para o resguardo do sigilo das informações em procedimentos formalmente instaurados e sujeitos a um posterior controle por parte do Poder Judiciário. Ademais, o STF decidiu que esse compartilhamento deverá ser feito unicamente por intermédio de comunicações formais, com garantia de sigilo, certificação do destinatário e estabelecimento de instrumentos efetivos de apuração e correção de eventuais desvios. É possível também a quebra de sigilo das comunicações telefônicas, sendo que os requisitos autorizadores se encontram insculpidos na Lei n.º 9.296/96, sem nos olvidarmos dos pressupostos constitucionais trazidos no próprio dispositivo em comento. **Direito de reunião** - Referido direito vem consagrado em nosso texto constitucional (art. 5.º, XVI), sendo que todos podem reunir-se pacificamente, sem armas, em locais abertos ao público, independentemente de autorização, desde que não frustrem outra reunião anteriormente convocada para o mesmo local, sendo apenas exigido prévio aviso à autoridade competente. **Direito à segurança jurídica** - tem por finalidade a *garantia da certeza e estabilidade das relações jurídicas, bem como a proteção à confiança*. É imprescindível que o Poder Público garanta o respeito à estabilidade das relações jurídicas já constituídas, bem como a obrigação de antecipar os efeitos das decisões que interferirão nos direitos e liberdades dos indivíduos. **Direitos assegurados aos presos** - podemos destacar os constantes nos incisos XLIV, L, LXII, LXIII e LXIL, do art. 5.º da Carta Magna, direitos esses assegurados aos *presos*, tantos os *provisórios* quantos os *definitivos*. Ressalte-se que referidos direitos devem ser observados desde o primeiro momento em que a pessoa tiver cerceada sua liberdade de locomoção (p.ex., prisão em flagrante) até o término de cumprimento de sua pena, se acaso houver sido condenada criminalmente.

Direitos e Garantias Fundamentais em Espécie	**Vedação às provas ilícitas** - As provas ilícitas devem ser retiradas do processo (judicial ou administrativo), não devendo influenciar o convencimento do julgador. Segundo a doutrina o gênero é a *prova ilegal*, ao passo que as *provas ilícitas* e *ilegítimas* são consideradas espécies daquela. As *provas ilícitas* são aquelas colhidas com violação a normas de direito material (p.ex. grampo telefônico), sendo que as *provas ilegítimas* são aquelas colhidas com violação às normas de direito processual (p.ex. juntada de provas no processo após a fase adequada). **Identificação criminal** - a identificação criminal somente será possível se (a) inexistir identificação civil ou (b) incidindo em uma das hipóteses elencadas na Lei n.º 12.037/09 (atual lei que rege a identificação criminal). **Extradição** - ela deve ser entendida, de uma maneira sucinta, como sendo a entrega de um indivíduo a outro país (solicitante), no qual praticou determinado crime, para que seja lá julgado, com a aplicação das leis desse país. É possível, ainda, que o próprio estrangeiro se entregue de forma espontânea. Partindo-se da regra constitucional em comento, podemos chegar às seguintes conclusões: (a) o estrangeiro poderá ser extraditado por crime comum, independentemente do momento da prática desse; (b) o brasileiro nato nunca poderá ser naturalizado; e, (c) a extradição de brasileiro naturalizado por comprovado envolvimento em tráfico de drogas independe do momento consumativo do crime. **Prisão criminal** - a prisão decorrente da prática de infração penal somente é admissível, em nosso ordenamento jurídico, em *virtude de flagrante delito* ou *de ordem escrita e fundamentada de autoridade judiciária competente* (p.ex., mandado de prisão preventiva). Registre-se que essa garantia está relacionada à prisão cautelar. **Prisão civil** - não obstante a Constituição Federal admita duas modalidades de prisão civil, a *única modalidade de prisão civil atualmente admitida* em nosso ordenamento jurídico pátrio é a decorrente de inadimplemento voluntário e inescusável de obrigação alimentícia. Nesse ponto, atentar para o Enunciado da Súmula Vinculante n.º 25 do STF.

Direitos e Garantias Fundamentais em Espécie	**Direito da não culpabilidade** - garante que *ninguém será considerado culpado até o trânsito em jugado de sentença penal condenatória.* A despeito da existência desse princípio, ao longo de muito tempo, discutiu-se na doutrina e na jurisprudência se a prisão cautelar, ou seja, antes do trânsito em julgado da sentença condenatória (execução provisória da pena), viola ou não aquele. O atual posicionamento do STF não admite a execução provisória da pena. Contudo, *é possível que o réu condenado seja preso antes do trânsito em julgado*, desde que presentes os requisitos autorizativos da prisão provisória (art. 312 do CPP), demonstrados em decisão judicial individualmente fundamentada. **Direito genérico à informação** – todos possuem direito a receber dos órgãos públicos informações de seu interesse particular, ou de interesse coletivo ou geral, que serão prestadas no prazo da lei, sob pena de responsabilidade, ressalvadas aquelas cujo sigilo seja imprescindível à segurança da sociedade e do Estado. Trata-se de um direito fundamental relativo, sendo que compete à própria norma infraconstitucional estabelecer as hipóteses em que não haverá o fornecimento das informações solicitadas.

EXERCÍCIOS

Questões

1. (PC/GO – Delegado de Polícia – UEG – 2018) – O sigilo bancário pode ser levantado independentemente de autorização judicial, mas de forma devidamente regulamentada:

a) Pela Receita Federal, pelo Fisco Estadual e pela CPI federal, estadual ou distrital;

b) Pelo Delegado de Polícia, pelo membro do Ministério Público e pela CPI municipal.

c) Pelo Delegado de Polícia, pela Receita Federal e pelo membro do Ministério Público.

d) Pelo Delegado de Polícia, pelo Fisco Estadual e pela CPI federal, estadual ou distrital.

e) Pelo Tribunal de Contas da União, pela Receita Federal e pela CPI federal, estadual, distrital ou municipal.

2. (PC/GO – Delegado de Polícia – UEG – 2018) – A Constituição (CRFB) admite como possível a pena de:

a) Interdição de direitos, ainda que de caráter perpétuo.

b) Prestação social alternativa, na modalidade de trabalho forçado.

c) Morte em caso de guerra declarada.

d) Banimento, considerada suspensão ou interdição de direitos.

e) Privação da liberdade, independentemente de assegurar-se ao preso o respeito à sua integridade física e moral.

3. (PC/GO – Delegado de Polícia – UEG – 2018) – A polícia pode entrar em domicílio à noite sem o consentimento do morador, segundo a Constituição (CRFB), o Supremo Tribunal Federal (STF) e o Superior Tribunal de Justiça (STJ), se:

a) Fundadas razões, formalmente justificadas *a posteriori*, indicarem a ocorrência de crime permanente.

b) Houver determinação judicial de prisão do morador.

c) Passadas as 18 horas, o crepúsculo ainda não tiver acontecido, em virtude do horário de verão.

d) O morador não reivindicar verbalmente a inviolabilidade do domicílio ou estiver em um quarto de hotel.

e) A intuição da autoridade policial apontar para possível ocorrência de tráfico de drogas no interior da residência, o que configura flagrante delito.

4. (PC/RO - Delegado de Polícia - FUNCAB - 2014) - Com relação ao tema "direitos individuais e coletivos" na Constituição Federal de 1988, assinale a alternativa correta.

a) É ilícita a prisão civil de depositário infiel, qualquer que seja a modalidade do depósito.
b) A Constituição prevê que a votação no júri se dê por votação pública.
c) Ao júri é assegurado a competência para julgamento de todos os crimes contra a vida.
d) Não haverá juízo ou tribunal de exceção, salvo em tempo de guerra.
e) O exercício de qualquer trabalho depende de autorização da repartição competente.

5 - (PF – Agente de Polícia Federal – CESPE – 2014) - Mesmo sem o consentimento do proprietário, é permitido ao agente entrar no escritório profissional onde se encontrem os objetos de busca e apreensão.

( ) Certo
( ) Errado

6 - (PF – Agente de Polícia Federal – CESPE – 2014) - O agente poderá acessar o conteúdo de correspondências encontradas no escritório profissional do investigado, uma vez que está prevista na CF, de forma expressa, a possibilidade de violação do sigilo das correspondências quando houver ordem judicial em processo penal.

( ) Certo
( ) Errado

7 – (PC/PB – Agente de Investigação e Agente de Polícia – CESPE – 2009) - A CF estabelece a garantia da inviolabilidade domiciliar, porém autoriza a violação do lar durante o período noturno:

a) Por meio de determinação judicial.
b) Por meio de autorização ou determinação do MP.
c) Para cumprimento de diligência policial.
d) Em caso de desastre.
e) Em caso de descumprimento de lei.

8 - (PC/MG - Escrivão de Polícia Civil - FUMARC - 2018) - Foram disposições acrescentadas no art. 5º da Constituição Federal de 1988, por meio da Emenda Constitucional n. 45, de 2004, **EXCETO**:

a) A todos, no âmbito judicial e administrativo, são assegurados a razoável duração do processo e os meios que garantam a celeridade de sua tramitação.

b) As normas definidoras dos direitos e das garantias fundamentais têm aplicação imediata.

c) O Brasil se submete à jurisdição de Tribunal Penal Internacional a cuja criação tenha manifestado adesão.

d) Os tratados e as convenções internacionais sobre direitos humanos que forem aprovados, em cada Casa do Congresso Nacional, em dois turnos, por três quintos dos votos dos respectivos membros, serão equivalentes às emendas constitucionais.

9 - (PC/SP - Escrivão de Polícia Civil - VUNESP - 2018) - Tendo em vista o disposto na Constituição Federal a respeito dos direitos e deveres individuais e coletivos, assinale a alternativa correta.

a) A prática do racismo constitui crime inafiançável, imprescritível e insuscetível de graça ou anistia, sujeito à pena de reclusão, nos termos da lei.

b) É garantido o sigilo das comunicações telefônicas e das comunicações telegráficas, de dados e da correspondência, salvo, no último caso, por ordem judicial, para fins de investigação criminal ou instrução processual penal.

c) É garantido o direito de reunião de forma pacifica, sem armas, em locais abertos ao público, desde que devidamente autorizado pela autoridade competente, e que não frustrem outra reunião convocada para o mesmo local.

d) A inviolabilidade de domicílio garante que a casa não pode ser penetrada, sem consentimento do morador, salvo em caso de flagrante delito ou desastre, ou para prestar socorro ou, de dia ou à noite, com ordem judicial.

e) Ninguém será preso senão em flagrante delito ou por ordem escrita e fundamentada de autoridade judiciária competente, salvo nos casos de transgressão militar ou crime propriamente militar, definidos em lei.

10 - (PC/RS - Escrivão e Inspetor de Polícia - FDRH - 2013) - Assinale a alternativa **INCORRETA**.

a) São requisitos constitucionais autorizadores da interceptação das comunicações telefônicas, conforme artigo 5°, inciso XII: mediante ordem judicial; nas hipóteses e na forma que a lei estabelecer; para fins de investigação criminal ou instrução processual penal.

b) O uso de algemas só é lícito em casos de resistência e de fundado receio de fuga ou de perigo à integridade física própria ou alheia, por parte do preso ou de terceiros, sendo dispensada qualquer outra formalidade, consoante o texto da súmula vinculante n° 11 do Supremo Tribunal Federal.

c) É direito do defensor, no interesse do representado, ter acesso amplo aos elementos de prova que, já documentados em procedimento investigatório realizado por órgão com competência de polícia judiciária, digam respeito ao exercício do direito de defesa.

d) Segundo o Supremo Tribunal federal, é ilícita a prisão civil de depositário infiel, qualquer que seja a modalidade de depósito, não obstante o texto original do artigo 5°, LXVII ("*não haverá prisão civil por dívida, salvo a do responsável pelo inadimplemento voluntário e inescusável de obrigação alimentícia e a do depositário infiel*"), da Constituição Federal.

e) O preceito constitucional que inadmite, no processo, as provas obtidas por meios ilícitos, de acordo com o artigo 5°, inciso LVI, é extensivo, em sua interpretação, para a ilicitude da prova derivada daquela.

11 – (PC/SP – Médico Legista – VUNESP – 2022) - Assinale a alternativa correta a respeito dos direitos e garantias individuais e coletivos.

a) Durante o período de amamentação, as presidiárias terão direito à liberdade provisória para que possam permanecer com seus filhos.

b) Nenhum brasileiro será extraditado, salvo o naturalizado nos casos de transgressão militar ou crime propriamente militar, definidos em lei, sendo vedada a extradição por crime político ou de opinião.

c) São gratuitas as ações de *habeas-corpus* e o mandado de segurança, bem como os atos necessários ao exercício da cidadania.

d) Ninguém será levado à prisão ou nela mantido, quando a lei admitir a liberdade provisória, com ou sem fiança, tendo o preso direito à assistência da família e de advogado.

e) O preso será informado de seus direitos, entre eles o de ficar calado, sendo vedada, entretanto, a identificação dos responsáveis por sua prisão.

12 – (PC/RJ – Delegado de Polícia – CESPE/CEBRASPE – 2022) - Acerca dos direitos fundamentais, assinale a opção correta.

a) A fundamentalidade material dos direitos fundamentais decorre da circunstância de serem os direitos fundamentais elemento constitutivo da Constituição material, contendo decisões fundamentais sobre a estrutura básica do Estado e da sociedade.
b) A noção da fundamentalidade material não permite a abertura da Constituição a outros direitos fundamentais não constantes do seu texto.
c) A noção da fundamentalidade formal não permite a abertura da Constituição a outros direitos fundamentais não constantes do seu texto.
d) A fundamentalidade material não possui aplicabilidade imediata.
e) A noção da fundamentalidade formal dos direitos fundamentais não os submete aos limites formais e materiais do poder de reforma constitucional.

13 - (PC/ES – Delegado de Polícia – CESPE/CEBRASPE – 2022) – assinale a opção correta a respeito dos direitos e garantias fundamentais.

a) A existência de denúncia anônima da prática de tráfico de drogas configura fundada razão a autorizar o ingresso policial no domicílio do denunciado sem o seu consentimento ou sem determinação judicial.
b) É vedado ao Poder Judiciário impor à administração pública obrigação de executar obras emergenciais em estabelecimentos prisionais, em razão do postulado da reserva do possível.
c) É inconstitucional o compartilhamento, sem autorização judicial, de procedimento fiscalizatório da Receita Federal do Brasil com a polícia.
d) A omissão injustificada da administração pública em providenciar a disponibilização de banho quente nos estabelecimentos prisionais fere a dignidade dos presos sob sua custódia.
e) Veículo de imprensa não possui direito líquido e certo a obter dados públicos sobre óticos relacionados a ocorrências policiais.

14 - (PC/RJ – Delegado de Polícia – CESPE/CEBRASPE – 2022) - Com relação ao direito à igualdade, expressamente previsto no art. 5.º da Constituição Federal de 1988, assinale a opção correta.

a) Para garantir a efetividade do princípio da igualdade, a Constituição Federal de 1988 não prevê nenhuma norma que trate homens e mulheres de maneira diferenciada. O mencionado princípio da igualdade deve ser considerado de forma absoluta, não se admitindo, em nenhuma hipótese, qualquer forma de diferenciação entre os sexos.
b) O princípio constitucional da igualdade está direcionado exclusivamente ao legislador, pois o Poder Legislativo é o responsável pela formatação

do ordenamento jurídico a partir das regras estabelecidas no art. 59 e seguintes da Constituição Federal de 1988.

c) O princípio da igualdade está direcionado exclusivamente aos órgãos da administração pública, considerando-se ser ela a responsável por aplicar o ordenamento jurídico no caso concreto, mediante atos administrativos, visando à realização do interesse público.

d) Embora o princípio da igualdade esteja direcionado a toda a administração pública, é possível que, em determinadas situações, mesmo que não haja um motivo legitimador, ocorram certas diferenciações na seleção de candidatos a ocuparem cargos públicos. Nesse caso específico, a administração pública disporá de discricionariedade ilimitada para escolher os candidatos mais aptos, observando que os agentes públicos que ocupam cargos na estrutura do Estado são os responsáveis pela realização do interesse público.

e) Analisando-se o princípio da igualdade com relação ao particular, verifica-se que este não poderá tratar os demais membros da sociedade de maneira discriminatória, atingindo direitos fundamentais por meio de condutas preconceituosas, sob pena de responsabilização civil e até mesmo criminal, quando o ato for tipificado como crime. Assim, é vedado ao particular, na contratação de empregados, por exemplo, utilizar qualquer critério discriminatório com relação a sexo, idade, origem, raça, cor, religião ou estado civil.

15 - (PC/RJ – Delegado de Polícia – CESPE/CEBRASPE – 2022) - O *caput* do art. 5.º, iniciando o Título II da Constituição Federal de 1988, referente aos direitos e garantias fundamentais, estabelece, de forma expressa, que todos são iguais perante a lei, sem distinção de qualquer natureza, garantindo-se aos brasileiros e aos estrangeiros residentes no Brasil determinados direitos. A respeito desse assunto, assinale a opção correta.

a) Embora o ordenamento jurídico estabeleça que as pessoas jurídicas são detentoras de personalidade jurídica, o texto constitucional garante a plenitude de direitos apenas às pessoas físicas. Sendo assim, as pessoas jurídicas têm seus direitos garantidos apenas com base na legislação infraconstitucional.

b) O texto constitucional é claro ao prever que apenas os estrangeiros residentes no Brasil dispõem de todos os direitos garantidos aos brasileiros. Assim, os estrangeiros não residentes no Brasil estarão submetidos apenas ao ordenamento jurídico de seu país de origem.

c) Os direitos e garantias fundamentais destinam-se à proteção do ser humano em sua totalidade. Assim, uma interpretação teleológica e lógico-sistemática permite afirmar que os direitos e garantias fundamentais têm como destinatários não apenas os brasileiros, mas também os estrangeiros, residentes ou não no Brasil, e apátridas, caso se encontrem dentro do território nacional.

d) Decisão recente do Supremo Tribunal Federal reconhece como beneficiários dos direitos e garantias fundamentais acolhidos pela Constituição Federal de 1988 não somente os brasileiros e estrangeiros residentes no Brasil, mas também os estrangeiros de passagem pelo território brasileiro, desde que haja, nesse caso, tratado internacional entre o Brasil e o país de origem do estrangeiro, para que ele tenha preservados seus direitos.

e) Uma análise sistematizada do texto constitucional permite afirmar que os estrangeiros não residentes no Brasil são detentores de direitos, limitados, no entanto, àqueles que dizem respeito à vida e à integridade física, em razão do que dispõe o inciso III do art. 1.º da Carta Política, ao tratar da dignidade da pessoa humana como princípio fundamental da República Federativa do Brasil.

16 - (PC/RJ – Delegado de Polícia – CESPE/CEBRASPE – 2022) - Suponha que, em determinada operação policial, entenda ser necessária a entrada forçada em domicílio de determinada pessoa, com a realização de busca e apreensão, no período noturno, sem mandado judicial, por supostamente estar ocorrendo situação de flagrante delito. Nessa situação, as razões para a entrada domiciliar devem ser justificadas:

a) *a posteriori*, e, se consideradas ilícitas, haverá responsabilidade disciplinar e penal da autoridade policial, embora os atos praticados sejam considerados válidos.

b) *a posteriori*, e, se consideradas ilícitas, haverá responsabilidade disciplinar, civil e penal da autoridade policial, e os atos praticados serão considerados nulos.

c) antes da entrada, e, se consideradas ilícitas, os atos praticados serão considerados nulos, e a autoridade policial deverá responder disciplinarmente, mas não na esfera civil ou penal.

d) antes da entrada, e, se consideradas ilícitas, a autoridade policial deverá responder civil e penalmente, ainda que os atos praticados sejam considerados válidos.

e) antes da entrada, e, se consideradas ilícitas, haverá responsabilidade disciplinar, civil e penal da autoridade policial, embora os atos praticados sejam considerados válidos.

17 - (PC/RJ – Delegado de Polícia – CESPE/CEBRASPE – 2022) - Suponha que determinado canal na internet esteja divulgando a história de um crime que tenha ocorrido, em município brasileiro, há mais de 50 anos. Suponha, ainda, que a informação acerca desse fato verídico tenha sido licitamente obtida e divulgada e que o condenado pelo crime ajuíze ação na qual solicite a suspensão da divulgação do fato, alegando ter direito constitucional ao esquecimento. Nessa situação, a referida alegação é:

a) procedente, pois o referido direito embasa-se na proteção da honra individual.
b) improcedente, pois a ideia de um direito ao esquecimento é incompatível com a Constituição.
c) procedente, visto que o referido direito justifica-se pela proteção da imagem da pessoa.
d) procedente, dado o princípio da inviolabilidade da privacidade humana.
e) improcedente, visto que os parâmetros constitucionais não incluem a proteção da personalidade em geral.

18 – (PC/RJ – Perito Legista – FGV – 2021) - O grupo "Amigos da Diversidade" decidiu realizar manifestação pacífica na praça mais importante da Cidade Alfa, no último domingo do próximo mês. Após a tomada de decisão, surgiu uma dúvida, no âmbito da liderança, a respeito dos procedimentos a serem adotados. João, integrante do grupo e profundo conhecedor da ordem constitucional, explicou, corretamente, que a manifestação:

a) é projeção do princípio democrático, não carecendo de prévio aviso a qualquer autoridade pública ou mesmo de autorização;
b) pode ser realizada na praça, desde que o requerimento seja apresentado e deferido pela autoridade competente até trinta dias antes;
c) pode ser livremente realizada, mas em local privado, não na praça, isso sob pena de privar o restante da coletividade da fruição desse espaço;
d) não depende de autorização de qualquer órgão público, sendo exigida apenas a realização de prévio aviso à autoridade competente;
e) pode ser realizada na praça, desde que o uso seja autorizado pela autoridade competente, com o correlato pagamento da taxa de uso exclusivo, fixada em valores módicos.

19 – (PC/MG – Delegado de Polícia – FUMARC – 2021) - Em virtude do crime que cometeu onze meses atrás no Estado do XZ, "Beta" estava morando num quarto de hotel. A autoridade policial, avisada do local do seu esconderijo, invadiu o quarto e efetuou a prisão de "Beta" durante o dia, conforme prevê a Constituição Federal, porque:

a) "Beta" encontrava-se em flagrante delito e, assim, a polícia podia ingressar no quarto, mesmo sem autorização judicial para efetuar a prisão.
b) a polícia tem poder suficiente para ingressar e efetuar a prisão no interior de quarto de hotel, por não se enquadrar no conceito constitucional de "casa", portanto, inviolável.
c) dada a prática de crime, podia ingressar no local, mesmo sem autorização judicial para efetuar a prisão.
d) estava amparada por determinação judicial fundamentada, que permitia seu ingresso na casa para efetuar a prisão.

20 - (PC/MG – Delegado de Polícia – FUMARC – 2021) - O delegado de polícia requisitou para o Juiz de Direito competente a violação do sigilo da correspondência, das comunicações telegráficas, de dados e das comunicações telefônicas de um sujeito que está sendo investigado criminalmente pela prática de determinado delito. Nos termos da Constituição Federal, este pedido poderá ser deferido **apenas** para:
a) a quebra do sigilo de comunicações telefônicas.
b) os casos de quebra de sigilo de correspondência, comunicações telegráficas, de dados e das comunicações telefônicas.
c) os casos de quebra de sigilo de dados, comunicações telefônicas e comunicações telegráficas.
d) os casos de quebra do sigilo de correspondência e comunicações telefônicas.

Gabarito e Explicação

Questão	Gabarito	Abordagem do assunto no livro
1	A	Capítulo 3
2	C	Capítulo 3
3	C	Capítulo 3
4	A	Capítulo 3
5	Certo	Capítulo 3
6	Errado	Capítulo 3
7	D	Capítulo 3
8	B	Capítulo 3
9	E	Capítulo 3
10	B	Capítulo 3
11	D	Capítulo 3
12	A	Capítulo 3
13	D	Capítulo 3
14	E	Capítulo 3
15	C	Capítulo 3
16	B	Capítulos 2 e 3
17	B	Capítulo 3
18	D	Capítulo 3
19	D	Capítulo 3
20	B	Capítulo 3

PARTE 9

DIREITOS SOCIAIS

Capítulo 1

Considerações Iniciais

Os denominados direitos sociais, espécie do gênero "Direitos e Garantias Fundamentais", estão previstos nos arts. 6º a 11 do texto constitucional, fazendo parte dos direitos fundamentais de *segunda dimensão*, ou seja, aqueles que surgem a partir de uma demanda ao Estado para que agisse positivamente (*status* positivo) visando garantir, através de sua atuação, um núcleo mínimo de direitos.

Os direitos sociais são:

> "(...) aquelas posições jurídicas que credenciam o indivíduo a exigir do Estado uma postura ativa, no sentido de que este coloque à disposição daquele, prestações de natureza jurídica ou material, consideradas necessárias para implementar as condições fáticas que permitam o efetivo exercício das liberdades fundamentais e que possibilitam realizar a igualização de situações sociais desiguais, proporcionando melhores condições de vida aos desprovidos de recursos materiais"[1].

Referidos direitos possuem *natureza prestacional*, isto é, concretizam-se a partir da atuação positiva do Estado, seja na prestação de serviços públicos e concretização de políticas públicas destinadas a concretização de tais direitos, seja através da intervenção nas relações privadas visando a garantia de um piso mínimo de direitos.

Impende mencionar aqui as características peculiares a eles, que são a *gradatividade* e a *dependência financeira*. Isto quer dizer que esses direitos são gradativa e gradualmente incorporados ao patrimônio jurídico de uma sociedade, por demandarem políticas públicas que os concretizem, bem como possuem dependência direta das reservas orçamentarias e financeiras Estatais, utilizadas para custear a prestação dos serviços.

Outra característica peculiar dessa espécie de direito diz respeito aos *limites de sua efetivação*. Como envolve a alocação de recursos, tem-se, a partir de uma

1. CUNHA JÚNIOR, Dirley da. *Curso de Direito Constitucional*. 12ª. ed. rev. ampl. e atual. Salvador: Juspodivm, 2018. P. 663.

regra lógica básica, que ao momento em que se despendem recursos em uma determinada área, são reduzidos os recursos de outra determinada área.

Importante consignar que, de acordo com recente regra inserida na CF (EC n.º 114/2021), todo brasileiro em situação de vulnerabilidade social terá direito a uma renda básica familiar, garantida pelo poder público em programa permanente de transferência de renda, cujas normas e requisitos de acesso serão determinados em lei, observada a legislação fiscal e orçamentária.

Capítulo 2

Direitos Sociais em Espécie

Tendo em vista o objetivo de nossa obra, bem como considerando que as perguntas nos concursos públicos versando sobre o presente tema são, basicamente, extraídas do texto constitucional, irei apenas dividir os direitos sociais dos trabalhadores em grandes grupos, remetendo o leitor ao art. 7.º da Constituição Federal.

Do estudo dos incisos do art. 7.º ora mencionado podemos dividir os direitos sociais dos trabalhadores nos seguintes grupos:

a) *Direito ao trabalho e à garantia de emprego* (incisos I, II, III e XXI);

b) *Direitos relativos ao salário do trabalhador* (incisos IV, V, VI, VII, VIII, IX, X, XII, XVI e XXIII);

c) *Direitos relativos ao repouso do trabalhador* (incisos XV, XVII, XVIII, XIX, XXIV);

d) *Direito à proteção do trabalhador* (incisos XX, XXII, XXVII, XXVIII e XXXIII).

Os demais direitos mencionados no referido dispositivo constitucional não se enquadram especificamente nos grupos acima, podendo ser considerados como sendo outros direitos sociais.

Registre-se que tais direitos não constituem um **rol** taxativo, mas sim **exemplificativo**, haja vista a própria redação do *caput* do art. 7.º

Ademais, é possível verificar a existência de *direitos sociais coletivos dos trabalhadores*, conforme se extrai da leitura dos arts. 8.º a 11 da Carta Magna.

Impende consignar que a despeito do extenso rol de direitos sociais dos trabalhadores, urbanos e rurais, o constituinte optou em dar tratamento diferenciado aos denominados *trabalhadores domésticos*, sendo que as pessoas que se enquadram nessa categoria não são titulares de todos aqueles direitos, por força do que dispõe o parágrafo único do próprio art. 7.º da CF. Em virtude disso, imperiosa uma leitura atenta de tais dispositivos.

Registre-se, ainda, que embora os direitos sociais constantes dos dispositivos constitucionais ora em comento sejam direcionados, a princípio, aos trabalhadores urbanos e rurais, bem como aos domésticos, há que observar que diversos deles também são extensíveis aos servidores públicos, *ex vi* do art. 39, § 3.º, da CF.

Quando iniciamos o estudo dos Direitos Sociais, é imprescindível que haja uma leitura conjunta com os dispositivos constantes no Título VIII da Constituição Federal, os quais são considerados também como direitos sociais. Em virtude disso é que podemos afirmar a existência dos denominados *direitos sociais da seguridade social* (saúde, assistência e previdência social), *à educação, à cultura, ao meio ambiente ecologicamente equilibrado, da criança, do adolescente, do jovem* e *do idoso.*

Importante registrar que ao julgar (em 09/10/2020) a ADI 2096/DF o Plenário do STF firmou entendimento de ser *constitucional a norma fundada no art. 7.º, XXIII, da CF, alterada por intermédio da EC n.º 20/1998, sendo vedado qualquer trabalho a menores de 16 (dezesseis) anos, salvo na condição da aprendiz, a partir de 14 (quatorze) anos.* De acordo com o julgado em questão o texto constitucional atribui à família, à sociedade e ao Estado o dever de assegurar, às crianças e aos adolescentes, em atenção e respeito à sua peculiar condição de pessoa em desenvolvimento, as condições materiais, afetivas, sociais e psicológicas necessárias ao acesso e à proteção ao direito à vida, à saúde, à alimentação, à educação, ao lazer, à profissionalização, à cultura, à dignidade, ao respeito, à liberdade e à convivência familiar e comunitária. Também lhes incumbe o dever de colocar a criança e o adolescente a salvo de toda forma de negligência, discriminação, exploração, violência, crueldade e opressão. Atendendo às diretrizes de caráter protetivo fundadas no art. 227, a EC 20/1998 modificou os critérios etários que definem a idade mínima para o regular início de atividades laborais. No desempenho de seu poder reformador, o Congresso Nacional proibiu a exploração de natureza estritamente econômica do trabalho infantil. As sequelas físicas, emocionais e sociais infligidas à criança e ao adolescente em decorrência da exploração do trabalho infantil, justificam a proteção especial e prioritária destinada a esse grupo vulnerável.

Ao julgar o RE 1.348.854/DF (rel. Min. Alexandre de Moraes, j. 12/5/2022) o STF firmou a tese de que *à luz do art. 227 da Constituição Federal, que confere proteção integral da criança com absoluta prioridade e do princípio da paternidade responsável, a licença maternidade, prevista no art. 7.º, XVIII, da CF/88, e regulamentada pelo art. 207 da Lei n.º 8.112/1990, estende-se ao pai genitor monoparental.*

Por fim, no que tange ao direito de greve interessante entendimento do STF de que *não há vício de iniciativa de lei na edição de norma de origem parlamentar que proíba a substituição de trabalhador privado em greve por servidor público.* (ADI 1164/DF, Rel. Min. Nunes Marques, julgamento virtual em 1º/4/2022)

Capítulo 3

Da Efetividade dos Direitos Sociais

Vimos no capítulo 1 do presente tema algumas características importantes dos denominados direitos sociais.

A partir dessas características, importante enfrentar um questionamento: ***o que fazer para que direitos fundamentais não fiquem à mercê exclusivamente de políticas públicas e opções governamentais?***

Nesse ponto, necessário mencionar os conceitos do mínimo existencial e da reserva do possível, limitadores dos direitos sociais.

O **princípio do mínimo existencial** deve ser compreendido como sendo a base e o alicerce da vida humana, tratando-se de um direito fundamental e essencial, inerente a todo ser humano. Ele está *ligado à ideia de justiça social.*

Tal princípio refere-se aos direitos ligados às necessidades sem as quais não é possível viver dignamente, objetivando-se garantir condições mínimas de existência humana digna. A partir dele, exige-se que o Estado ofereça condições (atuação positiva) para que haja *eficácia plena na aplicabilidade* de tais direitos.

Ele engloba o conjunto de prestações materiais necessárias e absolutamente essenciais para todo ser humano ter uma vida digna. Em virtude disso a doutrina afirma tratar-se de *núcleo do Princípio da Dignidade da Pessoa Humana*, princípio esse considerado um dos fundamentos de nosso Estado Democrático de Direito (art. 1.º, III, da CF).

Não obstante essa imposição constitucional para a efetivação dos direitos sociais, há que se consignar que ocorreu um crescimento muito elevado dos direitos fundamentais, ocasionando a falta de recursos do Estado para supri-los. E foi nesse contexto que nasceu o instituto da **reserva do possível** (**reserva do financeiramente possível** ou **reserva da consistência**), podendo ser entendido como *fenômeno limitador para a efetivação dos direitos fundamentais prestacionais.*

Nasceu na Alemanha, com o caso "Numerus Clausus I", julgado pelo Tribunal Constitucional da Alemanha, pois em 1960, em virtude do grande número de interessados em áreas como direito, medicina, farmácia e outras, foram impostos certos limites à quantidade de estudantes que ingressariam em determinados cursos universitários. Mas, como o artigo 12 da Lei Fundamental Alemã prevê que todo cidadão alemão tem o direito à livre escolha da profissão, os estudantes utilizaram esta argumentação. Ao enfrentar o caso concreto a Suprema Corte Alemã firmou o posicionamento de que *o indivíduo somente poderá requerer do Estado prestação que seja no limite do razoável.*

Infelizmente, de uma maneira corriqueira, o Poder Público alega que dificilmente terá condições de promover um atendimento integral, eficiente e digno para todos que dependam de seu suporte. E mais. Quando se depara com um direito fundamental amparado pelo mínimo existencial, o Poder Público acaba por invocar, como limitador da efetivação dos direitos sociais, a reserva orçamentária (capacidade econômica e possibilidade financeira).

Entretanto, é inconcebível a afirmação de que uma impossibilidade orçamentária remota ou inexistente do Poder Público em oferecer o mínimo existencial possa impedir a eficácia dos direitos fundamentais considerados essenciais. *É dever do Estado garantir ao indivíduo uma vida digna, competindo-lhe efetivar os direitos essenciais.*

Destaque-se que a **alegação de falta de suficiência orçamentária para a efetivação dos direitos fundamentais, *não vem sendo aceita pelo Poder Judiciário*.** Vejamos alguns julgados.

Ao julgar o RE 440028/SP, em 29/10/2013, a 1.ª Turma do STF firmou a seguinte tese:

> "É dever do Estado-membro remover toda e qualquer barreira física, bem como proceder a reformas e adaptações necessárias, de modo a permitir o acesso de pessoas com restrição locomotora à escola pública. Com base nessa orientação, a 1ª Turma deu provimento a recurso extraordinário em que discutido: a) se o ato de se determinar à Administração Pública a realização de obras significaria olvidar o princípio da separação dos Poderes, porquanto se trataria de ato discricionário; b) se necessário o exame de disponibilidade orçamentária do ente estatal. Consignou-se que a Constituição (artigos 227, § 2º, e 244), a Convenção Internacional sobre Direitos das Pessoas com Deficiência, a Lei 7.853/1989; e as Leis paulistas 5.500/1986 e 9.086/1995 asseguram o direito das pessoas com deficiência ao acesso a prédios públicos. Frisou-se o dever de a Administração adotar providências que viabilizassem essa acessibilidade. Pontuou-se presente o controle jurisdicional de políticas públicas. Asseverou-se a existência de todos os requisitos a viabilizar a incursão judicial nesse campo, a saber: a natureza constitucional da política pública reclamada; a existência de correlação entre ela e os direitos fundamentais; a prova de que haveria omissão ou prestação deficiente pela Administração Pública, inexistindo justificativa razoável para esse comportamento. Destacou-se a promulgação, por meio do Decreto 6.949/2009, da Convenção Internacional sobre os Direitos das Pessoas com Deficiência e seu Protocolo Facultativo, incorporado ao cenário normativo brasileiro segundo o procedimento previsto no § 3º do art. 5º da Constituição. Ressalvou-se o

disposto no artigo 9º do mencionado decreto. Sublinhou-se que, ao remeter à lei a disciplina da matéria, a Constituição não obstaculizou a atuação do Poder Judiciário, em especial quando em debate a dignidade da pessoa humana e a busca de uma sociedade justa e solidária (CF, artigos 1º, III, e 3º, I). Reputou-se que as normas definidoras dos direitos e garantias fundamentais teriam aplicação imediata, sem que fossem excluídos outros direitos decorrentes do regime e dos princípios por ela adotados ou dos tratados internacionais de que a República Federativa do Brasil fosse parte (CF, art. 5º, §§ 1º e 2º). Assinalou-se que o acesso ao Judiciário para reclamar contra lesão ou ameaça de lesão a direito seria cláusula pétrea. Observou-se que a acessibilidade, quando se tratasse de escola pública, seria primordial ao pleno desenvolvimento da pessoa (CF, art. 205). Lembrou-se que o art. 206, I, da CF asseguraria, ainda, a 'igualdade de condições para o acesso e permanência na escola'. Registrou-se que barreiras arquitetônicas que impedissem a locomoção de pessoas acarretariam inobservância à regra constitucional, a colocar cidadãos em desvantagem no tocante à coletividade. Concluiu-se que a imposição quanto à acessibilidade aos prédios públicos seria reforçada pelo direito à cidadania, ao qual teriam jus as pessoas com deficiência".

Seguindo o precedente acima do STF, no ano de 2014 o Superior Tribunal de Justiça proferiu a seguinte decisão:

"DIREITO CONSTITUCIONAL E ADMINISTRATIVO. CONTROLE JURISDICIONAL DE POLÍTICAS PÚBLICAS RELACIONADO A INÚMERAS IRREGULARIDADES ESTRUTURAIS E SANITÁRIAS EM CADEIA PÚBLICA. **Constatando-se inúmeras irregularidades em cadeia pública - superlotação, celas sem condições mínimas de salubridade para a permanência de presos, notadamente em razão de defeitos estruturais, de ausência de ventilação, de iluminação e de instalações sanitárias adequadas, desrespeito à integridade física e moral dos detentos, havendo, inclusive, relato de que as visitas íntimas seriam realizadas dentro das próprias celas e em grupos, e que existiriam detentas acomodadas improvisadamente -, a alegação de ausência de previsão orçamentária não impede que seja julgada procedente ação civil pública que, entre outras medidas, objetive obrigar o Estado a adotar providências administrativas e respectiva previsão orçamentária para reformar a referida cadeia pública ou construir nova unidade, mormente quando não houver comprovação objetiva da incapacidade econômico-financeira da pessoa estatal". (REsp 1.389.952-MT, Rel. Min. Herman Benjamin, julgado em 3/6/2014).**

Mais recentemente o STJ proferiu a seguinte decisão:

"OBRAS DE ACESSIBILIDADE AOS PORTADORES DE NECESSIDADES ESPECIAIS. ALEGAÇÃO DA TEORIA DA RESERVA DO POSSÍVEL. Tratou-se de ação civil pública proposta por Ministério Público Federal contra Universidade Federal com o escopo de obrigar a instituição de ensino a iniciar as obras de adaptação de todas as suas edificações para permitir sua utilização por pessoas portadoras de necessidade especiais. No campo dos direitos individuais e sociais de absoluta prioridade, o juiz não se deve impressionar nem se sensibilizar com alegações de conveniência e oportunidade trazidas pelo administrador relapso. A ser diferente, estaria o Judiciário a fazer juízo de valor ou político em esfera na qual o legislador não lhe deixou outra possibilidade de decidir que não seja a de exigir o imediato e cabal cumprimento dos deveres, completamente vinculados, da Administração Pública. Se um direito é qualificado pelo legislador como de absoluta prioridade, deixa de integrar o universo de incidência da reserva do possível, já que a sua possibilidade é, preambular e obrigatoriamente, fixada pela Constituição ou pela lei. Ademais, tratando-se de direito essencial, incluso no conceito de mínimo existencial, inexistirá empecilho jurídico para que o Judiciário estabeleça a inclusão de determinada política pública nos planos orçamentários do ente político, principalmente quando não houver comprovação objetiva da incapacidade econômico-financeira da pessoa estatal". (REsp 1.607.472-PE. Rel. Min. Herman Benjamin, por unanimidade, j. 15/9/16 - Informativo 592).

De todo o exposto, verifica-se que o Poder Judiciário vem reconhecendo a possibilidade de se forçar a Administração Pública a adotar medidas para a efetivação de direitos, sem que haja qualquer violação do **princípio da independência dos poderes**.

Capítulo 4

Da Proibição do Retrocesso

O princípio da proibição do retrocesso (ou **efeito *cliquet***) tem por *objetivo buscar a máxima proteção dos direitos fundamentais da pessoa humana, especialmente os direitos sociais*, em face de qualquer política normativa ou política que tenha por objetivo suprimir ou enfraquecer tais direitos.

Nessa linha protetiva, esse princípio pode ser observado sob duas vertentes. A primeira delas sob a *vertente normativa*, através da qual a vedação ao retrocesso tutela os Direitos Fundamentais impedindo a revogação de normas que os consagram, bem como a substituição delas por outras que não ofereçam garantias com eficácia equivalente ou superior. Há também a *vertente concreta*, por intermédio da qual a proibição impede a implementação de políticas estatais de enfraquecimento ou flexibilização dos direitos fundamentais.

Em linhas gerais podemos concluir que **uma vez conquistados os direitos fundamentais, não há possibilidade de se retroceder nessas conquistas**. Logo, os direitos fundamentais sempre serão acrescidos com o passar do tempo.

Destaque-se, por fim, que o princípio da proibição do retrocesso veio estampado em nossa Constituição Federal por intermédio das denominadas **cláusulas pétreas** (cf. § 4.º do art. 60 da CF).

Quadro Sinótico

DIREITOS SOCIAIS	
Considerações iniciais	Os direitos sociais podem ser conceituados como *aquelas prestações jurídicas que credenciam o indivíduo a exigir do Estado uma postura ativa, no sentido de que este coloque à disposição daquele, prestações de natureza jurídica ou material, consideradas necessárias para implementar as condições fáticas que permitam o efetivo exercício das liberdades fundamentais e que possibilitam realizar a igualização de situações sociais desiguais, proporcionando melhores condições de vida aos desprovidos de recursos materiais*. Possuem *natureza prestacional*, isto é, concretizam-se a partir da atuação positiva do Estado, seja na prestação de serviços públicos e concretização de políticas públicas destinadas a concretização de tais direitos, seja através da intervenção nas relações privadas visando a garantia de um piso mínimo de direitos.
Direitos Sociais em espécie	O rol exemplificativo constante do art. 7.º da Constituição Federal pode ser agrupado da seguinte forma: *Direito ao trabalho e à garantia de emprego* (incisos I, II, III e XXI); *Direitos relativos ao salário do trabalhador* (incisos IV, V, VI, VII, VIII, IX, X, XII, XVI e XXIII); *Direitos relativos ao repouso do trabalhador* (incisos XV, XVII, XVIII, XIX, XXIV); *Direito à proteção do trabalhador* (incisos XX, XXII, XXVII, XXVIII e XXXIII). Frise-se que os demais direitos mencionados no referido dispositivo constitucional não se enquadram especificamente nos grupos acima, podendo ser considerados como sendo outros direitos sociais.
Da efetividade dos direitos sociais	O **princípio do mínimo existencial** deve ser compreendido como sendo a base e o alicerce da vida humana, tratando-se de um direito fundamental e essencial, inerente a todo ser humano. Ele está ligado à ideia de justiça social. Tal princípio refere-se aos direitos ligados às necessidades sem as quais não é possível viver dignamente, objetivando-se garantir condições mínimas de existência humana digna. Não obstante essa imposição constitucional para a efetivação dos direitos sociais, há que se consignar que ocorreu um crescimento muito elevado dos direitos fundamentais, ocasionando a falta de recursos do Estado para supri-los. E foi nesse contexto que nasceu o instituto da **reserva do possível** (**reserva do financeiramente possível** ou **reserva da consistência**), podendo ser entendido como *fenômeno limitador para a efetivação dos direitos fundamentais prestacionais*. É inconcebível a afirmação de que uma impossibilidade orçamentária remota ou inexistente do Poder Público em oferecer o mínimo existencial possa impedir a eficácia dos direitos fundamentais considerados essenciais. *É dever do Estado garantir ao indivíduo uma vida digna, competindo-lhe efetivar os direitos essenciais*. Destaque-se que a **alegação de falta de suficiência orçamentária para a efetivação dos direitos fundamentais, *não vem sendo aceita pelo Poder Judiciário***.

Da proibição do retrocesso	O princípio da proibição do retrocesso (ou **efeito *cliquet***) tem por *objetivo buscar a máxima proteção dos direitos fundamentais da pessoa humana, especialmente os direitos sociais*, em face de qualquer política normativa ou política que tenha por objetivo suprimir ou enfraquecer tais direitos. **Uma vez conquistados os direitos fundamentais, não há possibilidade de se retroceder nessas conquistas**. Logo, os direitos fundamentais sempre serão acrescidos com o passar dos tempos.

EXERCÍCIOS

Questões

1. (PC/PE – Delegado de Polícia – CESPE – 2016) – São destinatários dos direitos sociais, em seu conjunto, os trabalhadores, urbanos ou rurais, com vínculo empregatício, os trabalhadores avulsos, os trabalhadores domésticos e os servidores públicos genericamente considerados.

( ) Certo

( ) Errado

2. (PC/PE – Delegado de Polícia – CESP – 2016) – A duração da jornada normal de trabalho, de, no máximo, oito horas diárias e quarenta e quatro horas semanais, não comporta exceções, no entendo a CF admite a compensação de horários mediante acordo ou convenção coletiva de trabalho.

( ) Certo

( ) Errado

3 - (PC/RO – Escrivão de Polícia Civil – FUNCAB – 2014) - A Constituição Federal de 1988 considera como direito social:

a) A liberdade de expressão.
b) A propriedade.
c) A moradia.
d) A liberdade de religião.
e) A herança.

4 - (PC/AC – Agente de Polícia Civil – IPAD – 2012) - Quanto aos direitos sociais do trabalhador, assinale a alternativa incorreta.

a) A Constituição Federal assegura ao trabalhador o direito de gozar repouso semanal remunerado, o qual, se houver expressa opção do empregado nesse sentido, deverá ocorrer, necessariamente, aos domingos.
b) A Constituição Federal garante à empregada gestante o direito à licença remunerada, pelo prazo de cento e vinte dias.
c) A Constituição Federal garante a irredutibilidade dos salários dos empregados privados, contudo traz como exceção a possibilidade de haver convenção ou acordo coletivo com a finalidade de reduzi-los.

d) A Constituição Federal garante aos trabalhadores o direito às férias, prevendo, inclusive, o aumento de um terço na remuneração normal no período em que o empregado gozar tal benefício.

e) A Constituição Federal veda a diferença de salários, de exercício de funções e de critério de admissão por motivo de sexo, idade, cor ou estado civil.

5 - (PC/PA – Escrivão de Polícia Civil – FUNCAB – 2016) - Acerca dos direitos sociais, previstos na Constituição Federal, é correto afirmar:

a) É vedada a dispensa do empregado sindicalizado a partir do registro da candidatura a cargo de direção ou representação sindical e, se eleito, ainda que suplente, até o final do mandato.

b) É vedada à categoria dos trabalhadores domésticos o direito à remuneração do trabalho noturno superior à do diurno.

c) O limite de idade para a inscrição em concurso público só se legitima em face da vedação constitucional de diferença de critério de admissão por motivo de idade, quando possa ser justificado pela natureza das atribuições do cargo a ser preenchido.

d) Admite-se a criação de mais de uma organização sindical, em qualquer grau, representativa de categoria profissional ou econômica, na mesma base territorial, que será definida pelos trabalhadores ou empregadores interessados, não podendo ser inferior à área de um município.

e) A lei poderá exigir autorização do Estado para a fundação de sindicato, ressalvado o registro no órgão competente, vedadas ao Poder Público a interferência e a intervenção na organização sindical.

6 – (PF – Agente de Polícia Federal – CESPE – 2014) - A respeito dos direitos sociais e das instituições democráticas, julgue o item abaixo. É livre a associação sindical das categoriais profissionais, sendo vedado ao poder público exigir, para a fundação de um sindicato, que haja seu registro prévio em órgão competente.

( ) Certo

( ) Errado

7 – (PC/SP – Agente de Polícia – VUNESP – 2013) - É um direito do trabalhador urbano e rural a remuneração do serviço extraordinário superior à do normal, no mínimo, em

a) Cem por cento.

b) Setenta por cento.

c) Trinta por cento.

d) Vinte por cento.
e) Cinquenta por cento.

8 – (PC/MS – Perito Papiloscopista – FAPEC – 2021) - NÃO é direito social previsto na Constituição Federal:

a) o lazer.
b) a previdência.
c) a moradia.
d) a proteção à maternidade.
e) o acesso gratuito à internet.

9 – (PC/AL – Escrivão de Polícia – CESPE/CEBRASPE – 2021) - A segurança é um direito social assegurado expressamente na CF.

( ) Certo
( ) Errado

10 - (PC/AL – Escrivão de Polícia – CESPE/CEBRASPE – 2021) - A fim de garantir a proteção dos direitos humanos, a Constituição Federal de 1988 proíbe o trabalho noturno aos menores de dezoito anos de idade.

( ) Certo
( ) Errado

11 – (PC/CE – Inspetor de Polícia Civil – IDECAN – 2021) - Conforme prediz a Constituição, é um direito social:

a) o meio ambiente equilibrado.
b) a proteção à juventude.
c) a liberdade religiosa.
d) a alimentação.
e) a autodeterminação.

12 – (PC/ES – Perito Oficial Criminal – Instituto AOCP – 2019) - Em relação aos Sindicatos, observada a legislação nacional a respeito da matéria, é correto afirmar que:

a) é possível a criação de mais de um sindicato da mesma categoria em uma mesma base territorial.

b) os sindicatos não devem participar das negociações coletivas de trabalho da categoria que representam.

c) não há vedação à sindicalização dos militares.

d) é vedada, ao servidor público civil, a associação sindical.

e) segundo a Constituição da República Federativa do Brasil, é livre a associação profissional ou sindical, observados os termos constitucionais.

Gabarito e Explicação

Questão	Gabarito	Abordagem do assunto no livro
1	Errado	Capítulo 2
2	Errado	Capítulo 2
3	C	Capítulo 2
4	A	Capítulo 2
5	C	Capítulo 2
6	Errado	Capítulo 2
7	E	Capítulo 2
8	E	Capítulo 2
9	Certo	Capítulo 2
10	Certo	Capítulo 2
11	D	Capítulo 2
12	A	Capítulo 2

PARTE 10

DIREITO DE NACIONALIDADE

Capítulo 1

Conceito e Considerações Iniciais

A nacionalidade é a terceira espécie dos Direitos Fundamentais, sendo ela disciplinada em nossa Constituição Federal nos artigos 12 e 13.

Para a doutrina a nacionalidade pode ser **conceituada** como sendo:

> "O vínculo jurídico-político que liga um indivíduo a determinado Estado, fazendo com que esse indivíduo passe a integrar o povo daquele Estado e, por consequência, desfrute de direitos e submeta-se a obrigações"[1].

Frise-se que a nacionalidade é *protegida em âmbito internacional*, sendo que o art. XV da Declaração Universal dos Direitos dos Homens proclama que:

> "(...) todo homem tem direito a uma nacionalidade e que ninguém será arbitrariamente privado de sua nacionalidade, nem do direito de mudar de nacionalidade".

Essa proteção de âmbito internacional tem como **principal objetivo** *evitar que exista pessoa apátrida*[2].

Comumente ouvimos as pessoas utilizarem as expressões nacionalidade e cidadania de forma indistinta, sem a devida técnica. Entretanto, são expressões diversas, com significados próprios. A **cidadania** tem por pressuposto a nacionalidade, caracterizando-se como a titularidade de direitos políticos (ativo e passivo), o que torna o indivíduo participante da vida do Estado. De forma simplificada, podemos afirmar *que o cidadão é o nacional com direitos políticos.*

---

1. LENZA, Pedro. *Direito Constitucional Esquematizado*. 15.ª ed. São Paulo: Saraiva, 2011. P. 993.
2. Apátrida (sem pátria ou *heimatlos*) significa a pessoa que, dada a circunstância de seu nascimento, não consegue adquirir nacionalidade, em virtude do fato de não se enquadrar em nenhum critério estatal que lhe atribua nacionalidade.

Capítulo 2

Espécies

Destaque-se que a nacionalidade pode ser dividida em duas espécies: **primária** e **secundária**.

A **nacionalidade primária**, também denominada "**originária**" ou "**de origem**", é aquela *adquirida a partir de um fato natural, independentemente da vontade do indivíduo*. É uma forma de *aquisição involuntária* da nacionalidade, decorrente do nascimento atrelado a um critério prefixado pelo Estado.

Por sua vez, a **nacionalidade secundária**, também conhecida como "**adquirida**" ou "**derivada**", é aquela *adquirida através do procedimento de naturalização, decorrente da manifestação expressa de vontade do indivíduo e aquiescência estatal.* Trata-se, portanto, de uma forma de *aquisição voluntária* da nacionalidade.

Consoante se extrai das regras constantes do art. 12, verificamos que nossa Constituição Federal abarca as duas espécies.

Capítulo 3

Critérios de Atribuição

Registre-se, inicialmente, que não podemos confundir as espécies com os critérios de atribuição da nacionalidade, não obstante possuam correlação. Outro ponto crucial é que falaremos em critérios de atribuição quando estivermos diante da nacionalidade primária.

Segundo a doutrina, dois são os critérios para aferição da nacionalidade primária: (a) *ius sanguinis* e (b) *ius solis*.

Para o critério do ***ius sanguinis*** (**de origem sanguínea**) será considerado nacional toda e qualquer pessoa filha de nacional, *independentemente do local de nascimento*. O que importa aqui é o **vínculo de descendência** com o nacional.

De outro vértice, o critério do ***ius solis*** (**de origem territorial**) é aquele por intermédio do qual a nacionalidade é atribuída à pessoa que nasce no território do Estado que a adota, *independentemente da nacionalidade dos ascendentes*. Portanto, para esse critério pouco importa a ascendência da pessoa, bastando que **tenha nascido naquele ou nesse território**.

A partir do estudo do art. 12 da Constituição Federal podemos concluir que nosso ordenamento jurídico adotou, como regra, o critério do *ius solis* (cf. inciso I do art. 12). Entretanto, a Constituição Federal prevê também a adoção do critério do *ius sanguinis*.

Capítulo 4

Brasileiros Natos

A partir de agora faremos um estudo a respeito das três alíneas constantes do inciso I do art. 12 da nossa CF.

A alínea "a" do inciso I do art. 12 da CF estabelece que são brasileiros natos:

> "os nascidos na República Federativa do Brasil, ainda que de pais estrangeiros, desde que estes não estejam a serviço de seu país".

Na primeira parte do dispositivo constitucional ora em comento verificamos que o constituinte optou por adotar um **critério puramente territorial** para considerar brasileiro nato *toda a pessoa que nascer no Brasil.*

Entretanto, na parte final, constata-se que o constituinte trouxe uma exceção ao critério do *ius solis*, preceituando que os filhos de pais estrangeiros que estiverem a serviço de seu país não serão considerados brasileiros natos. Ao excetuar a regra em estudo, o constituinte adotou o **critério funcional**.

Para facilitar a memorização da exceção à regra, não podemos nos esquecer de que é imprescindível o preenchimento de dois requisitos:

a) Ambos os pais estrangeiros;

b) Ao menos um deles (pode ser os dois, mas não há necessidade) deve estar a serviço **de seu país de origem**. Veja que nesse caso o estrangeiro deve estar a serviço do país que é natural e não do país em que estivesse morando antes (pode haver coincidência, mas não necessariamente).

A alínea "b", por sua vez, preceitua que são brasileiros natos:

> "os nascidos no estrangeiro, de pai brasileiro ou mãe brasileira, desde que qualquer deles esteja a serviço da República Federativa do Brasil".

Diversamente da alínea anterior, nesta hipótese o constituinte acolheu o **critério *ius sanguinis***, conjugado com o **critério funcional**. Isso porque, *além de nascer de pais (ou pai) brasileiros* (pouco importa o território estrangeiro) *é imprescindível* *que, ao menos um dos pais, esteja a serviço do Brasil.* Parcela da doutrina afirma que há aqui um ***critério misto***.

Destaque-se que o segundo requisito (estar a serviço do Brasil) pode compreender *qualquer serviço público prestado* por órgãos e entidades da Administração Direta ou Indireta, de quaisquer dos entes federativos, não se restringindo à União.

Por fim, temos a alínea "c" que diz serem brasileiros natos:

> "os nascidos no estrangeiro de pai brasileiro ou de mãe brasileira, desde que sejam registrados em repartição brasileira competente ou venham a residir na República Federativa do Brasil e optem, em qualquer tempo, depois de atingida a maioridade, pela nacionalidade brasileira".

Antes de fazermos as devidas considerações sobre referida regra, há que se consignar que a atual redação do dispositivo constitucional foi dada pela EC n.º 54/07, não sendo fruto do exercício do poder constituinte originário.

Segundo o dispositivo constitucional em tela existem duas possibilidades distintas de aquisição de nacionalidade:

a) Registro em repartição brasileira competente; ou,

b) Vir o nascido no estrangeiro residir no Brasil **e** optar pela nacionalidade brasileira, quando atingida a maioridade civil.

Imperioso ressaltar que a despeito da existência dessas duas possibilidades, ambas são fundadas no critério do ***ius sanguinis***, haja vista que o constituinte previu a descendência como fator fundamental para o exercício da opção da aquisição da nacionalidade brasileira.

A pessoa que nascer no estrangeiro, de pai *ou* mãe brasileira, e tiver o registro lavrado em repartição brasileira competente, já terá assegurada a nacionalidade brasileira (primeira possibilidade). Temos aqui o critério do *ius sanguinis* conjugado com o *registro em repartição brasileira competente.*

Por sua vez, para a aquisição da nacionalidade brasileira lastreada na segunda possibilidade é imprescindível que (a) *o nascido no estrangeiro venha a residir, a qualquer tempo, no Brasil* **e** (b) *que depois de atingida a maioridade* (caráter personalíssimo) *opte, a qualquer tempo, pela nacionalidade brasileira* (**opção confirmativa**). São *requisitos cumulativos*, aliados ao critério do ***ius sanguinis***. Trata-se de espécie de nacionalidade conhecida como **potestativa**, vez que a aquisição *depende exclusivamente* da vontade do interessado.

A despeito de se tratar de espécie de nacionalidade potestativa, o Supremo Tribunal Federal tem firme entendimento que sua *forma é vinculada*, haja vista que a opção pela nacionalidade brasileira deverá ser feita em juízo (jurisdição voluntária). Enquanto não houver o reconhecimento judicial da opção feita pelo requerente, não se pode considerar que aquele seja brasileiro nato (*condição suspensiva*). Logo, para a aquisição dessa espécie de nacionalidade é necessário que o processo judicial seja finalizado com a sentença que homologa a opção e lhe determina a transcrição.

Vejamos a ementa do julgado AC 70-QO, Rel. Min. Sepúlveda Pertence (DJ de 12/3/2004):

> "EMENTA: I. Nacionalidade brasileira de quem, nascido no estrangeiro, é filho de pai ou mãe brasileiros, que não estivesse a serviço do Brasil: evolução constitucional e situação vigente.
>
> 1. Na Constituição de 1946, até o termo final do prazo de opção - de quatro anos, contados da maioridade -, o indivíduo, na hipótese considerada, se considerava, para todos os efeitos, brasileiro nato sob a condição resolutiva de que não optasse a tempo pela nacionalidade pátria.
>
> 2. Sob a Constituição de 1988, que passou a admitir a opção "em qualquer tempo" - antes e depois da ECR 3/94, que suprimiu também a exigência de que a residência no País fosse fixada antes da maioridade, altera-se o status do indivíduo entre a maioridade e a opção: essa, a opção - liberada do termo final ao qual anteriormente subordinada -, deixa de ter a eficácia resolutiva que, antes, se lhe emprestava, para ganhar - desde que a maioridade a faça possível - a eficácia de condição suspensiva da nacionalidade brasileira, sem prejuízo - como é próprio das condições suspensivas -, de gerar efeitos *ex tunc*, uma vez realizada.
>
> 3. A opção pela nacionalidade, embora potestativa, não é de forma livre: há de fazer-se em juízo, em processo de jurisdição voluntária, que finda com a sentença que homologa a opção e lhe determina a transcrição, uma vez acertados os requisitos objetivos e subjetivos dela.
>
> 4. Antes que se complete o processo de opção, não há, pois, como considerá-lo brasileiro nato. II. Extradição e nacionalidade brasileira por opção pendente de homologação judicial: suspensão do processo extradicional e prisão domiciliar.
>
> 5. Pendente a nacionalidade brasileira do extraditando da homologação judicial *ex tunc* da opção já manifestada, suspende-se o processo extradicional (CPrCiv art. 265, IV, a).
>
> 6. Prisão domiciliar deferida, nas circunstâncias, em que se afigura densa a probabilidade de homologar-se a opção".

Capítulo 5

Brasileiros Naturalizados

A partir de agora, estudaremos as hipóteses de aquisição da nacionalidade secundária que ocorre por intermédio da **naturalização**, sendo que elas estão previstas no inciso II do art. 12 de nossa Magna Carta. Destaque-se quem em ambas as hipóteses, além dos requisitos específicos, há um pressuposto comum: *requerimento do interessado*. Vejamos.

A primeira regra sobre a naturalização prevista em nossa Constituição é aquela da alínea "a" do inciso II do artigo em questão:

> "os que, na forma da lei, adquiram a nacionalidade brasileira, exigidas aos originários de países de língua portuguesa apenas residência por um ano ininterrupto e idoneidade moral".

Nessa primeira hipótese temos a denominada **naturalização ordinária**. Registre-se, contudo, que no texto constitucional há certa sutileza no tratamento entre os *estrangeiros não originários de países de língua portuguesa* (primeira parte) e *dos originários de países de língua portuguesa* (segunda parte).

Em virtude desse tratamento diferenciado podemos dizer que para os *estrangeiros não originários de países de língua portuguesa* são exigidos os requisitos constantes de norma infraconstitucional ("na forma da lei").

Por sua vez, aos *estrangeiros originários de países de língua portuguesa* que almejarem adquirir a naturalização brasileira serão exigidos dois requisitos constitucionais apenas: (a) residência por um ano ininterrupto e (b) idoneidade moral.

Importante destacar que a naturalização ordinária tem como principal característica o fato de ser ***discricionária***, isto é, ainda que o requerente cumpra todos os requisitos legais e constitucionais exigidos para fundamentação de seu pedido, *não há que se falar em direito subjetivo à aquisição da nacionalidade brasileira*, sendo que sua concessão, conforme critérios de conveniência e oportunidade, é de atribuição exclusiva do Presidente da República.

Nesse sentido, vejamos excerto do julgamento do RMS 27840/DF:

> "O Min. Ricardo Lewandowski, relator, desproveu o recurso por reputar possível o aludido cancelamento pela via administrativa, quando descobertos vícios no seu processo. Inicialmente, enfatizou que a naturalização, em sua forma ordinária (CF, art. 12, II, a), caracterizar-se-ia por ser ato discricionário da Administração relativamente àqueles que atendam aos requisitos estabelecidos na Lei 6.815/80 (Estatuto do Estrangeiro). Em seguida, aduziu que, à época do advento do mencionado estatuto, havia a previsão de que o Presidente da República decretasse a perda da nacionalidade brasileira obtida em fraude contra a lei (CF/69, art. 146, parágrafo único), não sendo a norma repetida pela CF/88. Nada obstante, isso não significaria a sua extirpação do ordenamento jurídico e tampouco a não recepção do art. 112, §§ 2º e 3º, da Lei 6.815/80 ("Art. 112. São condições para a concessão da naturalização: ... § 2º Verificada, a qualquer tempo, a falsidade ideológica ou material de qualquer dos requisitos exigidos neste artigo ou nos arts. 113 e 114 desta Lei, será declarado nulo o ato de naturalização sem prejuízo da ação penal cabível pela infração cometida. § 3º A declaração de nulidade a que se refere o parágrafo anterior processar-se-á administrativamente, no Ministério da Justiça, de ofício ou mediante representação fundamentada, concedido ao naturalizado, para defesa, o prazo de quinze dias, contados da notificação."). Observou que a nova ordem constitucional estabelecera que a naturalização válida somente poderia ser perdida, mediante sentença judicial, em razão de atividade nociva aos interesses nacionais ("Art. 12. ... § 4º - Será declarada a perda da nacionalidade do brasileiro que: I - tiver cancelada sua naturalização, por sentença judicial, em virtude de atividade nociva ao interesse nacional").

A segunda regra sobre naturalização vem estampada na alínea "b" do dispositivo constitucional em tela:

> "os estrangeiros de qualquer nacionalidade residentes na República Federativa do Brasil há mais de quinze anos ininterruptos e sem condenação penal, desde que requeiram a nacionalidade brasileira".

Temos aqui a denominada **naturalização extraordinária** ou **quinzenária**, a qual é facultada a todos os estrangeiros, *independentemente da nacionalidade de origem*. Frise-se que para a concessão dessa espécie é imprescindível o preenchimento dos seguintes requisitos cumulativos: (a) residência ininterrupta no Brasil há mais de 15 (quinze) anos; e, (b) ausência de condenação penal.

Diversamente do que ocorre na naturalização ordinária, nessa segunda espécie se o requerente preencher os requisitos constitucionalmente exigidos ele terá direito à aquisição da nacionalidade brasileira, tratando-se de um ***direito subjetivo do requerente***. Portanto, a concessão da naturalização extraordinária é um *ato vinculado* do Chefe do Poder Executivo Federal.

É importante consignar, ainda, que a despeito da doutrina mencionar a possibilidade de a naturalização ser *tácita* ou *expressa*, conforme tivemos a oportunidade de estudar a pouco, a nossa Constituição Federal admite, apenas e tão somente, a *naturalização expressa*, vez que depende de manifestação do interessado.

Capítulo 6

Regime de Quase Nacionalidade

Esse regime vem previsto no § 1.º do art. 12 da CF estabelecendo que, no caso dos portugueses (não devem ser confundidos com os originários de países de língua portuguesa!), com residência permanente no país, e em havendo reciprocidade em favor dos brasileiros, *poderão ser atribuídos os direitos inerentes aos brasileiros*, salvo os casos previstos em nossa Carta Magna.

Ao estabelecer essa regra específica aos portugueses, o constituinte deixa claro que esses estrangeiros residentes no Brasil continuarão sendo portugueses, **não se falando em concessão de nacionalidade brasileira nessa situação**. O mesmo raciocínio deverá ser desenvolvido com relação aos brasileiros que vivem em Portugal, ou seja, continuarão com a nacionalidade brasileira.

Para que os portugueses possam gozar dos direitos inerentes ao brasileiro naturalizado é imprescindível o preenchimento de dois pressupostos constitucionalmente fixados: (a) *que possuam residência permanente no Brasil*; e, (b) *que haja reciprocidade* (o ordenamento jurídico português deve outorgar ao brasileiro com residência permanente em Portugal o mesmo direito).

Nesse sentido:

> "A norma inscrita no art. 12, § 1.º, da Constituição da República – que contempla, em seu texto, hipótese excepcional de quase nacionalidade – não opera de modo imediato, seja quanto ao seu conteúdo eficacial, seja no que se refere a todas as consequências jurídicas que dela derivam, pois, para incidir, além de supor o pronunciamento aquiescente do Estado brasileiro, fundado em sua própria soberania, depende, ainda, de requerimento do súdito português interessado, a quem se impõe, para tal efeito, a obrigação de preencher os requisitos estipulados pela Convenção sobre Igualdade de Direitos e Deveres entre brasileiros e portugueses" (Ext. 890, Rel. Min. Celso de Mello, j. 05/8/2004. Primeira Turma, DJ de 28/10/2004)".

Capítulo 7

Brasileiros nato e Naturalizado: Tratamento

Ante a previsão constitucional do direito fundamental da isonomia, em princípio, o tratamento dispensado ao brasileiro nato deve ser o mesmo ao naturalizado. Essa afirmação, inclusive, vem reforçada pela primeira parte do § 2.º do art. 12 da CF que é cristalino ao afirmar que *a lei* (ato normativo infraconstitucional) *não poderá estabelecer quaisquer distinções.*

Entretanto, a parte final do mesmo dispositivo **admite que haja tratamento diferenciado** entre os brasileiros natos e naturalizados, *desde que previsto expressamente na Constituição Federal.* Portanto, **toda e qualquer distinção entre brasileiro nato e naturalizado somente poderá ser instituída pela própria Carta Magna, sob pena de inconstitucionalidade.**

Atualmente, a CF prevê as seguintes situações em que há tratamento diferenciado entre brasileiros natos e naturalizados:

a) **Extradição** (art. 5.º, LI) – somente será passível de extradição o brasileiro naturalizado, por crime praticado antes da naturalização ou por comprovado envolvimento em tráfico de drogas, nunca se admitindo a extradição de brasileiro nato (salvo se perder essa condição);

b) **Cargos privativos de brasileiro nato** (art. 12, § 3.º) – os cargos de Presidente e Vice-Presidente da República; de Presidentes da Câmara dos Deputados e do Senado Federal; de Ministro do Supremo Tribunal Federal; de Carreira Diplomática; de Oficial das Forças Armadas e de Ministro de Estado de Defesa somente poderão ser ocupados por brasileiros natos;

c) **Perda da nacionalidade** – a regra constante do inciso I do § 4.º do art. 12 aplica-se apenas ao brasileiro naturalizado (a regra do inciso II aplica-se tanto ao brasileiro nato quanto ao naturalizado);

d) **Integrante do Conselho da República** (art. 89, VII) – seis das vagas para sua composição são reservadas a cidadãos brasileiros natos; e,

e) **Propriedade de empresa jornalística e de radiodifusão sonora e de sons e imagens** (art. 222, *caput*) – destaque-se que o brasileiro naturalizado somente poderá ser proprietário desse tipo de empresa se tiver mais de 10 (dez) anos de naturalização. A regra constitucional também traz tratamento diferenciado no que tange ao percentual de participação de sócio.

Capítulo 8

Perda da Nacionalidade e Dupla Nacionalidade

A despeito de se tratar de um direito fundamental, a Constituição Federal prevê duas hipóteses, *taxativas*, em que poderá ocorrer a perda da nacionalidade. É de se reforçar que apenas a Constituição Federal pode estabelecer as hipóteses de perda, não se admitindo sua ampliação via legislação infraconstitucional.

Vejamos o que preceitua o inciso I do § 4.º do art. 12 da Carta Magna:

> "tiver cancelada sua naturalização, por sentença judicial, em virtude de atividade nociva ao interesse nacional".

Essa espécie **depende de sentença judicial**, não podendo a anulação se dar por mero ato administrativo, e somente se aplica aos brasileiros naturalizados.

Por sua vez, o inciso II estabelece que haverá a perda da nacionalidade do brasileiro que:

> "adquirir outra nacionalidade, salvo nos seguintes casos:
>
> a) de reconhecimento de nacionalidade originária pela lei estrangeira;
>
> b) de imposição de naturalização, pela norma estrangeira, ao brasileiro residente em Estado estrangeiro, como condição para permanência em seu território ou para o exercício de direitos civis".

Através dessa hipótese verifica-se que, como regra, a aquisição *voluntária* e *espontânea* de outra nacionalidade faz com que haja a perda da nacionalidade brasileira, seja da originária, seja da secundária.

Conquanto a aquisição de outra nacionalidade possa acarretar a perda da nacionalidade brasileira, a própria Constituição Federal *prevê duas hipóteses em que isso não ocorrerá* (**dupla nacionalidade**): (a) no caso de reconhecimento de nacionalidade originária pela lei estrangeira, ou (b) no caso de imposição de naturalização, pela norma estrangeira, ao brasileiro residente em Estado estrangeiro, como condição para permanência em seu território ou para o exercício de direitos civis.

No mês de abril de 2016, ao julgar o MS 33.864, o Supremo Tribunal Federal *decretou a perda da nacionalidade de uma* ***brasileira nata*** que vivia e trabalhava nos EUA, possuindo *green card*. Vejamos excerto do julgado:

> "(...) O Supremo Tribunal Federal é competente para o julgamento de mandado de segurança impetrado contra ato do Ministro da Justiça em matéria extradicional. (HC 83.113/DF, Rel. Min. Celso de Mello). 2. A Constituição Federal, ao cuidar da perda da nacionalidade brasileira, estabelece duas hipóteses: (a) o cancelamento judicial da naturalização (art. 12, § 4.º, I); e (b) a aquisição de outra nacionalidade. Nesta última hipótese, a nacionalidade brasileira só não será perdida em duas situações que constituem exceção à regra: (a) reconhecimento de outra nacionalidade originária (art. 12, § 4.º, II, a); e (b) ter sido a outra nacionalidade imposta pelo Estado estrangeiro como condição de permanência em seu território ou para o exercício de direitos civis (art. 12, § 4.º, II, b). 3. No caso sob exame, a situação da impetrante não se subsume a qualquer das exceções constitucionalmente previstas para a aquisição de outra nacionalidade, sem perda da nacionalidade brasileira. 4. Denegação da ordem com a revogação da liminar concedida".

Em síntese, o STF entendeu que por ser detentora de *green card* não haveria necessidade de ter adquirido a nacionalidade norte-americana como condição para permanência ou para o exercício de direitos civis, *não se enquadrando em nenhuma das exceções previstas constitucionalmente.*

A nova Lei de Migração (Lei n.º 13.445/17) prevê dispositivos relacionados à perda e reaquisição de nacionalidade nos artigos 75 e 76, respectivamente. Veja-se:

> "Art. 75. O naturalizado perderá a nacionalidade em razão de condenação transitada em julgado por atividade nociva ao interesse nacional, nos termos do inciso I do § 4º do art. 12 da Constituição Federal .
>
> Parágrafo único. O risco de geração de situação de apatridia será levado em consideração antes da efetivação da perda da nacionalidade.
>
> Art. 76. O brasileiro que, em razão do previsto no inciso II do § 4º do art. 12 da Constituição Federal, houver perdido a nacionalidade, uma vez cessada a causa, poderá readquiri-la ou ter o ato que declarou a perda revogado, na forma definida pelo órgão competente do Poder Executivo".

Quadro Sinótico

DIREITO DE NACIONALIDADE	
Conceito e considerações iniciais	Para a doutrina a nacionalidade pode ser **conceituada** como sendo: o *vínculo jurídico-político que liga um indivíduo a determinado Estado, fazendo com que esse indivíduo passe a integrar o povo daquele Estado e, por consequência, desfrute de direitos e submeta-se a obrigações.* A nacionalidade é *protegida em âmbito internacional* (art. XV da Declaração Universal dos Direitos dos Homens), sendo que essa proteção tem como **principal objetivo** *evitar que exista pessoa apátrida.*
Espécies	A **nacionalidade primária** é aquela *adquirida a partir de um fato natural, independentemente da vontade do indivíduo.* Por sua vez, a **nacionalidade secundária** é aquela *adquirida através do procedimento de naturalização, decorrente da manifestação expressa de vontade do indivíduo e aquiescência estatal.*
Critérios de atribuição	Segundo a doutrina dois são os critérios para aferição da nacionalidade primária: (a) *ius sanguinis* e (b) *ius solis*. Para o primeiro critério será considerado nacional toda e qualquer pessoa filha de nacional, *independentemente do local de nascimento*. Já para o segundo, será considerado nacional aquele por intermédio do qual a nacionalidade é atribuída à pessoa que nasce no território do Estado que a adota, *independentemente da nacionalidade dos ascendentes.*
Brasileiros Natos	As hipóteses a respeito do brasileiro nato encontram-se nas alíneas do inciso I do art. 12 da CF. Na primeira parte da alínea "a" o constituinte optou por adotar um **critério puramente territorial** para considerar brasileiro nato *toda a pessoa que nascer no Brasil*. Entretanto, na parte final, constata-se que o constituinte trouxe uma exceção ao critério do *ius solis*, preceituando que os filhos de pais estrangeiros que estiverem a serviço de seu país não serão considerados brasileiros natos (**critério funcional**).
Brasileiros Natos	Já na alínea "b" o constituinte acolheu o **critério *ius sanguinis***, conjugado com o **critério funcional**. Isso porque, *além de nascer de pais (ou pai) brasileiros* (pouco importa o território estrangeiro) *é imprescindível que, ao menos um dos pais, esteja a serviço do Brasil* (***critério misto***). Por fim, na alínea "c" existem duas possibilidades distintas de aquisição de nacionalidade: (i) registro em repartição brasileira competente; ou, (ii) vir o nascido no estrangeiro residir no Brasil **e** optar pela nacionalidade brasileira, quando atingida a maioridade civil.

Brasileiros Naturalizados	A primeira regra sobre a naturalização prevista em nossa Constituição é aquela da alínea "a" do inciso II do artigo 12 (**naturalização ordinária**). Para os *estrangeiros não originários de países de língua portuguesa* são exigidos os requisitos constantes de norma infraconstitucional ("na forma da lei"). Por sua vez, aos *estrangeiros originários de países de língua portuguesa* que almejarem adquirir a naturalização brasileira serão exigidos dois requisitos constitucionais apenas: (a) residência por um ano ininterrupto e (b) idoneidade moral. O ato de sua concessão é ***discricionário***. A segunda regra sobre naturalização vem estampada na alínea "b" do dispositivo constitucional em tela (**naturalização extraordinária**), a qual é facultada a todos os estrangeiros, *independentemente da nacionalidade de origem*. Frise-se que para a concessão dessa espécie é imprescindível o preenchimento dos seguintes requisitos cumulativos: (a) residência ininterrupta no Brasil há mais de 15 (quinze) anos; e, (b) ausência de condenação penal. Trata-se de um ***direito subjetivo do requerente***.
Regime de Quase Nacionalidade	Esse regime vem previsto no § 1.º do art. 12 da CF estabelecendo que no caso dos portugueses, com residência permanente no país, e em havendo reciprocidade em favor dos brasileiros, *poderão ser atribuídos os direitos inerentes aos brasileiros*, salvo os casos previstos em nossa Carta Magna. Para que os portugueses possam gozar dos direitos inerentes ao brasileiro naturalizado é imprescindível o preenchimento de dois pressupostos constitucionalmente fixados: (a) *que possuam residência permanente no Brasil*; e, (b) *que haja reciprocidade* (o ordenamento jurídico português deve outorgar ao brasileiro com residência permanente em Portugal o mesmo direito).
Brasileiros nato e naturalizados: tratamento	Ante a previsão constitucional do direito fundamental da isonomia, em princípio, o tratamento dispensado ao brasileiro nato deve ser o mesmo ao naturalizado. Essa afirmação, inclusive, vem reforçada pela primeira parte do § 2.º do art. 12 da CF que é cristalino ao afirmar que *a lei* (ato normativo infraconstitucional) *não poderá estabelecer quaisquer distinções*. Entretanto, a parte final do mesmo dispositivo **admite que haja tratamento diferenciado** entre os brasileiros natos e naturalizados, *desde que previsto expressamente na Constituição Federal* (cf. arts. 5.º, LI; 12, §§ 3.º e 4.º, I; 89, VII; e, art. 222, *caput*).

Perda da Nacionalidade e Dupla Nacionalidade	A Constituição Federal prevê duas hipóteses, *taxativas*, em que poderá ocorrer a perda da nacionalidade (art. 12, § 4.º). A espécie constante no inciso I **depende de sentença judicial**, não podendo a anulação se dar por mero ato administrativo, e somente se aplica aos brasileiros naturalizados. Por sua vez, o inciso II estabelece que haverá a perda da nacionalidade em havendo a aquisição de outra, de forma *voluntária* e *espontânea*. Conquanto a aquisição de outra nacionalidade possa acarretar a perda da nacionalidade brasileira, a própria Constituição Federal *prevê duas hipóteses em que isso não ocorrerá* (**dupla nacionalidade**): (a) no caso de reconhecimento de nacionalidade originária pela lei estrangeira, ou (b) no caso de imposição de naturalização, pela norma estrangeira, ao brasileiro residente em Estado estrangeiro, como condição para permanência em seu território ou para o exercício de direitos civis.

EXERCÍCIOS

Questões

1. (PC/GO – Delegado de Polícia – UEG – 2018) - É possível, segundo a Constituição (CRFB) e o Supremo Tribunal Federal (STF):

a) A prisão civil por dívida do depositário infiel.

b) A extradição de brasileiro naturalizado em caso de crime comum, praticado antes da naturalização, mas o brasileiro nato nunca poderá ser entregue pelo Brasil a outro país.

c) O uso de algemas como regra, com vistas à proteção dos agentes envolvidos e da autoridade policial.

d) A manutenção provisória de condenado em regime prisional mais gravoso até o surgimento de vaga em estabelecimento penal adequado à progressão de regime.

e) A extradição de brasileiro naturalizado em caso de crime comum, praticado depois da naturalização, mas o estrangeiro não será extraditado por crime político ou de opinião.

2. (PC/MG – Delegado de Polícia – FUMARC – 2018) – Não constitui cargo privativo de brasileiro nato:

a) Ministro de Estado da Defesa.

b) Oficial das Forças Armadas.

c) Presidente da Câmara dos Deputados.

d) Senador da República.

3. (PC/MT - Delegado de Polícia - CESPE - 2017) - O boliviano Juan e a argentina Margarita são casados e residiram, por alguns anos, em território brasileiro. Durante esse período, nasceu, em território nacional, Pablo, o filho deles. Nessa situação hipotética, de acordo com a CF, Pablo será considerado brasileiro:

a) Naturalizado, não podendo vir a ser ministro de Estado da Justiça.
b) Nato e poderá vir a ser ministro de Estado da Defesa.
c) Nato, mas não poderá vir a ser presidente do Senado Federal.
d) Naturalizado, não podendo vir a ser presidente da Câmara dos Deputados.
e) Naturalizado e poderá vir a ocupar cargo da carreira diplomática.

4. (PC/PA – Delegado de Polícia – FUNCAB – 2016) - "Os elementos clássicos de um Estado são seu território, sua soberania e seu povo. Para a formação deste último, é necessário que se estabeleça um vínculo político e pessoal entre o Estado e o indivíduo. É a nacionalidade que efetiva tal conexão e faz com que uma pessoa integre dada comunidade política. Portanto, é natural e necessário que o Estado distinga o nacional do estrangeiro para diversos fins". (Mendes, 2016).

Assinale a assertiva correta de acordo com o direito de nacionalidade:

a) O brasileiro nato nunca poderá perder a nacionalidade.
b) A nacionalidade pode ser adquirida de forma originária ou secundária.
c) Os estrangeiros dispõem de direitos políticos.
d) O brasileiro nato pode ser extraditado caso pratique tráfico internacional de entorpecentes e drogas afins.
e) Pelo critério de determinação *jus sanguinis*, o indivíduo é nacional se nascido em território específico.

5 - (PC/PI - Agente de Polícia Civil - NUCEPE - 2018) - Pode-se afirmar que Nacionalidade é o vínculo jurídico que se estabelece entre um indivíduo e o Estado, pelo qual aquele se torna parte integrante do povo deste. Acerca da Nacionalidade, marque a alternativa **CORRETA**.

a) São brasileiros natos os nascidos no estrangeiro, de pai brasileiro ou mãe brasileira, desde que venham a residir na República Federativa do Brasil e optem, desde que não atingida a maioridade, pela nacionalidade brasileira.
b) São brasileiros natos os que, na forma da lei, adquiram a nacionalidade brasileira, exigidas aos originários de países de língua portuguesa apenas residência por um ano ininterrupto e idoneidade moral.

c) São brasileiros natos os estrangeiros de qualquer nacionalidade, residentes na República Federativa do Brasil há mais de quinze anos ininterruptos e sem condenação penal, desde que requeiram a nacionalidade brasileira.
d) São brasileiros natos todos os que nascidos na República Federativa do Brasil, ainda que de pais estrangeiros, desde que estes não estejam a serviço de seu país.
e) Em nenhuma hipótese será declarada a perda da nacionalidade do brasileiro nato.

6 – (Politec/RO – Perito Criminal – CESPE/CEBRASPE – 2022) - Caso requeira, será brasileiro naturalizado aquele que for:

a) nascido no Brasil, filho de pais estrangeiros que não estejam a serviço de seu país.
b) originário de país de língua portuguesa com residência no Brasil por um ano ininterrupto e com idoneidade moral.
c) estrangeiro residente no Brasil há mais de dez anos ininterruptos e sem condenação penal.
d) nascido no estrangeiro, de genitor brasileiro, que venha a residir no Brasil antes dos dezoito anos de idade.
e) nascido no estrangeiro, de genitor brasileiro, registrado em repartição brasileira e que faça essa opção.

7- (PC/AM – Delegado de Polícia – FGV – 2022) - Marie, cidadã francesa, empregada de um conceituado laboratório farmacêutico privado, estava trabalhando no território nacional quando conheceu John, cidadão inglês, que trabalhava na mesma empresa. Os dois se casaram e, desse relacionamento, nasceu Mathew, tendo a família deixado o território nacional logo após o nascimento, fixando residência na Alemanha. Apesar de nunca mais ter retornado ao território brasileiro, Mathew era familiarizado com a cultura e acompanhava diariamente as notícias do Brasil. Ao completar 21 anos, consultou um advogado a respeito da possibilidade de concorrer ao cargo eletivo de deputado federal na eleição que seria realizada no respectivo ano.

Foi respondido corretamente que:

a) somente os brasileiros natos poderiam preencher as condições de elegibilidade e Mathew era estrangeiro.
b) Mathew era brasileiro nato, logo, preenchia uma das condições de elegibilidade exigidas para concorrer ao cargo eletivo de Deputado Federal, tendo a idade mínima exigida.

c) Mathew era brasileiro nato, logo, preenchia uma das condições de elegibilidade exigidas para concorrer a um cargo eletivo, mas não o de Deputado Federal, por não preencher a idade mínima exigida.

d) Mathew somente poderia concorrer ao cargo eletivo de Deputado Federal caso se naturalizasse brasileiro, pois esse cargo não exige a nacionalidade nata, acrescendo-se que ele preenchia a idade mínima exigida.

e) Mathew somente poderia concorrer a um cargo eletivo caso se naturalizasse brasileiro, mas não ao cargo de Deputado Federal, pois esse cargo exige a nacionalidade brasileira nata, além dele não preencher a idade mínima exigida.

8 – (PC/PB – Delegado de Polícia – CESPE/CEBRASPE – 2022) - Suponha que João nasça no Brasil e seja filho de pai e mãe argentinos que estejam em território brasileiro a serviço do Uruguai. Suponha, ainda, que Sandro nasça na Itália e seja filho de pai brasileiro que resida há algum tempo no exterior, por interesse pessoal de estudo. Suponha, também, que Jaqueline nasça na Espanha e seja filha de mãe brasileira, a serviço da República Federativa do Brasil naquele país. Nessa situação, no momento do nascimento, é(são) brasileiro(s) nato(s):

a) João, Sandro e Jaqueline.

b) João e Jaqueline, somente.

c) Jaqueline, somente.

d) Sandro e Jaqueline, somente.

e) João, somente.

9 – (PC/RJ – Investigador Policial – FGV – 2022) - Maria, de nacionalidade brasileira nata, e João, de nacionalidade alemã nata, mas que estava residindo no território brasileiro, travaram intenso debate a respeito dos direitos de cada qual perante a Constituição da República de 1988.

Ao final, concluíram, corretamente, que:

a) somente Maria é cidadã, requisito para a fruição dos direitos fundamentais;

b) somente Maria possui direitos fundamentais e pode ter direitos políticos;

c) João tem direitos idênticos aos de Maria, desde que haja reciprocidade na Alemanha;

d) somente Maria pode ter direitos políticos, embora ela e João possuam direitos fundamentais;

e) Maria e João possuem direitos idênticos sob o prisma constitucional, mas a lei pode restringir os direitos de João.

10 – (PC/MS – Delegado de Polícia – FAPEC – 2021) - Assinale a alternativa correta.

a) São brasileiros natos os nascidos no estrangeiro de pai brasileiro ou de mãe brasileira, ainda que nenhum deles esteja a serviço da República Federativa do Brasil, desde que sejam registrados em repartição brasileira competente ou venham a residir em território nacional e optem, em qualquer tempo, pela nacionalidade brasileira.

b) São brasileiros naturalizados os estrangeiros de qualquer nacionalidade, residentes no Brasil há mais de quinze anos, ininterruptos ou não, desde que não contem com condenação penal e desde que requeiram a nacionalidade brasileira. Em se tratando de originários de país de língua portuguesa, exige-se apenas residência por um ano ininterrupto e idoneidade moral.

c) Aos portugueses com residência permanente no País, serão atribuídos os direitos inerentes ao brasileiro, salvo os casos previstos na Constituição Federal.

d) Os cargos de Ministro de Estado da Defesa e de oficial das Forças Armadas é privativo de brasileiro nato.

e) Será decretada a perda da nacionalidade do brasileiro que tiver adquirido outra, salvo, exclusivamente, nos casos de imposição de naturalização, pela norma estrangeira, ao brasileiro residente em estado estrangeiro como condição para permanência em seu território ou para o exercício de direitos civis.

Gabarito e Explicação

Questão	Gabarito	Abordagem do assunto no livro
1	B	Capítulo 7
2	D	Capítulo 7
3	B	Capítulo 4
4	B	Capítulo 2
5	D	Capítulo 4
6	B	Capítulos 3, 4 e 5
7	B	Capítulos 3 e 4
8	B	Capítulos 3, 4 e 5
9	D	Capítulos 1 e 4
10	D	Capítulo 4

PARTE 11

DIREITOS POLÍTICOS

Capítulo 1

Considerações Iniciais

Outra espécie do gênero dos direitos fundamentais diz respeito aos denominados **direitos políticos**, que se encontram disciplinados em nossa Constituição Federal nos artigos 14 a 16.

Os direitos políticos podem ser definidos como sendo *o conjunto de normas constitucionais que regulamentam os instrumentos através dos quais os cidadãos exercem a soberania popular*.

Inicialmente, para compreendermos o tema em análise, imprescindível a conceituação dos seguintes institutos:

a) **Sufrágio** – está relacionado com a capacidade eleitoral, tanto ativa (de votar), quanto passiva (de ser votado). A CF estabelece o *sufrágio universal*, o qual deve ser entendido como a *possibilidade de se votar e ser votado, sem qualquer distinção, desde que o cidadão esteja em dia com seus direitos políticos*;

b) **Voto** – é o meio pelo qual se exerce a capacidade eleitoral ativa. Segundo a norma constitucional o voto deve ser *direto* (escolha de representantes de forma direta, sem intermédio de terceiros) e *secreto* (a votação deve ser feita de forma sigilosa, sem o conhecimento de terceiras pessoas);

c) **Escrutínio** – é a instrumentalização do voto, que deve ser secreto.

Analisando-se nossa Constituição Federal concluímos que, como regra, temos um **regime democrático representativo** (cf. art. 1.º, parágrafo único), vez que *todo o poder emana do povo, que o exerce através de representantes eleitos*. De outro vértice, o mesmo dispositivo constitucional prevê a possibilidade da denominada **democracia participativa**, haja vista a hipótese de se exercer *diretamente* o poder.

Ademais, os incisos I a III do art. 14 da CF elencam os instrumentos através dos quais podemos exercer a democracia participativa. São eles:

a) **Plebiscito** - Consulta *prévia* realizada pelo Poder Público à população, com o objetivo de que os cidadãos decidam ou se manifestem sobre determinada questão de interesse coletivo;

b) **Referendo** - Consulta popular em que os cidadãos decidem *se confirmam* um ato do Poder Público ou *rechaçam* uma proposta sobre tema de interesse público; e

c) **Iniciativa Popular** – É a possibilidade dos cidadãos em propor um projeto de lei, mediante o atendimento de alguns requisitos (cf. art. 61, § 2.º, da CF).

Sublinhe-se que com a promulgação da EC n.º 111, de 28/9/2021, foi previsto que serão realizadas concomitantemente às eleições municipais as consultas populares sobre questões locais aprovadas pelas Câmaras Municipais e encaminhadas à Justiça Eleitoral até 90 (noventa) dias antes da data das eleições, observados os limites operacionais relativos ao número de quesitos. Ademais, as manifestações favoráveis e contrárias às questões submetidas às consultas populares em questão ocorrerão durante as campanhas eleitorais, sem a utilização de propaganda gratuita no rádio e na televisão.

Capítulo 2

Direitos Políticos

Conforme os preceitos estabelecidos em nossa Constituição Federal, e ante abalizada doutrina, os direitos políticos podem ser classificados em **positivos** (*são aqueles que estabelecem requisitos que devem estar presentes para que o cidadão possa exercer seus direitos políticos*) e **negativos** (*são aqueles que delimitam o exercício dos direitos políticos, trazendo hipóteses de inelegibilidades, perda e suspensão daqueles direitos*).

2.1 Direitos Políticos Positivos

Os denominados direitos políticos positivos constituem em prerrogativas fundamentais assecuratórias do povo, facultando-lhes a participação democrática do governo, direta ou indiretamente.

Segundo a doutrina referidos direitos compreendem os direitos políticos *ativos* e *passivos*.

2.1.1 Direitos Políticos Ativos

Por intermédio da capacidade eleitoral ativa o cidadão terá a condição jurídica de participar do processo político nacional, tornando-se apto a exercer as prerrogativas de votar. A qualidade de eleitor é comprovada através da obtenção do título de eleitor, o qual confere ao brasileiro a condição de **cidadão**.

É imprescindível, contudo, para a aquisição da condição de cidadão o denominado **alistamento eleitoral**, o qual deve ser entendido como sendo *a qualificação e inscrição do nacional como eleitor junto à Justiça Eleitoral*. Temos aqui as chamadas **condições de alistabilidade**.

Segundo nossa Constituição Federal o **alistamento eleitoral** e o **voto** são:

a) **Obrigatório** – para os maiores de 18 (dezoito) anos de idade; e

b) **Facultativo** – para os analfabetos, os maiores de 70 (setenta) anos de idade, e os maiores de 16 (dezesseis) e menores de 18 (dezoito) anos de idade.

Para facilitar a compreensão do disposto no parágrafo anterior podemos afirmar que o alistamento eleitoral e o voto são obrigatórios para os cidadãos com idade entre 18 (dezoito) e 70 (setenta) anos, excluindo-se os analfabetos.

ATENÇÃO: a despeito de ser considerado cláusula pétrea o voto direto, secreto, universal e periódico, **a obrigatoriedade não o é**, razão pela qual há a possibilidade de tornar o voto facultativo!

Importante consignar, ainda, que a CF *não admite o alistamento* de **estrangeiros** e, durante o serviço militar obrigatório, dos **conscritos.**

Conquanto o cidadão detenha a capacidade eleitoral ativa, isso não lhe confere a capacidade eleitoral passiva.

2.1.2 Direitos Políticos Passivos

Referidos direitos conferem ao cidadão a **capacidade eleitoral passiva**, o que permite ao cidadão o direito de ser votado, em caso de candidatura a mandato eletivo.

Para que o cidadão possa ser votado é necessário o preenchimento dos seguintes requisitos:

a) Nacionalidade brasileira (nato ou naturalizado);

b) Pleno exercício dos direitos políticos (não pode incorrer em nenhuma hipótese de perda ou suspensão de seus direitos políticos);

c) Alistamento eleitoral;

d) Domicílio eleitoral na circunscrição (pela lei, deve se observar o interstício mínimo de 06 meses antes do pleito – art. 9.º da Lei n.º 9.504/97);

e) Filiação partidária;

f) Idade mínima que variará conforme o cargo público almejado (cf. inciso VI do § 3.º do art. 14 da CF).

Questão interessante a ser abordada aqui diz respeito à denominada **candidatura nata**, segundo a qual deve ser entendida como um direito potestativo de detentor de mandato eletivo à indicação pelo partido para as próximas eleições, independentemente de aprovação em convenção partidária.

Pois bem. De acordo com entendimento firmado pelo Supremo Tribunal Federal referido instituto *é incompatível com a CF/88, tanto por violar a isonomia entre os postulantes a cargos eletivos como, sobretudo, por atingir a autonomia partidária.* Ainda, a *imunização pura e simples do detentor de mandato eletivo contra a vontade colegiada do partido acaba sendo um privilégio completamente injustificado, que contribui tão-só para a perpetuação de ocupantes de cargos eletivos, em detrimento de outros pré-candidatos, sem qualquer justificativa plausível para o funcionamento do sistema democrático, e sem que haja meios para que o partido possa fazer imperar os objetivos fundamentais inscritos no seu estatuto* (ADI 2530/DF, rel. Min. Nunes Marques, j. 18/8/2021).

2.2 Direitos Políticos Negativos

Os direitos políticos negativos são aqueles que configuram hipóteses que *subtraem* e *impedem* o exercício do direito político passivo. Podem ser caracterizados pela existência das **inelegibilidades**, bem como das **causas de perda ou suspensão dos direitos políticos**.

As **inelegibilidades** (situações que impedem, total ou parcialmente, o exercício da capacidade eleitoral passiva) podem ser divididas inicialmente como sendo **constitucionais** e **infraconstitucionais** (cf. § 9.º do art. 14 da CF). As primeiras, por sua vez, são subdivididas em **absolutas** e **relativas**.

As **inelegibilidades constitucionais absolutas** compreendem:

a) Inalistáveis (estrangeiros e conscritos); e

b) Analfabetos.

Por sua vez, as **inelegibilidades constitucionais relativas** podem ser agrupadas, a partir do art. 14 da CF, da seguinte forma:

a) Em razão da função exercida (Chefe do Executivo), para concorrer a um terceiro mandato consecutivo (§ 5.º);

b) Em razão da função exercida para concorrer a outros cargos (§ 6.º) – Aplica-se aos Chefes do Poder Executivo;

c) Em razão de parentesco (§ 7.º) – leva em consideração a circunscrição do titular, e tem como limitador o 2.º grau de parentesco. Essa hipótese é conhecida também como **inelegibilidade reflexa**, em virtude do fato de incidir sobre terceiros;

d) Militar alistável (§ 8.º).

As **inelegibilidades infraconstitucionais** (art. 14, § 9.º, da CF) estão previstas na Lei Complementar n.º 64/90, tendo suas hipóteses ampliadas através da denominada Lei da Ficha Limpa (LC n.º 135/10). Ao possibilitar que as hipóteses de inelegibilidade sejam previstas por Lei Complementar o constituinte deixou claro que *as hipóteses previstas constitucionalmente não são taxativas.*

Registre-se, por fim, que em havendo comprovação de *abuso do poder econômico, corrupção ou fraude,* o mandato eletivo poderá ser impugnado ante a Justiça Eleitoral, no prazo de 15 (quinze) dias, contados da diplomação. Essa **ação de impugnação de mandato eletivo** tramitará em segredo de justiça, podendo o autor responder, na forma da legislação infraconstitucional, se temerária ou de manifesta má-fé.

Capítulo 3

Desincompatibilização

O instituto da desincompatibilização deve ser entendido como sendo o ato por meio do qual determinada pessoa se desvencilha da inelegibilidade a tempo de concorrer à eleição de determinado cargo eletivo.

Caso o chefe do Poder Executivo, em todas as esferas da federação, queira concorrer **a outros cargos** ele deverá renunciar (desincompatibilizar) ao respectivo mandato até seis meses antes do pleito.

Em princípio, não há que se falar na necessidade desincompatibilização para o Vice-Presidente da República, o Vice-Governador (Estadual ou Distrital) e o Vice-Prefeito concorrerem a outros cargos eletivos, preservando os seus mandatos respectivos. Para tanto, nos últimos seis meses antes do pleito, eles não poderão ter sucedido ou substituído o titular do cargo.

Como se sabe, por expressa previsão constitucional o pleito para os cargos de Presidente da República, Governador de Estado e do Distrito Federal, bem como de Prefeito Municipal, realizam-se no mês de outubro, sendo que o primeiro turno será concretizado no primeiro domingo do mês. Esse é o marco para retroagirmos na contagem do prazo necessário a ser observado para a desincompatibilização. Vamos supor que a eleição ocorra no dia 05/10 de determinado ano: nesse caso, o prazo limite para a desincompatibilização será o dia 05/04 daquele mesmo ano.

Questão interessante, contudo, está relacionada com a promulgação da EC n.º 107, de 02/7/2020, a qual **alterou a data das eleições municipais de 2020 para o mês de novembro do mesmo ano**, em virtude da pandemia da COVID-19. Com isso, houve reflexos no período da desincompatibilização.

Os prazos para desincompatibilização que, na data da publicação da EC n.º 107/2020, **estiverem por vencer** serão **computados considerando-se a nova data de realização** das eleições de 2020 (primeiro turno em 15/11/2020, em princípio). De outro vértice, se referidos **prazos estiverem vencidos**, serão **considerados preclusos**, *vedada sua reabertura*.

Capítulo 4

Privação dos Direitos Políticos

Registre-se que a CF prevê algumas hipóteses de *perda* (que possui caráter definitivo ou duradouro) e *suspensão* (que sempre será temporária) dos direitos políticos, o que acaba por restringir tanto a capacidade eleitoral ativa quanto a passiva. São situações excepcionais previstas no art. 15 da Carta Magna:

> "Art. 15. É vedada a cassação de direitos políticos, cuja perda ou suspensão só se dará nos casos de:
>
> I - cancelamento da naturalização por sentença transitada em julgado;
>
> II - incapacidade civil absoluta;
>
> III - condenação criminal transitada em julgado, enquanto durarem seus efeitos;
>
> IV - recusa de cumprir obrigação a todos imposta ou prestação alternativa, nos termos do art. 5.º, VIII;
>
> V - improbidade administrativa, nos termos do art. 37, § 4.º".

A despeito da Constituição Federal não mencionar expressamente quais são as hipóteses de perda e de suspensão dos direitos políticos, de forma individualizada, podemos dizer que a ***perda*** dos direitos políticos se verifica na hipótese de *cancelamento da naturalização por sentença judicial transitada em julgado, situação em que o indivíduo retornará à condição de estrangeiro.*

Importante registrar que a despeito de existir previsão expressa no artigo ora em comento, a partir do momento em que houver a perda da nacionalidade brasileira em virtude de aquisição de outra nacionalidade de forma voluntária, estaremos também diante de uma hipótese de perda dos direitos políticos.

As hipóteses de ***suspensão***, por sua vez, são as seguintes: a) *declaração da incapacidade civil absoluta*; b) *condenação criminal transitada em julgado, enquanto durarem seus efeitos*; e, c) *condenação por improbidade administrativa (art. 37, § 4.º).*

Conquanto haja divergência doutrinária a respeito da alocação da hipótese relacionada à *recusa em cumprir obrigação a todos imposta ou prestação alternativa, nos termos do art. 5.º, VIII,* ela deverá ser entendida como hipótese de **suspensão** dos direitos políticos. O principal argumento desse entendimento é que a Lei n.º 8.239/91, ao contrário de parcela da doutrina, determina que a recusa ou o cumprimento incompleto do serviço alternativo *implicará hipótese de suspensão dos direitos políticos.*

Por fim, há que se registrar que por expressa previsão constitucional é terminantemente proibida a **cassação** dos direitos políticos, que *consiste na retirada arbitrária desses.*

Capítulo 5

Princípio da Anualidade Eleitoral

Esse princípio é também conhecido por **princípio da anterioridade eleitoral**, segundo o qual prevê que *a lei que alterar o processo eleitoral, embora entre em vigor na data de sua publicação, somente será aplicável às eleições que ocorrer após um ano a data de sua vigência* (cf. art. 16 da CF).

Vejamos importante decisão do STF com relação ao princípio em questão.

> "A norma consubstanciada no art. 16 da Constituição da República, que consagra o postulado da anterioridade eleitoral (cujo precípuo destinatário é o Poder Legislativo), vincula-se, em seu sentido teleológico, à finalidade ético-jurídica de obstar a deformação do processo eleitoral mediante modificações que, casuisticamente introduzidas pelo Parlamento, culminem por romper a necessária igualdade de participação dos que nele atuam como protagonistas relevantes (partidos políticos e candidatos), vulnerando-lhes, com inovações abruptamente estabelecidas, a garantia básica de igual competitividade que deve sempre prevalecer nas disputas eleitorais. Precedentes. O processo eleitoral, que constitui sucessão ordenada de atos e estágios causalmente vinculados entre si, supõe, em função dos objetivos que lhe são inerentes, a sua integral submissão a uma disciplina jurídica que, ao discriminar os momentos que o compõem, indica as fases em que ele se desenvolve: (a) fase pré-eleitoral, que, iniciando-se com a realização das convenções partidárias e a escolha de candidaturas, estende-se até a propaganda eleitoral respectiva; (b) fase eleitoral propriamente dita, que compreende o início, a realização e o encerramento da votação e (c) fase pós-eleitoral, que principia com a apuração e contagem de votos e termina com a diplomação dos candidatos eleitos, bem assim dos seus respectivos suplentes. Magistério da doutrina (José Afonso da Silva e Antônio Tito Costa). A Resolução TSE 21.702/2004, que meramente explicitou interpretação constitucional anteriormente dada pelo STF, não ofendeu a cláusula constitucional da anterioridade eleitoral, seja porque não rompeu a essencial igualdade de participação, no processo eleitoral, das agremiações partidárias e respectivos candidatos, seja porque não transgrediu a igual competitividade que deve prevalecer entre esses protagonistas da disputa eleitoral, seja porque não

> produziu qualquer deformação descaracterizadora da normalidade das eleições municipais, seja porque não introduziu qualquer fator de perturbação nesse pleito eleitoral, seja, ainda, porque não foi editada nem motivada por qualquer propósito casuístico ou discriminatório.(ADI 3.345, rel. min. Celso de Mello, j. 25-8-2005, P, *DJE* de 20-8-2010).

Destaque-se que a partir do julgamento da ADI 3.685/DF, o Supremo Tribunal Federal passou a entender que o art. 16 da Carta Magna deve ser considerado como sendo **cláusula pétrea**, haja vista tratar-se de uma garantia fundamental do cidadão-eleitor, do cidadão-candidato e das agremiações.

A despeito disso, sublinhe-se que, com a promulgação da EC n.º 107, de 02/7/2020, a qual **alterou a data das eleições municipais para o mês de novembro de 2020**, em virtude da pandemia da COVID-19, houve a **expressa previsão da não aplicabilidade do princípio** em questão ao disposto naquela Emenda Constitucional:

> "Art. 2.º Não se aplica o art. 16 da Constituição Federal ao disposto nesta Emenda Constitucional".

Importante consignar que a ampliação dos limites para gasto com publicidade institucional às vésperas das eleições pode afetar significativamente as condições da disputa eleitoral, sendo necessário postergar, em obediência ao princípio da anterioridade eleitoral, a eficácia de alterações normativas nesse sentido. A partir desse entendimento, o Plenário do STF, por maioria de votos, concedeu parcialmente medida cautelar pleiteada para conferir interpretação conforme a Constituição à Lei n.º 14.356/2022, estabelecendo que, por força do princípio da anterioridade eleitoral, a norma não produz efeitos antes do pleito eleitoral de outubro de 2022. (ADI's 7178/DF e 7182/DF, rel. Min. Dias Toffoli, redator do acórdão Min. Alexandre de Moraes, julgamento virtual realizado em 1º/7/2022).

Quadro Sinótico

DIREITOS POLÍTICOS	
Considerações Iniciais	Os direitos políticos podem ser definidos como sendo *o conjunto de normas constitucionais que regulamentam os instrumentos através dos quais os cidadãos exercem a soberania popular.* Quando estudamos o tema "Direitos Políticos" não podemos confundir os institutos do **sufrágio** (está relacionado com a capacidade eleitoral ativa e passiva; do **voto** (meio pelo qual se exerce a capacidade eleitoral ativa; e do **escrutínio** (instrumentalização do voto). Como regra, temos um **regime democrático representativo** (cf. art. 1.º, parágrafo único), vez que *todo o poder emana do povo, que o exerce através de representantes eleitos*. De outro vértice, o mesmo dispositivo constitucional prevê a possibilidade da denominada **democracia participativa**, haja vista a hipótese de se exercer *diretamente* o poder. Por fim, são instrumentos através dos quais podemos exercer a democracia participativa: **plebiscito** (consulta *prévia* realizada pelo Poder Público à população, com o objetivo de que os cidadãos decidam ou se manifestem sobre determinada questão de interesse coletivo); **referendo** (consulta popular em que os cidadãos decidem *se confirmam* um ato do Poder Público ou *rechaçam* uma proposta sobre tema de interesse público); e **iniciativa popular** (possibilidade dos cidadãos em propor um projeto de lei).
Direitos Políticos	Os direitos políticos podem ser classificados em **positivos** (*são aqueles que estabelecem requisitos que devem estar presentes para que o cidadão possa exercer seus direitos políticos*) e **negativos** (*são aqueles que delimitam o exercício dos direitos políticos, trazendo hipóteses de inelegibilidades, perda e suspensão daqueles direitos*). Os direitos políticos positivos se subdividem em **ativos** (o cidadão terá a condição jurídica de participar do processo político nacional, tornando-lhe apto a exercer as prerrogativas de votar) e **passivos** (referidos direitos conferem ao cidadão a *capacidade eleitoral passiva*, o que permite ao cidadão o direito de ser votado, em caso de candidatura a mandato eletivo). Para a aquisição da condição de cidadão é imprescindível o **alistamento eleitoral** (*qualificação e inscrição do nacional como eleitor junto à Justiça Eleitoral*). Temos aqui as chamadas **condições de alistabilidade**.

Direitos Políticos	Destaque-se que o **alistamento eleitoral** e o **voto** são: **obrigatório** (para os maiores de 18 – dezoito – anos de idade); e, **facultativo (**para os analfabetos, os maiores de 70 – setenta – anos de idade, e os maiores de 16 – dezesseis – e menores de 18 – dezoito – anos de idade). A CF *não admite o alistamento* de **estrangeiros** e, durante o serviço militar obrigatório, dos **conscritos**. Os direitos políticos negativos são aqueles que configuram hipóteses que *subtraem* e *impedem* o exercício daqueles. Podem ser caracterizados pela existência das **inelegibilidades** (situações que impedem, total ou parcialmente, o exercício da capacidade eleitoral passiva), bem como das **causas de perda ou suspensão dos direitos políticos**. As *inelegibilidades* podem ser divididas inicialmente como sendo *constitucionais* e *infraconstitucionais***.** As primeiras, por sua vez, são subdivididas em **absolutas** e **relativas**. As *inelegibilidades constitucionais absolutas* compreendem os *inalistáveis* (estrangeiros e conscritos); e, os *analfabetos*. As *inelegibilidades constitucionais relativas* podem ser agrupadas (i) em razão da função exercida (Chefe do Executivo), para concorrer a um terceiro mandato consecutivo (§ 5.º); (ii) em razão da função exercida para concorrer a outros cargos (§ 6.º); (iii) em razão de parentesco (§ 7.º); e, no caso do militar alistável (§ 8.º).
Direitos Políticos	Já as *inelegibilidades infraconstitucionais* estão previstas na Lei Complementar n.º 64/90, tendo suas hipóteses ampliadas através da denominada Lei da Ficha Limpa (LC n.º 135/10).
Privação dos Direitos Políticos	A CF prevê algumas hipóteses de *perda* (que possui caráter definitivo ou duradouro) e *suspensão* (que sempre será temporária) dos direitos políticos, o que acaba por restringir tanto a capacidade eleitoral ativa quanto a passiva. São situações excepcionais previstas no art. 15 da Carta Magna.
Princípio da anualidade eleitoral	Está previsto no art. 16 da Constituição Federal, estabelecendo que *a lei que alterar o processo eleitoral, embora entre em vigor na data de sua publicação, somente será aplicável às eleições que ocorrer após um ano a data de sua vigência.* É também conhecido por **princípio da anterioridade eleitoral**.

EXERCÍCIOS

Questões

1. (PC/SP – Delegado de Polícia – VUNESP – 2018) - Suponha que Joseph, brasileiro naturalizado e atualmente com 20 anos de idade, decida se candidatar ao cargo de Deputado Federal. Nesse caso, é correto afirmar que ele:

a) Poderá se candidatar, pois o cargo é elegível tanto para brasileiros natos como naturalizados e a idade mínima exigida é 18 anos.

b) Poderá se candidatar, pois o cargo é elegível tanto para brasileiros natos como naturalizados e a idade mínima exigida é 20 anos.

c) Não poderá se candidatar, uma vez que embora o cargo não seja privativo de brasileiros natos, Joseph não possui a idade mínima de 21 anos exigida pela Constituição.

d) Não poderá se candidatar, pois ainda que possua a idade necessária para a candidatura, o cargo é privativo de brasileiros natos.

e) Não poderá se candidatar, pois além de não possuir a idade mínima exigida para a candidatura, o cargo é privativo de brasileiros natos.

2. (PC/RS – Delegado de Polícia – FUNDATEC – 2018) – Os direitos políticos ou cívicos semelham às prerrogativas e aos deveres inerentes à cidadania e compreendem o direito de participar direta ou indiretamente do governo, da organização e do funcionamento do Estado. Conforme prescreve a Constituição Federal, os direitos políticos disciplinam as diversas formas de o cidadão se manifestar, dentre as quais pode-se citar a soberania popular, que se concretiza pelo sufrágio universal, pelo voto direto e secreto e por demais instrumentos. Sobre os direitos políticos, assinale a alternativa INCORRETA.

a) A soberania popular será exercida pelo sufrágio universal e pelo voto direto e secreto, com valor igual para todos, e, nos termos da lei, mediante: I – plebiscito; II – referendo; III – iniciativa popular.

b) A cláusula tutelar inscrita no Art. 14, caput, da Constituição tem por destinatário específico e exclusivo o eleitor comum, no exercício das prerrogativas inerentes ao *status activae civitatis*. Essa norma de garantia não se aplica, todavia, ao membro do Poder Legislativo nos procedimentos de votação parlamentar, em cujo âmbito predomina, como regra, o postulado da deliberação ostensiva ou aberta.

c) A dissolução da sociedade ou do vínculo conjugal, no curso do mandato, não afasta a inelegibilidade prevista no § 7º do Art. 14 da CF/1988. No entanto, não atrai a aplicação do entendimento constante do referido ditame a extinção do vínculo conjugal pela morte de um dos cônjuges.

d) A cidadania é o status de nacional acrescido dos direitos políticos, isto é, de poder participar do processo governamental, tanto de forma ativa quanto passiva. É cidadania ativa aquela que age em eleger seus governantes, e passiva aquela em que também se pode ser escolhido.

e) Da suspensão de direitos políticos – efeito da condenação criminal transitada em julgado – resulta, por si mesma, a perda do mandato eletivo ou do cargo do agente político, inclusive no caso de parlamentar, – à exceção dos membros do poder legislativo, por exemplo.

3 - (PC/RO - Escrivão de Polícia Civil - FUNCAB - 2014) - Com base no tema "Direitos Políticos", assinale a alternativa correta:

a) O mandato eletivo poderá ser impugnado ante a Justiça Eleitoral no prazo de seis meses contados da diplomação, instruída a ação com provas de abuso do poder econômico ou corrupção.

b) Para concorrerem a outros cargos, o Presidente da República, os Governadores de Estado e do Distrito Federal e os Prefeitos devem renunciar aos respectivos mandatos até dois meses antes do pleito.

c) A idade mínima para concorrer aos cargos de Governador e Vice-Governador de Estado é de 40 anos.

d) O Presidente da República, os Governadores de Estado e do Distrito Federal, os Prefeitos e quem os houver sucedido, ou substituído no curso dos mandatos não poderão ser reeleitos.

e) A lei que alterar o processo eleitoral entrará em vigor na data de sua publicação, não se aplicando à eleição que ocorra até um ano da data de sua vigência.

4 - (PC/SC - Agente de Polícia Civil - FEPESE - 2017) - Com fundamento no texto constitucional, assinale a alternativa **correta** sobre os Direitos Políticos (Dos Direitos e Garantias Fundamentais).

a) Os estrangeiros podem alistar-se como eleitores.

b) É condição de elegibilidade para Prefeito a idade mínima de trinta anos.

c) O alistamento eleitoral e o voto são facultativos para os analfabetos.

d) O alistamento eleitoral e o voto são obrigatórios para os maiores de dezesseis anos.

e) É condição de elegibilidade para Vereador a idade mínima de vinte e um anos.

5 - (PC/AC - Agente de Polícia Civil - IPAD - 2012) - Acerca dos direitos políticos, analise as seguintes assertivas e marque a alternativa incorreta.

a) Os analfabetos, embora possam votar - não lhes é obrigatório, não podem se candidatar a cargo eletivo.

b) Para os maiores de setenta ano, o voto é facultativo.

c) Apenas podem se candidatar a cargos eletivos, os brasileiros natos ou naturalizados.

d) Constitui condição de elegibilidade o domicílio eleitoral na circunscrição para a qual se postula cargo eletivo.

e) A filiação partidária é requisito facultativo para a candidatura a cargos eletivos.

6 - (PC/PA – Escrivão de Polícia Civil – FUNCAB – 2016) – Os Direitos Políticos estatuem a possibilidade de o cidadão participar do processo político e das decisões do país. No que toca a este tema, de acordo com a Constituição Federal:

a) O mandato eletivo poderá ser impugnado ante a Justiça Eleitoral no prazo de quinze dias contados da diplomação, instruída a ação com provas de abuso do poder econômico, corrupção ou fraude.
b) Podem alistar-se como eleitores os conscritos. durante o período do serviço militar obrigatório.
c) Durante o período do serviço militar obrigatório, os conscritos são elegíveis, devendo, se contarem menos de dez anos de serviço, afastar-se da atividade.
d) O alistamento eleitoral e o voto são facultativos para os maiores de dezoito anos e menores de setenta anos.
e) Uma das condições de elegibilidade, na forma da lei é ter a idade mínima de trinta anos para Presidente e Vice-Presidente da República e Senador.

7 – (PC/CE – Escrivão de Polícia Civil – VUNESP – 2015) - Sobre os direitos políticos constitucionais, é correto afirmar que:

a) Para concorrerem a outros cargos, os Prefeitos, Deputados e Vereadores devem renunciar aos respectivos mandatos até seis meses antes do pleito.
b) O mandato eletivo poderá ser impugnado ante a Justiça Eleitoral no prazo de quinze dias contados da posse.
c) O alistamento eleitoral e o voto são obrigatórios para os maiores de dezoito anos e facultativos para os analfabetos e os maiores de sessenta anos.
d) Não podem se alistar como eleitores os estrangeiros, e são inelegíveis os inalistáveis e os analfabetos.
e) É vedada a pena que imponha a perda ou suspensão de direitos políticos.

8 – (PC/SE – Escrivão de Polícia Civil Substituto – IBFC – 2014) – Segundo a Constituição Federal, no capítulo "Dos Direitos Políticos", são condições de elegibilidade, **exceto**:

a) O domicílio eleitoral na circunscrição.
b) A filiação a partido político com representação no Congresso Nacional.
c) A nacionalidade brasileira.
d) O pleno exercício dos direitos políticos.

9 – (PC/SP – Delegado de Polícia – VUNESP – 2022) - Segundo a doutrina, os direitos políticos negativos consistem nas previsões constitucionais que restringem o acesso do cidadão à participação nos órgãos governamentais, por meio de impedimento à candidatura. Sobre o tema, é correto afirmar que:

a) o indivíduo que se encontrar em hipótese de inelegibilidade absoluta não poderá pleitear nenhum mandato eletivo.
b) os militares estão impedidos de candidatar-se, pois abrangidos pela inelegibilidade absoluta.
c) os conscritos são inalistáveis e relativamente inelegíveis.
d) o analfabeto não possui capacidade eleitoral passiva, incidindo na hipótese de inelegibilidade relativa.
e) os casos de inelegibilidade estabelecidos pela Constituição são normas de eficácia limitada.

10 – (PC/MG – Analista da Polícia Civil – FUMARC – 2022) - De acordo com a Constituição Federal de 1988, a soberania popular será exercida pelo sufrágio universal e pelo voto direto e secreto, com valor igual para todos, e, nos termos da lei, mediante, **EXCETO**:

a) Ação popular.
b) Iniciativa popular.
c) Plebiscito.
d) Referendo.

11 – (PC/RJ – Inspetor da Polícia Civil – FGV – 2021) - Germano pretendia se candidatar a cargo eletivo nas próximas eleições. Com tal objetivo, procurou um advogado e foi informado de que era alcançado por causa de inelegibilidade prevista na Constituição da República de 1988. É correto afirmar que uma causa de inelegibilidade de natureza constitucional:

a) sempre impede que o interessado concorra a qualquer cargo eletivo;
b) somente alcança os cargos eletivos vinculados a um ente federativo em particular;
c) será afastada se houver a desincompatibilização no prazo indicado pela ordem jurídica;
d) somente alcança cargos eletivos específicos, conforme a causa geradora da inelegibilidade;
e) pode alcançar todos os cargos eletivos, um cargo eletivo específico ou os cargos eletivos vinculados a um ente federativo em particular.

12 – (PC/SE – Escrivão de Polícia – CESPE/CEBRASPE – 2021) - A respeito dos direitos e deveres individuais e coletivos previstos na Constituição Federal de 1988 (CF), julgue o item a seguir.

No tocante às limitações ao exercício da vida política, além de hipóteses de inelegibilidade, nas quais se macula a capacidade eleitoral passiva, o constituinte elencou situações de perda ou suspensão dos direitos políticos, a exemplo da incapacidade civil absoluta, quando se restringem tanto a capacidade eleitoral ativa quanto a passiva.

( ) Certo

( ) Errado

13 – (PC/CE – Escrivão de Polícia Civil – IDECAN – 2021) - O alistamento eleitoral e o voto são facultativos para:

I. os analfabetos;

II. os apenados;

III. os maiores de setenta anos;

IV. os residentes no estrangeiro;

V. os maiores de dezesseis e menores de dezoito anos.

Analise os itens acima e assinale:

a) se apenas os itens I, II e III estiverem corretos.

b) se apenas os itens III, IV e V estiverem corretos.

c) se apenas os itens I, III e V estiverem corretos.

d) se apenas os itens I, III e IV estiverem corretos.

e) se apenas os itens II, IV e V estiverem corretos.

14 – (PC/RN – Agente e Escrivão – FGV – 2021) - Marie, integrante de uma tradicional família francesa, nascida e criada em Paris, deseja viver no Brasil e seguir a carreira política. Para decidir que planos traçaria, estabeleceu contato com um advogado brasileiro, que lhe informou corretamente que:

a) não teria direitos políticos, mas poderia fruir os direitos fundamentais compatíveis com sua condição de estrangeira;

b) poderia fruir os direitos políticos que somente exigiam a condição de cidadão, não a nacionalidade brasileira;

c) apenas a aquisição da nacionalidade lhe permitiria fruir os direitos políticos e os direitos fundamentais;

d) apenas a aquisição da cidadania lhe permitiria fruir os direitos políticos e os direitos fundamentais;

e) por ser estrangeira, não lhe seriam assegurados direitos políticos ou direitos fundamentais.

Gabarito e Explicação

Questão	Gabarito	Abordagem do assunto no livro
1	C	Capítulo 2
2	E	Capítulo 3
3	E	Capítulo 4
4	C	Capítulo 2
5	E	Capítulo 2
6	A	Capítulo 2
7	D	Capítulo 2
8	B	Capítulo 2
9	A	Capítulo 2
10	A	Capítulo 2
11	E	Capítulo 2
12	Certo	Capítulo 2
13	C	Capítulo 2
14	A	Capítulo 2

PARTE 12

PARTIDOS POLÍTICOS

Capítulo 1

Considerações Iniciais

Os partidos políticos, conforme já consignado anteriormente na presente obra, constituem a quinta categoria dos direitos fundamentais previstos em nossa Constituição Federal, tendo tratamento no art. 17.

Legalmente (Lei n.º 9.096/95) ele pode ser conceituado como sendo uma *pessoa jurídica de direito privado, que se destina a assegurar, no interesse do regime democrático, a autenticidade do sistema representativo e a defender os direitos fundamentais definidos na Constituição Federal.*

A doutrina conceitua os partidos políticos como sendo uma:

> "organização de pessoas reunidas em torno de um mesmo programa político com a finalidade de assumir o poder e de mantê-lo ou, ao menos, de influenciar na gestão da coisa pública através de críticas e oposição"[1].

Através do estudo do art. 17 de nossa Carta Magna verificamos que há a consagração de normas que asseguram aos partidos a liberdade de criação e a autonomia de organização e funcionamento, além de direitos a recursos do fundo partidário e acesso gratuito ao rádio e à televisão, na forma da lei.

Não obstante isso, a EC n.º 97/17 acabou por **vedar a celebração de coligações partidárias nas eleições proporcionais** (cf. § 1.º do art. 17 da CF), bem como **restringiu o direito a recursos do fundo partidário e acesso gratuito ao rádio e à televisão** (cf. § 3.º).

Registre-se, ainda, que para a criação, fusão, incorporação e extinção dos partidos políticos deverão ser obedecidos os seguintes preceitos: (i) caráter nacional; (ii) proibição de recebimento de recursos financeiros de entidade ou governo estrangeiros ou de subordinação a estes; (iii) prestação de contas à Justiça Eleitoral; e, funcionamento parlamentar de acordo com a lei.

1. BASTOS, Celso Ribeiro. *Curso de Direito Constitucional*. 18.ª ed. São Paulo: Saraiva, 1997. P. 275.

Depois de adquirirem personalidade jurídica, na forma da lei civil, os partidos políticos deverão registrar seus estatutos no Tribunal Superior Eleitoral.

Ao julgar a ADI 6044/DF (Rel. Min. Cármen Lúcia, j. 06/3/2021) o STF firmou o entendimento de *ser vedada a fusão ou incorporação de partidos políticos que tenham obtido o registro definitivo do Tribunal Superior Eleitoral há menos de 05 (cinco) anos*. Nesse sentido:

> A Constituição Federal (CF) garante a liberdade para a criação, fusão, incorporação e extinção de partidos políticos, a eles assegurando a autonomia. Mas não há liberdade absoluta, tampouco autonomia sem limitação. A norma legal impugnada não afeta, reduz ou condiciona a autonomia partidária, porque o espaço de atuação livre dos partidos políticos conforma-se a normas jurídicas postas para a definição das condições pelas quais se pode dar a criação, ou recriação por fusão ou incorporação, de partido sem intervir no seu funcionamento interno.
>
> Na hipótese, a limitação temporal impeditiva da fusão ou incorporação de partidos políticos, criados há menos de cinco anos, assegura o atendimento do compromisso do cidadão com o que afirma como sua opção partidária, evitando-se agremiações descompromissadas e sem substrato social, e reforça o objetivo do constituinte reformador, expresso na Emenda Constitucional (EC) 97/2017, em coibir o enfraquecimento da representação partidária.
>
> Ao estabelecer novas condições para a criação, fusão e incorporação de partidos políticos, as normas eleitorais questionadas definiram critérios a serem analisados sob o parâmetro da legitimidade representativa, fundamento do modelo partidário. A confiança do cidadão nas instituições democráticas conduz ao sentimento de democracia, garantindo a firmeza e a dinâmica das organizações políticas estatais.
>
> Com base nesse entendimento, o Plenário, por unanimidade, converteu o julgamento da medida cautelar em definitivo de mérito para julgar improcedente a presente ação direta e declarar constitucional o § 9º do art. 29 da Lei dos Partidos Políticos (Lei 9.096/1995), introduzido pelo art. 2º da Lei 13.107/2015.

Por fim, importante consignar que os partidos políticos devem aplicar no mínimo 5% (cinco por cento) dos recursos do fundo partidário na criação e na manutenção de programas de promoção e difusão da **participação política das mulheres**, de acordo com os interesses intrapartidários. Ademais, o montante do Fundo Especial de Financiamento de Campanha e da parcela do fundo partidário destinada a campanhas eleitorais, bem como o tempo de propaganda gratuita no rádio e na televisão a ser distribuído pelos partidos às respectivas candidatas, deverão ser de no mínimo 30% (trinta por cento), proporcional ao número de candidatas, e a distribuição deverá ser realizada conforme critérios definidos pelos respectivos órgãos de direção e pelas normas estatutárias, considerados a autonomia e o interesse partidário.

Capítulo 2

Regras Constitucionais

O texto constitucional traz duas importantes regras aos partidos políticos, quais sejam: (a) **liberdade partidária** e (b) **autonomia partidária**.

O **princípio da liberdade partidária** vem consubstanciado através da previsão constitucional de ser *livre a criação, fusão, incorporação e extinção dos partidos políticos*.

A despeito da existência desse princípio, a própria Constituição Federal condiciona-o ao respeito da soberania nacional, ao regime democrático, ao pluripartidarismo e aos direitos fundamentais da pessoa humana. Além do mais, ao ser vedada a criação de partidos políticos limitados aos Estados ou Municípios, verifica-se a imposição do *caráter nacional dos partidos políticos.*

O **princípio da autonomia partidária**, por sua vez, tem a finalidade de garantir aos partidos políticos a autonomia para definir a sua estrutura, organização e seu funcionamento. Não obstante isso, a EC n.º 97/17 vedou a possibilidade de coligações partidárias nas eleições proporcionais, proibição essa que começou a ser observada a partir das eleições de 2020 (cf. art. 2.º da EC n.º 97/17).

Capítulo 3

Direitos dos Partidos Políticos

A partir de agora analisaremos, em breve síntese, cada um dos direitos assegurados aos partidos políticos.

3.1 Direito a recursos do fundo partidário

Destaque-se que os recursos advindos do fundo partidário são destinados à aplicação na manutenção das sedes e serviços do partido, permitido o pagamento de pessoal, na propaganda doutrinária e política, no alistamento e campanhas eleitorais, criação e manutenção de instituto ou fundação de pesquisa e de doutrinação e educação política.

A Lei n.º 9.096/95, em seu artigo 38, estabelece a *forma de constituição do fundo partidário.*

No ano de 2006 o Supremo Tribunal Federal, ao julgar as ADI's 1.351 e 1.354, *declarou inconstitucional* alguns dispositivos da Lei n.º 9.096/95 que haviam instituído a denominada **cláusula de barreira**, instituto esse que *acabava por restringir o direito ao funcionamento parlamentar, o acesso ao horário gratuito de rádio e televisão, bem como a distribuição dos recursos do fundo partidário.*

Ao julgar procedentes referidas ADI's a Suprema Corte acabou por afastar dispositivos que objetivavam condicionar:

> "(...) o funcionamento parlamentar a determinado desempenho eleitoral, conferindo, aos partidos, diferentes proporções de participação no Fundo Partidário e de tempo disponível para a propaganda partidária (direito de antena), conforme alcançados, ou não, os patamares de desempenho impostos para o funcionamento parlamentar. Entendeu-se que os dispositivos impugnados violam o art. 1.º, V, que prevê como um dos fundamentos da República o pluralismo político; o art. 17, que estabelece ser livre a criação, fusão, incorporação e extinção de partidos políticos, resguardados a soberania nacional, o regime democrático, o pluripartidarismo, os direitos fundamentais da pessoa humana; e o art. 58, § 1.º, que assegura, na constituição das Mesas e das comissões permanentes ou

temporárias da Câmara dos Deputados e do Senado Federal, a representação proporcional dos partidos ou dos blocos parlamentares que participam da respectiva Casa, todos da CF."

Não obstante a declaração de inconstitucionalidade em questão, no ano de 2017 o Congresso Nacional promulgou a EC n.º 97 que instituiu novamente a conhecida **cláusula de barreira**, fixando-se condições mínimas de desempenho dos partidos políticos nas urnas para terem direito a recursos do fundo partidário e acesso gratuito ao rádio e à televisão (cf. § 3.º do art. 17 da Carta Magna). Não obstante essa previsão, o art. 3.º da EC n.º 97/17 prevê uma regra de transição, sendo que referidas restrições aplicar-se-ão somente a partir das eleições de 2030.

3.2 Direito ao acesso gratuito ao rádio e à televisão, na forma da lei

Inicialmente, importante chamar a atenção às regras estabelecidas na EC n.º 97/17, haja vista afetarem diretamente esse direito.

Referido direito consiste na *propaganda partidária gratuita* transmitida via rádio e televisão, a qual tem por finalidade exclusiva a difusão dos programas partidários, transmissão de mensagens aos filiados sobre a execução do programa partidário, de eventos com este relacionados, bem como das atividades congressuais do partido e divulgação da posição do partido no que tange a temas político-comunitários. Destaque-se que ***não se trata de propaganda eleitoral***!

3.3 Direito de preservar a vaga obtida pelo sistema eleitoral em caso de injustificada desfiliação partidária pelo parlamentar

Destaque-se que tanto o Supremo Tribunal Federal quanto o Tribunal Superior Eleitoral possuíam entendimentos de que, a princípio, o parlamentar federal que se desfiliar de seu partido de eleição (ou seja, aquele pelo qual foi eleito), *sem justa causa*, perderá o respectivo mandato por violação ao princípio constitucional da fidelidade partidária.

A Suprema Corte, contudo, restringiu seu entendimento às eleições que seguem o sistema proporcional. Nesse sentido,

> "A perda do mandato em razão da mudança de partido não se aplica aos candidatos eleitos pelo sistema majoritário, sob pena de violação da soberania popular e das escolhas feitas pelo eleitor".

Ocorre que, em 18/2/2016 (*ano de eleições municipais*) foi promulgada a Emenda Constitucional n.º 91, *uma verdadeira aberração jurídica*. Isso porque, **sem alterar qualquer dispositivo do corpo da nossa Constituição Federal**, referida Emenda contém dois artigos: o primeiro, criando a conhecida ***janela partidária***, e o segundo, dizendo que ela entrará em vigor na data de sua publicação.

Veja o que preceitua o art. 1.º da EC n.º 91/16:

> "É facultado ao detentor de mandato eletivo desligar-se do partido pelo qual foi eleito nos trinta dias seguintes à promulgação desta Emenda Constitucional, sem prejuízo do mandato, não sendo essa desfiliação considerada para fins de distribuição dos recursos do Fundo Partidário e de acesso gratuito ao tempo de rádio e televisão".

Salta aos olhos a astuta manobra legislativa *criada para burlar o posicionamento do STF e do TSE*, concedendo verdadeiro "alvará" aos parlamentares para cometerem ato de infidelidade partidária, sem qualquer consequência jurídica.

Repita-se: **foi uma Emenda Constitucional promulgada apenas para beneficiar os parlamentares, sem que houvesse qualquer alteração do corpo do texto da Carta Magna**!

É de se destacar que a redação atual do § 5.º do art. 17 da CF, dada pela EC n.º 97/17, estabelece que:

> "Ao eleito por partido que não preencher os requisitos previstos no § 3.º deste artigo é assegurado o mandato e facultada a filiação, sem perda do mandato, a outro partido que os tenha atingido, não sendo essa filiação considerada para fins de distribuição dos recursos do fundo partidário e de acesso gratuito ao tempo de rádio e de televisão".

A partir dessa previsão constitucional inserida por intermédio do exercício do poder constituinte derivado reformador, atualmente, se ocorrer essa situação estampada na norma, o eleito poderá se desfiliar de seu partido de eleição sem ser considerado infiel.

Seguindo a linha do posicionamento jurisprudencial inicialmente mencionado neste tópico, em 28/9/2021 foi promulgada a EC n.º 111 que inseriu o § 6.º ao art. 17 de nossa CF/88 estabelecendo que **os Deputados Federais, os Deputados Estaduais, os Deputados Distritais e os Vereadores que se desligarem do partido pelo qual tenham sido eleitos perderão o mandato, salvo nos casos de anuência do partido ou de outras hipóteses de justa causa estabelecidas em lei, não computada, em qualquer caso, a migração de partido para fins de distribuição de recursos do fundo partidário ou de outros fundos públicos e de acesso gratuito ao rádio e à televisão**.

Veja-se que pela novel regra constitucional a infidelidade partidária só se verifica para os detentores de cargos eleitos pelo sistema proporcional, não se aplicando àqueles eleitos pelo sistema majoritário, vez que nesses casos não importa o quociente eleitoral, nem o quociente partidário, pois o candidato foi escolhido com o maior número de votos.

Interessante notar que a própria constituição traz duas situações em que *será afastada a perda do cargo*: (i) **anuência do partido político** e (ii) **hipóteses de justa causa estabelecidas em lei**.

A lei n.º 9.096/95, em seu artigo 22-A estabelece três hipóteses de justa causa para a desfiliação partidária:

a) mudança substancial ou desvio reiterado do programa partidário;
b) grave discriminação política pessoal;
c) mudança de partido efetuada durante o período de trinta dias que antecede o prazo de filiação exigido em lei para concorrer à eleição, majoritária ou proporcional, ao término do mandato eletivo.

Quadro Sinótico

PARTIDOS POLÍTICOS	
Considerações iniciais	Legalmente, o partido político pode ser conceituado como sendo uma *pessoa jurídica de direito privado, que se destina a assegurar, no interesse do regime democrático, a autenticidade do sistema representativo e a defender os direitos fundamentais definidos na Constituição Federal.* Para a criação, fusão, incorporação e extinção dos partidos políticos deverão ser obedecidos os seguintes preceitos: (i) caráter nacional; (ii) proibição de recebimento de recursos financeiros de entidade ou governo estrangeiros ou de subordinação a estes; (iii) prestação de contas à Justiça Eleitoral; e, funcionamento parlamentar de acordo com a lei. Depois de adquirirem personalidade jurídica, na forma da lei civil, os partidos políticos deverão registrar seus estatutos no Tribunal Superior Eleitoral.
Regras Constitucionais	O **princípio da liberdade partidária** vem consubstanciado através da previsão constitucional de ser *livre a criação, fusão, incorporação e extinção dos partidos políticos*. O **princípio da autonomia partidária**, por sua vez, tem a finalidade de garantir aos partidos políticos a autonomia para definir a sua estrutura, organização e seu funcionamento. Não obstante isso, a EC n.º 97/17 vedou a possibilidade de coligações partidárias nas eleições proporcionais, proibição essa que deverá ser observada a partir das eleições de 2020.
Direitos dos partidos políticos	Os recursos advindos do fundo partidário são destinados à aplicação na manutenção das sedes e serviços do partido, permitido o pagamento de pessoal, na propaganda doutrinária e política, no alistamento e campanhas eleitorais, criação e manutenção de instituto ou fundação de pesquisa e de doutrinação e educação política (***direito a recursos do fundo partidário***). Há, ainda, o direito ao acesso gratuito ao rádio e à televisão, na forma de lei, que consiste na *propaganda partidária gratuita* transmitida via rádio e televisão, a qual tem por finalidade exclusiva a difusão dos programas partidários, transmissão de mensagens aos filiados sobre a execução do programa partidário, de eventos com este relacionados, bem como das atividades congressuais do partido e divulgação da posição do partido no que tange a temas político-comunitários.

Direitos dos partidos políticos	Há também o **direito de preservar a vaga obtida pelo sistema eleitoral em caso de injustificada desfiliação partidária pelo parlamentar**. Tanto o Supremo Tribunal Federal quanto o Tribunal Superior Eleitoral possuíam entendimentos de que, a princípio, o parlamentar federal que se desfiliar de seu partido de eleição (ou seja, aquele pelo qual foi eleito), *sem justa causa*, perderá o respectivo mandato por violação ao princípio constitucional da fidelidade partidária. Ocorre que, em 18/2/2016 (*ano de eleições municipais*) foi promulgada a Emenda Constitucional n.º 91, que estabeleceu em seu art. 1.º: "É facultado ao detentor de mandato eletivo desligar-se do partido pelo qual foi eleito nos trinta dias seguintes à promulgação desta Emenda Constitucional, sem prejuízo do mandato, não sendo essa desfiliação considerada para fins de distribuição dos recursos do Fundo Partidário e de acesso gratuito ao tempo de rádio e televisão". Frise-se que foi uma EC sem qualquer alteração no corpo da Constituição Federal! Por fim, pela redação atual do § 5.º do art. 17 da CF, dada pela EC n.º 97/17, estabelece que: "Ao eleito por partido que não preencher os requisitos previstos no § 3.º deste artigo é assegurado o mandato e facultada a filiação, sem perda do mandato, a outro partido que os tenha atingido, não sendo essa filiação considerada para fins de distribuição dos recursos do fundo partidário e de acesso gratuito ao tempo de rádio e de televisão". Foram alterações promovidas para superar os entendimentos do STF e do TSE!

EXERCÍCIOS

Questões

1. (PC/SP – Delegado de Polícia – VUNESP – 2018) - Suponha que o Partido X lhe consulte sobre quais são os requisitos constitucionais para que um partido político tenha acesso aos recursos do fundo partidário e acesso gratuito ao tempo de rádio e televisão. Nesse sentido, segundo o disposto na Constituição Federal de 1988, após a reforma dada pela Emenda Constitucional nº 97/2017, é correto afirmar que o acesso a tais benefícios ocorrerá:

a) Se obtiver, nas eleições para a Câmara dos Deputados e do Senado Federal, conjuntamente, o mínimo de 5% dos votos válidos nacionais, distribuídos em pelo menos 1/3 das unidades da federação, exigindo-se, para ambos, o mínimo de 2% dos votos válidos em cada uma delas.

b) Somente se obtiver, nas eleições para a Câmara dos Deputados, no mínimo, 3% dos votos válidos, distribuídos em pelo menos 1/3 das unidades da Federação, com um mínimo de 2% dos votos válidos em cada uma delas, ou se elegerem pelo menos 15 deputados distribuídos em pelo menos 1/3 das unidades da federação.

c) De forma automática, não sendo necessário o preenchimento de outros requisitos, sob pena de violação ao princípio da liberdade partidária reconhecido pela Constituição Federal.

d) Se obtiver, nas eleições para o Senado Federal, no mínimo 2% dos votos válidos, distribuídos em pelo menos 2 unidades da federação, com um mínimo de 1% dos votos válidos em cada uma delas.

e) Somente se obtiver, nas eleições para a Câmara dos Deputados, no mínimo, 5% dos votos válidos, distribuídos em pelo menos 1/3 das unidades da Federação, com um mínimo de 2% dos votos válidos em cada uma delas, e, obrigatoriamente, se elegerem pelo menos 15 deputados federais distribuídos em pelo menos 1/3 das unidades da federação.

2 – (PC/AC – Agente de Polícia Civil – IPAD – 2012) – Sobre o regramento constitucional relativo aos partidos políticos, analise as seguintes opções e marque a assertiva correta.

a) É possível a criação de partido político que limite sua abrangência apenas a determinado Estado da federação.

b) É vedado aos partidos políticos o recebimento de recursos financeiros de entidades estrangeiras.

c) Para o funcionamento de partido político é necessário apenas seu registro junto ao Cartório de Registro de Pessoas Jurídicas.

d) Considerando que na lógica do regime democrático está implícita a soberania dos partidos políticos, é correto afirmar-se que é dispensável a estes a prestação de contas a qualquer órgão.

e) A Constituição Federal possibilita aos partidos políticos utilizarem organização de caráter paramilitar.

3 - (PC/SC - Escrivão de Polícia Civil - ACAFE - 2010) - Quanto ao Chamamento ao Processo é correto afirmar, **exceto**:

a) O militar alistável é elegível, mas, se eleito, passará automaticamente, no ato da diplomação, para a inatividade.

b) Os partidos políticos, na forma da lei civil, registrarão seus estatutos no Tribunal Superior Eleitoral, e, após, adquirem personalidade jurídica.

c) O mandato eletivo poderá ser impugnado ante a Justiça Eleitoral, mas a ação de impugnação de mandato tramitará em segredo de justiça.

d) É assegurada aos partidos políticos autonomia para adotar os critérios de escolha e o regime de suas coligações eleitorais.

4 - (PC/RJ - Investigador Policial de 3.ª Classe - FGV - 2022) - O Partido Político Alfa, pela primeira vez em sua história, teve filiados eleitos para cargos eletivos do Congresso Nacional. Para que esse partido faça jus aos recursos do fundo partidário, preenchidos os demais requisitos exigidos, é necessário que, nas eleições para:

a) o Senado Federal, tenha elegido pelo menos três senadores;

b) a Câmara dos Deputados, tenha elegido pelo menos quinze deputados federais;

c) o Congresso Nacional, considerado em sua inteireza, tenha elegido pelo menos quinze parlamentares;

d) a Câmara dos Deputados e para o Senado Federal, tenha elegido pelos menos três parlamentares em cada Casa;

e) a Câmara dos Deputados e para o Senado Federal, tenha elegido pelos menos cinco parlamentares em cada Casa.

5 - (PC/RN - Agente e Escrivão - FGV - 2021) - Os partidos políticos Alfa e Beta decidiram celebrar uma coligação para as eleições, de modo a potencializar as chances dos seus candidatos. Suas assessorias jurídicas, considerando a sistemática constitucional vigente, ressaltaram que essas coligações poderiam ser celebradas:

a) nas eleições majoritárias e nas proporcionais, com obrigatoriedade de vinculação entre as candidaturas em âmbito nacional, estadual, distrital ou municipal;

b) apenas nas eleições majoritárias, com obrigatoriedade de vinculação entre as candidaturas em âmbito nacional, estadual, distrital ou municipal;

c) apenas nas eleições proporcionais, com obrigatoriedade de vinculação entre as candidaturas em âmbito nacional, estadual, distrital ou municipal;

d) apenas nas eleições majoritárias, sem obrigatoriedade de vinculação entre as candidaturas em âmbito nacional, estadual, distrital ou municipal;

e) apenas nas eleições proporcionais, sem obrigatoriedade de vinculação entre as candidaturas em âmbito nacional, estadual, distrital ou municipal.

Gabarito e Explicação

Questão	Gabarito	Abordagem do assunto no livro
1	B	Capítulo 3
2	B	Capítulo 1
3	B	Capítulo 1
4	B	Capítulo 3
5	D	Capítulo 3

PARTE 13

REMÉDIOS CONSTITUCIONAIS

Capítulo 1

Considerações Iniciais

Analisando-se a nossa Constituição Federal verificamos que os direitos fundamentais possuem como objetivo central a *garantia da higidez do **princípio da dignidade da pessoa humana***, princípio esse basilar do Estado Democrático de Direito.

Já tivemos a oportunidade de estudar que os *direitos* são os bens considerados em si mesmos (direitos materiais), sendo imprescindível a existência de instrumentos processuais hábeis à sua defesa em caso de violação ou iminência de violação. É nesse contexto de ideias que falamos dos denominados *remédios constitucionais* ou *ações constitucionais*.

Nesse diapasão podemos afirmar que:

> "(...) as ditas ações constitucionais foram concebidas com o escopo precípuo de levar ao efetivo cumprimento das normas que preveem os direitos fundamentais, embora seja interessante observar que nada impede que estes mesmos direitos sejam garantidos, evitando-se que sejam lesados, por meio de ações previstas no sistema ordinário. Nas próprias ações constitucionais se pode fazer uso de expedientes previstos pelo Código de Processo Civil, hoje bastante aparelhado no sentido de tornar eficazes as decisões judiciais, já que esta lei se aplica, subsidiariamente, do ponto de vista procedimental, a todas as ações de índole constitucional"[1].

Conquanto existam diversas ações constitucionais previstas ao longo da nossa Constituição Federal, neste momento, trataremos apenas das previstas (remédios constitucionais) nos incisos do art. 5.º, quais sejam: (a) *habeas corpus*; (b) mandado de segurança; (c) mandado de injunção; (d) *habeas data*; e, (e) ação popular.

1. WAMBIER. Teresa Arruda Alvim. *Ações Constitucionais*. 5.ª ed. rev. ampl. e atual. Salvador: Juspodivm, 2011. P. 23.

Capítulo 2

Habeas Corpus

2.1 Origem e evolução histórica

Conquanto não seja fácil fixar com precisão o nascimento do instituto do *habeas corpus*, especialmente em virtude de diversos remédios encontráveis ao longo da história para proteção do direito de locomoção do homem (p.ex., *interdictum de homine libero exhibendo* do direito romano e o procedimento de *manifestación de personas* aragonês, dentre outros), de forma praticamente unânime, nossa doutrina parte da conhecida Carta Magna de 1215 (direito inglês) a qual foi outorgada pelo Reio João Sem-Terra, por pressão dos barões da época.

Podemos destacar que na Carta Magna de 1215 havia a previsão de que *nenhum homem livre poderia ser preso, nem ser declarado fora da lei ou desterrado, se não houvesse julgamento por parte de seus pares, conforme a legislação do local.*

A despeito da importância dos preceitos estabelecidos na Carta inglesa de 1215, objetivando-se conter as constantes arbitrariedades que oprimiam os cidadãos, foi editado o *Habeas Corpus Act*, em 1679.

Sua importância pode assim ser destacada:

> "A efetividade da proteção conferida pelo *Act* de 1679 deve-se, principalmente, a um rigoroso sistema de sanções pecuniárias então introduzido: se os responsáveis pela detenção não cumprissem seus deveres de apresentação do preso e das informações, estavam sujeitos à multa de cem libras, aplicada em dobro no caso de reincidência; se a pessoa liberada em virtude do *habeas corpus* fosse detida novamente, pelo mesmo motivo, a multa era de quinhentas libras, quantia bastante significativa na época e que também era cobrada da autoridade judiciária que eventualmente se negasse a expedir a ordem"[1]

---

1. GRINOVER, Ada Pellegrini; GOMES FILHO, Antônio Magalhães; FERNANDES, Antônio Scarance. *Recursos no Processo Penal*. 2.ª ed. rev. e atual. São Paulo: Revista dos Tribunais, 2000. P. 341.

Não obstante a importância desse instituto de 1679, ele *limitava-se a proteger apenas as pessoas que tivessem a liberdade cerceada em virtude da prática de uma conduta considerada criminosa.* Em razão disso, foi editado o novo *Habeas Corpus Act* em 1816, que passou a *proteger o indivíduo, também, contra a privação de liberdade por motivo outro que não uma conduta criminosa.*

Conforme já tivemos a oportunidade de estudar na presente obra, em nível constitucional o *Habeas Corpus* teve previsão na Carta de 1891. Destaque-se, por fim, que ele havia sido previsto antes pela legislação ordinária, estando inserido no art. 340 do Código de Processo Criminal de 1832.

Atualmente, está previsto no inciso LXVIII do art. 5.º da CF, sendo um direito fundamental à liberdade de locomoção do indivíduo.

2.2 Conceito e Natureza Jurídica

O *habeas corpus* pode ser conceituado como sendo uma **ação constitucional que visa tutelar a liberdade de locomoção do indivíduo, entendida essa liberdade como sendo a de ir, vir, estar e permanecer**.

Conquanto esteja previsto no Código de Processo Penal como sendo um recurso, na verdade ele é uma *ação constitucional impugnatória*, com a finalidade de tutelar a liberdade de locomoção do indivíduo.

2.3 Espécies

A partir do próprio preceito constitucional a doutrina nos ensina que a ação de *habeas corpus* pode ter duas espécies: (a) **preventiva** e (b) **repressiva**.

Será considerado **preventivo** o *habeas corpus* impetrado em *razão da ameaça de alguém sofrer violência* ou *coação de sua liberdade de locomoção.* A violência ou coação não se concretizaram ainda. Em se concedendo a ordem, expedir-se-á o denominado *salvo conduto.*

Por sua vez, considera-se **repressivo (ou liberatório)** o *habeas corpus* impetrado sempre que alguém *sofrer efetivamente violência* ou *coação de seu direito de locomoção.* Aqui, a violência ou coação já se concretizaram.

2.4 Titular do Direito. Impetrante. Impetrado

Qualquer pessoa física (nacional ou estrangeiro[2]) que seja afetada por uma medida ilegal que restrinja ou ameace restringir sua liberdade de locomoção será considerada como sendo ***titular desse direito*** (é denominado de **paciente**).

---

2. Mesmo quando impetrado por estrangeiro, a petição inicial do *habeas corpus* deverá ser feita em língua portuguesa.

Faz-se importante consignar que havia precedentes do Superior Tribunal de Justiça entendendo que a *pessoa jurídica poderia ser titular desse direito*, ou seja, figurar como paciente no *habeas corpus*, no caso de imputação de crimes ambientais.

Verificando-se os precedentes mencionados, denota-se que o STJ admitia a possibilidade que a pessoa jurídica fosse paciente de *habeas corpus* desde que estivesse sendo acusada de crime ambiental e se o *habeas corpus* tivesse sido *impetrado em favor da pessoa jurídica e também das pessoas físicas que forem corrés na ação penal*. Isso porque, o STJ adotava a chamada ***teoria*** (ou ***sistema***) ***da dupla imputação*** (ou **de imputações paralelas**), teoria essa que admitia a responsabilidade penal da pessoa jurídica em crimes ambientais *desde que houvesse a imputação simultânea* da pessoa jurídica e da pessoa física que atuava em seu nome ou em seu benefício, uma vez que não se poderia compreender a responsabilização da pessoa jurídica dissociada da atuação de uma pessoa física, que agisse com elemento subjetivo próprio.

Vejamos a ementa do Resp n.º 564960/SC:

> "CRIMINAL. CRIME AMBIENTAL PRATICADO POR PESSOA JURÍDICA. RESPONSABILIZAÇÃO PENAL DO ENTE COLETIVO. POSSIBILIDADE. PREVISÃO CONSTITUCIONAL REGULAMENTADA POR LEI FEDERAL. OPÇÃO POLÍTICA DO LEGISLADOR. FORMA DE PREVENÇÃO DE DANOS AO MEIO-AMBIENTE. CAPACIDADE DE AÇÃO. EXISTÊNCIA JURÍDICA. ATUAÇÃO DOS ADMINISTRADORES EM NOME E PROVEITO DA PESSOA JURÍDICA. CULPABILIDADE COMO RESPONSABILIDADE SOCIAL. CO-RESPONSABILIDADE. PENAS ADAPTADAS À NATUREZA JURÍDICA DO ENTE COLETIVO. RECURSO PROVIDO. I. Hipótese em que pessoa jurídica de direito privado, juntamente com dois administradores, foi denunciada por crime ambiental, consubstanciado em causar poluição em leito de um rio, através de lançamento de resíduos, tais como, graxas, óleo, lodo, areia e produtos químicos, resultantes da atividade do estabelecimento comercial. II. A Lei ambiental, regulamentando preceito constitucional, passou a prever, de forma inequívoca, a possibilidade de penalização criminal das pessoas jurídicas por danos ao meio-ambiente. III. A responsabilização penal da pessoa jurídica pela prática de delitos ambientais advém de uma escolha política, como forma não apenas de punição das condutas lesivas ao meio-ambiente, mas como forma mesmo de prevenção geral e especial. IV. A imputação penal às pessoas jurídicas encontra barreiras na suposta incapacidade de praticarem uma ação de relevância penal, de serem culpáveis e de sofrerem penalidades. V. Se a pessoa jurídica tem existência própria no ordenamento jurídico e pratica atos no meio social através da atuação de seus administradores, poderá vir a praticar condutas típicas e, portanto, ser passível de responsabilização penal. VI. A culpabilidade, no conceito moderno, é a responsabilidade social, e a culpabilidade da pessoa jurídica, neste contexto, limita-se à vontade do seu administrador ao agir em seu nome e proveito. VII. A pessoa jurídica só pode ser responsabilizada quando houver intervenção de uma pessoa física, que atua em nome e

> em benefício do ente moral. VIII. "De qualquer modo, a pessoa jurídica deve ser beneficiária direta ou indiretamente pela conduta praticada por decisão do seu representante legal ou contratual ou de seu órgão colegiado." IX. A atuação do colegiado em nome e proveito da pessoa jurídica é a própria vontade da empresa. A co-participação prevê que todos os envolvidos no evento delituoso serão responsabilizados na medida se sua culpabilidade. X. A Lei Ambiental previu para as pessoas jurídicas penas autônomas de multas, de prestação de serviços à comunidade, restritivas de direitos, liquidação forçada e desconsideração da pessoa jurídica, todas adaptadas à sua natureza jurídica. XI. Não há ofensa ao princípio constitucional de que "nenhuma pena passará da pessoa do condenado...", pois é incontroversa a existência de duas pessoas distintas: uma física - que de qualquer forma contribui para a prática do delito - e uma jurídica, cada qual recebendo a punição de forma individualizada, decorrente de sua atividade lesiva. XII. A denúncia oferecida contra a pessoa jurídica de direito privado deve ser acolhida, diante de sua legitimidade para figurar no pólo passivo da relação processual-penal. XIII. Recurso provido, nos termos do voto do Relator". (STJ - REsp: 564960 SC 2003/0107368-4, Relator: Ministro GILSON DIPP, Data de Julgamento: 02/06/2005, T5 - QUINTA TURMA, Data de Publicação: DJ 13.06.2005 p. 331RDR vol. 34 p. 419)

De acordo com o STJ, se o HC fosse impetrado em favor dos réus pessoas física e jurídica, não haveria sentido não conhecer da impetração apenas quanto à pessoa jurídica uma vez que, se a pessoa física fosse excluída, não subsistiria o processo para a pessoa jurídica.

Ocorre que, desde o ano de 2015 o STJ abandonou de vez a tese da *teoria da dupla imputação*, perfilhando-se a entendimento mais antigo e consolidado do STF. Em virtude disso, **atualmente não é mais possível a impetração de *habeas corpus* em favor de pessoa jurídica**, a despeito da possibilidade de essa vir a ser responsabilizada criminalmente.

Veja-se que o STF já possuía entendimento mais antigo e consolidado no sentido dessa impossibilidade:

> "A pessoa jurídica não pode figurar como paciente de habeas corpus, pois jamais estará em jogo a sua liberdade de ir e vir, objeto que essa medida visa proteger. Com base nesse entendimento, a Turma, preliminarmente, em votação majoritária, deliberou quanto à exclusão da pessoa jurídica do presente writ, quer considerada a qualificação como impetrante, quer como paciente. Tratava-se, na espécie, de habeas corpus em que os impetrantes-pacientes, pessoas físicas e empresa, pleiteavam, por falta de justa causa, o trancamento de ação penal instaurada, em desfavor da empresa e dos sócios que a compõem, por suposta infração do art. 54, § 2º, V, da Lei 9.605/98. Sustentavam, para tanto, a ocorrência de bis in idem, ao argumento de que os pacientes teriam sido responsabilizados duplamente pelos mesmos fatos, uma vez que já integralmente cumprido termo de ajustamento de conduta com o Ministério Público Estadual. Alegavam, ainda, a inexistência de prova da ação reputada delituosa e a falta de individualização

das condutas atribuídas aos diretores. Enfatizou-se possibilidade de apenação da pessoa jurídica relativamente a crimes contra o meio ambiente, quer sob o ângulo da interdição da atividade desenvolvida, quer sob o da multa ou da perda de bens, mas não quanto ao cerceio da liberdade de locomoção, a qual enseja o envolvimento de pessoa natural. Salientando a doutrina desta Corte quanto ao habeas corpus, entendeu-se que uma coisa seria o interesse jurídico da empresa em atacar, mediante recurso, decisão ou condenação imposta na ação penal, e outra, cogitar de sua liberdade de ir e vir. Vencido, no ponto, o Min. Ricardo Lewandowski, relator, que, tendo em conta a dupla imputação como sistema legalmente imposto (Lei 9.605/98, art. 3º, parágrafo único) - em que pessoas jurídicas e naturais farão, conjuntamente, parte do pólo passivo da ação penal, de modo que o habeas corpus, que discute a viabilidade do prosseguimento da ação, refletiria diretamente na liberdade destas últimas -, conhecia do writ também em relação à pessoa jurídica, dado o seu caráter eminentemente liberatório". (HC 92921/BA, rel. Min. Ricardo Lewandowski, 19.8.2008 - HC-92921)

O *impetrante*, por sua vez, pode ou não ser o titular do direito ameaçado ou violado, não havendo necessidade de coincidência das pessoas. Nessa linha de ideia, o impetrante pode ser qualquer pessoa física (advogado ou não) ou jurídica, bem como o Ministério Público, Defensoria Pública, dentre outros.

Frise-se que o magistrado, se estiver no desempenho de suas funções, poderá conceder de ofício a ordem do *habeas corpus*. Por outro lado, estando afastado do exercício da jurisdição poderá impetrar o remédio constitucional.

Por fim, o *impetrado* é a parte coatora, que pode ser tanto o Poder Público (através de seus agentes), quanto o particular. Isso porque, pela redação constante da parte final do inciso LXVIII do art. 5.º da CF, denota-se que foram utilizadas as expressões "ilegalidade" ou "abuso de poder", sendo que, especialmente a primeira, pode ser cometida também por um particular.

2.5 Competência

A competência para o julgamento do *writ* será **determinada conforme a autoridade coatora**, bem como se levando em consideração a **qualidade da pessoa vítima da lesão** ou **ameaça de lesão à liberdade de locomoção**.

Frise-se que a Constituição Federal, em razão do paciente, fixa algumas competências (v.g. art. 102, I, "d" e "i"; art. 102, II, "a").

2.6 Cabimento

As hipóteses de cabimento do remédio constitucional em estudo estão previstas na legislação infraconstitucional, mais especificamente no Código de Processo Penal (arts. 647 e ss). Contudo, é imprescindível consignar que referidas hipóteses não constituem *numerus clausus*, isto é, não é um rol taxativo. Isso porque, poderão existir situações não previstas na legislação infraconstitucional e que constituam coação ilegal ao direito de locomoção, clamando sua correção via *habeas corpus*. Em virtude disso, podemos concluir que o rol é meramente exemplificativo (*numerus apertus*).

Dado o objetivo principal de nossa obra, deixarei à disciplina de Processo Penal a apreciação aprofundada das hipóteses de cabimento.

Não obstante, faz-se necessário consignar que a **jurisprudência do Supremo Tribunal Federal** é no sentido de que será admissível a impetração de *habeas corpus* se houver **ameaça direta** ou **indireta** ao direito de locomoção.

A *ameaça indireta* é aquela que se verifica quando o ato impugnado possa resultar em um procedimento que poderá acarretar, ao seu final, a privação de liberdade do indivíduo (ex. "A" está respondendo a inquérito policial por um delito de sonegação fiscal, sendo que no curso das investigações houve a decretação da quebra do sigilo bancário. Se "A" entender que a medida cautelar foi decretada ao arrepio da lei, de forma arbitrária, é possível impetrar *habeas corpus* em virtude do fato de aquela medida cautelar representar uma ofensa indireta ao seu direito de locomoção, haja vista que poderá ser preso pelo crime investigado). Logo, a presente ação constitucional poderá ser impetrada sem que haja coação ilegal (ou sua iminência) à liberdade de locomoção, ***não havendo prazo legal para sua adoção***.

A despeito disso, importante consignar que nossa Constituição Federal traz uma única hipótese em que **não se admite a impetração** do *writ*, qual seja, no caso de *punições disciplinares militares* (*cf.* art. 142, § 2.º). Entretanto, essa restrição à utilização do *writ* diz respeito ao *mérito das punições disciplinares militares*. Destaque-se, contudo, que **essa proibição não diz respeito aos pressupostos de legalidade da medida**, os quais poderão ser combatidos pelo remédio constitucional em questão.

O Supremo Tribunal Federal possui diversos entendimentos consolidados em súmulas afastando a possibilidade de impetração de *habeas corpus*, destacando-se os enunciados constantes nas súmulas 692, 693, 694 e 695. Além desses entendimentos, há diversos outros julgados afirmando sobre a impossibilidade de cabimento do remédio constitucional.

No ano de 2016, durante o trâmite do processo de *impeachment* da ex-Presidente da República Dilma Rousseff, foi impetrado HC objetivando trancar aquele processo. Entretanto, o STF decidiu que o *writ* não é remédio constitucional adequado para tanto, haja vista que no processo de *impeachment* pela prática de crime de responsabilidade – sanção de índole política-administrativa – não há que se falar em risco à liberdade de locomoção do Presidente da República. Veja-se a ementa do julgamento do HC 134.315 AgR/DF (Min. Rel. Teori Zavascki, j. 16/6/16):

> "AGRAVO REGIMENTAL NO HABEAS CORPUS.PROCESSO DE IMPEACHMENT. DECISÃO PROFERIDA PELACÂMARA DOS DEPUTADOS. VIA

PROCESSUAL INADEQUADA. 1. Nos termos do art. 654 do Código de Processo Penal, a petição inicial de *habeas corpus* conterá a declaração da espécie de constrangimento ilegal ao direito de locomoção, ou, em caso de simples ameaça de coação, as razões em que se funda o seu temor.2. No caso, a insurgência a que se opõe o impetrante, em rigor, diz respeito a eventual obstáculo ao exercício de direitos políticos e não ao direito de ir e vir.3. Agravo regimental a que se nega provimento".

Capítulo 3

Mandado de Segurança

3.1 Origem e evolução histórica

Inicialmente, nos primórdios do mandado de segurança ele não era instituto utilizado para proteger o cidadão em face de atos do Poder Judiciário. Ocorre que, com a constitucionalização do instituto em nosso ordenamento jurídico (CF/1934), foi previsto que ele poderia ser utilizado para combater "*atos de qualquer autoridade*", razão pela qual soaram vozes admitindo a possibilidade de impetração em face de ato, inclusive, do Poder Judiciário.

Não obstante sua previsão constitucional e a edição da Lei n.º 191/36, o próprio Poder Judiciário *era resistente no sentido de que o mandado de segurança pudesse ser utilizado contra atos dos Magistrados*. Segundo nossa história, somente em casos extremos o Supremo Tribunal Federal concedeu sentença favorável em face do próprio Poder Judiciário (p.ex., no caso em que um juiz federal determinou a penhora de rendas do Estado de Minas Gerais). Mesmo após essa decisão, as divergências continuaram em nosso ordenamento pátrio.

Em 1951 foi promulgada a Lei n.º 1.533/51 que previa expressamente que não era possível o cabimento de mandado de segurança contra *despacho ou decisão judicial, quando haja recurso previsto nas leis processuais ou possa ser modificado por via de correição*. Mesmo assim, algumas divergências doutrinárias ainda subsistiram.

Registre-se que em meio a tais divergências o Supremo Tribunal Federal chegou a editar o enunciado da Súmula 267, *in verbis:* "não cabe mandado de segurança contra ato judicial passível de recurso ou correição".

Hoje, **é pacífico o entendimento, principalmente do Supremo Tribunal Federal**, sobre a admissibilidade de cabimento do mandado de segurança contra ato jurisdicional.

É inegável que o mandado de segurança utilizado contra ato jurisdicional tem contornos de uma via impugnatória, com função recursal, o que não afasta sua função de ação autônoma de impugnação, não se confundindo com os recursos.

Atualmente, o mandado de segurança tem assento constitucional nos incisos LXIX e LXX do art. 5.º, estando disciplinado no âmbito infraconstitucional pela Lei n.º 12.016/09.

3.2 Conceito e Natureza Jurídica

Podemos dizer que mandado de segurança é uma *ação de cunho constitucional que objetiva a proteção de direito líquido e certo, quando houver violação a ele através de ilegalidade ou abuso de poder, por parte de autoridade pública ou agente de pessoa jurídica em exercício de atribuições de Poder Público* (agente delegado).

Segundo a redação do próprio dispositivo constitucional em questão, o conceito do mandado de segurança é *extraído por exclusão*, vez que o direito violado não pode ser protegido nem por *habeas corpus*, nem por *habeas data*. Trata-se, portanto, de um **remédio subsidiário**.

É clássico o entendimento segundo o qual o mandado de segurança:

> "É o meio constitucional posto à disposição de toda pessoa física ou jurídica, órgão com capacidade processual, ou universalidade reconhecida por lei, para a proteção de direito individual ou coletivo, líquido e certo, não amparado por *habeas corpus* ou *habeas data*, lesado ou ameaçado de lesão, por ato de autoridade, seja de que categoria for e sejam quais forem as funções que exerça"[3].

Conquanto seja admitida sua impetração na seara criminal, a doutrina nos ensina que o mandado de segurança possui *natureza jurídica de ação constitucional cível*, com rito sumário e especial.

Vimos acima que o presente remédio constitucional serve para proteger *direito líquido e certo*. Mas em que consiste essa expressão? *Direito líquido e certo é aquele direito que pode ser comprovado de plano, independentemente de dilação probatória, a qual é incompatível, inclusive, com a própria essência da ação*. O direito pleiteado *deve ser devidamente comprovado na própria inicial da ação*.

A respeito da referida expressão:

> "MANDADO DE SEGURANÇA - PETIÇÃO INICIAL DESACOMPANHADA DOS DOCUMENTOS NECESSÁRIOS À COMPROVAÇÃO LIMINAR DOS FATOS ALEGADOS - INDISPENSABILIDADE DE PROVA PRÉ-CONSTITUÍDA - CONCEITO DE DIREITO LÍQUIDO E CERTO - FATOS INCONTROVERSOS E INCONTESTÁVEIS – PRETENDIDA INTERVENÇÃO DE TERCEIRO, NA CONDIÇÃO DE "AMICUS CURIAE", NO PROCESSO MANDAMENTAL - INADMISSIBILIDADE - RECURSOS DE AGRAVO IMPROVIDOS. - Refoge, aos estreitos limites da ação mandamental, o exame de fatos despojados da necessária liquidez, não se revelando possível a instauração,

3. MEIRELLES, Hely Lopes. *Mandado de Segurança, Ação Popular, Ação Civil Pública, Mandado de Injunção, Habeas Data*. 18. Ed. São Paulo: Malheiros, 1997. P. 21.

no âmbito do processo de mandado de segurança, de fase incidental de dilação probatória. Precedentes. - A noção de direito líquido e certo ajusta-se, em seu específico sentido jurídico processual, ao conceito de situação decorrente de fato incontestável e inequívoco, suscetível de imediata demonstração mediante prova literal pré-constituída. Precedentes. - Não se revela juridicamente possível a invocação da Lei nº 9.868/99 (art. 7º, § 2º) para justificar o ingresso de terceiro interessado, em mandado de segurança, na condição de *amicus curiae*. É que a Lei nº 9.868/99 - por referir-se a processos de índole eminentemente objetiva, como o são os processos de controle normativo abstrato (RTJ 113/22 – RTJ 131/1001 - RTJ 136/467 - RTJ 164/506-507, v.g.) - não se aplica aos processos de caráter meramente subjetivo, como o processo mandamental. - Não se revela admissível a intervenção voluntária de terceiro, "ad coadjuvandum", na condição de assistente, no processo de mandado de segurança. Doutrina. Precedentes". (MS 26.553 AgRAgR/DF, Pleno, Ministro Celso de Mello, DJe de 16/10/09)

3.3 Espécies

Consoante disposto na própria CF, o mandado de segurança pode ser classificado em **individual** ou **coletivo**. A doutrina afirma que ele pode ser ainda **repressivo** (no caso em que a ilegalidade ou abuso de poder já tiverem sido praticados) ou **preventivo** (quando houver ameaça a violação de direito líquido e certo do impetrante).

Diz-se **individual** o mandado de segurança impetrado pela pessoa física ou jurídica (inciso LXIX do art. 5.º da CF), ao passo que o **coletivo** é aquele impetrado por partido político com representação no Congresso Nacional, organização sindical, entidade de classe ou associação legalmente constituída e objetivando a defesa dos interesses de seus membros ou associados (inciso LXX do art. 5.º da CF).

Não obstante a possibilidade de utilização de mandado de segurança preventivo, o Superior Tribunal de Justiça tem tese firmada no sentido de ser **impossível a utilização daquele com o intuito de se obter provimento genérico aplicável a todos os casos futuros de mesma espécie**. Veja-se:

> "TRIBUTÁRIO. PROCESSUAL CIVIL. AUSÊNCIA DE DIVERGÊNCIA JURISPRUDENCIAL. FALTA DE PREQUESTIONAMENTO. SÚMULA 211/STJ. COMPENSAÇÃO. MANDADO DE SEGURANÇA PREVENTIVO. INEXISTÊNCIA DE JUSTO RECEIO.
>
> 1. Trata-se de Mandado de Segurança impetrado com o escopo de aproveitar os créditos relativos à entrada de insumos utilizados na produção de álcool etílico anidro carburante, para fins de apuração do ICMS normal, bem assim a compensação dos valores já aproveitados, mas que foram estornados após orientação da autoridade fazendária, que deu nova interpretação à Instrução Normativa 493/2001 GSF.

2. A apontada divergência deve ser comprovada, cabendo a quem recorre demonstrar as circunstâncias que identificam ou assemelham os casos confrontados, com indicação da similitude fática e jurídica entre eles. Indispensável a transcrição de trechos do relatório e do voto dos acórdãos recorrido e paradigma, realizando-se o cotejo analítico entre ambos, com o intuito de bem caracterizar a interpretação legal divergente. O desrespeito a esses requisitos legais e regimentais (art. 541, parágrafo único, do CPC e art. 255 do RI/STJ) impede o conhecimento do Recurso Especial com base na alínea "c", III, do art. 105 da Constituição Federal.

3. A indicada afronta aos arts. 267, 282, IV, e 286 do CPC não pode ser analisada, pois o Tribunal de origem não emitiu juízo de valor sobre esses dispositivos legais. O Superior Tribunal de Justiça entende ser inviável o conhecimento do Recurso Especial quando os artigos tidos por violados não foram apreciados pelo Tribunal a quo, a despeito da oposição de Embargos de Declaração, haja vista a ausência do requisito do prequestionamento. Incide, na espécie, a Súmula 211/STJ.

4. O Mandado de Segurança preventivo pressupõe a ocorrência de justo receio do impetrante de sofrer violação de ato ilegal ou abusivo de autoridade, tendente a infringir o seu direito líquido e certo, não podendo ser utilizado para obter provimento genérico e aplicável a todos os casos futuros. Precedentes: AgRg no RMS 36.971/MS, Rel. Ministro Humberto Martins, Segunda Turma, DJe 28/8/2012, e REsp 1.064.434/SP, Rel. Ministro Mauro Campbell Marques, Segunda Turma, DJe 21/6/2011.

5. Recurso Especial parcialmente conhecido e, nessa parte, não provido".

3.4. Impetrante e Impetrado

Segundo abalizada doutrina, o *impetrante* é o detentor do direito líquido e certo violado, podendo ser qualquer pessoa física ou jurídica (nacional ou estrangeira), residente ou não no país, bem como órgão público despersonalizado (mas com capacidade processual – Mesa Legislativa, p.ex.); universalidades reconhecidas pela lei, Ministério Público, dentre outros.

Faz-se necessário esclarecer que se o direito de ação for exercido pelo próprio titular do direito líquido e certo violado ou ameaçado de lesão, estaremos diante da denominada *legitimidade ordinária*. De outro vértice, em havendo a utilização da ação mandamental coletiva estaremos diante da *legitimidade extraordinária*, haja vista que o titular da ação e o possuidor do direito líquido e certo não se confundem.

A respeito da legitimidade extraordinária, destaque-se a ementa a seguir:

"Agravo regimental no recurso extraordinário. Direito constitucional e processual civil. Ofensa ao art. 8º, inciso III, da Constituição Federal. Não ocorrência. Federação. Substituição processual. Impossibilidade. Fatos e provas. Reexame. Inadmissibilidade. Precedentes. 1. Conforme a redação do art. 8º, inciso III, da Constituição Federal, somente os sindicatos possuem legitimidade para atuar como substitutos processuais. 2. Inadmissível, na instância extraordinária, o exame do conjunto fático-probatório da causa. Incidência da Súmula nº 279/ STF. 3. Agravo regimental não provido". (RE 753226 AgR, rel. Min. Dias Toffoli, Segunda Turma, DJe 1º.7.2015)

No caso do **mandado de segurança coletivo**, são considerados legitimados ativos para sua impetração: (a) partido político com representação no Congresso Nacional; e, (b) organização sindical, entidade de classe ou associação legalmente constituída e em funcionamento há pelo menos um ano, em defesa dos interesses de seus membros ou associados.

É de se destacar, ainda, que no caso de o Mandado de Segurança Coletivo ser impetrado por sindicatos, entidades de classe ou associação, exige-se a **necessidade da demonstração de pertinência temática entre o objeto do *mandamus* e os objetivos institucionais daquele**. Situação diversa, contudo, ocorre com o mandado de segurança impetrado por partido político, não se exigindo a demonstração de pertinência temática, vez que, consoante se extrai das lições da doutrina majoritária, o partido político não está restrito a defesa exclusiva de direitos políticos de seus filiados, mas de qualquer direito inerente à sociedade, em razão mesmo da natureza do direito de representação.

Considera-se *impetrado*, por sua vez, a autoridade coatora responsável pela violação do direito líquido e certo. Ressalte-se que, diversamente do que ocorre com a definição constitucional do *habeas corpus*, o mandado de segurança *somente poderá ser impetrado em face de autoridade pública ou agente de pessoa jurídica no exercício de atribuições do Poder Público* (cf. inciso LXIX do art. 5.º da CF; e, arts. 1.º e 6.º da Lei de Mandado de Segurança).

A lei considera ser *autoridade coatora* aquela que tenha praticado o ato impugnado ou da qual emane a ordem para a sua prática. Ainda, equiparam-se às autoridades os representantes ou órgãos de partidos políticos e os administradores de entidades autárquicas, bem como os dirigentes de pessoas jurídicas ou até as pessoas naturais no exercício de atribuições do Poder Público, no que diz respeito às suas atribuições.

Entretanto, por regra expressa na própria Lei de Mandado de Segurança, não será possível manusear o *mandamus* em face de atos de gestão comercial praticados pelos administradores de empresas públicas, de sociedade de economia mista e de concessionárias de serviço público.

Nesse mesmo sentido, vejamos a decisão proferida no bojo do REsp 1078342 / PR (data do Julgamento - 09/02/2010):

> Ementa. ADMINISTRATIVO. MANDADO DE SEGURANÇA. EMPRESA PÚBLICA. CONTRATO FIRMADO A PARTIR DE PRÉVIO PROCEDIMENTO LICITATÓRIO PARA ADEQUAÇAO DE REDE ELÉTRICA DE AGÊNCIA

BANCÁRIA. APLICAÇAO DE MULTA CONTRATUAL. ATO DE GESTAO. DESCABIMENTO DE MANDADO DE SEGURANÇA.

1. A imposição de multa decorrente de contrato ainda que de cunho administrativo não é ato de autoridade, posto inegável ato de gestão contratual. Precedentes jurisprudenciais: AGRG RESP 1107565, RESP 420.914, RESP 577.396

2. Os atos de gestão não possuem o requisito da supremacia, por isso são meros atos da administração e não atos administrativos, sendo que a Administração e o Particular encontram-se em igualdade de condições, em que o ato praticado não se submete aos princípios da atividade administrativa, tampouco exercido no exercício de função pública, não se vislumbrando ato de autoridade.

3. Sob este enfoque preconiza a doutrina que: 'Atos de gestão são os que a Administração pratica sem usar de sua supremacia sobre os destinatários. Tal ocorre nos atos puramente de administração dos bens e serviços públicos e nos negociais com os particulares, que não exigem coerção sobre os interessados'. (*in* Direito Administrativo Brasileiro, 31ª Edição, pág. 166, Hely Lopes Meirelles).

4. *In casu*, versa mandado de segurança impetrado por empresa privada em face da Caixa Econômica Federal visando anular ato do Presidente da Comissão de Licitação que, nos autos do contrato para prestação de serviços de adequação da rede elétrica de agência bancária aplicou a penalidade de multa por atraso da obra.

5. Deveras, apurar infração contratual e sua extensão é incabível em sede de w*rit*, via na qual se exige prova prima facie evidente.

6. A novel Lei do Mando de Segurança nº 12.026/2009 sedimentou o entendimento jurisprudencial do descabimento do mandado de segurança contra ato de gestão, em seu art. 1º, par.2º, *in verbis*: 'Não cabe mandado de segurança contra os atos de gestão comercial praticados pelos administradores de empresas públicas, de sociedade de economia mista e de concessionária de serviço público'.

7. Consectariamente, a Caixa Econômica Federal mesmo com natureza jurídica de empresa pública que, integrante da Administração Indireta do Estado, ao fixar multa em contrato administrativo pratica ato de gestão não passível de impugnação via mandado de segurança, mercê de não se caracterizar ato de autoridade.

8. Recurso Especial desprovido.

3.5 Competência

A competência para o processo e julgamento do *mandamus* é decorrente da própria Constituição Federal (p.ex., arts. 109, VIII; e, 125) ou da lei, **definindo-se em razão da hierarquia da autoridade pública coatora ou da delegação conferida ao particular**.

3.6 Cabimento

Com base nas lições vistas até o momento, verificamos que o mandado de segurança poderá ser utilizado para tutelar direito líquido e certo, não amparado por *habeas corpus* ou *habeas data*, violado ou ameaçado de violação por ato comissivo ou omissivo de autoridade pública ou agente delegado. Registre-se, ainda, que o ato em questão deve ter sido praticado ilegalmente ou com abuso de poder.

Preenchidos os requisitos constantes do parágrafo anterior, será possível impetrar o *mandamus*. Entretanto, diversamente do que ocorre no *habeas corpus*, a lei previu um prazo limite para sua impetração, o qual será de 120 (cento e vinte) dias, contados da ciência oficial, por parte do interessado, do ato a ser impugnado (cf. art. 23 da Lei n.º 12.016/09).

Ressalte-se que referido **prazo** possui a natureza jurídica de **decadencial**. Ainda que haja o transcurso do prazo para sua impetração, o titular do direito violado poderá se valer de outras ações ordinárias para alcançar a tutela jurisdicional, haja vista que o transcurso do prazo fulmina o direito de impetrar o *writ*, não afetando o direito subjetivo.

Capítulo 4

Mandado de Injunção

4.1 Origem e evolução histórica

O mandado de injunção é um remédio constitucional inédito no nosso ordenamento jurídico, criado para se atender aos anseios da época que pleiteava pelo surgimento de um mecanismo que *garantisse a efetividade das normas constitucionais definidoras de direitos fundamentais.*

Em virtude disso houve a criação do mandado de injunção estando previsto no inciso LXXI do art. 5.º da CF:

> "conceder-se-á mandado de injunção sempre que a falta de norma regulamentadora torne inviável o exercício dos direitos e liberdades constitucionais e das prerrogativas inerentes à nacionalidade, à soberania e à cidadania".

A despeito de a previsão constitucional ser decorrente do poder constituinte originário, somente no ano de 2016 é que houve a edição da Lei n.º 13.300 para disciplinar e estabelecer os contornos necessários à plena utilização desse remédio constitucional.

O principal avanço trazido pela legislação infraconstitucional, e que acabou com discussão jurisprudencial até então existente, foi a de estabelecer que o mandado de injunção será concedido sempre que a falta total ou parcial (quando forem insuficientes as normas editadas pelo órgão legislador competente) de norma regulamentadora tornar inviável o exercício dos direitos e liberdades constitucionais e das prerrogativas inerentes à nacionalidade, à soberania e à cidadania.

4.2 Conceito e Natureza Jurídica

O mandado de injunção pode ser conceituado como sendo uma *ação de cunho constitucional que pode ser proposta por qualquer interessado, pessoa física ou jurídica, com o objetivo de tornar viável o exercício de direitos e liberdades constitucionais ou de prerrogativas relacionadas com nacionalidade, soberania ou cidadania e que não estão sendo possível de ser exercidos, haja vista a falta, parcial ou total, de norma infraconstitucional reguladora de tais direitos.*

A sua *natureza jurídica* é de *ação civil de cunho constitucional.*

4.3 Espécies

O mandado de injunção pode ser classificado em **individual** e **coletivo**.

Considera-se **individual** o mandado de injunção impetrado por qualquer pessoa física ou jurídica, em nome próprio e defendendo interesse próprio, pleiteando judicialmente que seja tornado viável o exercício de um direito, liberdade ou prerrogativa do impetrante e que está impossibilitado pela falta de norma regulamentadora.

O **coletivo**, por sua vez, é aquele impetrado pelos legitimados previstos no art. 12, parágrafo único, da Lei n.º 13.300/16, os quais defendem interesses alheios. Frise-se que os direitos, as liberdades e as prerrogativas protegidos aqui são pertencentes a uma coletividade indeterminada de pessoas ou determinada por grupo, classe ou categoria.

4.4 Impetrante e Impetrado

A Lei n.º 13.300/16 diferencia os legitimados ativos (*impetrante*) dependendo da espécie que está sendo manuseada.

No caso de **mandado de injunção individual**, os legitimados ativos são as pessoas físicas ou jurídicas (cf. art. 3.º). De outro vértice, em se tratando de **mandado de injunção coletivo**, e dependendo da tutela requerida, os legitimados podem ser: o Ministério Público, Partido Político com representação no Congresso Nacional, Organização Sindical, entidade de classe ou associação (legalmente constituída e em funcionamento há pelo menos um ano), bem como a Defensoria Pública (cf. art. 12).

Por sua vez, poderão figurar no polo passivo (*impetrado*) da ação o Poder Público, o órgão ou a autoridade que tenha atribuição para editar a norma regulamentadora.

4.5 Competência

A competência vem disciplinada pela própria Constituição Federal, variando de acordo com o órgão ou a autoridade responsável pela edição da norma reguladora (v.g., art. 102, I, "q"; art. 105, I, "h").

4.6 Cabimento

Conforme já tivemos oportunidade de ver, tanto pelo estudo do texto constitucional, quanto pelas normas constantes da Lei n.º 13.300/16, será cabível o mandado de injunção *sempre que houver necessidade de se viabilizar o exercício de um direito fundamental, ante a omissão do poder público em prestar a providência necessária de que ele depende.*

A partir do disposto no parágrafo anterior, faz-se necessário enfrentar a seguinte indagação: *o mandado de injunção tem por finalidade a expedição de uma norma regulamentadora ou a garantir o exercício imediato do direito, independentemente de regulamentação?*

Quando do enfrentamento da indagação em tela, a doutrina acaba por divergir sobre o tema. Alguns doutrinadores defendem que cumpre ao Judiciário somente elaborar a norma regulamentadora faltante. Outros, por sua vez, sustentam caber uma simples declaração de inconstitucionalidade por omissão, dela dando conhecimento ao órgão competente para a adoção das providências cabíveis.

Nesse ponto, farei uma rápida digressão a respeito da **jurisprudência do Supremo Tribunal Federal**.

Na década de 1990, ao julgar o Mandado de Injunção n.º 107-3/DF, o Supremo Tribunal Federal adotou inicialmente uma **posição não concretista**, ou seja, a ação constitucional teria natureza declaratória, competindo ao Poder Legislativo a promoção da integração normativa da norma questionada.

Em um segundo momento, quando do julgamento do Mandado de Injunção n.º 283-5, a Suprema Corte passou a adotar uma **posição concretista individual intermediária**, entendendo que se a ação fosse julgada procedente o órgão omisso deveria ser notificado para sanar a omissão, em um prazo estabelecido. Caso permanecesse a omissão após o prazo fixado, a parte prejudicada pela omissão teria um título hábil a assegurar, judicialmente, reparação por perdas e danos.

Ao julgar o Mandado de Injunção 721, o STF passou a adotar uma **posição concretista individual direta**. Na ocasião a Corte garantiu ao autor o exercício imediato do direito à aposentadoria especial, determinando a aplicação, naquilo que fosse compatível, do art. 57 da Lei n.º 8.213/90, a ocorrer em sede de processo administrativo.

Por fim, ao julgar os mandados de injunção 670, 712 e 708 o STF passou a adotar a **posição concretista geral direta**, sendo que na ocasião os pedidos foram admitidos para garantir o imediato exercício do direito de greve pleiteado pelos sindicados, segundo os critérios previstos na lei de greve do setor privado.

Em síntese, podemos verificar que o Supremo Tribunal Federal evoluiu de uma posição não concretista para **assumir a posição concretista**.

Capítulo 5

Habeas Data

5.1 Origem

O *habeas data* foi criado pelo nosso ordenamento jurídico, tendo sido previsto pela primeira vez na Constituição Federal de 1988.

Conquanto tenha sido um instituto de criação nacional, desde sua previsão doutrina e jurisprudência sempre se perguntaram a respeito da necessidade de existência de lei específica para discipliná-lo. A uma, pela sua similaridade com o mandado de segurança. A duas, em virtude do mandamento constitucional previsto no § 1.º do art. 5.º da CF que preceitua que *as normas definidoras dos direitos e garantias fundamentais têm aplicação imediata.*

Não obstante tais questionamentos doutrinários e jurisprudenciais, em 1997 foi promulgada e publicada a Lei n.º 9.507 que, além de implementar a forma de obtenção dos direitos assegurados nas alíneas do inciso LXXII do art. 5.º da Carta Magna, estabeleceu os procedimentos do remédio constitucional em tela, no caso de ser efetivamente necessário seu ingresso em juízo.

5.2 Conceito e natureza jurídica

É ação constitucional que *visa assegurar o conhecimento e a ciência de informações sobre o impetrante que se façam constar em registros ou bancos de dados do Estado ou de caráter público, ou ainda, que visam retificar dados, quando não for de sua preferência a resolução através de processo sigiloso, judicial ou administrativo.*

Possui natureza jurídica de *ação constitucional.*

5.3 Impetrante e impetrado

Impetrante é qualquer pessoa, física ou jurídica, que objetive ter acesso às informações *atinentes a seu respeito.* O **impetrado**, por sua vez, variará conforme a natureza jurídica do banco de dados, se de entidade governamental ou entidade de caráter público.

5.4 Competência

As regras de competência estão fixadas tanto na Constituição Federal (v.g. arts. 102, I, "d"; 102, II, "a"; 105, I, "b"; 108, I, "c"; 109, VIII; 121, § 4.º, V; e, 125, § 1.º), bem como no art. 20 da Lei de *Habeas Data*.

Destaque-se que pelas regras da Constituição Federal a competência pode ser **originária, em grau de recurso** ou **mediante recurso extraordinário**.

5.5 Cabimento

Será cabível *habeas data* para (a) assegurar o conhecimento de informações relativas à pessoa do impetrante, constantes de registros ou bancos de dados de entidades governamentais ou de caráter público; ou, (b) para a retificação de dados, quando não se prefira fazê-lo por processo sigiloso, judicial ou administrativo.

Importante ressaltar que a finalidade precípua desse remédio constitucional é a de *garantir ao impetrante o conhecimento de informações relacionadas à sua pessoa*. Não se presta para ter conhecimento de informações de terceiros, pois não pode ser confundido com o direito de informação constante do inciso XXXIII do art. 5.º da Carta Magna. Veja-se decisão proferida no RE 596.693/MG:

> CONSTITUCIONAL. HABEAS DATA. OBTENÇÃO DE CERTIDÃO DE DÉBITOS/CRÉDITOS CONSTANTE DO SISTEMA DE CONTA CORRENTE – SINCOR DA RECEITA FEDERAL PARA FINS DE COMPENSAÇÃO OU RESTITUIÇÃO DE TRIBUTOS. IMPROPRIEDADE DA VIA ELEITA. CF, ART. 5, XXXIII: DIREITO À INFORMAÇÃO TUTELADO PELA VIA ORDINÁRIA OU MANDAMENTAL.
>
> 1. É de repercussão geral o tema constitucional relativo à possibilidade de utilização do habeas data para obtenção de certidão constante de registro ou banco de dados de entidades governamentais ou de caráter público, com o fim de assegurar o exercício de direitos patrimoniais, porquanto envolve a extensão e alcance do art. 5º, LXXII, da CF, e se trata de questão relevante sob o aspecto jurídico que ultrapassa dos interesses subjetivos da partes.
>
> 2. O *habeas data* tem vocação constitucional específica de tutela dos direitos de personalidade e de impulsão da defesa constitucional das liberdades. Não pode ser empregado para a obtenção de dados de terceiros e com a finalidade de exercer pretensões patrimoniais (HD 87, Cármen Lúcia, DJe 05.02.10; HD 90-AgR, Ellen Gracie, DJe de 19.03.10).
>
> 3. O *habeas data* assegura o conhecimento de informações relativas à pessoa do impetrante. A informação do habeas data não se confunde com o direito à

informação aludido pelo art. 5º, XXXIII, da CF. Este é mais amplo e pode estar relacionado a uma variedade de informações que não se restrinjam às informações sobre a própria pessoa do requerente, o que abarca a obtenção de dados para a defesa de um interesse particular.

4. A pretensão de obtenção de certidão de débitos/créditos do Sistema de Contas Correntes – SINCOR da Receita Federal, para fins de compensação ou restituição de tributos, diz respeito ao direito à informação aludido no art. 5º, XXXIII, da CF, razão pela qual deve ser deduzido pela via ordinária ou mandamental e não por intermédio do habeas data.

5. Parecer pelo conhecimento e desprovimento do recurso.

O *habeas data* tem a finalidade de garantir os direitos de intimidade e de informação do impetrante, haja vista a ampla proteção constitucional dada àqueles direitos.

Extrai-se da leitura do primeiro parágrafo que as informações pleiteadas pelo impetrante deverão constar de registros ou bancos de dados de entidades governamentais ou de caráter público. Pelas primeiras, devemos entender que são pessoas jurídicas de direito público, bem como entidades integrantes da administração pública indireta. As entidades de caráter público, por sua vez, são aquelas que depositam informações que sejam ou possam ser transmitidas a terceiros ou que não sejam de seu uso privativo (p.ex., SPC).

Registre-se que somente estará presente o **interesse de agir** do impetrante se ele se dirigir inicialmente às entidades governamentais ou de caráter público, para fazer o pedido administrativo. Isto significa dizer que, se ele se dirigir diretamente ao Poder Judiciário, será carecedor de ação. Nesse sentido, vejamos:

> "O interesse de agir na impetração do *habeas data* só nasce quando frustradas eventuais tentativas do interessado de obter, retificar ou anotar informações a seu respeito nesta fase que estou denominado de pré-judicial. Sem que ele tenha tentado realizar este desiderato e sem que haja recusa (expressa ou tácita, pelo decurso do prazo) aos procedimentos constantes destes arts. 2.º a 4.º, não há necessidade de impetração do *habeas data*, donde a falta de interesse de agir do interessado"[1].

Por fim, é de se ressaltar a existência do enunciado da Súmula n.º 2 do STJ que assim estabelece: "Não cabe o *habeas data* (CF 5.º, LXXII, letra 'a') se não houve recusa de informações por parte da autoridade administrativa".

1. BUENO. Cássio Scarpinella. *Ações Constitucionais*. 5.ª ed. rev. ampl. e atual. Salvador: Juspodivm, 2011. P. 75.

Capítulo 6

Ação Popular

6.1 Origem e evolução histórica

A ação popular, conforme já tivemos oportunidade de ver na presente obra, foi inserida em nosso ordenamento jurídico brasileiro na Constituição Federal de 1934. Inicialmente, ela tinha por finalidade a proteção do patrimônio público.

Conquanto tivesse sido suprimida da Constituição de 1937, ela foi restabelecida pela Constituição Federal de 1946, permanecendo com status constitucional até nossa atual Carta Magna.

Ao longo dos anos a ação popular foi ampliando seu objeto, sendo que atualmente se presta à proteção do patrimônio público, à moralidade administrativa, ao meio ambiente e ao patrimônio histórico e cultural.

No âmbito infraconstitucional ela é disciplinada pela Lei n.º 4.717/65.

6.2 Conceito e natureza jurídica

É ação de índole constitucional, *ajuizada por qualquer cidadão, objetivando-se anular ato lesivo ao patrimônio público ou, que sendo fruto de atuação estatal, viole a moralidade administrativa, o meio ambiente e o patrimônio histórico e cultural.*

Possui natureza jurídica de *ação constitucional.*

6.3 Espécies

A ação popular poderá ser classificada em **preventiva** (aquela que visa evitar atos lesivos) ou **repressiva** (busca o ressarcimento do dano, anulação do ato, recomposição do patrimônio público lesado ou indenização).

Se a ação for proposta antes de se consumar o efeito lesivo, ela será denominada de preventiva. Por outro lado, se o dano já se concretizou, ela terá natureza repressiva, objetivando-se o ressarcimento do dano causado.

6. 4 Legitimidade ativa e passiva

Somente o **cidadão**, ou seja, brasileiro (nato ou naturalizado) em gozo dos direitos políticos, será **legitimado ativo** para ingressar com a presente ação. A doutrina nos ensina que o cidadão age na qualidade de *substituto processual de toda a população.*

Destaque-se que o Ministério Público não detém legitimidade ativa para a propositura dessa ação (conquanto atue como fiscal da lei). Entretanto, por expressa disposição legal (art. 9.º da Lei n.º 4.717/65), ele poderá figurar no polo ativo da ação no caso de abandono ou desistência por parte do autor.

Segundo o disposto no art. 6.º da lei regulamentadora poderão figurar no polo passivo *as pessoas públicas ou privadas e as entidades referidas no art. 1.º, contra as autoridades, funcionários ou administradores que houverem autorizado, aprovado, ratificado ou praticado o ato impugnado, ou que, por omissão, tiverem dado oportunidade à lesão, e contra os beneficiários direto do mesmo.*

6.5 Competência

A competência variará de acordo com a origem do ato ou omissão a serem impugnados, devendo-se conjugar as regras previstas na Constituição Federal e na legislação infraconstitucional.

6.6 Cabimento

Será cabível a ação popular sempre que houver necessidade de se anular um ato lesivo ao patrimônio público ou de entidade de que o Estado participe, à moralidade administrativa, ao meio ambiente e ao patrimônio histórico e cultural.

Da leitura da Lei n.º 4.717/65 denota-se que o ato lesivo deve ser compreendido a abranger tanto os atos comissivos quanto os omissivos do poder público aos bens e valores jurídicos.

Ressalte-se, por fim, que a despeito do art. 4.º da Lei da Ação Popular elencar atos com *presunção de ilegitimidade e lesividade*, passíveis de serem combatidos por intermédio da presente ação, referido rol é meramente exemplificativo.

Capítulo 7

Comparativo dos Remédios Constitucionais

De uma forma esquematizada, vejamos as principais características dos remédios constitucionais estudados nesta parte.

Remédio	*Habeas Corpus*	Mandado de Segurança	Mandado de Injunção	*Habeas Data*	Ação Popular
Previsão Constitucional	Art. 5.º, LXX	Art. 5.º, LXIX (individual) e LXX (coletivo)	Art. 5.º, LXXI	Art. 5.º, LXXII	Art. 5.º, LXXIII
Previsão Legal	Arts. 647 a 667 do CPP e art. 23 da Lei n.º 8.038/90	Lei n.º 12.016/09	Lei n.º 13.300/16	Lei n.º 9.507/97	Lei n.º 4.717/65
Objeto	Tutelar a liberdade de locomoção	Proteger direito líquido e certo, quando houver violação a ele através de ilegalidade ou abuso de poder	Tornar viável o exercício de direitos e liberdades constitucionais ou de prerrogativas relacionadas com nacionalidade, soberania ou cidadania e que não estão sendo possível de ser exercidos, haja vista a falta, parcial ou total, de norma infraconstitucional reguladora de tais direitos.	Assegurar o conhecimento e a ciência de informações sobre o impetrante que se façam constar em registros ou bancos de dados do Estado ou de caráter público, ou ainda, que visam retificar dados.	Tem por finalidade anular ato lesivo ao patrimônio público ou, que sendo fruto de atuação estatal, viole a moralidade administrativa, o meio ambiente e o patrimônio histórico e cultural.

Remédio	***Habeas Corpus***	**Mandado de Segurança**	**Mandado de Injunção**	***Habeas Data***	**Ação Popular**
Sujeito Ativo	Pode ser qualquer pessoa, seja ou não a titular do direito de locomoção	O titular do direito líquido e certo violado, ou as pessoas elencadas no inciso LXX.	Qualquer pessoa física ou jurídica, bem como aquelas elencadas no art. 12 da lei.	Qualquer pessoa, física ou jurídica, que objetive ter acesso às informações atinentes a seu respeito.	Qualquer cidadão.
Sujeito Passivo	Qualquer pessoa física.	Autoridade pública ou agente de pessoa jurídica em exercício de atribuições de Poder Público	O Poder Público, o órgão ou a autoridade que tenha atribuição para editar a norma regulamentadora.	Dependerá da natureza jurídica do banco de dados, se de entidade governamental ou entidade de caráter público.	Pessoas públicas ou privadas e as entidades referidas no art. 1.º da Lei, contra as autoridades, funcionários ou administradores que houverem autorizado, aprovado, ratificado ou praticado o ato impugnado, ou que, por omissão, tiverem dado oportunidade à lesão, e contra os beneficiários direto do mesmo.
Prazo para propositura	Não há.	Prazo decadencial de 120 dias.	Não há.	Não há.	Não há.

Quadro Sinótico

REMÉDIOS CONSTITUCIONAIS	
Considerações Iniciais	Já tivemos a oportunidade de estudar que os *direitos* são os bens considerados em si mesmos (direitos materiais), sendo imprescindível a existência de instrumentos processuais hábeis à sua defesa em caso de violação ou iminência de violação. É nesse contexto de ideias que falamos dos denominados *remédios constitucionais* ou *ações constitucionais*. Conquanto existam diversas ações constitucionais previstas ao longo da nossa Constituição Federal, neste momento, trataremos apenas das previstas nos incisos do art. 5.º, quais sejam: (a) *habeas corpus*; (b) mandado de segurança; (c) mandado de injunção; (d) *habeas data*; e, (e) ação popular.
Habeas Corpus	Destaque-se que na Carta Magna de 1215 havia a previsão de que *nenhum homem livre poderia ser preso, nem ser declarado fora da lei ou desterrado, se não houvesse julgamento por parte de seus pares, conforme a legislação do local*. A despeito da importância dos preceitos estabelecidos na Carta inglesa de 1215, objetivando-se conter as constantes arbitrariedades que oprimiam os cidadãos, foi editado o *Habeas Corpus Act*, em 1679, o qual se *limitava a proteger apenas as pessoas que tivessem a liberdade cerceada em virtude da prática de uma conduta considerada criminosa*. Em razão disso, foi editado o novo *Habeas Corpus Act* em 1816, que passou a *proteger o indivíduo, também, contra a privação de liberdade por motivo outro que não uma conduta criminosa*. Ele é uma **ação constitucional que visa tutelar a liberdade de locomoção do indivíduo, entendida essa liberdade como sendo a de ir, vir, estar e permanecer**. Pode ter duas espécies: (a) **preventiva** (impetrado em *razão da ameaça de alguém sofrer violência* ou *coação de sua liberdade de locomoção)* e (b) **repressiva** (impetrado sempre que alguém *sofrer efetivamente violência* ou *coação de seu direito de locomoção*). *Qualquer pessoa física* (nacional ou estrangeiro) que seja afetada por uma medida ilegal que restrinja ou ameace restringir sua liberdade de locomoção será considerada como sendo ***titular desse direito*** (é denominado de **paciente**). Considerando que o STJ adotava a denominada teoria da dupla imputação, admitia-se a impetração de *habeas corpus* em favor de pessoa jurídica. Perfilhando-se à **jurisprudência do STF**, o STJ acabou por abandonar referida teoria. Em razão disso, **atualmente não é mais possível a impetração de *habeas corpus* em favor de pessoa jurídica**, a despeito da possibilidade de essa vir a ser responsabilizada criminalmente.

Habeas Corpus	O *impetrante*, por sua vez, pode ou não ser o titular do direito ameaçado ou violado, não havendo necessidade de coincidência das pessoas. Nessa linha de ideia, o impetrante pode ser qualquer pessoa física (advogado ou não) ou jurídica, bem como o Ministério Público, Defensoria Pública, dentre outros. Frise-se que o magistrado, se estiver no desempenho de suas funções, poderá conceder de ofício a ordem do *habeas corpus*. Por outro lado, estando afastado do exercício da jurisdição poderá impetrar o remédio constitucional. Por fim, o *impetrado* é a parte coatora, que pode ser tanto o Poder Público (através de seus agentes), quanto o particular. A competência para o julgamento do *writ* será **determinada conforme a autoridade coatora**, bem como levando-se em consideração a **qualidade da pessoa vítima da lesão** ou **ameaça de lesão à liberdade de locomoção**.
Habeas Corpus	As hipóteses de cabimento do remédio constitucional em estudo estão previstas na legislação infraconstitucional, mais especificamente no Código de Processo Penal (arts. 647 e ss). Contudo, é imprescindível consignar que referidas hipóteses não constituem *numerus clausus*, isto é, não é um rol taxativo. Isso porque, poderão existir situações não previstas na legislação infraconstitucional e que constituam coação ilegal ao direito de locomoção, clamando sua correção via *habeas corpus*. A **jurisprudência do Supremo Tribunal Federal** é no sentido de que será admissível a impetração de *habeas corpus* se houver **ameaça direta** ou **indireta** ao direito de locomoção. A *ameaça indireta* é aquela que se verifica quando o ato impugnado possa resultar em um procedimento que poderá acarretar, ao seu final, a privação de liberdade do indivíduo. A despeito disso, importante consignar que nossa Constituição Federal traz uma única hipótese em que **não se admite a impetração** do *writ*, qual seja, no caso de *punições disciplinares militares* (*cf.* art. 142, § 2.º). Entretanto, essa restrição à utilização do *writ* diz respeito ao *mérito das punições disciplinares militares*. Destaque-se, contudo, que **essa proibição não diz respeito aos pressupostos de legalidade da medida**, os quais poderão ser combatidos pelo remédio constitucional em questão.
Mandado de Segurança	Inicialmente, nos primórdios do mandado de segurança ele não era instituto utilizado para proteger o cidadão em face de atos do Poder Judiciário. Ocorre que, com a constitucionalização do instituto em nosso ordenamento jurídico (CF/1934), foi previsto que ele poderia ser utilizado para combater "*atos de qualquer autoridade*", razão pela qual soaram vozes admitindo a possibilidade de impetração em face de ato, inclusive, do Poder Judiciário. Hoje, **é pacífico o entendimento, principalmente do Supremo Tribunal Federal**, sobre a admissibilidade de cabimento do mandado de segurança contra ato jurisdicional.

Mandado de Segurança	Ele é uma *ação de cunho constitucional que objetiva a proteção de direito líquido e certo, quando houver violação a ele através de ilegalidade ou abuso de poder, por parte de autoridade pública ou agente de pessoa jurídica em exercício de atribuições de Poder Público* (agente delegado). Trata-se de um **remédio subsidiário**. O mandado de segurança pode ser classificado em **individual** (impetrado pela pessoa física ou jurídica) ou **coletivo** (impetrado por partido político com representação no Congresso Nacional, organização sindical, entidade de classe ou associação legalmente constituída e objetivando a defesa dos interessados membros dos associados). A doutrina afirma que ele pode ser, ainda, **repressivo** (no caso em que a ilegalidade ou abuso de poder já tiverem sido praticados) ou **preventivo** (quando houver ameaça a violação de direito líquido e certo do impetrante). Não obstante a possibilidade de utilização de mandado de segurança preventivo, o Superior Tribunal de Justiça tem tese firmada no sentido de ser **impossível a utilização daquele com o intuito de se obter provimento genérico aplicável a todos os casos futuros de mesma espécie**. O *impetrante* é o detentor do direito líquido e certo violado, podendo ser qualquer pessoa física ou jurídica (nacional ou estrangeira), residente ou não no país, bem como órgão público despersonalizado (mas com capacidade processual – Mesa Legislativa, p.ex.); universalidades reconhecidas pela lei, Ministério Público, dentre outros. Se o direito de ação for exercido pelo próprio titular do direito líquido e certo violado ou ameaçado de lesão, estaremos diante da denominada *legitimidade ordinária*. De outro vértice, em havendo a utilização da ação mandamental coletiva estaremos diante da *legitimidade extraordinária*, haja vista que o titular da ação e o possuidor do direito líquido e certo não se confundem. Considera-se *impetrado*, por sua vez, a autoridade coatora responsável pela violação do direito líquido e certo. Ressalte-se que, diversamente do que ocorre com a definição constitucional do *habeas corpus*, o mandado de segurança *somente poderá ser impetrado em face de autoridade pública ou agente de pessoa jurídica no exercício de atribuições do Poder Público* (cf. inciso LXIX do art. 5.º da CF; e, arts. 1.º e 6.º da Lei de Mandado de Segurança). A lei considera ser *autoridade coatora* aquela que tenha praticado o ato impugnado ou da qual emane a ordem para a sua prática. Ainda, equiparam-se às autoridades os representantes ou órgãos de partidos políticos e os administradores de entidades autárquicas, bem como os dirigentes de pessoas jurídicas ou até as pessoas naturais no exercício de atribuições do Poder Público, no que diz respeito às suas atribuições.

Mandado de Segurança	A competência para o processo e julgamento do *mandamus* é decorrente da própria Constituição Federal (p.ex., arts. 109, VIII; e, 125) ou da lei, **definindo-se em razão da hierarquia da autoridade pública coatora ou da delegação conferida ao particular**. O mandado de segurança poderá ser utilizado para tutelar direito líquido e certo, não amparado por *habeas corpus* ou *habeas data*, violado ou ameaçado de violação por ato comissivo ou omissivo de autoridade pública ou agente delegado. Registre-se, ainda, que o ato em questão deve ter sido praticado ilegalmente ou com abuso de poder. Preenchidos os requisitos constantes do parágrafo anterior, será possível impetrar o *mandamus*. Entretanto, diversamente do que ocorre no *habeas corpus*, a lei previu um prazo limite para sua impetração, o qual será de 120 (cento e vinte) dias, contados da ciência oficial, por parte do interessado, do ato a ser impugnado. Trata-se de prazo decadencial. O inciso LXXI do art. 5.º da CF preceitua que *conceder-se-á mandado de injunção sempre que a falta de norma regulamentadora torne inviável o exercício dos direitos e liberdades constitucionais e das prerrogativas inerentes à nacionalidade, à soberania e à cidadania*. Ele deve ser entendido como sendo uma *ação de cunho constitucional que pode ser proposta por qualquer interessado, pessoa física ou jurídica, com o objetivo de tornar viável o exercício de direitos e liberdades constitucionais ou de prerrogativas relacionadas com nacionalidade, soberania ou cidadania e que não estão sendo possível de ser exercidos, haja vista a falta, parcial ou total, de norma infraconstitucional reguladora de tais direitos*. Considera-se **individual** o mandado de injunção impetrado por qualquer pessoa física ou jurídica, em nome próprio e defendendo interesse próprio, pleiteando judicialmente que seja tornado viável o exercício de um direito, liberdade ou prerrogativa do impetrante e que está impossibilitado pela falta de norma regulamentadora. O **coletivo**, por sua vez, é aquele impetrado pelos legitimados previstos no art. 12, parágrafo único, da Lei n.º 13.300/16, os quais defendem interesses alheios. Frise-se que os direitos, as liberdades e as prerrogativas protegidos aqui são pertencentes a uma coletividade indeterminada de pessoas ou determinada por grupo, classe ou categoria. No caso de **mandado de injunção individual**, os legitimados ativos são as pessoas físicas ou jurídicas (cf. art. 3.º). De outro vértice, em se tratando de **mandado de injunção coletivo**, e dependendo da tutela requerida, os legitimados podem ser: o Ministério Público, Partido Político com representação no Congresso Nacional, Organização Sindical, entidade de classe ou associação (legalmente constituída e em funcionamento há pelo menos um ano), bem como a Defensoria Pública (cf. art. 12). Poderão figurar no polo passivo (*impetrado*) da ação o Poder Público, o órgão ou a autoridade que tenha atribuição para editar a norma regulamentadora.

Mandado de Injunção	A competência vem disciplinada pela própria Constituição Federal, variando de acordo com o órgão ou a autoridade responsável pela edição da norma reguladora (v.g., art. 102, I, "q"; art. 105, I, "h"). Será cabível o mandado de injunção *sempre que houver necessidade de se viabilizar o exercício de um direito fundamental, ante a omissão do poder público em prestar a providência necessária de que ele depende.* Embora a **jurisprudência do STF** tenha oscilado nos últimos anos, atualmente verifica-se que a Colenda Corte adota uma **posição concretista** no que tange às decisões tomadas pelo Poder Judiciário quando da apreciação de mandado de injunção.
Habeas data	É ação constitucional que *visa assegurar o conhecimento e a ciência de informações sobre o impetrante que se façam constar em registros ou bancos de dados do Estado ou de caráter público, ou ainda, que visam retificar dados, quando não for de sua preferência a resolução através de processo sigiloso, judicial ou administrativo.* O **impetrante** é qualquer pessoa, física ou jurídica, que objetive ter acesso às informações *atinentes a seu respeito*. O **impetrado**, por sua vez, variará conforme a natureza jurídica do banco de dados, se de entidade governamental ou entidade de caráter público. As regras de competência estão fixadas tanto na Constituição Federal, bem como no art. 20 da Lei de *Habeas Data*. Será cabível *habeas data* para (a) assegurar o conhecimento de informações relativas à pessoa do impetrante, constantes de registros ou bancos de dados de entidades governamentais ou de caráter público; ou, (b) para a retificação de dados, quando não se prefira fazê-lo por processo sigiloso, judicial ou administrativo. O *habeas data* tem a finalidade de **garantir os direitos de intimidade e de informação do impetrante**, haja vista a ampla proteção constitucional dada àqueles direitos. Somente estará presente o **interesse de agir** do impetrante se ele se dirigir inicialmente às entidades governamentais ou de caráter público, para fazer o pedido administrativo.

Ação Popular	É ação de índole constitucional, *ajuizada por qualquer cidadão, objetivando-se anular ato lesivo ao patrimônio público ou, que sendo fruto de atuação estatal, viole a moralidade administrativa, o meio ambiente e o patrimônio histórico e cultural.* Ela pode ser classificada em **preventiva** (aquela que visa evitar atos lesivos) ou **repressiva** (busca o ressarcimento do dano, anulação do ato, recomposição do patrimônio público lesado ou indenização). Somente o **cidadão**, ou seja, brasileiro (nato ou naturalizado) em gozo dos direitos políticos, será **legitimado ativo** para ingressar com a presente ação. A doutrina nos ensina que o cidadão age na qualidade de *substituto processual de toda a população.* Segundo o disposto no art. 6.º da lei regulamentadora poderão figurar no polo passivo *as pessoas públicas ou privadas e as entidades referidas no art. 1.º, contra as autoridades, funcionários ou administradores que houverem autorizado, aprovado, ratificado ou praticado o ato impugnado, ou que, por omissão, tiverem dado oportunidade à lesão, e contra os beneficiários direto do mesmo.* A competência variará de acordo com a origem do ato ou omissão a serem impugnados, devendo-se conjugar as regras previstas na Constituição Federal e na legislação infraconstitucional. Será cabível a ação popular sempre que houver necessidade de se anular um ato lesivo ao patrimônio público ou de entidade de que o Estado participe, à moralidade administrativa, ao meio ambiente e ao patrimônio histórico e cultural.

EXERCÍCIOS

Questões

1. (PC/MG – Delegado de Polícia – FUMARC – 2018) - A partir de julgamentos de mandados de injunção coletivos, em 2007, entre eles o MI 708, o Supremo Tribunal Federal alterou seu entendimento acerca dos efeitos e da abrangência da decisão. Corresponde a essa mudança:

a) O Supremo Tribunal Federal manteve seu entendimento, consolidado desde a promulgação da Constituição Federal, de se conceder a ordem injuncional, afirmando a competência do Judiciário para regulamentar, no caso concreto, a falta da norma regulamentadora.

b) O Supremo Tribunal Federal manteve seu entendimento, segundo a maioria dos Ministros, de não se conceder a ordem injuncional, afirmando que compete ao Judiciário apenas cientificar o órgão competente para a elaboração da norma regulamentadora, sem obrigá-lo.

c) O Supremo Tribunal Federal passou a aplicar, no entendimento da maioria dos Ministros, a teoria concretista, afirmando a competência do Judiciário para regulamentar, no caso concreto, a falta da norma regulamentadora.

d) O Supremo Tribunal Federal passou a aplicar, no entendimento da maioria dos Ministros, a teoria não concretista, afirmando a impossibilidade de o Judiciário regulamentar, no caso concreto, a falta da norma regulamentadora.

2. (PC/PI – Delegado de Polícia - NUCEPE – 2018) - Sabe-se que o Mandado de Segurança é uma ação judicial capaz de proteger direito líquido e certo, não amparado por habeas corpus ou habeas data, quando o responsável pela ilegalidade ou abuso de poder for autoridade pública ou agente de pessoa jurídica no exercício de atribuições do Poder Público. Pode-se afirmar, ainda acerca deste importante remédio constitucional:

a) O Mandado de Segurança, diferentemente, do Habeas Corpus, que prevê a impetração de forma preventiva e repressiva, somente ocorre depois da prática do ato ou da omissão da autoridade que se pretende impugnar.

b) Em caso de urgência, é permitido, observados os requisitos legais, impetrar mandado de segurança por telegrama, radiograma, fax ou outro meio eletrônico de autenticidade comprovada, devendo o texto original da petição inicial ser apresentado nos 3 (três) dias úteis seguintes.

c) Considera-se autoridade coatora aquela que tenha praticado o ato impugnado ou da qual emane a ordem para a sua prática, assim como o agente subordinado que cumpre a ordem por dever hierárquico.
d) Incabível o Mandado de Segurança contra os atos de gestão comercial praticados pelos administradores de empresas públicas, de sociedade de economia mista e de concessionárias de serviço público.
e) Sempre que possível, havendo direito líquido e certo, o juiz concederá a medida liminar no Mandado de Segurança, que tenha por objeto a compensação de créditos tributários ou entrega de mercadorias e bens provenientes do exterior.

3. (PJC-MT – Delegado de Polícia – CESPE-2017) – Com referência ao *habeas corpus* e ao mandado de segurança, julgue os itens seguintes, de acordo com o entendimento do STF.

I. Não caberá *habeas corpus* nem contra decisão que condene a multa nem em processo penal em curso no qual a pena pecuniária seja a única imposta ao infrator.
II. O *habeas corpus* é o remédio processual adequado para garantir a proteção do direito de visita a menor cuja guarda se encontre sob disputa judicial.
III. Nos casos em que a pena privativa de liberdade já estiver extinta, não será possível ajuizar ação de *habeas corpus*.
IV. O mandado de segurança impetrado por entidade de classe não terá legitimidade se a pretensão nele veiculada interessar a apenas parte dos membros da categoria profissional representada por essa entidade.

Estão certos apenas os itens

a) I e II.
b) I e III.
c) II e IV.
d) I, III e IV.
e) II, III e IV.

4. (PC-MS – Delegado de Polícia – FAPEMS – 2017) – O *habeas corpus* é uma ação constitucional de grande importância na história jurídico-constitucional do Brasil. Sob a vigência da Constituição de 1891, por exemplo, segundo MENDES e BRANCO (2017), [...] a formulação ampla do texto constitucional deu ensejo a uma interpretação que permitia o uso do habeas corpus para anular até mesmo ato administrativo que determinara o cancelamento de matrícula de aluno em escola

pública, para garantir a realização de comícios eleitorais, o exercício da profissão, dentre outras possibilidades. (MENDES, Gilmar; BRANCO, Paulo. Curso de Direito Constitucional. 12a. ed. São Paulo: Saraiva, 2017, p. 431)

Hoje, o Supremo Tribunal Federal detém importante papel na definição do seu cabimento. Assim, afirma-se que:

a) o Supremo Tribunal Federal não admite *habeas corpus* para questionamento de razoável duração do processo.
b) é cabível mesmo que não haja, nem por via reflexa, constrangimento à liberdade de locomoção.
c) cabe *habeas corpus* contra a aplicação de pena de multa.
d) segundo o Supremo Tribunal Federal, cabe *habeas corpus* contra pena pecuniária passível de conversão em privativa de liberdade.
e) segundo a Súmula 691 do Supremo Tribunal Federal, aplicada rigorosamente pela Corte, o *habeas corpus* não é cabível contra decisão de relator em tribunal superior que indefere a liminar.

5 – (PC/RS – Escrivão e Inspetor de Polícia – FUNDATEC – 2018) – Considerando a Constituição da República Federativa do Brasil de 1988, assinale a alternativa que NÃO representa um remédio constitucional.

a) Direito de petição.
b) Mandado de injunção.
c) Ação popular.
d) Princípio da dignidade da pessoa humana.
e) Direito à certidão

6 – (PC/MA – Escrivão de Polícia – CESPE – 2018) – O *habeas corpus* pode ser impetrado por:

a) Condenado a pena de multa, caso ele considere exorbitante o valor desta.
b) Militar, contra punição disciplinar imposta sem motivação.
c) Pessoa física, para impugnar determinação de suspensão de direitos políticos.
d) Estrangeiro, mas sempre em português.
e) Pessoa jurídica, em seu favor, quando ela for acusada de crime ambiental.

7 – (PC/SC – Escrivão de Polícia Civil – FEPESE – 2017) – De acordo com a Constituição Federal, conceder-se-á habeas data para:

a) Garantir o relaxamento de prisão.

b) Anular ato lesivo ao patrimônio público.
c) Sustar violência contra a liberdade de locomoção.
d) Assegurar o conhecimento de informações constantes de registros ou bancos de dados públicos.
e) Exigir a edição de norma regulamentadora que viabiliza o exercício de direito inerente à cidadania.

8 - (PC/SC - Agente de Polícia Civil - FEPESE - 2017) - Com base na Constituição Federal de 1998, sempre que alguém sofrer ou se achar ameaçado de sofrer violência ou coação em sua liberdade de locomoção, por ilegalidade ou abuso de poder, conceder-se-á:

a) Habeas data.
b) Habeas corpus.
c) Mandado de segurança.
d) Ação popular.
e) Reclamação.

9 - (PC/GO - Escrivão de Polícia Civil - UEG - 2013) - o âmbito da proteção aos direitos e garantias fundamentais, especificamente na esfera das garantias dos direitos coletivos, sociais e políticos, o art. 5º, inciso LXX, da Constituição Federal, instituiu o mandado de segurança coletivo, estabelecendo como legitimados para a sua proposição

a) Associação legalmente constituída a partir da data da propositura do mandado de segurança coletivo, que esteja atuando na defesa dos próprios interesses.
b) Organização sindical legalmente constituída há três anos e que esteja atuando na defesa de interesses difusos.
c) Partidos políticos que tenham um número mínimo de quinhentos afiliados e que estejam atuando na defesa dos interesses da coletividade.
d) Entidade de classe, legalmente constituída e em funcionamento há mais de um ano, que esteja atuando na defesa de interesse de seus membros.

10 - (PC/PA - Escrivão de Polícia Civil - FUNCAB - 2016) - Nos termos dos direitos e deveres individuais e coletivos, previstos na Constituição Federal, é correto afirmar:

a) Conceder-se-á mandado de segurança para proteger direito líquido e certo, não amparado por *habeas corpus* ou *habeas data*, quando o responsável pela ilegalidade ou abuso de poder for autoridade pública ou agente de pessoa jurídica no exercício de atribuições do Poder Público.

b) Toda propriedade rural, desde que trabalhada pela família do proprietário, não será objeto de penhora para pagamento de débitos decorrentes de sua atividade produtiva, dispondo a lei sobre os meios de financiar o seu desenvolvimento.

c) Ninguém será preso senão em flagrante delito ou por ordem escrita e fundamentada de autoridade judiciária competente, salvo apenas nos casos de crime propriamente militar, definidos em lei.

d) Nenhum brasileiro será extraditado, salvo o naturalizado, em caso de crime comum, praticado depois da naturalização, ou de comprovado envolvimento em tráfico ilícito de entorpecentes e drogas afins, na forma da lei.

e) O mandado de segurança coletivo pode ser impetrado por organização sindical, entidade de classe ou associação legalmente constituída e em funcionamento há menos de um ano, em defesa dos interesses de seus membros ou associados.

11 – (PC/MS – Perito Médico Legista – FAPEC – 2021) - O remédio constitucional adequado para proteger o direito à obtenção de certidões negadas injustificadamente pelo Poder Público, com o objetivo de esclarecer situações de interesse pessoal, é:

a) o mandado de injunção.

b) a ação popular.

c) a ação civil pública.

d) o *habeas data*.

e) o mandado de segurança.

12 – (PC/MG – Delegado de Polícia – FUMARC – 2021) - Centenas de delegados civis do Estado ZW reuniram-se na sede do Sindicato dos Delegados local, representante dos interesses dessa categoria. O sindicato está legalmente constituído e em funcionamento há três anos. Depois de longo período sem reajustes na sua remuneração, em assembleia geral convocada especialmente para deliberar a respeito das medidas a serem adotadas pelos sindicalizados, decidiram adotar providências concernentes a manifestações de rua, em frente à Assembleia Legislativa, de maneira pacífica e organizada. Ao ser comunicado sobre as reuniões acima, o Governador de Estado respondeu ao Sindicato dos Delegados que as estava indeferindo, dando ordem expressa para que elas não fossem realizadas. Dentre os remédios constitucionais abaixo, o **adequado** à iniciativa do Sindicato,

para assegurar os direitos dos filiados, sem necessidade de dilação e instrução probatórias, é:

a) Ação Popular.
b) Mandado de Injunção coletivo.
c) Mandado de Segurança coletivo.
d) Mandado de Segurança individual.

13 – (PC/MS – Delegado de Polícia – FAPEC – 2021) - Sobre a ação popular, o *habeas corpus* e o *habeas data*, assinale a alternativa correta.

a) O STF entende cabível habeas corpus em processo de impeachment de Presidente da República.
b) Não cabe *habeas corpus* contra decisão condenatória à pena de multa ou relativo a processo em curso por infração penal a que a pena pecuniária seja a única cominada.
c) É cabível *habeas corpus* em relação a punições disciplinares militares.
d) Qualquer pessoa é parte legítima para propor ação popular que vise a anular ato lesivo ao patrimônio público ou de entidade de que o Estado participe, à moralidade administrativa, ao meio ambiente e ao patrimônio histórico e cultural, ficando o autor, salvo comprovada má-fé, isento de custas judiciais e do ônus da sucumbência.
e) O *habeas data* é o instrumento apto a tutelar o direito líquido e certo à obtenção de certidão.

14 – (PC/CE – Inspetor de Polícia Civil – IDECAN – 2021) - "Para assegurar o conhecimento de informações relativas à pessoa do impetrante, constantes de registros ou bancos de dados de entidades governamentais ou de caráter público", é utilizado o seguinte remédio constitucional:

a) Habeas-Data.
b) *Habeas Corpus.*
c) Mandado de Segurança.
d) Mandado de Injunção.
e) Ação Direta de Inconstitucionalidade por Omissão.

15 – (PC/CE – Inspetor de Polícia Civil – IDECAN – 2021) - A ação popular pode ser proposta por:

a) qualquer brasileiro que vise a anular ato lesivo ao patrimônio público.

b) qualquer adulto residente no país, que vise suspender ato lesivo ao meio ambiente.
c) qualquer cidadão brasileiro, que vise interromper ato lesivo à eficiência administrativa.
d) qualquer cidadão que vise anular ato lesivo ao patrimônio histórico e cultural.
e) qualquer indivíduo que vise anular ato atentatório à dignidade da justiça.

Gabarito e Explicação

Questão	Gabarito	Abordagem do assunto no livro
1	C	Capítulo 4
2	D	Capítulo 3
3	B	Capítulo 2
4	D	Capítulo 2
5	D	Capítulo 1
6	D	Capítulo 2
7	D	Capítulo 5
8	B	Capítulo 2
9	D	Capítulo 3
10	A	Capítulo 3
11	E	Capítulos 3 e 7
12	C	Capítulos 3 e 7
13	B	Capítulo 3
14	A	Capítulos 5 e 7
15	D	Capítulo 6

PARTE 14

ORGANIZAÇÃO POLÍTICO-ADMINISTRATIVA

Capítulo 1

Considerações Gerais

A organização político-administrativa do Estado está prevista no Título III da nossa Constituição Federal, iniciando-se a partir do art. 18.

Da leitura do indigitado artigo constitucional verificamos que o constituinte originário optou pela **forma federativa do Estado** e pela **forma republicana de governo**. Ademais, estabeleceu que a República Federativa do Brasil (ente **soberano**) é composta pelos seguintes entes federativos: União, Estados-Membros, Distrito Federal e Municípios, entes esses dotados de **autonomia**.

Registre-se que a despeito da previsão constitucional da criação de Territórios, eles não são entes autônomos, muito menos soberanos!

De forma peremptória a Constituição Federal veda que os entes federativos (União, Estados, Distrito Federal e Municípios) estabeleçam cultos religiosos ou igrejas, nem os subvencionem ou embaracem o funcionamento, mantenham com eles ou seus representantes relações de dependência ou aliança, ressalvada, na forma da lei, a colaboração de interesse público. Ademais, é vedado recusar fé aos documentos públicos, bem como criar distinções entre brasileiros e preferências entre si.

Capítulo 2

Formas de Estado

Não podemos nos olvidar que a **forma de Estado** se relaciona com o *modo de exercício do poder político em função do território de determinado Estado*. A partir disso podemos ter as seguintes formas de Estado: (a) Estado Unitário, (b) Estado Federado e (c) Estado Confederado.

O **Estado unitário** pode ser dividido em **unitário puro, unitário descentralizado administrativamente** ou **unitário descentralizado administrativa e politicamente**.

Em linhas gerais, podemos dizer que o **Estado unitário** é aquele que possui um *único centro de poder*, ou seja, a centralização política dá-se em uma só unidade de poder.

Diz-se **unitário puro** (centralizado) o Estado em que as *competências estatais são exercidas de forma centralizada pela unidade de poder*. O **unitário descentralizado administrativamente**, por sua vez, é aquele em que as decisões políticas são *concentradas nas mãos do poder central, mas ocorre a delegação da execução* das políticas adotadas para terceiras pessoas. Por fim, o **unitário descentralizado administrativa e politicamente** caracteriza-se pela *descentralização política e administrativa, sendo que aquela é caracterizada pela autonomia de que dispõem os entes descentralizados para decidir qual a melhor atitude a ser tomada no caso concreto*.

O **Estado federado**, de outro vértice, é aquele em que o poder político está *repartido entre diferentes entidades governamentais autônomas*, criando-se uma multiplicidade de organizações governamentais coexistente no mesmo território. Caracteriza-se, portanto, por ter um modelo de *descentralização política*.

Importante lembrar que o modelo do **Estado federado norte-americano** difere do **brasileiro**. Naquele, a federação caracteriza-se de diferentes entidades políticas autônomas que, a partir de um vínculo indissolúvel, formaram uma unidade, diferente das entidades componentes que é o Estado soberano, *inexistindo subordinação hierárquica* entre as entidades que compõem o Estado Federado. A federação norte-americana nasceu da necessidade dos Estados até então existentes se unirem para aumentar a proteção contra os constantes ataques da coroa inglesa. Os Estados, até então soberanos, cederam parcela do poder para constituir os Estados Unidos da América, razão pela qual essa *federação* é denominada de *centrípeta* (de fora para o centro). Temos aqui a **federação por agregação**.

Por sua vez, a **federação brasileira** surgiu de um *Estado unitário que viu a necessidade de descentralizar suas funções para Estados autônomos*, haja vista a grande extensão territorial do Brasil. Havia um Estado unitário que precisou descentralizar seus poderes, ou seja, cedeu parcela de autonomia aos Estados. Em virtude disso, o surgimento da federação brasileira ganhou o nome de *centrífuga* (do centro para fora). Fala-se em **federação por desagregação** ou **por segregação**.

A despeito dessa diferenciação no que tange à forma de constituição do estado federado, em ambas é *inadmissível* o denominado **direito de secessão**, isto é, o direito de separação, primando-se pela manutenção do Estado soberano.

Fala-se, ainda, em **federalismo dual** e **federalismo coorporativo.** No primeiro existe uma rígida separação das competências entre a entidade central e os demais entes federados, ao passo que no segundo a divisão de competências entre a entidade central e os demais entes federados não é rígida.

Doutrina menciona, também, a existência do **federalismo simétrico** e **federalismo assimétrico**. O primeiro caracteriza-se por intermédio do *equilíbrio na repartição de competências* entre os entes federados, objetivando-se conferir igualdade de tratamento na relação entre a União Federal e os Estados-Membros, bem como nas relações entre esses últimos. De outro giro, no federalismo assimétrico *há um tratamento diferenciado outorgado constitucionalmente aos entes federados*, em determinadas matérias, tendo por finalidade a manutenção do equilíbrio e a redução das desigualdades regionais. Essa situação de desigualdade pode ser verificada em nossa Constituição Federal, *ex vi* do art. 3.º, III. Não obstante isso, nossa doutrina afirma que a República Federativa do Brasil é uma **federação de equilíbrio**, haja vista que *há certo equilíbrio entre as competências e autonomias outorgadas constitucionalmente aos entes federados*.

Conquanto existam diversas espécies de federalismo, há que se frisar que *somente o Estado é soberano* (no nosso caso, a República Federativa do Brasil), sendo que os demais entes federativos (União, Estado, Distrito Federal e Municípios) são entes autônomos.

Importante mencionar, ainda, a existência do denominado **Estado confederado**, que se caracteriza na *união dissolúvel de Estados soberanos, por intermédio de tratado, sendo regido pelo Direito Internacional*. Quando da constituição desses Estados há o estabelecimento de obrigações recíprocas. A principal característica desses Estados confederados é a *dissolubilidade*, ou seja, possibilidade de se separarem.

Conquanto a nossa Carta Magna tenha adotado a forma de Estado federado, verificamos a existência de um poder político central (União Federal), poderes políticos regionais (Estados-Membros) e poderes políticos locais (Municípios). Ademais, dadas as características conferidas ao Distrito Federal, esse acumula poderes regionais e locais.

Por fim, registre-se que as classificações aqui estudadas não são as únicas apontadas por nossa doutrina.

Capítulo 3

Formas de Governo

Quando estudamos o tema referente às formas de Governo temos que ter em mente que ele *se relaciona à maneira como se dá a instituição do poder na sociedade, bem como a relação entre os governantes e os governados.*

Pois bem. No que tange às formas de Governo temos a **república** e a **monarquia**.

A **forma republicana** caracteriza-se quando a instituição do poder ocorrer por intermédio de eleições, por período certo, com o representante eleito pelo povo. Ademais, o governante tem o dever de prestar contas de seus atos.

Por sua vez, quando se fala em **monarquia** devemos ter em mente que não há representação popular, destacando-se a hereditariedade e a vitaliciedade.

Conforme já tivemos a oportunidade de estudar na presente obra, somente com a Constituição de 1891 é que foi implantada a forma republicana de governo no Brasil, sendo que antes prevalecia a monarquia.

Capítulo 4

Sistemas de Governo

Nesse tópico é importante consignar que o cerne da questão diz respeito ao *grau de relacionamento entre os Poderes Legislativo e Executivo, no exercício das funções governamentais.*

Existindo maior independência entre ambos os poderes estaremos diante do **presidencialismo**. De outro vértice, existindo maior colaboração entre eles na condução das funções governamentais, temos o **parlamentarismo**.

O **presidencialismo** é o sistema de governo em que a Chefia do Governo é de prerrogativa do Presidente da República, com independência dos três poderes constituídos. Além da chefia do Governo, o Presidente da República acumula as funções de Chefe de Estado e Chefe da Administração.

Podemos dizer que o **parlamentarismo**, por sua vez, é o sistema de governo de caráter representativo, por intermédio do qual a direção dos negócios públicos é atribuída a um gabinete ministerial, a cujo voto de confiança ou desconfiança é submetido.

De uma forma resumida, podemos elencar as principais diferenças entre ambos os sistemas de governo:

Presidencialismo	Parlamentarismo
Há independência entre os Poderes Executivo e Legislativo, quando do exercício das funções governamentais;	Existe colaboração entre ambos os Poderes (Executivo e Legislativo) na condução da política governamental;
Os mandatos possuem prazo certo;	Inexiste prazo determinado para o exercício do poder;
A chefia do Poder Executivo é concentrada nas mãos de uma só pessoa;	A chefia do Executivo é dual, ou seja, o Chefe do Executivo exerce a chefia de Estado, ao passo que o Primeiro Ministro exerce a chefia de Governo;
O chefe do Poder Executivo possui responsabilidade de governo diretamente perante o povo.	A responsabilidade se dá perante o Parlamento, e não perante o povo.

Conquanto na época do Império e às vésperas do golpe militar de 1964 o Brasil teve a experiência do sistema parlamentarista, atualmente, o sistema de governo adotado pela República Federativa do Brasil é o presidencialismo.

Capítulo 5

Regimes de Governo

Basicamente, existem dois regimes de governo: (a) **autocracia** e (b) **democracia**.

A **autocracia** caracteriza-se pelo fato de que os destinatários (povo) das normas e da política governamental não participam da produção, prevalecendo-se a imposição de vontade do governante, sem qualquer direito de manifestação do povo.

Por sua vez, na **democracia** há a participação do povo nas normas e políticas públicas para escolha de seus governantes, bem como no controle das ações dos governantes.

Em virtude das diferentes formas de exercício a democracia pode ser subdividida em: (a) direta, (b) indireta ou (c) semidireta.

A **democracia direta** é aquela em que o povo, por si mesmo, exerce os poderes governamentais. Diz **indireta** (ou representativa) a democracia na qual o povo não dirige diretamente os negócios do Estado, outorgando as funções de governo aos seus representantes, eleitos periodicamente por aqueles. Por fim, a **democracia semidireta** (ou participativa) caracteriza-se com a combinação das duas anteriores, sendo essa adotada pela nossa Carta Magna (cf. parágrafo único do art. 1.º c.c. art. 14).

Capítulo 6

Entes Federados, seus Bens e Competências

Conforme já tivemos a oportunidade de ver, segundo nossa Constituição Federal são entes federados da República Federativa do Brasil a União, os Estados, o Distrito Federal e os Municípios.

Destaque-se que os Territórios Federais não são considerados entes federados, não possuindo qualquer autonomia política, integrando a União, sendo mera divisão administrativo-territorial.

Analisaremos, no presente capítulo, cada um dos entes federados que integram a República Federativa do Brasil, bem como as respectivas competências. Ao final, teceremos algumas considerações sobre os Territórios Federais.

Antes de iniciarmos o estudo de cada ente federativo, importante frisar que a nossa Carta Magna utilizou o denominado **princípio da predominância do interesse** como fundamento para repartição de competências. A partir disso, verificamos que quando há *interesse predominantemente geral* a competência é outorgada à União Federal, ao passo que quando for *regional* a competência é dos Estados-Membros e, no caso de *interesse predominantemente local* a competência é do Município. Por sua vez, a competência do Distrito Federal foi dividida com base nos *interesses regional e local.*

6.1 União

A União Federal é **pessoa jurídica de direito público interno**, possuindo dupla personalidade: *interna* e *internacional.* Enquanto *pessoa jurídica de direito público interno* ela integra a República Federativa do Brasil. Ela também pode ostentar a natureza de *pessoa jurídica de direito internacional*, vez que ela representa a República Federativa do Brasil nas suas relações internacionais. A despeito dessa segunda personalidade, quem pratica efetivamente os atos de Direito Internacional é a República Federativa do Brasil, representada pelo Chefe do Executivo Federal (Presidente da República).

Em razão dessas duas personalidades, internamente a União atua em nome próprio na relação com os demais entes federativos, ao passo que, externamente, atua em nome de toda a Federação ao representar a República Federativa do Brasil perante estados estrangeiros.

O art. 20 da Constituição Federal elenca quais são os **bens** da União Federal:

> Art. 20. São bens da União:
>
> I - os que atualmente lhe pertencem e os que lhe vierem a ser atribuídos;
>
> II - as terras devolutas indispensáveis à defesa das fronteiras, das fortificações e construções militares, das vias federais de comunicação e à preservação ambiental, definidas em lei;
>
> III - os lagos, rios e quaisquer correntes de água em terrenos de seu domínio, ou que banhem mais de um Estado, sirvam de limites com outros países, ou se estendam a território estrangeiro ou dele provenham, bem como os terrenos marginais e as praias fluviais;
>
> IV as ilhas fluviais e lacustres nas zonas limítrofes com outros países; as praias marítimas; as ilhas oceânicas e as costeiras, excluídas, destas, as que contenham a sede de Municípios, exceto aquelas áreas afetadas ao serviço público e a unidade ambiental federal, e as referidas no art. 26, II;
>
> V - os recursos naturais da plataforma continental e da zona econômica exclusiva;
>
> VI - o mar territorial;
>
> VII - os terrenos de marinha e seus acrescidos;
>
> VIII - os potenciais de energia hidráulica;
>
> IX - os recursos minerais, inclusive os do subsolo;
>
> X - as cavidades naturais subterrâneas e os sítios arqueológicos e pré-históricos;
>
> XI - as terras tradicionalmente ocupadas pelos índios.
>
> § 1º É assegurada, nos termos da lei, à União, aos Estados, ao Distrito Federal e aos Municípios a participação no resultado da exploração de petróleo ou gás natural, de recursos hídricos para fins de geração de energia elétrica e de outros recursos minerais no respectivo território, plataforma continental, mar territorial ou zona econômica exclusiva, ou compensação financeira por essa exploração. (redação dada pela EC n.º 102/19)
>
> § 2º A faixa de até cento e cinquenta quilômetros de largura, ao longo das fronteiras terrestres, designada como faixa de fronteira, é considerada fundamental para defesa do território nacional, e sua ocupação e utilização serão reguladas em lei.

Impende destacar que as **principais competências** da União Federal estão previstas nos arts. 21 e 22 do texto constitucional, dispositivos esses que deverão ser memorizados para as provas de concursos públicos, haja vista que praticamente em todos os certames há questões relacionadas a eles.

O art. 21 da CF elenca as **competências administrativas exclusivas** da União Federal, competências essas por intermédio das quais referido ente federado deverá atuar com total exclusividade, *não se admitindo delegação.*

> Art. 21. Compete à União:
>
> I - manter relações com Estados estrangeiros e participar de organizações internacionais;
>
> II - declarar a guerra e celebrar a paz;
>
> III - assegurar a defesa nacional;
>
> IV - permitir, nos casos previstos em lei complementar, que forças estrangeiras transitem pelo território nacional ou nele permaneçam temporariamente;
>
> V - decretar o estado de sítio, o estado de defesa e a intervenção federal;
>
> VI - autorizar e fiscalizar a produção e o comércio de material bélico;
>
> VII - emitir moeda;
>
> VIII - administrar as reservas cambiais do País e fiscalizar as operações de natureza financeira, especialmente as de crédito, câmbio e capitalização, bem como as de seguros e de previdência privada;
>
> IX - elaborar e executar planos nacionais e regionais de ordenação do território e de desenvolvimento econômico e social;
>
> X - manter o serviço postal e o correio aéreo nacional;
>
> XI - explorar, diretamente ou mediante autorização, concessão ou permissão, os serviços de telecomunicações, nos termos da lei, que disporá sobre a organização dos serviços, a criação de um órgão regulador e outros aspectos institucionais;
>
> XII - explorar, diretamente ou mediante autorização, concessão ou permissão:
>
> a) os serviços de radiodifusão sonora, e de sons e imagens;
>
> b) os serviços e instalações de energia elétrica e o aproveitamento energético dos cursos de água, em articulação com os Estados onde se situam os potenciais hidroenergéticos;
>
> c) a navegação aérea, aeroespacial e a infra-estrutura aeroportuária;
>
> d) os serviços de transporte ferroviário e aquaviário entre portos brasileiros e fronteiras nacionais, ou que transponham os limites de Estado ou Território;
>
> e) os serviços de transporte rodoviário interestadual e internacional de passageiros;
>
> f) os portos marítimos, fluviais e lacustres;
>
> XIII - organizar e manter o Poder Judiciário, o Ministério Público do Distrito Federal e dos Territórios e a Defensoria Pública dos Territórios;

XIV - organizar e manter a polícia civil, a polícia penal, a polícia militar e o corpo de bombeiros militar do Distrito Federal, bem como prestar assistência financeira ao Distrito Federal para a execução de serviços públicos, por meio de fundo próprio;

XV - organizar e manter os serviços oficiais de estatística, geografia, geologia e cartografia de âmbito nacional;

XVI - exercer a classificação, para efeito indicativo, de diversões públicas e de programas de rádio e televisão;

XVII - conceder anistia;

XVIII - planejar e promover a defesa permanente contra as calamidades públicas, especialmente as secas e as inundações;

XIX - instituir sistema nacional de gerenciamento de recursos hídricos e definir critérios de outorga de direitos de seu uso;

XX - instituir diretrizes para o desenvolvimento urbano, inclusive habitação, saneamento básico e transportes urbanos;

XXI - estabelecer princípios e diretrizes para o sistema nacional de viação;

XXII - executar os serviços de polícia marítima, aeroportuária e de fronteiras;

XXIII - explorar os serviços e instalações nucleares de qualquer natureza e exercer monopólio estatal sobre a pesquisa, a lavra, o enriquecimento e reprocessamento, a industrialização e o comércio de minérios nucleares e seus derivados, atendidos os seguintes princípios e condições:

a) toda atividade nuclear em território nacional somente será admitida para fins pacíficos e mediante aprovação do Congresso Nacional;

b) sob regime de permissão, são autorizadas a comercialização e a utilização de radioisótopos para a pesquisa e uso agrícolas e industriais; **(redação dada pela EC n.º 118/2022)**

c) sob regime de permissão, são autorizadas a produção, comercialização e a utilização de radioisótopos para pesquisa e uso médicos; **(redação dada pela EC n.º 118/2022)**

d) a responsabilidade civil por danos nucleares independe da existência de culpa;

XXIV - organizar, manter e executar a inspeção do trabalho;

XXV - estabelecer as áreas e as condições para o exercício da atividade de garimpagem, em forma associativa.

XXVI – organizar e fiscalizar a proteção e o tratamento de dados pessoais, nos termos da lei **(incluído pela EC n.º 115/2022)**.

Por sua vez, o art. 22 da Carta Magna traz as denominadas **competências legislativas privativas** da União, prevendo um extenso rol de matérias sobre as quais deverão ser disciplinadas por lei federal.

Art. 22. Compete privativamente à União legislar sobre:

I - direito civil, comercial, penal, processual, eleitoral, agrário, marítimo, aeronáutico, espacial e do trabalho;

II - desapropriação;

III - requisições civis e militares, em caso de iminente perigo e em tempo de guerra;

IV - águas, energia, informática, telecomunicações e radiodifusão;

V - serviço postal;

VI - sistema monetário e de medidas, títulos e garantias dos metais;

VII - política de crédito, câmbio, seguros e transferência de valores;

VIII - comércio exterior e interestadual;

IX - diretrizes da política nacional de transportes;

X - regime dos portos, navegação lacustre, fluvial, marítima, aérea e aeroespacial;

XI - trânsito e transporte;

XII - jazidas, minas, outros recursos minerais e metalurgia;

XIII - nacionalidade, cidadania e naturalização;

XIV - populações indígenas;

XV - emigração e imigração, entrada, extradição e expulsão de estrangeiros;

XVI - organização do sistema nacional de emprego e condições para o exercício de profissões;

XVII - organização judiciária, do Ministério Público e da Defensoria Pública do Distrito Federal e dos Territórios, bem como organização administrativa destes;

XVII - organização judiciária, do Ministério Público do Distrito Federal e dos Territórios e da Defensoria Pública dos Territórios, bem como organização administrativa destes;

XVIII - sistema estatístico, sistema cartográfico e de geologia nacionais;

XIX - sistemas de poupança, captação e garantia da poupança popular;

XX - sistemas de consórcios e sorteios;

XXI - normas gerais de organização, efetivos, material bélico, garantias, convocação, mobilização, inatividades e pensões das polícias militares e dos corpos de bombeiros militares;

XXII - competência da polícia federal e das polícias rodoviária e ferroviária federais;

XXIII - seguridade social;

XXIV - diretrizes e bases da educação nacional;

XXV - registros públicos;

XXVI - atividades nucleares de qualquer natureza;

XXVII - normas gerais de licitação e contratação, em todas as modalidades, para a administração pública, direta e indireta, incluídas as fundações instituídas e mantidas pelo Poder Público, nas diversas esferas de governo, e empresas sob seu controle;

XXVII - normas gerais de licitação e contratação, em todas as modalidades, para as administrações públicas diretas, autárquicas e fundacionais da União,

> Estados, Distrito Federal e Municípios, obedecido o disposto no art. 37, XXI, e para as empresas públicas e sociedades de economia mista, nos termos do art. 173, § 1°, III;
>
> XXVIII - defesa territorial, defesa aeroespacial, defesa marítima, defesa civil e mobilização nacional;
>
> XXIX - propaganda comercial.
>
> XXX – proteção e tratamento de dados pessoais. **(incluído pela EC n.º 115/2022)**
>
> Parágrafo único. Lei complementar poderá autorizar os Estados a legislar sobre questões específicas das matérias relacionadas neste artigo.

Em princípio, os demais entes federativos *não poderão dispor sobre as matérias* arroladas no dispositivo constitucional em questão. Partindo-se dessa característica e com base no inciso XX do art. 22 da CF, vejamos o que prevê o enunciado da Súmula Vinculante n.º 2:

> "É inconstitucional a lei ou ato normativo estadual ou distrital que disponha sobre sistemas de consórcios e sorteios, inclusive bingos e loterias".

Portanto, mesmo no caso de eventual omissão legislativa da União para expedir normas sobre as matérias elencadas no artigo em questão, os demais entes federativos não poderão editar leis visando suprir aquela inércia.

Não obstante o enunciado da SV n.º 2, o Plenário do STF firmou o entendimento de que *a competência da União para legislar exclusivamente sobre sistemas de consórcios e sorteios, inclusive loterias,* ***não obsta a competência material*** *(administrativa) para a exploração dessas atividades pelos entes estaduais ou municipais, nem a competência regulamentar dessa exploração* (cf. ADPF 492/RJ, ADPF 493/DF e ADI 4986/MT, Rel. Min. Gilmar Mentes, j. em 30/9/2020 – informativo n.º 993).

A despeito disso, o parágrafo único do art. 22 da Constituição Federal estabelece que os *Estados-Membros* poderão legislar sobre *questões específicas* ali disciplinadas, desde que haja Lei Complementar Federal autorizando. Verifica-se, assim, a possibilidade de **delegação**, característica primordial da competência privativa. Conquanto o dispositivo não faça menção aos demais entes federados, por força do § 1º do art. 32 ela se estende ao *Distrito Federal* também.

Sublinhe-se que por violar a competência privativa da União para legislar sobre direito penal e material bélico (art. 22, I e XXI, da CF), considera-se inconstitucional norma estadual que concede, de forma incondicionada, o porte de arma de fogo a agentes penitenciários. Exige-se, ao menos, a observância dos requisitos fixados pelo Estatuto do Desarmamento. (STF. Plenário. ADI, 5076/RO, Rel. Min. Gilmar Mendes, j. 13/3/2023).

Além das competências vistas até o presente momento, a União Federal também dispõe das seguintes competências: **administrativa comum, paralela ou cumulativa** (art. 23, CF); **legislativa concorrente** (art. 24, CF); **tributárias expressa** (arts. 145, 148, 149 e 153 todos da CF), **residual** (arts. 154, I; e 195, § 4.º, ambos da CF) e **extraordinária** (art. 154, II, CF).

A fim de otimizar os estudos e ante o objetivo principal da presente obra, tecerei rápidas considerações a respeito de cada uma das espécies de competências mencionadas no parágrafo anterior, sendo que algumas dessas espécies serão aproveitadas no estudo dos demais entes federativos.

A **competência administrativa comum**, também conhecida como **paralela** ou **cumulativa**, é aquela prevista no art. 23 da Carta Magna, sendo que todos os entes federativos (União Federal, Estados-Membros, Distrito Federal e Municípios), *em condições de igualdade entre si*, poderão atuar na concretização dos preceitos constitucionais. Nas matérias elencadas no dispositivo em questão *inexiste qualquer subordinação* de atuação entre os entes federativos, agindo todos em condições de plena igualdade, sendo que *a atuação de um não afastará a dos demais entes*. A principal justificativa de se estabelecer essa competência comum de todos os entes deve-se ao fato de que as matérias ali elencadas são de *interesse da coletividade* (interesses difusos).

Objetivando-se manter essa harmonia na atuação dos entes federativos, bem como a fim de se evitar eventuais conflitos, é que o parágrafo único do art. 23 da CF estabelece que *leis complementares fixarão normas para a cooperação entre a União e os Estados, o Distrito Federal e os Municípios*.

Já a **competência legislativa concorrente**, estabelecida no art. 24 da Constituição Federal, é outorgada apenas à União, aos Estados-Membros e ao Distrito Federal, *excluindo-se os Municípios*. Nessa espécie a competência da União Federal será para legislar sobre *normas gerais* (§ 1.º), não se excluindo, entretanto, a *atuação suplementar* dos Estados e do Distrito Federal (§ 2.º).

Conforme jurisprudência do STF a lei estadual que proíbe, em seus limites territoriais, a fabricação, venda e comercialização de armas de brinquedo que simulam armas de fogo (reais) não usurpa a competência legislativa privativa da União sobre direito penal (art. 22, I, da CF), nem sobre material bélico (art. 21, VI; e, art. 22, XXI, ambos da CF), sendo, portanto, constitucional. Isso porque, referida norma estadual regulamenta matéria afeta à proteção à infância e à juventude, bem como ao direito do consumidor, estando no âmbito da competência concorrente dos entes federativos (art. 24, V, VIII e XV, da CF), tendo o ente federativo exercido sua competência suplementar, nos termos do art. 24, § 2.º, da CF. (STF. Plenário. ADI 5126/SP, Rel. Min. Gilmar Mendes, j. em 17/12/2022).

Ainda, de acordo com a Colenda Corte viola a competência da União para legislar sobre normas gerais de proteção ao meio ambiente (art. 24, VI e VII, da CF), bem como afronta a competência privativa daquele ente federativo para legislar sobre direito penal e processual penal (art. 22, I, CF), norma estadual que proíbe os órgãos ambientais e a polícia militar de destruírem e inutilizarem bens particulares apreendidos em operações de fiscalização ambiental. (STF. Plenário. ADI 7203/RO, Rel. Min. Gilmar Mendes, j. em 01/3/2023).

E mais. O STF entende ser constitucional ato normativo estadual que, observando os limites mínimos definidos nas normas gerais da legislação federal, estabelece exigência adicional para a manutenção do porte de arma de fogo por servidores estaduais aposentados das forças de segurança pública. (STF. Plenário. ADI 7.024/PR, Rel. Min. Roberto Barroso, j. em 16/12/2022).

Registre-se que, pelas regras estabelecidas nos parágrafos do art. 24 em comento, temos uma verdadeira ***repartição vertical de competência legislativa***, haja vista que a União, os Estados e o Distrito Federal poderão, legitimamente, legislar sobre as matérias ali prescritas, *desde que observadas as regras de atuação previstas naqueles.*

Conquanto a atuação dos Estados-Membros e do Distrito Federal não seja dependente da expedição das normas gerais pela União Federal, em havendo a edição de normas gerais (União) as normas específicas editadas (legislação complementar) pelos Estados-Membros e Distrito Federal não poderão ser contrárias àquelas.

Caso a União mantenha-se omissa no que tange à edição de normas gerais, em havendo a atuação dos Estados ou do Distrito Federal eles acabarão por exercer a denominada **competência legislativa plena temporária** (§ 3.º). Diz-se temporária porque o constituinte originário previu que se houver *lei federal superveniente* da União sobre normas gerais, haverá a *suspensão* (**aqui não há revogação**) da eficácia da lei estadual ou distrital, naquilo que houver contrariedade (§ 4.º).

Não se pode deixar de registrar que, em virtude do fato de os Estados e do Distrito Federal atuarem de duas maneiras ante a legislação concorrente, a doutrina costuma dividir essa competência em **suplementar complementar** (caracteriza-se quando os Estados e Distrito Federal legislam sobre normas específicas, após a edição da lei de normas gerais por parte da União) e **suplementar supletiva** (os Estados e Distrito Federal legislam plenamente sobre as matérias elencadas no art. 24 da CF, haja vista a inércia da União Federal).

Conforme dito nos parágrafos anteriores, por opção do constituinte originário, *os Municípios não foram contemplados, explicitamente, na competência legislativa concorrente*. Ocorre que, pelas regras constantes nos incisos I e II do art. 30 da nossa Carta Constitucional, os Municípios possuem competência constitucional genérica para *suplementar a legislação federal e a estadual, no que couber*, bem como a eles foram outorgados poderes para *legislar sobre assuntos de interesse local*. Coadunando-se esse raciocínio, chegamos à conclusão que é perfeitamente possível a atuação do Município de maneira suplementar em harmonia com a competência legislativa concorrente da União, Estados e Distrito Federal. Mas atenção: para provas objetivas (múltipla escolha) o aluno deverá seguir fielmente o texto da norma!

6.2 Estados-Membros

Os Estados-Membros são considerados **pessoas jurídicas de direito público interno**, possuindo autonomia de auto-organização, autolegislação, autogoverno e autoadministração.

Por intermédio da **capacidade de auto-organização** e **autolegislação** (art. 25, *caput*, da CF) os Estados organizam-se e regem-se pelas Constituições Estaduais (auto-organização), bem como demais leis que adotarem (autolegislação), devendo ser observados os princípios (sensíveis, extensíveis e estabelecidos) previstos na nossa Carta Magna.

Em rápidas palavras os denominados **princípios constitucionais sensíveis** são aqueles elencados nas alíneas do inciso VII do art. 34 da Constituição Federal, de observância obrigatória. Caso eles não sejam observados, haverá a possibilidade de decretação de intervenção federal.

Os **princípios constitucionais extensíveis**, por sua vez, são aqueles que elencam regras de organização que a Carta Magna estendeu aos Estados-Membros, ao Distrito Federal e aos Municípios. No exercício do poder de auto-organização eles são princípios de observância obrigatória (p.ex., arts. 1.º, I ao IV; e, 3.º, I ao IV, ambos da CF).

Ainda, temos os **princípios constitucionais estabelecidos**, princípios esses que limitam a autonomia organizatória do Estado, com preceitos centrais de observância obrigatória (p.ex., arts. 19 e 125, ambos da CF).

No que tange aos **bens** dos Estados-Membros destacamos o disposto no art. 26 da CF/88:

> Art. 26. Incluem-se entre os bens dos Estados:
>
> I - as águas superficiais ou subterrâneas, fluentes, emergentes e em depósito, ressalvadas, neste caso, na forma da lei, as decorrentes de obras da União;
>
> II - as áreas, nas ilhas oceânicas e costeiras, que estiverem no seu domínio, excluídas aquelas sob domínio da União, Municípios ou terceiros;
>
> III - as ilhas fluviais e lacustres não pertencentes à União;
>
> IV - as terras devolutas não compreendidas entre as da União.

Com base na **capacidade de autogoverno** (arts. 27, 28 e 125, todos da CF), aos Estados-Membros é outorgada a competência para organizar os três poderes instituídos, no âmbito local.

A partir das regras constitucionais previstas nos artigos 27 e 28, farei importantes observações a respeito do Poder Legislativo Estadual.

Diversamente do que ocorre no âmbito Federal, o Poder Legislativo Estadual é *unicameral*, sendo representado pela Assembleia Legislativa, a qual se compõe de deputados estaduais (cf. art. 27). O número desses representantes não é fixo (como ocorre no âmbito federal), variando de Estado para Estado, com base no número de deputados federais de cada um daqueles. Segundo a Constituição Federal o número de Deputados à Assembleia Legislativa é igual ao triplo da representação do respectivo Estado na Câmara dos Deputados e, atingido o número de 36 (trinta e seis), será acrescido de tantos quantos forem os Deputados Federais acima de 12 (doze).

A fim de compreender as regras mencionadas na segunda parte do parágrafo anterior, podemos nos valer de duas fórmulas matemáticas que serão úteis para a preparação para concursos públicos, bem como para dirimir eventuais questionamentos. Na primeira situação o número de deputados estaduais poderá ser calculado da seguinte forma: "*número de deputados estaduais = 3 x número de deputados federais*". Já na segunda situação, utilizaremos a seguinte fórmula matemática: "*número de deputados estaduais = 36 + número de deputados federais - 12*". Com base nessas duas fórmulas apresentadas, chegaremos ao número de deputados estaduais de cada ente federativo.

Impende destacar que o Supremo Tribunal Federal firmou as **seguintes teses** (ADI 6688/PR, ADI 6698/MS, ADI 6714/PR, ADI 7016/MS, ADI 6683/AP, ADI 6686/PE, ADI 6687/PI e ADI 6711/PI, Rel. Min. Nunes Marques, julgados em 7/12/2022 – informativo n.º 1079):

(i) a eleição dos membros das mesas das assembleias legislativas estaduais deve observar o limite de uma única reeleição ou recondução, limite cuja observância independe de os mandatos consecutivos referirem-se à mesma legislatura;

(ii) a vedação à reeleição ou recondução aplica-se somente para o mesmo cargo da mesa diretora, não impedindo que membro da mesa anterior se mantenha no órgão de direção, desde que em cargo distinto; e,

(iii) o limite de uma única reeleição ou recondução, acima veiculado, deve orientar a formação da mesa da Assembleia Legislativa no período posterior à data de publicação da ata de julgamento da ADI 6.524, de modo que não serão consideradas, para fins de inelegibilidade, as composições eleitas antes de 07/1/2021, salvo se configurada a antecipação fraudulenta das eleições como burla ao entendimento do STF.

A segunda observação diz respeito à obrigatoriedade da existência de *iniciativa popular* no processo legislativo estadual, *ex vi* do § 4.º do art. 27 da Constituição Federal. Da leitura da referida regra constitucional denota-se que não há facultatividade na previsão da iniciativa popular nos Estados-Membros.

A terceira e última observação a ser feita no presente momento diz respeito à aplicação ou não da regra impositiva constante da parte final do § 4.º do art. 57 da Carta Magna. Destaque-se que a **jurisprudência do Supremo Tribunal Federal** se posiciona no sentido de que **a norma constitucional em comento aplica-se, apenas e tão somente, ao Poder Legislativo Federal, não sendo ela de observância obrigatória para demais entes federativos.**

No que tange ao Poder Executivo Estadual não podemos nos esquecer de tecer considerações a respeito da novel redação do art. 28 da CF. Isso porque, a EC n.º 111/2021 previu que a posse do Governador e Vice-Governador de Estado ocorrerá em 06/1 (e não mais em 1.º/1) do ano subsequente ao das eleições. Entretanto, tal regra somente será observada a partir das eleições de 2026. *Cuidado com pegadinha na prova*!

Outra **capacidade** a ser vista aqui é a de **autoadministração**, prevista no § 1.º do art. 25 da Constituição Federal, que estabelece a denominada ***capacidade residual*** (ou ***remanescente***) aos Estados-Membros, ou seja, a eles são reservadas as competências que não lhes sejam vedadas pela Constituição, não havendo uma enumeração taxativa das matérias de sua competência.

Ademais, a Constituição Federal também outorgou aos Estados-Membros as denominadas **competências comum** (art. 23, CF), **legislativa concorrente** (art. 24, CF), **tributária expressa** (arts. 145; 149, § 1.º; e, 155, todos da CF) e **legislativa delegada da União** (art. 22, parágrafo único, CF).

A respeito da competência legislativa do Estado-Membro impende destacar que o Plenário do STF, ao julgar a ADI 2902 (j. 04/05/2020), julgou ser *inconstitucional lei estadual que discipline a instalação de antenas transmissoras de telefonia celular*. Na ocasião, o STF entendeu que ao estabelecer condições para a instalação de antenas transmissoras de telefonia celular por intermédio da Lei Estadual n.º 10.995/01, a pretexto de proteger a saúde da população, o Governo do Estado de São Paulo invadiu a esfera de competência privativa da União Federal. Nesse sentido, a presunção de que gozam os entes menores para, nos assuntos de interesse comum e concorrente, legislarem sobre seus respectivos interesses foi claramente afastada por intermédio de norma federal expressa.

Ainda no final do primeiro semestre de 2020, o Plenário do STF, ao julgar a ADI 5951 entendeu *ser constitucional lei estadual que estabeleça que instituições de ensino superior privada são obrigadas a devolver o valor da taxa de matrícula, podendo reter, 5% (cinco porcento), no máximo, da quantia paga, caso o aluno, antes do início das aulas, desista do curso ou solicite a transferência.*

As três primeiras espécies já foram devidamente estudadas no ponto anterior (União), restando trazer algumas considerações sobre a **competência legislativa delegada da União**. Por intermédio dessa espécie, os Estados-Membros poderão legislar sobre questões específicas das matérias de competência privativa da União, *desde que sejam autorizados por lei complementar federal.*

Seguindo-se na linha de raciocínio, com base na regra insculpida no § 3.º do art. 25 da CF, é possível que os Estados-Membros instituam *regiões metropolitanas*, *aglomerações urbanas* e *microrregiões*, constituídas por agrupamentos de Municípios limítrofes, para integrar a organização, o planejamento e a execução de funções públicas de interesse comum. Contudo, para que isso seja possível, faz-se imprescindível a edição de Lei Complementar Estadual.

Vejamos o que diz a doutrina sobre cada uma dessas regiões mencionadas no parágrafo anterior:

> "As regiões metropolitanas são conjuntos de municípios limítrofes, com certa continuidade urbana, que se reúnem em torno de um município-polo.

As aglomerações urbanas são áreas urbanas de municípios limítrofes, sem um polo, ou mesmo uma sede. Caracterizam-se pela grande densidade demográfica e continuidade urbana.

As microrregiões são também municípios limítrofes, que apresentam características homogêneas e problemas em comum, mas que não se encontram ligados por certa continuidade urbana"[1].

6.2.1 Criação de Estados

Não obstante a República Federativa seja indissolúvel (**princípio da indissolubilidade do pacto federativo**), é possível que a estrutura territorial interna seja alterada, ou seja, pode ocorrer a divisão político-administrativa por intermédio da alteração dos limites territoriais de alguns dos entes federativos.

Os §§ 3.º, 4.º e 5.º do art. 18 da nossa Constituição Federal estabelecem regras sobre a possibilidade de criação de novos Estados e Municípios, a partir da divisão desses e dos Territórios.

Com base nos regramentos contidos no § 3.º do art. 18 e no inciso VI do art. 48, ambos da CF, podemos delimitar os três requisitos necessários para a incorporação, subdivisão e desmembramento de Estados, quais sejam:

1. Consulta prévia às populações diretamente interessadas, por meio de plebiscito;
2. Oitiva das Assembleias Legislativas dos Estados-Membros envolvidos; e
3. Edição de lei complementar federal.

O Supremo Tribunal Federal tem entendimento de que a expressão "*população diretamente interessada*" deve ser compreendida como sendo *toda a população do Estado-Membro, tanto da área desmembrada, quanto da área remanescente, não se limitando à população da área a ser destacada.*

Destaque-se que a aprovação por parte das populações diretamente interessadas é condição indispensável para a alteração territorial, ou seja, se não houver a aprovação da população interessada, o procedimento restará prejudicado, não podendo prosseguir. Ainda que haja a manifestação favorável da população diretamente interessada, o Congresso Nacional deliberará sobre a aprovação ou não da lei complementar federal, sendo que não ficará vinculado ao resultado positivo do plebiscito. Somente se houver a reprovação por parte da população é que o Congresso Nacional estará vinculado, isto é, não poderá agir nesse caso. Ademais, o requisito constante no item "2" (oitiva das Assembleias Legislativas) também não vincula o Congresso Nacional, haja vista sua função meramente opinativa.

Como visto acima, uma vez preenchidos os três requisitos em tela, poderá haver **incorporação**, **subdivisão** ou **desmembramento**.

1. PAULO, Vicente. ALEXANDRINO, Marcelo. *Direito Constitucional Descomplicado*. 16.ªed. rev., atual., e ampl. Rio de Janeiro: Forense. São Paulo: Método, 2017. P. 292.

Verifica-se a **incorporação** (ou **fusão**) quando dois ou mais Estados-Membros se unem com novo nome, nascendo um novo Estado. Os Estados incorporados, nesse caso, perderão sua personalidade jurídica anterior.

A **subdivisão**, por sua vez, é verificada quando um Estado-Membro se divide em vários novos Estados, desaparecendo aquele originário, sendo que os novos terão personalidades diferentes.

De outro vértice, o **desmembramento** ocorre quando há a separação de uma ou mais partes de um Estado-Membro, subsistindo a personalidade do estado originário. A doutrina costuma dizer que o desmembramento pode ocorrer por **anexação** ou **formação**. O primeiro se verifica quando a parte desmembrada for anexada a outro Estado-Membro já existente, não havendo a criação de estado novo, mas apenas e tão somente a alteração dos limites territoriais. Já a segunda espécie restará caracterizada quando a parte desmembrada constituir um novo estado ou território federal.

Por fim, vejamos o que preceituam os arts. 234 e 235 da Carta Magna:

> "Art. 234. É vedado à União, direta ou indiretamente, assumir, em decorrência da criação de Estado, encargos referentes a despesas com pessoal inativo e com encargos e amortizações da dívida interna ou externa da administração pública, inclusive da indireta.
>
> Art. 235. Nos dez primeiros anos da criação de Estado, serão observadas as seguintes normas básicas:
>
> I - a Assembleia Legislativa será composta de dezessete Deputados se a população do Estado for inferior a seiscentos mil habitantes, e de vinte e quatro, se igual ou superior a esse número, até um milhão e quinhentos mil;
>
> II - o Governo terá no máximo dez Secretarias;
>
> III - o Tribunal de Contas terá três membros, nomeados, pelo Governador eleito, dentre brasileiros de comprovada idoneidade e notório saber;
>
> IV - o Tribunal de Justiça terá sete Desembargadores;
>
> V - os primeiros Desembargadores serão nomeados pelo Governador eleito, escolhidos da seguinte forma:
>
> a) cinco dentre os magistrados com mais de trinta e cinco anos de idade, em exercício na área do novo Estado ou do Estado originário;
>
> b) dois dentre promotores, nas mesmas condições, e advogados de comprovada idoneidade e saber jurídico, com dez anos, no mínimo, de exercício profissional, obedecido o procedimento fixado na Constituição;
>
> VI - no caso de Estado proveniente de Território Federal, os cinco primeiros Desembargadores poderão ser escolhidos dentre juízes de direito de qualquer parte do País;
>
> VII - em cada Comarca, o primeiro Juiz de Direito, o primeiro Promotor de Justiça e o primeiro Defensor Público serão nomeados pelo Governador eleito após concurso público de provas e títulos;
>
> VIII - até a promulgação da Constituição Estadual, responderão pela Procuradoria-Geral, pela Advocacia-Geral e pela Defensoria-Geral do Estado advogados

de notório saber, com trinta e cinco anos de idade, no mínimo, nomeados pelo Governador eleito e demissíveis 'ad nutum';

IX - se o novo Estado for resultado de transformação de Território Federal, a transferência de encargos financeiros da União para pagamento dos servidores optantes que pertenciam à Administração Federal ocorrerá da seguinte forma:

a) no sexto ano de instalação, o Estado assumirá vinte por cento dos encargos financeiros para fazer face ao pagamento dos servidores públicos, ficando ainda o restante sob a responsabilidade da União;

b) no sétimo ano, os encargos do Estado serão acrescidos de trinta por cento e, no oitavo, dos restantes cinquenta por cento;

X - as nomeações que se seguirem às primeiras, para os cargos mencionados neste artigo, serão disciplinadas na Constituição Estadual;

XI - as despesas orçamentárias com pessoal não poderão ultrapassar cinquenta por cento da receita do Estado". (negritei)

6.3 Distrito Federal

Segundo nossa legislação civil o Distrito Federal é considerado uma **pessoa jurídica de direito público interno**, assim como os demais entes federativos.

A partir do estudo dos arts. 18, 32 e 34 da Constituição Federal de 1988, verificamos que ao Distrito Federal foi assegurada a natureza de *ente federativo autônomo*, baseada na sua capacidade de *auto-organização, autogoverno e autoadministração.*

A **capacidade de auto-organização** será exercida por intermédio da Lei Orgânica do Distrito Federal, a qual possui *natureza de verdadeira constituição estadual*, conforme já visto na presente obra. Ademais, referida capacidade será completada pelas leis distritais editadas com base no art. 32, § 1.º, da CF.

Por sua vez, o **autogoverno** concretiza-se na eleição do Governador (e do Vice) do Distrito Federal, seguindo-se as mesmas regras da eleição presidencial. Além disso, os Deputados Distritais serão eleitos segundo as regras eleitorais para os Deputados Estaduais.

A **autoadministração** é materializada por intermédio do exercício das competências administrativas, legislativas e tributárias constitucionalmente atribuídas ao Distrito Federal.

Frise-se que por força de regra constitucional expressa (incisos XIII e XIV do art. 21), é da **União Federal a competência** para organizar e manter o Ministério Público, o Poder Judiciário, a Polícia Civil, a Polícia Penal (inserido pela EC n.º 104/19), a Polícia Militar e o Corpo de Bombeiros Militar do Distrito Federal. Em virtude disso, os vencimentos dos membros integrantes dessas Polícias e do Corpo de Bombeiros Militar do DF são disciplinados por Lei Federal[2]. A despeito disso,

2. Súmula Vinculante 39: "Compete privativamente à União legislar sobre vencimentos dos membros das polícias civil e militar e do corpo de bombeiros militar do Distrito Federal".

lei federal disporá sobre a *utilização*, pelo Governo do Distrito Federal, da polícia civil, da polícia penal, da polícia militar e do corpo de bombeiros militar.

É de se chamar a atenção, ainda, a **impossibilidade de o Distrito Federal ser dividido em Municípios** (art. 32, *caput*, da CF). Por essa razão, como regra, àquele ente federativo foram atribuídas as competências legislativas e tributárias reservadas aos Estados-Membros e Municípios (arts. 32, § 1.º; e, 147, ambos da CF).

Não podemos nos esquecer, também, que o Distrito Federal, diversamente do que ocorre com os demais entes federados, não poderá sofrer alteração de seus limites territoriais. Tal conclusão é extraída a partir da leitura dos §§ 3.º e 4.º do art.18 da Carta Magna que *não faz qualquer menção ao ente federado ora em estudo*.

Conforme vimos a pouco, ao Distrito Federal foram outorgadas constitucionalmente as competências legislativas, administrativas e tributárias reservadas aos Estados-Membros e Municípios. Contudo, é um equívoco afirmar que todas as competências dos Estados foram outorgadas ao Distrito Federal (p.ex., organização e manutenção das Polícias).

Em linhas gerais, ao Distrito Federal foram outorgadas as seguintes competências: **remanescente** (ou residual) **dos Estados-Membros** (art. 25, § 1.º, CF); **enumerada dos Municípios** (art. 30, CF); **comum** (art. 23, CF); **delegada pela União** (art. 22, parágrafo único, CF); **concorrente** (art. 24, CF); e **tributária expressa dos Estados-Membros e Municípios** (arts. 145; 149, § 1.º; 149-A; 155; e, 156, todos da CF).

Tendo em vista que já foram abordados os aspectos relevantes de cada uma dessas competências no presente capítulo, remeto o leito aos tópicos anteriores respectivos.

Entretanto, faz-se necessário consignar que ao julgar (15/4/2020) a ADI n.º 3996, o Plenário do STF firmou o entendimento de que *lei do Distrito Federal não pode conferir porte de arma de fogo, nem determinar o exercício de atividades de segurança pública a agentes e inspetores de trânsito.* Nesse sentido, vejamos:

> 1. O porte de arma de fogo não constitui ilícito penal nas hipóteses previstas em lei federal, porquanto compete à União legislar privativamente sobre Direito Penal, bem como autorizar e fiscalizar a produção e o comércio de material bélico, o que alcança a disciplina do porte de armas de fogo (artigos 21, VI, e 22, I, da Constituição Federal). Precedentes: ADI 4.962, Rel. Min. Alexandre de Moraes, Plenário, DJe de 25/4/2018; ADI 5.010, Rel. Min. Cármen Lúcia, Plenário, julgado em 1º/8/2018; ADI 2.729, Rel. Min. Eros Grau, Plenário, DJe de 12/2/2014. 2. O porte de arma de fogo e os seus possíveis titulares, porque afetos a políticas de segurança pública de âmbito nacional, possuem requisitos que cabe à União regular, inclusive no que se refere a servidores públicos estaduais ou municipais, em prol da uniformidade da regulamentação do tema no país. 3. In casu, a) o artigo 1º da Lei distrital 2.176/1998 alterou o artigo 8º da Lei distrital 1.398/1997

para incluir os agentes e inspetores de trânsito do Departamento de Trânsito do Distrito Federal no rol dos servidores públicos isentos da obrigação de obter autorização para o porte de armas de fogo de uso permitido; b) o § 4º do artigo 4º da Lei distrital 2.990/2002 dispõe que constará do curso de formação profissional dos agentes de trânsito, entre outras matérias, armamento e tiro; c) o artigo 5º da Lei distrital 3.190/2003 prevê que o Departamento de Trânsito do Distrito Federal fornecerá armas de fogo aos agentes de trânsito quando estiverem no exclusivo exercício das atribuições do cargo, nas quantidades e especificações definidas pelo órgão; d) essas normas distritais dispõem sobre porte de armas de fogo, criando hipóteses não previstas na legislação federal de regência, incidindo em inconstitucionalidade formal, por invasão da competência da União para definir os requisitos para a concessão do porte de arma de fogo e os possíveis titulares de tal direito (artigos 21, VI; e 22, I, da Constituição Federal). 4. A Constituição Federal, ao estabelecer que a segurança pública será exercida para a preservação da ordem pública e da incolumidade das pessoas e do patrimônio, através da Polícia Federal, da Polícia Rodoviária Federal, da Polícia Ferroviária Federal, das polícias civis e das polícias militares e corpos de bombeiros militares, instituiu um rol taxativo, de observância obrigatória pelo legislador infraconstitucional (artigo 144, caput e incisos I, II, III, IV e V, da Constituição Federal). Por conseguinte, os Estados-membros não podem atribuir o exercício de atividades de segurança pública a órgãos diversos dos previstos no texto constitucional federal. Precedentes: ADI 3.469, Rel. Min. Gilmar Mendes, Plenário, DJe de 28/2/2011; ADI 2.827, Rel. Min. Gilmar Mendes, Plenário, DJe de 6/4/2011; ADI 236, Rel. Min. Octavio Gallotti, Plenário, DJ de 1º/6/2001). 5. Compete aos órgãos e agentes de trânsito estaduais, distritais e municipais o exercício da "segurança viária", que compreende a educação, engenharia e fiscalização de trânsito, além de outras atividades previstas em lei, que assegurem ao cidadão o direito à mobilidade urbana eficiente, não se confundindo com a atividade de "segurança pública" (artigo 144, § 10, da Constituição Federal). 6. In casu, o inciso XVIII do artigo 2º da Lei distrital 2.990/2002, ao dispor que compete aos agentes de trânsito exercer "outras atividades de natureza policial que lhes forem atribuídas, na forma da legislação vigente", assim como o artigo 11 do mesmo diploma, ao dispor que o cargo de agente de trânsito "é atividade de segurança pública para todos os efeitos", encontram-se eivados de inconstitucionalidade material por não observância da taxatividade do rol dos órgãos encarregados da segurança pública previstos no artigo 144 da Constituição Federal. 7. Ação direta de inconstitucionalidade CONHECIDA e julgado PROCEDENTE o pedido, para declarar a inconstitucionalidade do artigo 1º da Lei 2.176/1998; do inciso XVIII do artigo 2º da Lei 2.990/2002; e do artigo 5º da Lei 3.190/2003, todas do Distrito Federal, bem como dos trechos "armamento e tiro" do § 4º do artigo 4º e "é atividade de Segurança Pública para todos os efeitos" do artigo 11 da Lei distrital 2.990/2002.

Por fim, no que tange aos **bens** pertencentes ao Distrito Federal podemos destacar a regra contida no art. 26 da CF que poderá ser aplicada por analogia.

6.4 Municípios

O art. 41, III, do Código Civil brasileiro confere aos Municípios o status de **pessoa jurídica de direito público interno**, assim como os demais entes federativos até então estudados.

O Município foi consagrado por nossa Constituição Federal em vigor como entidade federativa, possuindo *capacidade político-administrativa*, com plena *autonomia*. Desde já, importante consignar que essa autonomia é considerada como sendo *princípio constitucional sensível*, por força da alínea "c" do inciso VII do art. 34 da CF, sendo que, em virtude disso, sua violação poderá ensejar a decretação da medida excepcional da intervenção.

Por intermédio da elaboração das Leis Orgânicas e demais leis municipais, haverá o exercício da **capacidade de auto-organização** e normatização própria. O **autogoverno** materializa-se por meio da eleição do Prefeito e Vice-Prefeito, bem como dos Vereadores, sem qualquer interferência da União Federal e respectivos Estados-Federados. Por fim, a **autoadministração** verifica-se por intermédio do exercício de suas competências administrativas, tributárias e legislativas.

A Constituição Federal estabelece, ainda, diversos aspectos relacionados aos Municípios, como o subsídio dos vereadores, a limitação de gastos com sua receita com folha de pagamento, o limite máximo de vereadores com base no número de habitantes de cada Município, dentre outros. Contudo, o Município é o *único ente federativo que não possui competência para legislar sobre o Poder Judiciário.*

Partindo-se dessas regras constitucionais, importante consignar, também, que a Constituição Federal prevê, no inciso X do art. 29, que o Prefeito Municipal será processado e julgado perante o **Tribunal de Justiça**, em caso de **crime comum**.

Não obstante referida regra constitucional, o **Supremo Tribunal Federal** possui **jurisprudência pacífica** de que ela está restrita aos crimes *comuns de competência da justiça comum estadual.* Para a Colenda Corte, o que a Constituição Federal garante é que ao Prefeito Municipal é assegurado o processo e julgamento perante órgão de segundo grau. Em virtude disso, o fator decisivo para a fixação da competência originária será a *natureza do crime perpetrado*3.

Portanto, no caso do *cometimento de crime comum da competência da Justiça Estadual*, o Prefeito será processado e julgado junto ao **Tribunal de Justiça**. De outro vértice, cometendo um *crime comum da competência da Justiça Federal*, ele será processado e julgado junto ao **Tribunal Regional Federal**. Por fim, se o Prefeito cometer um *crime eleitoral*, ele será processado e julgado perante o **Tribunal Regional Eleitoral**.

---

3. Súmula 702 do STF: "A competência do Tribunal de Justiça para julgar prefeitos restringe-se aos crimes de competência da justiça comum estadual; nos demais casos, a competência originária caberá ao respectivo tribunal de segundo grau.

Outra regra de competência para julgamento a ser analisada é a relacionada aos **crimes de responsabilidade**. A doutrina comumente divide esses crimes em duas espécies: (a) **crimes de responsabilidade próprios** e (b) **crimes de responsabilidade impróprios**. Desde já, importante consignar que a doutrina diverge a respeito dessas denominações. Entretanto, adotarei as definições que se seguem.

Os *crimes de responsabilidade próprios* (art. 29, § 2.º, CF) são infrações político-administrativas que podem acarretar, como pena, a perda do mandato e a suspensão dos direitos políticos. Por não serem infrações penais, a competência para o processo e julgamento caberá a um órgão político, que no caso é a **Câmara Municipal**.

Por sua vez, os *crimes de responsabilidade impróprios* (Decreto-Lei n.º 201/1967) são aqueles que suas condutas, materialmente, constituem crimes comuns. Logo, se o Prefeito Municipal for acusado da prática desses delitos, ele será julgado perante o **Tribunal de Justiça ou outro Tribunal de Segundo Grau**.

Importante registrar que o STF entende que é perfeitamente possível a responsabilização penal e política administrativa, simultânea ao ato de improbidade administrativa. Nesse sentido, vejamos a ementa do RE n.º 976.556 PA:

> EMENTA: CONSTITUCIONAL. AUTONOMIA DE INSTÂNCIAS. POSSIBILIDADE DE RESPONSABILIZAÇÃO PENAL E POLÍTICA ADMINISTRATIVA (DL 201/1967) SIMULTÂNEA À POR ATO DE IMPROBIDADE ADMINISTRATIVA, DEVIDAMENTE TIPIFICADO NA LEI 8.429/92. INEXISTÊNCIA DE *BIS IN IDEM*.
>
> 1. "Fazem muito mal à República os políticos corruptos, pois não apenas se impregnam de vícios eles mesmos, mas os infundem na sociedade, e não apenas a prejudicam por se corromperem, mas também porque a corrompem, e são mais nocivos pelo exemplo do que pelo crime" (MARCO TÚLIO CÍCERO. Manual do candidato às eleições. As leis, III, XIV, 32).
>
> 2. A norma constitucional prevista no § 4º do art. 37 exigiu tratamentos sancionatórios diferenciados entre os atos ilícitos em geral (civis, penais e político-administrativos) e os atos de improbidade administrativa, com determinação expressa ao Congresso Nacional para edição de lei específica (Lei 8.429/1992), que não punisse a mera ilegalidade, mas sim a conduta ilegal ou imoral do agente público para a corrupção, e a de todo aquele que o auxilie, no intuito de prevenir a corrosão da máquina burocrática do Estado e de evitar o perigo de uma administração corrupta caracterizada pelo descrédito e pela ineficiência.
>
> 3. A Constituição Federal inovou no campo civil para punir mais severamente o agente público corrupto, que se utiliza do cargo ou de funções públicas para enriquecer ou causar prejuízo ao erário, desrespeitando a legalidade e moralidade administrativas, independentemente das já existentes responsabilidades penal e político-administrativa de Prefeitos e Vereadores.

4. Consagração da autonomia de instâncias. Independentemente de as condutas dos Prefeitos e Vereadores serem tipificadas como infração penal (artigo 1º) ou infração político-administrativa (artigo 4º), previstas no DL 201/67, a responsabilidade civil por ato de improbidade administrativa é autônoma e deve ser apurada em instância diversa.

5. NEGADO PROVIMENTO ao Recurso Extraordinário. TESE DE REPERCUSÃO GERAL: "O processo e julgamento de prefeito municipal por crime de responsabilidade (Decreto-lei 201/67) não impede sua responsabilização por atos de improbidade administrativa previstos na Lei 8.429/1992, em virtude da autonomia das instâncias".

No que tange aos **Vereadores**, o entendimento que prevalece é que eles **não são detentores de foro especial perante o Tribunal de Justiça**, haja vista ausência de previsão constitucional. Entretanto, eles possuem a denominada *imunidade material* (art. 29, VIII, CF).

Para facilitar a compreensão e memorização, vejamos a divisão de competências na tabela a seguir:

Crime Comum	Tribunal de Justiça
	Tribunal Regional Federal (crimes federais)
	Tribunal Regional Eleitoral (crimes eleitorais)
Crime de Responsabilidade Próprio	Câmara Municipal
Crime de Responsabilidade Impróprio	Tribunal de 2º grau

Os **bens** municipais são extraídos por exclusão das regras expressas na nossa Constituição Federal, ou seja, aqueles que não forem de propriedade dos demais entes federativos serão pertencentes aos Municípios.

De acordo com a redação dada pela EC n.º 109/2021, o *total de despesa do Poder Legislativo Municipal, incluídos os subsídios dos Vereadores e os demais gastos com pessoal inativo e pensionistas, não poderá ultrapassar os percentuais estabelecidos nos incisos do art. 29-A da Constituição Federal, relativos ao somatório da receita tributária e das transferências previstas no § 5.º do art. 153 e nos artigos 158 e 159 daquele diploma legal, efetivamente realizado no exercício anterior.*

A partir de agora, teceremos algumas considerações sobre as **competências** dos Municípios.

Com base nos incisos constantes do art. 30 da CF podemos verificar que os Municípios possuem as denominadas **competências legislativa** e **administrativa**.

A primeira corresponde à **competência legislativa exclusiva** (art. 30, I, CF) e à **legislativa suplementar** (art. 30, II, CF). A **competência administrativa**, por outro lado, é aquela que autoriza o Município a atuar sobre os *assuntos de interesse local*, especialmente sobre as matérias expressamente previstas a partir do inciso III do art. 30 da CF.

Por fim, conforme já visto no presente capítulo, aos Municípios foram outorgadas também as **competências comum** (art. 23, CF) e **tributária expressa** (arts. 145; 149, § 1.º; 149-A; e, 156, todos da Constituição Federal).

6.4.1. Criação de Municípios

A partir dos mesmos fundamentos do item "6.2.1" da presente obra, a Constituição Federal admite a criação, incorporação, fusão e desmembramento dos Municípios. Para tanto, é imprescindível a ocorrência dos seguintes requisitos:

1. Aprovação de *lei complementar federal* fixando, genericamente, o período dentro do qual poderá haver a criação, a incorporação, a fusão e o desmembramento de Municípios;
2. Aprovação de *lei ordinária federal* prevendo os requisitos genéricos exigíveis, bem como a forma de divulgação, apresentação e publicação dos estudos de viabilidade municipal;
3. Divulgação dos estudos de viabilidade municipal, na forma estabelecida pela lei ordinária mencionada no item anterior;
4. Consulta prévia (plebiscito) às populações dos Municípios envolvidos;
5. Aprovação de *lei ordinária estadual* formalizando a criação, a incorporação, a fusão ou o desmembramento do(s) município(s).

Pela atual sistemática, para que ocorra a alteração dos limites territoriais dos Municípios é imprescindível que haja autorização do Congresso Nacional, haja vista que aquela somente poderá ocorrer dentro do período preestabelecido na lei complementar federal mencionada no item "1". A despeito disso, mesmo inexistindo lei complementar federal, foram criados inúmeros Municípios, ao arrepio das regras constitucionais, caracterizando-se flagrante inconstitucionalidade dos procedimentos adotados.

Em virtude disso, o Supremo Tribunal Federal, ao enfrentar algumas ações, declarou a inconstitucionalidade desses procedimentos, tendo, inclusive, reconhecido a inconstitucionalidade por omissão do Congresso Nacional, vez que deixou de elaborar a lei complementar em questão (ADO 3.682/MT – j. 09/5/2007). Vejamos a seguinte ementa:

> "AÇÃO DIRETA DE INCONSTITUCIONALIDADE POR OMISSÃO. Inatividade do legislador quanto ao dever de elaborar a Lei Complementar a que se refere o § 4º do art. 18 da Constituição Federal, na redação dada pela Emenda Constitucional no 15/1996. ação julgada procedente.

1. A Emenda Constitucional nº 15, que alterou a redação do § 4º do art. 18 da Constituição, foi publicada no dia 13 de setembro de 1996. Passados mais de 10 (dez) anos, não foi editada a lei complementar federal definidora do período dentro do qual poderão tramitar os procedimentos tendentes à criação, incorporação, desmembramento e fusão de municípios. Existência de notório lapso temporal a demonstrar a inatividade do legislador em relação ao cumprimento de inequívoco dever constitucional de legislar, decorrente do comando do art. 18, § 4º, da Constituição.

2. Apesar de existirem no Congresso Nacional diversos projetos de lei apresentados visando à regulamentação do art. 18, § 4º, da Constituição, é possível constatar a omissão inconstitucional quanto à efetiva deliberação e aprovação da lei complementar em referência. As peculiaridades da atividade parlamentar que afetam, inexoravelmente, o processo legislativo, não justificam uma conduta manifestamente negligente ou desidiosa das Casas Legislativas, conduta esta que pode pôr em risco a própria ordem constitucional. A *inertia deliberandi* das Casas Legislativas pode ser objeto da ação direta de inconstitucionalidade por omissão.

3. A omissão legislativa em relação à regulamentação do art. 18, § 4º, da Constituição, acabou dando ensejo à conformação e à consolidação de estados de inconstitucionalidade que não podem ser ignorados pelo legislador na elaboração da lei complementar federal.

4. Ação julgada procedente para declarar o estado de mora em que se encontra o Congresso Nacional, a fim de que, em prazo razoável de 18 (dezoito) meses, adote ele todas as providências legislativas necessárias ao cumprimento do dever constitucional imposto pelo art.18, § 4º, da Constituição, devendo ser contempladas as situações imperfeitas decorrentes do estado de inconstitucionalidade gerado pela omissão. Não se trata de impor um prazo para a atuação legislativa do Congresso Nacional, mas apenas da fixação de um parâmetro temporal razoável, tendo em vista o prazo de 24 meses determinado pelo Tribunal nas ADI nºs 2.240, 3.316, 3.489 e 3.689 para que as leis estaduais que criam municípios ou alteram seus limites territoriais continuem vigendo, até que a lei complementar federal seja promulgada contemplando as realidades desses municípios.

Após o julgamento da Ação Direta de Inconstitucionalidade por Omissão em questão, o Congresso Nacional promulgou a EC 57/2008 que acrescentou o art. 96 no Ato das Disposições Constitucionais Transitórias, que estabelece:

> Art. 96. Ficam convalidados os atos de criação, fusão, incorporação e desmembramento de Municípios, cuja lei tenha sido publicada até 31 de dezembro de 2006, atendidos os requisitos estabelecidos na legislação do respectivo Estado à época de sua criação.

Veja-se que referido dispositivo constitucional teve o intuito de consagrar os atos de criação, fusão, incorporação e desmembramento de Municípios criados até 31/12/2006, mesmo com a ausência de lei complementar federal.

Com base no entendimento firmado pelo Supremo Tribunal Federal *é inconstitucional lei estadual que permita a criação, incorporação, fusão e desmembramento de Municípios sem a prévia edição de leis federais, consoante disposto no § 4.º do art. 18 da CF* (STF. Plenário. ADI 4711/RS, Rel. Min. Roberto Barroso, julgado em 3/9/2021 – informativo n.º 1028).

6.5 Territórios

Os Territórios, de acordo com a regra constante do art. 41, II, do Código Civil, são considerados **pessoas jurídicas de direito público interno**.

Segundo disposição expressa constante do § 2.º do art. 18 da Constituição Federal *os territórios federais integram a União, e sua criação, transformação em Estado ou reintegração ao Estado de origem serão reguladas em lei complementar*.

Sob a égide da atual Constituição Federal os Territórios Federais são considerados *descentralizações administrativo-territoriais*, haja vista não serem entes federados, não integrarem o Estado federal, nem disporem de autonomia política.

6.5.1 Criação dos Territórios Federais

Conquanto não existam atualmente territórios federais, a Constituição Federal traz a possibilidade de eles serem criados, transformados em estado ou reintegrados ao estado de origem. Para tanto, faz-se necessário o preenchimento dos seguintes requisitos:

1. Aprovação prévia (plebiscito) da população diretamente interessada;
2. Manifestação da Assembleia Legislativa interessada; e
3. Edição de lei complementar federal (Congresso Nacional).

Capítulo 7

Intervenção

7.1 Considerações iniciais e conceito

Não obstante o Estado Federal fundamentar-se no denominado **princípio da autonomia política das entidades que o integram**, nossa Constituição Federal admite, *de maneira excepcional e em hipóteses taxativamente previstas*, o afastamento dessa autonomia. E o instrumento hábil para afastar essa autonomia é a **intervenção**.

Entendemos por intervenção:

> "(...) o ato político, fundado na Constituição, que consiste na ingerência de uma entidade federada nos negócios políticos de outra entidade igualmente federada, suprimindo-lhe temporariamente a autonomia, por razões estritamente previstas na Constituição"[1].

As hipóteses de intervenção estão elencadas nos art. 34 e 35 da Constituição Federal. Denota-se que ela é um *ato político*, exclusivamente executado pelo Chefe do Poder Executivo Federal ou Estadual.

7.2 Espécies

Podemos dizer que a intervenção possui as seguintes espécies:

a) **Federal** – realizada pela União Federal nos Estados-Membros ou no Distrito Federal, bem como nos Municípios localizados em Território Federal;

b) **Estadual** – é aquela consubstanciada pelo Estado-Membro nos respectivos Municípios;

1. CUNHA JÚNIOR. Dirley da. *Curso de Direito Constitucional*. 12ª. ed. rev. ampl. e atual. Salvador: Juspodivm, 2018. P. 836.

c) **Provocada** – materializa-se a partir da provocação de terceira pessoa (art. 34, IV, VI e VII, da CF);

d) **Espontânea** – é aquela decretada por meio de ofício do Presidente da República (art. 34, I, II, III e V, da CF).

7.3 Procedimento

Na **intervenção federal espontânea** o próprio Presidente da República, dentro de seu juízo de discricionariedade, poderá tomar a iniciativa e decretar a intervenção.

Por sua vez, na **intervenção federal provocada** é imprescindível que o órgão legitimado provoque o Presidente da República, o qual não poderá tomar, nem executar a medida de ofício. Segundo as regras constitucionais previstas atualmente a provocação poderá se materializar por intermédio de **requisição** ou **solicitação.**

A requisição pode partir do Supremo Tribunal Federal, do Superior Tribunal de Justiça ou do Tribunal Superior Eleitoral, nos termos dos incisos IV, VI e VII do art. 34. Nessas situações a doutrina entende que o Chefe do Poder Executivo está **obrigado a decretar a intervenção**, não havendo qualquer juízo de conveniência e oportunidade (discricionariedade).

A solicitação, por sua vez, poderá partir dos Poderes Executivo ou Legislativo, na hipótese prevista no art. 34, IV, da Carta Magna, sendo que nesse caso o Presidente da República **não estará obrigado a decretar a intervenção**, tratando-se de ato discricionário.

Destaque-se que na hipótese prevista no inciso VI do art. 34 da Constituição Federal (recusa à execução de lei federal) haverá necessidade de representação interventiva do Procurador-Geral da República perante o Supremo Tribunal Federal. Nesse caso, haverá a propositura da **ação de executoriedade de lei federal**, objetivando-se obrigar o ente federado ao cumprimento da lei.

No que tange à ofensa aos princípios constitucionais sensíveis, remeto o leitor à parte de Controle de Constitucionalidade, haja vista que tecerei considerações sobre a denominada **ação direta de inconstitucionalidade interventiva.**

Independentemente da hipótese originária, a intervenção será efetivada por intermédio de **decreto presidencial**, o qual terá eficácia imediata após sua publicação. Consoante se extrai das regras constitucionalmente previstas, referido decreto especificará a amplitude, o prazo e as condições de execução da intervenção, nomeando-se, se for o caso, um interventor, de forma temporária. Veja-se que a nomeação do interventor não se faz sempre necessária, pois há situações em que a mera suspensão da execução do ato impugnado será suficiente para assegurar o restabelecimento da normalidade inicialmente abalada.

Uma vez expedido o decreto presidencial sobre a intervenção federal, ele deverá ser encaminhado ao Congresso Nacional, no prazo de 24h, para que esse exerça um **controle político**. Quando da apreciação do decreto, por força do disposto no inciso IV do art. 49 da CF, o Congresso poderá aprovar (mediante decreto legislativo) ou suspender a intervenção federal. Frise-se, contudo, que esse controle político *não será exercido* nos casos de intervenção provocada mediante requisição, vez que o Presidente da República é obrigado a decretá-la.

Não existindo mais os motivos que autorizaram a decretação da intervenção federal, essa *deverá ser cessada*, atentando-se para o disposto no § 4.º do art. 36 da Constituição Federal.

No que tange à **intervenção estadual nos Municípios** é importante consignar que serão aplicadas as mesmas regras atinentes à intervenção federal.

Frise-se que, caso o Tribunal de Justiça dê provimento à ação de representação interventiva proposta pelo Procurador-Geral de Justiça (art. 35, IV, da CF), a decisão que viabiliza a intervenção estadual está revestida de caráter político-administrativo, não havendo possibilidade de interposição de recurso extraordinário perante o Supremo Tribunal Federal. Nesse sentido:

> "Súmula 637 do STF – Não cabe recurso extraordinário contra acórdão de Tribunal de Justiça que defere pedido de intervenção estadual em Município".

O STF entende ser *inconstitucional norma constitucional estadual pela qual se prevê hipótese de intervenção estadual em municípios não contemplada no art. 35 da CF* (STF. Plenário. ADI 6616/AC, Rel. Min. Cármen Lúcia, julgado em 26/4/2021). Ainda, nessa mesma linha do entendimento firmado, *é inconstitucional, por violação aos princípios da simetria e da autonomia dos entes federados, norma de Constituição Estadual que prevê hipótese de intervenção do Estado no Município fora das que são taxativamente elencadas no art. 35 da CF* (ADI 6619/RO, relator Min. Gilmar Mendes, julgamento virtual finalizado em 21.10.2022)

Quadro Sinótico

ORGANIZAÇÃO POLÍTICO-ADMINISTRATIVA	
Considerações Gerais	Com base no art. 18 da CF verificamos que o constituinte originário optou pela **forma federativa do Estado** e pela **forma republicana de governo**. Ademais, estabeleceu que a República Federativa do Brasil (ente **soberano**) é composta pelos seguintes entes federativos: União, Estados-Membros, Distrito Federal e Municípios, entes esses dotados de **autonomia**.
Formas de Estado	A **forma de Estado** se relaciona com o *modo de exercício do poder político em função do território de determinado Estado*. A partir disso podemos ter as seguintes formas de Estado: (a) Estado Unitário, (b) Estado Federado e (c) Estado Confederado. O **Estado unitário** é aquele que possui um *único centro de poder*, ou seja, a centralização política dá-se em uma só unidade de poder. Diz-se **unitário puro** (centralizado) o Estado em que as *competências estatais são exercidas de forma centralizada pela unidade de poder*. O **unitário descentralizado administrativamente**, por sua vez, é aquele em que as decisões políticas são *concentradas nas mãos do poder central, mas ocorre a delegação da execução* das políticas adotadas para terceiras pessoas. Por fim, o **unitário descentralizado administrativa e politicamente** caracteriza-se pela *descentralização política e administrativa, sendo que aquela é caracterizada pela autonomia de que dispõem os entes descentralizados para decidir qual a melhor atitude a ser tomada no caso concreto*. O **Estado federado**, de outro vértice, é aquele em que o poder político está *repartido entre diferentes entidades governamentais autônomas*, criando-se uma multiplicidade de organizações governamentais coexistente no mesmo território. Caracteriza-se, portanto, por ter um modelo de *descentralização política*. A **federação brasileira** surgiu de um *Estado unitário que viu a necessidade de descentralizar suas funções para Estados autônomos*, haja vista a grande extensão territorial do Brasil (**federação por desagregação** ou **por segregação**). Não se admite na federação o denominado **direito de secessão**, isto é, o direito de separação, primando-se pela manutenção do Estado soberano. Temos, ainda, o **federalismo dual** (existe uma rígida separação das competências entre a entidade central e os demais entes federados) e **federalismo coorporativo** (a divisão de competências entre a entidade central e os demais entes federados não é rígida).

Formas de Estado	A doutrina também sustenta a ideia de **federalismo simétrico** (caracteriza-se por intermédio do *equilíbrio na repartição de competências* entre os entes federados, objetivando-se conferir igualdade de tratamento na relação entre a União Federal e os Estados-Membros, bem como nas relações entre esses últimos) e **federalismo assimétrico** (*há um tratamento diferenciado outorgado constitucionalmente aos entes federados*, em determinadas matérias, tendo por finalidade a manutenção do equilíbrio e a redução das desigualdades regionais). Por fim, há que se mencionar a existência do denominado **Estado confederado** (*união dissolúvel de Estados soberanos, por intermédio de tratado, sendo regido pelo Direito Internacional*). Quando estudamos o tema referente às formas de Governo temos que ter em mente que ele *se relaciona à maneira como se dá a instituição do poder na sociedade, bem como a relação entre os governantes e os governados*. Pois bem. No que tange às formas de Governo temos a **república** e a **monarquia**. A **forma republicana** caracteriza-se quando a instituição do poder ocorrer por intermédio de eleições, por período certo, com o representante eleito pelo povo. Ademais, o governante tem o dever de prestar contas de seus atos. Por sua vez, quando se fala em **monarquia** devemos ter em mente que não há representação popular, destacando-se a hereditariedade e a vitaliciedade. Conforme já tivemos a oportunidade de estudar na presente obra, somente com a Constituição de 1891 é que foi implantada a forma republicana de governo no Brasil, sendo que antes prevalecia a monarquia.
Sistemas de Governo	Diz respeito ao *grau de relacionamento entre os Poderes Legislativo e Executivo, no exercício das funções governamentais*. O **presidencialismo** é o sistema de governo em que a Chefia do Governo é de prerrogativa do Presidente da República, com independência dos três poderes constituídos. Além da chefia do Governo, o Presidente da República acumula as funções de Chefe de Estado e Chefe da Administração. O **parlamentarismo**, por sua vez, é o sistema de governo de caráter representativo, por intermédio do qual a direção dos negócios públicos é atribuída a um gabinete ministerial, a cujo voto de confiança ou desconfiança é submetido.

Regimes de Governo	No que tange aos regimes de governo destacamos a **autocracia** e a **democracia**. O primeiro regime caracteriza-se pelo fato de que os destinatários (povo) das normas e da política governamental não participam da produção, prevalecendo-se a imposição de vontade do governante, sem qualquer direito de manifestação do povo. No segundo, por sua vez, há a participação do povo nas normas e políticas públicas para escolha de seus governantes, bem como no controle das ações dos governantes. Ensina-nos a doutrina que ante as diferentes formas de exercício a democracia pode ser subdividida em: **direta** (é aquela em que o povo, por si mesmo, exerce os poderes governamentais); **indireta** ou **representativa** (o povo não dirige diretamente os negócios do Estado, outorgando as funções de governo aos seus representantes, eleitos periodicamente por aqueles); e, **semidireta** ou **participativa** (caracteriza-se com a combinação das duas anteriores, sendo essa adotada pela nossa Carta Magna conforme se extrai da leitura do parágrafo único do art. 1.º c.c. art. 14).
Entes Federados e suas competências	A nossa Constituição Federal de 1988 utilizou o denominado **princípio da predominância do interesse** como fundamento para repartição de competências. A partir disso, verificamos que quando há *interesse predominantemente geral* a competência é outorgada à União Federal, ao passo que quando for *regional* a competência é dos Estados-Membros e, no caso de *interesse predominantemente local* a competência é do Município. Por sua vez, a competência do Distrito Federal foi dividida com base nos *interesses regional e local*. **União Federal** - é pessoa jurídica de direito público interno**, possuindo dupla personalidade: *interna* e *internacional*.** Enquanto *pessoa jurídica de direito público interno* ela integra a República Federativa do Brasil. Ela também pode ostentar a natureza de *pessoa jurídica de direito internacional*, vez que ela representa a República Federativa do Brasil nas suas relações internacionais. A despeito dessa segunda personalidade, quem pratica efetivamente os atos de Direito Internacional é a República Federativa do Brasil, representada pelo Chefe do Executivo Federal (Presidente da República). Em razão dessas duas personalidades, internamente a União atua em nome próprio na relação com os demais entes federativos, ao passo que, externamente, atua em nome de toda a Federação ao representar a República Federativa do Brasil perante estados estrangeiros. Destaque-se que os bens da União Federal estão elencados no art. 20 da CF. Impende destacar que as **principais competências** da União Federal estão previstas nos arts. 21 (***competências administrativas exclusivas***) e 22 (***competências legislativas privativas***) do texto constitucional. Em princípio, os demais entes federativos *não poderão dispor sobre as matérias* arroladas no art. 22 da CF. A despeito disso, o parágrafo único do art. 22 da Constituição Federal estabelece que os *Estados-Membros* poderão legislar sobre *questões específicas* ali disciplinadas, *desde que haja Lei Complementar Federal autorizando*. Além das competências vistas até o presente momento, a União Federal também dispõe das seguintes competências: **administrativa comum, paralela ou cumulativa** (art. 23, CF); **legislativa concorrente** (art. 24, CF); **tributárias expressa** (arts. 145, 148, 149 e 153 todos da CF), **residual** (arts. 154, I; e 195, § 4.º, ambos da CF) e **extraordinária** (art. 154, II, CF).

Entes Federados e suas competências	A **competência administrativa comum** (**paralela** ou **cumulativa**), é aquela que estabelece que todos os entes federativos (União Federal, Estados-Membros, Distrito Federal e Municípios), *em condições de igualdade entre si*, poderão atuar na concretização dos preceitos constitucionais. *Inexiste qualquer subordinação* de atuação entre os entes federativos, agindo todos em condições de plena igualdade, sendo que *a atuação de um não afastará a dos demais entes*. A principal justificativa de se estabelecer essa competência comum de todos os entes deve-se ao fato de que as matérias ali elencadas são de *interesse da coletividade* (interesses difusos). Já a **competência legislativa concorrente** é outorgada apenas à União, aos Estados-Membros e ao Distrito Federal, *excluindo-se os Municípios*. Nessa espécie a competência da União Federal será para legislar sobre *normas gerais* (§ 1.º), não se excluindo, entretanto, a *atuação suplementar* dos Estados e do Distrito Federal (§ 2.º). Conquanto a atuação dos Estados-Membros e do Distrito Federal não seja dependente da expedição das normas gerais pela União Federal, em havendo a edição de normas gerais (União) as normas específicas editadas (legislação complementar) pelos Estados-Membros e Distrito Federal não poderão ser contrárias àquelas. Em havendo omissão da União Federa para edição de normas gerais, os Estados ou do Distrito Federal poderão exercer a denominada **competência legislativa plena temporária** (§ 3.º). **Estados-Membros - são considerados** pessoas jurídicas de direito público interno**, possuindo autonomia de auto-organização, autolegislação, autogoverno e autoadministração.** Por intermédio da **capacidade de auto-organização** e **autolegislação** (art. 25, *caput*, da CF) os Estados organizam-se e regem-se pelas Constituições Estaduais (auto-organização), bem como demais leis que adotarem (autolegislação), devendo ser observados os princípios (sensíveis, extensíveis e estabelecidos) previstos na nossa Carta Magna. A partir da **capacidade de autogoverno** (arts. 27, 28 e 125, todos da CF), aos Estados-Membros é outorgada a competência para organizar os três poderes instituídos, no âmbito local. Diversamente do que ocorre no âmbito Federal, o Poder Legislativo Estadual é *unicameral*, sendo representado pela Assembleia Legislativa, a qual se compõe de deputados estaduais (cf. art. 27). O número desses representantes não é fixo (como ocorre no âmbito federal), variando de Estado para Estado, com base no número de deputados federais de cada um daqueles. Segundo a Constituição Federal o número de Deputados à Assembleia Legislativa é igual ao triplo da representação do respectivo Estado na Câmara dos Deputados e, atingido o número de 36 (trinta e seis), será acrescido de tantos quantos forem os Deputados Federais acima de 12 (doze). A **capacidade**

Entes Federados e suas competências	**de autoadministração** estabelece a denominada ***capacidade residual*** ou ***remanescente***, ou seja, aos Estados são reservadas as competências que não lhes sejam vedadas pela Constituição, não havendo uma enumeração taxativa das matérias de sua competência. Ademais, a Constituição Federal também outorgou aos Estados-Membros as denominadas **competências: comum** (art. 23, CF), **legislativa concorrente** (art. 24, CF), **tributária expressa** (arts. 145; 149, § 1.°; e, 155, todos da CF) e **legislativa delegada da União** (art. 22, parágrafo único, CF). Destaque-se, ainda, a **competência legislativa delegada da União**, segundo a qual os Estados-Membros poderão legislar sobre questões específicas das matérias de competência privativa da União, *desde que sejam autorizados por lei complementar federal*. Não obstante a República Federativa seja indissolúvel (**princípio da indissolubilidade do pacto federativo**), é possível que a estrutura territorial interna seja alterada, ou seja, pode ocorrer a divisão político-administrativa por intermédio da alteração dos limites territoriais de alguns dos entes federativos. Os §§ 3.°, 4.° e 5.° do art. 18 da nossa Constituição Federal estabelecem regras sobre a possibilidade de criação de novos Estados e Municípios, a partir da divisão desses e dos Territórios. Pelas regras constitucionais podemos delimitar três requisitos necessários para a incorporação, subdivisão e desmembramento de Estados, quais sejam: (i) consulta prévia às populações diretamente interessadas, por meio de plebiscito; (ii) oitiva das Assembleias Legislativas dos Estados-Membros envolvidos; e, (iii) edição de lei complementar federal. Ocorre a **incorporação** (ou **fusão**) quando dois ou mais Estados-Membros se unem com novo nome, nascendo um novo Estado. Os Estados incorporados, nesse caso, perderão sua personalidade jurídica anterior. A **subdivisão**, por sua vez, é verificada quando um Estado-Membro divide-se em vários novos Estados, desaparecendo aquele originário, sendo que os novos terão personalidades diferentes. De outro vértice, o **desmembramento** ocorre quando há a separação de uma ou mais partes de um Estado-Membro, subsistindo a personalidade do estado originário. A doutrina costuma dizer que o desmembramento pode ocorrer por **anexação** ou **formação**. O primeiro se verifica quando a parte desmembrada for anexada a outro Estado-Membro já existente, não havendo a criação de estado novo, mas apenas e tão somente a alteração dos limites territoriais. Já a segunda espécie restará caracterizada quando a parte desmembrada constituir um novo estado ou território federal.

Entes Federados e suas competências	**Distrito Federal** – é **pessoa jurídica de direito público interno**, assim como os demais entes federativos. A **capacidade de auto-organização** será exercida por intermédio da Lei Orgânica do Distrito Federal, a qual possui *natureza de verdadeira constituição estadual*, conforme já visto na presente obra. Ademais, referida capacidade será completada pelas leis distritais editadas com base no art. 32, § 1.º, da CF. Por sua vez, o **autogoverno** concretiza-se na eleição do Governador (e do Vice) do Distrito Federal, seguindo-se as mesmas regras da eleição presidencial. Além disso, os Deputados Distritais serão eleitos segundo as regras eleitorais para os Deputados Estaduais. A **autoadministração** é materializada por intermédio do exercício das competências administrativas, legislativas e tributárias constitucionalmente atribuídas ao Distrito Federal. É de se chamar a atenção, ainda, a **impossibilidade de o Distrito Federal ser dividido em Municípios** (art. 32, *caput*, da CF), bem como a **impossibilidade de alteração de seus limites territoriais**. Ao Distrito Federal foram outorgadas as seguintes competências: **remanescente** ou **residual dos Estados-Membros** (art. 25, § 1.º, CF); **enumerada dos Municípios** (art. 30, CF); **comum** (art. 23, CF); **delegada pela União** (art. 22, parágrafo único, CF); **concorrente** (art. 24, CF); e **tributária expressa dos Estados-Membros e Municípios** (arts. 145; 149, § 1.º; 149-A; 155; e, 156, todos da CF). **Municípios - pessoa jurídica de direito público interno**, assim como os demais entes federativos até então estudados. Por intermédio da elaboração das Leis Orgânicas e demais leis municipais, haverá o exercício da **capacidade de auto-organização** e normatização própria. O **autogoverno** materializa-se por meio da eleição do Prefeito e Vice-Prefeito, bem como dos Vereadores, sem qualquer interferência da União Federal e respectivos Estados-Federados. Por fim, a **autoadministração** verifica-se por intermédio do exercício de suas competências administrativas, tributárias e legislativas. Importante consignar, também, que a Constituição Federal prevê, no inciso X do art. 29, que o Prefeito Municipal será processado e julgado perante o **Tribunal de Justiça**, em caso de **crime comum.** Não obstante referida regra constitucional, o **Supremo Tribunal Federal** possui **jurisprudência pacífica** de que ela está restrita aos crimes *comuns de competência da justiça comum estadual*. Para a Colenda Corte, o que a Constituição Federal garante é que ao Prefeito Municipal é assegurado o processo e julgamento perante órgão de segundo grau. Em virtude disso, o fator decisivo para a fixação da competência originária será a *natureza do crime perpetrado*. Portanto, no caso do *cometimento de crime comum da competência da Justiça Estadual* o Prefeito será processado e julgado junto ao **Tribunal de Justiça**. De outro vértice, cometendo um *crime comum da competência da Justiça Federal*, ele será processado e julgado junto ao **Tribunal Regional Federal.** Por fim, se o Prefeito cometer um *crime eleitoral*, ele será processado e julgado perante o **Tribunal Regional Eleitoral.**

Entes Federados e suas competências	Necessário, nesse ponto, tecer considerações a respeito dos denominados **crimes de responsabilidade próprios e impróprios**. Os *crimes de responsabilidade próprios* (art. 29, § 2.º, CF) são infrações político-administrativas que podem acarretar, como pena, a perda do mandato e a suspensão dos direitos políticos. Por não serem infrações penais, a competência para o processo e julgamento caberá a um órgão político, que no caso é a **Câmara Municipal**. Por sua vez, os *crimes de responsabilidade impróprios* (Decreto-Lei n.º 201/1967) são aqueles que suas condutas, materialmente, constituem crimes comuns. Logo, se o Prefeito Municipal for acusado da prática desses delitos, ele será julgado perante o **Tribunal de Justiça ou outro Tribunal de Segundo Grau**. No que tange aos **Vereadores**, o entendimento que prevalece é que eles **não são detentores de foro especial perante o Tribunal de Justiça**, haja vista ausência de previsão constitucional. Entretanto, eles possuem a denominada *imunidade material* (art. 29, VIII, CF). Com base nos incisos constantes do art. 30 da CF podemos verificar que os Municípios possuem as denominadas **competências legislativa** e **administrativa**. A primeira corresponde à **competência legislativa exclusiva** (art. 30, I, CF) e à **legislativa suplementar** (art. 30, II, CF). A **competência administrativa**, por outro lado, é aquela que autoriza o Município a atuar sobre os *assuntos de interesse local*, especialmente sobre as matérias expressamente previstas a partir do inciso III do art. 30 da CF. Por fim, conforme já visto no presente capítulo, aos Municípios foram outorgadas também as **competências: comum** (art. 23, CF) e **tributária expressa** (arts. 145; 149, § 1.º; 149-A; e, 156, todos da Constituição Federal). A Constituição Federal admite a criação, incorporação, fusão e desmembramento dos Municípios. Para tanto, é imprescindível a ocorrência dos seguintes requisitos: (i) aprovação de *lei complementar federal* fixando, genericamente, o período dentro do qual poderá haver a criação, a incorporação, a fusão e o desmembramento de Municípios; (ii) aprovação de *lei ordinária federal* prevendo os requisitos genéricos exigíveis, bem como a forma de divulgação, apresentação e publicação dos estudos de viabilidade municipal; (iii) divulgação dos estudos de viabilidade municipal, na forma estabelecida pela lei ordinária mencionada no item anterior; (iv) consulta prévia (plebiscito) às populações dos Municípios envolvidos; e, (v) aprovação de *lei ordinária estadual* formalizando a criação, a incorporação, a fusão ou o desmembramento do(s) município(s). **Territórios** - são considerados **pessoas jurídicas de direito público interno**. Eles *integram a União, e sua criação, transformação em Estado ou reintegração ao Estado de origem serão reguladas em lei complementar*, sendo considerados *descentralizações administrativo-territoriais*, haja vista não serem entes federados, não integrarem o Estado federal, nem disporem de autonomia política. Conquanto não existam atualmente territórios federais, a Constituição Federal traz a possibilidade de eles serem

Entes Federados e suas competências	criados, transformados em estado ou reintegrados ao estado de origem. Para tanto, faz-se necessário o preenchimento dos seguintes requisitos: (i) aprovação prévia (plebiscito) da população diretamente interessada; (ii) manifestação da Assembleia Legislativa interessada; e, (iii) edição de lei complementar federal (Congresso Nacional).
Intervenção	Não obstante o Estado Federal fundamentar-se no denominado **princípio da autonomia política das entidades que o integram**, nossa Constituição Federal admite, *de maneira excepcional e em hipóteses taxativamente previstas*, o afastamento dessa autonomia. E o instrumento hábil para afastar essa autonomia é a **intervenção**. As hipóteses de intervenção estão elencadas nos art. 34 e 35 da Constituição Federal. Denota-se que ela é um *ato político*, exclusivamente executado pelo Chefe do Poder Executivo Federal ou Estadual. Podemos dizer que a intervenção possui as seguintes espécies: (a) **Federal** (realizada pela União Federal nos Estados-Membros ou no Distrito Federal, bem como nos Municípios localizados em Território Federal); (b) **Estadual** (é aquela consubstanciada pelo Estado-Membro nos respectivos Municípios); (c) **Provocada** (materializa-se a partir da provocação de terceira pessoa - art. 34, IV, VI e VII, da CF); e, (d) **Espontânea** (é aquela decretada por meio de ofício do Presidente da República - art. 34, I, II, III e V, da CF). Na **intervenção federal espontânea** o próprio Presidente da República, dentro de seu juízo de discricionariedade, poderá tomar a iniciativa e decretar a intervenção. Por sua vez, na **intervenção federal provocada** é imprescindível que o órgão legitimado provoque o Presidente da República, o qual não poderá tomar, nem executar a medida de ofício. Segundo as regras constitucionais previstas atualmente a provocação poderá se materializar por intermédio de **requisição** ou **solicitação**. A requisição pode partir do Supremo Tribunal Federal, do Superior Tribunal de Justiça ou do Tribunal Superior Eleitoral, nos termos dos incisos IV, VI e VII do art. 34. Nessas situações a doutrina entende que o Chefe do Poder Executivo está **obrigado a decretar a intervenção**, não havendo qualquer juízo de conveniência

Intervenção	e oportunidade (discricionariedade). A solicitação, por sua vez, poderá partir dos Poderes Executivo ou Legislativo, na hipótese prevista no art. 34, IV, da Carta Magna, sendo que nesse caso o Presidente da República **não estará obrigado a decretar a intervençã**o, tratando-se de ato discricionário. Independentemente da hipótese originária, a intervenção será efetivada por intermédio de **decreto presidencial**, o qual terá eficácia imediata após sua publicação. Consoante se extrai das regras constitucionalmente previstas, referido decreto especificará a amplitude, o prazo e as condições de execução da intervenção, nomeando-se, se for o caso, um interventor, de forma temporária. Veja-se que a nomeação do interventor não se faz sempre necessária, pois há situações em que a mera suspensão da execução do ato impugnado será suficiente para assegurar o restabelecimento da normalidade inicialmente abalada. No que tange à **intervenção estadual nos Municípios** é importante consignar que serão aplicadas as mesmas regras atinentes à intervenção federal. Frise-se que caso o Tribunal de Justiça dê provimento à ação de representação interventiva proposta pelo Procurador-Geral de Justiça (art. 35, IV, da CF), a decisão que viabiliza a intervenção estadual está revestida de caráter político-administrativo, não havendo possibilidade de interposição de recurso extraordinário perante o Supremo Tribunal Federal.

EXERCÍCIOS

Questões

1- (PC/SE – Delegado de Polícia – CESPE - 2018) – Conforme disposições constitucionais a respeito da organização da segurança pública, julgue o item a seguir. Compete à União estabelecer normas gerais sobre a organização das polícias civis.

( ) Certo

( ) Errado

2 – (PC/SP – Delegado de Polícia – VUNESP – 2018) – Considere que o Estado X, em função da diversidade cultural constatada em sua região, decida desmembrar-se para formação de dois novos Estados. Nessa hipótese, é correto afirmar que tal desmembramento:

a) Será constitucional desde que a proposta seja aprovada pela população diretamente interessada, por meio de plebiscito, e, cumulativamente, pelo Congresso Nacional, por lei complementar.

b) Será constitucional se aprovada diretamente pela população interessada, por meio de referendo, e do Congresso Nacional, por meio de lei ordinária.

c) É automaticamente inconstitucional, pois a unidade federativa é cláusula pétrea imutável nos termos da Constituição.

d) É automaticamente inconstitucional, uma vez que a Constituição Federal veda tanto a separação como a criação de novos Estados-membros, ante a já estabelecida simetria federal.

e) Será constitucional desde que aprovada pela Assembleia do Estado mediante lei estadual e, cumulativamente, pelo Congresso Nacional, por meio de lei complementar.

3 – (PC/SP – Delegado de Polícia – VUNESP – 2018) – Assinale a alternativa correta que corresponda à previsão da Constituição Federal de 1988 sobre a repartição de competências entre os entes federativos.

a) É competência privativa da União legislar sobre procedimentos em matéria processual.

b) Compete privativamente à União legislar sobre proteção e integração social das pessoas portadoras de deficiência.

c) Em se tratando de competência legislativa concorrente, caso um Estado X legisle de forma plena sobre normas gerais e específicas, e, posteriormente, sobrevenha lei federal sobre normas gerais, a lei estadual será abrogada no que lhe for contrário.

d) Compete à União, Estados-membros e Distrito Federal legislar concorrentemente sobre custas dos serviços forenses.

e) É competência comum da União, Estados-membros e Distrito Federal legislar sobre populações indígenas.

4 – (PC/SP – Delegado de Polícia – VUNESP – 2018) – É correto afirmar que o Federalismo:

a) Representa uma forma de Estado que possui um centro único dotado de capacidade legislativa, administrativa e política, que é direcionado às unidades locais e regionais.

b) Representa um sistema de governo, que analisa as relações de poder existentes no âmbito da federação.

c) Ocorreu no Brasil por meio de um movimento centrífuga (por segregação).

d) Ocorreu no Brasil mediante um movimento centrípeta (por agregação).

e) Representa uma forma de governo, que leva em consideração a quantidade de titulares que estão no poder.

5 – (PC/PI – Delegado de Polícia – NUCEPE – 2018) - O Governo Federal decretou uma intervenção na área da segurança pública no Estado do Rio de Janeiro que deverá vigorar até 31 de dezembro deste ano. Sobre a Intervenção Federal, analise as alternativas e marque a **CORRETA**.

a) A União intervirá em seus municípios, quando deixar de ser paga, sem motivo de força maior, por dois anos consecutivos, a dívida fundada.

b) A Intervenção Federal será espontânea, quando o Presidente decretar intervenção para assegurar o cumprimento dos "princípios constitucionais sensíveis".

c) Cessada a intervenção, em nenhum caso as autoridades afastadas retornarão aos seus cargos.

d) A invasão de um Estado-membro por outro não caracteriza hipótese de intervenção federal, mas sim decretação de estado de sítio pelo Presidente da República.

e) A Intervenção Federal será espontânea, quando o presidente a decretar para manter a integridade nacional.

6 – (PC/ES – Escrivão de Polícia – INSTITUTO AOCP – 2019) - No Brasil, o(s) único(s) ente(s) federativo(s) que NÃO possui/em competência judiciária é/são:

a) A União;
b) Os Estados;
c) O Poder Legislativo;
d) Os Municípios;
e) O Distrito Federal.

7 – (PC/PI – Agente de Polícia Civil – NUCEP – 2018) - Formas de Estado, Sistema, Forma e Regime de governo, são fundamentais para a existência de um Estado propriamente dito. Diante das alternativas a seguir, marque a **CORRETA**.

a) Em países de regime parlamentarista, como no Brasil, o Chefe de Estado é o Ministro das Relações Internacionais e o Chefe de Governo é o Presidente da República, que como função precípua representar o Estado Federal na comunidade internacional e da unidade do Estado, em nível interno.
b) O Brasil adota um sistema de governo presidencialista, no qual o principal representante do Executivo é o presidente da República, que desempenha o papel de chefe de Estado e de Governo.
c) A Forma de Governo relaciona-se com o modo como interagem o Poder Executivo e o Poder Legislativo nas funções governamentais. São formas de governo o Presidencialismo e o Parlamentarismo.
d) Têm-se como Forma de Governo um conjunto de instituições políticas, por meio das quais um Estado se organiza, a fim de exercer seu poder sobre a sociedade. A Forma de Governo pode assumir Confederação, Estado Unitário ou Federação.
e) No Brasil, o Regime de Governo é a democracia, tendo um poder central exercido por um Presidente, que reparte sua governança entre os Estados Federados.

8 – (PC/AP – Agente de Polícia – FCC – 2017) - A Constituição Federal, ao tratar das competências legislativas dos entes federativos, atribui aos Estados a competência para

a) Suplementar as normas gerais da União sobre procedimentos em matéria processual, cabendo-lhes, na hipótese de não haver normas gerais da União, exercer a competência legislativa plena para atender a suas peculiaridades.

b) Editar normas específicas sobre direito processual, independentemente de delegação da União, desde que não contrariem as normas gerais editadas pela União nessa matéria.

c) Legislar, privativamente, em matéria de organização, efetivos, material bélico, garantias, convocação e mobilização das polícias militares e corpos de bombeiros militares.

d) Editar normas específicas sobre emigração e imigração no território do Estado, independentemente de delegação da União, desde que não contrariem a legislação federal nessa matéria.

e) Legislar sobre desapropriação, na hipótese não haver lei federal dispondo sobre a matéria, sendo que a superveniência da lei federal suspende a eficácia da lei estadual naquilo que lhe for contrário.

9 – (PC/AC – Escrivão de Polícia Civil – IBADE – 2017) - No âmbito da repartição vertical de competências, compete à União estabelecer normas gerais, vale dizer, diretrizes essenciais de comportamento. Com base nesta afirmação, assinale a alternativa correta.

a) A CRFB/88 não adotou a teoria da repartição vertical concorrente não cumulativa, mas sim a teoria da repartição vertical concorrente cumulativa.

b) Caso a União não edite as normas gerais, os demais entes federados devem impetrar mandado de segurança perante o STF para que seus direitos sejam resguardados.

c) Os Estados e o Distrito Federal não possuem competência suplementar complementar.

d) Os Municípios são dotados de competência suplementar complementar, no que for cabível.

e) Se a União não editar as normas gerais, os demais entes federativos poderão legislar de forma plena sobre a matéria. Contudo, caso a União edite posteriormente as normas gerais, as normas estaduais que lhe forem contrárias serão revogadas.

10 – (PC/GO – Agente de Polícia Substituto – CESPE – 2016) - Compete privativamente à União

a) Estabelecer política de educação para segurança no trânsito.

b) Legislar sobre requisições civis e militares, em caso de iminente perigo e em tempo de guerra.

c) Cuidar da proteção e garantia das pessoas portadoras de deficiência.
d) Legislar sobre organização, garantias, direitos e deveres da polícia civil.
e) Legislar sobre educação, ensino, pesquisa e inovação.

11 – (PC/ES – Delegado de Polícia – CESPE/CEBRASPE – 2022) - É autorizada a intervenção do estado no município quando:

a) não tiver sido aplicado o mínimo exigido da receita municipal na manutenção e desenvolvimento da seguridade social.
b) não tiver sido aplicado o mínimo exigido da receita municipal na manutenção e desenvolvimento do ensino.
c) deixar de ser paga, sem motivo de força maior, por pelo menos três anos consecutivos, a dívida fundada.
d) o tribunal de justiça der provimento a representação para assegurar a observância de princípios indicados na Lei Orgânica municipal.
e) forem praticados, na administração municipal, atos de corrupção devidamente comprovados.

12 – (PC/SP – Delegado de Polícia – VUNESP – 2022) - Considerando o disposto na Constituição da República, bem como o entendimento jurisprudencial e doutrinário consolidado sobre a organização funcional do Estado, assinale a alternativa correta.

a) A Constituição da República assegura imunidade formal e material a vereadores e prefeitos municipais.
b) Compete à Justiça Estadual processar e julgar prefeito municipal por desvio de verba sujeita a prestação de contas perante órgão federal.
c) A Câmara de Vereadores possui personalidade jurídica, podendo demandar em juízo para defender os seus direitos institucionais.
d) Compete à Justiça Estadual processar e julgar prefeito por desvio de verba transferida e incorporada ao patrimônio municipal.
e) A extinção do mandato do prefeito impede a instauração de processo pela prática de crimes de responsabilidade.

13 – (PC/SP – Delegado de Polícia – VUNESP – 2022) - No tocante à Organização do Estado Brasileiro, sob a perspectiva dos Estados federados, é correto afirmar que:

a) os Estados membros se auto-organizam por meio do exercício de seu poder constituinte originário, consubstanciando-se na edição das respectivas Constituições.

b) a constituição define as competências tributárias e legislativas, indispensáveis à autoadministração dos Estados membros, mas não delimita as competências administrativas.

c) a autonomia Estadual também se caracteriza pelo autogoverno, a qual permite ao povo do estado a escolha de representantes nas três esferas de Poder.

d) os Estados poderão, em decorrência do poder de auto-organização, instituir regiões metropolitanas, aglomerações urbanas e microrregiões, mediante lei ordinária.

e) a inobservância pelos Estados membros de princípios constitucionais sensíveis pode acarretar sanção de intervenção na autonomia política.

14 – (PC/SP – Delegado de Polícia – VUNESP – 2022) - A Constituição da República adotou o federalismo como forma de Estado. Considerando os aspectos relevantes sobre o tema, assinale a alternativa que se coaduna com o regramento constitucional da matéria.

a) Os Estados que ingressam na federação possuem plena autonomia política.

b) Os princípios federais extensíveis subdividem-se em normas de competência e normas de preordenação.

c) O princípio da indissolubilidade do vínculo federativo não está expressamente consagrado na Constituição Federal.

d) A mera tentativa de secessão de Estado-membro não enseja a decretação de intervenção federal.

e) A União é entidade federativa autônoma em relação aos Estados e Municípios, cabendo-lhe exercer atribuições de soberania do Estado brasileiro.

15 – (GDF – Policial Penal – Instituto AOCP – 2022) - Compete à União organizar e manter a polícia civil, a polícia penal, a polícia militar e o corpo de bombeiros militar do DF.

( ) Certo

( ) Errado

16 – (PC/RJ – Delegado de Polícia – CESPE/CEBRASPE – 2022) - Em conformidade com a CF e a jurisprudência do Supremo Tribunal Federal, uma constituição estadual que estabelecesse: (i) novas hipóteses de foro por prerrogativa de função para o cargo de delegado, (ii) previsão de lei orgânica da polícia civil ser veiculada por lei complementar, (iii) determinação ao legislador de observância de isonomia remuneratória entre policiais civis e policiais militares, seria considerada:

a) constitucional em relação à instituição de prerrogativa de foro, mas inconstitucional quanto à determinação ao legislador de observância de isonomia remuneratória entre policiais civis e policiais militares e à previsão de lei complementar para a lei orgânica da polícia civil, por violar a simetria.

b) completamente constitucional.

c) constitucional em relação à previsão de lei complementar para regência da polícia civil e inconstitucional em relação às demais previsões.

d) constitucional tão somente em relação à determinação ao legislador de observância de isonomia remuneratória entre policiais civis e policiais militares, considerando-se a necessária igualdade entre servidores estabelecida no art. 37 da CF.

e) completamente inconstitucional.

17 – (PC/MS – Perito Médico Legista – FAPEC – 2021) - A competência para legislar sobre populações indígenas é:

a) concorrente entre a União, os Estados e o Distrito Federal.

b) privativa dos Estados e do Distrito Federal.

c) comum entre a União, os Estados e o Distrito Federal.

d) privativa da União.

e) exclusiva dos Estados e do Distrito Federal.

Gabarito e Explicação

Questão	Gabarito	Abordagem do assunto no livro
1	Errado	Capítulo 6
2	A	Capítulo 6
3	D	Capítulo 6
4	C	Capítulo 2
5	E	Capítulo 7
6	D	Capítulo 6
7	D	Capítulo 4
8	A	Capítulo 6
9	D	Capítulo 6
10	B	Capítulo 6
11	B	Capítulo 7
12	D	Capítulo 6
13	E	Capítulo 7
14	E	Capítulo 6
15	Certo	Capítulo 6
16	E	Capítulo 6
17	D	Capítulo 6

PARTE 15

ADMINISTRAÇÃO PÚBLICA

Capítulo 1

Considerações Iniciais

Nos artigos 37 a 41 de nossa Constituição Federal estão elencadas as **regras gerais** a respeito da administração pública, prevendo o constituinte *preceitos específicos a respeito dela*. Na presente obra vamos abordar apenas os principais aspectos constitucionais da presente matéria, sendo que o aprofundamento dos demais temas ficará a cargo da respectiva disciplina de Direito Administrativo.

Conquanto não exista um conceito único sobre a Administração Pública, podemos dizer que ela compreende:

> "(...) o conjunto de todas as entidades criadas para a execução dos serviços públicos ou para o alcance de objetivos governamentais"[1].

Essa definição engloba o denominado **conceito orgânico** (**subjetivo** ou **formal**) da Administração Pública. Ao lado dele, temos o **conceito funcional** (**objetivo** ou **material**) que designa a própria função exercida pelos entes administrativos que a integram.

Frise-se que ambos os conceitos são extraídos dos próprios preceitos constitucionais estabelecidos, basicamente, no art. 37 da Carta Magna.

A partir do conceito material da Administração Pública a doutrina costuma dividir em quatro atividades próprias, quais sejam:

a) **Serviço público** - atividades materiais desempenhadas pela própria Administração, bem como por seus agentes delegados, objetivando-se proporcionar utilidades aos administrados para atendimento da coletividade;

b) **Polícia administrativa** - constitui o conjunto de restrições impostas ao exercício das liberdades individuais, em prol da coletividade;

1. TAVARES, André Ramos. *Curso de Direto Constitucional.* 7.ª ed. São Paulo: Saraiva, 2009. P. 1268.

c) **Fomento** - caracteriza-se pela atividade de incentivo à iniciativa privada de utilidade pública, destinando-se a subsidiar as entidades do conhecido terceiro setor; e,

d) **Intervenção** (o Estado atuará de *forma direta* no domínio econômico, bem como de *forma indireta* através de regulamentação e da fiscalização da atividade econômica de natureza privada, a fim de coibir certos abusos concorrenciais que tem a intenção de eliminar a concorrência. Ademais, é possível que no desempenho de certas atividades o estado detenha o seu *monopólio*).

Capítulo 2

Organização

Com base na regra constante do *caput* do art. 37 da nossa Constituição Federal verifica-se que a organização da Administração dar-se-á de forma *direta* (*centralizada*) e *indireta* (*descentralizada*).

A **Administração Pública Direta** é:

> "o conjunto de órgãos que integram a pessoa federativa com competência para determinado exercício, sendo constituída dos serviços que integram a estrutura da Presidência da República e seus ministérios e, pelo Princípio da Simetria, as esferas estaduais, municipais e distritais seguem a mesma estrutura"[1].

Frise-se que é o próprio Estado quem realizará diretamente a atividade administrativa, valendo-se de seus órgãos públicos.

Por sua vez, a **Administração Pública Indireta** é:

> "constituída a partir de um conjunto de entidades dotadas de personalidade jurídica própria, responsáveis pelo exercício, em caráter especializado e descentralizado, de certa e determinada atividade administrativa por outorga legal da entidade estatal"[2].

Para a consecução da atividade descentralizada são criadas pessoas jurídicas com personalidade jurídica própria, que desempenharão suas atividades nos limites outorgados constitucionalmente.

Destaque-se que enquanto a **Administração Pública Direta** é composta por *órgãos públicos despersonalizados*, a **Administração Pública Indireta** é formada por *entidades com personalidade jurídica própria*.

---

1. CARVALHO, Matheus. *Manual de Direito Administrativo*. 5.ª ed. rev. ampl. e atual. Salvador: Juspodivm, 2018. P. 164.
2. CUNHA JÚNIOR. Dirley da. *Curso de Direito Constitucional*. 12ª. ed. rev. ampl. e atual. Salvador: Juspodivm, 2018. P. 843.

Impende ressaltar a existência do Decreto-Lei n.º 200/67 que dispõe sobre a Administração Pública Federal. A partir desse decreto, temos que as entidades (e respetivos conceitos legais) que integram a Administração Pública Indireta são:

> I - Autarquia - o serviço autônomo, criado por lei, com personalidade jurídica, patrimônio e receita próprios, para executar atividades típicas da Administração Pública, que requeiram, para seu melhor funcionamento, gestão administrativa e financeira descentralizada.
>
> II - Empresa Pública - a entidade dotada de personalidade jurídica de direito privado, com patrimônio próprio e capital exclusivo da União, criado por lei para a exploração de atividade econômica que o Governo seja levado a exercer por força de contingência ou de conveniência administrativa podendo revestir-se de qualquer as formas admitidas em direito.
>
> III - Sociedade de Economia Mista - a entidade dotada de personalidade jurídica de direito privado, criada por lei para a exploração de atividade econômica, sob a forma de sociedade anônima, cujas ações com direito a voto pertençam em sua maioria à União ou a entidade da Administração Indireta.
>
> IV - Fundação Pública - a entidade dotada de personalidade jurídica de direito privado, sem fins lucrativos, criada em virtude de autorização legislativa, para o desenvolvimento de atividades que não exijam execução por órgãos ou entidades de direito público, com autonomia administrativa, patrimônio próprio gerido pelos respectivos órgãos de direção, e funcionamento custeado por recursos da União e de outras fontes.

E mais. Desde o ano de 2005, por intermédio da Lei n.º 11.107 (normas gerais de contratação dos consórcios públicos) foi criada outra entidade da Administração Indireta, qual seja, a **associação pública**. Segundo a lei em comento, a *associação pública* é uma entidade formada por consórcio público celebrado entre entidades da federação, com natureza de pessoa jurídica de direito público.

No que tange aos demais entes que, de uma forma ou de outra contribuem com a Administração Pública para a consecução de seus objetivos, remetemos o leitor à disciplina de Direito Administrativo.

Capítulo 3

Dos Princípios Constitucionais

Ao longo da Constituição Federal estão previstos diversos princípios (implícitos e explícitos) que tem o condão de disciplinar a atuação da Administração Pública. Dois dos princípios gerais basilares dela são o **da supremacia do interesse público** e o **da indisponibilidade do interesse público**.

O **princípio da supremacia do interesse público** acaba por outorgar um *status especial da Administração Pública em face do particular*, haja vista os interesses buscados por ela. Esse status especial é facilmente verificado com a existência de *prerrogativas* e *poderes* atribuídos à Administração Pública, colocando-a em uma relação verticalizada em face do particular.

Por sua vez, o **princípio da indisponibilidade do interesse público** acaba por *impor algumas restrições à atuação da Administração Pública*, haja vista que ela somente poderá atuar quando houver lei (em sentido amplo), não podendo sua atuação estar pautada em sua vontade.

Além desses dois princípios gerais, vamos destacar na presente obra os denominados ***princípios constitucionais expressos relacionados à Administração Pública***. Tais princípios estão insculpidos no *caput* do art. 37 da Constituição Federal: **legalidade**, **impessoalidade**, **moralidade**, **publicidade** e **eficiência**.

Para a rápida memorização de tais princípios expressos vamos nos utilizar do seguinte processo mnemônico: **L.I.M.P.E.**

A partir de agora, passaremos a tecer algumas considerações a respeito de cada um desses cinco princípios.

O **princípio da legalidade** está previsto em nossa Constituição Federal em diversos dispositivos, sendo que não podemos confundir aquele aplicado ao particular com aquele voltado ao poder público. Nesse sentido,

> "Para o particular, ninguém é obrigado a fazer ou deixar de fazer algo, senão em virtude de lei (aqui em sentido amplo ou material, referindo-se a qualquer espécie normativa), diante de sua autonomia da vontade. Já quanto ao admi-

nistrador, deverá ser adotado o princípio da legalidade em sentido estrito, pois só é possível fazer o que a lei autoriza ou determina"[1].

Esse princípio impõe ao administrador público a obrigação de atuar nos estritos limites impostos pela lei (*latu sensu*), não sendo possível que aquele pratique condutas que considere devidas, sem que haja o devido embasamento legal específico. Inexistindo previsão legal, o administrador público está proibido de atuar, sob a pena de incorrer em ilegalidade. Em razão disso, parte da doutrina afirma que a Administração Pública está adstrita ao ***princípio da subordinação à lei***.

Destaque-se que para o particular o princípio em tela estabelece que *ninguém é obrigado a fazer ou deixar de fazer alguma coisa senão em virtude de lei*, sendo que ante sua inexistência o particular poderá agir livremente. Isso significa dizer que o particular poderá atuar, livremente, sempre que inexistir ato normativo restringindo sua atuação.

Pelo **princípio da impessoalidade** o administrador público, quando de sua atuação, não poderá agir com a intenção de beneficiar-se, nem para prejudicar ninguém em especial (*vedação à promoção pessoal*), devendo-se sempre se pautar pela busca dos interesses da coletividade (*finalidade de atuação*).

Atuando em descompasso com a legislação em vigor, o ato administrativo praticado será considerado **nulo** por **desvio de finalidade**. Portanto, para que o ato não seja eivado de nulidade, é imperioso que o agente público aja segundo a vontade da lei, de *forma impessoal.*

Impende destacar que a vedação à promoção pessoal vem reforçada pelo próprio § 1.º do art. 37 da Constituição Federal que assim preceitua:

> "A publicidade dos atos, programas, obras, serviços e campanhas dos órgãos públicos deverá ter caráter educativo, informativo ou de orientação social, dela não podendo constar nomes, símbolos ou imagens que caracterizem promoção pessoal de autoridades ou servidores públicos".

Além de ser legal, o ato administrativo deve ser moral. Nesse sentido, é que o **princípio da moralidade** acaba por exigir a honestidade e lealdade de conduta da função administrativa por parte do administrador público. A exigência de atuação ética desse, portanto, torna-se jurídica. Referido princípio formou-se a partir do princípio da legalidade.

Por se tratar de um *princípio jurídico*, a sua aplicação independe da concepção de moral do agente que pratica o ato, ou seja, para o direito pouco importa a convicção íntima do administrador público. Não obstante isso, inegável que a moral seja um conceito jurídico indeterminado, dado seu elevado grau de indeterminação.

---

1. MARTINS, Flávia Bahia. *Direito Constitucional.* 2.ª ed. Niterói: Impetus, 2011. P. 324.

Caso se verifique que um ato, *a despeito de legal, seja imoral*, ele deverá ser declarado *nulo*. Uma das formas de se combater o ato imoral é o manuseio da denominada **ação popular**:

> "Art. 5.º (...)
>
> LXXIII - qualquer cidadão é parte legítima para propor ação popular que vise a anular ato lesivo ao patrimônio público ou de entidade de que o Estado participe, à moralidade administrativa, ao meio ambiente e ao patrimônio histórico e cultural, ficando o autor, salvo comprovada má-fé, isento de custas judiciais e do ônus da sucumbência".

Frise-se que o **dever de probidade** é visto pela doutrina pátria como sendo uma forma de ***lesão qualificada ao princípio da moralidade***, vindo estampado no § 4.º do art. 37 da CF:

> "Os atos de improbidade administrativa importarão a suspensão dos direitos políticos, a perda da função pública, a indisponibilidade dos bens e o ressarcimento ao erário, na forma e gradação previstas em lei, sem prejuízo da ação penal cabível".

A Constituição Federal ainda prevê que se o Chefe do Poder Executivo Federal praticar atos que *atentem contra a probidade administrativa* ele poderá responder por **crime de responsabilidade** (infração político-administrativa), *ex vi* do inciso V do art. 85. Destaque-se, contudo, que essa não é a única autoridade pública que poderá ser responsabilizado por referido crime!

Segundo o **princípio da publicidade** veda-se, em regra, à Administração Pública a edição de atos secretos do poder público, vez que aquela deve atuar de forma transparente.

Conquanto não seja um direito absoluto, a publicidade está inicialmente estampada dentro dos direitos fundamentais, no inciso XXXIII do art. 5.º da CF:

> "Todos têm direito a receber dos órgãos públicos informações de seu interesse particular, ou de interesse coletivo ou geral, que serão prestadas no prazo da lei, sob pena de responsabilidade, ressalvadas aquelas cujo sigilo seja imprescindível à segurança da sociedade e do Estado".

Inclusive, para garantir esse direito, um dos mecanismos previstos em nosso ordenamento é o remédio constitucional do *habeas data*, previsto no inciso LXXII do art. 5.º da CF. Conforme já visto na presente obra, esse remédio constitucional tem a finalidade específica de obtenção de dados relacionados à pessoa do impetrante! Registre-se, ainda, que é conferido ao indivíduo o direito à obtenção de certidão em repartição pública (art. 5.º, XXXIV, "b", da CF).

Há que destacar, também, a regra contida no inciso II do § 3.º do art. 37 da Constituição Federal que estabelece:

> "§ 3º A lei disciplinará as formas de participação do usuário na administração pública direta e indireta, regulando especialmente:
>
> (...)
>
> II - o acesso dos usuários a registros administrativos e a informações sobre atos de governo, observado o disposto no art. 5º, X e XXXIII"

A fim de garantir a eficácia desse princípio constitucional foi editada a Lei n.º 12.527/11 que estabeleceu normas gerais sobre o acesso à informação (Lei de Acesso à Informação).

Por fim, há que se destacar a existência do denominado **princípio da eficiência**, que foi inserido em nossa CF pela EC n.º 19/98, como resultado do modelo de *administração gerencial*, implementado entre nós a partir do ano de 1995. Não basta que o administrador público produza os atos, sendo necessária a *produção com qualidade e menos gastos*. No desempenho das funções estatais é imprescindível que sejam colhidos melhores resultados práticos, com o menor desperdício possível.

Capítulo 4

Obrigatoriedade de Concurso Público e Temas Correlatos

Como regra, para ingressar no serviço público é imprescindível a prévia aprovação em concurso público, de provas ou de provas e títulos, conforme se extrai do inciso II do art. 37 da CF:

> "a investidura em cargo ou emprego público depende de aprovação prévia em concurso público de provas ou de provas e títulos, de acordo com a natureza e a complexidade do cargo ou emprego, na forma prevista em lei, ressalvadas as nomeações para cargo em comissão declarado em lei de livre nomeação e exoneração".

Desde já, importante ressaltar que *as provas de títulos em concursos públicos devem ter caráter exclusivamente classificatório, não podendo ostentar natureza eliminatória* (MS 31.176/DF, rel. Ministro Luiz Fux, j. 02/9/14).

Ao exigir a prévia aprovação em concurso público, o constituinte teve a *intenção de garantir a isonomia, impessoalidade e o mérito dos melhores candidatos* ao cargo a ser ocupado.

Nesse mesmo sentido da norma constitucional o Supremo Tribunal Federal editou o enunciado da Súmula 685 estabelecendo que:

> "é inconstitucional toda modalidade de provimento que propicie ao servidor investir-se, sem prévia aprovação em concurso público destinado ao seu provimento, em cargo que não integra a carreira na qual anteriormente investido".

Conquanto haja a necessidade de aprovação prévia em concurso público, **quem pode participar do certame**? Pela própria Constituição Federal o concurso público *poderá ser prestado tanto por brasileiros* (natos ou naturalizados), *quanto por estrangeiros.*

Entretanto, o inciso I do art. 37 da Carta Magna estabelece tratamento diferenciado para tais pessoas. Isso porque, para os brasileiros terem acesso a cargos, empregos ou funções públicas, **basta atenderem aos requisitos previstos em lei**, ao passo que o acesso de estrangeiros deve ocorrer **na forma da lei**, ou seja, é imprescindível que exista prévia lei autorizando e estabelecendo a forma de ingresso deles.

Ao julgar o RE 1.177.699/SC (j. virtual em 24/3/2023), o STF firmou a tese de que o candidato estrangeiro tem direito líquido e certo à nomeação em concurso público para provimento de cargos de professor, técnico e cientista em universidades e instituições de pesquisa científica e tecnológica federais, nos termos do art. 207, § 1.º, da CF, salvo se a restrição da nacionalidade estiver expressa no edital do certame com exclusivo objetivo de preservar o interesse público e desde que, sem prejuízo de controle judicial, devidamente justificada.

Não obstante haja a possibilidade de cargos públicos serem ocupados por estrangeiros, faz-se necessário lembrarmos que a carreira diplomática é reservada aos **brasileiros natos** (art. 12, § 3.º, V, da CF).

Merece chamar a atenção, neste ponto, que o Supremo Tribunal Federal afirma **não ser possível** que editais de concursos públicos **tragam exigências desamparadas da lei**, ou seja, que estejam baseadas exclusivamente em atos normativos infralegais. Ademais, não é possível a imposição de exigências que extrapolem o razoável, desnecessárias, desproporcionalmente restritivas ou injustificadamente discriminatórias.

Nesse sentido é que o STF entende que *só por lei se pode sujeitar a* ***exame psicotécnico*** *a habilitação de candidato a cargo público* (Súmula Vinculante n.º 44).

No que tange à possibilidade ou não de exigência de **altura mínima** para determinados cargos, ao julgar o ARE 640.284/SP (rel. Ministro Gilmar Mendes, j. 16/5/11) a Colenda Corte firmou o entendimento de *ser razoável a exigência de altura mínima para cargos da área de segurança, desde que prevista em lei no sentido formal e material, bem como no edital que regule o concurso.*

Ainda, *a imposição de* ***discrímen de gênero*** *para fins de participação em concurso público somente é compatível com a Constituição nos excepcionais casos em que demonstradas a fundamentação proporcional e a legalidade da imposição, sob pena de ofensa ao princípio da isonomia* (RE 258.684/MS, rel. Ministro Gilmar Mendes, j. 03/9/13).

É possível que edital de concurso público estabeleça restrição a pessoas com **tatuagem**? Nossa jurisprudência somente admite essa possibilidade em *situações excepcionais em razão de conteúdo que viole valores constitucionais*. Logo, em princípio, não é possível esse tipo de restrição (RE 898.450/SP – repercussão geral – rel. Ministro Luiz Fux, j. 17/8/16). Entretanto, seria possível obstar a participação de um candidato que, p.ex., tivesse a tatuagem à cruz suástica, fazendo-se apologia ao nazismo.

Impende registrar que a respeito da **limitação de idade** em concursos públicos o STF tem entendimento sumulado (683) nos seguintes termos: "*O limite de idade para a inscrição em concurso público só se legitima em face do art. 7.º, XXX,* *da Constituição, quando possa ser justificado pela natureza das atribuições do cargo a ser preenchido".*

Outra regra importante a ser observada é que a Constituição Federal impõe a obrigatoriedade do legislador infraconstitucional, por meio de lei ordinária, reservar percentual dos cargos e empregos públicos para as pessoas **portadoras de deficiência** e definirá os critérios de sua admissão. Independentemente do cargo público a ser preenchido, não será possível que o edital do certame deixe de reservar vaga para referidas pessoas. (RE-AgR 606.728/DF, rel. Ministra Cármen Lúcia, j. 02/12/2010).

O STF não tem admitido a aplicação da denominada **teoria do fato consumado** para que se mantenha em cargo público a pessoa que, sem ter sido devidamente aprovada no certame, tenha tomado posse por força de decisão judicial precária, de caráter provisório (RE 608.482/RN, rel. Ministro Teori Zavascki, j. 07/8/14). Nesse caso, o candidato não poderá invocar o denominado *princípio da confiança legítima*[1], haja vista ser ele conhecedor da precariedade da decisão judicial. A despeito da possibilidade de ter sua posse tornada sem efeito, ante a revogação de decisão judicial anterior, o servidor público não terá que restituir a remuneração percebida ao logo dos anos, vez que ela possui natureza alimentar, sendo irrepetível. Ademais, caso houvesse a restituição das verbas remuneratórias percebidas, o Estado poderia enriquecer-se ilicitamente, pois o servidor trabalhou.

Questão que teve relevante repercussão em nossa jurisprudência, em virtude da discussão sobre sua legalidade ou não, diz respeito à denominada **cláusula de barreira** (cláusula editalícia que limita o número de candidatos participantes de cada fase da disputa, com o intuito de selecionar apenas os concorrentes mais bem classificados para prosseguir no certame). Ao julgar o RE 635.739/AL, em 19/2/14, o Supremo Tribunal Federal entendeu que *referida cláusula é constitucional, haja vista não violar os princípios da isonomia e da proporcionalidade.* Isso porque, na visão da Colenda Corte, a cláusula de barreira acaba por estabelecer critérios objetivos, gerais e abstratos para restringir os candidatos convocados para as fases seguintes do certame, constituindo-se um instrumento necessário para selecionar os melhores candidatos diante do elevado número de candidatos que almejam ocupar os cargos públicos.

Ponto comumente cobrado em certames públicos diz respeito ao **prazo de validade** dos concursos. Esse prazo, *contado da homologação*[2] *do certame*, corres-

1. Referido princípio está intrinsicamente relacionado aos princípios da boa-fé e da segurança jurídica. Nesse sentido, os comportamentos adotados pelo Estado, ante o atributo da presunção de legitimidade, geram no particular a confiança de que são atos legais. Portanto, o administrado não poderá ser prejudicado caso o ato seja desfeito, vez que, de boa-fé, tinha confiança serem legítimos.
2. Não podemos nos esquecer que a homologação é ato administrativo por intermédio do qual a autoridade administrativa com atribuição legal certifica que o certame realizado foi regular e validamente concluído.

ponde ao período em que a administração pública tem para nomear ou contratar os aprovados para o cargo ou emprego público, vinculados ao certame correlato. Não podemos nos esquecer que o prazo de validade do concurso público será de ***até dois anos*****, prorrogável uma vez, por igual período**. Registre-se que a prorrogação (ato discricionário da Administração Pública) só será viável enquanto o prazo inicial de validade ainda não tiver expirado, vez que é inconcebível pensar em prorrogação de um prazo que já se expirou[3].

Chamo a atenção dos leitores ao seguinte questionamento: uma vez aprovado no certame público, **o candidato terá direito subjetivo a ser nomeado**? Para responder a essa indagação, vejamos a evolução de nossa jurisprudência.

No julgamento do RE 598.099/MS-RG o Supremo Tribunal Federal pacificou o entendimento no sentido de que **o candidato aprovado dentro do número de previsto no edital do certame tem direito subjetivo à nomeação**. Vejamos a emanta daquele julgado:

> EMENTA Agravo regimental no recurso extraordinário com agravo. Administrativo. Concurso público. Candidato aprovado dentro do número de vagas previsto no edital. Direito à nomeação. Desrespeito à ordem de classificação. Não ocorrência. Precedentes. 1. O Plenário do STF, ao apreciar o mérito do RE nº 598.099/MS-RG, Relator o Ministro Gilmar Mendes, concluiu que o candidato aprovado em concurso público dentro do número de vagas previsto no edital tem direito subjetivo à nomeação. 2. É pacífica a jurisprudência da Corte de que não há falar em desrespeito à ordem de classificação em concurso público quando a Administração nomeia candidatos menos bem classificados por força de determinação judicial. 3. Agravo regimental não provido. (ARE 869153 AgR, Relator(a): Min. DIAS TOFFOLI, Segunda Turma, julgado em 26/05/2015).

Com relação aos **aprovados fora do número de vagas inicialmente previsto no edital**, há que se destacar o julgamento do RE n.º 837.311/PI, em sede de repercussão geral, através do qual o Supremo Tribunal Federal assim decidiu (j. 09/12/15):

> "O Tribunal, por maioria e nos termos do voto do Relator, fixou tese nos seguintes termos: o surgimento de novas vagas ou a abertura de novo concurso para o mesmo cargo, durante o prazo de validade do certame anterior, não gera automaticamente o direito à nomeação dos candidatos aprovados fora das vagas previstas no edital, ressalvadas as hipóteses de preterição arbitrária e imotivada por parte da administração, caracterizada por comportamento tácito ou expresso do Poder Público capaz de revelar a inequívoca necessidade de nomeação do aprovado durante o período de validade do certame, a ser demonstrada de forma cabal pelo candidato. Assim, o direito subjetivo à nomeação do candidato aprovado em concurso público exsurge nas seguintes hipóteses:

3. RE 201.634/BA, rel. Min. Ilmar Galvão, j. 15/2/2000; RE 352.258/BA, rel. Min. Ellen Gracie, j. 27/4/2004.

1 – Quando a aprovação ocorrer dentro do número de vagas dentro do edital;

2 – Quando houver preterição na nomeação por não observância da ordem de classificação;

3 – Quando surgirem novas vagas, ou for aberto novo concurso durante a validade do certame anterior, e ocorrer a preterição de candidatos de forma arbitrária e imotivada por parte da administração nos termos acima."

No que tange aos candidatos aprovados em concurso destinado a **cadastro de reserva** vejamos a jurisprudência do Superior Tribunal de Justiça, a partir do julgamento do RMS 37.882/AC (Rel. Ministro Mauro Campbell Marques, Segunda Turma, julgado em 18/12/2012, DJe 14/02/2013):

"ADMINISTRATIVO. RECURSO ORDINÁRIO EM MANDADO DE SEGURANÇA. CONCURSO PÚBLICO. APROVAÇÃO DENTRO DO CADASTRO DE RESERVA PREVISTO EM EDITAL. ABERTURA DE NOVAS VAGAS NO PRAZO DE VALIDADE DO CERTAME.

(...)

4. A aprovação do candidato dentro do cadastro de reservas, ainda que fora do número de vagas inicialmente previstas no edital do concurso público, confere-lhe o direito subjetivo à nomeação para o respectivo cargo, se, durante o prazo de validade do concurso, houver o surgimento de novas vagas, seja em razão da criação de novos cargos mediante lei, seja em virtude de vacância decorrente de exoneração, demissão, aposentadoria, posse em outro cargo inacumulável ou falecimento.

5. A exceção a esta regra, desde que devidamente motivada pelo Poder Público e sujeita ao controle do Poder Judiciário, deve estar fundada nas características fixadas pelo Supremo Tribunal Federal em sede de repercussão geral. Nesse sentido, se houver sido alcançado o limite prudencial de dispêndios com folha de pessoal, assim declarado este fato pelos órgãos de controle interno e externo respectivos da Administração, tudo em razão do que dispõe o art. 22, parágrafo único, inciso IV, da Lei Complementar nº 101/2000.

6. Os Tribunais Superiores têm reconhecido direito à nomeação de candidatos aprovados em cadastro de reserva nos casos de surgimento de novas vagas. Precedentes: RE 581.113/SC, 1ª Turma, Rel. Min. Dias Toffoli, DJe 31.5.2011; MS 18.570/DF, 1ª Seção, Rel. Min. Napoleão Nunes Maia Filho, DJe 21/08/2012; DJe 29/05/2012; RMS 32105/DF, 2ª Turma, Rel. Min. Eliana Calmon, DJe 30/08/2010.

7. No caso concreto dos autos, a recorrente ficou colocada em 44º lugar no concurso público para provimento do cargo em questão, que tinha 20 vagas, ou seja, foi aprovada fora do número de vagas previstas em edital. A Administração Pública, conforme seu critério de conveniência e oportunidade e observando a ordem de classificação, nomeou até o 41º candidato aprovado, dentro do prazo de validade do concurso.

8. Verifica-se, pela leitura das informações prestadas pela Secretaria de Estado da Fazenda, que existem 138 Auditores da Receita Estadual na ativa, sendo 118

no cargo de Auditor da Receita Estadual e 20 no cargo de Auditor da Receita Estadual II. A Lei nº 2.265/2010 do Estado do Acre, que estabeleceu nova estrutura da carreira para os servidores públicos estaduais da Secretaria de Estado da Fazenda - SEFAZ, fixou o quantitativo de 140 cargos para Auditor da Receita Estadual (Anexo XIII - fls. 90), ou seja, como estão preenchidos, conforme informação acima, 138 cargos, existem 2 vagas a serem supridas.

9. Ocorre que a recorrente foi aprovada, dentro do cadastro de reserva, na posição classificatória 44ª (quadragésima quarta), ou seja, a 3ª que deve ser convocada, uma vez que o último a ser chamado foi o 41º (quadragésimo primeiro), conforme relatado na petição inicial e confirmado nas informações. Porém, como visto acima, mesmo com a criação de novas vagas, há apenas 2 que não foram preenchidas. Dessa forma, obedecendo a ordem de classificação e preenchendo as duas vagas restantes, a colocação da candidata não é atingida para sua convocação.

10. Recurso ordinário em mandado de segurança não provido".

Outra questão de suma importância aqui diz respeito à **possibilidade ou não de candidatos terem direito à segunda chamada nos testes físicos em concursos públicos**. No mês de maio de 2013, em sede de repercussão geral (RE 630.733/DF, rel. Ministro Gilmar Mendes), o STF firmou o entendimento de que os candidatos em concursos públicos **não possuem direito** à prova de segunda chamada nos testes de aptidão física em razão de circunstâncias pessoais, ainda que de caráter fisiológico ou de força maior, salvo se houver previsão no edital permitindo essa possibilidade. Nesse sentido, vejamos excerto da referida decisão:

> "O Tribunal, por maioria e nos termos do voto do Relator, negou provimento ao recurso, mas reconheceu a inexistência de direito de candidatos à prova de segunda chamada nos testes de aptidão física, em razão de circunstâncias pessoais, ainda que de caráter fisiológico ou de força maior, salvo contrária disposição editalícia, e assegurou a validade das provas de segunda chamada realizadas até a data deste julgamento, vencido o Ministro Marco Aurélio que desprovia o recurso, mas com consequências diversas, e quanto à aplicação do regime da repercussão geral ao caso".

Ocorre que, em novembro de 2018, ao enfrentar um caso concreto sobre tema análogo, o Plenário do STF, em repercussão geral (RE 1.058.333/PR, rel. Ministro Luiz Fux), decidiu:

> "Ser constitucional a remarcação do teste de aptidão física de candidata que esteja grávida à época de sua realização, *independentemente da previsão expressa em edital do concurso público*.

Ainda, de acordo com o STF é possível a fixação de obrigações alternativas a candidatos em concursos públicos e a servidores em estágio probatório, que se escusem de cumprir as obrigações legais originalmente fixadas por motivos de crença religiosa, desde que presentes a razoabilidade da alteração, a preservação da igualdade entre todos os candidatos e que não acarrete ônus desproporcional à Administração Pública, que deverá decidir de maneira fundamentada. (RE 611.874/DF, j. 19, 25e 26/11/2020 – cf. informativo n.º 984)

Não obstante a obrigatoriedade para ingresso no serviço público seja a aprovação prévia em concurso público, a própria Constituição Federal preceitua exceções: ***cargos em comissão, funções de confiança*** e ***contratação por tempo determinado***.

Tanto os **cargos em comissão**, quanto as **funções de confiança** são *destinadas, exclusivamente, às atribuições de direção, chefia e assessoramento*. A despeito de os primeiros poderem ser preenchidos por pessoas que não tenham ingressado no serviço público mediante concurso público, é imprescindível que a lei preveja percentuais mínimos de vagas de cargos em comissão destinadas a servidores públicos de carreira. Por outro lado, em se tratando de funções de confiança, elas devem ser exercidas exclusivamente por servidores ocupantes de cargo efetivo.

Os cargos em comissão não podem ser utilizados para satisfazer necessidades temporárias da Administração Pública, decorrentes da vacância de cargos de provimento efetivo. Ademais, eles não se prestam ao desempenho de atividades puramente técnicas, situadas na base da pirâmide hierárquica. Outra peculiaridade é que o número de cargos comissionados deve guardar proporcionalidade com a necessidade que eles visam suprir e com o número de servidores ocupantes de cargos efetivos no ente federativo.

A EC n.º 103/19 (Reforma da Previdência) foi taxativa ao prever ser ***vedada a incorporação de vantagens de caráter temporário ou vinculadas ao exercício de função de confiança ou de cargo em comissão à remuneração do cargo efetivo*** (cf. art. 39, § 9.º, CF).

Outra exceção é da **contratação por tempo determinado**, prevista no inciso IX do art. 37 da Carta Magna, *para atender necessidade temporária de excepcional interesse público*. Esse dispositivo constitucional, na esfera federal, vem disciplinado pela Lei n.º 8.745/93, tendo aplicabilidade nos órgãos da administração direta federal, bem como às suas autarquias e fundações públicas.

A contratação será feita mediante *processo seletivo simplificado*, observando-se à ampla divulgação. Destaque-se que no caso de a contratação ser efetuada para atender necessidades decorrentes de calamidade pública de emergência ambiental e de emergências em saúde pública, o processo seletivo será dispensado. Por se configurar uma exceção à regra do concurso público, o Supremo Tribunal Federal possui firme entendimento de que esse inciso IX **deve ser interpretado restritivamente**.

Nesse sentido, vejamos a ementa relacionada ao julgamento da ADI 3662/MT:

> "CONSTITUCIONAL. CONTRATAÇÃO TEMPORÁRIA DE SERVIDORES (ART. 37, IX, CF). LEI COMPLEMENTAR 12/1992 DO ESTADO DO MATO GROSSO. INCONSTITUCIONALIDADE. MODULAÇÃO DE EFEITOS.

> 1. A Constituição Federal é intransigente em relação ao princípio do concurso público como requisito para o provimento de cargos públicos (art. 37, II, da CF). A exceção prevista no inciso IX do art. 37 da CF deve ser interpretada restritivamente, cabendo ao legislador infraconstitucional a observância dos requisitos da reserva legal, da atualidade do excepcional interesse público justificador da contratação temporária e da temporariedade e precariedade dos vínculos contratuais.
>
> 2. A Lei Complementar 12/1992 do Estado do Mato Grosso valeu-se de termos vagos e indeterminados para deixar ao livre arbítrio do administrador a indicação da presença de excepcional interesse publico sobre virtualmente qualquer atividade, admitindo ainda a prorrogação dos vínculos temporários por tempo indeterminado, em franca violação ao art. 37, IX, da CF.
>
> 3. Ação direta julgada procedente, para declarar inconstitucional o art. 264, inciso VI e § 1º, parte final, da Lei Complementar 4/90, ambos com redação conferida pela LC 12/92, com efeitos *ex nunc*, preservados os contratos em vigor que tenham sido celebrados exclusivamente com fundamento nos referidos dispositivos, por um prazo máximo de até 12 (doze) meses da publicação da ata deste julgamento".

Outro ponto relacionado ao ingresso no serviço público diz respeito à **regra da estabilidade**, constante do art. 41 da CF. Trata-se de regra aplicável aos *servidores públicos estatutários ocupantes de cargos efetivos.*

Da leitura do art. 41 da CF verificamos que para a aquisição da estabilidade é imprescindível a observância de *quatro requisitos cumulativos*, quais sejam:

a) Aprovação em concurso público;
b) Nomeação para o cargo público efetivo;
c) Três anos de efetivo exercício do cargo ao qual foi nomeado; e,
d) Avaliação especial por desempenho por comissão instituída para essa finalidade.

Somente com o preenchimento desses quatro requisitos é que o servidor público estatutário adquirirá a estabilidade.

Destaque-se, ainda, que o servidor público estável somente poderá **perder o cargo** nas seguintes hipóteses elencadas na Constituição Federal:

a) Sentença judicial transitada em julgado;
b) Processo administrativo disciplinar (PAD), assegurado o contraditório e a ampla defesa;
c) Mediante procedimento de avaliação periódico de desempenho, na forma de lei complementar, assegurada ampla defesa;
d) Excesso de despesa com pessoal, nos termos do § 4.º do art. 169[4] da CF.

---

4. Art. 169. A despesa com pessoal ativo e inativo e pensionistas da União, dos Estados, do Distrito Federal e dos Municípios não pode exceder os limites estabelecidos em lei complementar. (**redação dada pela EC n.º 109/2021**)

A despeito da possibilidade de perda de cargo decorrente de sentença judicial, o constituinte previu a possibilidade de invalidação da sentença e a *reintegração* do servidor estável demitido. Em havendo essa hipótese, o eventual ocupante da vaga do servidor demitido, se estável, será reconduzido ao cargo de origem, sem direito a indenização, aproveitado em outro cargo ou posto em disponibilidade com remuneração proporcional ao tempo de serviço.

Ademais, o constituinte previu a hipótese de o **cargo público ser extinto** ou **ser declarado desnecessário**. Em havendo qualquer dessas situações o servidor estável ficará em disponibilidade, com remuneração proporcional ao tempo de serviço, até seu adequado aproveitamento em outro cargo.

Registre-se, ainda, que a Constituição Federal garante ao servidor público o **direito de associação sindical**, bem como o **direito de greve**. No que tange ao primeiro direito, a regra constante do inciso VI do art. 37 da Carta Magna é considerada uma *norma constitucional de eficácia plena*, ao passo que o segundo é uma *norma constitucional de eficácia limitada*, necessitando de complementação infraconstitucional para irradiar todos os seus efeitos.

Conquanto a lei regulamentadora do direito de greve do servidor público não tenha sido editada até o presente momento, a **jurisprudência do Supremo Tribunal Federal** é pacífica no sentido de reconhecer referido direito, aplicando--se, de forma temporária e naquilo que couber, a Lei n.º 7.783/89 (lei de greve do setor privado), até que o Congresso Nacional dê cumprimento à determinação constitucional. Referida jurisprudência foi firmada a partir do julgamento dos Mandados de Injunções n.º 670/ES, 708/DF e 712/DF.

---

§ 1º A concessão de qualquer vantagem ou aumento de remuneração, a criação de cargos, empregos e funções ou alteração de estrutura de carreiras, bem como a admissão ou contratação de pessoal, a qualquer título, pelos órgãos e entidades da administração direta ou indireta, inclusive fundações instituídas e mantidas pelo poder público, só poderão ser feitas: I - se houver prévia dotação orçamentária suficiente para atender às projeções de despesa de pessoal e aos acréscimos dela decorrentes; II - se houver autorização específica na lei de diretrizes orçamentárias, ressalvadas as empresas públicas e as sociedades de economia mista.

§ 2º Decorrido o prazo estabelecido na lei complementar referida neste artigo para a adaptação aos parâmetros ali previstos, serão imediatamente suspensos todos os repasses de verbas federais ou estaduais aos Estados, ao Distrito Federal e aos Municípios que não observarem os referidos limites.

§ 3º Para o cumprimento dos limites estabelecidos com base neste artigo, durante o prazo fixado na lei complementar referida no caput, a União, os Estados, o Distrito Federal e os Municípios adotarão as seguintes providências: I - redução em pelo menos vinte por cento das despesas com cargos em comissão e funções de confiança; II - exoneração dos servidores não estáveis.

§ 4º Se as medidas adotadas com base no parágrafo anterior não forem suficientes para assegurar o cumprimento da determinação da lei complementar referida neste artigo, o servidor estável poderá perder o cargo, desde que ato normativo motivado de cada um dos Poderes especifique a atividade funcional, o órgão ou unidade administrativa objeto da redução de pessoal.

§ 5º O servidor que perder o cargo na forma do parágrafo anterior fará jus a indenização correspondente a um mês de remuneração por ano de serviço. § 6º O cargo objeto da redução prevista nos parágrafos anteriores será considerado extinto, vedada a criação de cargo, emprego ou função com atribuições iguais ou assemelhadas pelo prazo de quatro anos.

§ 7º Lei federal disporá sobre as normas gerais a serem obedecidas na efetivação do disposto no § 4.

A partir do julgamento dessas ações constitucionais podemos concluir que o servidor público somente poderá deflagrar greve se forem observados os seguintes requisitos:

a) Tentativa de negociação prévia, direta e pacífica;

b) Frustração ou impossibilidade de negociação ou de se estabelecer uma agenda comum;

c) Deflagração após decisão assemblear;

d) Comunicação aos interessados, no caso, ao ente da Administração Pública a que a categoria se encontre vinculada e à população, com antecedência mínima de 72 horas;

e) Adesão ao movimento por meios pacíficos; e

f) A garantia de que continuarão sendo prestados os serviços indispensáveis ao atendimento das necessidades dos administrados e à sociedade.

Não obstante a possibilidade de se exercer o direito constitucional de greve, mesmo sem lei infraconstitucional regulamentadora, conforme se verá mais adiante, a **jurisprudência do STF** ***proíbe o exercício daquele direito aos integrantes dos órgãos de segurança pública.***

Como vimos, será perfeitamente possível a realização de greve por parte dos servidores públicos. Entretanto, a Administração Pública **poderá descontar a remuneração de tais servidores nos dias em que ficarem parados?** Ao julgar o RE 693.456/RJ, em sede de repercussão geral, o Plenário do STF firmou a tese de que, como regra, a *administração pública deve proceder ao desconto dos dias de paralisação decorrentes do exercício do direito de greve pelos servidores públicos, em virtude da suspensão do vínculo funcional que dela decorre.* Contudo, *o desconto será incabível se ficar demonstrado que a greve foi provocada por conduta ilícita do Poder Público.* Para evitar o desconto salarial, o próprio Supremo Tribunal Federal entende que poderá haver compensação em caso de acordo.

Por fim, o Supremo Tribunal Federal tem entendimento consolidado de que a **Justiça Comum** (Estadual ou Federal) será sempre competente para julgar causa relacionada ao direito de greve de servidor público da Administração direta, autárquica e fundacional, independentemente de ser celetista ou estatutário.

Capítulo 5

Vedação à Acumulação de Cargos, Empregos e Funções Públicas

Como regra, a Constituição Federal **veda a acumulação remunerada** de cargos, funções e empregos públicos. Entretanto, há algumas exceções trazidas pela própria Carta Magna.

Nesse sentido, devemos nos atentar ao estabelecido nas alíneas do inciso XVI do art. 37 da CF, em que se **admite a cumulação remunerada**:

> "Art. 37...
>
> XVI - é vedada a acumulação remunerada de cargos públicos, exceto, quando houver compatibilidade de horários, observado em qualquer caso o disposto no inciso XI:
>
> a) a de dois cargos de professor;
>
> b) a de um cargo de professor com outro técnico ou científico;
>
> c) a de dois cargos ou empregos privativos de profissionais de saúde, com profissões regulamentadas".

Destaque-se que as exceções em questão são extensíveis aos servidores detentores do mandato de Vereador, desde que haja compatibilidade de horários (art. 38, III, CF); aos Magistrados (cf. art. 95, parágrafo único, I, CF); aos membros do Ministério Público (cf. art. 128, § 5.º, CF), bem como aos Militares (cf. art. 142, § 3.º, II, III e, VIII, CF). Importante registrar que com a promulgação da **EC n.º 101, de 04/7/19**, houve a inserção do § 3.º ao art. 42 da Carta Magna, prevendo de forma expressa que a integralidade do inciso XVI do art. 37 é extensível também aos militares estaduais e distritais.

Impende consignar que a proibição de acumular estende-se a empregos e funções e abrange autarquias, fundações, empresas públicas, sociedades de economia mista, suas subsidiárias, e sociedades controladas, direta ou indiretamente, pelo Poder Público.

Como vimos a pouco, a Constituição Federal admite, de forma excepcional, a cumulação de cargos públicos. Em razão disso, pergunta-se: **em havendo a acumulação de dois cargos públicos, o servidor poderá receber acima do teto constitucional fixado?**

O inciso XI do art. 37 da Constituição Federal estabelece o valor máximo que os agentes públicos podem receber (teto remuneratório). No *âmbito nacional* o teto remuneratório é o subsídio dos Ministros do Supremo Tribunal Federal, sendo que nenhum servidor público federal poderá ganhar mais que eles. Conquanto as Constituições Estaduais e Leis Orgânicas Municipais e Distrital possam fixar subtetos para os Estados, Municípios e Distrito Federal, respectivamente, esses subtetos também precisam respeitar ao teto nacionalmente fixado.

Frise-se que independentemente do vínculo estabelecido (estatutário, celetista, temporário, comissionado, político), o teto será aplicado a todos os agentes públicos (ativos ou inativos), sejam eles da administração pública direta, de autarquias ou fundações. Em se tratando de empregados públicos vinculados a empresas públicas ou sociedades de economia mista (e subsidiárias), deverá também haver a observância do teto remuneratório, desde que tais entes da administração indireta recebam recursos de quaisquer dos entes federativos para pagamento de despesas de pessoal ou de custeio em geral.

Voltando ao cerne da questão feita acima, verificamos que pela *literalidade* dos incisos XI e XVI do art. 37 da CF, **a soma das remunerações dos dois cargos não pode ser superior ao teto constitucional estabelecido**.

Não obstante isso, a **jurisprudência do Superior Tribunal de Justiça** e **do Supremo Tribunal Federal** vão no sentido de que no caso de acumulação, ***os cargos deverão ser considerados de forma isolada para efeitos do teto remuneratório***. Logo, ***é possível que a remuneração de ambos os cargos ultrapasse o teto***.

Nesse sentido, podemos mencionar os excertos dos seguintes julgados:

> "A jurisprudência desta Corte orienta-se no sentido de que em se tratando de cumulação legítima de cargos, a remuneração do servidor público não se submete ao teto constitucional, devendo os cargos, para este fim, ser considerados isoladamente". (STJ. 1ª Turma. AgRg no RMS 45.937/DF, Rel. Min. Benedito Gonçalves, julgado em 05/11/2015).
>
> "Nos casos autorizados constitucionalmente de acumulação de cargos, empregos e funções, a incidência do art. 37, XI, da Constituição Federal pressupõe consideração de cada um dos vínculos formalizados, afastada a observância do teto remuneratório quanto ao somatório dos ganhos do agente público". (STF. Plenário. RE 612975/MT e RE 602043/MT, Rel. Min. Marco Aurélio, julgados em 26 e 27/4/2017).

Por fim, há que se ressaltar que **não serão incluídos no teto constitucional** as seguintes verbas:

a) Parcelas de caráter indenizatório, nos termos do § 11 do art. 37 da CF;
b) Verbas que correspondam aos direitos sociais previstos no art. 7.º c.c. art. 39, § 3.º, da CF); e
c) Quantias recebidas pelo servidor a título de abono de permanência em serviço.

Capítulo 6

Servidores Públicos e Exercício de Mandato Eletivo

A Constituição Federal traz regras a respeito dos servidores públicos quando do exercício de mandato eletivo. Veja-se o que preceitua o art. 38:

> "Art. 38. Ao servidor público da administração direta, autárquica e fundacional, no exercício de mandato eletivo, aplicam-se as seguintes disposições:
>
> I - tratando-se de mandato eletivo federal, estadual ou distrital, ficará afastado de seu cargo, emprego ou função;
>
> II - investido no mandato de Prefeito, será afastado do cargo, emprego ou função, sendo-lhe facultado optar pela sua remuneração;
>
> III - investido no mandato de Vereador, havendo compatibilidade de horários, perceberá as vantagens de seu cargo, emprego ou função, sem prejuízo da remuneração do cargo eletivo, e, não havendo compatibilidade, será aplicada a norma do inciso anterior;
>
> IV - em qualquer caso que exija o afastamento para o exercício de mandato eletivo, seu tempo de serviço será contado para todos os efeitos legais, exceto para promoção por merecimento;
>
> V - na hipótese de ser segurado de regime próprio de previdência social, permanecerá filiado a esse regime, no ente federativo de origem".

A disciplina constante do inciso I aplica-se às situações em que o servidor público for eleito para os cargos de **Presidente da República, Governador do Estado ou do Distrito Federal, Senador da República, Deputado Federal, Estadual ou Distrital**, sendo que nessas situações ele *deverá, obrigatoriamente, ser afastado* de seu cargo, emprego ou função. Ademais, *deverá receber a remuneração referente ao cargo eletivo assumido.*

O inciso II, por sua vez, aplica-se à hipótese do servidor público ser eleito como **Prefeito** ou **Vice-Prefeito**[1] **Municipal**, devendo ser *afastado, obrigatoriamente de seu cargo, emprego ou função*. Entretanto, nessa situação, ele *poderá optar qual remuneração perceberá* (do cargo eletivo ou do cargo, emprego ou função que foi afastado).

Já o inciso III aplica-se na hipótese do servidor público ser eleito **Vereador**. Nessa hipótese verifica-se que a intenção do legislador foi ser mais branda, pois possibilita o *acúmulo de seu cargo, função ou emprego público com o do mandato eletivo, em havendo compatibilidade, sendo que nessa situação será possível também o acúmulo das duas remunerações*. Por outro lado, *não havendo compatibilidade de horários, deverá afastar-se de seu cargo, função ou emprego, podendo optar por qual remuneração perceberá*.

Por fim, em virtude da EC n.º 103/19 (Reforma da Previdência) chamo a atenção do leitor à nova redação que foi dada ao inciso V em comento: *na hipótese de ser segurado de regime próprio de previdência social, permanecerá filiado a esse regime, no ente federativo de origem*.

1. RE 140.269/RJ, rel. Min. Néri da Silveira, 01/10/1996; ARE-AgR 659.543/RS, rel. Min. Cármen Lúcia, 30/10/2012.

Capítulo 7

Regime Previdenciário dos Servidores Públicos

No dia 12/11/2019 foi promulgada a Emenda Constitucional n.º 103 (Reforma da Previdência) que, de forma significativa, alterou diversas regras previdenciárias, inclusive dos servidores públicos. Embora o estudo aprofundado das novas regras previdenciárias ficará a cargo da disciplina de Direito Previdenciário, tecerei algumas considerações importantes trazidas por referida EC.

Os titulares de cargos efetivos fazem jus ao denominado **regime próprio** de previdência, o qual possui algumas regras distintas do denominado **regime geral de previdência social** (RGPS), aplicável aos trabalhadores da iniciativa privada (celetistas), autônomos, dentre outros. Ademais, aplica-se o RGPS ao *agente público ocupante, exclusivamente, de cargo em comissão declarado em lei de livre nomeação e exoneração, de outro cargo temporário, inclusive mandato eletivo, ou de emprego público*.

Destaque-se que o regime próprio de previdência social possui **caráter contributivo e solidário**, mediante contribuição do respectivo ente federativo, de servidores ativos, de aposentados e de pensionistas, observados critérios que *preservem o equilíbrio financeiro e atuarial.*

Houve alteração no que tange à **aposentadoria** dos servidores públicos titulares de cargos efetivos. Pelas regras atuais, o servidor abrangido pelo regime próprio poderá ser aposentado:

a) Por **incapacidade permanente** para o trabalho, no cargo em que estiver investido, quando insuscetível de readaptação, hipótese em que será obrigatória a realização de avaliações periódicas para verificação da continuidade das condições que ensejaram a concessão da aposentadoria, na forma de lei do respectivo ente federativo;

b) **Compulsoriamente**, com proventos proporcionais ao tempo de contribuição, aos 70 (setenta) anos de idade, ou aos 75 (setenta e cinco) anos de idade, na forma de lei complementar;

c) No âmbito da União, aos 62 (sessenta e dois) anos de idade, se mulher, e aos 65 (sessenta e cinco) anos de idade, se homem, e, no âmbito dos Estados, do Distrito Federal e dos Municípios, na idade mínima estabelecida mediante emenda às respectivas Constituições e Leis Orgânicas, observados o tempo de contribuição e os demais requisitos estabelecidos em lei complementar do respectivo ente federativo.

Destaque-se que a **aposentadoria por incapacidade permanente** substituiu a conhecida aposentadoria por *invalidez permanente*, a qual previa proventos proporcionais ao tempo de contribuição, exceto se decorrente de acidente em serviço, moléstia profissional ou doença grave, contagiosa ou incurável, na forma da lei. Pela atual regra, é imprescindível que haja a realização de avaliações periódicas para verificação da continuidade das condições que ensejaram a concessão da aposentadoria. Trata-se, contudo, de norma constitucional de eficácia limitada, que necessita de ato normativo infraconstitucional (lei ordinária) do ente federativo a qual pertence o servidor aposentado.

Houve a manutenção da **aposentadoria compulsória**, possuindo atualmente dois limites máximos de idade.

Conquanto o texto constitucional não tenha trazido a nomenclatura expressa da **aposentadoria voluntária**, denota-se que ela veio prevista no inciso III do § 1.º do art. 40 da Constituição Federal. Com a reforma, retirou-se da Constituição Federal o tempo mínimo de efetivo exercício no serviço público, bem como no cargo, outorgando-se à Lei Complementar do respectivo ente federativo, estabelecer o tempo de contribuição e demais requisitos. No âmbito federal foi prevista idade mínima de aposentadoria, sendo que os demais entes federativos poderão estabelecer idades diferenciadas.

Pelas regras atuais da Constituição Federal, não há mais que se falar em integralidade aos novos servidores públicos, no que tange aos proventos percebidos quando da aposentadoria. Isso porque, tais proventos **não poderão ser inferiores ao valor do salário mínimo, nem superiores ao limite máximo estabelecido para o Regime Geral de Previdência Social**, observado o disposto nos §§ 14 a 16 do art. 41 da Constituição Federal.

As regras para cálculo de proventos de aposentadoria serão disciplinadas em lei ordinária específica do ente federativo a qual pertencer o servidor público.

Como regra, **veda-se a adoção de requisitos ou critérios diferenciados** para concessão de benefícios em regime próprio de previdência social. Entretanto, a própria CF outorga aos entes federativos a possibilidade de, por intermédio de lei complementar específica, estabelecer critérios diferenciados de idade e tempo de contribuição para aposentadoria de servidores: (i) com deficiência (previamente submetidos a avaliação biopsicossocial realizada por equipe multiprofissional e interdisciplinar); (ii) de ocupantes do cargo de agente penitenciário, de agente socioeducativo ou de policial dos órgãos de que tratam o inciso IV do *caput* do art. 51, o inciso XIII do *caput* do art. 52 e os incisos I a IV do caput do art. 144; (iii) cujas atividades sejam exercidas com efetiva exposição a agentes químicos, físicos e biológicos prejudiciais à saúde, ou associação desses agentes, vedada a caracterização por categoria profissional ou ocupação.

Com o advento da EC n.º 104/19, entendemos que os integrantes das denominadas polícias penais também farão jus ao tratamento diferenciado mencionado no item anterior.

Ressalvadas as aposentadorias decorrentes dos cargos acumuláveis na forma da Constituição, é vedada a percepção de mais de uma aposentadoria à conta de regime próprio de previdência social, aplicando-se outras vedações, regras e condições para a acumulação de benefícios previdenciários estabelecidas no Regime Geral de Previdência Social.

O benefício de **pensão por morte**, quando se tratar da única fonte de renda formal auferida pelo dependente, será concedido nos termos de lei do respectivo ente federativo, a qual tratará de forma diferenciada a hipótese de morte dos servidores de que trata o § 4º-B do art. 40 da CF decorrente de agressão sofrida no exercício ou em razão da função.

A lei ordinária não poderá, em hipótese alguma, estabelecer qualquer forma de contagem de tempo de contribuição fictício.

É possível que a União, os Estados, o Distrito Federal e os Municípios instituam, por lei ordinária de iniciativa do respectivo Poder Executivo, **regime de previdência complementar** para servidores públicos ocupantes de cargo efetivo, observado o limite máximo dos benefícios do Regime Geral de Previdência Social para o valor das aposentadorias e das pensões em regime próprio de previdência social. Entretanto, ao servidor que tiver ingressado no serviço público até a data da publicação do ato de instituição do correspondente regime de previdência complementar, esse só poderá ser implementado mediante sua *prévia e expressa opção*.

É de se destacar que o regime de previdência complementar oferecerá *plano de benefícios somente na modalidade contribuição definida*, observando-se o disposto no art. 202. Ademais, ele será efetivado por intermédio de entidade fechada de previdência complementar ou de entidade aberta de previdência complementar.

Veda-se a existência de mais de um regime próprio de previdência social e de mais de um órgão ou entidade gestora desse regime em cada ente federativo, abrangidos todos os poderes, órgãos e entidades autárquicas e fundacionais, que serão responsáveis pelo seu financiamento, observados os critérios, os parâmetros e a natureza jurídica definidos na lei complementar de que trata o § 22 do art. 40 da CF.

A Constituição Federal ***vedou a instituição de novos regimes próprios de previdência social***. Ademais, lei complementar federal estabelecerá, para os que já existam, normas gerais de organização, de funcionamento e de responsabilidade em sua gestão, dispondo, entre outros aspectos, sobre:

a) Requisitos para sua extinção e consequente migração para o Regime Geral de Previdência Social;
b) Modelo de arrecadação, de aplicação e de utilização dos recursos;
c) Fiscalização pela União e controle externo e social;
d) Definição de equilíbrio financeiro e atuarial;
e) Condições para instituição do fundo com finalidade previdenciária de que trata o art. 249 e para vinculação a ele dos recursos provenientes de contribuições e dos bens, direitos e ativos de qualquer natureza;
f) Mecanismos de equacionamento do déficit atuarial;
g) Estruturação do órgão ou entidade gestora do regime, observados os princípios relacionados com governança, controle interno e transparência;
h) Condições e hipóteses para responsabilização daqueles que desempenhem atribuições relacionadas, direta ou indiretamente, com a gestão do regime;
i) Condições para adesão a consórcio público;
j) Parâmetros para apuração da base de cálculo e definição de alíquota de contribuições ordinárias e extraordinárias.

Importante registrar, ainda, que o atual texto constitucional **não mais prevê paridade e integralidade**, mas estabelece que é assegurado o reajustamento dos benefícios para preservar-lhes, em caráter permanente, o valor real, conforme critérios estabelecidos em lei.

Por fim, há que se ressaltar que a EC n.º 103/19 trouxe algumas regras de transição aos servidores públicos que já estavam em efetivo exercício no momento da promulgação daquela.

Capítulo 8

Da Obrigatoriedade de Licitar

Como regra, o texto constitucional determina a obrigatoriedade de licitar por parte da Administração Pública Direta e Indireta. Essa é a conclusão que se extrai da norma contida no inciso XXI do art. 37:

> "Ressalvados os casos especificados na legislação, as obras, serviços, compras e alienações serão contratados mediante processo de licitação pública que assegure igualdade de condições a todos os concorrentes, com cláusulas que estabeleçam obrigações de pagamento, mantidas as condições efetivas da proposta, nos termos da lei, o qual somente permitirá as exigências de qualificação técnica e econômica indispensáveis à garantia do cumprimento das obrigações".

Trata-se de dispositivo constitucional de *eficácia limitada*, sendo que a Lei n.º 8.666/93 estabeleceu as normas gerais sobre licitações e contratos administrativos no âmbito dos entes federativos (União, Estados-Membros, Distrito Federal e Municípios). Além das modalidades de licitação instituídas por aquela lei, no ano de 2002 foi editada a Lei n.º 10.520 que criou mais uma modalidade: *pregão*.

A exigência de licitação tem o condão de *garantir a observância do princípio constitucional da igualdade*, bem como *selecionar a proposta mais vantajosa da Administração Pública* (interesse público), devendo ser observados os demais princípios constitucionais e legais previstos.

É de se registrar que a despeito da obrigatoriedade da Administração Pública licitar, a própria Lei n.º 8.666/93 elenca hipóteses de *dispensa* e *inexigibilidade* de licitação.

Impende observar que as **licitações** relacionadas aos **contratos de concessão** e **permissão de serviços públicos** serão regidas pela Lei n.º 8.987/95 e, subsidiariamente, pela Lei n.º 8.666/93.

Ainda, há que se destacar a Lei n.º 11.079/04 que traz normas gerais sobre **parcerias público-privadas**, legislação essa que consolida contratos de concessão peculiares que poderão ter como objeto serviços públicos. Nessas hipóteses, precipuamente deverá ser observada aquela lei e, de forma subsidiária as leis 8.666/93 e 8.987/95.

No ano de 2011 foi instituída, por intermédio da Lei n.º 12.462, foi instituído o **Regime Diferenciado de Contratações Públicas**, aplicando-se a algumas situações pontuais.

No mês de abril de 2021 houve a sanção da Nova Lei de Licitações (Lei n.º 14.133/2021) que incorporou grande parte dos dispositivos das Leis n.º 8.666/93, 12.462/11 e 10.520/02, bem como de diversos outros normativos oriundos do governo federal. Não obstante a sanção e publicação no ano de 2021, seus dispositivos entrarão em vigor plenamente no mês de abril de 2023, revogando-se os dispositivos em contrário.

Vale lembrar, também, que pela atual redação do § 1.º do art. 173 da CF estabelece que:

> "A lei estabelecerá o estatuto jurídico da empresa pública, da sociedade de economia mista e suas subsidiárias que explorem atividade econômica de produção ou comercialização de bens ou de prestação de serviços, dispondo sobre (...)".

Trata-se de norma constitucional de eficácia limitada, cabendo ao legislador infraconstitucional editar ato normativo para sua regulamentação. Pois bem. No ano de 2016 foi promulgada a Lei n.º 13.303/16, a qual possui normas próprias sobre licitações aplicáveis às entidades ali disciplinadas. Não obstante isso, pela própria redação contida no art. 91, § 1.º da lei em questão, forçoso presumir que durante muito tempo a Lei Geral de Licitações (Lei n.º 8.666/93) ainda continuará sendo aplicável às **empresas públicas** e **sociedades de economia mista**.

A despeito dessa obrigatoriedade constitucional de licitação, há que se destacar que a EC n.º 106, de 07/5/2020, instituiu o denominado **regime extraordinário fiscal, financeiro e de contratações** para o enfrentamento de calamidade pública nacional decorrente da Pandemia decretada em razão da COVID-19. Frise-se que com o propósito exclusivo de enfrentamento do contexto da calamidade e de seus efeitos sociais e econômicos, no seu período de duração, o Poder Executivo Federal, no âmbito de suas competências, poderá adotar **processos simplificados de contratação de pessoal,** em caráter temporário e emergencial, **e de obras, serviços e compras** que assegurem, quando possível, competição e igualdade de condições a todos os concorrentes, dispensada a observância do § 1.º do art. 169 da Constituição Federal na contratação de que trata o art. 37, *caput*, IX, da CF, limitada a dispensa às situações de que trata o referido inciso, *sem prejuízo da tutela dos órgãos de controle.*

Com essa alteração promovida pela novel Emenda Constitucional, verifica-se que para o enfrentamento da calamidade pública decretada no país, houve a flexibilização das normas relacionas à exigência de licitação, adotando-se critérios simplificados.

Capítulo 9

Responsabilidade Civil

A responsabilidade civil do Estado vem estampada no § 6.º do art. 37 da CF nos seguintes termos:

> "As pessoas jurídicas de direito público e as de direito privado prestadoras de serviços públicos responderão pelos danos que seus agentes, nessa qualidade, causarem a terceiros, assegurado o direito de regresso contra o responsável nos casos de dolo ou culpa".

Inicialmente, importante destacar que **não é apenas a Administração Pública** quem será responsabilizada civilmente, mas **também as pessoas privadas que prestam serviços públicos**. De outro vértice, essa regra **não alcança** as *empresas públicas* e as *sociedades de economia mista que explorem atividades econômicas em sentido estrito* (art. 173, CF).

Essa norma constitucional consagra a **responsabilidade civil objetiva** pelos danos causados a terceiros pela atuação dos agentes da administração pública. Sabemos que para sua ocorrência *não se perquire a respeito da culpa do agente*, bastando o preenchimento de três requisitos: **conduta do agente**, **resultado danoso** e **nexo de causalidade** entre os dois primeiros. Em virtude disso, é que a doutrina e jurisprudência pátrias afirmam que se trata da **teoria do risco administrativo**.

Admite-se que haja a **ação regressiva** do Estado em face do agente causador do dano, sendo que nesse caso a responsabilidade do servidor é **subjetiva**. Logo, há a necessidade de se comprovar o *dolo* ou a *culpa* quando da atuação.

Em se tratando de dano causado em face da **omissão** do Estado, tem prevalecido que a responsabilidade do Poder Público é **subjetiva**, na modalidade **culpa administrativa** (**culpa anônima** ou **culpa do serviço**).

Questão interessante a ser abordada aqui diz respeito à **morte de detento dentro da unidade prisional e a responsabilidade do Estado**.

No ano de 2016, em sede de repercussão geral (RE 841.526/RS, rel. Ministro Luiz Fux), o Supremo Tribunal Federal firmou o entendimento de que, como regra, o Estado é **objetivamente responsável pela morte do detento**, em *havendo* *inobservância do seu dever específico de proteção previsto no art. 5.º, XLIX, da CF.* Por outro lado, se o Estado conseguir provar que a *morte do detendo não podia ser evitada*, haverá o *rompimento do nexo de causalidade entre o resultado morte e a omissão estatal, ficando aquele dispensado de indenizar.*

Nesse sentido, vejamos excerto da decisão:

> EMENTA: RECURSO EXTRAORDINÁRIO. REPERCUSSÃO GERAL. RESPONSABILIDADE CIVIL DO ESTADO POR MORTE DE DETENTO. ARTIGOS 5º, XLIX, E 37, § 6º, DA CONSTITUIÇÃO FEDERAL.
>
> 1. A responsabilidade civil estatal, segundo a Constituição Federal de 1988, em seu artigo 37, § 6º, subsume-se à teoria do risco administrativo, tanto para as condutas estatais comissivas quanto paras as omissivas, posto rejeitada a teoria do risco integral.
>
> 2. A omissão do Estado reclama nexo de causalidade em relação ao dano sofrido pela vítima nos casos em que o Poder Público ostenta o dever legal e a efetiva possibilidade de agir para impedir o resultado danoso.
>
> 3. É dever do Estado e direito subjetivo do preso que a execução da pena se dê de forma humanizada, garantindo-se os direitos fundamentais do detento, e o de ter preservada a sua incolumidade física e moral (artigo 5º, inciso XLIX, da Constituição Federal).
>
> 4. O dever constitucional de proteção ao detento somente se considera violado quando possível a atuação estatal no sentido de garantir os seus direitos fundamentais, pressuposto inafastável para a configuração da responsabilidade civil objetiva estatal, na forma do artigo 37, § 6º, da Constituição Federal.
>
> 5. *Ad impossibilia nemo tenetur*, por isso que nos casos em que não é possível ao Estado agir para evitar a morte do detento (que ocorreria mesmo que o preso estivesse em liberdade), rompe-se o nexo de causalidade, afastando-se a responsabilidade do Poder Público, sob pena de adotar-se *contra legem* e a *opinio doctorum* a teoria do risco integral, ao arrepio do texto constitucional.
>
> 6. A morte do detento pode ocorrer por várias causas, como, v. g., homicídio, suicídio, acidente ou morte natural, sendo que nem sempre será possível ao Estado evitá-la, por mais que adote as precauções exigíveis.
>
> 7. A responsabilidade civil estatal resta conjurada nas hipóteses em que o Poder Público comprova causa impeditiva da sua atuação protetiva do detento, rompendo o nexo de causalidade da sua omissão com o resultado danoso.
>
> 8. Repercussão geral constitucional que assenta a tese de que: em caso de inobservância do seu dever específico de proteção previsto no artigo 5º, inciso XLIX, da Constituição Federal, o Estado é responsável pela morte do detento.
>
> 9. *In casu*, o tribunal a quo assentou que inocorreu a comprovação do suicídio do detento, nem outra causa capaz de romper o nexo de causalidade da sua omissão com o óbito ocorrido, restando escorreita a decisão impositiva de responsabilidade civil estatal.
>
> 10. Recurso extraordinário DESPROVIDO.

STF. Plenário. RE 841526, Rel. Min. Luiz Fux, julgado em 30/03/2016.

Raciocínio similar deverá ser adotado no caso de **morte de detento decorrente de suicídio**. Isso porque, somente haverá a responsabilização do Poder Público se, no caso concreto, o Estado não cumprir seu dever específico de proteção previsto no art. 5.º, XLIX, da CF. Compete à Administração Pública o ônus de provar a causa excludente de responsabilidade.

Para finalizar o presente capítulo, vejamos o excerto de recente decisão proferida pela 2.ª Turma do STJ:

> (...) 2. A decisão monocrática deu provimento ao apelo nobre para reconhecer a responsabilidade civil do ente estatal pelo suicídio de detento em estabelecimento prisional, sob o argumento de que esta Corte Superior possui jurisprudência consolidada no sentido de que seria aplicável a teoria da responsabilização objetiva ao caso.
>
> 3. O acórdão da repercussão geral é claro ao afirmar que a responsabilização objetiva do Estado em caso de morte de detento somente ocorre quando houver inobservância do dever específico de proteção previsto no art. 5º, inciso XLIX, da Constituição Federal.
>
> 4. O Tribunal de origem decidiu de forma fundamentada pela improcedência da pretensão recursal, uma vez que não se conseguiu comprovar que a morte do detento foi decorrente da omissão do Estado que não poderia montar vigilância a fim de impedir que ceifasse sua própria vida, atitude que só a ele competia.
>
> 5. Tendo o acórdão recorrido consignado expressamente que ficou comprovada causa impeditiva da atuação estatal protetiva do detento, rompeu-se o nexo de causalidade entre a suposta omissão do Poder Público e o resultado danoso. Com efeito, o Tribunal de origem assentou que ocorreu a comprovação de suicídio do detento, ficando escorreita a decisão que afastou a responsabilidade civil do Estado de Santa Catarina.
>
> 6. Em juízo de retratação, nos termos do art. 1.030, inciso II, do CPC/2015, nego provimento ao recurso especial.
>
> STJ. 2ª Turma. REsp 1305259/SC, Rel. Min. Mauro Campbell Marques, julgado em 08/02/2018.

Quadro Sinótico

ADMINISTRAÇÃO PÚBLICA	
Considerações iniciais	Dos artigos 37 a 41 de nossa Constituição Federal estão elencadas as **regras gerais** a respeito da administração pública, prevendo o *constituinte preceitos específicos a respeito dela*. Partindo-se do conceito formal, pode-se dizer que a Administração Pública compreende o conjunto de todas as entidades criadas para a execução dos serviços públicos ou para o alcance de objetivos governamentais (André Ramos Tavares). O conceito material, por sua vez, designa a própria função exercida pelos entes administrativos que a integram. A partir do conceito material da Administração Pública a doutrina costuma dividir em quatro atividades próprias, quais sejam: **serviço público; polícia administrativa; fomento** e **intervenção.**
Organização	Segundo nossa Constituição Federal a organização da Administração dar-se-á de forma *direta* (*centralizada*) e *indireta* (*descentralizada*). Nas lições de Matheus Carvalho a **Administração Pública Direta** é "o conjunto de órgãos que integram a pessoa federativa com competência para determinado exercício, sendo constituída dos serviços que integram a estrutura da Presidência da República e seus ministérios e, pelo Princípio da Simetria, as esferas estaduais, municipais e distritais seguem a mesma estrutura". Por sua vez, o prof. Dirley da Cunha Júnior, preceitua que a **Administração Pública Indireta** é "constituída a partir de um conjunto de entidades dotadas de personalidade jurídica própria, responsáveis pelo exercício, em caráter especializado e descentralizado, de certa e determinada atividade administrativa por outorga legal da entidade estatal". Integram a Administração Pública Indireta: **Autarquia** (o serviço autônomo, criado por lei, com personalidade jurídica, patrimônio e receita próprios, para executar atividades típicas da Administração Pública, que requeiram, para seu melhor funcionamento, gestão administrativa e financeira descentralizada); **Empresa Pública** (a entidade dotada de personalidade jurídica de direito privado, com patrimônio próprio e capital exclusivo da União, criado por lei para a exploração de atividade econômica que o Governo seja levado a exercer por força de contingência ou de conveniência administrativa podendo revestir-se de qualquer as formas admitidas em direito); **Sociedade de Economia Mista** (a entidade dotada de personalidade jurídica de direito privado, criada por lei para a exploração de atividade econômica, sob a forma de sociedade anônima, cujas ações com direito a voto pertençam em sua maioria à União ou a entidade da Administração Indireta); **Fundação Pública** (a entidade dotada de personalidade jurídica de direito privado, sem fins lucrativos, criada em virtude de autorização legislativa, para o desenvolvimento de atividades que não exijam execução por órgãos ou entidades de direito público, com autonomia administrativa, patrimônio próprio gerido pelos respectivos órgãos de direção, e funcionamento custeado por recursos da União e de outras fontes); e **Associação Pública.** (entidade formada por consórcio público celebrado entre entidades da federação, com natureza de pessoa jurídica de direito público).

Princípios Constitucionais	Dois dos princípios gerais basilares dela são o **da supremacia do interesse público** (outorga um *status especial da Administração Pública em face do particular*, haja vista os interesses buscados por ela) e o **da indisponibilidade do interesse público** (*impõe algumas restrições à atuação da Administração Pública*, haja vista que ela somente poderá atuar quando houver lei, não podendo sua atuação estar pautada em sua vontade). Além desses dois princípios gerais, destacam-se ***princípios constitucionais expressos relacionados à Administração Pública,*** os quais estão insculpidos no *caput* do art. 37 da Constituição Federal: **legalidade**, **impessoalidade**, **moralidade**, **publicidade** e **eficiência**. **Princípio da legalidade** - impõe ao administrador público a obrigação de atuar nos estritos limites impostos pela lei (*latu sensu*), não sendo possível que aquele pratique condutas que considere devidas, sem que haja o devido embasamento legal específico. Inexistindo previsão legal, o administrador público está proibido de atuar, sob a pena de incorrer em ilegalidade. Destaque-se que para o particular o princípio em tela estabelece que *ninguém é obrigado a fazer ou deixar de fazer alguma coisa senão em virtude de lei*, sendo que ante sua inexistência o particular poderá agir livremente. **Princípio da impessoalidade** - o administrador público, quando de sua atuação, não poderá agir com a intenção de beneficiar-se, nem para prejudicar ninguém em especial (*vedação à promoção pessoal*), devendo-se sempre pautar-se pela busca dos interesses da coletividade (*finalidade de atuação*). **Princípio da moralidade** - acaba por exigir a honestidade e lealdade de conduta da função administrativa por parte do administrador público. A exigência de atuação ética desse, portanto, torna-se jurídica. Referido princípio formou-se a partir do princípio da legalidade. **Princípio da publicidade** - veda-se, em regra, à Administração Pública a edição de atos secretos do poder público, vez que aquela deve atuar de forma transparente. **Princípio da eficiência** - não basta que o administrador público produza os atos, sendo necessária a *produção com qualidade e menos gastos*. No desempenho das funções estatais é imprescindível que sejam colhidos melhores resultados práticos, com o menor desperdício possível.

Obrigatoriedade de concurso públicos e temas correlatos	Como regra, para ingressar no serviço público é imprescindível a prévia aprovação em concurso público (inciso II do art. 37 da CF). Destaque-se que *as provas de títulos em concursos públicos devem ter caráter exclusivamente classificatório, não podendo ostentar natureza eliminatória*. Ao exigir a prévia aprovação em concurso público, o constituinte teve a *intenção de garantir a isonomia, impessoalidade e o mérito dos melhores candidatos* ao cargo a ser ocupado. Poderão participar do concurso público *tanto os brasileiros* (natos ou naturalizados), *quanto os estrangeiros*. Para os brasileiros terem acesso a cargos empregos ou funções públicas, **basta atenderem aos requisitos previstos em lei**, ao passo que o acesso de estrangeiros deve ocorrer **na forma da lei**, ou seja, é imprescindível que exista prévia lei autorizando e estabelecendo a forma de ingresso deles. O Supremo Tribunal Federal afirma **não ser possível** que editais de concursos públicos **tragam exigências desamparadas da lei**, ou seja, que estejam baseadas exclusivamente em atos normativos infralegais. Ademais, não é possível a imposição de exigências que extrapolem o razoável, desnecessárias, desproporcionalmente restritivas ou injustificadamente discriminatórias. Nesse sentido é que *só por lei se pode sujeitar a* ***exame psicotécnico*** *a habilitação de candidato a cargo público* (Súmula Vinculante n.º 44). Para o STF é *razoável a exigência de* ***altura mínima*** *para cargos da área de segurança, desde que prevista em lei no sentido formal e material, bem como no edital que regule o concurso*. Ainda, *a imposição de* ***discrímen de gênero*** *para fins de participação em concurso público somente é compatível com a Constituição nos excepcionais casos em que demonstradas a fundamentação proporcional e a legalidade da imposição, sob pena de ofensa ao princípio da isonomia.* Nossa jurisprudência somente admite a vedação de pessoas com **tatuagens** participarem de concursos públicos em *situações excepcionais em razão de conteúdo que viole valores constitucionais*. Súmula 683 do STF: "O **limite de idade** para a inscrição em concurso público só se legitima em face do art. 7.º, XXX, da Constituição, quando possa ser justificado pela natureza das atribuições do cargo a ser preenchido". Independentemente do cargo público a ser preenchido, não será possível que o edital do certame deixe de reservar vaga para pessoas com deficiência. O STF não tem admitido a aplicação da denominada **teoria do fato consumado** para que se mantenha em cargo público a pessoa que, sem ter sido devidamente aprovada no certame, tenha tomado posse por força de decisão judicial precária, de caráter provisório. **Cláusula de barreira** – para o STF referida cláusula é constitucional, haja vista não violar os princípios da isonomia e da proporcionalidade.

Obrigatorieda-de de concurso públicos e temas correlatos	**Prazo de validade** dos concursos - esse prazo, *contado da homologação do certame*, corresponde ao período em que a administração pública tem para nomear ou contratar os aprovados para o cargo ou emprego público, vinculados ao certame correlato. Não podemos nos esquecer que o prazo de validade do concurso público será de ***até dois anos*, prorrogável uma vez, por igual período**. O candidato aprovado dentro do número de previsto no edital do certame **tem direito subjetivo à nomeação**. Com relação aos **aprovados fora do número de vagas inicialmente previsto no edital**, há que se destacar o julgamento do RE n.º 837311/PI, o qual foi reproduzido no corpo da presente obra. No que tange aos candidatos aprovados em concurso destinado a **cadastro de reserva**, dependendo do caso, poderá conferir direito subjetivo à nomeação do aprovado. Em um primeiro momento o STF entendeu pela **impossibilidade de candidatos terem direito à segunda chamada nos testes físicos em concursos públicos** (RE 630.733/DF, rel. Ministro Gilmar Mendes). Ocorre que, ao julgar o RE 1.058.333/PR, o STF entendeu "ser constitucional a remarcação do teste de aptidão física de candidata que esteja grávida à época de sua realização, *independentemente da previsão expressa em edital do concurso público*. Não obstante a obrigatoriedade para ingresso no serviço público seja a aprovação prévia em concurso público, a própria Constituição Federal preceitua exceções: ***cargos em comissão*** (podem ser preenchidos por pessoas que não tenham ingressado no serviço público mediante concurso público, sendo imprescindível que a lei preveja percentuais mínimos de vagas de cargos em comissão destinadas a servidores públicos de carreira), ***funções de confiança*** (devem ser exercidas exclusivamente por servidores ocupantes de cargo efetivo) e ***contratação por tempo determinado*** (*para atender necessidade temporária de excepcional interesse público*). Por se configurar uma exceção à regra do concurso público, o Supremo Tribunal Federal possui firme entendimento de que o inciso IX (contratação por tempo determinado) **deve ser interpretado restritivamente**. Outro ponto relacionado ao ingresso no serviço público diz respeito à **regra da estabilidade**, constante do art. 41 da CF. Trata-se de regra aplicável aos *servidores públicos estatutários ocupantes de cargos efetivos*. Para aquisição da estabilidade é imprescindível dos seguintes requisitos (cumulativos): aprovação em concurso público; nomeação para o cargo público efetivo; três anos de efetivo exercício do cargo ao qual foi nomeado; e, avaliação especial por desempenho por comissão instituída para essa finalidade.

Obrigatoriedade de concurso públicos e temas correlatos	Destaque-se que o servidor público estável somente poderá **perder o cargo** nas seguintes hipóteses elencadas na Constituição Federal: sentença judicial transitada em julgado; processo administrativo disciplinar (PAD), assegurado o contraditório e a ampla defesa; mediante procedimento de avaliação periódico de desempenho, na forma de lei complementar, assegurada ampla defesa; e, excesso de despesa com pessoal, nos termos do § 4.º do art. 169 da CF. Ademais, o constituinte previu a hipótese de o **cargo público ser extinto** ou **ser declarado desnecessário**. Em havendo qualquer dessas situações o servidor estável ficará em disponibilidade, com remuneração proporcional ao tempo de serviço, até seu adequado aproveitamento em outro cargo. Registre-se, ainda, que a Constituição Federal garante ao servidor público o **direito de associação sindical**, bem como o **direito de greve**. Não obstante a possibilidade de se exercer o direito constitucional de greve, mesmo sei lei infraconstitucional regulamentadora, conforme se verá mais adiante, a **jurisprudência do STF *proíbe o exercício daquele direito aos integrantes dos órgãos de segurança pública***.
Vedação à acumulação de cargos, empregos e funções públicas	Como regra, a Constituição Federal **veda a acumulação remunerada** de cargos, funções e empregos públicos. Entretanto, há algumas exceções trazidas pela própria Carta Magna: "Art. 37... XVI - é vedada a acumulação remunerada de cargos públicos, exceto, quando houver compatibilidade de horários, observado em qualquer caso o disposto no inciso XI: a) a de dois cargos de professor; b) a de um cargo de professor com outro técnico ou científico; c) a de dois cargos ou empregos privativos de profissionais de saúde, com profissões regulamentadas". Destaque-se que as exceções em questão são extensíveis aos Magistrados (cf. art. 95, parágrafo único, I, CF); aos membros do Ministério Público (cf. art. 128, § 5.º, CF), bem como aos Militares (cf. art. 142, § 3.º, II, III e, VIII, CF). Impende consignar que a proibição de acumular estende-se a empregos e funções e abrange autarquias, fundações, empresas públicas, sociedades de economia mista, suas subsidiárias, e sociedades controladas, direta ou indiretamente, pelo Poder Público. Pela *literalidade* dos incisos XI e XVI do art. 37 da CF, **a soma das remunerações dos dois cargos não pode ser superior ao teto constitucional estabelecido**. Não obstante isso, a jurisprudência do Superior Tribunal de Justiça e do Supremo Tribunal Federal vão no sentido de que no caso de acumulação, **os cargos deverão ser considerados de forma isolada para efeitos do teto remuneratório**.

Servidores Públicos e exercício de Mandato Eletivo	No caso do servidor público ser eleito para os cargos de **Presidente da República, Governador do Estado ou do Distrito Federal, Senador da República, Deputado Federal, Estadual ou Distrital**, ele *deverá, obrigatoriamente, ser afastado* de seu cargo, emprego ou função. Ademais, *deverá receber a remuneração referente ao cargo eletivo assumido*. Por outro lado, na hipótese do servidor público ser eleito como **Prefeito** ou **Vice-Prefeito Municipal**, ele deverá ser *afastado, obrigatoriamente de seu cargo, emprego ou função*. Entretanto, nessa situação, ele *poderá optar qual remuneração perceberá* (do cargo eletivo ou do cargo, emprego ou função que foi afastado). Por sim, sendo eleito **Vereador** há a possibilidade do *acúmulo de seu cargo, função ou emprego público com o do mandato eletivo, em havendo compatibilidade, sendo que nessa situação será possível também o acúmulo das duas remunerações*. Por outro lado, *não havendo compatibilidade de horários, deverá afastar-se de seu cargo, função ou emprego, podendo optar por qual remuneração perceberá*.
Regime Previdenciário dos Servidores Públicos	Os titulares de cargos efetivos fazem jus ao denominado **regime próprio** de previdência, o qual possui algumas regras distintas do denominado **regime geral de previdência social** (RGPS), o qual é aplicável aos trabalhadores da iniciativa privada (celetistas), autônomos, dentre outros. Ademais, aplica-se o RGPS ao *agente público ocupante, exclusivamente, de cargo em comissão declarado em lei de livre nomeação e exoneração, de outro cargo temporário, inclusive mandato eletivo, ou de emprego público*. O regime próprio de previdência social possui **caráter contributivo e solidário**, mediante contribuição do respectivo ente federativo, de servidores ativos, de aposentados e de pensionistas, observados critérios que *preservem o equilíbrio financeiro e atuarial*. O servidor abrangido pelo regime próprio poderá ser aposentado: por **incapacidade permanente para o trabalho**; **compulsoriamente;** ou, no âmbito da União, aos 62 (sessenta e dois) anos de idade, se mulher, e aos 65 (sessenta e cinco) anos de idade, se homem, e, no âmbito dos Estados, do Distrito Federal e dos Municípios, na idade mínima estabelecida mediante emenda às respectivas Constituições e Leis Orgânicas, observados o tempo de contribuição e os demais requisitos estabelecidos em lei complementar do respectivo ente federativo (essa última hipótese é a denominada **aposentadoria voluntária**). Pelas regras atuais da Constituição Federal, **não há mais que se falar em integralidade aos novos servidores públicos**, no que tange aos proventos percebidos quando da aposentadoria.

Regime Previdenciário dos Servidores Públicos	Como regra, **veda-se a adoção de requisitos ou critérios diferenciados** para concessão de benefícios em regime próprio de previdência social. Entretanto, a própria CF outorga aos entes federativos a possibilidade de, por intermédio de lei complementar específica, estabelecer critérios diferenciados de idade e tempo de contribuição para aposentadoria de servidores: (i) com deficiência (previamente submetidos a avaliação biopsicossocial realizada por equipe multiprofissional e interdisciplinar); (ii) de ocupantes do cargo de agente penitenciário, de agente socioeducativo ou de policial dos órgãos de que tratam o inciso IV do *caput* do art. 51, o inciso XIII do *caput* do art. 52 e os incisos I a IV do caput do art. 144; (iii) cujas atividades sejam exercidas com efetiva exposição a agentes químicos, físicos e biológicos prejudiciais à saúde, ou associação desses agentes, vedada a caracterização por categoria profissional ou ocupação. Com o advento da EC n.º 104/19, entendemos que os integrantes das denominadas polícias penais também farão jus ao tratamento diferenciado mencionado no item anterior. O **benefício de pensão por morte**, quando se tratar da única fonte de renda formal auferida pelo dependente, será concedido nos termos de lei do respectivo ente federativo, a qual tratará de forma diferenciada a hipótese de morte dos servidores de que trata o § 4º-B do art. 40 da CF decorrente de agressão sofrida no exercício ou em razão da função. É possível que a União, os Estados, o Distrito Federal e os Municípios instituam, por lei ordinária de iniciativa do respectivo Poder Executivo, **regime de previdência complementar** para servidores públicos ocupantes de cargo efetivo, observado o limite máximo dos benefícios do Regime Geral de Previdência Social para o valor das aposentadorias e das pensões em regime próprio de previdência social. Entretanto, ao servidor que tiver ingressado no serviço público até a data da publicação do ato de instituição do correspondente regime de previdência complementar, esse só poderá ser implementado mediante sua *prévia e expressa opção*.
Da obrigatoriedade de licitar	Como regra, o texto constitucional determina a obrigatoriedade de licitar por parte da Administração Pública Direta e Indireta (cf. inciso XXI do art. 37). A exigência de licitação tem o condão de *garantir a observância do princípio constitucional da igualdade*, bem como *selecionar a proposta mais vantajosa da Administração Pública* (interesse público), devendo ser observados os demais princípios constitucionais e legais previstos. É de se registrar que a despeito da obrigatoriedade da Administração Pública licitar, a própria Lei n.º 8.666/93 elenca hipóteses de *dispensa* e *inexigibilidade* de licitação. Importante consignar que existem leis específicas para as **licitações** relacionadas aos **contratos de concessão** e **permissão de serviços públicos** (Lei n.º 8.987/95), no caso das parcerias público-privadas (Lei n.º 11.079/04), regime diferenciado de contratações públicas (Lei n.º 12.462) e no caso de licitações por parte de empresa pública, da sociedade de economia mista e suas subsidiárias que explorem atividade econômica de produção ou comercialização de bens ou de prestação de serviços (Lei n.º 13.303/16).

Responsabilidade Civil	A responsabilidade civil objetiva do Estado vem estampada no § 6.º do art. 37 da CF. Inicialmente, importante destacar que **não é apenas a Administração Pública** quem será responsabilizada civilmente, mas **também as pessoas privadas que prestam serviços públicos**. De outro vértice, essa regra **não alcança** as *empresas públicas* e as *sociedades de economia mista que explorem atividades econômicas em sentido estrito* (art. 173, CF). Sabemos que para sua ocorrência *não se perquire a respeito da culpa do agente*, bastando o preenchimento de três requisitos: **conduta do agente**, **resultado danoso** e **nexo de causalidade** entre os dois primeiros. Em virtude disso, é que a doutrina e jurisprudência pátrias afirmam que se trata da **teoria do risco administrativo**. Admite-se que haja a **ação regressiva** do Estado em face do agente causador do dano (responsabilidade **subjetiva)**.
Responsabilidade Civil	Em se tratando de dano causado em face da **omissão** do Estado, tem prevalecido que a responsabilidade do Poder Público é **subjetiva**, na modalidade **culpa administrativa** (**culpa anônima** ou **culpa do serviço**). O Supremo Tribunal Federal tem entendimento de que, como regra, o Estado é **objetivamente responsável pela morte do detento**, em *havendo inobservância do seu dever específico de proteção previsto no art. 5.º, XLIX, da CF*. Raciocínio similar deverá ser adotado no caso de **morte de detento decorrente de suicídio**. Isso porque, somente haverá a responsabilização do Poder Público se, no caso concreto, o Estado não cumprir seu dever específico de proteção previsto no art. 5.º, XLIX, da CF.

EXERCÍCIOS

Questões

1 - (PC/PI – Delegado de Polícia – NUCEPE - 2018) – A administração pública direta e indireta de qualquer dos Poderes da União, dos Estados, do Distrito Federal e dos Municípios obedecerá aos princípios de legalidade, impessoalidade, moralidade, publicidade e eficiência. Aponte a alternativa **INCORRETA**.

a) A lei estabelecerá os casos de contratação por tempo indeterminado para atender a necessidade temporária de excepcional interesse público.

b) As funções de confiança, exercidas exclusivamente por servidores ocupantes de cargo efetivo, e os cargos em comissão, a serem preenchidos por servidores de carreira nos casos, condições e percentuais mínimos previstos em lei, destinam-se apenas às atribuições de direção, chefia e assessoramento.

c) É garantido ao servidor público civil o direito à livre associação sindical.

d) O direito de greve será exercido nos termos e nos limites definidos em lei específica.

e) A lei reservará percentual dos cargos e empregos públicos para as pessoas com deficiência e definirá os critérios de sua admissão.

2 – (PC/GO – Delegado de Polícia – CESPE – 2017) – A respeito da administração pública, assinale a opção correta de acordo com a CF.

a) Desde a promulgação da CF, não houve, até o presente, inovação a respeito dos princípios constitucionais da administração pública por meio de emenda constitucional.

b) A previsão constitucional de que a investidura em cargo ou emprego público depende de aprovação prévia em concurso público decorre exclusivamente do princípio da razoabilidade administrativa.

c) Em oposição ao que diz o texto constitucional, o STF já se posicionou contrário à cobrança de contribuição previdenciária dos servidores públicos aposentados e pensionistas.

d) Caso um deputado estadual nomeie sua tia materna como assessora de seu gabinete, não haverá violação à súmula vinculante que trata do nepotismo, pois esta veda a nomeação de colaterais de até o segundo grau.

e) Segundo o STF, candidato aprovado em concurso público dentro do número de vagas previsto no edital e dentro do prazo de validade do certame terá direito subjetivo à nomeação.

3 – (PC/CE – Delegado de Polícia – VUNESP – 2015) - É vedada a acumulação remunerada de cargos públicos, exceto, quando houver compatibilidade de horários, a de:

a) Dois cargos científicos com outro de professor.
b) Um cargo de professor com outro técnico ou científico.
c) Dois cargos técnicos com outro de professor.
d) Dois cargos de professor com outro técnico, em autarquias ou fundações.
e) Um cargo técnico com outro científico.

4 - (PC/MA – Escrivão de Polícia Civil – CESPE – 2018) - De acordo com a CF, as funções de confiança

a) Devem ser preenchidas exclusivamente por servidores estáveis e ocupantes de cargo efetivo.
b) Destinam-se a atribuições de coordenação que demandem relação de confiança pessoal.
c) Devem ser preenchidas por servidores de carreira nos percentuais mínimos previstos em lei.
d) Podem ser preenchidas indistintamente por servidores ou não servidores, e seus ocupantes são demissíveis *ad nutum*.
e) Destinam-se apenas às atribuições de direção, chefia e assessoramento.

5 - (PC/SC – Agente de Polícia civil – FEPESE – 2017) - Assinale a alternativa **correta** sobre a disciplina constitucional da administração pública.

a) O prazo de validade do concurso público será de até dois anos, improrrogável.
b) É permitida a equiparação de espécies remuneratórias para o efeito de remuneração de pessoal do serviço público.
c) A proibição de acumular cargos públicos remunerados não se estende aos empregos e às funções, nem abrange autarquias, fundações e empresas públicas.
d) É absolutamente vedado o direito de greve no âmbito da administração pública.
e) A lei estabelecerá os casos de contratação por tempo determinado para atender a necessidade temporária de excepcional interesse público.

6 – (PC/GO – Escrivão de Polícia Substituto – CESPE – 2016) - No que se refere à administração pública, assinale a opção correta.

a) É vedada a acumulação não remunerada de cargos, empregos e funções públicos na administração direta, nas autarquias, fundações, empresas públicas, sociedades de economia mista e sociedades controladas, direta ou indiretamente, pelo poder público.

b) As obras, os serviços, as compras e as alienações serão contratados mediante processo de licitação pública que assegure igualdade de condições a todos os concorrentes, permitindo-se exigências de qualificação técnica e econômica indispensáveis à garantia do cumprimento das obrigações, nos termos da lei.

c) Agente público que cometer ato de improbidade administrativa estará sujeito à cassação de direitos políticos, à perda da função pública, à indisponibilidade dos bens e ao ressarcimento ao erário, na forma e gradação previstas em lei, sem prejuízo da ação penal cabível.

d) A remuneração dos servidores públicos organizados em carreira não pode ser fixada exclusivamente por subsídio constituído de parcela única.

e) Os cargos em comissão, que devem ser ocupados exclusivamente por servidores de carreira, destinam-se apenas às atribuições de direção, chefia e assessoramento.

7 – (PC/GO – Agente de Polícia Substituto – CESPE – 2016) - O servidor público estável perderá o cargo:

a) Após procedimento de avaliação periódica de desempenho, que prescinde da ampla defesa e do contraditório.

b) Em virtude de sentença judicial transitada em julgado.

c) Após decisão judicial de primeira instância da qual caiba recurso.

d) Após decisão judicial de segunda instância da qual caiba recurso.

e) Mediante processo administrativo, que prescinde da ampla defesa e do contraditório.

8 – (PC/PE – Agente de Polícia – CESPE – 2016) - À luz do disposto na CF, assinale a opção correta a respeito da administração pública.

a) O servidor público da administração direta, autárquica ou fundacional que estiver no exercício de mandato eletivo federal, estadual, distrital ou municipal ficará afastado de seu cargo, emprego ou função, sendo-lhe facultado optar pela sua remuneração.

b) Nos termos da lei, a investidura em todo e qualquer cargo ou emprego público depende de aprovação prévia em concurso público de provas e títulos, de acordo com a natureza e a complexidade do cargo ou emprego.

c) As funções de confiança e os cargos em comissão são exercidos exclusivamente por servidores ocupantes de cargos efetivos e destinam-se às atribuições de direção, chefia e assessoramento.

d) A administração fazendária e a segurança pública e seus respectivos servidores, os fiscais e os policiais, terão, dentro de suas áreas de competência e circunscrição, precedência sobre os demais setores administrativos, na forma da lei.

e) Tanto a administração pública direta quanto a indireta de qualquer dos poderes da União, dos estados, do Distrito Federal e dos municípios devem obedecer aos princípios de legalidade, impessoalidade, moralidade, publicidade e eficiência.

9 – (PC/CE – Escrivão de Polícia Civil – VUNESP – 2015) - A respeito da contratação de pessoal no serviço público, por tempo determinado, a Constituição Federal dispõe que

a) A lei estabelecerá os casos para atender a necessidade temporária de excepcional interesse público.

b) É limitada aos cargos de direção, chefia e assessoramento.

c) É expressamente vedada.

d) É limitada ao preenchimento de cargos de confiança do Poder Executivo.

e) A lei regulará as situações passíveis de serem atendidas limitadas às funções e aos cargos de confiança

10 – (PC/SC – Agente de Polícia – ACAFE – 2014) - "A administração pública pode ser definida objetivamente como a atividade concreta e imediata que o Estado desenvolve para a consecução dos interesses coletivos e subjetivamente como o conjunto de órgãos e de pessoas jurídicas aos quais a lei atribui o exercício da função administrativa do Estado". **(MORAES, Alexandre de. Direito Constitucional. São Paulo: Atlas, 2007, 22ª. ed., p. 310).** Com base no que determina a Constituição Federal a respeito da administração pública é correto afirmar, **exceto**:

a) A investidura em cargo ou emprego público depende de aprovação prévia em concurso público de provas e títulos, de acordo com a natureza e complexidade do cargo, ressalvadas as nomeações para cargo em comissão.

b) A Administração pública direta e indireta obedecerá aos princípios de legalidade, impessoalidade, moralidade, publicidade e eficiência.

c) O prazo de validade do concurso público será de até dois anos, prorrogável uma vez, por igual período.

d) A Constituição Federal não veda a acumulação remunerada de cargos públicos.

e) A lei estabelecerá os prazos de prescrição para ilícitos praticados por qualquer agente, servidor ou não, que causem prejuízos ao erário, ressalvadas as respectivas ações de ressarcimento.

11 - (PC/SP - Delegado de Polícia - VUNESP - 2022) - No tocante ao regramento e aos princípios constitucionais que regem a Administração Pública, é correto afirmar que:

a) os princípios da Administração Pública explícitos na Constituição possuem supremacia em relação aos implícitos.

b) o Poder Público está vinculado ao princípio da legalidade formal, mas não ao da juridicidade.

c) a vedação ao nepotismo é regra constitucional que decorre do núcleo dos princípios da impessoalidade e da moralidade administrativas.

d) a proibição de acumulação remunerada de cargos públicos abrange as sociedades de economia mista, mas não suas subsidiárias.

e) o princípio da publicidade garante, dentre outros, o direito incondicionado de informação de interesse público, individual ou coletivo aos cidadãos.

12 - (PC/AM - Delegado de Polícia - FGV - 2022) - Com escopo de valorizar a carreira policial, foi editada em 2021 uma Lei Complementar do Estado Gama que estabeleceu que é garantida a paridade e a integralidade de vencimentos entre os policiais civis ativos e inativos. De acordo com a jurisprudência do Supremo Tribunal Federal sobre o tema, tal norma é:

a) inconstitucional, haja vista que, apesar de o atual texto constitucional estabelecer que os proventos de aposentadoria serão revistos na mesma proporção e na mesma data, sempre que se modificar a remuneração dos servidores em atividade, é vedada a integralidade.

b) constitucional, haja vista que o atual texto constitucional estabelece que os proventos de aposentadoria não poderão exceder a remuneração do respectivo servidor no cargo efetivo em que se deu a aposentadoria, mas são asseguradas a paridade e a integralidade.

c) constitucional, haja vista que o atual texto constitucional estabelece que os proventos de aposentadoria serão revistos na mesma proporção e na mesma data, sempre que se modificar a remuneração dos servidores em atividade.

d) constitucional, haja vista que o atual texto constitucional estabelece que serão estendidos aos aposentados quaisquer benefícios ou vantagens posteriormente concedidos aos servidores em atividade.

e) inconstitucional, haja vista que o atual texto constitucional não mais prevê paridade e integralidade, mas estabelece que é assegurado o reajustamento dos benefícios para preservar-lhes, em caráter permanente, o valor real, conforme critérios estabelecidos em lei.

13 – (PC/AM – Delegado de Polícia – FGV – 2022) - Determinado legitimado deflagrou o controle concentrado de constitucionalidade da lei estadual WW perante o Supremo Tribunal Federal. Argumentava-se com a inconstitucionalidade dessa lei, que dispunha sobre os cargos em comissão no âmbito do Estado, com os argumentos de que:

I. os cargos em comissão não podem ser utilizados para satisfazer necessidades temporárias da Administração Pública, decorrentes da vacância de cargos de provimento efetivo;

II. os cargos em comissão não se prestam ao desempenho de atividades puramente técnicas, situadas na base da pirâmide hierárquica;

III. o número de cargos comissionados deve guardar proporcionalidade com a necessidade que eles visam suprir e com o número de servidores ocupantes de cargos efetivos no ente federativo;

IV. no mínimo 50% do quantitativo de cargos em comissão, por imposição constitucional, devem ser destinados aos servidores ocupantes de cargos de provimento efetivo.

À luz da sistemática constitucional, estão corretos os argumentos:

a) I, II, III e IV.

b) II e III, apenas.

c) I e IV, apenas.

d) II, III e IV, apenas.

e) I, II e III, apenas.

14 – (PC/RJ – Inspetor Policial – FGV – 2022) - Em tema de regime jurídico-administrativo e de organização administrativa, de acordo com a Constituição da República de 1988, observada a pertinência temática, a Polícia Civil do Estado do Rio de Janeiro, individual ou conjuntamente com outros órgãos e entidades da administração pública, deve:

a) abster-se de realizar avaliação das políticas públicas, sob pena de usurpação de competência privativa do governador do Estado;

b) abster-se de realizar avaliação das políticas públicas, sob pena de violação do princípio da separação dos poderes e usurpação de competência do Legislativo;

c) realizar avaliação das políticas públicas, inclusive com divulgação do objeto a ser avaliado e dos resultados alcançados, na forma da lei;

d) realizar planejamento e execução das políticas públicas, vedada a divulgação do objeto a ser avaliado e dos resultados alcançados, por questão de sigilo inerente à área de segurança pública, na forma da lei;

e) executar políticas públicas em matéria criminal, previamente planejadas pelo Ministério Público, vedada a divulgação do objeto a ser avaliado e dos resultados alcançados, por questão de sigilo inerente à área de segurança pública, na forma da lei.

15 – (PM/SP – Sargento da Polícia Militar – VUNESP – 2022) - Nos termos da Constituição Federal, é correto afirmar que:

a) é livre a locomoção no território nacional em tempo de paz e de guerra, podendo qualquer pessoa, nos termos da lei, nele entrar, permanecer ou dele sair com seus bens.

b) é assegurado o direito de greve, competindo aos trabalhadores decidir sobre a oportunidade de exercê-lo e sobre os interesses que devam por meio dele defender.

c) as entidades associativas, independentemente de autorização, têm legitimidade para representar seus filiados judicial ou extrajudicialmente.

d) a administração pública indireta dos Estados obedecerá aos princípios de legalidade, relatividade dos direitos, moralidade, publicidade e eficiência.

Gabarito e Explicação

Questão	Gabarito	Abordagem do assunto no livro
1	A	Capítulo 4
2	E	Capítulos 4
3	B	Capítulo 5
4	D	Capítulo 4
5	E	Capítulo 4
6	B	Capítulo 7
7	B	Capítulo 6
8	E	Capítulo 3
9	A	Capítulo 4
10	D	Capítulo 5
11	C	Capítulo 3
12	E	Capítulo 7
13	E	Capítulo 4
14	C	Capítulo 2
15	C	Capítulo 3

PARTE 16

ORGANIZAÇÃO DOS PODERES

Capítulo 1

Tripartição de Poderes

A partir do estudo da história podemos concluir que a noção teórica da tripartição de poderes remonta à Antiguidade grega, tendo Aristóteles como seu precursor, com a publicação da obra "Política". Na ocasião Aristóteles chegou a propor e identificar a existência de três funções distintas, quais sejam, *legislativa* (de elaborar normas gerais e abstratas), *executiva* (de aplicar as normas gerais aos casos concretos) e *de julgamento* (de dirimir conflitos eventualmente havidos quando da aplicação de normas). A despeito de sua importante contribuição para o nascimento da teoria da tripartição de poderes, Aristóteles afirmava que essas três funções *deveriam ser exercidas pelo soberano*. Nesse primeiro momento de seu desenvolvimento, não houve qualquer preocupação em se limitar o poder estatal.

Transcorridos alguns séculos, passou-se a se pensar em um sistema capaz de possibilitar a *eficaz contenção do exercício do poder estatal*, haja vista o conhecimento maléfico do exercício de poderes por apenas uma pessoa.

No final do século XVII o filósofo inglês John Locke sistematizou a tripartição de poderes, em sua célebre obra "Segundo Tratado de Direito Civil". Entretanto, foi Montesquieu quem acabou por consolidar a separação de poderes como doutrina política.

Na primeira parte do século XVIII (1748) o francês Montesquieu sugeriu, através da publicação de sua obra intitulada "Do Espírito das Leis", que *as três funções estatais identificadas deveriam ser exercidas por pessoas distintas*, refutando-se a ideia de concentração das funções. Isso porque, na linha argumentativa de Montesquieu o *poder tente a corromper-se sempre que não encontra limites*. Nessa linha de ideias, Montesquieu sustentava sobre a necessidade de existir um órgão encarregado do exercício de cada uma das funções (legislativa, executiva e jurisdicional), bem como de inexistir subordinação entre elas, permitindo-se um controle recíproco e automático de cada um deles pelos demais.

Pouco tempo depois, com a Revolução Francesa a separação dos poderes tornou-se um dogma universal. Nesse sentido, a Declaração Universal dos Direitos do Homem e do Cidadão de 1789 assim estabelece:

> "Toda sociedade na qual não esteja assegurada a garantia dos direitos nem determinada a separação dos poderes, não tem constituição".

Importante ressaltar que todas as Constituições brasileiras consagraram o denominado **princípio da separação dos poderes** como dogma fundamental, sendo ele essencial à existência e sobrevivência de um Estado Democrático de Direito, preocupado com a tutela dos direitos fundamentais.

O art. 2.º da CF/88 estabelece que os poderes instituídos são *harmônicos* e *independentes* entre si. Conquanto exista independência orgânica entre os poderes, a própria Constituição Federal previu um mecanismo de controle mútuo, visando ao estabelecimento de um sistema de *checks and balances*, buscando-se o equilíbrio necessário à realização do bem da coletividade, indispensável para evitar o arbítrio e desmando de um poder em detrimento dos demais.

De acordo com nossa doutrina, a Constituição Federal de 1988 adotou a denominada **separação de poderes flexível**, tendo em vista que *nenhum dos poderes exercem apenas as funções estatais que lhes seriam típicas, mas acabam por desempenhar funções denominadas atípicas*. Através da separação flexível, cada um dos poderes constituídos exerce, de certa medida, as três funções estatais, sendo uma em caráter predominante (função típica) e outras de natureza acessória (função atípica). É nesse sentido que se caracteriza a *independência* entre os órgãos instituídos.

Ademais, a separação de poderes é considerada **cláusula pétrea** pela nossa Constituição Federal (cf. art. 60, § 4.º, III). Em virtude disso não poderá existir qualquer proposta de emenda constitucional que tenha a intenção de abolir a separação de poderes.

Para finalizar o presente tópico, faz-se necessário consignar que há críticas doutrinárias com relação à expressão "separação de poderes", ao argumento de que o poder é *uno* e *indivisível*. Para os adeptos dessa tese, o correto seria utilizar a expressão "**divisão das funções estatais**", vez que o poder se manifesta por intermédio de diferentes *órgãos*, os quais seriam responsáveis por exercer as respectivas funções estatais.

Capítulo 2

Poder Legislativo

O Poder Legislativo tem como *funções típicas* a **atividade legiferante** (produção de leis) do Estado, bem como a **fiscalizatória**, pois desempenha a fiscalização contábil, financeira, orçamentária, operacional e patrimonial do Poder Executivo (cf. art. 70 da CF). Da mesma forma que os demais Poderes, o Poder Legislativo executa, também, algumas funções atípicas (v.g., julgamento do Presidente da República em processo de *impeachment,* dispõe sobre sua organização interna).

A partir de agora, estudaremos o Poder Legislativo no *âmbito federal.*

2.1 Composição

No âmbito federal o Poder Legislativo é exercido pelo **Congresso Nacional**, que é composto por duas casas legislativas distintas: **Câmara dos Deputados** e **Senado Federal**. Como decorrência da forma federativa do Estado, no âmbito federal (e apenas aqui) adota-se o denominado **sistema bicameral**.

Pelo **sistema do bicameralismo federativo** uma das Casas Legislativas (Senado Federal) é composta por representantes dos Estados-Membros e do Distrito Federal, de *forma igualitária*, assegurando-se o *equilíbrio entre eles*. Não raras vocês ouvirão falar que a expressão *bicameralismo* deve-se ao fato da existência de duas Casas Legislativas no âmbito federal.

Além desse sistema adotado pelo Brasil, doutrinariamente encontraremos também:

a) **Bicameralismo aristocrático** ou **classista** (significa dizer que uma das casas é integrada somente pela nobreza. Encontramos essa forma na Inglaterra do século XIX);

b) **Bicameralismo sistemático** ou **conservador** (nessa, a função da segunda casa é a de frenar os abusos cometidos pela primeira).

A despeito dessa composição bicameral, podemos afirmar que o Congresso Nacional possui existência própria, vez que a Constituição Federal atribuiu, com exclusividade, importantes atribuições políticas a ele (cf. art. 49). No exercício da competência legislativa, contudo, as Casas que integram o Congresso Nacional possuem demasiada relevância.

A **Câmara dos Deputados** é composta por representantes do povo, isto é, os Deputados Federais manifestam a vontade do povo. Aqueles são eleitos segundo o **sistema proporcional com lista aberta**, ou seja, o número de Deputados Federais de cada Estado-Membro, cada Território e do Distrito Federal será *proporcional à população de cada um desses entes federativos*. Com isso, valoriza-se os partidos políticos.

Não obstante isso, a Constituição Federal estabelece um número mínimo de 08 (oito) Deputados Federais e um máximo de 70 (setenta) Deputados Federais por ente federativo. Atualmente a Câmara dos Deputados possui 513 (quinhentos e treze) representantes, número esse estabelecido pela LC n.º 78/93.

Conquanto o Tribunal Superior Eleitoral tenha tentado, no passado, alterar o número de Deputados Federais, o Supremo Tribunal Federal firmou o entendimento de que tais números somente poderão ser estabelecidos por Lei Complementar editada pelo Congresso Nacional.

O *mandato* é de 04 (quatro) anos, admitindo-se reeleições sucessivas dos Deputados, sem que haja limitação para tanto.

Destaque-se que a principal característica do sistema proporcional é o denominado **princípio da valorização da força dos partidos políticos**. Isso significa dizer que há uma valorização do voto nos partidos políticos, objetivando-se refletir a força de cada agremiação partidária.

Frise-se que se houver a criação de um Território Federal, esse também poderá eleger Deputados Federais, num total de 04 (quatro) membros.

O **Senado Federal**, por sua vez, é composto por representantes dos Estados e do Distrito Federal, de forma paritária, assegurando-se o equilíbrio entre eles (**princípio do bicameralismo federativo**). Os Senadores são eleitos observando-se o **sistema majoritário simples** (ou **puro**), ou seja, serão eleitos os Senadores mais votados em cada um daqueles entes federativos.

Diversamente do que ocorre com a composição da Câmara dos Deputados, o número de Senadores eleitos é fixado pela própria Carta Constitucional, sendo que cada Estado e o DF elegerão apenas 03 (três) Senadores, cada um desses com 02 (dois) suplentes. Com base nisso, considerando que a República Federativa do Brasil possui atualmente 26 (vinte e seis) Estados além do Distrito Federal, o número total de Senadores é de 81 (oitenta e um).

No tocante ao *mandato*, também há diferença com o dos Deputados Federais, haja vista que o prazo é de 08 (oito) anos, sendo que a renovação dos Senadores eleitos é de 04 (quatro) em 04 (quatro) anos, na proporção de 1/3 (um terço) e

2/3 (dois terços), conforme preceitua o § 2.º do art. 46 da CF. Admite-se, também, sucessivas reeleições.

Por fim, é de se destacar que, ainda que haja a criação de Territórios Federais, esses não terão direito a eleger Senadores da República, por imposição expressa na própria Constituição Federal.

2.2 Organização interna do Poder Legislativo

Neste tópico procederemos ao estudo dos principais órgãos internos fundamentais do Poder Legislativo Federal.

O primeiro deles é a **Mesa Diretora**, *órgão administrativo de direção das Casas Legislativas*. Ela é um órgão responsável pelas funções meramente administrativas, bem como pela condução dos trabalhos desenvolvidos por cada uma das Casas (Mesa da Câmara dos Deputados, Mesa do Senado Federal e Mesa do Congresso Nacional).

O § 5.º do art. 58 da Constituição Federal estabelece a composição da Mesa do Congresso Nacional, ao passo que o § 4.º do mesmo dispositivo constitucional traz o momento (*sessão preparatória*) em que serão eleitos os membros das respectivas Mesas, bem como o tempo de mandato e vedação à recondução.

Destaque-se que a vedação de recondução constante na parte final do § 4.º do art. 58 refere-se ao mesmo cargo, ou seja, ***veda-se a recondução ao mesmo cargo***, não havendo óbice algum de recondução na eleição imediatamente subsequente *para outro cargo*. Além disso, essa proibição somente alcança a eleição realizada no âmbito da mesma legislatura (período de quatro anos que equivale ao mandato de um Deputado Federal, no qual são executadas as atividades dos parlamentares federais), admitindo-se a possibilidade de reeleição dos presidentes das Casas Legislativas em caso de nova legislatura (cf. ADI 6524/DF).

Impende consignar que o **Supremo Tribunal Federal** possui **jurisprudência** no sentido de que essa vedação constitucionalmente prevista *não é de reprodução obrigatória* por parte dos Estados-Membros. Com base nesse entendimento jurisprudencial, podemos afirmar que ao Distrito Federal e aos Municípios inexiste, também, obrigatoriedade na reprodução dessa norma constitucional em estudo.

O segundo órgão interno fundamental é o **Plenário**, *órgão de deliberação máxima de cada uma das Casas Legislativas*, composto por todos os parlamentares que a integram.

Outro órgão interno fundamental ao Poder Legislativo são as **Comissões Parlamentares**, *órgãos de natureza técnica responsáveis pela apreciação das propostas legislativas em trâmite nas casas legislativas, bem como pela emissão de pareceres*. Ademais, são responsáveis pelo *controle e investigações de fatos relevantes e determinados*.

O *caput* do art. 58 da Carta Magna estabelece a existência de ***comissões permanentes*** e ***temporárias***, as quais poderão ser constituídas e atuar no âmbito do Congresso Nacional, bem como de cada uma de suas casas. Ressalte-se que para a constituição delas deverão ser observadas, tanto quanto possível, a *representação proporcional dos partidos políticos* ou *dos blocos parlamentares*, nos termos do § 1.º daquele dispositivo constitucional.

As ***comissões permanentes*** são criadas, por *tempo indefinido*, com a finalidade de apreciar os assuntos ou proposições submetidas ao seu exame, para deliberarem e exercerem o acompanhamento dos planos e programas governamentais, além da fiscalização orçamentária da União Federal, observando-se sua área temática de atuação (cf. art. 58, § 2.º, CF). Em razão disso, elas são chamadas de *comissões temáticas* (v.g., Comissão de Constituição e Justiça e de Cidadania, Comissão de Direitos Humanos e Minorias).

Por sua vez, as ***comissões temporárias*** são aquelas criadas, por *tempo definido*, para fins específicos. Dada a característica da temporalidade, elas se extinguem com o término da legislatura ou quando alcançarem aos objetivos a que se destinava ou, ainda, após seu prazo de duração. Podemos citar como exemplos delas as *comissões parlamentares de inquérito*, a *comissão mista representativa do Congresso Nacional* (§ 4.º do art. 58 da CF) e as *comissões representativas* (são destinadas a representar a Casa Legislativa em solenidades ou atos públicos).

Em razão de sua importância no cenário nacional, bem como para os concursos públicos, passaremos a tecer algumas considerações a respeito da **Comissão Parlamentar de Inquérito (CPI)**, comissão essa de *natureza temporária*, criada com a *finalidade de investigar*, por *prazo certo*, *fato determinado de interesse público*. Frise-se que, a despeito de sua importância, há apenas um dispositivo constitucional prevendo essa comissão (art. 58, § 3.º, da CF).

Segundo a Constituição Federal a comissão parlamentar de inquérito poderá ser criada pelo Congresso Nacional (comissão parlamentar mista de inquérito – CPMI), pela Câmara dos Deputados ou pelo Senado Federal.

Por intermédio da CPI o Poder Legislativo exercerá o *controle político-administrativo*, uma de suas funções típicas. Destaque-se que a CPI constitui um dos mecanismos de *check and balances* adotado por nossa Constituição.

É imprescindível, para sua criação, o preenchimento de três **requisitos** (cumulativos) constitucionais:

a) Requerimento de, pelo menos, 1/3 (um terço) dos membros da respetiva Casa Legislativa;

b) Indicação de fato determinado a ser objeto de investigação; e,

c) Fixação de um prazo certo para a conclusão dos trabalhos.

Conforme já visto anteriormente, a CPI poderá ser criada no âmbito do Congresso Nacional, bem como em qualquer de suas Casas Legislativas. Logo, o primeiro requisito restará preenchido ao ser atingido o número mínimo na respectiva Casa Legislativa.

Em se tratando de Comissão Parlamentar Mista de Inquérito é imprescindível que esse requisito seja observado em cada uma das Casas Legislativas. Isso significa dizer que deve haver um quórum mínimo de 1/3 (um terço) da Câmara dos Deputados **e** 1/3 (um terço) do Senado Federal, não se admitindo qualquer tipo de compensação para computar o quórum de uma forma global, ou seja, não seria possível pegar o número excedente de uma das casas para compensar a falta de assinaturas da outra casa legislativa.

Em 11/2/2022, ao julgar a ADI 6453/RO (rel. Min. Rosa Weber), o STF entendeu ser *inconstitucional norma de Constituição Estadual que preveja quórum diverso de 3/5 dos membros do Poder Legislativo para aprovação de emendas constitucionais*, haja vista que as regras e parâmetros do processo legislativo federal dispostas na Constituição Federal são de **reprodução obrigatória** (**princípio da simetria**).

Destaque-se que pelo dispositivo constitucional é *inadmissível* a criação de uma CPI para a apuração de *fato genérico*, sendo necessária a indicação de fato determinado (p.ex., apuração de corrupção na Empresa Estatal "X"). A doutrina entende que é possível a apuração de mais de um fato certo, desde que devidamente delimitados no requerimento de abertura da comissão provisória. Inclusive, há precedentes do **Supremo Tribunal Federal** (HC 71.231 – j. 05/5/1994) entendendo que **é possível que a CPI investigue *fatos novos* que se vinculem, intimamente, ao fato principal**, ou seja, que possuam conexão com esse.

Não obstante a Constituição Federal exigir a indicação de fato determinado, é imprescindível que esse **fato determinado** seja **de interesse público**, não sendo admissível criar uma CPI para investigar um fato de interesse privado. Isso não impede, contudo, que seja instaurada uma CPI para investigar fatos relacionados a um particular, desde que de interesse público. Veja: o fato a ser investigado deve ser de interesse público e não *de interesse do público*.

Além disso, é imprescindível que no requerimento de abertura da CPI seja indicado um prazo certo (*princípio da temporalidade*) para a conclusão dos trabalhos. Contudo, isso não impede que sejam realizadas *sucessivas prorrogações, desde que dentro da mesma legislatura*. De outro vértice, não é possível que a prorrogação se dê após a legislatura em que se iniciou, vez que *o término de uma legislatura implica o encerramento compulsório de todas as comissões temporárias*.

À luz da **jurisprudência do Supremo Tribunal Federal**, uma vez preenchidos os três requisitos constitucionais em questão, *a criação da CPI ocorre independentemente de deliberação do Plenário*, ou seja, no ato da apresentação do requerimento ao Presidente da respectiva Casa Legislativa. Portanto, não cabe ao Presidente da Casa Legislativa qualquer apreciação de mérito (juízo de discricionariedade) sobre o objeto da investigação parlamentar a ser realizada pela comissão temporária. (MS 37760 MC-Ref/DF – julgado: 14/4/2021)

Teoricamente, não há óbice algum na criação de comissões parlamentares de inquérito simultâneas, em ambas as Casas Legislativas, para investigar o mesmo fato determinado.

Para o Pretório Excelso, como decorrência do ***princípio do pacto federativo***, o modelo federal de criação e instauração da CPI constitui *matéria a ser compulsoriamente observada pelo Poder Legislativo Estadual.* Portanto, os Estados-Membros estão impedidos de estabelecer requisitos outros para a criação da CPI, diversos dos preceituados no § 3.º do art. 58 da CF (**princípio da simetria**).

Uma vez criada a CPI possui *poder investigatório próprio das autoridades judiciais.* Veja-se que a CPI apenas tem o poder de investigar, *não podendo processar nem julgar as pessoas investigadas.* Tal investigação possui *natureza inquisitiva*, vez que não se aplica à CPI os princípios do contraditório e da ampla defesa. A partir disso, podemos afirmar, de maneira categórica, que não é possível a CPI indiciar ninguém!

O fato de terem poderes próprios das autoridades judiciais, não significa dizer que a CPI possui todas as competências de um magistrado. Ela apenas possui poderes investigatórios próprios da autoridade judicial, sendo tais poderes limitados. Isso porque, existem medidas protegidas constitucionalmente pela denominada ***cláusula de reserva de jurisdição***.

Nesse sentido, temos:

> "São investigações que atendem a razões inerentes ao poder de representação parlamentar, não haurindo sua legitimidade da pertinência com futuras medidas processuais ou legislativas. O preço, entretanto, dessa prerrogativa, é que não possuem as CPIs qualquer instrumental jurídico que lhes permita fazer valer, por seus próprios meios, suas conclusões. Não podem elas acusar, processar, desfazer atos, responsabilizar ou julgar. Podem tão somente investigar e enviar suas conclusões para que outras instituições, aí sim, com diversa finalidade, adotem as providências cabíveis. Quando muito, podem as comissões recomendar a adoção de alguma providência a algum outro órgão estatal, ou dar sinal ao próprio legislativo sobre a convenção de alguma alteração de leis. Possuem auto executoriedade no estrito limite das diligências investigativas, não podendo, fora delas, determinar o que quer que seja. A despeito de possuírem poderes investigativos equiparados aos atos judiciais, as CPIs não se confundem, portanto, com um processo judicial: sua natureza é político-administrativa. Sem embargo, a possível utilização ulterior de suas conclusões com lastro para procedimentos

investigativos ou de responsabilização penais, bem como a exposição de situações individuais merecedoras de proteção constitucional, determinam que sejam adotadas, em seu procedimento, regras protetivas dos direitos individuais"[1].

Vimos que a CPI possui poderes investigativos próprios das autoridades judiciais. Mas **quais atos poderão ser realizados pela CPI?** Não obstante o disposto na atual redação do art. 2.º da Lei n.º 1.579/1952[2], o Supremo Tribunal Federal, por meio de sua jurisprudência, tem demonstrado importante atuação para delimitar os precisos parâmetros da investigação, com base em casos concretos a ele submetido.

Uma coisa é certa: se determinada medida restritiva de direito for protegia pela *cláusula de reserva de jurisdição* será inconcebível a ideia de a CPI afastá-la sem autorização prévia do Poder Judiciário!

Não obstante isso, com base na **jurisprudência** assente do **STF**, podemos elencar as seguintes **atribuições da CPI**, que **prescindem de autorização** do Poder Judiciário:

a) Convocar particulares e autoridades públicas para depor, devendo ser observadas, para estas últimas, eventuais prerrogativas previstas no Código de Processo Penal;
b) Determinar diligências, perícias e exames que entenderem necessários;
c) Requisitar informações e buscar meios de prova legalmente admitidos;
d) Determinar a busca e apreensão de documentos, respeitando-se o direito à inviolabilidade do domicílio previsto no inciso XI do art. 5.º da Constituição Federal;
e) Determinar a quebra dos sigilos fiscal, bancário[3] e telefônico[4] do investigado.

Há que se observar que à CPI somente será possível proferir uma decisão que implique restrição de direito (letra "e") desde que *pertinente* e *imprescindível* à investigação. Ademais disso, é imprescindível que as decisões sejam *devidamente*

1. GONÇALVES, Luiz Carlos dos Santos. *Comissões Parlamentares de Inquérito – Poderes de Investigação.* São Paulo: Editora Juarez de Oliveira, 2001. P. 41.
2. Art. 2º No exercício de suas atribuições, poderão as Comissões Parlamentares de Inquérito determinar diligências que reputarem necessárias e requerer a convocação de Ministros de Estado, tomar o depoimento de quaisquer autoridades federais, estaduais ou municipais, ouvir os indiciados, inquirir testemunhas sob compromisso, requisitar da administração pública direta, indireta ou fundacional informações e documentos, e transportar-se aos lugares onde se fizer mister a sua presença.
3. A **jurisprudência do STF** é firme no sentido de que as CPI's estaduais possuem atribuição para determinar a quebra do sigilo bancário do investigado.
4. A quebra de sigilo telefônico, em hipótese alguma, poderá ser confundida com a interceptação das comunicações telefônicas. Aquela compreende a obtenção de dados relacionados aos registros telefônicos do investigado (extrato telefônico de ligações efetuadas e recebidas), ao passo que essa última incide sobre o conteúdo da conversa propriamente dito.

fundamentadas, limitadas no tempo e *tomadas pela maioria absoluta de seus membros* (**princípio da colegialidade**).

De outro vértice, como decorrência da *cláusula de reserva de jurisdição*, **a CPI não poderá determinar** as seguintes diligências, sem obter autorização judicial:

a) Decretar a prisão, salvo no caso de prisão em flagrante;

b) Determinar quaisquer medidas cautelares, seja de natureza penal, seja de natureza cível;

c) Determinar busca e apreensão domiciliar de documentos;

d) Determinar a quebra de sigilo judicial; e

e) Decretar a interceptação das comunicações telefônicas.

Destaque-se que o rol anterior é *meramente exemplificativo*, tendo em vista a jurisprudência da Suprema Corte brasileira.

Importante frisar que é possível que os Poderes Legislativos dos demais entes federativos investiguem fatos de suas atribuições por intermédio das CPI's. Tanto as Constituições Estaduais, quanto as Leis Orgânicas (Municipais e Distrital) poderão prever a criação de Comissões Parlamentares de Inquérito, com a observância obrigatória das regras constantes da Constituição Federal. Há que se observar, contudo, que as CPI's somente poderão investigar os fatos que estiverem no âmbito das respectivas competências legislativas e materiais.

Os trabalhos da CPI serão finalizados com a apresentação do *relatório*. Pela regra constitucional, se for o caso, suas conclusões serão encaminhadas ao Ministério Público para que promova a responsabilidade civil ou criminal dos infratores. Conquanto o texto constitucional preveja a remessa do relatório apenas ao *parquet*, entendemos que ele poderá ser enviado também à Advocacia-Geral da União (órgão que detém a atribuição para defender a União Federal), bem como à Controladoria-Geral da União e a qualquer outro órgão responsável. Inclusive, já se manifestou o STF no seguinte sentido:

> "As CPIs possuem permissão legal para encaminhar relatório circunstanciado não só ao Ministério Público e à AGU, mas, também, a outros órgãos públicos, podendo veicular, inclusive, documentação que possibilite a instauração de inquérito policial em face de pessoas envolvidas nos fatos apurados (art. 58, § 3º, CRFB/1988, c/c art. 6º-A da Lei 1.579/1952, incluído pela Lei 13.367/2016)". (MS 35.216 AgR, rel. min. Luiz Fux, j. 17-11-2017, P, *DJE* de 27-11-2017)

O STF declarou serem formalmente inconstitucionais dispositivos da Lei n.º 10.001/2000, de iniciativa do Poder Legislativo, que tratam de atribuições do Ministério Público (ADI 5351/DF, relatora Min. Cármen Lúcia, j. 18.6.2021), afastando-se os deveres inicialmente impostos aos membros do *parquet* no que tange às conclusões da Comissão Parlamentar de Inquérito.

Ainda, no que tange à CPI, não podemos nos esquecer que a atuação dela é passível de fiscalização por parte do Poder Judiciário, sempre que houver lesão ou ameaça a direito, sem que ocorra qualquer ofensa ao princípio da separação dos poderes.

Caso a CPI tenha sido instalada no âmbito do Congresso Nacional (independentemente de qual Casa Legislativa) o Governador de Estado-Membro (ou do Distrito Federal), não pode ser obrigado a depor:

> A prerrogativa das CPIs de ouvir testemunhas não confere aos órgãos de investigação parlamentar o poder de convocar quaisquer pessoas a depor, sob quaisquer circunstâncias, pois existem limitações à obrigação de testemunhar. Entre elas, encontra-se a isenção constitucional do Presidente da República à obrigatoriedade de testemunhar perante comissões parlamentares, extensível aos governadores por aplicação do critério da simetria entre a União e os estados.
>
> É injustificável a situação de submissão institucional. Ante a ausência de norma constitucional autorizadora, o Congresso Nacional ou suas comissões parlamentares não podem impor aos chefes do Poder Executivo estadual o dever de prestar esclarecimentos e oferecer explicações, mediante convocação de natureza compulsória, com possível transgressão à autonomia assegurada constitucionalmente aos entes políticos estaduais e desrespeito ao equilíbrio e harmonia que devem reger as relações federativas.
>
> Caracteriza excesso de poder a ampliação do poder investigativo das CPIs para atingir a esfera de competência dos estados federados ou as atribuições exclusivas — competências autônomas — do Tribunal de Contas da União (TCU).
>
> Os governadores prestam contas perante a Assembleia Legislativa regional (contas de governo ou de gestão estadual) ou perante o TCU (recursos federais), mas jamais perante o Congresso Nacional. A amplitude do poder investigativo das CPIs do Senado Federal e da Câmara dos Deputados coincide com a extensão das atribuições do Congresso Nacional.
>
> Com base nesses entendimentos, o Plenário referendou decisão em que deferido o pedido de medida cautelar em arguição de descumprimento de preceito fundamental, suspendendo as convocações dos governadores realizadas pela CPI da Pandemia, sem prejuízo da possibilidade de o órgão parlamentar convidar essas mesmas autoridades estatais para comparecerem, voluntariamente, a reunião da comissão a ser agendada de comum acordo. Os ministros Alexandre de Moraes, Gilmar Mendes, Marco Aurélio, Roberto Barroso e Nunes Marques acompanharam com ressalvas a ministra Rosa Weber (ADPF 848 MC-Ref/DF, relatora Min. Rosa Weber, julgamento virtual finalizado em 25.6.2021)

Uma última questão a ser abordada neste tópico diz respeito à possibilidade ou não de **condução coercitiva de investigado** para comparecer junto à CPI.

No final do mês de maio de 2019 ao julgar o HC 171.438/DF a 2.ª Turma do STF divergiu sobre a matéria. Enquanto os Ministros Gilmar Mendes e Celso de Melo entenderam que o comparecimento do investigado perante a CPI é *facultati-*

vo, os Ministros Edson Fachin e Cármen Lúcia entenderam pela *compulsoriedade*, sendo que o Ministro Dias Tóffoli não votou. Considerando que em caso de empate em sede de *habeas corpus* deve prevalecer a decisão mais favorável ao paciente, a tese vencedora foi a de que ao investigado é facultado comparecer ou não perante à CPI para ser ouvido na condição de investigado.

Como consequência desse precedente, **não há que se falar na possibilidade da condução coercitiva do investigado perante à CPI**, adotando-se o mesmo raciocínio constante das ADPF's 395/DF e 444/DF.

Sublinhe-se, por fim, que a despeito dessa divergência entre os Ministros da 2.ª Turma, todos foram uníssonos com relação aos seguintes direitos afetos ao investigado: (i) ao silêncio; (ii) à assistência de advogado; (iii) de não prestar compromisso de dizer a verdade; e, (iv) de não sofrer qualquer constrangimento.

2.3 Atribuições

A CF delineia, de forma individualizada, as atribuições do Congresso Nacional (arts. 48 e 49), da Câmara dos Deputados (art. 51) e do Senado Federal (art. 52).

A partir do estudo dos arts. 48 e 49 da CF verificamos que o **Congresso Nacional** possui apenas as denominadas *competências legislativas* e *competências políticas próprias*. A despeito dessa previsão, segundo a doutrina pátria o rol de atribuições do Congresso Nacional é **meramente exemplificativo**.

Inicialmente, é de se consignar, que as matérias elencadas no art. 48 da CF, embora sejam de atribuição do Congresso Nacional, **elas necessitam de sanção do Chefe do Executivo Federal** (Presidente da República), razão pela qual são conhecidas como *competências legislativas*, vez que serão regulamentadas por intermédio de lei. De outro vértice, as matérias elencadas nos arts. 49 **não necessitam de sanção presidencial para entrarem em vigor**, integrando o grupo das *competências políticas próprias*, sendo regulamentadas via resolução.

No **exercício da competência legislativa** o Congresso Nacional *disporá sobre todas as matérias de competência da União Federal*, especialmente sobre:

> I - sistema tributário, arrecadação e distribuição de rendas;
>
> II - plano plurianual, diretrizes orçamentárias, orçamento anual, operações de crédito, dívida pública e emissões de curso forçado;
>
> III - fixação e modificação do efetivo das Forças Armadas;
>
> IV - planos e programas nacionais, regionais e setoriais de desenvolvimento;
>
> V - limites do território nacional, espaço aéreo e marítimo e bens do domínio da União;
>
> VI - incorporação, subdivisão ou desmembramento de áreas de Territórios ou Estados, ouvidas as respectivas Assembleias Legislativas;

> VII - transferência temporária da sede do Governo Federal;
>
> VIII - concessão de anistia;
>
> IX - organização administrativa, judiciária, do Ministério Público e da Defensoria Pública da União e dos Territórios e organização judiciária e do Ministério Público do Distrito Federal;
>
> X - criação, transformação e extinção de cargos, empregos e funções públicas, observado o que estabelece o art. 84, VI, *b*;
>
> XI - criação e extinção de Ministérios e órgãos da administração pública;
>
> XII - telecomunicações e radiodifusão;
>
> XIII - matéria financeira, cambial e monetária, instituições financeiras e suas operações;
>
> XIV - moeda, seus limites de emissão, e montante da dívida mobiliária federal;
>
> XV - fixação do subsídio dos Ministros do Supremo Tribunal Federal, observado o que dispõem os arts. 39, § 4º; 150, II; 153, III; e 153, § 2º, I.

As matérias aqui mencionadas deverão ser regulamentadas por **lei**, tendo em vista que o próprio texto constitucional exige a sanção do Chefe do Poder Executivo Federal.

Por sua vez, **no exercício da competência política**, cabe ao Congresso Nacional, exclusivamente:

> I - resolver definitivamente sobre tratados, acordos ou atos internacionais que acarretem encargos ou compromissos gravosos ao patrimônio nacional;
>
> II - autorizar o Presidente da República a declarar guerra, a celebrar a paz, a permitir que forças estrangeiras transitem pelo território nacional ou nele permaneçam temporariamente, ressalvados os casos previstos em lei complementar;
>
> III - autorizar o Presidente e o Vice-Presidente da República a se ausentarem do País, quando a ausência exceder a quinze dias;
>
> IV - aprovar o estado de defesa e a intervenção federal, autorizar o estado de sítio, ou suspender qualquer uma dessas medidas;
>
> V - sustar os atos normativos do Poder Executivo que exorbitem do poder regulamentar ou dos limites de delegação legislativa;
>
> VI - mudar temporariamente sua sede;
>
> VII - fixar idêntico subsídio para os Deputados Federais e os Senadores, observado o que dispõem os arts. 37, XI, 39, § 4º, 150, II, 153, III, e 153, § 2º, I;
>
> VIII - fixar os subsídios do Presidente e do Vice-Presidente da República e dos Ministros de Estado, observado o que dispõem os arts. 37, XI, 39, § 4º, 150, II, 153, III, e 153, § 2º, I;
>
> IX - julgar anualmente as contas prestadas pelo Presidente da República e apreciar os relatórios sobre a execução dos planos de governo;

> X - fiscalizar e controlar, diretamente, ou por qualquer de suas Casas, os atos do Poder Executivo, incluídos os da administração indireta;
>
> XI - zelar pela preservação de sua competência legislativa em face da atribuição normativa dos outros Poderes;
>
> XII - apreciar os atos de concessão e renovação de concessão de emissoras de rádio e televisão;
>
> XIII - escolher dois terços dos membros do Tribunal de Contas da União;
>
> XIV - aprovar iniciativas do Poder Executivo referentes a atividades nucleares;
>
> XV - autorizar referendo e convocar plebiscito;
>
> XVI - autorizar, em terras indígenas, a exploração e o aproveitamento de recursos hídricos e a pesquisa e lavra de riquezas minerais;
>
> XVII - aprovar, previamente, a alienação ou concessão de terras públicas com área superior a dois mil e quinhentos hectares.
>
> XVIII – decretar o estado de calamidade pública de âmbito nacional previsto nos arts. 167-B, 167-C, 167-D, 167-E, 167-F e 167-G desta Constituição. (incluído pela EC n.º 109/2021).

Essas matérias dispensam sanção presidencial, razão pela qual deverão ser regulamentadas por meio de **resolução**.

As atribuições da Câmara dos Deputados estão previstas no art. 51, *in verbis*:

> Art. 51. Compete privativamente à Câmara dos Deputados:
>
> I - autorizar, por dois terços de seus membros, a instauração de processo contra o Presidente e o Vice-Presidente da República e os Ministros de Estado;
>
> II - proceder à tomada de contas do Presidente da República, quando não apresentadas ao Congresso Nacional dentro de sessenta dias após a abertura da sessão legislativa;
>
> III - elaborar seu regimento interno;
>
> IV - dispor sobre sua organização, funcionamento, polícia, criação, transformação ou extinção dos cargos, empregos e funções de seus serviços, e a iniciativa de lei para fixação da respectiva remuneração, observados os parâmetros estabelecidos na lei de diretrizes orçamentárias;
>
> V - eleger membros do Conselho da República, nos termos do art. 89, VII.

Já as atribuições do Senado Federal encontram-se elencadas no art. 52 da Carta Magna, a saber:

> Art. 52. Compete privativamente ao Senado Federal:
>
> I - processar e julgar o Presidente e o Vice-Presidente da República nos crimes de responsabilidade, bem como os Ministros de Estado e os Comandantes da Marinha, do Exército e da Aeronáutica nos crimes da mesma natureza conexos com aqueles;

II processar e julgar os Ministros do Supremo Tribunal Federal, os membros do Conselho Nacional de Justiça e do Conselho Nacional do Ministério Público, o Procurador-Geral da República e o Advogado-Geral da União nos crimes de responsabilidade;

III - aprovar previamente, por voto secreto, após arguição pública, a escolha de:

a) Magistrados, nos casos estabelecidos nesta Constituição;

b) Ministros do Tribunal de Contas da União indicados pelo Presidente da República;

c) Governador de Território;

d) Presidente e diretores do banco central;

e) Procurador-Geral da República;

f) titulares de outros cargos que a lei determinar;

IV - aprovar previamente, por voto secreto, após arguição em sessão secreta, a escolha dos chefes de missão diplomática de caráter permanente;

V - autorizar operações externas de natureza financeira, de interesse da União, dos Estados, do Distrito Federal, dos Territórios e dos Municípios;

VI - fixar, por proposta do Presidente da República, limites globais para o montante da dívida consolidada da União, dos Estados, do Distrito Federal e dos Municípios;

VII - dispor sobre limites globais e condições para as operações de crédito externo e interno da União, dos Estados, do Distrito Federal e dos Municípios, de suas autarquias e demais entidades controladas pelo Poder Público federal;

VIII - dispor sobre limites e condições para a concessão de garantia da União em operações de crédito externo e interno;

IX - estabelecer limites globais e condições para o montante da dívida mobiliária dos Estados, do Distrito Federal e dos Municípios;

X - suspender a execução, no todo ou em parte, de lei declarada inconstitucional por decisão definitiva do Supremo Tribunal Federal;

XI - aprovar, por maioria absoluta e por voto secreto, a exoneração, de ofício, do Procurador-Geral da República antes do término de seu mandato;

XII - elaborar seu regimento interno;

XIII - dispor sobre sua organização, funcionamento, polícia, criação, transformação ou extinção dos cargos, empregos e funções de seus serviços, e a iniciativa de lei para fixação da respectiva remuneração, observados os parâmetros estabelecidos na lei de diretrizes orçamentárias;

XIV - eleger membros do Conselho da República, nos termos do art. 89, VII.

XV - avaliar periodicamente a funcionalidade do Sistema Tributário Nacional, em sua estrutura e seus componentes, e o desempenho das administrações tributárias da União, dos Estados e do Distrito Federal e dos Municípios.

Parágrafo único. Nos casos previstos nos incisos I e II, funcionará como Presidente o do Supremo Tribunal Federal, limitando-se a condenação, que somente será proferida por dois terços dos votos do Senado Federal, à perda do cargo, com inabilitação, por oito anos, para o exercício de função pública, sem prejuízo das demais sanções judiciais cabíveis.

É de se destacar que tanto as matérias privativas de competência da Câmara dos Deputados, quanto do Senado Federal, por não dependerem de sanção presidencial, serão materializadas por meio das denominadas *resoluções* (espécie do gênero ato normativo – cf. art. 59, VII, da CF).

Em virtude da crise política vivenciada pelo Brasil nos últimos tempos, importante não se esquecer dos seguintes pontos:

1. É da competência privativa da Câmara dos Deputados autorizar, por 2/3 (dois terços) de seus membros, a *instauração de* ***processo crime*** (infração penal) contra o Presidente e Vice-Presidente da República e dos Ministros de Estado. Uma vez autorizada sua instauração e recebida a denúncia, caberá o processo e julgamento ao Supremo Tribunal Federal.
2. Ao julgar a ADI 5540 o STF, mudou seu entendimento, firmando a tese de que ***não há necessidade de prévia autorização*** da Assembleia Legislativa para recebimento da peça acusatória e instauração de ação penal em face de Governador por crime comum, sendo de competência do Superior Tribunal de Justiça dispor fundamentadamente sobre a aplicação de medidas cautelares penais.
3. É de competência privativa do Senado Federal *processar e julgar* o Presidente e Vice-Presidente da República nos **crimes de responsabilidade**, bem como os Ministros de Estados e os Comandantes das Forças Armadas nos crimes da mesma natureza conexos com aqueles.
4. É de competência privativa do Senado Federal *processar e julgar* os Ministros do STF, os membros do CNJ e do CNMP, o Procurador-Geral da República e o Advogado-Geral da União nos *crimes de responsabilidade*.

2.4 Estatuto dos Congressistas

Ponto importante a ser estudado, e que tem sido destaque nos últimos tempos devido à denominada Operação Policial Lava Jato, é o denominado **estatuto dos congressistas**, que *consiste em um rol de prerrogativas e vedações parlamentares, a fim de que os membros do Poder Legislativo tenham condições de atuar com independência e liberdade no desempenho de suas funções constitucionais.*

Não obstante sua importância para o salutar andamento do Estado Democrático do Direito, temos visto nos últimos tempos que elas, infelizmente, acabam servindo para "blindar" atividades ilícitas perpetradas por muitos parlamentares. Entretanto, não podemos nos olvidar que tais regras não devem ser vistas como privilégios pessoais dos membros do Poder Legislativo, sob pena de desvirtuamento delas.

São regras que integram o estatuto dos congressistas:

a) Imunidades;

b) Prerrogativa;

c) Incompatibilidades.

A partir de agora analisaremos cada uma dessas regras.

2.4.1 Imunidades

Devem ser entendidas como sendo *prerrogativas outorgadas constitucionalmente aos membros do Poder Legislativo, a fim de que eles possam exercer as respectivas funções com independência e liberdade de manifestação, por meio de palavras, discussão, debates e votos.*

Elas se dividem em *imunidades formais* e *material.*

Frise-se que *desde a expedição do diploma*[5], por parte da Justiça Eleitoral, os parlamentares federais possuem as imunidades, já devendo ser observadas as regras previstas constitucionalmente.

A **imunidade material** (**real** ou **substantiva**) é aquela a partir da qual os parlamentares federais (Deputados e Senadores) são invioláveis (*civil, penal, política* e *administrativamente*) por quaisquer de suas opiniões, palavras e votos, *desde que proferidas em razão de suas funções, no exercício* e *relacionadas ao respectivo mandato.*

A despeito de ser entendida como sendo *absoluta*, *permanente* e *de ordem pública*, a imunidade material só protege o congressista quando sua manifestação se der no exercício do mandato.

O **Supremo Tribunal Federal** tem entendimento de que se as manifestações ocorrerem no recinto das Casas Legislativas, os parlamentares estarão sempre protegidos por essa imunidade, haja vista a *presunção absoluta* de pertinência temática com o desempenho da atividade parlamentar, vez que *nada se reveste de caráter mais intrinsicamente parlamentar do que os pronunciamentos feitos no âmbito do Poder Legislativo.*

Não obstante esse entendimento, importante trazer à baila um caso concreto em que a Colenda Corte acabou por a*fastar essa presunção* e, por consequência, a própria imunidade material. Vejamos:

> "A Primeira Turma, em julgamento conjunto e por maioria, recebeu denúncia pela suposta prática de incitação ao crime (CP, art. 286) e queixa-crime apenas quanto à alegada prática de injúria (CP, art 140), ambos os delitos imputados a deputado federal. Os crimes dizem respeito a declarações proferidas na Câmara dos Deputados e, no dia seguinte, divulgadas em entrevista concedida à imprensa. No caso, o parlamentar afirmara que deputada federal "não merece ser estuprada,

5. A diplomação é um atestado garantindo a regular eleição do candidato. Ela é feita antes da posse pela Justiça Eleitoral.

> por ser muito ruim, muito feia, não fazer seu gênero" e acrescentara que, se fosse estuprador, "não iria estuprá-la porque ela não merece". A Turma assinalou que a garantia constitucional da imunidade material protege o parlamentar, qualquer que seja o âmbito espacial em que exerça a liberdade de opinião, *sempre que suas manifestações guardem conexão com o desempenho da função legislativa ou tenham sido proferidas em razão dela*. Para que as afirmações feitas pelo parlamentar possam ser relacionadas ao exercício do mandato, devem revelar teor minimamente político, referido a fatos que estejam sob debate público, sob investigação em CPI ou em órgãos de persecução penal ou, ainda, sobre qualquer tema que seja de interesse de setores da sociedade, do eleitorado, de organizações ou quaisquer grupos representados no parlamento ou com pretensão à representação democrática. Consequentemente, não há como relacionar ao desempenho da função legislativa, ou de atos praticados em razão do exercício de mandato parlamentar, as palavras e opiniões meramente pessoais, sem relação com o debate democrático de fatos ou ideias e, portanto, sem vínculo com o exercício das funções cometidas a um parlamentar. Na hipótese, trata-se de declarações que não guardam relação com o exercício do mandato. Não obstante a **jurisprudência do STF** tenha entendimento no sentido da impossibilidade de responsabilização do parlamentar quando as palavras tenham sido proferidas no recinto da Câmara dos Deputados, as declarações foram proferidas em entrevista a veículo de imprensa, *não incidindo, assim, a imunidade*. O fato de o parlamentar estar em seu gabinete no momento em que a concedera é meramente acidental, já que não foi ali que se tornaram públicas as ofensas, mas sim por meio da imprensa e da internet. Portanto, cuidando-se de declarações firmadas em entrevista concedida a veículo de grande circulação, cujo conteúdo não se relaciona com a garantia do exercício da função parlamentar, não incide o art. 53 da CF". (Inq 3932/DF, rel. Min. Luiz Fux, 21.6.2016) – (sublinhei).

Questão interessante a ser abordada aqui, ainda, diz respeito à possibilidade ou não de aplicação da imunidade material nas **opiniões proferidas por intermédio de redes sociais**. A **jurisprudência do STF** é assente no sentido de que a imunidade material estará presente, em princípio, mesmo nas hipóteses de crimes de opiniões perpetrados pelas redes sociais. Nesse sentido:

> A garantia constitucional da imunidade parlamentar em sentido material (CF, art. 53, "caput") – que representa instrumento vital destinado a viabilizar o exercício independente do mandato representativo – protege o membro do Congresso Nacional, tornando-o inviolável, civil e penalmente, por quaisquer "de suas opiniões, palavras e votos". Doutrina. Precedentes. – O exercício da atividade parlamentar não se exaure no âmbito espacial do Congresso Nacional, vale dizer, no recinto das Casas Legislativas que o compõem, a significar, portanto, que a prática de atos, pelo congressista, em função do seu mandato parlamentar ("ratione officii"), ainda que territorialmente efetivada em âmbito extraparlamentar, está igualmente protegida pela garantia fundada no art. 53, "caput", da Constituição da República. Tutela que se estende às opiniões, palavras

> e pronunciamentos independentemente do "locus" (âmbito espacial) em que proferidos, desde que tais manifestações guardem pertinência com o exercício do mandato legislativo. – A cláusula da inviolabilidade parlamentar qualifica-se como causa de exclusão constitucional da tipicidade penal da conduta do congressista em tema de delitos contra a honra, afastando, por isso mesmo, a própria natureza delituosa do comportamento em que tenha incidido. Doutrina. Precedentes. – Reconhecimento, no caso, da incidência da garantia constitucional da imunidade parlamentar material em favor da congressista acusada de delitos contra a honra. (Pet 5875 AgR/**DF, Min. Celso de Mello, J: 17/03/2017. Segunda Turma)**

Mais recentemente, podemos ver a seguinte ementa:

> Ementa: Queixa-Crime. Manifestações de parlamentar veiculadas, no caso, em meio de comunicação social ("facebook"). Imunidade parlamentar material (cf, art. 53, "caput"). Alcance dessa garantia constitucional. Tutela que a Constituição da República estende às opiniões, palavras, votos e pronunciamentos do congressista, independentemente do "locus" (âmbito espacial) em que proferidos, desde que tais manifestações guardem pertinência com o exercício do mandato representativo. O "telos" da garantia Constitucional da imunidade parlamentar, que se qualifica como causa descaracterizadora da própria tipicidade penal da conduta do congressista em tema de delitos contra a honra. Doutrina. Precedentes. Inadmissibilidade, no caso, da pretendida persecução penal por crimes contra a honra, em face da inviolabilidade constitucional que ampara os membros do congresso nacional. Parecer do ministério público federal, como "custos legis", pela rejeição da queixa-crime. Extinção do procedimento penal. (Pet 8242/**DF, Min. Celso de Mello, J: 03/12/2019. Segunda Turma)**

Sublinhe-se que a liberdade de expressão não alcança a prática de discursos dolosos, com intuito manifestamente difamatório, de juízos depreciativos de mero valor, de injúrias em razão da forma ou de críticas aviltantes. A garantia da imunidade parlamentar não alcança os atos praticados sem claro nexo de vinculação recíproca entre o discurso e o desempenho das funções parlamentares. Isso porque, as garantias dos membros do parlamento são vislumbradas sob uma perspectiva funcional, ou seja, de proteção apenas das funções consideradas essenciais aos integrantes do Poder Legislativo, independentemente de ondem elas sejam exercidas. (Pet 8242 AgR/DF, Pet 8259 AgR/DF, Pet 8262 AgR/DF, Pet 8263 AgR/DF, Pet 8267 AgR/DF, e Pet 8366 AgR/DF, relator Min. Celso de Mello, redator do acórdão Min. Gilmar Mendes, julgamento em 3.5.2022).

Antes de finalizar as considerações a respeito da imunidade material, impende consignar que o Supremo Tribunal Federal, apreciando recente caso, firmou a tese de que **o fato de um parlamentar estar na Casa Legislativa no momento em que proferiu as declarações ofensivas não afasta a possibilidade de cometimento de crimes contra a honra, nos casos em que aquelas são divulgadas pelo próprio**

parlamentar na internet (PET 7174/DF, rel. Min. Alexandre de Moraes, red. p/ o ac. Min. Marco Aurélio, julgamento em 10.3.2020). Vejamos o informativo 969:

> "A Primeira Turma recebeu queixa-crime formulada contra parlamentar pela prática de crime de difamação e injúria.
>
> De acordo com a inicial, o parlamentar-querelado, em discurso proferido no Plenário da Câmara dos Deputados e em reunião da Comissão de Constituição e Justiça e da Cidadania da mesma Casa, teria desferido ofensas verbais a artistas, ao afirmar, dentre outras imputações, que eles teriam "assaltado" os cofres públicos ao angariar recursos oriundos da Lei Rouanet (Lei 8.313/1991).
>
> A Turma salientou que o fato de o parlamentar estar na Casa legislativa no momento em que proferiu as declarações não afasta a possibilidade de cometimento de crimes contra a honra, nos casos em que as ofensas são divulgadas pelo próprio parlamentar na Internet.
>
> Afirmou que a inviolabilidade material somente abarca as declarações que apresentem nexo direto e evidente com o exercício das funções parlamentares.
>
> No caso concreto, embora aludindo à Lei Rouanet, o parlamentar nada acrescentou ao debate público sobre a melhor forma de distribuição dos recursos destinados à cultura, limitando-se a proferir palavras ofensivas à dignidade dos querelantes.
>
> O Parlamento é o local por excelência para o livre mercado de ideias – não para o livre mercado de ofensas. A liberdade de expressão política dos parlamentares, ainda que vigorosa, deve se manter nos limites da civilidade. Ninguém pode se escudar na inviolabilidade parlamentar para, sem vinculação com a função, agredir a dignidade alheia ou difundir discursos de ódio, violência e discriminação".

Feitas as considerações sobre a imunidade material, passaremos ao estudo da imunidade formal.

A **imunidade processual** (**formal** ou **adjetiva**) diz respeito à prisão dos parlamentares, bem como às regras processuais a serem observadas em face daqueles.

A **imunidade para a prisão** (também denominada de *incoercibilidade pessoal relativa* – "*freedom from arrest*") é aquela que protege os parlamentares contra a *prisão cautelar*, vez que eles somente poderão ser *presos em flagrante por crime inafiançável*[6]. Ou seja, a única prisão cautelar que poderá ser efetivada em face do parlamentar federal é a em flagrante por crime inafiançável.

6. Registre-se que, como regra, os crimes são afiançáveis. A CF estabelece a inafiançabilidade absoluta dos crimes constantes dos incisos XLII, XLIII e XLIV, todos do art. 5.º. Uma vez praticado qualquer desses crimes, não há que se falar, em hipótese alguma, de concessão de fiança, vez que são crimes inafiançáveis por natureza. De outro vértice, o art. 324 do Código de Processo Penal traz algumas situações em que também não se admite, como regra, a concessão de fiança.

Ocorrendo a prisão em flagrante, os autos serão remetidos, em 24 (vinte e quatro) horas, à Casa respectiva (Câmara dos Deputados ou Senado Federal), para que haja a deliberação sobre a prisão, pelo voto da maioria de seus membros. Essa deliberação (aprovação) da Casa Legislativa é *considerada condição* necessária para a manutenção da prisão.

> No final do ano de 2015, no decorrer da Operação Lava Jato, o STF decretou a prisão cautelar do então Senador Delcídio do Amaral. Em breve síntese, o MPF requereu a prisão preventiva do Senador argumentando que esse teria praticado, no mínimo, os crimes previstos no "caput" (integrar organização criminosa) e § 1.º (embaraçar investigação envolvendo ORCRIM) do art. 2.º da Lei n.º 12.850/13.
>
> Ao deliberar sobre o pedido o falecido Ministro Teori Zavaski entendeu que as condutas imputadas configurariam crime permanente, considerando que o Senador integrava pessoalmente a ORCRIM, além de estar embaraçando a Operação Policial em questão, estando em situação flagrancial. Ademais, com fulcro no art. 324, IV, do Código de Processo Penal, o falecido Ministro entendeu que naquele caso concreto estariam presentes os pressupostos para a decretação da prisão preventiva, sendo o crime inafiançável. Registre-se, por fim, que embora o Ministério Público Federal tenha pedido a prisão preventiva, o que não cabe em virtude da imunidade formal para a prisão prevista na CF, o saudoso Ministro Teori Zavascki, com base nos argumentos aqui expostos, decretou a prisão cautelar do Senador da seguinte forma: "*Ante o exposto, presentes situação de flagrância e os requisitos do art. 312 do Código de Processo Penal, decreto a prisão cautelar do Senador Delcídio do Amaral, observadas as especificações apontadas e* ad referendum *da Segunda Turma do Supremo Tribunal Federal*".
>
> Registre-se que, na prática, o que houve foi a decretação da prisão em flagrante do ex-Senador da República!

> Ao julgar a ADI 5526/DF o STF firmou o seguinte entendimento: o Poder Judiciário possui competência para impor aos parlamentares, por autoridade própria, as medidas cautelares previstas no art. 319 do CPP, seja em substituição de prisão em flagrante delito por crime inafiançável, por constituírem medidas individuais e específicas menos gravosas; seja autonomamente, em circunstâncias de excepcional gravidade. Se a medida cautelar imposta pelo STF impossibilitar, direta ou indiretamente, que o Deputado Federal ou Senador exerça o seu mandato, então, neste caso, o Supremo deverá encaminhar a sua decisão, no prazo de 24 horas, à Câmara dos Deputados ou ao Senado Federal para que a respectiva Casa delibere se a medida cautelar imposta pela Corte deverá ou não ser mantida.
>
> Em razão desse entendimento firmado, o STF poderá impor ao Parlamentar Federal qualquer das medidas cautelares previstas no art. 319 do CPP. Entretanto, se essa medida imposta impedir, direta ou indiretamente, que o Parlamentar exerça seu mandato, a respectiva Casa Legislativa poderá rejeitar a medida cautelar que havia sido determinada pelo Poder Judiciário. Por analogia, aplicou-se a regra do § 2.º do art. 53 da CF para as medidas cautelares diversas da prisão previstas no art. 319 do CPP.

Veja-se o julgado em questão:

> "1. Na independência harmoniosa que rege o princípio da Separação de Poderes, as imunidades do Legislativo, assim como as garantias do Executivo, Judiciário

> e do Ministério Público, são previsões protetivas dos Poderes e Instituições de Estado contra influências, pressões, coações e ingerências internas e externas e devem ser asseguradas para o equilíbrio de um Governo Republicano e Democrático.
>
> 2. Desde a Constituição do Império até a presente Constituição de 5 de outubro de 1988, as imunidades não dizem respeito à figura do parlamentar, mas às funções por ele exercidas, no intuito de preservar o Poder Legislativo de eventuais excessos ou abusos por parte do Executivo ou Judiciário, consagrando-se como garantia de sua independência perante os outros poderes constitucionais e mantendo sua representação popular. Em matéria de garantias e imunidades, necessidade de interpretação separando o CONTINENTE ("Poderes de Estado") e o CONTEÚDO ("eventuais membros que pratiquem ilícitos"), para fortalecimento das Instituições.
>
> 3. A imunidade formal prevista constitucionalmente somente permite a prisão de parlamentares em flagrante delito por crime inafiançável, sendo, portanto, incabível aos congressistas, desde a expedição do diploma, a aplicação de qualquer outra espécie de prisão cautelar, inclusive de prisão preventiva prevista no artigo 312 do Código de Processo Penal.
>
> 4. O Poder Judiciário dispõe de competência para impor aos parlamentares, por autoridade própria, as medidas cautelares a que se refere o art. 319 do Código de Processo Penal, seja em substituição de prisão em flagrante delito por crime inafiançável, por constituírem medidas individuais e específicas menos gravosas; seja autonomamente, em circunstancias de excepcional gravidade.
>
> 5. Os autos da prisão em flagrante delito por crime inafiançável ou a decisão judicial de imposição de medidas cautelares que impossibilitem, direta ou indiretamente, o pleno e regular exercício do mandato parlamentar e de suas funções legislativas, serão remetidos dentro de vinte e quatro horas a Casa respectiva, nos termos do §2º do artigo 53 da Constituição Federal, para que, pelo voto nominal e aberto da maioria de seus membros, resolva sobre a prisão ou a medida cautelar.
>
> 6. Ação direta de inconstitucionalidade julgada parcialmente procedente".

Questão interessante a ser abordada diz respeito à decretação da prisão em flagrante (situação concreta), no começo do ano de 2021, do então Deputado Federal Daniel Silveira. Após publicar nas redes sociais ataques ostensivos aos Ministros do Supremo Tribunal Federal, bem como propagar medidas antidemocráticas à Suprema Corte e medidas violentas contra a vida e segurança dos respectivos Ministros, atentando contra a democracia e o Estado Democrático de Direito, o Ministro Alexandre de Moraes, no bojo dos autos do inquérito 4.781, entendeu que tal conduta não configura exercício da função parlamentar, afastando-se a incidência da imunidade parlamentar e, por via de consequência, decretando-se a prisão em flagrante daquele parlamentar.

Nesse ponto, vejamos:

> "(...) Tais condutas, além de tipificarem crimes contra a honra do Poder Judiciário e dos Ministros do STF, são previstas como crime na Lei de Segurança Nacional (Lei nº 7.170/1973).
>
> Não é possível invocar a imunidade parlamentar material (art. 53, da CF/88), neste caso. Isso porque a imunidade material parlamentar não deve ser utilizada para atentar frontalmente contra a própria manutenção do Estado Democrático de Direito.
>
> As condutas criminosas do parlamentar configuram flagrante delito, pois verifica-se, de maneira clara e evidente, a perpetuação dos delitos acima mencionados, uma vez que o referido vídeo continuava disponível e acessível a todos os usuários da internet.
>
> Os crimes que, em tese, foram praticados pelo Deputado são inafiançáveis por duas razões:
>
> 1) porque foram praticados contra a ordem constitucional e o Estado Democrático (art. 5º, XLIV, da CF/88; art. 323, III, do CPP); e
>
> 2) porque, no caso concreto, estão presentes os motivos que autorizam a decretação da prisão preventiva, de sorte que estamos diante de uma situação que não admite fiança, com base no art. 324, IV, do CPP.
>
> Encontra-se, portanto, configurada a possibilidade constitucional de prisão em flagrante de parlamentar pela prática de crime inafiançável, nos termos do § 2º do art. 53 da CF/88"[7].

Dada a importância do tema, vejamos excerto do julgado da AP 1044/DF referente ao Deputado Federal em questão:

> A Constituição garante a liberdade de expressão, com responsabilidade. A liberdade de expressão não pode ser usada para a prática de atividades ilícitas ou para a prática de discursos de ódio, contra a democracia ou contra as instituições.
>
> Nesse sentido, são inadmissíveis manifestações proferidas em redes sociais que objetivem a abolição do Estado de Direito e o impedimento, com graves ameaças, do livre exercício de seus poderes constituídos e de suas instituições.
>
> Ademais, conforme jurisprudência do STF, a garantia constitucional da imunidade parlamentar (1) incide apenas sobre manifestações proferidas no desempenho da função legislativa ou em razão desta, não sendo possível utilizá-la como escudo protetivo para a prática de atividades ilícitas.
>
> Não configurada *abolitio criminis* com relação aos delitos previstos na Lei de Segurança Nacional (Lei 7.170/1983).

7. CAVALCANTE, Márcio André Lopes. **Caso Deputado Daniel Silveira**. Buscador Dizer o Direito, Manaus. Disponível em: <https://www.buscadordizerodireito.com.br/jurisprudencia/detalhes/6e187996e9cc9d93c5f4452695768290>. Acesso em: 29/07/2021.

> Quando determinada conduta típica (e suas elementares) permanece descrita na nova lei penal, com a manutenção do caráter proibido da conduta, há a configuração do fenômeno processual penal da continuidade normativo-típica.
>
> Na hipótese, o legislador não pretendeu abolir as condutas atentatórias à democracia, ao Estado de Direito e ao livre exercício dos poderes. Na realidade, aprimorou, sob o manto democrático, a defesa do Estado, de suas instituições e de seus poderes.
>
> Observa-se, assim, a ocorrência de continuidade normativo-típica entre as condutas previstas nos arts. 18 e 23, IV, da Lei 7.170/1983 e a conduta prevista no art. 359-L do CP (com redação dada pela Lei 14.197/2021), bem como entre a conduta prevista no art. 23, II, da Lei 7.170/1983 e o conduta típica prevista no art. 286, parágrafo único, do CP, com redação dada pela Lei 14.197/2021.
>
> Com base nesses e em outros fundamentos, o Plenário, por maioria, julgou parcialmente procedente ação penal. (AP 1044/DF, relator Min. Alexandre de Moraes, julgamento em 20.4.2022)

No que tange às consequências processuais da ação penal em questão, deixo de tecer maiores considerações, haja vista não ser escopo do presente tópico.

Por intermédio da **imunidade para o processo**, uma vez recebida a denúncia contra um Parlamentar Federal, *por crime ocorrido após a diplomação*, o STF *dará ciência* à Casa Legislativa respectiva que, por iniciativa de partido político nela representado e pelo voto da maioria de seus membros poderá, até decisão final, *sustar o andamento da ação*. Destaque-se que o pedido de sustação será apreciado pela respectiva Casa no prazo improrrogável de 45 (quarenta e cinco) dias de seu recebimento pela Mesa Diretora. Uma vez sustado o andamento do processo, suspende-se também a prescrição, enquanto durar o mandato.

Importante registrar que após o advento da EC n.º 35/01, não há mais imunidade processual em relação a *crimes praticados antes da diplomação*. Portanto, uma vez recebida a denúncia por crime praticado antes da diplomação, o Poder Judiciário não precisará mais dar ciência à Casa respectiva, sendo que essa também não poderá sustar o andamento da aludida ação penal.

Embora o Supremo Tribunal Federal tenha declarado inconstitucional a condução coercitiva do investigado, há que se registrar que existia na Colenda Câmara precedente do STF **impedindo a condução coercitiva** do parlamentar que se negasse a comparecer a interrogatório.

Importante deixar registrado que as imunidades parlamentares **não se estendem** aos suplentes, salvo se assumirem ou estiverem no efetivo exercício do mandato. Isso porque, aquelas são *prerrogativas inerentes ao cargo e não à pessoa*.

Há que se observar, ainda, que as imunidades dos parlamentares federais subsistirão durante o estado de sítio, somente podendo ser suspensas mediante o voto de 2/3 (dois terços) dos membros da respectiva Casa legislativa, nos casos de atos praticados fora do recinto do Congresso Nacional, que sejam incompatíveis com a execução da medida.

No que tange aos **Deputados Estaduais** e **Distritais**, aplicam-se as **mesmas regras sobre as imunidades conferidas aos parlamentares federais** (cf. art. 27, § 1.º; e art. 32, § 3.º, ambos da CF).

Já aos **vereadores** são **aplicáveis apenas a regra da imunidade material**, não se falando em imunidade formal (art. 29, VIII, da CF). Além disso, impende destacar que aquela imunidade só protege as manifestações do vereador na *circunscrição do Município* que exerce suas funções. Destaque-se que o Supremo Tribunal Federal entende tratar-se de uma *imunidade relativa*. Vejamos a ementa do STP 157AgR/SP (j. 21/2/2020. Plenário):

> EMENTA Agravo regimental em suspensão de tutela provisória. Vereador. Ausência de imunidade parlamentar formal. Alegação genérica de violação de princípios constitucionais. Ofensa reflexa à Constituição Federal. Ausência de elementos que demonstrem grave violação dos valores tutelados em contracautela ou potencial prejuízo a eles. Agravo regimental não provido. 1. A Constituição Federal não assegura ao vereador a garantia da imunidade parlamentar formal. Precedente. 2. A necessidade de análise de legislação infraconstitucional para conhecimento da temática constitucional defendida pelo reclamante revela ofensa reflexa à Constituição da República. 3. Impossibilidade de o Supremo Tribunal Federal, na via excepcional da contracautela, imiscuir-se no contexto fático-probatório do processo de origem, devendo a reapreciação da interpretação dada ao conteúdo ser buscada na via recursal. 4. O interesse de caráter particular não constitui bem jurídico tutelado em sede de pedido de suspensão. 5. Agravo regimental não provido.

2.4.2 Prerrogativas

Consistem essas nas **prerrogativas de foro**, **de serviço militar**, **de vencimentos** e **de isenção do dever de testemunhar**. Trataremos das mais relevantes aqui.

A **prerrogativa de foro** (art. 53, § 1.º, da CF) estabelece que os parlamentares federais, *desde a expedição do diploma*, serão submetidos a julgamento por infrações penais perante o Supremo Tribunal Federal.

Pela literalidade do texto constitucional, bem como considerando entendimento doutrinário e jurisprudencial durante muito tempo consolidado, essa competência do STF era para processar e julgar os parlamentares federais *por toda e qualquer infração penal a eles imputadas, mesmo que cometidas antes da diplomação*. Nessa situação, eventuais ações penais em trâmite nas instâncias inferiores, com a diplomação do parlamentar federal, eram encaminhadas à Colenda Corte para prosseguimento da ação.

Tal prerrogativa alcança toda e qualquer infração penal (crimes e contravenções penais), bem como aqueles crimes sujeitos à competência da justiça especializada. Abrange, inclusive, todos os inquéritos policiais instaurados em desfavor dos parlamentares federais, impondo a instauração daqueles junto ao STF. Destaque-se que o Pretório Excelso já decidiu, entretanto, que a autoridade policial pode indiciar o agente político sem autorização prévia do foro especial. O que se exige é autorização do Tribunal para o início do inquérito policial, não sendo necessária outra chancela específica para o indiciamento (STF. Decisão monocrática. Inq 4621, Rel. Min. Roberto Barroso, julgado em 23/10/2018). Nesse sentido, veja-se o teor da ementa do julgado em questão:

> Ementa: DIREITO CONSTITUCIONAL E PROCESSUAL PENAL. INDICIAMENTO. ATO PRIVATIVO DA AUTORIDADE POLICIAL. 1. De acordo com o Plenário desta Corte, é nulo o indiciamento de detentor de prerrogativa de foro, realizado por Delegado de Polícia, sem que a investigação tenha sido previamente autorizada por Ministro-Relator do STF (Pet 3.825-QO, Red. p/o Acórdão Min. Gilmar Mendes). 2. Diversa é a hipótese em que o inquérito foi instaurado com autorização e tramitou, desde o início, sob supervisão de Ministro desta Corte, tendo o indiciamento ocorrido somente no relatório final do inquérito. **Nesses casos, o indiciamento é legítimo e independe de autorização judicial prévia**. 3. Em primeiro lugar, porque não existe risco algum à preservação da competência do Supremo Tribunal Federal relacionada às autoridades com prerrogativa de foro, já que o inquérito foi autorizado e supervisionado pelo Relator. 4. Em segundo lugar, porque o indiciamento é ato privativo da autoridade policial (Lei nº 12.830/2013, art. 2º, § 6º) e inerente à sua atuação, sendo vedada a interferência do Poder Judiciário sobre essa atribuição, sob pena de subversão do modelo constitucional acusatório, baseado na separação entre as funções de investigar, acusar e julgar. 5. Em terceiro lugar, porque conferir o privilégio de não poder ser indiciado apenas a determinadas autoridades, sem razoável fundamento constitucional ou legal, configuraria uma violação aos princípios da igualdade e da república. 6. Em suma: a autoridade policial tem o dever de, ao final da investigação, apresentar sua conclusão. E, quando for o caso, indicar a autoria, materialidade e circunstâncias dos fatos que apurou, procedendo ao indiciamento. 7. Pedido de anulação indeferido. (negritei)

Destaque-se, contudo, que referida prerrogativa *não alcança* as ações de natureza não penais ajuizadas em desfavor dos parlamentares, segundo a **jurisprudência do STF** que se firmou no sentido de que a competência por prerrogativa de foro restringe-se às ações de natureza penal.

A despeito da literalidade do texto constitucional, por maioria de votos, o Plenário do Supremo Tribunal Federal, no julgamento (03/5/18) da questão de ordem na Ação Penal 937, decidiu que o foro por prerrogativa de função conferido aos deputados federais e senadores (a) **aplica-se apenas a crimes cometidos no exercício do cargo** e (b) **em razão das funções a ele relacionadas**. Hoje, portanto, a prerrogativa de foro *deve ser entendida de maneira limitada*, nos termos da decisão em questão. Ressalte-se que os requisitos para a fixação de competência são cumulativos.

Na ocasião, também, decidiu-se a respeito da **prorrogação da competência do Supremo Tribunal Federal**, na hipótese em que após o final da instrução processual, com a publicação do despacho de intimação para apresentação de alegações finais, a competência para processar e julgar ações penais não será mais afetada em razão de o agente público vir a ocupar outro cargo ou deixar o cargo que ocupava, qualquer que seja o motivo. Com isso, a perda superveniente do mandato eletivo não afasta a prerrogativa de foro.

Nesse sentido, vejamos excerto da decisão proferida na AP 937:

> Em conclusão de julgamento, a Segunda Turma negou provimento a agravo regimental interposto de decisão proferida nos autos de inquérito, por meio da qual se declinou da competência para o processamento e o julgamento do feito, com a consequente remessa ao Superior Tribunal de Justiça (STJ). O agravante sustentava a supressão do direito de recorribilidade em face da ordem de envio imediato dos autos ao STJ sem que fosse aguardado o decurso do prazo recursal para defesa. Afirmava, ainda, a necessidade da manutenção da competência no Supremo Tribunal Federal (STF) ao menos até o oferecimento da denúncia, em função do avanço e da iminência do término das apurações, supervisionadas, no âmbito desta Corte, há mais de cinco anos (Informativo 918). O colegiado reafirmou a incompetência do STF para processar e julgar o feito. Inicialmente, observou que a decisão recorrida atendeu às regras de publicidade impostas ao estabelecer a ciência formal às partes, embora tenha determinado a imediata remessa do feito ao STJ. Além disso, esclareceu ter sido cancelado o ato cartorário que, de forma equivocada, certificou o decurso do prazo recursal. Como resultado das providências adotadas, assegurou-se ao investigado o exercício do direito de defesa e do contraditório por meio da interposição de recurso contra o declínio de competência, o qual, no entanto, não possui efeito suspensivo, nos termos do art. 317, § 4º, do Regimento Interno do STF (RISTF) (1). Ato contínuo, assinalou inexistir prejuízo ao agravante, pois a determinação da imediata remessa dos autos do inquérito ao juízo destinatário está em consonância com o novel entendimento do Plenário firmado no julgamento da AP 937 QO. Nesse precedente, o STF resolveu questão de ordem no sentido de fixar as seguintes teses: (i) o foro por prerrogativa de função aplica-se apenas aos crimes cometidos durante o exercício do cargo e relacionados às funções desempenhadas; e (ii) após o final da instrução processual, com a publicação do despacho de intimação para apresentação de alegações finais, a competência para processar e julgar ações penais não será mais afetada em razão de o agente público vir a ocupar outro cargo ou deixar o cargo que ocupava, qualquer que seja o motivo, com o entendimento de que essa nova linha interpretativa deve

aplicar-se imediatamente aos processos em curso, ressalvados todos os atos praticados e decisões proferidas pelo STF e pelos demais juízos com base na jurisprudência anterior, conforme precedente firmado no Inq 687 QO. A Turma asseverou que a pretensão do agravante foge aos parâmetros estabelecidos na AP 937 QO para auferir a prorrogação da jurisdição do STF, haja vista que o avançar das apurações deflagradas no inquérito não detém, de modo algum, a potencialidade de interferir no declínio de competência realizado. Apesar da efetiva evolução das investigações, sob a supervisão do STF, não houve imputação criminal formalizada pelo titular da ação penal contra o agravante nem encerramento da instrução processual penal. Logo, o marco temporal relativo à data de apresentação das razões finais não foi alcançado. O ministro Gilmar Mendes complementou que a Corte tem entendido pela possibilidade de imediata remessa dos autos às instâncias competentes, inclusive antes da publicação do acórdão ou do trânsito em julgado, quando constatado o risco de prescrição. Na espécie, os fatos remontam a 2010, razão pela qual a determinação da remessa imediata demonstra-se adequada para evitar a ocorrência de prescrição antes do fim das investigações. (1) RISTF: "Art. 317. Ressalvadas as exceções previstas neste Regimento, caberá agravo regimental, no prazo de cinco dias de decisão do Presidente do Tribunal, de Presidente de Turma ou do Relator, que causar prejuízo ao direito da parte. (...) § 4º O agravo regimental não terá efeito suspensivo." Pet 7716 AgR/DF, rel. Min. Edson Fachin, julgamento em 18.2.2020. (Pet-7716)

Essa segunda parte do julgamento, inclusive, vai no mesmo sentido de posicionamento mais antigo da própria Corte que entendia que em virtude do *caráter unitário do julgamento*, a cessação do exercício da função pública depois do STF haver dado início ao julgamento, não faz cessar a prerrogativa de foro (Inq. 2295/MG, j. 23/10/2008).

Referido entendimento deve ser aplicado aos processos em curso, ficando resguardados os atos e as decisões do STF, bem como dos juízes de outras instâncias, tomados com base na jurisprudência anterior, assentada na questão de ordem no Inquérito (INQ) 687.

Pela **prerrogativa de serviço militar** a incorporação às Forças Armadas dos parlamentares federais, embora militares e ainda que em tempo de guerra, *dependerá de prévia licença da Casa respectiva.*

Por fim, pela **prerrogativa de isenção do dever de testemunhar** os parlamentares federais *não estão obrigados a testemunhar* sobre informações recebidas ou prestadas em razão do exercício do mandato, nem sobre as pessoas que lhes confiaram ou deles receberam informações. Há aqui uma *faculdade* conferida ao congressista. Frise-se, contudo, que essa prerrogativa não abrange sua obrigação de testemunhar quando convocado na condição de cidadão, sobre fatos que não tenham relação com o exercício da atividade congressual, no interesse de instrução civil ou penal.

2.4.3 Incompatibilidades

A Constituição Federal elenca algumas *atividades*, bem como a *prática de alguns comportamentos*, que são **vedadas aos parlamentares**, *desde a diplomação* ou *após a posse*. Nesse sentido, temos:

> Art. 54. Os Deputados e Senadores não poderão:
>
> I - desde a expedição do diploma:
>
> a) firmar ou manter contrato com pessoa jurídica de direito público, autarquia, empresa pública, sociedade de economia mista ou empresa concessionária de serviço público, salvo quando o contrato obedecer a cláusulas uniformes;
>
> b) aceitar ou exercer cargo, função ou emprego remunerado, inclusive os de que sejam demissíveis "ad nutum", nas entidades constantes da alínea anterior;
>
> II - desde a posse:
>
> a) ser proprietários, controladores ou diretores de empresa que goze de favor decorrente de contrato com pessoa jurídica de direito público, ou nela exercer função remunerada;
>
> b) ocupar cargo ou função de que sejam demissíveis "ad nutum", nas entidades referidas no inciso I, "a";
>
> c) patrocinar causa em que seja interessada qualquer das entidades a que se refere o inciso I, "a";
>
> d) ser titulares de mais de um cargo ou mandato público eletivo.

Em linhas gerais podemos verificar que são medidas que têm por objetivo a precaução de resguardar a moralidade administrativa, afastando-se conflitos de interesses, bem como garantir a independência e a impessoalidade do parlamentar federal no exercício de seu mister público, sempre a fim de atender ao interesse público da melhor maneira possível.

2.4.4 Perda do mandato

As hipóteses de perda do mandado eletivo estão previstas em seis incisos do art. 55 da Carta Magna, assim dispostas:

> Art. 55. Perderá o mandato o Deputado ou Senador:
>
> I - que infringir qualquer das proibições estabelecidas no artigo anterior;
>
> II - cujo procedimento for declarado incompatível com o decoro parlamentar;
>
> III - que deixar de comparecer, em cada sessão legislativa, à terça parte das sessões ordinárias da Casa a que pertencer, salvo licença ou missão por esta autorizada;
>
> IV - que perder ou tiver suspensos os direitos políticos;
>
> V - quando o decretar a Justiça Eleitoral, nos casos previstos nesta Constituição;

> VI - que sofrer condenação criminal em sentença transitada em julgado.
>
> § 1º - É incompatível com o decoro parlamentar, além dos casos definidos no regimento interno, o abuso das prerrogativas asseguradas a membro do Congresso Nacional ou a percepção de vantagens indevidas.
>
> § 2º Nos casos dos incisos I, II e VI, a perda do mandato será decidida pela Câmara dos Deputados ou pelo Senado Federal, por maioria absoluta, mediante provocação da respectiva Mesa ou de partido político representado no Congresso Nacional, assegurada ampla defesa.
>
> § 3º Nos casos previstos nos incisos III a V, a perda será declarada pela Mesa da Casa respectiva, de ofício ou mediante provocação de qualquer de seus membros, ou de partido político representado no Congresso Nacional, assegurada ampla defesa.
>
> § 4º A renúncia de parlamentar submetido a processo que vise ou possa levar à perda do mandato, nos termos deste artigo, terá seus efeitos suspensos até as deliberações finais de que tratam os §§ 2º e 3º.

Questão interessante a ser abordada neste tópico diz respeito à possibilidade de **perda automática** ou **não do mandato eletivo**.

Conforme se extrai da leitura do § 2.º em questão, nos casos elencados nos incisos I, II e VI do *caput*, a perda do mandato eletivo **não será automática**, haja vista que dependerá de juízo político de conveniência do Plenário da Casa legislativa. É preciso que ocorra *provocação* e *deliberação plenária*, assegurando-se ao parlamentar a ampla defesa.

De outro vértice, nas hipóteses mencionadas nos incisos III a V do *caput*, a perda do mandato eletivo dar-se-á de forma **automática**, cabendo à Casa Legislativa respectiva apenas declarar a sua perda.

Questão tormentosa e que, sem dúvida alguma, será objeto de indagação nos concursos públicos, diz respeito à *condenação criminal em sentença transitada em julgado*. Isso porque, pela literalidade da Constituição Federal é hipótese **não automática** de perda de mandato eletivo.

Entretanto, a **jurisprudência do STF**, durante muito tempo oscilou sobre o tema. Atualmente, há divergências entre as duas turmas da Colenda Corte. Para facilitar a compreensão, podemos esquematizar os posicionamentos da seguinte forma:

1.ª Turma	Se o Parlamentar Federal for condenado a mais de 120 dias em regime fechado: a *perda do cargo será uma consequência lógica da condenação*. Neste caso, caberá à respectiva Mesa apenas declarar que houve a perda, nos termos do art. 55, III e § 3º da CF.
	Se o Parlamentar Federal for condenado a uma pena em regime aberto ou semiaberto: a condenação criminal *não gera a perda automática do cargo*. O Plenário da Casa respectiva deliberará, nos termos do art. 55, § 2º, se o condenado deverá ou não perder o mandato.

2.ª Turma	No entendimento da 2.ª Turma, *o STF apenas comunica*, por meio de ofício, a Mesa da Câmara dos Deputados ou do Senado Federal *informando sobre a condenação do parlamentar*. Então a respectiva mesa deliberará (decidirá) como entender de direito (como quiser) se o parlamentar perderá ou não o mandato eletivo, conforme prevê o art. 55, VI, § 2º, da CF. Portanto, mesmo com a condenação criminal, quem decide se haverá a perda do mandato é a Câmara dos Deputados ou o Senado Federal.

2.4.5 Renúncia ao mandato

É possível que um parlamentar federal renuncie ao seu mandato? Sim, não há óbice algum. Entretanto, se estivermos diante de um processo que vise à decretação da perda do respectivo mandato eletivo, a renúncia poderá ter consequências distintas. Vejamos.

Caso inexista processo de decretação de perda do mandato eletivo e o parlamentar federal resolver renunciar, esse ato produzirá efeitos imediatamente, além de impedir futuro processo naquele sentido.

De outro vértice, se já houver iniciado o processo de perda, a renúncia terá seus efeitos suspensos, até deliberação final da Casa, a respeito da perda ou não do mandato eletivo. Em havendo deliberação pela perda, o parlamentar federal perderá seu mandato, sendo que a renúncia não produzirá nenhum efeito (será arquivada). Caso contrário, a renúncia produzirá efeitos após essa decisão final, sendo que o parlamentar federal perderá seu mandato, em virtude de manifestação própria de vontade. Isso decorre da inteligência do § 4.º do art. 55 da Constituição Federal.

2.4.6 Da manutenção do mandato

O art. 56 da Constituição Federal elenca os casos em que o parlamentar federal poderá *afastar-se do Poder Legislativo*. Vejamos.

> Art. 56. Não perderá o mandato o Deputado ou Senador:
>
> I - investido no cargo de Ministro de Estado, Governador de Território, Secretário de Estado, do Distrito Federal, de Território, de Prefeitura de Capital ou chefe de missão diplomática temporária;
>
> II - licenciado pela respectiva Casa por motivo de doença, ou para tratar, sem remuneração, de interesse particular, desde que, neste caso, o afastamento não ultrapasse cento e vinte dias por sessão legislativa.
>
> § 1º O suplente será convocado nos casos de vaga, de investidura em funções previstas neste artigo ou de licença superior a cento e vinte dias.
>
> § 2º Ocorrendo vaga e não havendo suplente, far-se-á eleição para preenchê-la se faltarem mais de quinze meses para o término do mandato.

> § 3º Na hipótese do inciso I, o Deputado ou Senador poderá optar pela remuneração do mandato.

Nas situações elencadas no inciso I do presente dispositivo constitucional, o parlamentar federal passará a exercer funções públicas junto ao Poder Executivo, sem que perca seu mandato legislativo. Nessas hipóteses, segundo **jurisprudência do STF**, o parlamentar federal **não dispõe de imunidades**, vez que essas são atribuídas ao Poder Legislativo, e não à pessoa. Por sua vez, **será mantida a prerrogativa** de foro perante o Supremo Tribunal Federal, dependendo do cargo a ser ocupado.

2.5 Tribunal de Contas

Em regra, todo o Poder deverá manter, de forma integrada, o denominado **sistema de controle interno de fiscalização**, o qual pertence a um *sistema harmônico, integrado* e *sistêmico* entre os controles internos de cada um dos Poderes constituídos. Esse é um sistema de **atuação conjunta**, na medida em que os responsáveis pelo controle interno, ao tomarem conhecimento de qualquer irregularidade ou ilegalidade, *deverão dar ciência* daquelas ao Tribunal de Contas de União, sob pena de responsabilidade solidária.

Destaque-se que além dessa responsabilidade mencionada no parágrafo anterior, a própria norma constitucional preceitua que *qualquer pessoa física ou jurídica, pública ou privada, que utilize, arrecada, guarde, gerencie ou administre dinheiro, bens e valores públicos ou pelos quais a União Federal responda, ou que, em nome desta, assuma obrigações de natureza pecuniária, também deverá prestar contas ao TCU.*

No tocante ao Poder Legislativo federal, além desse controle interno existente nos demais Poderes, ele também realiza um controle externo, *com o auxílio* do **Tribunal de Contas da União**, através de fiscalização contábil, financeira, orçamentária, operacional e patrimonial da União Federal, bem como das entidades da Administração Direta e Indireta, levando-se em consideração a legalidade, legitimidade, economicidade, aplicação das subvenções e renúncia de receitas.

As competências do Tribunal de Contas vêm elencadas no art. 71 da Constituição Federal, *in verbis*:

> Art. 71. O controle externo, a cargo do Congresso Nacional, será exercido com o auxílio do Tribunal de Contas da União, ao qual compete:
>
> I - apreciar as contas prestadas anualmente pelo Presidente da República, mediante parecer prévio que deverá ser elaborado em sessenta dias a contar de seu recebimento;
>
> II - julgar as contas dos administradores e demais responsáveis por dinheiros, bens e valores públicos da administração direta e indireta, incluídas as fundações

e sociedades instituídas e mantidas pelo Poder Público federal, e as contas daqueles que derem causa a perda, extravio ou outra irregularidade de que resulte prejuízo ao erário público;

III - apreciar, para fins de registro, a legalidade dos atos de admissão de pessoal, a qualquer título, na administração direta e indireta, incluídas as fundações instituídas e mantidas pelo Poder Público, excetuadas as nomeações para cargo de provimento em comissão, bem como a das concessões de aposentadorias, reformas e pensões, ressalvadas as melhorias posteriores que não alterem o fundamento legal do ato concessório;

IV - realizar, por iniciativa própria, da Câmara dos Deputados, do Senado Federal, de Comissão técnica ou de inquérito, inspeções e auditorias de natureza contábil, financeira, orçamentária, operacional e patrimonial, nas unidades administrativas dos Poderes Legislativo, Executivo e Judiciário, e demais entidades referidas no inciso II;

V - fiscalizar as contas nacionais das empresas supranacionais de cujo capital social a União participe, de forma direta ou indireta, nos termos do tratado constitutivo;

VI - fiscalizar a aplicação de quaisquer recursos repassados pela União mediante convênio, acordo, ajuste ou outros instrumentos congêneres, a Estado, ao Distrito Federal ou a Município;

VII - prestar as informações solicitadas pelo Congresso Nacional, por qualquer de suas Casas, ou por qualquer das respectivas Comissões, sobre a fiscalização contábil, financeira, orçamentária, operacional e patrimonial e sobre resultados de auditorias e inspeções realizadas;

VIII - aplicar aos responsáveis, em caso de ilegalidade de despesa ou irregularidade de contas, as sanções previstas em lei, que estabelecerá, entre outras cominações, multa proporcional ao dano causado ao erário;

IX - assinar prazo para que o órgão ou entidade adote as providências necessárias ao exato cumprimento da lei, se verificada ilegalidade;

X - sustar, se não atendido, a execução do ato impugnado, comunicando a decisão à Câmara dos Deputados e ao Senado Federal;

XI - representar ao Poder competente sobre irregularidades ou abusos apurados.

No que tange à competência elencada no inciso II em questão, faz necessário ressaltar o julgamento (19/2/2020) proferido pelo Plenário do STF no RE 636.553/RS, em sede de repercussão geral, o qual, em síntese, firmou a tese de que ***em atenção aos princípios da segurança jurídica e da confiança legítima, os Tribunais de Contas estão sujeitos ao prazo de 05 (cinco) anos para o julgamento da legalidade do ato de concessão inicial de aposentadoria, reforma ou pensão,*** **a contar da chegada do processo à respectiva Corte de Contas.** Destaque-se que referido posicionamento jurisprudencial vale tanto para o Tribunal de Contas da União, quanto para os Tribunais de Contas Estaduais.

Com esse atual posicionamento da Colenda Corte, transcorridos mais de 05 (cinco) anos para o julgamento da legalidade do ato de concessão inicial de aposentadoria, reforma ou pensão, **o ato é considerado definitivamente registrado**.

Isso significa dizer que a partir desse momento, a única exceção contida no enunciado da Súmula Vinculante n.º 3[8] **deixou de existir**, pois não sendo concluído o processo administrativo no prazo de 05 (cinco) anos, o Tribunal de Contas *não poderá mais rever o ato*. Pela sistemática anterior, se o TCU demorasse mais de 05 (cinco) anos para apreciar a legalidade do ato administrativo, ele continuava examinando o ato, *mas a partir desse momento seria necessário garantir ao interessado o contraditório e a ampla defesa*.

Logo, ao se fazer a leitura do enunciado da referida súmula vinculante, *não há mais que se falar em observância dos princípios do contraditório e da ampla defesa ao acusado*, em nenhuma hipótese!

A **jurisprudência do Supremo Tribunal Federal** é assente no sentido que o Tribunal de Contas *não possui subordinação institucional ao Poder Legislativo*. Senão, vejamos.

> "Cabe enfatizar, neste ponto, uma vez mais, na linha da jurisprudência do Supremo Tribunal Federal, que inexiste qualquer vínculo de subordinação institucional dos Tribunais de Contas ao respectivo Poder Legislativo, eis que esses órgãos que auxiliam o Congresso Nacional, as Assembleias Legislativas, a Câmara Legislativa do Distrito Federal e as Câmaras Municipais possuem, por expressa outorga constitucional, autonomia que lhes assegura o autogoverno, dispondo, ainda, os membros que os integram, de prerrogativas próprias, como os predicamentos inerentes à magistratura, inclusive a vitaliciedade". (ADIMC 4.190/RJ, j. 01/7/2009).

Ademais, a Colenda Corte refuta a ideia de que os Tribunais de Contas seriam meros órgãos auxiliares do Poder Legislativo.

Segundo previsão constitucional, o Tribunal de Contas da União (TCU) é integrado por 09 (nove) Ministros, tendo sede no Distrito Federal, quadro próprio de pessoal e jurisdição em todo o território nacional, exercendo, no que couber, as atribuições previstas no art. 96 da Constituição Federal.

São *requisitos para a nomeação* de Ministro do TCU:

a) Ser brasileiro (nato ou naturalizado);

b) Ter mais de 35 (trinta e cinco) e menos de 70 (setenta) anos de idade; (**redação dada pela EC n.º 122/2022**)

c) Idoneidade moral e reputação ilibada;

---

8. "Nos processos perante o Tribunal de Contas da União, asseguram-se o contraditório e a ampla defesa quando a decisão puder resultar anulação ou revogação de ato administrativo que beneficie o interessado, executada a apreciação da legalidade do ato de concessão inicial de aposentadoria, reforma e pensão.

d) Notórios conhecimentos jurídicos, contábeis, econômicos e financeiros ou de administração pública;

e) Mais de dez anos de exercício de função ou de efetiva atividade profissional que exija os conhecimentos mencionados no requisito anterior.

Dois terços dos Ministros do TCU serão eleitos pelo Congresso Nacional, sendo que a outra parte (1/3) será escolhida pelo Chefe do Executivo Federal, com aprovação do Senado Federal. Na indicação feita pelo Presidente da República, haverá uma alternância entre auditores e membros do Ministério Público junto ao respectivo Tribunal, indicados em lista tríplice pelo Tribunal, segundo os critérios de antiguidade e merecimento.

As normas estabelecidas para o TCU *aplicam-se, no que couber*, à organização, composição e fiscalização dos Tribunais e Conselhos de Contas dos Estados.

Por fim, não obstante seja possível a existência de Tribunais, Conselhos ou Órgãos de Contas Municipais, desde o advento da atual Constituição Federal (05/8/1988) **não mais se admite a criação** desses órgãos.

2.6 Processo Legislativo

2.6.1 Considerações gerais

O processo legislativo é **conceituado** como sendo:

> "(...) um conjunto de atos preordenados visando à criação de normas de direito. Esses atos são: a) iniciativa legislativa; b) emendas; c) votação; e) sanção e veto; e) promulgação e publicação"[9].

Destaque-se que os atos de emendas, votação, sanção e veto fazem parte da denominada *fase constitutiva*, ao passo que a promulgação e publicação integram a *fase complementar*.

A partir dessas lições podemos entender o processo legislativo como sendo *um conjunto de regras procedimentais rígidas, previstas constitucionalmente, com a finalidade de se elaborar as espécies normativas previstas no próprio texto constitucional*. A inobservância dessas regras constitucionais poderá ensejar a ocorrência de vício de inconstitucionalidade.

Ao proceder ao julgamento do RE 1.297.884/DF (Rel. Min. Dias Tóffoli, j. 11/6/2021) o STF firmou a seguinte tese: *"Em respeito ao princípio da separação dos poderes, previsto no art. 2º da Constituição Federal, quando não caracterizado o desrespeito às normas constitucionais pertinentes ao processo legislativo, é defeso ao Poder Judiciário exercer o controle jurisdicional em relação à interpretação do sentido e do alcance de normas meramente regimentais das Casas Legislativas, por*

9. SILVA, José Afonso da. *Curso de Direito Constitucional Positivo*. 39ª ed. São Paulo: Saraiva, 2016. P. 458.

se tratar de matéria 'interna corporis'". Isso significa dizer que o mero descumprimento das regras do regimento interno não será motivo suficiente para se declarar a inconstitucionalidade formal de uma lei.

Importante frisar que, como regra, o responsável pelo processo legislativo é o Poder Legislativo, o qual atuará em sua função típica. Excepcionalmente, é possível que o Poder Executivo legisle (v.g., edição de medidas provisórias), o mesmo acontecendo com o Poder Judiciário (v.g., edição de normas de organização judiciária).

A CF elenca os procedimentos relacionados ao processo legislativo nos arts. 59 a 69, sendo que a LC n.º 95/98 regulamentou o parágrafo único do art. 59, apresentando técnicas de elaboração, redação, alteração das leis, consolidação, bem como sobre outros atos normativos.

São **objetos** do processo legislativo a elaboração de: a) Emendas à Constituição; b) Leis Complementares; c) Leis Ordinárias; d) Leis Delegadas; e) Medidas Provisórias; e, f) Decretos Legislativos.

O Brasil, assim como a maioria dos Estados contemporâneos, adota o denominado **processo legislativo indireto** (ou **representativo**), vez que as espécies normativas são elaboradas pelos parlamentares, os quais são escolhidos pelo povo para representá-lo.

No que tange ao **rito e prazos** (existentes ou não) a doutrina costuma dividir o processo legislativo em:

a) **Ordinário** – diz respeito às regras gerais do processo legislativo utilizadas para a elaboração das Leis Ordinárias e Complementares, abrangendo as seguintes fases: *introdutória* (ou *iniciativa*), *constitutiva* (discussão, votação, aprovação e sanção) e *complementar* (promulgação e publicação);
b) **Sumário** – caracteriza-se pelo fato de *existir prazo máximo* para apreciação dos projetos de lei de iniciativa do Presidente da República (cf. §§ 1.º a 3.º do art. 64 da CF), seguindo-se as mesmas fases do processo ordinário;
c) **Especial** – refere-se a todos os demais atos normativos previstos no art. 59 da Constituição Federal.

Nesse momento, impende tecer algumas considerações a respeito de cada um dos atos que integram o processo legislativo.

2.6.1.a Fase iniciadora

Começaremos o estudo pela denominada **fase de iniciativa**, haja vista ser a fase que dá início (deflagra) o processo legislativo. Ao procedermos ao estudo dos dispositivos constitucionais verificamos que essa fase pode ser classificada em: **geral, concorrente, privativa, popular, parlamentar ou extraparlamentar**.

Diz-se **geral** a **iniciativa** em virtude do fato da CF prever um extenso rol de legitimados para a propositura de projetos de lei: (i) qualquer parlamentar federal; (ii) Comissão das Casas Legislativas Federais (Congresso Nacional, Câmara dos Deputados ou Senado Federal); (ii) Presidente da República; (iii) Supremo Tribunal Federal; (iv) Tribunais Superiores; (v) Procurador-Geral da República; ou, (vi) qualquer cidadão.

A **iniciativa concorrente** é aquela outorgada pela Constituição Federal a mais de uma pessoa (ou órgão) para instaurar o processo legislativo. Podemos destacar aqui a iniciativa outorgada a qualquer membro ou Comissão das Casas Legislativas Federais, ao Presidente da República e aos cidadãos para os projetos de leis Ordinária e Complementar. Destaque-se, ainda, a competência concorrente para a apresentação de propostas de Emendas Constitucionais.

De outro vértice, temos que a **iniciativa privativa** (**reservada** ou **exclusiva**) é aquela em que a Constituição Federal outorga a legitimidade apenas a algumas pessoas para deflagrar o processo legislativo. Ao longo da Constituição verificamos que há matérias de iniciativa exclusiva do Presidente da República (§ 1.º do art. 61), do Poder Judiciário (arts. 93 e 96, III), da Câmara dos Deputados (art. 51, IV), do Senado Federal (art. 52, XIII) e do Poder Executivo (art. 165, I a III)[10].

Destaque-se que a inobservância desses dispositivos caracterizará *vício formal de iniciativa*, podendo ensejar uma norma inconstitucional (caso passe por todo o processo legislativo e seja sancionada).

Importante consignar que o STF tem entendimento firmado no sentido de *ser constitucional lei de iniciativa parlamentar que cria conselho de representantes da sociedade civil com atribuição de fiscalizar ações do Executivo*:

> Isso porque inexiste criação de cargos, funções ou empregos públicos da Administração direta ou autárquica a ensejar a reserva de iniciativa legislativa prevista no art. 61, § 1º, II, a, da Constituição Federal.
>
> O respeito à independência dos Poderes não pode significar exclusividade do Executivo na atividade criativa, considerados arranjos institucionais para melhor desempenho na missão constitucional. Na Carta da República, não são encontrados parâmetros a impedirem a instituição, pelo Legislativo, de novos mecanismos voltados ao exercício da atividade de controle. Muito menos blindagem destinada a proteger, do escrutínio do povo, os administradores da coisa pública. (RE 626946/SP, rel. Min. Marco Aurélio, julgamento virtual em 9.10.2020)

De outro vértice, *há inconstitucionalidade de norma de iniciativa parlamentar que preveja a criação de órgão público e organização administrativa. Isso porque,*

10. Há jurisprudência do Supremo Tribunal Federal no sentido de ser competência exclusiva do Poder Executivo iniciar o processo legislativo das matérias pertinentes ao Plano Plurianual, às Diretrizes Orçamentárias e aos Orçamentos Anuais. (ADI's 103, 550 e 1759-MC).

caracteriza afronta à iniciativa privativa do Chefe do Executivo (arts. 25 e 61, § 1.º, "b" e "e", ambos da CF). Sublinhe-se que essa regra é linear e encerra observância ao princípio da separação dos Poderes, a qual é aplicável aos Estados-Membros (Plenário do STF. ADI 4726/AP, Rel. Min. Marco Aurélio, j. 10/11/2020 – informativo n.º 998).

Conquanto não esteja prevista de forma expressa, cabe ressaltar que se adotando os *princípios da simetria* e *da separação de poderes*, forçoso concluir que as hipóteses previstas constitucionalmente no § 1.º do art. 61 deverão ser observadas pelos demais entes federativos, sob pena de eventual inconstitucionalidade.

Nesse sentido, vejamos o excerto do julgamento extraído da ADI 2.966 (rel. Min. Joaquim Barbosa, j. 06/4/2005):

> À luz do princípio da simetria, é de iniciativa privativa do chefe do Poder Executivo estadual as leis que disciplinem o regime jurídico dos militares (art. 61, § 1º, II, f, da CF/1988). Matéria restrita à iniciativa do Poder Executivo não pode ser regulada por emenda constitucional de origem parlamentar.

O Supremo Tribunal Federal tem entendimento de que inexistindo prazo fixado para atuar o legitimado exclusivo não pode ser forçado a apresentar o projeto de lei, haja vista tratar-se de ato discricionário, cabendo a ele verificar qual o momento oportuno e conveniente para a apresentação. De outro vértice, se houver prazo estabelecido para sua atuação, aí sim podemos falar na possibilidade de acionamento do legitimado exclusivo (***iniciativa vinculada***).

A **iniciativa popular**, para dar início ao processo legislativo, é uma *forma direta de exercício do poder*, por intermédio do qual se possibilita a apresentação de projeto de lei (ordinária ou complementar) perante à Câmara dos Deputados.

A despeito de sua previsão, *não é o cidadão individualmente considerado que poderá apresentar o projeto de lei*. Isso porque, para o exercício da iniciativa popular deverão ser observados os seguintes requisitos:

(i) projeto subscrito por, no mínimo, 1% (um por cento) do eleitorado nacional;

(ii) esse percentual deverá ser distribuído por, pelo menos, 05 (cinco) Estados; e

(iii) mais de 3/10% (três décimos por cento) dos eleitores de cada um daqueles Estados.

Não obstante a dificuldade para o preenchimento desses requisitos, ainda assim existem leis (poucas, diga-se de passagem) frutos da iniciativa popular (p.ex., as Leis Ordinárias n.º 8.930/94; 9.840/99, bem como a Lei Complementar 135/2010 – Lei da Ficha Limpa).

Destaque-se, ainda, que a iniciativa popular ***não se limita*** aos projetos de lei federal. Isso porque, a própria Constituição Federal (arts. 27, § 4.º; e, 32, § 3.º) determina que a lei do respectivo ente federado disponha sobre a iniciativa popular no processo legislativo no âmbito dos Estados-Membros e do Distrito Federal. Logo, tanto a Constituição Estadual quanto a Lei Orgânica Distrital, estabelecerá dispositivos a respeito da iniciativa popular. No âmbito dos Municípios a CF também estabelece a obrigatoriedade de iniciativa popular no que diz respeito ao processo legislativo municipal (cf. art. 29, XIII, da CF).

Embora não seja tão cobrada nos concursos públicos, julgo importante contextualizar os leitores no que tange às **iniciativas parlamentar** e **extraparlamentar**. Verifica-se a primeira naquelas situações em que a Carta Magna outorga aos parlamentares a iniciativa para deflagrar o processo legislativo. Na segunda espécie, por sua vez, a iniciativa deflagradora é outorgada a pessoas não parlamentares (p.ex., Chefe do Executivo e iniciativa popular).

2.6.1.b Emendas Parlamentares

Outro ato que integra o processo legislativo é a **emenda**, a qual é compreendida como uma proposta acessória, apresentada por um parlamentar, a um projeto de lei em trâmite no Poder Legislativo. Elas podem ter por objetivo, dentre outros, o corte de outra proposição (*emenda supressiva*), a fusão de outras emendas (*emenda aglutinativa*), a substituição de outra emenda anteriormente apresentada (*emenda substitutiva*), a alteração, sem modificação substancial, de uma proposição apresentada em momento anterior (*emenda modificativa*), corrigir vício de linguagem, bem como incorreção de técnica legislativa (*emenda de redação*) ou acrescentar algo a uma proposição anterior (*emenda aditiva*).

A despeito da apresentação de emendas ser uma prerrogativa inerente à função legislativa, o Supremo Tribunal Federal tem entendido que para sua apresentação é imprescindível que haja *pertinência temática* entre a emenda parlamentar e o projeto original, sob pena de inconstitucionalidade formal.

2.6.1.c Votação

A **votação** (ou deliberação), por sua vez, consiste em um ato decisório que aprova ou rejeita o projeto de lei apresentado e em trâmite. Frise-se que o quórum de votação irá variar dependendo do projeto que está tramitando[11]. Ademais, como regra, tanto a Câmara dos Deputados quanto o Senado Federal deliberam separadamente.

Destaque-se que em virtude da pandemia da Covid-19 houve um avanço na utilização de tecnologia em diversos seguimentos, inclusive no desempenho de algumas funções públicas. Em virtude disso, o STF firmou o entendimento

11. No caso de projeto de lei ordinária o quórum para aprovação é o de maioria simples. Por outro lado, em se tratando de projeto de lei complementar, o quórum será de maioria absoluta. No caso da PEC o quórum de aprovação será de 3/5 (três quintos).

de que *inexiste inconstitucionalidade formal no fato de a lei ter sido aprovada pelo Congresso Nacional por meio de votação virtual* (STF. Plenário. ADI 6442/DF, ADI 6447/DF, ADI 6450/DF e ADI 6525/DF, Rel. Min. Alexandre de Moraes, julgado em 13/3/2021).

E mais. Lei federal de origem parlamentar que cria conselhos de fiscalização profissional e dispõe sobre a eleição dos respectivos membros efetivos e suplentes é formalmente inconstitucional, por vício de iniciativa, haja vista que a criação de autarquia federal é de competência privativa do Presidente da República (art. 61, § 1.º, II, "a", da CF). (STF. Plenário. ADI 3428/DF, Rel. Min. Luiz Fux, j. 01/3/2023).

2.6.1.d Sanção e Veto

Conforme visto no início do estudo do processo legislativo a sanção e o veto integram a fase constitutiva, sendo ambos de *atribuição exclusiva do Chefe do Poder Executivo*. São institutos de suma importância e que não devem ser confundidos!

A **sanção** é o ato por meio do qual o Presidente da República, diante de um projeto de lei que está pronto para ser apreciado, concorda com aquele. A partir desse momento o projeto transforma-se em lei, não obstante restarem as etapas da fase complementar (promulgação e publicação).

A partir da leitura dos próprios dispositivos constitucionais verificamos que a sanção poderá ser *expressa* ou *tácita*. Ocorre a primeira quando o Presidente da República manifesta sua concordância deliberadamente. Por sua vez, estaremos diante da sanção tácita quando o Presidente não aprecia o projeto apresentado no prazo de **15** (quinze) **dias úteis**, sendo que seu silêncio ocasionará a sanção.

Conquanto não haja prazo expresso constitucionalmente fixado para que o Presidente da República sancione um projeto de lei, partindo-se de uma interpretação, *a contrario sensu*, do § 1.º do art. 66, chegamos à conclusão de que ele será de 15 (quinze) dias úteis.

O **veto**, por sua vez, consiste no *ato irretratável* de discordância, *motivado* e *expresso*, do Chefe do Poder Executivo com o projeto de lei submetido à sua apreciação. Diversamente do que ocorre com a sanção, o *veto* somente pode ser *expresso*, não existindo em nosso ordenamento jurídico o veto tácito, vez que o silêncio do Presidente da República na apreciação do projeto importará sua aprovação.

Ele pode ser ainda *total* ou *parcial*. O veto total é aquele em que há a discordância com todo o projeto apresentado, ao passo que o veto parcial é aquele em há discordância com parte do projeto. Destaque-se que o veto parcial encontra limites fixados constitucionalmente, vez que ele somente poderá abranger *texto integral de artigo, de parágrafo, de inciso* ou *de alínea*, **não se admitindo o veto apenas de palavras.**

Além disso, o *veto* poderá ser classificado como sendo *jurídico* (aquele que entende o projeto de lei apresentado como sendo inconstitucional) ou *político* (aquele que considera o projeto como sendo contrário ao interesse público).

O Supremo Tribunal Federal entende que *a prerrogativa do poder de veto presidencial somente pode ser exercida dentro do prazo expressamente previsto na Constituição,* ***não se admitindo exercê-la após a sua expiração****. Isso porque, esse tipo de procedimento não se coaduna com a CF, de modo que, ultrapassado o período do art. 66, § 1.º, da CF, o texto do projeto de lei é,* ***necessariamente, sancionado*** *(art. 66, § 3.º) e o poder de veto não pode mais ser exercido. Portanto, a manutenção de veto extemporâneo na forma do art.* 66, § 4º, da CF/1988 não retira a sua inconstitucionalidade, pois o ato apreciado pelo Congresso Nacional sequer poderia ter sido praticado (2). Nessa hipótese, caso o Legislativo deseje encerrar a vigência de dispositivo legal por ele aprovado, deve retirá-lo da ordem jurídica por meio da sua revogação. (ADPF 893/DF, relatora Min. Cármen Lúcia, redator do acórdão Min. Roberto Barroso, julgamento virtual finalizado em 20.6.2022)

Destaque-se que, em hipótese alguma, o veto poderá acrescentar dispositivos ao projeto de lei enviado para sua apreciação, razão pela qual se afirma que ele é sempre *supressivo*.

Caso o Presidente da República entenda ser necessário vetar o projeto apresentado, ele terá o prazo de 48 (quarenta e oito) horas para enviar os motivos ao Presidente do Senado Federal. Nessa situação, o veto será apreciado em sessão conjunta pelas Casas Legislativas (Câmara dos Deputados e Senado Federal), dentro de 30 (trinta) dias a contar de seu recebimento, só podendo ser rejeitado pelo voto da maioria absoluta dos Deputados e Senadores. Em virtude disso é que se fala que o veto é *relativo* ou *superável.*

Em havendo a rejeição do veto (produz os mesmos efeitos da sanção), o projeto será novamente enviado ao Presidente da República para promulgação (fase complementar), no prazo de 48 (quarente a oito) horas. Caso ele permaneça inerte, por imposição constitucional, tal atribuição recairá no Presidente do Senado, o qual terá o mesmo prazo para a promulgação. Se ainda sim persistir a inércia, incumbirá ao Vice-Presidente do Senado Federal fazê-la.

2.6.1.e Promulgação e publicação

Ambas as etapas integram a última fase do processo legislativo, qual seja, a *complementar*.

Enquanto a *promulgação* deve ser entendida como sendo um atestado da existência de validade da lei e de sua executoriedade, a *publicação* nada mais é que o ato pelo qual será levada ao conhecimento de todos o conteúdo da inovação legislativa.

Caso a lei já tenha sido promulgada e publicada, não se admite "novo veto", ainda que o argumento tenha sido de que se trata de mera retificação da versão original. Isso porque, manifestada a aquiescência do Poder Executivo com projeto de lei, pela aposição de sanção, evidencia-se a ocorrência de preclusão entre as etapas do processo legislativo, sendo incabível eventual retratação (ADPF's 714/DF, 715/DF e 716/DF, j. 13/2/2021).

2.6.2 Espécies normativas

A partir de agora, procederemos ao estudo de todos os procedimentos afetos a cada um dos atos normativos elencados no art. 59 da nossa Carta Magna.

2.6.2.a Emendas à Constituição

Inicialmente, faz-se necessário consignar que, a despeito da nossa Constituição Federal ser considerada rígida (no que tange à estabilidade), por intermédio das Emendas Constitucionais é possível proceder à sua alteração, sendo fruto do denominado *poder constituinte derivado reformador*.

O processo de elaboração de uma PEC (proposta de emenda constitucional), integrante do *processo especial*, é composto por três fases distintas: *iniciativa*, *aprovação* e *promulgação*.

São *legitimados concorrentes* para a apresentação de PEC:

a) Presidente da República;
b) No mínimo, um terço dos membros da Câmara dos Deputados ou do Senado Federal;
c) De mais da metade das Assembleias Legislativas das Unidades da Federação, manifestando-se, cada uma delas, pela maioria relativa de seus membros.

Uma vez apresentada a PEC por um dos legitimados concorrentes serão iniciados os trabalhos de discussão e votação em cada uma das Casas do Congresso Nacional.

Para que ela seja *aprovada*, é necessária prévia discussão e votação em cada uma das Casas do Congresso Nacional, em dois turnos, sendo considerada aprovada se obtiver, em ambos, 3/5 (três quintos) dos votos dos respectivos membros. Portanto, além do *voto qualificado* para sua aprovação, imperiosa a *votação e discussão bicameral em dois turnos*.

Veja-se: haverá duplo turno de votação na casa em que iniciar o trâmite da PEC e, aprovado em ambos, será enviado à outra Casa legislativa, observando-se o mesmo trâmite. Se nessa segunda Casa Legislativa houver modificação substancial da PEC, ela será devolvida à primeira Casa Legislativa, devendo seguir o mesmo trâmite.

Uma vez aprovada, nos termos do § 2.º do art. 60 da CF, a Emenda à CF será *promulgada* pelas Mesas da Câmara dos Deputados e do Senado Federal, **não**

havendo qualquer manifestação do Chefe do Poder Executivo (*não há que se falar em sanção ou veto no caso de PEC*).

Por outro lado, se a qualquer tempo a matéria constante de proposta de emenda constitucional for *rejeitada* ou *havida por prejudicada* ela **não poderá ser objeto** de nova proposta na mesma sessão legislativa! Isso significa dizer, que se houver a intenção de repropor referida matéria rejeitada, terá que se aguardar a próxima sessão legislativa para tanto.

O Supremo Tribunal Federal entende *ser possível, em tese, o reconhecimento de inconstitucionalidade formal no processo constituinte reformador quando eivada de vício a manifestação de vontade do parlamentar no curso do devido processo constituinte derivado, pela prática de ilícitos que infirmam a moralidade, a probidade administrativa e fragilizam a democracia representativa* (ADI's 4887/DF, 4888/DF e 4889/DF, todas da relatoria da Min. Cármen Lúcia, j. 10/11/2020). Nesse sentido, caso se verifique eventual "compra de votos" dos parlamentares que votaram favoravelmente à aprovação da PEC e que esse número de votos tenha sido suficiente para comprometer o resultado da eleição, será possível reconhecer a inconstitucionalidade formal da PEC aprovada.

Destaque-se que o texto constitucional **não prevê expressamente a *iniciativa popular*** de proposta de Emenda Constitucional. Entretanto, há doutrinadores (aos quais me filio) que admitem sua possibilidade.

Importante registrar que em virtude do fato da Constituição Federal *permitir o exercício do poder de forma direta pelo próprio povo* (art. 1.º, parágrafo único), bem como *prever que a soberania popular será exercida mediante a iniciativa popular*, **forçoso presumir que é possível iniciativa popular de PEC**. Até porque, em momento algum, há regra expressa na CF/88 vedando referida possibilidade.

Corroborando essa linha argumentativa, podemos trazer à baila excerto do julgamento da ADI 825/AP, que reconheceu a constitucionalidade de norma de Constituição Estadual que admite a possibilidade de iniciativa popular para PEC à Constituição Estadual:

> "(...) Por fim, o Colegiado assentou que a iniciativa popular de emenda à Constituição do estado (arts. 103, IV, e 110) é compatível com a Constituição da República, nomeadamente o parágrafo único do art. 1º, os incisos II e III do art. 14 e o inciso XV do art. 49. Na democracia, além dos mecanismos tradicionais por meio dos representantes eleitos, há os de participação direta com projeto de iniciativa popular. A Constituição amapaense densifica a ampliação daquilo que a CF não prevê expressamente. Trata-se de certa democratização no processo de reforma das regras constitucionais estaduais. No tocante à simetria, revelou não ser obstativa ante a ausência de regra clara que afaste a faculdade de o estado aumentar os mecanismos de participação direta. A ministra Rosa Weber consignou a importância da iniciativa popular de emenda para a implantação da democracia participativa no Brasil. O ministro Luiz Fux frisou que, consoante doutrina, o princípio democrático conspira em prol da possibilidade de a iniciativa popular promover emendas constitucionais. Por sua vez, o ministro Ricardo Lewandowski acentuou que, em matéria de direitos fundamentais, os

estados podem ampliá-los com relação à CF. A soberania e a cidadania são valores máximos abrigados na CF relativamente aos fundamentos do Estado Democrático de Direito. Vencidos os ministros Alexandre de Moraes, Gilmar Mendes, Marco Aurélio e Celso de Mello, que consideraram inconstitucional a iniciativa popular de emenda. O relator assinalou inexistir parâmetro na CF, que não permite essa iniciativa para proposta de emenda constitucional. Ademais, a CF não deixou vácuo legislativo. O ministro Marco Aurélio destacou que a própria Constituição Federal veio a limitar a iniciativa popular quando não cogitou dela quanto às emendas constitucionais (...)" (ADI 825/AP, rel. Min. Alexandre de Moraes, julgamento em 25.10.2018).

Com base nesse julgamento, podemos concluir que a maioria dos Ministros do Supremo Tribunal Federal entende ser possível a iniciativa popular de PEC, embora o caso apresentado diga respeito à Constituição Estadual.

Não obstante o posicionamento ora exposto, não há dúvidas de que a intenção dos parlamentares é que essa possibilidade não seja expressa ostensivamente na Constituição Federal. Isso porque, no mês de setembro de 2019 a Comissão de Constituição e Justiça e de Cidadania da Câmara dos Deputados aprovou o parecer do deputado Luiz Philippe de Orleans e Bragança (PSL/SP) pela *inadmissão* da PEC 286/13, que permitia a apresentação de emendas de iniciativa popular para alterar a Constituição.

A despeito disso, continuamos a defender a possibilidade de iniciativa popular de PEC!

Por fim, no tocante às *limitações ao Poder de Reforma*, bem como às denominadas **cláusulas pétreas**, remeto o leitor às ponderações feitas quando da análise do tópico "3.3.1" (Parte 5 - Poder Constituinte).

2.6.2.b Leis Ordinárias e Complementares

Os processos legislativos das leis ordinárias e complementares são praticamente idênticos, razão pela qual serão tratados neste mesmo tópico. Eles se enquadram no *processo legislativo ordinário*.

O processo ordinário, que não possui prazo fixo para sua conclusão, é composto por três fases distintas: *iniciativa*, *constitutiva* e *complementar*.

A *fase iniciativa* dos projetos de leis ordinária e complementar é bem ampla, podendo ser de *iniciativa geral, concorrente* (art. 61, CF), *privativa* (arts. 51, IV; 52, XIII; 61, § 1.º; 93; 96, II; 127, § 2.º; 128, § 5.º; e, 165, todos da CF), bem como por *iniciativa popular* (art. 61, § 2.º, CF). Logo, poderá o processo legislativo ser deflagrado por qualquer dos legitimados autorizados.

Destaque-se que, como regra, os projetos de lei são apresentados junto à Câmara dos Deputados, casa essa conhecida como a "porta de entrada" dos projetos de lei.

A *fase constitutiva*, por sua vez, é composta pelas subfases da *discussão, deliberação* e *votação*, bem como *sanção* ou *veto*. Nela, haverá atuação do Poder Legislativo e Executivo (desde que o projeto seja aprovado pelo Legislativo).

A fase de *discussão* (ou debates) é o momento de construção e de discussão dos projetos apresentados. Inicia-se na Comissão de Constituição e Justiça - CCJ (verifica se há ofensa ao texto constitucional), seguindo-se para a Comissão Temática da casa iniciadora, dentre outras comissões que se fizerem necessárias. Depois de passar por todas as Comissões, segue para a fase de *deliberação* e *votação*.

Para que o Plenário inicie essa etapa, é necessária a presença da *maioria absoluta*[12] dos membros da casa (**quórum de instalação**), sendo que atingido o quórum, será iniciada a deliberação/votação. O **quórum de aprovação** das leis ordinárias é de *maioria simples*[13], ao passo que o das leis complementares é de *maioria absoluta*. Aprovado na Casa Iniciadora, o projeto segue para a Casa Revisora e passa pelo mesmo trâmite até a etapa de votação. Na etapa de votação, o projeto passará por um só turno de votação e, sendo aprovado, segue para a sanção ou veto. Caso ocorra qualquer emenda na Casa Revisora (emenda parlamentar), o projeto retorna à Casa Iniciadora para discussão *sobre a mudança*.

Em sendo aprovado, o projeto será enviado ao Presidente da República para sanção ou veto.

Se o projeto for sancionado, passaremos à terceira e última fase, qual seja, a *complementar*.

Frise-se que a doutrina comumente afirma que duas são as grandes diferenças entre referidas leis. A primeira diferença entre a Lei Ordinária e a Lei Complementar é que essa possui um quórum diferenciado para sua aprovação (*aspecto formal*), o qual deve ser de maioria absoluta. Outra diferença é de *aspecto material*, haja vista que toda vez que o constituinte fez a opção de disciplinar determinada matéria através de Lei Complementar o fez de forma expressa (p.ex., art. 146 da CF). De outro vértice, quando o constituinte apenas fez menção à expressão "lei" ele está querendo dizer que a matéria poderá ser disciplinada por lei ordinária, não se exigindo lei complementar para tanto.

No tocante à existência ou não de **hierarquia** entre ambos os atos normativos, a doutrina diverge, havendo opiniões contrárias e sólidas em ambos os sentidos. Entretanto, para a **jurisprudência do Supremo Tribunal Federal *não há qualquer hierarquia*** entre as leis ordinárias e complementares (cf. Recursos Extraordinários n.º 419.629, 377.457 e 381.964).

---

12. Na maioria absoluta leva-se em conta o **número total de integrantes** da casa (p.ex: O Senado Federal possui 81 Senadores, sendo que a maioria absoluta equivale a 41).

13. Maioria simples, por sua vez, significa o número inteiro imediatamente superior à metade dos presentes, não sendo correto afirmar que seria igual à "metade mais um", vez que se isso pode gerar número fracionado.

É de se destacar que o Supremo Tribunal Federal decidiu recentemente que a *Constituição Estadual só pode exigir lei complementar para tratar das matérias que a Constituição Federal também exigiu lei complementar*, ou seja, a Constituição Estadual não pode ampliar as matérias reservadas à Lei Complementar. Veja-se, nesse sentido:

> O Plenário julgou procedente pedido formulado em ação direta para declarar a inconstitucionalidade do art. 57, parágrafo único, IV, V, VII e VIII, da Constituição do Estado de Santa Catarina, que impõe a edição de lei complementar para dispor sobre: (i) regime jurídico único dos servidores estaduais e diretrizes para a elaboração de planos de carreira; (ii) organização da Polícia Militar e regime jurídico de seus servidores; (iii) organização do sistema estadual de educação e (iv) plebiscito e referendo.
>
> O Colegiado entendeu que a ampliação da reserva de lei complementar — para além das hipóteses demandadas no texto constitucional, como no caso — restringe indevidamente o arranjo democrático-representativo desenhado pela Constituição Federal (CF).
>
> Observou que a lei complementar, embora não possua posição hierárquica superior à ocupada pela lei ordinária no ordenamento jurídico nacional, pressupõe a adoção de processo legislativo qualificado, cujo quórum para a aprovação demanda maioria absoluta. Sua aprovação depende de mobilização parlamentar mais intensa, bem como do dispêndio de capital político e institucional que propicie a articulação. Esse processo nem sempre é factível ou mesmo desejável à atividade legislativa ordinária.
>
> A criação de reserva de lei complementar decorre de juízo de ponderação específico realizado pelo texto constitucional, fruto do sopesamento entre o princípio democrático, de um lado, e a previsibilidade e confiabilidade necessárias à adequada normatização de questões de especial relevância econômica, social ou política, de outro. (ADI 5003/SC, rel. Min. Luiz Fux, julgamento em 5.12.2019)

Chamo a atenção dos leitores para o julgado em questão, haja vista representar uma **alteração de posicionamento** da Colenda Corte. Em junho de 2015 o STF julgou a ADI n.º 2314/RJ entendendo, naquela ocasião, que seria possível à Constituição Estadual prever que a Lei Orgânica da Polícia Civil tivesse status de lei complementar. Vejamos:

> Em conclusão de julgamento, o Plenário, por maioria, reformando medida cautelar (noticiada no Informativo 225), julgou improcedente pedido formulado em ação direta ajuizada em face do inciso X do parágrafo único do art. 118 da Constituição do Estado do Rio de Janeiro, que confere "status" de lei complementar à Lei Orgânica da Polícia Civil do Estado-Membro — v. Informativos 376 e 526. O Colegiado entendeu que, na espécie, se trataria de matéria para a qual a Constituição prevê a competência legislativa concorrente (CF, art. 24, XVI), salientando ser demasia recusar à Constituição estadual a faculdade para

eleger determinados temas como exigentes de uma aprovação legislativa mais qualificada. Vencidos os Ministros Joaquim Barbosa (relator), Eros Grau, Gilmar Mendes, Ellen Gracie e Carlos Velloso, que julgavam procedente o pleito. (ADI 2314/RJ, rel. orig. Min. Joaquim Barbosa, red. p/ o acórdão Min. Marco Aurélio, 17.6.2015).

Caso a matéria constante de projeto de lei seja rejeitado *ele somente poderá constituir objeto de novo projeto, na mesma sessão legislativa*, mediante proposta da maioria absoluta dos membros de qualquer das casas do Congresso Nacional. Sublinhe-se que essa regra não é a mesma das previstas para as PEC's (art. 60, § 5.º) e as medidas provisórias (art. 62, § 10), vez que nessas últimas, em hipótese alguma, há a possibilidade de reedição do ato normativo na mesma sessão legislativa!

2.6.2.c Medidas Provisórias

A medida provisória é ato normativo, *com força de lei*, atribuído com exclusividade ao Chefe do Poder Executivo, que poderá adotá-la em caso de *relevância* e *urgência*, sendo necessária a imediata submissão ao Congresso Nacional (controle político).

Dessa definição podemos extrair quatro importantes conclusões:

a) Ela é exclusiva do Chefe do Executivo Federal[14];
b) Não é lei propriamente dita, mas possui força de lei;
c) Seus requisitos (ou pressupostos) constitucionais são a (i) relevância e a (ii) urgência;
d) Há posterior manifestação do Poder Legislativo, diversamente do que ocorre no trâmite das leis ordinária e complementar.

O único legitimado (*legitimidade reservada*) previsto na Constituição Federal para a edição da Medida Provisória é o Presidente da República, sendo essa legitimidade indelegável, "ex vi" do art. 84, XXVI.

São pressupostos constitucionais para a edição de uma medida provisória a *relevância* e *urgência*. Eles são conceitos jurídicos relativamente indeterminados, que devem ser apreciados pelo Poder Legislativo. Não obstante essa indeterminação conceitual, é pacífico o **entendimento do STF** de que, apenas em caráter excepcional, referidos requisitos poderão ser submetidos ao crivo do Poder Judiciário, por força da regra da separação de poderes.

14. Não obstante a existência de divergência sobre o assunto, parte da doutrina e da jurisprudência (inclusive com decisão do STF – cf. Info n.º 436) admitem a possibilidade de edição de Medida Provisória por parte de Governadores (Estaduais e Distrital) e Prefeitos, desde que as diretrizes básicas fixadas na Constituição Federal sobre o processo legislativo estejam reproduzidas nas respectivas Constituições Estaduais, bem como nas Leis Orgânicas dos Municípios e Distrito Federal.

A apreciação de referidos pressupostos, por parte do Poder Judiciário, é de domínio estrito, somente havendo a invalidação quando demonstrada a inexistência cabal desses requisitos. Vejamos:

> Apesar de a jurisprudência do Supremo Tribunal Federal (STF) ter se consolidado no sentido da possibilidade de controle judicial dos pressupostos de relevância e urgência para a edição de medidas provisórias, "o escrutínio a ser feito pelo Judiciário neste particular é de domínio estrito, justificando-se a invalidação da iniciativa presidencial apenas quando atestada a inexistência cabal desses requisitos" (RE 592.377).
>
> A forma de se realizar esse controle deve depender da motivação apresentada pelo chefe do Poder Executivo. "A motivação, embora não seja requisito constitucional expresso, facilita o controle da legitimidade e dos requisitos constitucionais autorizadores, seja pelo Legislativo, seja pelo Judiciário". Existindo motivação, ainda que a parte não concorde com os motivos explicitados pelo Presidente da República para justificar a urgência da medida provisória, não se pode dizer que eles não foram apresentados e defendidos pelo órgão competente. Ressalte-se que, na hipótese, não se está a proceder juízo de mérito quanto aos argumentos utilizados para justificar a urgência na edição da medida provisória, mas tão somente verificar a legitimidade de tais argumentos, para assim realizar ou não a intervenção judicial almejada pela parte.
>
> (...)
>
> (ADI 5599/DF, rel. min. Edson Fachin, julgamento virtual finalizado em 23.10.2020)

O entendimento prevalente atual é de que, uma vez convertida em lei (após a análise do Congresso Nacional), não há que se falar em inconstitucionalidade formal ante o não preenchimento dos requisitos da relevância e urgência, vez que a análise deles é política e não judicial.

Conquanto possua apenas força de lei, enquanto estiver em vigor a medida provisória produz efeitos jurídicos, em princípio, como qualquer ato normativo válido. Inclusive, é perfeitamente possível que ela suspenda os efeitos de lei formal que lhe for contrária.

Mencionei no parágrafo anterior a expressão "em princípio", pois como é de conhecimento dos leitores, as leis são editadas para perdurar indefinidamente, até que outra lei a revogue ou entre em vigor uma nova ordem constitucional que seja com aquela incompatível (fenômeno da não recepção). No caso da Medida Provisória há prazo certo para sua vigência, sendo que se ela não for convertida em lei no prazo estabelecido, a lei que teve seus efeitos suspensos por aquela voltará a viger normalmente.

Diversamente do que ocorre com a aprovação das leis ordinárias e complementares, aqui o primeiro ato é praticado pelo Chefe do Executivo Federal, entrando a medida provisória em *vigor assim que for adotada*, sendo que somente após isso é que ela será submetida, imediatamente, ao crivo do Poder Legislativo Federal.

Pela atual regra constitucional a Medida Provisória terá duração de 60 (sessenta) dias, prorrogável uma vez por igual período (mais 60 – sessenta – dias), contados da sua publicação no Diário Oficial. Tal prazo, contudo, poderá ser suspenso durante os períodos de recesso parlamentar, sendo que com o término desse o prazo retornará a correr pelo período remanescente. Portanto, o prazo máximo de duração de vigência de uma Medida Provisória será de 120 (cento e vinte) dias!

Uma vez editada a Medida Provisória ela será submetida de imediato ao Congresso Nacional, cabendo à Comissão Mista (Deputados e Senadores) examiná-la e emitir parecer, sendo que a apreciação versa tanto sobre os requisitos constitucionais, quanto ao mérito, bem como sua adequação financeira e orçamentária. Apresentado o parecer, a Medida Provisória seguirá para apreciação do Plenário de cada uma das Casas Legislativas (Câmara e Senado), sendo que a votação será realizada em sessão separada. Frise-se que a votação será iniciada na Câmara dos Deputados.

Caso ***não seja apreciada em até 45 (quarenta e cinco) dias*** de sua publicação, por disposição constitucional expressa (art. 62, § 6.º), será posta em *regime de urgência constitucional*, subsequentemente em cada uma das Casas, *ficando sobrestadas todas as demais deliberações legislativas da Casa em que estiver tramitando*, sobrestamento esse que perdurará até a conclusão da votação da Medida Provisória (nesses casos, temos que a pauta de cada uma das casas está "trancada").

A despeito da literalidade do texto constitucional sobre o trancamento de pauta, faz-se imperioso consignar o entendimento do Plenário do Supremo Tribunal Federal que, ao julgar o MS 27.931/DF (j. 29/6/2017), não adotou a exegese literal, ***afirmando que apenas ficarão sobrestadas as votações de projetos de leis ordinárias que versem sobre temas que possam ser tratados por medida provisória***:

> "O Supremo Tribunal Federal, em conclusão de julgamento e por maioria, denegou a ordem em mandado de segurança impetrado por parlamentares contra decisão do presidente da Câmara dos Deputados em questão de ordem. No ato coator, foi fixada a orientação de que a interpretação adequada do art. 62, § 6º, da Constituição Federal (CF) implicaria o sobrestamento apenas dos projetos de lei ordinária, apesar de o dispositivo prever o sobrestamento de todas as deliberações legislativas da Casa em que estiver tramitando medida provisória não seja apreciada em 45 dias".

Após passar pela análise do Congresso Nacional (por cada uma das Casas Legislativas), poderão ocorrer as seguintes situações: a) *aprovação sem alteração*; b) *aprovação com alteração*; c) *não apreciação*; ou, d) *rejeição expressa*.

Uma vez aprovada a Medida Provisória **sem alteração**, seu texto será promulgado pelo Presidente da Mesa do Congresso Nacional (função essa exercida pelo Presidente do Senado Federal).

No caso de aprovação do projeto de lei de conversão **com alterações legislativas**, em que pesem as críticas da doutrina (diga-se de passagem, corretas a meu ver), o § 12 do art. 62 estabelece que nesses casos *o texto original da medida provisória será mantido integralmente em vigor até que seja sancionado ou vetado o projeto*.

Nesse ponto, faz-se necessária uma observação a respeito do denominado ***contrabando legislativo***. Essa expressão passou a ser utilizada pelo Supremo Tribunal Federal em virtude do fato de o Poder Legislativo estar inserindo no projeto de lei de conversão *emendas parlamentares sem pertinência temática e estranhas à Medida Provisória*, desvirtuando-se a finalidade precípua do ato normativo.

Na visão do STF essa inserção de emendas parlamentares sem pertinência temática e estranhas à Medida Provisória constitui *prática inconstitucional*, devendo ser proibida em nosso ordenamento jurídico. Ao julgar (15/10/2015) a ADI 5127/DF a Colenda Corte entendeu que o *contrabando legislativo é inconstitucional*, mas tal entendimento passou a ser aplicado apenas para as próximas medidas provisórias convertidas em lei (efeito *ex nunc*). Veja-se a ementa do julgado:

> DIREITO CONSTITUCIONAL. CONTROLE DE CONSTITUCIONALIDADE. EMENDA PARLAMENTAR EM PROJETO DE CONVERSÃO DE MEDIDA PROVISÓRIA EM LEI. CONTEÚDO TEMÁTICO DISTINTO DAQUELE ORIGINÁRIO DA MEDIDA PROVISÓRIA. PRÁTICA EM DESACORDO COM O PRINCÍPIO DEMOCRÁTICO E COM O DEVIDO PROCESSO LEGAL (DEVIDO PROCESSO LEGISLATIVO).
>
> 1. Viola a Constituição da República, notadamente o princípio democrático e o devido processo legislativo (arts. 1º, caput, parágrafo único, 2º, caput, 5º, caput, e LIV, CRFB), a prática da inserção, mediante emenda parlamentar no processo legislativo de conversão de medida provisória em lei, de matérias de conteúdo temático estranho ao objeto originário da medida provisória.
>
> 2. Em atenção ao princípio da segurança jurídica (art. 1º e 5º, XXXVI, CRFB), mantém-se hígidas todas as leis de conversão fruto dessa prática promulgadas até a data do presente julgamento, inclusive aquela impugnada nesta ação.
>
> 3. Ação direta de inconstitucionalidade julgada improcedente por maioria de votos.

Há, ainda, a hipótese de **não apreciação** por parte do Congresso Nacional, dentro do prazo constitucional estabelecido, situação essa que acarreta a *perda da eficácia* da medida provisória. Temos aqui, na realidade, uma **rejeição tácita**.

Caso a Medida Provisória não seja convertida em lei dentro desse prazo ela *perderá a eficácia desde a sua edição*, devendo o Congresso Nacional editar um *decreto legislativo* para disciplinar as relações jurídicas delas decorrentes.

Mas e se o Congresso Nacional não editar referido decreto legislativo? Como ficarão as relações jurídicas praticadas sob a égide da Medida Provisória que perdeu a eficácia? A CF, em seu § 11 do art. 62, dispõe que se não houver a edição desse decreto *as relações jurídicas constituídas e decorrentes de atos praticados durante sua vigência conservar-se-ão por ela regidas.* Nesse caso, teremos uma situação de ultratividade da espécie normativa revogada.

A última hipótese é a **rejeição expressa**, que ocorre quando o Congresso Nacional *não concorda com a Medida Provisória e a rejeita.*

Nessa hipótese também é imprescindível que o Congresso Nacional edite um *decreto legislativo.* Em caso de omissão, aplica-se a regra do § 11 do art. 62 da CF.

Com relação às situações de rejeição (tácita ou expressa) importante frisar que nesses casos há **vedação de reedição** de medida provisória, *na mesma sessão legislativa* (cf. § 10 do art. 62 da CF). Contrário senso, *admite-se a reedição desse ato normativo na sessão legislativa subsequente.*

Feitas essas considerações, imperiosa a resposta à seguinte indagação: **conquanto a Constituição Federal admita a possibilidade de o Chefe do Executivo Federal se valer da Medida Provisória para, unilateralmente legislar, é possível utilizá-la para toda e qualquer matéria?** A resposta é negativa. Senão, vejamos.

Não será objeto de Medida Provisória:

a) Matéria relativa a nacionalidade, direitos políticos, cidadania, partidos políticos e direito eleitoral; direito penal, processual penal e processual civil; organização do Poder Judiciário e do Ministério Público, a carreira e a garantia de seus membros; planos plurianuais, diretrizes orçamentárias, orçamento e créditos adicionais e suplementares, ressalvado o previsto no art. 167, §3º;

b) Que vise à detenção ou o sequestro de bens, de poupança popular ou qualquer outro ativo financeiro;

c) Reservada a lei complementar;

d) Já disciplinada em projeto de lei aprovado pelo Congresso Nacional e pendente de sanção ou veto do Presidente da República.

Registre-se que o STF tem entendimento firmado no sentido de *não caracterizar afronta à vedação imposta pelo art. 62, § 1.º, IV, da CF* (letra "d" supra), *a edição de medida provisória no mesmo dia em que o Presidente da República sanciona ou veta projeto de lei com conteúdo semelhante* (ADI 2601/DF, relator Min. Ricardo Lewandowski, julgamento em 19.8.2021).

Não obstante a inexistência de norma constitucional expressa, o Supremo Tribunal Federal tem precedente no sentido de que somente será possível a edição de Medida Provisória referente à matéria ambiental se aquela for favorável. Existe, portanto, uma limitação implícita quando se fala em medida provisória em matéria ambiental. Nesse sentido, veja a ementa do julgamento da ADI 4717 (j. 04/2018):

> Ação Direta de Inconstitucionalidade. Medida Provisória n.º 558/2012. Conversão na Lei n.º 12.678/2012. Inépcia da inicial e prejuízo da ação quanto aos arts. 6.º e 11 da Medida Provisória n.º 558/2012 e ao art. 20 da Lei n.º 12.678/2012. Possibilidade de exame dos requisitos constitucionais para o exercício da competência extraordinária normativa do Chefe do Executivo. Ausência dos pressupostos de relevância e urgência. Alteração da área de unidades de conservação por medida provisória. Impossibilidade. Configurada ofensa ao princípio da proibição de retrocesso socioambiental. Ação parcialmente conhecida e, nessa parte, julgada procedente, sem pronúncia de nulidade.

Apreciando-se o julgado ora transcrito verificamos que o STF firmou o entendimento de que *a proteção ao meio ambiente é um limite material implícito à edição de medida provisória.* Ainda, conforme se extrai da leitura do referido julgado, normas que impliquem diminuição da proteção ao meio ambiente equilibrado só poderão ser editadas por intermédio de lei formal, e não por medida provisória.

Por fim, é de se destacar que, em regra, Medida Provisória que implique majoração ou instituição de impostos só produzirá efeitos no exercício financeiro seguinte se houver sido convertida em lei *até o último dia daquele em que foi editada.*

2.6.2.d Leis Delegadas

São leis elaboradas, com exclusividade, pelo Presidente da República, que deverá *solicitar delegação* ao Congresso Nacional, delegação essa feita por intermédio de resolução (ato normativo), o qual *especificará seu conteúdo* e *os termos do seu exercício*, podendo, inclusive, determinar a apreciação do projeto pelo Congresso.

Ressalte-se que no caso de haver exorbitância dos limites estabelecidos pelo Congresso Nacional, caberá a esse sustar referido ato normativo através de decreto legislativo (cf. art. 49, V, da CF).

Ressalte-se que nessa espécie normativa, através da *resolução*, há apenas a **transferência temporária da competência** para legislar, sendo que a *titularidade permanece de competência do Poder Legislativo.*

Traçando-se um paralelo com as fases de tramitação do processo legislativo de elaboração das leis ordinárias e complementares, temos que a solicitação do Chefe do Executivo constitui a primeira fase, denominada aqui de *iniciativa solicitadora.* Após a elaboração da lei delegada (depois da aprovação por parte do Congresso Nacional), o Presidente da República a promulgará, determinando a sua publicação.

Referida espécie normativa é uma exceção ao **princípio da indelegabilidade de atribuições**. Não obstante configurar exceção ao referido princípio, nem todas as matérias poderão ser disciplinadas por meio de lei delegada.

Nesse sentido, temos que **não serão objeto de delegação** as seguintes matérias:

a) Os atos de competência exclusiva do Congresso;

b) Os atos de competência privativa da Câmara ou do Senado;

c) A matéria reservada à lei complementar;

d) A legislação sobre a organização do Poder Judiciário e do Ministério Público, a carreira e a garantia de seus membros;

e) Legislação sobre nacionalidade, cidadania, direitos individuais, políticos e eleitorais;

f) Legislação sobre planos plurianuais, diretrizes orçamentárias e orçamentos.

2.6.2.e Resoluções

A resolução é ato normativo primário elaborado pela Câmara dos Deputados, pelo Senado Federal ou pelo Congresso Nacional, para veicular determinadas matérias de sua competência definida, em regra, nos respectivos regimentos internos.

Sua iniciativa pertence a qualquer membro do Congresso Nacional, devendo sua discussão e votação ocorrer na Casa que expedir. Aprovada por maioria relativa, sua promulgação é realizada pela Mesa da Casa Legislativa que a expediu ou, tratando-se de resolução do Congresso Nacional, pela Mesa do Senado Federal, ***inexistindo sanção presidencial***.

Por fim, ela é publicada pela Casa Legislativa que expediu a resolução.

Capítulo 3

Poder Executivo

3.1 Considerações iniciais

No âmbito federal está disciplinado nos arts. 76 a 91 da Constituição Federal.

A Poder Executivo é uma expressão que tem significado variado, ora como *função ou atribuição do Poder Estatal* (art. 2.º da CF), ora como *o próprio órgão* (art. 76 da CF).

Conforme visto anteriormente, a função típica do Poder Executivo é a Chefia de Estado, sendo que as funções atípicas são a de legislar (p.ex., medida provisória) e julgar (p.ex., no contencioso administrativo).

3.2 Forma e sistema de governo

O **sistema de governo** é o modo pelo qual se dá a relação entre os Poderes dentro de um Estado, ao passo que a **forma de governo** é o modo em que se dá a relação entre governantes e governados.

As principais espécies de *sistema de governo* são o **presidencialismo** e o **parlamentarismo**.

Em linhas gerais, o **parlamentarismo** surgiu na Inglaterra a partir dos séculos XII e XIII, como resposta aos privilégios monárquicos. Já o **presidencialismo** é remetido ao sistema implantado em 1787, nos EUA, com a criação de um Executivo independente do Legislativo e, ao mesmo tempo, sujeito ao sistema de pesos e contrapesos de Montesquieu. No tópico seguinte analisaremos de forma pormenorizada referidos sistemas.

Atualmente, o sistema de governo adotado no Brasil é o **presidencialismo**.

A **forma de governo**, conforme já visto, é o conjunto de instituições políticas através das quais o Estado se organiza objetivando exercer seu poder sobre a sociedade.

Segundo Aristóteles as formas de governo são subdivididas em dois grupos, quais sejam: a) formas puras; e, b) formas impuras.

São *formas puras* de governo:

a) **Monarquia** - Governo de uma só pessoa;

b) **Aristocracia** - Governo de poucos (dos melhores);

c) **Democracia** - Governo do povo.

De outro vértice, são consideradas *formas impuras* de Governo:

a) **Tirania** - Governo de um só (ou de um grupo familiar) para o seu interesse;

b) **Oligarquia** - Governo de poucos para seus interesses;

c) **Politeia** - Governo exercido pela maioria para oprimir a minoria.

No tocante à forma de governo o Brasil adota a **democracia**.

3.3 Chefia de Estado e Chefia de Governo

O **Chefe de Estado** exerce função simbólica de representar internacionalmente o país e de corporificar a sua unidade interna. O **Chefe de Governo**, por sua vez, executa as políticas públicas, sendo ele quem efetivamente governa, exercendo também a liderança da política nacional. Há, ainda, a denominada **Chefia da administração federal**.

No *sistema parlamentarista* não há identidade entre Chefe de Estado e Chefe de Governo, sendo que o Chefe de Estado pode ser um rei ou um presidente, ao passo que o Chefe de Governo é o Primeiro Ministro, o qual exerce o governo conjuntamente com seu gabinete. De outro vértice, no *sistema presidencialista* há identidade entre os Chefes de Estado e de Governo, sendo a mesma pessoa.

No sistema presidencialista fica mais caracterizada a separação de funções estatais. Nesse sistema também existe estabilidade de governo, vez que há a figura dos mandatos fixos para o cargo de presidente. Situação diversa ocorre no sistema parlamentarista.

Em *âmbito federal* o Chefe do Poder Executivo é o Presidente da República, auxiliado pelos Ministros de Estado (art. 76 da CF). Nos *âmbitos estadual* e *distrital* o Chefe do Poder Executivo é o Governador (do Estado ou do Distrito Federal), o qual é auxiliado por Secretários de Estado ou Distrital. Por fim, no *âmbito municipal* o Chefe do Poder Executivo é o Prefeito, auxiliado pelos Secretários Municipais.

Não obstante exista diferença com relação aos ocupantes dos cargos de Chefe do Poder Executivo nas esferas federal, estaduais, municipais e distrital, a disciplina a respeito das eleições é a mesma, sendo que analisaremos de forma conjunta.

As eleições para os cargos de Chefes do Executivo (em todas as esferas da federação) ocorrerão no primeiro domingo do mês de outubro, em primeiro turno e, em havendo segundo turno, no último domingo de outubro do ano anterior ao término do mandato do seu antecessor. Ressalte-se que no caso de *eleições municipais* só haverá segundo turno, se houver necessidade, nos Municípios com mais de 200.000 (duzentos mil) eleitores.

A despeito da regra mencionada no parágrafo anterior, há que se destacar que a EC n.º 107, de 02/7/2020, **alterou a data das eleições municipais de 2020 para o mês de novembro de 2020**, em virtude da pandemia da COVID-19. Em virtude disso as eleições municipais do ano de 2020 foram realizadas nos dias 15 (em primeiro turno) e 29 (em segundo turno, onde houve).

No parágrafo anterior foi utilizada a expressão "em um primeiro momento", vez que se em caso de as condições sanitárias de determinado Estado ou Município não permitissem a realização das eleições nas datas inicialmente previstas com a alteração, o Congresso Nacional, por provocação do Tribunal Superior Eleitoral, instruída com manifestação da autoridade sanitária nacional, e após parecer da Comissão Mista de que trata o art. 2º do Decreto Legislativo nº 6, de 20 de março de 2020, poderia **editar decreto legislativo** a fim de designar novas datas para a realização do pleito, observada como data-limite o dia 27 de dezembro de 2020, sendo que caberia ao Tribunal Superior Eleitoral dispor sobre as medidas necessárias à conclusão do processo eleitoral.

O quórum de votação em primeiro turno é por *maioria absoluta*, excluídos os votos brancos e nulos. Caso nenhum candidato obtenha a maioria absoluta, haverá o segundo turno em até 20 (vinte) dias, concorrendo os dois mais votados, considerando-se eleito quem obtiver a maioria dos votos válidos (**sistema majoritário de dois turnos**). Se antes do 2.º turno ocorrer *morte*, *desistência*, ou *impedimento legal* de candidato, será convocado o de maior votação. Se, ainda assim, restar em segundo lugar candidatos com a mesma votação, terá prioridade o mais velho.

O mandato do Chefe do Executivo é de 04 (quatro) anos, com início em 1.º de janeiro (data da posse), sendo permitida atualmente uma reeleição consecutiva.

Destaque-se, contudo, que **a partir das eleições de 2026 a data das posses** dos *Chefes do Poder Executivo nas esferas federal, estaduais e distrital*, sofrerá alteração. Isso porque, com a promulgação da EC n.º 111/2021 o mandato do Presidente da República terá início em 05 de janeiro do ano seguinte ao de sua eleição, ao passo que os mandatos dos demais Chefes do Poder Executivo estadual e distrital terá início em 06/1 do ano seguinte ao das respectivas eleições (cf. art. 5.º da EC n.º 111/2021). Registre-se que, no que tange à posse do *Prefeito e Vice-Prefeito municipal não houve qualquer alteração*, permanecendo a regra constante no art. 29, III, da CF (posse em 1.º/1 do ano subsequente ao da eleição).

Outro ponto importante a ser abordado aqui diz respeito aos casos de **impedimento** e **vacância** no âmbito do Poder Executivo Federal, haja vista que nosso parâmetro de estudo é a Constituição Federal.

O *impedimento* caracteriza-se por ser uma situação temporária, passageira (p.ex.: doença), ao passo que a *vacância* constitui em uma causa de caráter definitivo (p.ex.: morte). Consoante o disposto na Constituição Federal o Vice-Presidente da República, automaticamente, substituirá o Presidente em caso de impedimento deste e o sucederá em caso de vacância. Destaque-se que o Vice-Presidente da República auxiliará o Presidente, além de outras atribuições definidas em Lei Complementar, sempre que for convocado para missões especiais.

Logo, se houver a vacância ou impedimento no cargo de Presidente da República, automaticamente, assumirá o seu Vice.

Ocorrendo casos de *impedimento* ou *vacância* dos cargos de Presidente **e** Vice-Presidente da República (frise-se: *em ambos os cargos*), a Constituição Federal preceitua que nessas hipóteses serão chamados a assumir o cargo, sucessiva e temporariamente, o:

a) Presidente da Câmara dos Deputados;

b) Presidente do Senado;

c) Presidente do Supremo Tribunal Federal.

É de se destacar que nessas hipóteses a ***assunção do cargo é temporária***, até que seus titulares efetivos retornem aos cargos ou até que seja realizada nova eleição.

Ocorrendo a *vacância de ambos os cargos* (Presidente e Vice-Presidente da República) no *primeiro biênio* do governo, será realizada nova **eleição direta** (a população é quem vota), no prazo de 90 dias. Por sua vez, se aquela vacância ocorrer nos *últimos dois anos do governo*, será realizada **eleição indireta** (única hipótese constitucionalmente prevista), no prazo de 30 dias.

Destaque-se que em qualquer uma das hipóteses acima mencionadas ocorrerá o denominado "**mandato tampão**", vez que o novo Chefe do Executivo governará pelo prazo remanescente que faltava para o anterior cumprir mandato, ou seja, o prazo de 04 (quatro) anos *é contado do início do mandato da pessoa que o deixou.*

Os **Estados-Membros**, no exercício de suas autonomias, podem adotar o modelo federal previsto no art. 81, § 1º, da Constituição, cuja reprodução, contudo, não é obrigatória. Os estados-membros *não estão sujeitos ao modelo consubstanciado no art. 81 da Constituição Federal*, abrindo-se, desse modo, a possibilidade de disporem normativamente, com fundamento em seu poder de autônoma deliberação, de maneira diversa. No caso de dupla vacância, faculta-se aos estados-membros, ao Distrito Federal e aos municípios a definição legislativa do procedimento de escolha do mandatário político. No caso de realização de eleição indireta, a previsão normativa estadual de votação nominal e aberta é compatível com a CF. (ADI 1057/BA, relator Min. Dias Toffoli, julgamento virtual finalizado em 16.8.2021)

3.4 Atribuições e responsabilidades do Presidente da República

As **atribuições** do Chefe do Poder Executivo Federal são as matérias ligadas à atuação do Presidente como Chefe de Estado, Chefe de Governo e Chefe da Administração Federal. Elas estão estampadas, de *forma exemplificativa*, no art. 84 da Constituição Federal.

> Art. 84. Compete privativamente ao Presidente da República:
>
> I - nomear e exonerar os Ministros de Estado;
>
> II - exercer, com o auxílio dos Ministros de Estado, a direção superior da administração federal;
>
> III - iniciar o processo legislativo, na forma e nos casos previstos nesta Constituição;
>
> IV - sancionar, promulgar e fazer publicar as leis, bem como expedir decretos e regulamentos para sua fiel execução;
>
> V - vetar projetos de lei, total ou parcialmente;
>
> VI - dispor, mediante decreto, sobre:
>
> a) organização e funcionamento da administração federal, quando não implicar aumento de despesa nem criação ou extinção de órgãos públicos;
>
> b) extinção de funções ou cargos públicos, quando vagos;
>
> VII - manter relações com Estados estrangeiros e acreditar seus representantes diplomáticos;
>
> VIII - celebrar tratados, convenções e atos internacionais, sujeitos a referendo do Congresso Nacional;
>
> IX - decretar o estado de defesa e o estado de sítio;
>
> X - decretar e executar a intervenção federal;
>
> XI - remeter mensagem e plano de governo ao Congresso Nacional por ocasião da abertura da sessão legislativa, expondo a situação do País e solicitando as providências que julgar necessárias;
>
> XII - conceder indulto e comutar penas, com audiência, se necessário, dos órgãos instituídos em lei;
>
> XIII - exercer o comando supremo das Forças Armadas, nomear os Comandantes da Marinha, do Exército e da Aeronáutica, promover seus oficiais-generais e nomeá-los para os cargos que lhes são privativos;
>
> XIV - nomear, após aprovação pelo Senado Federal, os Ministros do Supremo Tribunal Federal e dos Tribunais Superiores, os Governadores de Territórios, o Procurador-Geral da República, o presidente e os diretores do banco central e outros servidores, quando determinado em lei;
>
> XV - nomear, observado o disposto no art. 73, os Ministros do Tribunal de Contas da União;

XVI - nomear os magistrados, nos casos previstos nesta Constituição, e o Advogado-Geral da União;

XVII - nomear membros do Conselho da República, nos termos do art. 89, VII;

XVIII - convocar e presidir o Conselho da República e o Conselho de Defesa Nacional;

XIX - declarar guerra, no caso de agressão estrangeira, autorizado pelo Congresso Nacional ou referendado por ele, quando ocorrida no intervalo das sessões legislativas, e, nas mesmas condições, decretar, total ou parcialmente, a mobilização nacional;

XX - celebrar a paz, autorizado ou com o referendo do Congresso Nacional;

XXI - conferir condecorações e distinções honoríficas;

XXII - permitir, nos casos previstos em lei complementar, que forças estrangeiras transitem pelo território nacional ou nele permaneçam temporariamente;

XXIII - enviar ao Congresso Nacional o plano plurianual, o projeto de lei de diretrizes orçamentárias e as propostas de orçamento previstos nesta Constituição;

XXIV - prestar, anualmente, ao Congresso Nacional, dentro de sessenta dias após a abertura da sessão legislativa, as contas referentes ao exercício anterior;

XXV - prover e extinguir os cargos públicos federais, na forma da lei;

XXVI - editar medidas provisórias com força de lei, nos termos do art. 62;

XXVII - exercer outras atribuições previstas nesta Constituição.

XXVIII – propor ao Congresso Nacional a decretação do estado de calamidade pública de âmbito nacional previsto nos arts. 167-B, 167-C, 167-D, 167-E, 167-F e 167-G desta Constituição (**incluído pela EC n.º 109/2021**).

Parágrafo único. O Presidente da República poderá delegar as atribuições mencionadas nos incisos VI, XII e XXV, primeira parte, aos Ministros de Estado, ao Procurador-Geral da República ou ao Advogado-Geral da União, que observarão os limites traçados nas respectivas delegações.

Não obstante a redação do dispositivo constitucional em tela mencionar a expressão "privativamente" em seu *caput*, **entendo tratar-se de atribuições exclusivas**, como regra. A conclusão da utilização inapropriada da expressão "privativamente" vem estampada de forma cristalina no parágrafo único do próprio dispositivo, vez que dispõe que *"o Presidente da República* ***poderá delegar as atribuições mencionadas nos incisos VI, XII e XXV, primeira parte*** *(...)"*. Ora, se fossem matérias efetivamente de atribuições privativas todas elas admitiriam a delegação, não havendo necessidade da ressalva feita pelo parágrafo único em comento. Como paralelo a esse raciocínio, podemos verificar a redação do parágrafo único do art. 22 da Carta Constitucional.

A despeito do posicionamento externado no parágrafo anterior, para fins de provas objetivas é importante que o aluno siga a literalidade do texto constitucional, ou seja, falar que as matérias disciplinadas nos incisos do art. 84 são de competência privativa do Presidente da República.

Ressalte-se que as **únicas atribuições delegáveis** (privativas) são:

a) Possibilidade de dispor, mediante decreto, sobre a organização e funcionamento da administração federal, quando não implicar aumento de despesa nem criação ou extinção de órgãos públicos e extinção de funções ou cargos públicos, quando vagos;

b) Concessão de indulto e comutação de penas, com audiência, se necessário, dos órgãos instituídos em lei; e

c) Possibilidade de prover e extinguir os cargos públicos federais, na forma da lei.

Conquanto haja a possibilidade de delegação das atribuições do Presidente da República, ela somente poderá ser feita a uma das seguintes autoridades: Ministros de Estado, Procurador-Geral da República ou ao Advogado-Geral da União.

A partir das atribuições insculpidas no art. 84 da CF, podemos dizer que são atribuições relacionadas à ***Chefe de Estado*** aquelas constantes nos incisos VII, VIII, XIV (primeira parte – Ministros do STF e dos Tribunais Superiores), XV, XVI (primeira parte – nomeação de magistrados), XIX, XX, XXI e XXII. Por sua vez, são atribuições relacionadas à ***Chefia de Governo*** aquelas constantes dos incisos I, III, IV, V, IX, X, XI, XII, XIII, XIV (salvo a nomeação de membros do Conselho da República), XVIII (primeira parte), XXIII, XXIV, XXVII e XXVIII. Já, as constantes dos incisos II, VI, XVI (segunda parte), XXIV e XXV são funções de ***Chefe da Administração Federal***.

Impende consignar que a grande novidade trazida na nossa CF foi a previsão de edição de **decretos autônomos**, dispositivo esse inserido pela EC n.º 32/2001. Esses decretos *não se destinam a regulamentar determinada lei* (assim como os decretos regulamentares), consistindo em verdadeiros *atos primários que decorrem diretamente do próprio texto constitucional*. A despeito dessa previsão, somente poderá haver a edição de decretos autônomos para dispor sobre organização e funcionamento da administração pública, quando não implicar aumento de despesa nem criação ou extinção de órgãos públicos, bem como para extinguir funções ou cargos públicos, quando vagos, *ex vi* do art. 84, VI, da CF.

Conforme já visto anteriormente, o Presidente da República poderá também medidas provisórias com força de lei. Quando o Congresso Nacional rejeita tal ato normativo, estaremos diante de um clássico exemplo de *sistema de freios e contrapesos*.

A partir de agora, passaremos ao estudo das **responsabilidades do Presidente da República**.

Em virtude do denominado ***princípio republicano***, em nosso ordenamento jurídico pátrio a regra é a responsabilidade do Presidente da República. Nesse sentido é que a nossa CF prevê tanto a *responsabilidade política*, quanto a *res-*

ponsabilidade penal do Chefe do Poder Executivo Federal. Além disso, pode ser *responsabilizado civilmente.*

A *responsabilidade política*, segundo nossa doutrina, compreende os denominados *crimes de responsabilidade*, que consistem em infrações de natureza político-administrativa que poderão ensejar punições de índole política, *com perda do cargo e inabilitação ao exercício da função pública.* Eles podem ser praticados por detentores de determinados cargos públicos (Chefes do Poder Executivo de todas as esferas federativas; Vice-Presidente da República; Ministros de Estado nos crimes conexos com aqueles praticados pelo Presidente da República; Ministros do STF; Membros do CNJ e CNMP; Procurador-Geral da República; e, Advogado-Geral da União).

Por sua vez, a *responsabilidade penal* tem o condão de apurar a prática de *infrações penais* por parte do Presidente da República, infrações essas previstas tanto no Código Penal, quanto na legislação extravagante, que poderá ensejar a aplicação de penas privativas de liberdade, restritivas de direitos ou de multa.

Diferentemente do que ocorre nas infrações penais, nos crimes de responsabilidade as sanções porventura impostas possuem caráter não-penal (perda do cargo e inabilitação para o exercício da função pública).

Dada a importância do tema, bem como seu debate recente no ano de 2016, discorrerei de forma mais minuciosa com relação aos denominados ***crimes de responsabilidade***, os quais são definidos como sendo infrações político-administrativas.

No tocante ao Presidente da República os crimes de responsabilidade estão previstos no art. 85 da CF (de *forma exemplificativa*) e na Lei n.º 1.079/50[1]. Nesta obra analisaremos apenas o procedimento afeto aos crimes de responsabilidade praticados pelo Chefe do Executivo Federal.

Antes, contudo, não podemos nos esquecer do enunciado da Súmula Vinculante n.º 46 que assim estabelece:

> "A definição dos crimes de responsabilidade e o estabelecimento das respectivas normas de processo e julgamento são da competência legislativa privativa da União".

Caso se constate que o Chefe do Executivo praticou um crime de responsabilidade, ele será submetido ao denominado processo de *impeachment* (que significa impedimento ou impugnação). Frise-se, contudo, que a expressão *impeachment* não possui apenas esse significado, sendo que pode se referir a uma das sanções

---

1. Com relação aos Governadores os crimes de responsabilidade estão previstos na Lei n.º 1.079/50, ao passo que no caso dos Prefeitos no DL n.º 201/67.

impostas ao agente que pratica um crime de responsabilidade, sanção essa que consiste na perda do cargo.

A expressão *impeachment* possui os seguintes significados:
a) Processo instaurado para apurar se o agente praticou um crime de responsabilidade;
b) É o nome dado à sanção de "perda do cargo" quando praticado um crime de responsabilidade.

O procedimento no caso da prática de crime de responsabilidade, conforme se extrai do texto da CF, é composto por duas fases (procedimento bifásico):

A primeira fase consiste na autorização da Câmara dos Deputados (art. 51, I, e art. 86), mediante aprovação de, pelo menos, 2/3 (dois terços) de seus membros. A segunda, por sua vez, prevê a deliberação sobre a instauração ou não do processo. Uma vez autorizado, inicia-se propriamente o processo e julgamento pelo Senado Federal (art. 52, II), sendo que nesse caso quem atua como presidente é o Presidente do Supremo Tribunal Federal.

Uma vez instaurado o processo pelo Senado Federal, ficará o Presidente da República *suspenso automaticamente* de suas funções, *por até* 180 (cento e oitenta) dias. Transcorrido esse prazo sem que o julgamento esteja concluído, o afastamento do Presidente cessará automaticamente, retomando às suas funções, sem prejuízo do regular prosseguimento do processo. Para sua condenação é imprescindível que haja votação favorável de, pelo menos, dois terços dos membros do Senado, ou seja, exige-se quórum qualificado.

Diversamente do que ocorreu no processo de *impeachment* do ex-Presidente da República Fernando Collor de Melo (que foi um processo extremamente célere, com base apenas na CF), no caso da ex-Presidente Dilma Rousseff, após o Presidente da Câmara dos Deputados (ex-Deputado Federal Eduardo Cunha) ter recebido o pedido de *impeachment* formulado em face daquela autoridade, o Partido Comunista do Brasil (PCdoB) ingressou, junto ao STF, com Arguição de Descumprimento de Preceito Fundamental (ADPF 378) pleiteando, em síntese, a declaração da inconstitucionalidade de dispositivos e interpretações da Lei n.º 1.079/50.

Em linhas gerais, após o julgamento da ADPF em questão, o Supremo Tribunal Federal acabou por disciplinar o procedimento que deveria ser observado no processo de *impeachment* da ex-Presidente Dilma. Vejamos a decisão final proferida no bojo da ADPF 378 (j. 17/12/2015. Plenário):

> "O Tribunal, por unanimidade e nos termos do voto do Relator, rejeitou as preliminares e conheceu da ação. O Tribunal, nos termos do voto do Ministro Roberto Barroso, que redigirá o acórdão: quanto ao item A, por unanimidade, indeferiu o pedido para afirmar que não há direito à defesa prévia ao ato do

Presidente da Câmara; quanto ao item B, por unanimidade, deferiu parcialmente o pedido para estabelecer, em interpretação conforme à Constituição do art. 38 da Lei nº 1.079/1950, que é possível a aplicação subsidiária dos Regimentos Internos da Câmara e do Senado ao processo de impeachment, desde que sejam compatíveis com os preceitos legais e constitucionais pertinentes; quanto ao item C, por maioria, deferiu parcialmente o pedido para (1) declarar recepcionados pela CF/88 os artigos 19, 20 e 21 da Lei nº 1.079/1950, interpretados conforme à Constituição, para que se entenda que as "diligências" e atividades ali previstas não se destinam a provar a improcedência da acusação, mas apenas a esclarecer a denúncia; e (2) para declarar não recepcionados pela CF/88 o artigo 22, caput, 2ª parte [que se inicia com a expressão 'No caso contrário...'], e §§ 1º, 2º, 3º e 4º, da Lei nº 1.079/1950, que determinam dilação probatória e segunda deliberação na Câmara dos Deputados, partindo do pressuposto que caberia a tal casa pronunciar-se sobre o mérito da acusação, vencidos os Ministros Edson Fachin (Relator), Dias Toffoli e Gilmar Mendes; quanto ao item D, por unanimidade, indeferiu o pedido, por reconhecer que a proporcionalidade na formação da comissão especial pode ser aferida em relação aos partidos e blocos partidários; quanto ao item E, por maioria, deferiu integralmente o pedido, para estabelecer que a defesa tem o direito de se manifestar após a acusação, vencido o Ministro Marco Aurélio; quanto ao item F, por unanimidade, deferiu integralmente o pedido, para estabelecer que o interrogatório deve ser o ato final da instrução probatória; quanto ao item G, por maioria, deferiu parcialmente o pedido para dar interpretação conforme a Constituição ao art. 24 da Lei nº 1.079/1950, a fim de declarar que, com o advento da CF/88, o recebimento da denúncia no processo de impeachment ocorre apenas após a decisão do Plenário do Senado Federal, vencidos, nessa parte, os Ministros Edson Fachin (Relator), Dias Toffoli e Gilmar Mendes, e declarar que a votação nominal deverá ser tomada por maioria simples e presente a maioria absoluta de seus membros, vencidos, nesse ponto, os Ministros Edson Fachin (Relator), Gilmar Mendes e Marco Aurélio; quanto ao item H, por maioria, deferiu parcialmente o pedido para declarar constitucionalmente legítima a aplicação analógica dos arts. 44, 45, 46, 47, 48 e 49 da Lei nº 1.079/1950 – os quais determinam o rito do processo de impeachment contra Ministros do Supremo Tribunal Federal e o Procurador-Geral da República - ao processamento no Senado Federal de crime de responsabilidade contra Presidente da República, vencidos os Ministros Edson Fachin (Relator), Dias Toffoli e Gilmar Mendes; quanto ao item I, por maioria, deferiu integralmente o pedido para declarar que não foram recepcionados pela CF/88 os arts. 23, §§ 1º, 4º e 5º; 80, 1ª parte; e 81, todos da Lei nº 1.079/1950, porque estabelecem os papeis da Câmara e do Senado Federal de modo incompatível com os arts. 51, I; 52, I; e 86, § 1º, II, da CF/88, vencidos, em menor extensão, os Ministros Edson Fachin (Relator), Dias Toffoli e Gilmar Mendes; quanto ao item J, por unanimidade, indeferiu o pedido para afirmar que os senadores não precisam se apartar da função acusatória; quanto ao item K, por unanimidade, indeferiu o pedido para reconhecer a impossibilidade de aplicação subsidiária das hipóteses de impedimento e suspeição do CPP relativamente ao Presidente da Câmara dos Deputados. Quanto à cautelar incidental (candidatura avulsa), por maioria, deferiu integralmente o pedido para declarar que não é possível a formação de comissão especial a partir de candidaturas avulsas, vencidos os Ministros Edson Fachin (Relator), Dias Toffoli, Gilmar Mendes e Celso de Mello. Quanto à cautelar incidental (forma de votação), por maioria, deferiu integralmente o pedido para reconhecer que a eleição da comissão especial somente pode se dar por voto aberto, vencidos os Ministros Edson Fachin (Relator), Teori Zavascki, Dias Toffoli, Gilmar Mendes e Celso de Mello. O Tribunal, por maioria, resolveu questão de ordem suscitada da tribuna para reafirmar o quorum de maioria simples para deliberação do Senado quanto ao juízo de instauração do processo, vencidos os Ministros Edson Fachin e Marco Aurélio, que estabeleciam o quorum de 2/3. Ausente, nesta deliberação, o Ministro Gilmar Mendes. Ao final, o Tribunal, por unanimidade, converteu o julgamento da medida cautelar em julgamento de mérito.

A despeito da íntegra do julgamento, de forma sucinta, vejamos os principais pontos que acabaram por estabelecer o rito procedimental do *impeachment* em andamento à época. Senão, vejamos.

Na **Câmara dos Deputados**, que exerce juízo de admissibilidade da ação de *impeachment,* foram fixados, no julgamento do STF, os seguintes pontos:

a) O Presidente da Câmara *admite ou não* o prosseguimento da denúncia;

b) Não há direito à defesa prévia, por parte do Presidente da República acusado, antes do recebimento da denúncia pelo Presidente da Câmara;

c) Se a denúncia não for recebida caberá recurso ao Plenário da respectiva Casa Legislativa (art. 218, § 3º, do RICD);

d) O Presidente denunciado terá direito à defesa no rito da Câmara dos Deputados, após o recebimento da denúncia, sendo notificado para manifestar-se (faculdade), no prazo de dez sessões (há obrigatoriedade na concessão das sessões para eventual exercício do direito de defesa, não sendo obrigatória a apresentação da defesa, entretanto);

e) Em seguida, o Plenário da Câmara deverá decidir se autoriza ou não a abertura do processo de *impeachment,* sendo que somente haverá a autorização se houver a votação favorável de, pelo menos, 2/3 (dois terços) dos membros da Casa Legislativa; e

f) Uma vez autorizada a abertura, os autos serão remetidos ao Senado Federal.

De outro vértice, no tocante ao processo e julgamento junto ao **Senado Federal** o Supremo Tribunal Federal fixou as seguintes etapas, dentre outras:

a) Deverá ser instaurada uma Comissão Especial de Senadores para analisar o pedido de *impeachment* e preparar um parecer, o qual será votado pelo plenário da Casa que decidirá se deve ou não receber a denúncia autorizada previamente pela Câmara (*constitui um segundo juízo de admissibilidade*);

b) Não obstante a decisão da Câmara dos Deputados, o Senado Federal não é obrigado a instaurar o processo de *impeachment*, podendo rejeitar a denúncia, o que levará ao arquivamento dos autos (tal posicionamento do STF, nesse caso concreto, vai de encontro à doutrina e à própria Constituição Federal);

c) Recebida a denúncia, inicia-se a instrução probatória e o Presidente da República *deverá ser afastado do cargo temporariamente*, pelo prazo máximo de até 180 dias (art. 86, § 1º, II, da CF). Transcorrido esse prazo sem a conclusão do julgamento, cessará automaticamente o afastamento, devendo o Presidente da República reassumir o cargo, sem prejuízo do regular prosseguimento do processo;

d) A defesa tem direito de se manifestar após a acusação (princípios do contraditório e da ampla defesa), sendo o interrogatório realizado ao final de instrução probatória; e

e) Ao final do processo, os Senadores deverão votar se o Presidente deve ser condenado ou absolvido, sendo que para a condenação são exigidos os votos de, pelo menos, 2/3 (dois terços) dos Senadores.

Havendo a condenação pelo crime de responsabilidade serão **impostas duas sanções**: a) perda do cargo; e, b) inabilitação para o exercício de funções públicas por 08 (oito) anos, sem prejuízo de responder criminalmente por seus atos[2]. Essa conclusão é extraída da cristalina redação do parágrafo único do art. 52 da CF, segundo a qual a condenação no *impeachment* impõe, como *penalidade indissociável, consequente e imediata*, a perda do cargo com inabilitação pelo prazo de 08 (oito) anos, para o exercício da função pública.

A despeito dessa clareza da regra constitucional em comento, na ocasião do julgamento da ex-Presidente Dilma, houve o denominado *fatiamento do julgamento*, vez que em um primeiro momento votou-se pelo reconhecimento ou não da prática da infração política. Como o resultado foi pelo reconhecimento da infração, passou-se a votar, em um segundo momento, sobre a perda ou não das funções públicas. Nesse segundo julgamento, contudo, os Senadores votaram pela manutenção dos direitos políticos. *S.m.j., esse fatiamento padece de cristalina inconstitucionalidade*!

---

2. Não obstante essa previsão, quando do julgamento do processo de impeachment da ex-Presidente Dilma, o então presidente do processo (Ministro Ricardo Lewandowisk) decidiu efetuar o "fatiamento do julgamento", sendo que num primeiro momento houve a votação sobre a perda do cargo e, em seguida, outro julgamento sobre a inabilitação dos direitos políticos. Em razão disso, a ex-Presidente perdeu o cargo, mas permaneceu com seus direitos políticos intactos.

Frise-se que em sendo o Presidente da República condenado pelo crime de responsabilidade, quem assumirá automaticamente o restante do mandato é o Vice-Presidente da República. Destaque-se que desde o afastamento preliminar durante o julgamento, o Vice-Presidente já exercerá as funções, de forma temporária.

No caso de *infração penal comum* por parte do Presidente da República, o procedimento está previsto na CF e na Lei n.º 8.038/90. Para que o processo tenha início é *imprescindível autorização prévia da Câmara dos Deputados* (cf. art. 51, I, CF), sendo que o julgamento será feito pelo STF (**prerrogativa de foro**).

Da mesma forma que ocorre no processo de *impeachment*, aqui o Presidente da República também ficará afastado temporariamente de suas funções, *por até* 180 (cento e oitenta) dias, a contar do recebimento, por parte do STF, da peça acusatória oferecida pelo Procurador-Geral da República, sendo que findo esse prazo sem julgamento, o Presidente da República retornará ao exercício de suas funções, sem prejuízo da continuidade das investigações. Caso o Presidente da República seja condenado criminalmente, após o trânsito em julgado haverá a *suspensão de seus direitos políticos e a consequente cessação imediata de seu mandato.*

Antes de finalizar o presente tema, importante tecer algumas considerações sobre as **imunidades** relacionadas ao Chefe do Executivo. Destaque-se que no que tange ao Presidente da República, foram outorgadas apenas as denominadas *imunidades formais.*

A primeira das imunidades está relacionada à **necessidade de autorização prévia da Câmara dos Deputados**, por, pelo menos, 2/3 (dois terços) de seus membros, ou seja, antes de deliberar sobre a peça acusatória oferecida em desfavor do Presidente da República, o STF deverá remeter os autos àquela Casa Legislativa para apreciação e autorização. Trata-se de uma decisão de cunho político por parte da Câmara dos Deputados. Se não houver o quórum mínimo favorável de 2/3 (dois terços), a peça acusatória *será arquivada, não podendo mais ser reapreciada, mesmo após o término do mandato presidencial.* De outro lado, em havendo a votação favorável, os autos serão remetidos ao STF que poderá proceder à apreciação jurídica e, se for o caso, dar início à persecução penal.

A segunda imunidade diz respeito à possibilidade ou não de **prisão do Presidente da República**. Consoante disposto no § 3.º do art. 86 da CF, só ocorrerá a prisão após a sentença penal condenatória pela prática de crime comum. Logo, diversamente do que ocorre com os parlamentares federais, *não se admite, em hipótese alguma, prisão cautelar em face do Presidente da República.* Admite-se, apenas, a denominada *prisão pena.*

Devemos, ainda, nos atentar à denominada **irresponsabilidade penal relativa**, prevista no art. 86, § 4º, da CF, segundo a qual o Presidente da República não pode ser responsabilizado penalmente, *durante o exercício de seu mandato,* *por atos estranhos ao exercício de sua função*. Desse modo, o crime cometido pelo Presidente, que não tenha relação com suas funções, e ocorrido antes ou durante o mandato, só poderá ser apurado após o seu término, sendo que o prazo prescricional ficará suspenso. Destaque-se que caso o Presidente da República pratique outra infração de natureza não-penal, não há que se falar em irresponsabilidade (imunidade), haja vista que esta é restrita às infrações penais.

É de se frisar, entretanto, que essa irresponsabilidade penal relativa ***não tem o condão de impedir a instauração de inquérito policial*** para apurar referido fato, vez que na fase policial não há qualquer tipo de responsabilização do investigado, sendo que apenas se apura a autoria e materialidade da infração penal perpetrada, além das circunstâncias delitivas.

É possível que o Presidente da República seja responsabilizado por crime de responsabilidade cometido no mandato anterior ao atualmente ocupado (em caso de reeleição sucessiva)? Essa é uma questão interessante, porém muito controversa. Conquanto exista divergência doutrinária sobre o tema, entendemos que em virtude do princípio republicano é perfeitamente possível a responsabilização nesse caso, havendo possibilidade que o Presidente da República sofra a um processo de *impeachment* por crime de responsabilidade cometido no mandato anterior.

Para facilitar a compreensão, imaginem a seguinte situação: no exercício do primeiro mandato o Presidente da República pratica atos que, em tese, caracterizam crime de responsabilidade. Aproximam-se as eleições e aquele acaba se reelegendo. Durante o segundo mandato aparecem provas contundentes de que ele efetivamente praticou crime de responsabilidade no primeiro mandato. Caso ele não pudesse ser responsabilizado por aquele ilícito, entendemos que haveria afronta ao princípio republicano, pois estaríamos admitindo a irresponsabilidade do Presidente da República. E mais: nesse caso, ainda que tecnicamente estejamos diante de um novo mandato presidencial, ele é continuidade do primeiro, não tenho havido interrupção.

A despeito desse raciocínio, é importante reforçar que existem respeitáveis posicionamentos em sentido contrário.

3.5 Ministros de Estado

Os Ministros de Estado são auxiliares do Presidente da República, escolhidos por esse, livremente e demissíveis *ad nutum*.

Consoante se extrai da regra constitucional, eles são escolhidos dentre brasileiros (natos ou naturalizados), maiores de vinte e um anos e no exercício dos direitos públicos. Registre-se, contudo, que ***apenas o Ministro da Defesa precisa ser brasileiro nato***, por força do disposto no art. 12, § 3.º, VII, da CF.

As **atribuições** dos Ministros de Estado estão previstas, *exemplificativamente*, no parágrafo único do art. 87 da CF.

Por fim, considerando o princípio republicano, há que se destacar que os Ministros de Estados poderão ser responsabilizados tanto pela prática de crime de responsabilidade (art. 52, I, e parágrafo único da CF), quanto por infração penal comum (art. 102, I, "c", da CF).

3.6 Órgãos Consultivos do Presidente da República

Nossa Constituição Federal traz a previsão de dois órgãos de consulta do Chefe do Poder Executivo Federal, quais sejam: **Conselho da República** e **Conselho de Defesa Nacional**. Ambos os órgãos possuem a função precípua de deliberarem sobre as matérias previstas na Carta Magna, sendo que suas manifestações sempre possuirão *caráter meramente opinativo*.

O **Conselho da República** é órgão superior de consulta do Presidente da República, sendo composto pelas pessoas elencadas no art. 89 da CF.

O Conselho da República possui a *atribuição constitucional de pronunciar-se sobre intervenção federal, estado de defesa e de sítio, bem como sobre questões relevantes para a estabilidade das instituições democráticas*.

O **Conselho de Defesa Nacional**, por sua vez, é órgão de consulta do Chefe do Executivo Federal em *assuntos relacionados com a soberania nacional e defesa do Estado Democrático*. Ele é composto pelas pessoas mencionadas nos incisos do art. 91 da CF.

São atribuições do Conselho de Defesa Nacional: *opinar nas hipóteses de declaração de guerra e de celebração da paz, nos termos desta Constituição; opinar sobre a decretação do estado de defesa, do estado de sítio e da intervenção federal; propor os critérios e condições de utilização de áreas indispensáveis à segurança do território nacional e opinar sobre seu efetivo uso, especialmente na faixa de fronteira e nas relacionadas com a preservação e a exploração dos recursos naturais de qualquer tipo; estudar, propor e acompanhar o desenvolvimento de iniciativas necessárias a garantir a independência nacional e a defesa do Estado democrático*.

3.7 Governadores dos Estados e Distrito Federal. Prefeitos Municipais

Inicialmente, importante alterar que nem os Governadores dos Estados e do Distrito Federal, nem os Prefeitos Municipais, possuem as imunidades conferidas ao Presidente da República.

Nesse momento, importante tecer algumas considerações sobre a possibilidade dos Governadores e Prefeitos praticarem ou não infrações penais. Da mesma forma que ocorre com o Presidente da República, nosso ordenamento jurídico prevê a possibilidade de cometimento de infrações (e punição) dos Governadores de Estado ou do Distrito Federal, bem como dos Prefeitos Municipais.

Destaque-se que os Governadores dos Estados e do Distrito Federal serão, em regra, processados e julgados perante o **Superior Tribunal de Justiça**, quando se tratar de prática de *crime comum*. Diversamente do que ocorre no processo e julgamento do Presidente da República, de acordo com o STF, não se compatibiliza com a Constituição Federal o condicionamento de autorização prévia por parte da Assembleia Legislativa (ou Câmara Legislativa) para que o STJ possa receber a denúncia apresentada em face daquelas autoridades.

Caso o crime imputado tenha sido *praticado antes do mandato* ou, *ainda que durante o mandato, não possuir qualquer conexão com ele*, o processo e julgamento será de **competência da Justiça Comum** (Estadual ou Federal) ou **Especializada** de 1.ª instância. Tal entendimento foi firmado a partir do atual entendimento da nossa Suprema Corte sobre a relativização da prerrogativa de foro prevista no art. 53, § 1.º, da CF (AP 937).

Nesse sentido, vejamos excerto da decisão proferida no julgamento da AP 866/STJ (07/5/2018):

> "1. Diante da recente e notória decisão do Plenário do Supremo Tribunal Federal, ao julgar questão de ordem na AP 937, da relatoria do Ministro Roberto Barroso, conferindo nova e conforme interpretação ao art. 102, I, 'b' e 'c' da CF, assentando a competência da Corte Suprema para processar e julgar os membros do Congresso Nacional exclusivamente quanto aos crimes praticados no exercício e em razão da função pública, e que tem efeitos prospectivos, em linha de princípio, ao menos em relação às pessoas detentoras de mandato eletivo com prerrogativa de foro perante este Superior Tribunal de Justiça (CF, art. 105, I, 'a'), faz-se necessária igual observância da regra constitucional a justificar eventual manutenção, ou não, do trâmite processual da presente ação penal perante a Corte Especial deste Tribunal Superior".

Sublinhe-se que em junho de 2018 a Corte Especial do Superior Tribunal de Justiça confirmou essa decisão monocrática. Na ocasião, a Corte Especial entendeu que o art. 105, I, "a", da CF veda privilégios de quaisquer espécies.

Em se tratando de *crime de responsabilidade* a competência para o processo e julgamento do Governador será feito por um **Tribunal Especial**, *ex vi* do art. 78, § 3.º, da Lei n.º 1.079/50, tribunal esse que possui uma composição mista (05 membros da Assembleia Legislativa e 05 Desembargadores do respectivo Tribunal de Justiça). Da mesma forma que ocorre no processo de impeachment do Presidente da República, o julgamento do processo que apura o crime de responsabilidade ficará a cargo do Poder Judiciário, sendo, no caso, o Presidente do respectivo Tribunal de Justiça.

A Constituição Federal prevê, no inciso X do art. 29, que o Prefeito Municipal será processado e julgado perante o **Tribunal de Justiça**.

Não obstante referida regra constitucional, o **Supremo Tribunal Federal** possui **jurisprudência pacífica** de que ela está restrita aos crimes *comuns de competência da justiça comum estadual*. Para a Colenda Corte, o que a Constituição Federal garante é que ao Prefeito Municipal é assegurado o processo e julgamento perante órgão de segundo grau. Em virtude disso, o fator decisivo para a fixação da competência originária será a *natureza do crime perpetrado*[3].

Portanto, no caso do *cometimento de crime comum da competência da Justiça Estadual* o Prefeito será processado e julgado junto ao **Tribunal de Justiça**. De outro vértice, cometendo um *crime comum da competência da Justiça Federal*, ele será processado e julgado junto ao **Tribunal Regional Federal**. Por fim, se o Prefeito cometer um *crime eleitoral*, ele será processado e julgado perante o **Tribunal Regional Eleitoral**.

Registre-se que se o prefeito municipal for acusado de *desviar verba sujeita a prestação de contas perante órgão federal* a competência para o processo e julgamento da ação penal será da **Justiça Federal** (Súmula 208 do STJ). De outro vértice, se houver *desvio de verba transferida e incorporada ao patrimônio municipal* a competência para processo e julgamento da ação penal será da **Justiça Estadual** (Súmula 209 do STJ).

Por fim, no caso de ser responder por *crime de responsabilidade*, o prefeito municipal será processado e julgado pela respectiva **Câmara Municipal**, por força do disposto no art. 4.º do Decreto-Lei n.º 201/67.

3 Súmula 702 do STF: "A competência do Tribunal de Justiça para julgar prefeitos restringe-se aos crimes de competência da justiça comum estadual; nos demais casos, a competência originária caberá ao respectivo tribunal de segundo grau.

Capítulo 4

Poder Judiciário

4.1 Disposições Gerais

A função típica do Poder Judiciário é o exercício da atividade jurisdicional, o que, segundo uma definição mais simplificada e clássica, é a aplicação, através do processo, do direito ao caso concreto. Ao lado da função típica, o Poder Judiciário também desempenha funções atípicas (p.ex: abertura de processo licitatório).

Estruturalmente, o Poder Judiciário vem disciplinado na Constituição Federal no Capítulo III (Do Poder Judiciário) do Título IV (Da Organização dos Poderes), nos arts. 92 a 126, possuindo os seguintes órgãos:

a) Supremo Tribunal Federal (STF);

b) Conselho Nacional de Justiça (CNJ);

c) Superior Tribunal de Justiça (STJ);

d) Tribunais Regionais Federais (TRF's) e Juízes Federais;

e) Tribunais e Juízes do Trabalho;

f) Tribunais e Juízes Eleitorais;

g) Tribunais e Juízes Militares; e

h) Tribunais e Juízes dos Estados e do Distrito Federal e Territórios.

Conquanto a EC n.º 45/04 tenha inserido no art. 92 o inciso I-A, ante a ausência de qualquer competência jurisdicional, *tecnicamente o Conselho Nacional de Justiça não deveria fazer parte do organograma do Poder Judiciário*. Entretanto, devido ao fato de ser inserido nesse capítulo, para fins de concurso (especialmente nas provas objetivas), deverá ser considerado como órgão integrante do Poder Judiciário. Trata-se, na realidade, de um órgão administrativo ao qual compete o controle da atuação administrativa e financeira do Judiciário, bem como do cumprimento dos deveres funcionais dos juízes.

Ressalte-se que a denominada *Justiça Especializada* é composta pelas Justiças do Trabalho, Eleitoral e Militar, sendo que todas as demais (seja Federal ou Estadual) integram a denominada *Justiça Comum*.

Nesse tópico alguns pontos merecem destaque. Senão, vejamos.

O primeiro ponto diz respeito ao **Estatuto da Magistratura**, o qual possui natureza jurídica de Lei Complementar e é de iniciativa exclusiva do Supremo Tribunal Federal, sendo que atualmente vige a LC n.º 35/90.

O art. 93 da Constituição Federal traz alguns *princípios* (requisitos) que devem ser observados pelo Estatuto da Magistratura, sendo que destacamos os seguintes: ingresso na careira (inciso I); promoção na carreira e acesso aos Tribunais de 2.º grau (incisos II e III); subsídio dos magistrados (inciso V); aposentadoria (VI); publicidade dos julgamentos (inciso IX); possibilidade de criação de Órgão Especial (inciso XI), dentre outros princípios.

Ao lado desses princípios que devem ser observados na Lei Orgânica da Magistratura, importante consignar a existência das denominadas **garantias** (ou prerrogativas) **da magistratura**, as quais são extensíveis aos membros do Ministério Público (art. 128, § 5.º, I, da CF). São garantias funcionais (ou de órgãos) asseguradas pela Constituição Federal aos magistrados:

a) **Vitaliciedade** – adquirida pelo magistrado *após dois anos de efetivo exercício*, dependendo a perda do cargo de deliberação do respectivo tribunal antes da aquisição da garantia e, após isso, de sentença judicial transitada em julgado. Importante registrar que se um cidadão for nomeado como Ministro do STF, com a assunção do cargo ele já será considerado vitalício, não tendo que cumprir o prazo inicialmente mencionado;
b) **Inamovibilidade** – os juízes não poderão, como regra, ser removidos de sua sede compulsoriamente, salvo por motivo de interesse público, nos termos do inciso VIII do art. 93 da CF;
c) **Irredutibilidade de subsídio** – significa que não poderá haver a redução do *valor nominal* (segundo a **jurisprudência do STF**), ressalvadas as hipóteses de descontos constitucionalmente previstos (art. 37, X e XI; 39, § 4.º; 150, II; 153, III; e 153, § 2.º, I).

Conquanto existam essas prerrogativas para o livre desempenho da função jurisdicional, a própria CF prevê algumas **condutas vedadas** (são denominadas também de *garantias funcionais de imparcialidade dos órgãos*) aos magistrados (cf. parágrafo único do art. 95), quais sejam:

a) Exercer, ainda que em disponibilidade, outro cargo ou função, salvo uma de magistério;

b) Receber, a qualquer título ou pretexto, custas ou participação em processo;

c) Dedicar-se à atividade político-partidária;

d) Receber, a qualquer título ou pretexto, auxílios ou contribuições de pessoas físicas, entidades públicas ou privadas, ressalvadas as exceções previstas em lei; e,

e) Exercer a advocacia no juízo ou tribunal do qual se afastou, antes de decorridos três anos do afastamento do cargo por aposentadoria ou exoneração (denominado período de quarentena).

A CF garante (garantia institucional), ainda, ao Poder Judiciário as **autonomias administrativa** (possibilidade de edição de normas para auto-organização – cf. art. 96) e **financeira** (os próprios tribunais devem elaborar as respectivas propostas orçamentárias – cf. art. 99).

Outro ponto que merece destaque é o denominado **quinto constitucional** (art. 94, CF). Através desse instituto, 1/5 (um quinto) dos lugares dos TRF's, dos TJ's e do TJDFT será composto de membros do Ministério Público, com mais de 10 (dez) anos de carreira, e de advogados de notório saber jurídico e de reputação ilibada, com mais de 10 (dez) anos de efetiva atividade profissional, indicados em lista sêxtupla pelos órgãos de representação das respectivas classes. Referida regra, aplica-se ainda, aos Tribunais do Trabalho (cf. arts. 111-A, I; e, 115, I, ambos da CF) e para o STJ (cf. art. 104, parágrafo único).

4.2 Supremo Tribunal Federal

O STF é o órgão máximo do Poder Judiciário brasileiro, possuindo competência sob todo território nacional. Ele é composto por 11 (onze) Ministros, escolhidos dentre cidadãos com mais de trinta e cinco e menos de setenta anos de idade, de notável saber jurídico e reputação ilibada.

Analisando-se esse conceito extraído da própria CF, concluímos que para ser escolhido e nomeado, bem como para ter possibilidades de ingressar no referido órgão é necessário o preenchimento dos seguintes **requisitos**:

a) Ser cidadão;

b) Idade mínima de 35 (trinta e cinco) anos;

c) Idade máxima de 70 (setenta) anos (**idade alterada pela EC n.º 122/2022**);

d) Notável saber jurídico;

e) Reputação ilibada.

Com base nesses requisitos, reputo importante tecer duas observações. A primeira diz respeito ao fato de que para ser Ministro do Supremo Tribunal Federal é imprescindível ser *brasileiro nato*, haja vista o disposto no art. 12, § 2.º, IV, da CF.

A segunda observação diz respeito à expressão *notável saber jurídico*. Para ingressar no STF não é necessário que o Ministro seja bacharel em Direito, admitindo-se qualquer formação, desde que seja constatado o conhecimento jurídico adequado.

Após a indicação do futuro Ministro do STF, seu nome é submetido ao crivo do Senado Federal, sendo considerada a escolha aprovada pela *maioria absoluta* da Casa Legislativa. Depois dessa aprovação o Presidente da República nomeará aquele como Ministro da Suprema Corte.

Diversamente do que ocorre com o candidato que ingressa na carreira da Magistratura que deve esperar 02 (dois) anos para adquirir a vitaliciedade no cargo, o Ministro que ingressa no STF já a adquire imediatamente, independentemente do transcurso do prazo em tela.

Feitas essas ponderações iniciais, passaremos agora à análise da competência do órgão.

O Supremo Tribunal Federal é o órgão do Poder Judiciário **incumbido de decidir, *em única* ou *última instância*, questões constitucionais.** Tanto é assim que ele é considerado o "*guardião da Constituição Federal*".

A competência do Supremo Tribunal Federal vem disciplinada no art. 102 da Constituição Federal, podendo ser dividida em: *originária* (inciso I) e *recursal* (incisos II e III).

Na *competência originária* estão previstas aquelas situações em que as causas deverão ser propostas diretamente junto a determinado órgão jurisdicional, no caso o STF. Na *competência recursal*, por sua vez, a causa tramita nas instâncias inferiores, sendo o STF considerado o órgão de revisão e decisão final sobre o assunto.

A fim de facilitar a memorização da matéria, comumente cobrada nos concursos públicos, analisaremos a partir de agora cada uma dessas competências.

Ao Supremo Tribunal Federal compete *processar* e *julgar*, **originariamente**:

a) A ação direta de inconstitucionalidade (ADI) de *lei* ou *ato normativo federal* ou *estadual* e a ação declaratória de constitucionalidade (ADECON) de *lei* ou *ato normativo federal*;

b) Nas *infrações penais comuns*, o Presidente da República, o Vice-Presidente, os membros do Congresso Nacional, seus próprios Ministros e o Procurador-Geral da República (ressalte-se que a competência para julgar essas autoridades por crimes de responsabilidade é do Senado Federal, *ex vi* do art. 52, I, da CF);

c) Nas *infrações penais comuns* e nos *crimes de responsabilidade*, os Ministros de Estado e os Comandantes da Marinha, do Exército e da Aeronáutica, ressalvado o disposto no art. 52, I, os membros dos Tribunais Superiores, os do Tribunal de Contas da União e os chefes de missão diplomática de caráter permanente;

d) O *habeas corpus*, sendo paciente qualquer das pessoas referidas nas alíneas anteriores; o mandado de segurança e o *habeas data* contra atos do Presidente da República, das Mesas da Câmara dos Deputados e do Senado Federal, do Tribunal de Contas da União, do Procurador-Geral da República e do próprio Supremo Tribunal Federal;

e) O litígio entre *Estado estrangeiro* ou *organismo internacional* e a União, o Estado, o Distrito Federal ou o Território (questão de direito internacional);

f) As causas e os conflitos entre a União e os Estados, a União e o Distrito Federal, ou entre uns e outros, inclusive as respectivas entidades da administração indireta (questão federativa);

g) A *extradição* solicitada por Estado estrangeiro;

h) revogado pela EC n.º 45/2004;

i) O *habeas corpus*, quando o coator for Tribunal Superior ou quando o coator ou o paciente for autoridade ou funcionário cujos atos estejam sujeitos diretamente à jurisdição do Supremo Tribunal Federal, ou se trate de crime sujeito à mesma jurisdição em uma única instância;

j) A *revisão criminal* e a ação rescisória de seus julgados (é imprescindível que já tenha ocorrida decisão anterior do STF no caso impugnado via revisão criminal ou ação rescisória);

k) A *reclamação* para a preservação de sua competência e garantia da autoridade de **suas decisões**;

l) A *execução de sentença* nas causas de sua competência originária, facultada a delegação de atribuições para a prática de atos processuais;

m) A ação em que *todos os membros da magistratura* sejam, direta ou indiretamente interessados, e aquela em que mais da metade dos membros do tribunal de origem estejam impedidos ou sejam direta ou indiretamente interessados;

n) Os *conflitos de competência* entre o Superior Tribunal de Justiça e quaisquer tribunais, entre Tribunais Superiores, ou entre estes e qualquer outro tribunal (destaque-se que todos os órgãos do Poder Judiciário estão vinculados, hierarquicamente, ao Supremo Tribunal Federal);

o) O *pedido de medida cautelar* das ações diretas de inconstitucionalidade (ADI);

p) O *mandado de injunção*, quando a elaboração da norma regulamentadora for atribuição do Presidente da República, do Congresso Nacional, da Câmara dos Deputados, do Senado Federal, das Mesas de uma dessas Casas Legislativas, do Tribunal de Contas da União, de um dos Tribunais Superiores, ou do próprio Supremo Tribunal Federal; e,

q) As ações contra o Conselho Nacional de Justiça (CNJ) e contra o Conselho Nacional do Ministério Público (CNMP).

A respeito dessa última hipótese de competência originária, importante destacar o ***posicionamento mais atual*** a respeito do tema. Nos termos do artigo 102, I, "r", da Constituição Federal (CF) (1), é competência exclusiva do Supremo Tribunal Federal (STF) processar e julgar, originariamente, todas as ações ajuizadas contra decisões do Conselho Nacional de Justiça (CNJ) e do Conselho Nacional do Ministério Público (CNMP) proferidas no exercício de suas competências constitucionais, respectivamente, previstas nos artigos 103-B, § 4º, e 130-A, § 2º, da CF. Compete ao STF processar e julgar originariamente ações propostas contra o CNJ e contra o CNMP no exercício de suas atividades-fim. A Constituição não discriminou quais ações contra o CNJ e contra o CNMP seriam da alçada do STF, do que se extrai ter procurado fixar atribuição mais ampla para a análise de tais demandas. Essa leitura é corroborada pelo fato de que, quando pretendeu restringir a competência do Tribunal apenas às ações mandamentais, o constituinte o fez de forma expressa.

Nesse sentido, vejamos excerto do julgado:

> Porém, isso não significa que a Corte deva afirmar sua competência para conhecer toda e qualquer ação ordinária contra atos daqueles conselhos constitucionais. A regra de competência deve ser interpretada de acordo com os fins que justificaram sua edição. A competência se justifica sempre que indagados atos de cunho finalístico, concernentes aos objetivos precípuos de sua criação, a fim de que a posição e a proteção institucionais conferidas ao Conselho não sejam indevidamente desfiguradas.
>
> A outorga da atribuição ao Supremo para processar e julgar ações contra os Conselhos é mecanismo constitucional delineado pelo legislador com o objetivo de proteger e viabilizar a atuação desses órgãos de controle. A realização da missão constitucional ficaria impossibilitada ou seriamente comprometida se os atos por eles praticados estivessem sujeitos ao crivo de juízos de primeira instância.
>
> Não raramente, a atuação do CNJ recai sobre questões locais delicadas e que mobilizam diversos interesses. O distanciamento das instâncias de controle jurisdicional é elemento essencial para o desempenho apropriado das funções. Ademais, o órgão de controle atua em questões de abrangência nacional que demandam tratamento uniforme e ação coordenada. Por essa razão, não poderiam ser adequadamente enfrentadas por juízos difusos. A submissão de atos do CNJ à análise de órgãos jurisdicionais distintos do STF representaria a subordinação da atividade da instância fiscalizadora aos órgãos e agentes públicos por ele fiscalizados, o que subverte o sistema de controle proposto constitucionalmente. Deve ser mantida a higidez do sistema e preservada a hierarquia e a autoridade do órgão de controle.
>
> O CNJ pode determinar à autoridade recalcitrante o cumprimento imediato de suas decisões, ainda que impugnadas perante a Justiça Federal de primeira ins-

tância, quando se tratar de hipótese de competência originária do STF. (Pet 4770 AgR/DF, rel. Min. Roberto Barroso, julgamento em 18.11.2020. Rcl 33459 AgR/PE, rel. orig. Min. Rosa Weber, red. p/ o ac. Min. Gilmar Mendes, julgamento em 18.11.2020. ADI 4412/DF, rel. Min. Gilmar Mendes, julgamento em 18.11.2020)

Para a configuração da **competência recursal** os autos poderão chegar ao Supremo Tribunal por intermédio de *recurso ordinário* ou pelo *recurso extraordinário*.

Compete ao STF julgar, em **recurso ordinário**:

a) O *habeas-corpus*, o mandado de segurança, o *habeas-data* e o mandado de injunção decididos em *única instância* pelos Tribunais Superiores, se *denegatória* a decisão; e,

b) O crime político.

Já no tocante ao **recurso extraordinário**, compete ao STF julgar as causas decididas em *única* ou *última instância*, quando a decisão recorrida:

a) Contrariar dispositivo da Constituição Federal;

b) Declarar a inconstitucionalidade de tratado ou lei federal;

c) Julgar válida lei ou ato de governo local contestado em face da Constituição Federal; e,

d) Julgar válida lei local contestada em face de lei federal.

Impende consignar que o **recurso extraordinário** é um instituto de direito processual constitucional, sendo uma *modalidade extraordinária de impugnação recursal, possuindo domínio temático próprio que lhe foi constitucionalmente reservado*. Ao interpor o presente recurso o recorrente deverá demonstrar a *repercussão geral* das questões constitucionais discutidas no caso, nos termos da lei, a fim de que o Tribunal examine a admissão do recurso, somente podendo recusá-lo pela manifestação de 2/3 (dois terços) de seus membros.

O § 1.º do art. 102 prevê também que a **Arguição de Descumprimento de Preceito Fundamental** (ADPF), decorrente da CF, será apreciada pelo Supremo Tribunal Federal, na forma da lei (Lei n.º 9.882/99).

Já o § 2º do mesmo dispositivo constitucional, disciplina que as decisões definitivas de mérito, proferidas pelo Supremo Tribunal Federal, nas ações diretas de inconstitucionalidade (ADI) e nas ações declaratórias de constitucionalidade (ADC) produzirão eficácia contra todos (eficácia *erga omnes*) e efeito vinculante, relativamente aos demais órgãos do Poder Judiciário e à administração pública direta e indireta, nas esferas federal, estadual e municipal.

Frise-se que os dispositivos mencionados nos dois parágrafos anteriores serão estudados, com maior profundidade, no tópico relacionado ao controle de constitucionalidade.

Para finalizar o tema a respeito do Supremo Tribunal Federal teceremos breves considerações a respeito das denominadas **Súmulas Vinculantes**.

No mês de dezembro de 2004, por intermédio da Emenda Constitucional n.º 45, houve a inserção do art. 103-A em nossa Constituição Federal, dispositivo esse que instituiu as denominadas Súmulas Vinculantes. Atualmente elas são disciplinadas, no âmbito infraconstitucional, pela Lei n.º 11.417/06.

Consoante o texto constitucional a súmula vinculante terá por **objetivo** a *validade*, a *interpretação* e a *eficácia de normas* em que haja controvérsia atual entre órgãos judiciários ou entre esses e a Administração Pública, que acarrete grave insegurança jurídica e relevante multiplicação de processos sobre questão idêntica.

Para que determinado assunto tenha status de Súmula Vinculante é necessário o preenchimento dos requisitos abaixo:

a) Atuação, de ofício ou provocada, dos Membros do STF;

b) Manifestação favorável de, pelo menos, 2/3 (dois terços) dos Ministros do STF; e,

c) Reiteradas decisões sobre matéria constitucional.

A partir do momento em que referida súmula é publicada na Imprensa Oficial ela passa a ter efeito vinculante em relação aos demais órgãos do Poder Judiciário e à Administração Pública Direta e Indireta, em todas as esferas da federação.

É de se destacar que o STF poderá proceder, a qualquer momento, a *revisão* ou *cancelamento* da súmula vinculante aprovada, nos termos da lei infraconstitucional em análise.

Em regra, a revogação ou modificação de ato normativo em que se fundou a edição de enunciado de súmula vinculante acarreta a necessidade de sua revisão ou cancelamento por parte do Supremo Tribunal Federal. Entretanto, a depender das circunstâncias do caso concreto, a Colenda Corte pode concluir pela desnecessidade de tais medidas (cf. Tema 477).

Por fim, a CF estabeleceu um *rol mínimo de legitimados ativos* para provocar o STF a fim de aprovar, revisar ou cancelar uma súmula vinculante, sendo aqueles os mesmos previstos no art. 103, incisos I a IX (legitimados da ADI). Fala-se em rol mínimo porque o próprio § 2.º, primeira parte, do art. 103-A assim preceitua: "*Sem prejuízo do que vier a ser estabelecido em lei (...)*".

E de fato, a Lei n.º 11.417/06 ampliou o rol do art. 103 da CF, sendo que o art. 3.º da referida lei previu que os legitimados para propor a edição, a revisão e o cancelamento são:

a) O Presidente da República;

b) A Mesa do Senado Federal;

c) A Mesa da Câmara dos Deputados;

d) O Procurador-Geral da República;

e) O Conselho Federal da Ordem dos Advogados do Brasil;

f) O Defensor Público-Geral da União;

g) Partido Político com representação no Congresso Nacional;

h) Confederação sindical ou entidade de classe de âmbito nacional;

i) A Mesa de Assembleia Legislativa ou Câmara Legislativa do Distrito Federal;

j) O Governador de Estado ou do Distrito Federal;

k) Os Tribunais Superiores, os Tribunais de Justiça de Estados ou do Distrito Federal e Territórios, os Tribunais Regionais Federais, os Tribunais Regionais do Trabalho, os Tribunais Regionais Eleitorais e os Tribunais Militares.

Além desses legitimados, a lei em questão, confere legitimidade ao Município, sendo que ele poderá propor a edição, revisão ou cancelamento do enunciado de súmula vinculante *de forma incidental ao curso de processo* em que seja parte (cf. § 1.º do art. 3.º).

4.3 Superior Tribunal de Justiça

O Superior Tribunal de Justiça compõe-se de, no mínimo, 33 (trinta e três) Ministros, os quais serão nomeados pelo Presidente da República, dentre brasileiros com mais de 35 (trinta e cinco) e menos de 70 (setenta) anos de idade, de notável saber jurídico e reputação ilibada, depois de aprovada a escolha pela maioria absoluta do Senado Federal.

Destaque-se que os requisitos das idades mínima e máxima, do notável saber jurídico e da reputação ilibada *são idênticos* aos exigidos para nomeação de Ministro do Supremo Tribunal Federal.

Entretanto, há duas observações a serem feitas aqui. A primeira delas diz respeito ao fato de que para ser Ministro do STJ, diversamente do que ocorre para o caso do STF, não é preciso que o escolhido seja brasileiro nato, vez que não há exigência constitucional para tanto.

Outra observação diz respeito à composição do STJ. Como visto anteriormente para ser indicado ministro do STF não é preciso que o escolhido seja bacharel em direito, nem faça parte dos quadros do Poder Judiciário. De outro vértice, para a composição do STJ, é imprescindível que o indicado já faça parte dos quadros da magistratura ou integrante dos quadros do Ministério Público ou, ainda, advogado regularmente inscrito na OAB.

Isso porque o parágrafo único do art. 104 da CF diz que a escolha deve ser da seguinte forma:

a) Um terço dentre juízes dos Tribunais Regionais Federais e um terço dentre desembargadores dos Tribunais de Justiça, indicados em lista tríplice elaborada pelo próprio Tribunal;

b) Um terço, em partes iguais, dentre advogados e membros do Ministério Público Federal, Estadual, do Distrito Federal e Territórios, alternadamente, indicados na forma do art. 94.

A competência do STJ, da mesma forma que do STF, vem organizada em: a) *competência originária* (inciso I) e b) *competência recursal* (incisos II e III).

Ao Superior Tribunal de Justiça compete processar e julgar **originariamente**:

a) Nos *crimes comuns*, os Governadores dos Estados e do Distrito Federal, e, nestes e nos *de responsabilidade*, os desembargadores dos Tribunais de Justiça dos Estados e do Distrito Federal, os membros dos Tribunais de Contas dos Estados e do Distrito Federal, os dos Tribunais Regionais Federais, dos Tribunais Regionais Eleitorais e do Trabalho, os membros dos Conselhos ou Tribunais de Contas dos Municípios e os do Ministério Público da União que oficiem perante tribunais;

b) Os mandados de segurança e os *habeas data* contra ato de Ministro de Estado, dos Comandantes da Marinha, do Exército e da Aeronáutica ou do próprio Tribunal (para a impetração da medida judicial leva-se em consideração o violador do direito líquido e certo);

c) Os *habeas corpus*, quando o coator ou paciente for qualquer das pessoas mencionadas na alínea "a", ou quando o coator for tribunal sujeito à sua jurisdição, Ministro de Estado ou Comandante da Marinha, do Exército ou da Aeronáutica, *ressalvada a competência da Justiça Eleitoral* (lembre-se que esta é denominada de Justiça Especializada);

d) Os *conflitos de competência* entre quaisquer tribunais, ressalvado o disposto no art. 102, I, "o", bem como entre tribunal e juízes a ele não vinculados e entre juízes vinculados a tribunais diversos (conflito de competência jurisdicional);

e) As *revisões criminais* e as *ações rescisórias* de seus julgados (nesse caso, é imprescindível que o STJ já tenha decidido a causa anteriormente);

f) A *reclamação* para a preservação de sua competência e garantia da autoridade de **suas decisões**;

g) Os conflitos de atribuições entre autoridades administrativas e judiciárias da União, ou entre autoridades judiciárias de um Estado e administrativas de outro ou do Distrito Federal, ou entre as deste e da União;

h) O mandado de injunção, quando a elaboração da norma regulamentadora for atribuição de órgão, entidade ou autoridade federal, da administração direta ou indireta, excetuados os casos de competência do Supremo Tribunal Federal e dos órgãos da Justiça Militar, da Justiça Eleitoral, da Justiça do Trabalho e da Justiça Federal;

i) A homologação de sentenças estrangeiras e a concessão de *exequatur* às cartas rogatórias;

Ressalte-se que a hipótese "i" anteriormente era de competência do Supremo Tribunal Federal, sendo que passou a ser de competência do STJ com a EC n.º

45/04. Em virtude dessa alteração, comumente há grande incidência dessa questão nas provas de concursos públicos.

Já em **sede recursal**, ao STJ compete julgar:

a) Os *habeas corpus* decididos *em única* ou ***última instância*** pelos Tribunais Regionais Federais ou pelos tribunais dos Estados, do Distrito Federal e Territórios, quando a *decisão for denegatória*;

b) Os mandados de segurança decididos em *única instância* pelos Tribunais Regionais Federais ou pelos tribunais dos Estados, do Distrito Federal e Territórios, quando *denegatória a decisão*;

c) As causas em que forem partes Estado estrangeiro ou organismo internacional, de um lado, e, do outro, Município ou pessoa residente ou domiciliada no País.

Em sede de **recurso especial**, compete ao STJ julgar: as causas decididas, *em única* ou *última instância*, pelos Tribunais Regionais Federais (TRF's) ou pelos tribunais dos Estados (TJ's), do Distrito Federal e Territórios (TJDFT), quando a decisão recorrida:

a) Contrariar tratado ou lei federal, ou negar-lhes vigência;

b) Julgar válido ato de governo local contestado em face de lei federal;

c) Der a lei federal interpretação divergente da que lhe haja atribuído outro tribunal.

Com a promulgação da EC n.º 125/2022, no caso de recurso especial, o recorrente deve demonstrar a relevância das questões de direito federal infraconstitucional discutidas no caso, nos termos da lei, a fim de que a admissão do recurso seja examinada pelo Tribunal, o qual somente pode dele não conhecer com base nesse motivo pela manifestação de 2/3 (dois terços) dos membros do órgão competente para o julgamento.

Haverá a relevância de que o parágrafo anterior nos seguintes casos:

a) Ações penais;

b) Ações de improbidade administrativa;

c) Ações cujo valor da causa ultrapasse 500 (quinhentos) salários mínimos;

d) Ações que possam gerar inelegibilidade;

e) Hipóteses em que o acórdão recorrido contrariar jurisprudência dominante do Superior Tribunal de Justiça;

f) Outras hipóteses previstas em lei

Por fim, não podemos nos esquecer que:

Recurso Ordinário Constitucional	Cabível tanto no STJ quanto no STF
Recurso Especial	Cabível apenas para o STJ
Recurso Extraordinário	Cabível apenas para o STF

4.4 Tribunais Regionais Federais e Juízes Federais

Inicialmente é importante destacar que a Justiça Federal não se enquadra no rol das denominadas Justiças Especializadas, haja vista fazer parte da Justiça Comum, no âmbito federal. Portanto, está vinculada ao Superior Tribunal de Justiça.

Em primeiro grau de jurisdição ela é representada por ***Juízes Federais***, os quais possuem a competência fixada constitucionalmente no art. 109, dispositivo esse de leitura obrigatória para a primeira fase do certame.

A composição dos quadros da magistratura federal em primeiro grau é feita através de concurso público de ingresso na carreira, observando-se o disposto no art. 93, I, da CF.

Os ***Tribunais Regionais Federais*** são órgãos de segundo grau de jurisdição.

Pela atual estrutura organizacional há 05 (cinco) Tribunais Regionais Federais espalhados pelo país. Cada um dos TRF's tem sua composição própria, sendo que a Constituição Federal elenca o número mínimo de integrantes, bem como seus requisitos. Vejamos.

Segundo o art. 107 de nossa Carta Magna, os Tribunais Regionais Federais compõem-se de, no mínimo, 07 (sete) juízes, recrutados, quando possível, na respectiva região e nomeados pelo Presidente da República dentre *brasileiros* com *mais de 30 (trinta) e menos de 70 (setenta) anos de idade (***alteração feita pela EC n.º 122/2022***)*, sendo que:

a) 1/5 (um quinto) dentre advogados com mais de 10 (dez) anos de efetiva atividade profissional e membros do MPF, com mais de 10 (dez) anos de carreira;

b) Os demais, mediante promoção de juízes federais com mais de 05 (cinco) anos de exercício, por antiguidade e merecimento, alternadamente.

Destaque-se que o TRF de cada região possui ***competência originária*** para:

a) Julgar algumas pessoas detentoras de cargos com prerrogativa de função;

b) As revisões criminais e ações rescisórias de seus julgados ou dos juízes federais da região;

c) Os mandados de segurança e *habeas data* contra ato do próprio Tribunal ou de juiz federal;

d) Os *habeas corpus*, quando a autoridade coatora for juiz federal; e,

e) Os conflitos de competência entre juízes federais *vinculados ao Tribunal.*

De outro vértice, em ***sede recursal***, o TRF julgará as causas decididas pelos *juízes federais* e pelos *juízes estaduais no exercício da competência federal delegada* (v.g., demandas previdenciárias) da área de sua jurisdição.

Em virtude da relevância, farei breves considerações a respeito do inciso V-A do art. 109 da CF, o qual foi inserido pela EC n.º 45/04, prevendo a figura da denominada "**federalização dos crimes contra os direitos humanos**".

Em havendo grave violação dos direitos humanos, o Chefe do Ministério Público Federal (Procurador-Geral da República), a ***fim de assegurar o cumprimento de obrigações decorrentes de tratados internacionais de direitos humanos dos quais o Brasil seja parte***, poderá suscitar, perante o STJ, *em qualquer fase do inquérito ou processo*, ***incidente de deslocamento de competência*** (IDC) para a Justiça Federal.

Assim sendo, para que os autos de um processo que tramitem junto à Justiça Estadual sejam remetidos à Justiça Federal, em virtude do denominado ***Incidente de Deslocamento de Competência*** (IDC), são necessários os seguintes **requisitos**:

a) Grave violação dos Direitos Humanos;

b) Pedido do Procurador-Geral da República;

c) Pedido formulado ao STJ; e,

d) Fatos investigados em sede de inquérito policial ou em ação penal em curso.

Preenchidos esses requisitos e, em havendo deferimento por parte do Superior Tribunal de Justiça, os autos em trâmite junto à Justiça Estadual serão redistribuídos para a Justiça Federal para continuidade e término das investigações.

Dada sua importância, vejamos a decisão proferida no IDC n.º 5/PE:

> "1. A Emenda Constitucional n. 45, de 31.12.2004, relativa à reforma do Poder Judiciário, inseriu no ordenamento jurídico brasileiro a possibilidade de deslocamento da competência originária para a investigação, o processamento e o julgamento dos crimes praticados com grave violação de direitos humanos, com a finalidade de assegurar o cumprimento de obrigações decorrentes de tratados internacionais de direitos humanos dos quais o Brasil seja parte.
>
> 2. A Terceira Seção deste Superior Tribunal explicitou que os requisitos do incidente de deslocamento de competência são três: a) grave violação de direitos humanos; b) necessidade de assegurar o cumprimento, pelo Brasil, de obrigações decorrentes de tratados internacionais; c) incapacidade – oriunda de inércia, omissão, ineficácia, negligência, falta de vontade política, de condições pessoais e/ou materiais etc. – de o Estado-membro, por suas instituições e autoridades, levar a cabo, em toda a sua extensão, a persecução penal (IDC n. 1/PA, Relator Ministro Arnaldo Esteves Lima, julgado em 8.6.2005, DJ 10.10.2005).

3. A violação de direitos humanos que enseja o deslocamento de competência, além de grave, deve ser relacionada a obrigações decorrentes de tratados internacionais dos quais o Brasil seja parte.

4. Para o deslocamento da competência, deve haver demonstração inequívoca de que, no caso concreto, existe ameaça efetiva e real ao cumprimento de obrigações assumidas por meio de tratados internacionais de direitos humanos firmados pelo Brasil, resultante de inércia, negligência, falta de vontade política ou de condições reais de o Estado-membro, por suas instituições e autoridades, proceder à devida persecução penal.

5. A confiabilidade das instituições públicas envolvidas na persecução penal – Polícia, Ministério Público, Poder Judiciário -, constitucional e legalmente investidas de competência originária para atuar em casos como o presente, deve, como regra, prevalecer, ser apoiada e prestigiada.

6. O incidente de deslocamento de competência não pode ter o caráter de *prima ratio*, de primeira providência a ser tomada em relação a um fato (por mais grave que seja). Deve ser utilizado em situações excepcionalíssimas, em que efetivamente demonstrada a sua necessidade e a sua imprescindibilidade, ante provas que revelem descaso, desinteresse, ausência de vontade política, falta de condições pessoais e/ou materiais das instituições – ou de uma ou outra delas – responsáveis por investigar, processar e punir os responsáveis pela grave violação a direito humano, em levar a cabo a responsabilização dos envolvidos na conduta criminosa, até para não se esvaziar a competência da Justiça Estadual e inviabilizar o funcionamento da Justiça Federal.

7. A ideia de excepcionalidade do incidente não pode, contudo, ser de de grandeza tal a ponto de criar requisitos por demais estritos que acabem por inviabilizar a própria utilização do instituto de deslocamento.

8. O caso dos autos aponta fatores relacionados à região onde ocorreu a morte do Promotor de Justiça estadual Thiago Faria Soares, com indicativos de que o assassinato provavelmente resultou da ação de grupos de extermínio que atuam no interior do Estado de Pernambuco (como tantos outros que ocorreram na região conhecida como "Triângulo da Pistolagem", situada no agreste pernambucano), bem como ao certo e notório conflito institucional que se instalou, inarredavelmente, entre os órgãos envolvidos com a investigação e a persecução penal dos ainda não identificados autores do crime noticiado.

9. A falta de entendimento operacional entre a Polícia Civil e o Ministério Público estadual ensejou um conjunto de falhas na investigação criminal que arrisca comprometer o resultado final da persecução penal, com possibilidade, inclusive, de gerar a impunidade dos mandantes e dos executores do citado crime de homicídio.

10. O pedido de deslocamento de competência encontra-se fundamentado em afronta a tratado internacional de proteção a direitos humanos.

O direito à vida, previsto na Convenção Americana de Direitos Humanos (Pacto de San Jose da Costa Rica), é a pedra basilar para o exercício dos demais

> direitos humanos. O julgamento justo, imparcial e em prazo razoável é, por seu turno, garantia fundamental do ser humano, previsto, entre outros, na referida Convenção, e dele é titular não somente o acusado em processo penal, mas também as vítimas do crime (e a sociedade em geral) objeto da persecução penal, dada a redação ampliativa dada ao inciso LXXVIII do artigo 5º da CF: "a todos, no âmbito judicial e administrativo, são assegurados a razoável duração do processo e os meios que garantam a celeridade de sua tramitação". Ademais, a Corte Interamericana de Direitos Humanos tem, reiteradamente, asseverado que a obrigação estatal de investigar e punir as violações de direitos humanos deve ser empreendida pelos Estados de maneira séria e efetiva, dentro de um prazo razoável.
>
> 11. No caso vertente, encontram-se devidamente preenchidos todos os requisitos constitucionais que autorizam e justificam o pretendido deslocamento de competência, porquanto evidenciada a incontornável dificuldade do Estado de Pernambuco de reprimir e apurar crime praticado com grave violação de direitos humanos, em descumprimento a obrigações decorrentes de tratados internacionais de direitos humanos dos quais o Brasil é parte.
>
> 12. Incidente de deslocamento de competência julgado procedente, para que seja determinada a imediata transferência do Inquérito Policial n. 07.019.0160.00158/2013-1.1 para a Polícia Federal, sob o acompanhamento e controle do Ministério Público Federal, e sob a jurisdição, no que depender de sua intervenção, da Justiça Federal, Seção Judiciária de Pernambuco. Ainda, determinação para que a tramitação do feito corra sob o regime de segredo de justiça, observada a Súmula Vinculante n. 14, do Supremo Tribunal Federal. (IDC 5/PE, Rel. Ministro ROGERIO SCHIETTI CRUZ, TERCEIRA SEÇÃO, julgado em 13/08/2014, DJe 01/09/2014)

A partir do julgamento do IDC em questão, o STJ acabou por fixar alguns requisitos necessários ao deferimento daquele incidente:

a) Grave violação dos direitos humanos;
b) Incapacidade das autoridades locais em ofertar uma solução satisfatória ao caso em apuração; e,
c) Possibilidade de a República Federativa do Brasil ser responsabilizada no plano internacional em virtude do descumprimento de obrigações assumidas no cenário internacional, relacionadas às normas protetivas dos direitos humanos.

Outro ponto que merece destaque aqui diz respeito ao caso de *demandas previdenciárias*, as quais, em regra, serão processadas e julgadas junto à Justiça Federal.

O § 3.º do art. 109 da CF preceituava que:

> § 3º Serão processadas e julgadas na justiça estadual, no foro do domicílio dos segurados ou beneficiários, as causas em que forem parte instituição de previdência social e segurado, sempre que a comarca não seja sede de vara do juízo

federal, e, se verificada essa condição, a lei poderá permitir que outras causas sejam também processadas e julgadas pela justiça estadual.

Com base nesse dispositivo constitucional, no caso das demandas previdenciárias, se não houvesse seção ou subseção judiciária na localidade (ou seja, inexistisse Justiça Federal), seria possível que a ação fosse processada e julgada na Justiça Estadual, no foro do domicílio dos segurados ou beneficiários. A CF admitia, ainda, que a lei infraconstitucional ampliasse essa possibilidade a outras causas toda vez que inexistisse vara federal na localidade.

Essa possibilidade de competência delegada para a Justiça Comum vinha prevista na Lei n.º 5.010/66 (Lei de Organização da Justiça Federal), que em seu art. 15, III, *atribuía às comarcas do interior onde não funcionar vara federal processar e julgar os feitos ajuizados em face do INSS,* ***sem limitação.***

Ocorre que, a EC n.º 103, de 12/11/2019, alterou a redação do § 3.º em questão, que passou a viger da seguinte forma:

> "§ 3º Lei poderá autorizar que as causas de competência da Justiça Federal em que forem parte instituição de previdência social e segurado possam ser processadas e julgadas na justiça estadual quando a comarca do domicílio do segurado não for sede de vara federal."

Denota-se que com a nova do dispositivo constitucional, atribuiu-se ao legislador infraconstitucional a possibilidade ou não de autorizar que as demandas previdenciárias sejam processadas e julgadas pela Justiça Estadual.

Pois bem. A Lei 13.876, de 13/9/2019, que, no seu artigo 3º, modificou a Lei 5.010/66, *restringiu a competência delegada previdenciária* da justiça estadual às causas ajuizadas em comarcas de domicílio do segurado **situadas a mais de setenta quilômetros da sede de vara federal**. Isso significa que se o segurado residir a menos de 70 (setenta) quilômetros da sede da vara federal deverá propor sua ação na Justiça Federal e não na Estadual.

A despeito da redação atual do § 3.º do art. 109 da CF ter retirado a obrigatoriedade da competência delegada previdenciária, entendo que a regra mencionada no parágrafo anterior não pode subsistir.

Explico. A redação anterior do § 3.º em questão não permitia qualquer restrição de distância por parte da legislação ordinária. Ainda sob a vigência dessa redação, o legislador infraconstitucional editou a Lei n.º 13.876 restringindo a competência delegada previdenciária, em clara contrariedade à norma constitucional. Logo, a meu ver, essa norma padece de flagrante inconstitucionalidade!

Ainda que pela atual redação (dada a partir de 12/11/2019) não exista mais qualquer óbice de restrição, há que se observar que a Lei n.º 13.876/19 foi promulgada sob a égide da redação anterior, a qual deverá servir de parâmetro de aferição da (in)constitucionalidade da norma. Há que se lembrar que a jurisprudência do

STF é pacífica no sentido de que nosso ordenamento jurídico **não admite a denominada (in)constitucionalidade superveniente**.

Isso significa dizer que a norma nasce (in)constitucional, nunca se tornando (in)constitucional. Não podemos nos esquecer que a inconstitucionalidade é um vício congênito, ou seja, nasce com a norma!

Portanto, no caso em questão, a Lei n.º 13.876/19 padece de vício de inconstitucionalidade, não sendo possível que haja a convalescença dele, mesmo com a atual redação do § 3.º do art. 109 da CF. Caberá ao Poder Judiciário, portanto, declarar a inconstitucionalidade de referida norma!

Por fim, sublinhe-se que ao julgar o RE n.º 860.508/SP (J. 06/3/2021 – informativo n.º 1008) o Supremo Tribunal Federal firmou a tese de que *a competência prevista no § 3.º do art. 109 da Constituição Federal, da Justiça comum, pressupõe inexistência de Vara Federal na Comarca do domicílio do segurado.*

4.5 Tribunal Superior do Trabalho, dos Tribunais Regionais do Trabalho e dos Juízes do Trabalho

São órgãos que integram a Justiça do Trabalho: Tribunal Superior do Trabalho, Tribunais Regionais do Trabalho e Juízes do Trabalho.

Conforme já tivemos a oportunidade de ver na presente obra a Justiça do Trabalho faz parte da denominada justiça especial.

O Tribunal Superior do Trabalho é composto de 27 (vinte e sete) Ministros, escolhidos dentre brasileiros (nato ou naturalizado) com mais de 35 (trinta e cinco) e menos de 70 (setenta anos)[1], de notável saber jurídico e reputação ilibada, nomeados pelo Presidente da República, após aprovação pela maioria absoluta do Senado Federal.

Os integrantes do TST serão nomeados na seguinte proporção:

a) 1/5 (um quinto) dentre advogados com mais de 10 (dez) anos de efetiva atividade profissional e membros do Ministério Público do Trabalho, com mais de 10 (dez) anos de efetivo exercício, observado o disposto no art. 94 da CF;

b) 4/5 (quatro quintos) dentre juízes dos Tribunais Regionais do Trabalho, oriundos da magistratura da carreira, indicados pelo próprio Tribunal Superior.

Destaque-se que a competência do Tribunal Superior do Trabalho será fixada por intermédio de *lei ordinária federal*. De acordo com a CF, entretanto, compete ao Tribunal Superior do Trabalho, *processar e julgar, originariamente, a reclamação para a preservação de sua competência e garantia da autoridade de suas decisões.*

1. A idade máxima foi alterada pela EC n.º 122/2022.

Os Tribunais Regionais do Trabalho, por sua vez, são compostos de, no mínimo, 07 (sete) juízes recrutados, quando possível, na respectiva região e nomeados pelo Presidente da República dentre brasileiros (nato ou naturalizado) com mais de 35 (trinta e cinco) e menos de 70 (setenta) anos de idade (**idade máxima alterada pela EC n.º 122/2022**), sendo:

a) 1/5 (um quinto) dentre advogados com mais de 10 (dez) anos de efetiva atividade profissional e membros do Ministério Público do Trabalho com mais de 10 (dez) anos de efetivo exercício, observado o disposto no art. 94 da CF;

b) 4/5 (quatro quintos), mediante promoção de juízes do trabalho por antiguidade e merecimento, alternadamente.

Para ampliar o atendimento a ser ofertado à população, a CF estabelece que os Tribunais Regionais Federais instalarão **justiça itinerante**, com a realização de audiências e demais funções de atividade jurisdicional, nos limites territoriais da respectiva jurisdição, servindo-se de equipamentos públicos e comunitários. Ademais, referidos Tribunais **poderão funcionar descentralizadamente**, constituindo *Câmaras regionais*, a fim de assegurar o pleno acesso ao jurisdicionado à justiça em todas as fases do processo.

Por fim, impende destacar que a justiça do trabalho possui competência para processar e julgar:

a) as ações oriundas da relação de trabalho, abrangidos os entes de direito público externo e da administração pública direta e indireta da União, dos Estados, do Distrito Federal e dos Municípios;

b) as ações que envolvam exercício do direito de greve;

c) as ações sobre representação sindical, entre sindicatos, entre sindicatos e trabalhadores, e entre sindicatos e empregadores;

d) os mandados de segurança, *habeas corpus* e *habeas data* , quando o ato questionado envolver matéria sujeita à sua jurisdição;

e) os conflitos de competência entre órgãos com jurisdição trabalhista, ressalvado o disposto no art. 102, I, o;

f) as ações de indenização por dano moral ou patrimonial, decorrentes da relação de trabalho;

g) as ações relativas às penalidades administrativas impostas aos empregadores pelos órgãos de fiscalização das relações de trabalho;

h) a execução, de ofício, das contribuições sociais previstas no art. 195, I, a , e II, e seus acréscimos legais, decorrentes das sentenças que proferir;

i) outras controvérsias decorrentes da relação de trabalho, na forma da lei.

4.6 Tribunais e Juízes Eleitorais

A Justiça Eleitoral é composta pelos seguintes órgãos: Tribunal Superior Eleitoral; Tribunais Regionais Eleitorais; Juízes Eleitorais; e, Juntas Eleitorais.

O Tribunal Superior Eleitoral é composto por, no mínimo, 07 (sete) membros, sendo 05 (cinco) deles mediante eleição e pelo voto secreto: (i) 03 (três) juízes dentre os Ministros do Supremo Tribunal Federal e (ii) 02 (dois) juízes dentre os Ministros do Superior Tribunal de Justiça. Os outros 02 (dois) membros são nomeados pelo Presidente da República, dentre 06 (seis) advogados de notável saber jurídico e idoneidade moral, indicados pelo Supremo Tribunal Federal.

O Tribunal Regional Eleitoral, presente em cada uma das Capitais do país, por sua vez, será composto:

a) Mediante eleição, pelo voto secreto: (i) de dois juízes dentre os desembargadores do Tribunal de Justiça e (ii) de dois juízes dentre juízes de direito, escolhidos pelo Tribunal de Justiça;
b) De um juiz do Tribunal Regional Federal com sede na Capital do Estado ou no Distrito Federal, ou, não havendo, de juiz federal, escolhido, em qualquer caso, pelo Tribunal Regional Federal respectivo;
c) Por nomeação, pelo Presidente da República, de dois juízes dentre seis advogados de notável saber jurídico e idoneidade moral, indicados pelo Tribunal de Justiça.

A organização e competência dos tribunais, juízes de direito e juntas eleitorais serão estabelecidas por intermédio de **lei complementar**.

Consoante regra estabelecida pela própria Constituição Federal as decisões do Tribunal Superior Eleitoral são *irrecorríveis*, salvo as que contrariarem o próprio texto constitucional, bem como as denegatórias de *habeas corpus* ou mandado de segurança.

Por sua vez, das decisões dos Tribunais Regionais Eleitorais somente caberá recurso quando:

a) forem proferidas contra disposição expressa na CF ou de lei;
b) ocorrer divergência na interpretação de lei entre dois ou mais tribunais eleitorais;
c) versarem sobre inelegibilidade ou expedição de diplomas nas eleições federais ou estaduais;
d) anularem diplomas ou decretarem a perda de mandatos eletivos federais ou estaduais; e,
e) denegarem *habeas corpus*, mandado de segurança, *habeas data* ou mandado de injunção.

4.7 Tribunais e Juízes Militares

A Justiça Militar é composta pelo Superior Tribunal Militar e por Tribunais e juízes militares instituídos por lei.

O Superior Tribunal Militar será composto por 15 (quinze) Ministros vitalícios, nomeados pelo Presidente da República, depois de aprovada a indicação pelo Senado Federal, sendo três dentre oficiais-generais da Marinha, quatro dentre oficiais-generais do Exército, três dentre oficiais-generais da Aeronáutica, todos da ativa e do posto mais elevado da carreira, bem como por 05 (cinco) dentre civis.

Os Ministros civis serão escolhidos pelo Presidente da República dentre brasileiros (nato ou naturalizado) com mais de 35 (trinta e cinco) e menos de 70 (setenta) anos de idade (**idade máxima alterada pela EC n.º 122/2022**), sendo:

a) 03 (três) dentre advogados de notório saber jurídico e conduta ilibada, com mais de 10 (dez) anos de efetiva atividade profissional;

b) 02 (dois), por escolha paritária, dentre juízes auditores e membros do Ministério Público da Justiça Militar.

Sublinhe-se, por fim, que a Justiça Militar tem competência para processar e julgar os crimes militares definidos em lei.

4.8 Tribunais e Juízes dos Estados

Compete a cada um dos Estados, observados os princípios estabelecidos na Constituição Federal, a organização de sua Justiça.

Ressalte-se que a competência de cada um dos Tribunais de Justiça é definida pelas respectivas Constituições Estaduais. Ademais, cada Estado Membro possuirá sua lei de organização judiciária própria, a qual é de iniciativa privativa do respectivo Tribunal de Justiça.

A Constituição Federal, nos dispositivos constitucionais mencionados no presente tópico, estabelece algumas *regras mínimas* a serem observadas por cada um dos Estados Membros.

Por fim, questão interessante a ser frisada aqui diz respeito à competência da Justiça Comum Estadual que é ***residual***, haja vista que ela será definida por exclusão. Não sendo pertencente a nenhuma das denominadas Justiças Especializadas, nem à Justiça Comum Federal, compete à Justiça Estadual o processamento e julgamento da causa.

Nesse tópico importante que o candidato faça uma leitura conjunta com os seguintes enunciados de Súmulas Vinculantes:

> "27. Compete à Justiça estadual julgar causas entre consumidor e concessionária de serviço público de telefonia, quando a ANATEL não seja litisconsorte passiva necessária, assistente, nem opoente".
>
> "45. A competência constitucional do Tribunal do Júri prevalece sobre o foro por prerrogativa de função estabelecido exclusivamente pela constituição estadual".

Capítulo 5

Funções Essenciais à Justiça

Conforme será estudado nas disciplinas de direito processual penal e civil, ao Poder Judiciário compete a função típica da jurisdição, sendo que essa não poderá ser exercida por iniciativa própria daquele poder constituído, vez que a *jurisdição dependerá de provocação externa para ser iniciada.*

Em virtude dessa característica é de suma importância a ação de entes e pessoas que oficiem perante os juízos e fazem com que a jurisdição seja exercida. Daí a Constituição Federal fez a previsão, no Capítulo IV do Título IV (Da Organização dos Poderes), das denominadas *funções essenciais à Justiça*, as quais *são responsáveis em provocar a atuação do Poder Judiciário*[1].

Segundo a Constituição Federal são integrantes das funções essenciais da Justiça:

a) Ministério Público;

b) Advocacia Pública;

c) Advocacia Privada; e

d) Defensoria Pública.

A partir de agora, analisaremos as principais características de cada um desses entes que exercem as funções essenciais da justiça.

5.1 Ministério Público

O Ministério Público é uma instituição *independente* e *autônoma* dos demais Poderes constituídos (Executivo, Legislativo e Judiciário), sendo que há doutrinadores que afirmam tratar-se de um quarto poder. A despeito desse posiciona-

---

1. Destaque-se que é possível, de forma excepcional, que a pessoa física atue diretamente junto ao Poder Judiciário, sem a intervenção de advogado (p.ex. impetração de *habeas corpus*).

mento, entendemos que esse posicionamento se encontra equivocado, vez que se o constituinte quisesse que o Ministério Público fosse, de fato, um quarto poder, teria feito de forma expressa no art. 2.º de nossa Constituição Federal.

Em linhas gerais, o Ministério Público atua como *fiscal da lei e do ordenamento jurídico*, bem como *defensor do Estado e da Sociedade*.

Ao Ministério Público incumbe a defesa da ordem jurídica, do regime democrático e dos interesses sociais e individuais indisponíveis.

A Constituição Federal prevê que são **princípios institucionais** do Ministério Público:

a) **Unidade** – significa que seus membros integram um só órgão, sob a direção de um só chefe (Procurador-Geral da República ou Procurador-Geral de Justiça). Ressalte-se que esse princípio deve ser analisado dentro de cada Ministério Público (p.ex.: Ministério Público Federal e Ministério Público Estadual);

b) **Indivisibilidade** – significa dizer que um membro do Ministério Público pode ser substituído por outro no exercício da mesma função, sem que com tal conduta haja um óbice na atividade desenvolvida. Quando se afirma que o Ministério Público é uno significa que seus membros não se vinculam nos processos em que atuam; e

c) **Independência funcional** – os membros do Ministério Público não se submetem a qualquer poder hierárquico no desempenho de suas funções, sendo que somente haverá hierarquia nas questões de cunho administrativo.

A Constituição Federal divide o Ministério Público em dois grupos, quais sejam: **Ministério Público dos Estados** e **Ministério Público da União**.

O **Ministério Público da União**, por sua vez, é composto pelo *Ministério Público Federal, Ministério Público do Trabalho, Ministério Público Militar* e *Ministério Público do Distrito Federal e Territórios*.

Frise-se que não há estrutura própria para o denominado Ministério Público Eleitoral, sendo esse composto por membros do Ministério Público Federal e do Ministério Público Estadual. Considerando que esse assunto é afeto ao Direito Eleitoral, deixo de tecer maiores considerações.

Em breve síntese, analisaremos outros pontos que merecem destaque e dizem respeito ao Ministério Público.

a) **Ingresso na carreira** – concurso público de provas e títulos, assegurada a participação da OAB em sua realização, exigindo-se do bacharel em direito, no mínimo, 03 (três) anos de atividade jurídica e observando-se, nas nomeações, a ordem de classificação;

b) **Garantias** – são as mesmas asseguradas aos magistrados (vitaliciedade, inamovibilidade e irredutibilidade de subsídio);

c) **Vedações** – são proibições previstas constitucionalmente aos membros do Ministério Público (receber, a qualquer título e sob qualquer pretexto, honorários, percentagens ou custas processuais; exercer a advocacia; participar de sociedade comercial, na forma da lei; exercer, ainda que em disponibilidade, qualquer outra função pública, salvo uma de magistério; exercer atividade político-partidária; e, receber, a qualquer título ou pretexto, auxílios ou contribuições de pessoas físicas, entidades públicas ou privadas, ressalvadas as exceções previstas em lei). Tais vedações garantem a imparcialidade do membro do *parquet* quando de sua atuação;

d) **Chefe** – no caso do Ministério Público da União é o Procurador-Geral da República[2], ao passo que o Ministério Público Estadual possui como chefe o Procurador-Geral de Justiça[3];

e) **Art. 130 da CF** – aplicam-se as disposições pertinentes a direitos, vedações e forma de investidura aos membros do Ministério Público junto aos Tribunais de Contas;

f) **Autonomia funcional** (art. 127, § 2.º) – o membro do Ministério Público não está subordinado a nenhum outro Poder, nem mesmo a qualquer outra autoridade pública;

g) **Autonomia administrativa** (art. 127, § 2.º) – significa que o Ministério Público gere a si próprio, administrando-se. O Ministério Público poderá propor ao Poder Legislativo a criação e extinção de seus cargos e serviços auxiliares, mediante concurso público de provas ou de provas e títulos, bem como a política remuneratória e planos de carreira;

h) **Autonomia Financeira** (art. 127, § 3.º) – assegura ao Ministério Público a capacidade de elaborar a sua proposta orçamentária, dentro dos limites estabelecidos na lei de diretrizes orçamentárias. Referido órgão poderá administrar os recursos que lhes forem destinados para suas atividades e funções institucionais (cf. §§ 4º a 6º);

i) **Funções institucionais** – no âmbito constitucional estão previstas nos incisos do art. 129, ao passo que no âmbito infraconstitucional estão

---

2. O PGR é nomeado pelo Presidente da República, dentre os integrantes da carreira, maiores de 35 anos, após aprovação do seu nome pela maioria absoluta dos membros do Senado Federal, para mandato de 02 anos, permitida a recondução, não havendo limitação. É possível que haja a destituição antes do término do mandato, por iniciativa do Presidente da República e precedida de autorização da maioria absoluta do Senado Federal.

3. O PGJ é eleito mediante lista tríplice dentre os integrantes da carreira, na forma da lei respectiva, sendo a nomeação feita pelo Chefe do Poder Executivo, para mandato de 02 anos, permitida uma recondução (portanto, o prazo máximo será de 04 anos contínuos). É possível que aqui também ocorra a destituição antes do término do mandato por deliberação da maioria absoluta do Poder Legislativo, na forma de Lei Complementar respectiva.

elencadas nos incisos I a IX do art. 25 da Lei n.º 8.625/93 (Lei Orgânica do Ministério Público - LOMP);

j) **Art. 29, § 3.º, do ADCT** – os membros do Ministério Público, que ingressaram na carreira antes do advento da CF e optaram pelo regime anterior (exercício da advocacia) ao definido no novo ordenamento constitucional, terão direito apenas à garantia da estabilidade, sendo que a perda do cargo poderá ocorrer apenas por regular processo administrativo;

k) **Art. 38, § 1.º, da LOMP** – O membro do Ministério Público vitalício só perde o cargo por sentença judicial transitada em julgado, proferida no bojo de ação civil própria, nos casos de: prática de crime incompatível com o exercício do cargo, após decisão judicial transitada em julgado; exercício da advocacia; e, abandono do cargo por prazo superior a 30 (trinta) dias corridos. No caso dos Membros do Ministério Público Estadual, referida ação civil será proposta pelo Procurador-Geral de Justiça perante o Tribunal de Justiça local, após autorização do Colégio de Procuradores. Em se tratando de membros do Ministério Público da União, a propositura da ação civil para perda de cargo, quando decorrente de proposta do Conselho Superior, depois de apreciado o processo administrativo, acarretará o afastamento do membro do MPU do exercício de suas funções, com a perda dos vencimentos e vantagens pecuniárias do cargo.

Ainda, merecem destaque os pontos relacionados ao poder investigatório do Ministério Público, bem como o exercício do controle externo da atividade policial. Senão, vejamos.

O Plenário do STF, no mês de maio de 2015, decidiu que o Ministério Público dispõe de competência para promover, por autoridade própria, e por prazo razoável, investigações de natureza penal, **desde que respeitados os direitos e garantias** que assistem a qualquer indiciado ou a qualquer pessoa sob investigação do Estado, observadas, sempre por seus agentes, as hipóteses de reserva constitucional de jurisdição e, também, as prerrogativas profissionais de que se acham investidos, em nosso País, os advogados, sem prejuízo da possibilidade do permanente controle jurisdicional dos atos, necessariamente documentados, praticados pelos membros da instituição. Ressalte-se que, não obstante a CF não mencionar expressamente que o Ministério Público tem poder para investigar crimes, o STF firmou o entendimento em questão, especialmente sob o fundamento dos denominados poderes implícitos e art. 8.º, incisos I, V e VII, da LC n.º 75/93 (cf. RE 593727/MG).

A respeito do controle externo da atividade policial realizado pelo Ministério Público temos:

> **"O controle externo da atividade policial exercido pelo Ministério Público Federal não lhe garante o acesso irrestrito a todos os relatórios de inteligên-**

cia produzidos pela Diretoria de Inteligência do Departamento de Polícia Federal, mas somente aos de natureza persecutório-penal. De fato, entre as funções institucionais enumeradas na Carta da República, conferiu-se ao Ministério Público o controle externo da atividade policial (art. 129, VII). Ao regulamentar esse preceito constitucional, a LC n. 75/1993 assim dispõe: "Art. 9º O Ministério Público da União exercerá o controle externo da atividade policial por meio de medidas judiciais e extrajudiciais podendo: [...] II - ter acesso a quaisquer documentos relativos à atividade-fim policial." Por sua vez, a atividade de inteligência está disciplinada pela Lei n. 9.883/1999, que instituiu o Sistema Brasileiro de Inteligência (SISBIN) e criou a Agência Brasileira de Inteligência (ABIN). Ademais, o § 2º do art. 1º desse diploma considera serviço de inteligência aquele que "objetiva a obtenção, análise e disseminação de conhecimentos dentro e fora do território nacional sobre fatos e situações de imediata ou potencial influência sobre o processo decisório e a ação governamental e sobre a salvaguarda e a segurança da sociedade e do Estado". Por seu turno, o Decreto n. 4.376/2002, em seu art. 4º, elenca os órgãos que compõem o SISBIN, destacando-se, entre eles, a Diretoria de Inteligência Policial do Departamento de Polícia Federal. Nesse contexto, quanto ao controle das atividades de inteligência, o art. 6º da Lei n. 9.883/1999 dispõe que "O controle e fiscalização externos da atividade de inteligência serão exercidos pelo Poder Legislativo na forma a ser estabelecida em ato do Congresso Nacional". Assim, se o controle externo da atividade policial exercido pelo *Parquet* deve circunscrever-se à atividade de polícia judiciária, conforme a dicção do art. 9º da LC n. 75/1993, somente cabe ao órgão ministerial acesso aos relatórios de inteligência emitidos pela Polícia Federal de natureza persecutório-penal, ou seja, que guardem relação com a atividade de investigação criminal. Desse modo, o poder fiscalizador atribuído ao Ministério Público não lhe confere o acesso irrestrito a todos os relatórios de inteligência produzidos pelo Departamento de Polícia Federal". (REsp 1.439.193-RJ, **Rel. Min. Gurgel de Faria, julgado em 14/6/2016, DJe 9/8/2016)**

Com a promulgação da EC n.º 45/04, foi inserido na CF o art. 130-A que instituiu o denominado **Conselho Nacional do Ministério Público**, órgão esse de controle da atuação administrativa e financeira do Ministério Público, bem como do cumprimento dos deveres funcionais de seus membros.

Impende destacar que o Supremo Tribunal Federal tem entendimento firmado no sentido de ser atribuição do Conselho Nacional do Ministério Público dirimir conflitos de atribuições entre membros do Ministério Público Federal e de Ministérios Públicos estaduais. Nesse sentido:

> 1. Incompetência originária do Supremo Tribunal Federal para conhecer e dirimir conflito de atribuições entre membros de ramos diversos do Ministério Público. Inaplicabilidade do art. 102, I, f, da CF, por ausência de risco ao equilíbrio federativo. 2. Impossibilidade de encaminhamento do conflito de atribuição para o Procurador-Geral da República, enquanto autoridade competente, pois é parte interessada na solução da demanda administrativa, uma vez que acumula a Chefia do Ministério Público da União com a chefia de um de seus ramos, o Ministé-

rio Público Federal, nos termos da LC 75/1993. 3. Os membros do Ministério Público integram um só órgão sob a direção única de um só Procurador-Geral, ressalvando-se, porém, que só existem unidade e indivisibilidade dentro de cada Ministério Público, inexistindo qualquer relação de hierarquia entre o Ministério Público Federal e os dos Estados, entre o de um Estado e o de outro, ou entre os diversos ramos do Ministério Público da União. 4. EC 45/2004 e interpretação sistemática da Constituição Federal. A solução de conflitos de atribuições entre ramos diversos dos Ministérios Públicos pelo CNMP, nos termos do artigo 130-A, § 2º, e incisos I e II, da Constituição Federal e no exercício do controle da atuação administrativa do Parquet, é a mais adequada, pois reforça o mandamento constitucional que lhe atribuiu o controle da legalidade das ações administrativas dos membros e órgãos dos diversos ramos ministeriais, sem ingressar ou ferir a independência funcional. 5. Não conhecimento da Ação e encaminhamento dos autos ao Conselho Nacional do Ministério Público para, nos termos do artigo 130-A, incisos I e II, da Constituição Federal, dirimir o conflito de atribuições. (Pet 4891, Relator(a): Marco Aurélio, Relator(a) p/ Acórdão: Alexandre de Moraes, Tribunal Pleno, julgado em 16/06/2020, processo eletrônico DJe-196 DIVULG 05-08-2020 PUBLIC 06-08-2020)

Ainda, no que tange ao Ministério Público, interessante registrar o entendimento do STF firmado quando do julgamento (16/6/2020) da ADI 9841, segundo o qual a Constituição de Estado-Membro não pode determinar que membro do *parquet* participe de banca de concurso público voltado à seleção de servidores para cargos externos aos quadros daquela instituição, haja vista não ser atribuição compatível com as finalidades constitucionais do Ministério Público.

Por fim, sublinhe-se que ao julgar a ADI 5505, em 15/4/2020, o Plenário do Supremo Tribunal Federal declarou ser *formalmente constitucional* a Lei Orgânica Estadual do Ministério Público que atribua, privativamente, ao Procurador-Geral de Justiça a atribuição para interpor recursos dirigidos ao STJ e STF.

5.2 Advocacia Pública

A Advocacia Pública é instituição que abarca as atividades exercidas pela Advocacia-Geral de União e as atividades desempenhadas pelos Procuradores dos Estados e Distrito Federal.

Tem por *finalidade a representação judicial* e *extrajudicial* da União, incumbindo-lhe, nos termos da Lei Complementar que dispuser sobre sua organização e funcionamento, as atividades de consultoria e assessoramento jurídico do Poder Executivo.

A *Advocacia-Geral da União*, segundo o próprio *caput* do art. 131 da CF, representa a União Federal, judicial ou extrajudicialmente, cumprindo-lhe realizar a consultoria e o assessoramento jurídico do Poder Executivo. Possui como chefe o Advogado-Geral da União, o qual é nomeado pelo Presidente da República (§ 1.º), sendo um cargo de confiança (portanto, de livre nomeação e exoneração).

De outro vértice, as *Procuradorias dos Estados e do Distrito Federal* exercerão a representação judicial e a consultoria jurídicas das respectivas unidades federativas, sendo chefiada pelo Procurador-Geral do Estado (livre nomeação do Governador).

5.3 Advocacia Privada

O art. 133 da CF prevê a denominada advocacia privada, sendo que a redação atual desse dispositivo foi dada pela EC n.º 80/14.

Conquanto haja previsão constitucional de que o advogado é indispensável à administração da justiça, não devemos nos esquecer que há exceções a essa regra, vez que há situações em que o advogado é dispensável (*Habeas Corpus*, Revisão Criminal e Juizados Especiais Cíveis de pequenas causas).

Frise-se que as **imunidades** conferidas ao advogado pelo Estatuto da OAB **não são absolutas**, sendo que aquelas poderão ser restringidas por lei, desde que razoável. Entretanto, a inviolabilidade do advogado por atos de sua manifestação é assegurada, *desde que haja relação com o exercício profissional*, não alcançando as relações dele com seu cliente.

O STF decidiu que a OAB é um *serviço público autônomo e independente*, não podendo ser considerada uma autarquia especial, nos moldes das agências reguladoras. Ademais, não pode ser considerada entidade da administração indireta, nem considerada congênere dos demais órgãos de fiscalização profissional existentes, na medida em que não tem apenas finalidade coorporativa, não obstante possua objetivos institucionais. Nesse sentido, veja-se a ADI 3026:

> 1. A Lei n. 8.906, artigo 79, § 1º, possibilitou aos "servidores" da OAB, cujo regime outrora era estatutário, a opção pelo regime celetista. Compensação pela escolha: indenização a ser paga à época da aposentadoria.
>
> 2. Não procede a alegação de que a OAB sujeita-se aos ditames impostos à Administração Pública Direta e Indireta.
>
> 3. A OAB não é uma entidade da Administração Indireta da União. A Ordem é um serviço público independente, categoria ímpar no elenco das personalidades jurídicas existentes no direito brasileiro.
>
> 4. A OAB não está incluída na categoria na qual se inserem essas que se tem referido como "autarquias especiais" para pretender-se afirmar equivocada independência das hoje chamadas "agências".
>
> 5. Por não consubstanciar uma entidade da Administração Indireta, a OAB não está sujeita a controle da Administração, nem a qualquer das suas partes está vinculada. Essa não-vinculação é formal e materialmente necessária.
>
> 6. A OAB ocupa-se de atividades atinentes aos advogados, que exercem função constitucionalmente privilegiada, na medida em que são indispensáveis à administração da Justiça [artigo 133 da CB/88]. É entidade cuja finalidade é afeita

a atribuições, interesses e seleção de advogados. Não há ordem de relação ou dependência entre a OAB e qualquer órgão público.

7. A Ordem dos Advogados do Brasil, cujas características são autonomia e independência, não pode ser tida como congênere dos demais órgãos de fiscalização profissional. A OAB não está voltada exclusivamente a finalidades corporativas. Possui finalidade institucional.

8. Embora decorra de determinação legal, o regime estatutário imposto aos empregados da OAB não é compatível com a entidade, que é autônoma e independente.

9. Improcede o pedido do requerente no sentido de que se dê interpretação conforme o artigo 37, inciso II, da Constituição do Brasil ao caput do artigo 79 da Lei n. 8.906, que determina a aplicação do regime trabalhista aos servidores da OAB.

10. Incabível a exigência de concurso público para admissão dos contratados sob o regime trabalhista pela OAB.

11. Princípio da moralidade. Ética da legalidade e moralidade. Confinamento do princípio da moralidade ao âmbito da ética da legalidade, que não pode ser ultrapassada, sob pena de dissolução do próprio sistema. Desvio de poder ou de finalidade.

Por fim, há que se destacar que tendo em vista afronta aos princípios da isonomia, da moralidade e da eficiência administrativa, considera-se inconstitucional norma que permite o exercício da advocacia em causa própria, mediante inscrição especial na OAB, aos policiais (civis e militares) da ativa, ainda que estritamente para fins de defesa e tutela de direitos pessoais. (STF. Plenário. ADI 7272/DF. Rel. Min. Cármen Lúcia, j. virtual em 17/3/2023).

5.4 Defensoria Pública

Destaque-se que a redação atual art. 134 da Constituição Federal foi dada pela EC n.º 80/2014, ao passo que o art. 135 teve sua redação original alterada pela EC n.º 19/98.

À Defensoria Pública incumbe fundamentalmente a *orientação jurídica, a promoção dos direitos humanos e a defesa em todos os graus* (judicial e extrajudicialmente) *dos direitos individuais e coletivos, de forma integral e gratuita aos necessitados*, nos termos do inciso LXXIV ao art. 5.º da CF.

A Lei Complementar (LC n.º 80/94) organiza a Defensoria Pública da União, do Distrito Federal e dos Territórios, bem como prescreve as normas gerais para sua organização nos Estados, em cargos de carreira, providos, na classe inicial, mediante concurso público de provas e títulos, assegurado a seus integrantes a *garantia da inamovibilidade* e *vedado* o exercício da advocacia fora das atribuições institucionais.

É assegurada às Defensorias Públicas Estaduais a *autonomia funcional e administrativa*, sendo que a proposta orçamentária será de iniciativa daquelas, dentro dos limites estabelecidos na LDO (lei de diretrizes orçamentárias).

São **princípios institucionais** da Defensoria Pública a *unidade*, a *indivisibilidade* e a *independência funcional*. Tais princípios são os mesmos que regem o Ministério Público, razão pela qual remeto o leitor ao "item 5.1" do presente capítulo.

Destaque-se que no ano de 2007 a Lei n.º 11.448 alterou a Lei de Ação Civil Pública prevendo a Defensoria Pública como um de seus legitimados. Em virtude dessa alteração, a CONAMP (Associação Nacional dos Membros do Ministério Público) ingressou com a ADI n.º 3.943/DF pleiteando, em síntese, a declaração da inconstitucionalidade do respectivo dispositivo permissivo. Ao julgar o mérito, o Plenário do STF decidiu pela constitucionalidade da Lei n.º 11.448/07, reconhecendo a constitucionalidade de tal legitimação. Veja-se a ementa do julgado:

> AÇÃO DIRETA DE INCONSTITUCIONALIDADE. LEGITIMIDADE ATIVA DA DEFENSORIA PÚBLICA PARA AJUIZAR AÇÃO CIVIL PÚBLICA (ART. 5º, INC. II, DA LEI N. 7.347/1985, ALTERADO PELO ART. 2º DA LEI N. 11.448/2007). TUTELA DE INTERESSES TRANSINDIVIDUAIS (COLETIVOS STRITO SENSU E DIFUSOS) E INDIVIDUAIS HOMOGÊNEOS. DEFENSORIA PÚBLICA: INSTITUIÇÃO ESSENCIAL À FUNÇÃO JURISDICIONAL. ACESSO À JUSTIÇA. NECESSITADO: DEFINIÇÃO SEGUNDO PRINCÍPIOS HERMENÊUTICOS GARANTIDORES DA FORÇA NORMATIVA DA CONSTITUIÇÃO E DA MÁXIMA EFETIVIDADE DAS NORMAS CONSTITUCIONAIS: ART. 5º, INCS. XXXV, LXXIV, LXXVIII, DA CONSTITUIÇÃO DA REPÚBLICA. INEXISTÊNCIA DE NORMA DE EXCLUSIVIDAD DO MINISTÉRIO PÚBLICO PARA AJUIZAMENTO DE AÇÃO CIVIL PÚBLICA. AUSÊNCIA DE PREJUÍZO INSTITUCIONAL DO MINISTÉRIO PÚBLICO PELO RECONHECIMENTO DA LEGITIMIDADE DA DEFENSORIA PÚBLICA. AÇÃO JULGADA IMPROCEDENTE.

Impende consignar que ao julgar (15/4/2020) a ADI 5029, o Plenário do STF declarou que norma estadual não pode: (i) conferir autonomia e inamovibilidade aos Procuradores do Estado; e, (ii) estender os princípios e garantias funcionais do Ministério Público e da Defensoria Pública às Procuradorias do Estado.

Sublinhe-se ser **inconstitucional a exigência de inscrição** do Defensor Público nos quadros da Ordem dos Advogados do Brasil (RE 1240999/SP, relator Min. Alexandre de Moraes, julgamento virtual finalizado em 3.11.2021). Compatibiliza-se com a Constituição Federal a **prestação de assistência jurídica**, por parte da Defensoria Pública, **às pessoas jurídicas**, desde que preencham os requisitos constitucionais (ADI 4636/DF, relator Min. Gilmar Mendes, julgamento virtual finalizado em 3.11.2021)

Além do mais, o STF entende ser inconstitucional dispositivo da Constituição Estadual que confere foro por prerrogativa de função para Defensores Públicos e Procuradores do Estado. (STF. Plenário. ADI 6501 Ref-MC/PA, ADI 6508 Ref-MC/

RO, ADI 6515 Ref-MC/AM e ADI 6516 RefMC/AL, Rel. Min. Roberto Barroso, julgados em 20/11/2020 – informativo n.º 1000)

O STF entende, também, que a *Defensoria Pública detém prerrogativa de requisitar, de quaisquer autoridades púbicas e de seus agentes, certidões, exames, perícias, vistorias, diligências, processos, documentos, informações, esclarecimentos e demais providências necessárias à sua atuação.* De acordo com o entendimento firmado, *ao conceder tal prerrogativa aos membros da Defensoria Pública, o legislador buscou propiciar condições materiais para o exercício de suas atribuições, não havendo que se falar em qualquer espécie de violação ao texto constitucional, mas, ao contrário, em sua densificação. Nesse sentido, a retirada da prerrogativa de requisição implicaria, na prática, a criação de obstáculo à atuação da Defensoria Pública, a comprometer sua função primordial, bem como a autonomia que lhe foi garantida.* (ADI 6852/DF, ADI 6862/PR, ADI 6865/PB, ADI 6867/ES, ADI 6870/DF, ADI 6871/CE, ADI 6872/AP, ADI 6873/AM, ADI 6875/RN – julgamento virtual finalizado em 18/2/2022)

Quadro Sinótico

ORGANIZAÇÃO DOS PODERES	
Tripartição de Poderes	A partir do estudo da história podemos concluir que a noção teórica da tripartição de poderes remonta à Antiguidade grega, tendo Aristóteles como seu precursor, com a publicação da obra "Política". Na ocasião Aristóteles chegou a propor e identificar a existência de três funções distintas: *legislativa, executiva* e *de julgamento*. A despeito de sua importante contribuição para o nascimento da teoria da tripartição de poderes, Aristóteles afirmava que essas três funções *deveriam ser exercidas pelo soberano*. Nesse primeiro momento de seu desenvolvimento, não houve qualquer preocupação em se limitar o poder estatal. Na primeira parte do século XVIII (1748) o francês Montesquieu sugeriu, através da publicação de sua obra intitulada "Do Espírito das Leis", que *as três funções estatais identificadas deveriam ser exercidas por pessoas distintas*, refutando-se a ideia de concentração das funções. Isso porque, na linha argumentativa de Montesquieu o *poder tente a corromper-se sempre que não encontra limites*. Nessa linha de ideias, Montesquieu sustentava sobre a necessidade de existir um órgão encarregado do exercício de cada uma das funções (legislativa, executiva e jurisdicional), bem como de inexistir subordinação entre elas, permitindo-se um controle recíproco e automático de cada um deles pelos demais. Importante ressaltar que todas as Constituições brasileiras consagraram o denominado **princípio da separação dos poderes** como dogma fundamental, sendo ele essencial à existência e sobrevivência de um Estado Democrático de Direito, preocupado com a tutela dos direitos fundamentais. De acordo com nossa doutrina, a Constituição Federal de 1988 adotou a denominada **separação de poderes flexível**, tendo em vista que *nenhum dos poderes exercem apenas as funções estatais que lhes seriam típicas, mas acabam por desempenhar funções denominadas atípicas*. Através da separação flexível, cada um dos poderes constituídos exerce, de certa medida, as três funções estatais, sendo uma em caráter predominante (função típica) e outras de natureza acessória (função atípica). É nesse sentido que se caracteriza a *independência* entre os órgãos instituídos. Ademais, a separação de poderes é considerada **cláusula pétrea** pela nossa Constituição Federal (cf. art. 60, § 4.º, III).

Poder Legislativo	O Poder Legislativo tem como *funções típicas* a **atividade legiferante** (produção de leis) do Estado, bem como a **fiscalizatória**, pois desempenha a fiscalização contábil, financeira, orçamentária, operacional e patrimonial do Poder Executivo. (cf. art. 70 da CF). Da mesma forma que os demais Poderes, o Poder Legislativo executa, também, algumas funções atípicas (v.g., julgamento do Presidente da República em processo de *impeachment*, dispõe sobre sua organização interna). No âmbito federal o Poder Legislativo é exercido pelo **Congresso Nacional**, que é composto por duas casas legislativas distintas: **Câmara dos Deputados** e **Senado Federal**. Como decorrência da forma federativa do Estado, no âmbito federal (e apenas aqui) adota-se o denominado **sistema bicameral** (uma das Casas Legislativas é composta por representantes dos Estados-Membros e do Distrito Federal, de *forma igualitária*, assegurando-se o *equilíbrio entre eles*). A **Câmara dos Deputados** é composta por representantes do povo, eleitos segundo o **sistema proporcional com lista aberta**, ou seja, o número de Deputados Federais de cada Estado-Membro, cada Território e do Distrito Federal será *proporcional à população de cada um desses entes federativos*. Não obstante isso, a Constituição Federal estabelece um número mínimo de 08 (oito) Deputados Federais e um máximo de 70 (setenta) Deputados Federais por ente federativo. O *mandato* é de 04 (quatro) anos, admitindo-se reeleições sucessivas dos Deputados. O **Senado Federal**, por sua vez, é composto por representantes dos Estados e do Distrito Federal, eleitos observando-se o **sistema majoritário simples** (ou **puro**). O número de Senadores eleitos é fixado pela própria Carta Constitucional, sendo que cada Estado e o DF elegerão apenas 03 (três) Senadores. No tocante ao *mandato*, também há diferença com o dos Deputados Federais, haja vista que o prazo é de 08 (oito) anos, sendo que a renovação dos Senadores eleitos é de 04 (quatro) em 04 (quatro) anos, na proporção de 1/3 (um terço) e 2/3 (dois terços), conforme preceitua o § 2.º do art. 46 da CF. Admitem-se sucessivas reeleições. Internamente o Poder Legislativo Federal é composto pelos seguintes órgãos: **Mesa Diretora** (*órgão administrativo de direção das Casas Legislativas*); **Plenário** (*órgão de deliberação máxima de cada uma das Casas Legislativas*, composto por todos os parlamentares que a integram); **Comissões Parlamentares** (*órgãos de natureza técnica responsáveis pela apreciação das propostas legislativas em trâmite nas casas legislativas, bem como pela emissão de pareceres*); dentre outros.

Poder Legislativo	Existem ***comissões permanentes*** e ***temporárias***. As ***comissões permanentes*** são criadas, por *tempo indefinido*, com a finalidade de apreciar os assuntos ou proposições submetidas ao seu exame, para deliberarem e exercerem o acompanhamento dos planos e programas governamentais, além da fiscalização orçamentária da União Federal, observando-se sua área temática de atuação. Por sua vez, as ***comissões temporárias*** são aquelas criadas, por *tempo definido*, para fins específicos. Dada a característica da temporalidade, elas se extinguem com o término da legislatura ou quando alcançarem aos objetivos a que se destinava ou, ainda, após seu prazo de duração. Em razão de sua importância no cenário nacional, bem como para os concursos públicos, passaremos a tecer algumas considerações a respeito da **Comissão Parlamentar de Inquérito (CPI)**, comissão essa de *natureza temporária*, criada com a *finalidade de investigar*, por *prazo certo, fato determinado de interesse público*. Frise-se que, a despeito de sua importância, há apenas um dispositivo constitucional prevendo essa comissão (art. 58, § 3.º, da CF). É imprescindível, para sua criação, o preenchimento de três **requisitos** (cumulativos) constitucionais: (a) requerimento de, pelo menos, 1/3 (um terço) dos membros da respectiva Casa Legislativa; (b) Indicação de fato determinado a ser objeto de investigação; e, (c) Fixação de um prazo certo para a conclusão dos trabalhos. Não obstante a Constituição Federal exigir a indicação de fato determinado, é imprescindível que esse **fato determinado** seja **de interesse público**, não sendo admissível criar uma CPI para investigar um fato de interesse privado. Isso não impede, contudo, que seja instaurada uma CPI para investigar fatos relacionados a um particular, desde que de interesse público. Veja: o fato a ser investigado deve ser de interesse público e não *de interesse do público*. Além disso, é imprescindível que no requerimento de abertura da CPI seja indicado um prazo certo (*princípio da temporalidade*) para a conclusão dos trabalhos. Contudo, isso não impede que sejam realizadas *sucessivas prorrogações, desde que dentro da mesma legislatura*. De outro vértice, não é possível que a prorrogação se dê após a legislatura em que se iniciou, vez que *o término de uma legislatura implica o encerramento compulsório de todas as comissões temporárias*. O fato de terem poderes próprios das autoridades judiciais, não significa dizer que a CPI possui todas as competências de um magistrado. Ela apenas possui poderes investigatórios próprios da autoridade judicial, sendo tais poderes limitados. Isso porque, existem medidas protegidas constitucionalmente pela denominada ***cláusula de reserva de jurisdição***. Não obstante o disposto na atual redação do art. 2.º da Lei n.º 1.579/1952, o Supremo Tribunal Federal, por meio de sua jurisprudência, tem demonstrado importante atuação para delimitar os precisos parâmetros da investigação, com base no caso concreto a ele submetido. Os trabalhos da CPI serão finalizados com a apresentação do *relatório*. Pela regra constitucional, se for o caso, suas conclusões serão encaminhadas ao Ministério Público para que promova a responsabilidade civil ou criminal dos infratores. Conquanto o texto constitucional preveja a remessa do relatório apenas ao *parquet*, entendemos que ele poderá ser enviado também à Advocacia-Geral da União (órgão que detém a atribuição para defender a União Federal), bem como à Controladoria-Geral da União.

Poder Legislativo	A CF delineia, de forma individualizada, as atribuições do Congresso Nacional (arts. 48 e 49), da Câmara dos Deputados (art. 51) e do Senado Federal (art. 52), sendo imprescindível a leitura de referidos dispositivos constitucionais. A partir do estudo dos arts. 48 e 49 da CF verificamos que o **Congresso Nacional** possui apenas as denominadas *competências legislativas* e *competências políticas próprias*. A despeito dessa previsão, segundo a doutrina pátria o rol de atribuições do Congresso Nacional é **meramente exemplificativo**. **Estatuto dos Congressistas** - *consiste em um rol de prerrogativas e vedações parlamentares, a fim de que os membros do Poder Legislativo, tenham condições de atuar com independência e liberdade no desempenho de suas funções constitucionais.* Integram o estatuto dos congressistas: (a) Imunidades; (b) Prerrogativas; e, (c) Incompatibilidades. As **imunidades** devem ser entendidas como sendo *prerrogativas outorgadas constitucionalmente aos membros do Poder Legislativo, a fim de que eles possam exercer as respectivas funções com independência e liberdade de manifestação, por meio de palavras, discussão, debates e votos*. Elas se dividem em *imunidades formais* e *material*. A **imunidade material** (**real** ou **substantiva**) é aquela a partir da qual os parlamentares federais (Deputados e Senadores) são invioláveis (*civil, penal, política* e *administrativamente*) por quaisquer de suas opiniões, palavras e votos, *desde que proferidas em razão de suas funções, no exercício* e *relacionadas ao respectivo mandato*. A despeito de ser entendida como sendo *absoluta, permanente* e *de ordem pública*, a imunidade material só protege o congressista quando sua manifestação se der no exercício do mandato. O **Supremo Tribunal Federal** tem entendimento de que se as manifestações ocorrerem no recinto das Casas Legislativas, os parlamentares estarão sempre protegidos por essa imunidade, haja vista a *presunção absoluta* de pertinência temática com o desempenho da atividade parlamentar, vez que *nada se reveste de caráter mais intrinsicamente parlamentar do que os pronunciamentos feitos no âmbito do Poder Legislativo*. Contudo, tal posicionamento já foi relativizado. A **jurisprudência do STF** é assente no sentido de que a imunidade material estará presente, em princípio, *mesmo nas hipóteses de crimes de opiniões perpetrados pelas redes sociais*. A **imunidade processual** (**formal** ou **adjetiva**) diz respeito à prisão dos parlamentares, bem como às regras processuais a serem observadas em face daqueles. A **imunidade para a prisão** (também denominada de *incoercibilidade pessoal relativa – "freedom from arrest"*) é aquele que protege os parlamentares contra a *prisão cautelar*, vez que eles somente poderão ser *presos em flagrante por crime inafiançável*. Através da

Poder Legislativo	**imunidade para o processo**, uma vez recebida a denúncia contra um Parlamentar Federal, *por crime ocorrido após a diplomação*, o STF *dará ciência* à Casa Legislativa respectiva que, por iniciativa de partido político nela representado e pelo voto da maioria de seus membros poderá, até decisão final, *sustar o andamento da ação*. Destaque-se que o pedido de sustação será apreciado pela respectiva Casa no prazo improrrogável de 45 (quarenta e cinco) dias de seu recebimento pela Mesa Diretora. Uma vez sustado o andamento do processo, suspende-se também a prescrição, enquanto durar o mandato. No que tange aos **Estados-Membros** e **Distrito Federal**, aplicam-se as **mesmas regras sobre as imunidades conferidas aos parlamentares federais** (cf. art. 27, § 1.º; e art. 32, § 3.º, ambos da CF). Já aos **vereadores** são **aplicáveis apenas a regra da imunidade material**, não se falando em imunidade formal (art. 29, VIII, da CF). Além disso, impende destacar que aquela imunidade só protege as manifestações do vereador na *circunscrição do Município* que exerce suas funções. As **prerrogativas** consistem nas *prerrogativas de foro*, *de serviço militar*, *de vencimentos* e *de isenção do dever de testemunhar*. A **prerrogativa de foro** (art. 53, § 1.º, da CF) estabelece que os parlamentares federais, *desde a expedição do diploma*, serão submetidos a julgamento por infrações penais perante o Supremo Tribunal Federal. Destaque-se, contudo, que referida prerrogativa *não alcança* as ações de natureza não penais ajuizadas em desfavor dos parlamentares, segundo a **jurisprudência do STF** que se firmou no sentido de que a competência por prerrogativa de foro restringe-se às ações de natureza penal. A despeito da literalidade do texto constitucional, por maioria de votos, o Plenário do Supremo Tribunal Federal, no julgamento (03/5/18) da questão de ordem na Ação Penal 937, decidiu que o foro por prerrogativa de função conferido aos deputados federais e senadores (a) **aplica-se apenas a crimes cometidos no exercício do cargo** e (b) **em razão das funções a ele relacionadas**. Hoje, portanto, a prerrogativa de foro *deve ser entendida de maneira limitada*, nos termos da decisão em questão. Ressalte-se que os requisitos para a fixação de competência são cumulativos. Pela **prerrogativa de serviço militar** a incorporação às Forças Armadas dos parlamentares federais, embora militares e ainda que em tempo de guerra, *dependerá de prévia licença da Casa respectiva*. Por fim, pela **prerrogativa de isenção do dever de testemunhar** os parlamentares federais *não estão obrigados a testemunhar* sobre informações recebidas ou prestadas em razão do exercício do mandato, nem sobre as pessoas que lhes confiaram ou deles receberam informações. Há aqui uma *faculdade* conferida ao congressista.

Poder Legislativo	A Constituição Federal elenca algumas *atividades*, bem como a *prática de alguns comportamentos*, que são **vedadas aos parlamentares**, *desde a diplomação* ou *após a posse*. São as denominadas **incompatibilidades**. As hipóteses de **perda do mandado** eletivo estão previstas em seis incisos do art. 55 da Carta Magna. Questão interessante a ser abordada neste tópico diz respeito à possibilidade de **perda automática** ou **não do mandato eletivo**. Conforme se extrai da leitura do § 2.º em questão, nos casos elencados nos incisos I, II e VI do *caput*, a perda do mandato eletivo **não será automática**, haja vista que dependerá de juízo político de conveniência do Plenário da Casa legislativa. É preciso que ocorra *provocação* e *deliberação plenária*, assegurando-se ao parlamentar a ampla defesa. De outro vértice, nas hipóteses mencionadas nos incisos III a V do *caput*, a perda do mandato eletivo dar-se-á de forma **automática**, cabendo à Casa Legislativa respectiva apenas declarar a sua perda. A **jurisprudência do STF**, durante muito tempo oscilou sobre o tema. Atualmente, há divergências entre as duas turmas da Colenda Corte. Para a 1.ª Turma do STF "se o Parlamentar Federal for condenado a mais de 120 dias em regime fechado: a *perda do cargo será uma consequência lógica da condenação*. Neste caso, caberá à respectiva Mesa apenas declarar que houve a perda, nos termos do art. 55, III e § 3º da CF". Por outro lado, se o Parlamentar Federal for condenado a uma pena em regime aberto ou semiaberto: a condenação criminal *não gera a perda automática do cargo*. O Plenário da Casa respectiva deliberará, nos termos do art. 55, § 2º, se o condenado deverá ou não perder o mandato. No entendimento da 2.ª Turma, *o STF apenas comunica*, por meio de ofício, a Mesa da Câmara dos Deputados ou do Senado Federal *informando sobre a condenação do parlamentar*. Então a respectiva mesa deliberará (decidirá) como entender de direito (como quiser) se o parlamentar perderá ou não o mandato eletivo, conforme prevê o art. 55, VI, § 2º, da CF. Portanto, mesmo com a condenação criminal, quem decide se haverá a perda do mandato é a Câmara dos Deputados ou o Senado Federal. **Tribunal de Contas -** No tocante ao Poder Legislativo federal, além desse controle interno existente nos demais Poderes, ele também realiza um controle externo, *com o auxílio* do Tribunal de Contas da União, através de fiscalização contábil, financeira, orçamentária, operacional e patrimonial da União Federal, bem como das entidades da Administração Direta e Indireta, levando-se em consideração a legalidade, legitimidade, economicidade, aplicação das subvenções e renúncia de receitas. As competências do Tribunal de Contas vêm elencadas no art. 71 da Constituição Federal. A **jurisprudência do Supremo Tribunal Federal** é assente no sentido que o Tribunal de Contas *não possui subordinação institucional ao Poder Legislativo*. As normas estabelecidas para o TCU *aplicam-se, no que couber*, à organização, composição e fiscalização dos Tribunais e Conselhos de Contas dos Estados. Por fim, não obstante seja possível a existência de Tribunais, Conselhos ou Órgãos de Contas Municipais, desde o advento da atual Constituição Federal (05/8/1988) não mais se admite a criação desses órgãos.

Poder Legislativo	**Processo Legislativo -** *um conjunto de regras procedimentais rígidas, previstas constitucionalmente, com a finalidade de se elaborar as espécies normativas previstas no próprio texto constitucional.* O número de fases variará conforme o rito a ser observado. O Brasil, assim como a maioria dos Estados contemporâneos, adota o denominado **processo legislativo indireto** (ou **representativo**), vez que as espécies normativas são elaboradas pelos parlamentares, os quais são escolhidos pelo povo para representa-lo. No que tange ao **rito e prazos** (existentes ou não) a doutrina costuma dividir o processo legislativo em: (a) **Ordinário**; (b) **Sumário**; e, (c) **Especial**. A **fase de iniciativa** (primeiro ato que integra o processo legislativo) dá início (deflagra) ao processo legislativo. Diz-se **geral** a **iniciativa** em virtude do fato da CF prever um extenso rol de legitimados para a propositura de projetos de lei (p.ex., art. 61, "caput"). A **iniciativa concorrente** é aquela outorgada pela Constituição Federal a mais de uma pessoa (ou órgão) para instaurar o processo legislativo. Podemos destacar aqui a iniciativa outorgada a qualquer membro ou Comissão das Casas Legislativas Federais, ao Presidente da República e aos cidadãos para os projetos de leis Ordinária e Complementar. Destaque-se, ainda, a competência concorrente para a apresentação de propostas de Emendas Constitucionais. De outro vértice, temos que a **iniciativa privativa** (**reservada** ou **exclusiva**) é aquela em que a Constituição Federal outorga a legitimidade apenas a algumas pessoas para deflagrar o processo legislativo. A **iniciativa popular**, para dar início ao processo legislativo, é uma *forma direta de exercício do poder*, por intermédio do qual se possibilita a apresentação de projeto de lei (ordinária ou complementar) perante à Câmara dos Deputados. Temos, ainda, as **iniciativas parlamentar** e **extraparlamentar**. Verifica-se a primeira naquelas situações em que a Carta Magna outorga aos parlamentares a iniciativa para deflagrar o processo legislativo. Na segunda espécie, por sua vez, a iniciativa deflagradora é outorgada a pessoas não parlamentares (p.ex., Chefe do Executivo e iniciativa popular). Outro ato que integra o processo legislativo é a **emenda**, a qual é compreendida como uma proposta acessória, apresentada por um parlamentar, a um projeto de lei em trâmite no Poder Legislativo. A despeito da apresentação de emendas ser uma prerrogativa inerente à função legislativa, o Supremo Tribunal Federal tem entendido que para sua apresentação é imprescindível que haja *pertinência temática* entre a emenda parlamentar e o projeto original, sob pena de inconstitucionalidade formal.

Poder Legislativo	A **votação** (ou deliberação), por sua vez, consiste em um ato decisório que aprova ou rejeita o projeto de lei apresentado e em trâmite. A **sanção** e o **veto** integram a fase constitutiva, sendo ambos de *atribuição exclusiva do Chefe do Poder Executivo*. A **sanção** é o ato por meio do qual o Presidente da República, diante de um projeto de lei que está pronto para ser apreciado, concorda com aquele. Ela poderá ser *expressa* ou *tácita*. O **veto**, por sua vez, consiste no *ato irretratável* de discordância, *motivado* e *expresso*, do Chefe do Poder Executivo com o projeto de lei submetido à sua apreciação. Diversamente do que ocorre com a sanção, o *veto* somente pode ser *expresso*, não existindo em nosso ordenamento jurídico o veto tácito, vez que o silêncio do Presidente da República na apreciação do projeto importará sua aprovação. Ele pode ser, ainda, *total* ou *parcial*, embora **não se admita o veto apenas de palavras**. Além disso, o *veto* poderá ser classificado como sendo *jurídico* (aquele que entende o projeto de lei apresentado como sendo inconstitucional) ou *político* (aquele que considera o projeto como sendo contrário ao interesse público). A **promulgação** (atesta a validade e executoriedade) e a **publicação** (leva à população o conhecimento da norma) integram a última fase do processo legislativo, qual seja, a *constitutiva*. Vejamos, agora, as espécies normativas. **Emendas Constitucionais** - O processo de elaboração de uma PEC (proposta de emenda constitucional), integrante do *processo especial*, é composto por três fases distintas: *iniciativa*, *aprovação* e *promulgação*. Seus legitimados estão previstos no *caput* do art. 60 da CF. Para que ela seja *aprovada*, é necessária prévia discussão e votação em cada uma das Casas do Congresso Nacional, em dois turnos, sendo considerada aprovada se obtiver, em ambos, 3/5 (três quintos) dos votos dos respectivos membros. Portanto, além do *voto qualificado* para sua aprovação, imperiosa a *votação e discussão bicameral em dois turnos*. Uma vez aprovada, nos termos do § 2.º do art. 60 da CF, a Emenda à CF será *promulgada* pelas Mesas da Câmara dos Deputados e do Senado Federal, **não havendo qualquer manifestação do Chefe do Poder Executivo** (*não há que se falar em sanção ou veto no caso de PEC*). Se ela for *rejeitada* ou *havida por prejudicada* ela **não poderá ser objeto** de nova proposta na mesma sessão legislativa.

Poder Legislativo	Leis Ordinárias e Complementares - os processos legislativos dessas espécies normativas se enquadram no *processo legislativo ordinário*. A *fase iniciativa* dos projetos de leis ordinária e complementar é bem ampla, podendo ser de *iniciativa geral, concorrente* (art. 61, CF), privativa (arts. 51, IV; 52, XIII; 61, § 1.º; 93; 96, II; 127, § 2.º; 128, § 5.º; e, 165, todos da CF), bem como por iniciativa popular (art. 61, § 2.º, CF). A *fase constitutiva*, por sua vez, é composta pelas subfases da *discussão, deliberação* e *votação*, bem como *sanção* ou *veto*. Nela, haverá atuação do Poder Legislativo e Executivo (desde que o projeto seja aprovado pelo Legislativo). A fase de *discussão* (ou debates) é o momento de construção e de discussão dos projetos apresentados. Inicia-se na Comissão de Constituição e Justiça - CCJ (verifica se há ofensa ao texto constitucional), seguindo-se para a Comissão Temática da casa iniciadora, dentre outras comissões que se fizerem necessárias. Depois de passar por todas as Comissões, segue para a fase de *deliberação* e *votação*. Para que o Plenário inicie essa etapa, é necessária a presença da *maioria absoluta* dos membros da casa (quórum de instalação), sendo que atingido o quórum, será iniciada a deliberação/votação. O quórum de aprovação das leis ordinárias é de *maioria simples*, ao passo que o das leis complementares é de *maioria absoluta*. Se o projeto for sancionado, passaremos à terceira e última fase, qual seja, a *complementar*. **Medidas Provisórias** - é ato normativo, *com força de lei*, atribuído com *exclusividade* ao Chefe do Poder Executivo, que poderá adotá-la em caso de *relevância* e *urgência* (pressupostos constitucionais), sendo necessária a imediata submissão ao Congresso Nacional (controle político). Terá duração de 60 (sessenta) dias, prorrogável uma vez por igual período (mais 60 – sessenta – dias), contados da sua publicação no Diário Oficial. Tal prazo, contudo, poderá ser suspenso durante os períodos de recesso parlamentar, sendo que com o término desse o prazo retornará a correr pelo período remanescente. Caso ***não seja apreciada em até 45 (quarenta e cinco) dias*** de sua publicação, por disposição constitucional expressa (art. 62, § 6.º), será posta em *regime de urgência constitucional*, subsequentemente em cada uma das Casas, *ficando sobrestadas todas as demais deliberações legislativas da Casa em que estiver tramitando*. A despeito da literalidade do texto constitucional sobre o trancamento de pauta, faz-se imperioso consignar o entendimento do Plenário do Supremo Tribunal Federal que, ao julgar o MS 27931/DF (j. 29/6/2017), não adotou a exegese literal, ***afirmando que apenas ficarão sobrestadas as votações de projetos de leis ordinárias que versem sobre temas que possam ser tratados por medida provisória.*** Uma vez aprovada a Medida Provisória **sem alteração**, seu texto será promulgado pelo Presidente da Mesa do Congresso Nacional (função essa exercida pelo Presidente do Senado Federal). No caso de aprovação do projeto de lei de conversão **com alterações legislativas**, *texto original da medida provisória será mantido integralmente em vigor até que seja sancionado ou vetado o projeto*. Há, ainda, a hipótese de **não apreciação** por parte do Congresso Nacional, dentro do prazo constitucional estabelecido, situação essa que acarreta a *perda da eficácia* da medida provisória.

Poder Legislativo	Temos aqui, na realidade, uma **rejeição tácita**. Caso a Medida Provisória não seja convertida em lei dentro desse prazo ela *perderá a eficácia desde a sua edição*, devendo o Congresso Nacional editar um *decreto legislativo* para disciplinar as relações jurídicas delas decorrentes. A última hipótese é a **rejeição expressa**, que ocorre quando o Congresso Nacional *não concorda com a Medida Provisória e a rejeita*. Conquanto a Constituição Federal admita a possibilidade de o Chefe do Executivo Federal se valer da Medida Provisória para, unilateralmente legislar, não é possível utilizá-la para toda e qualquer matéria (cf. § 1.º do art. 62 da CF). **Leis Delegadas** - são leis elaboradas, com exclusividade, pelo Presidente da República, que deverá *solicitar delegação* ao Congresso Nacional, delegação essa feita por intermédio de resolução (ato normativo), o qual *especificará seu conteúdo* e *os termos do seu exercício*, podendo, inclusive, determinar a apreciação do projeto pelo Congresso. Não poderão ser objeto de delegação as matérias elencadas no § 1.º do art. 68 da CF. **Resoluções** - ato normativo primário elaborado pela Câmara dos Deputados, pelo Senado Federal ou pelo Congresso Nacional, para veicular determinadas matérias de sua competência definidas, em regra, nos respectivos regimentos internos.
Poder Executivo	Atualmente, o sistema de governo adotado no Brasil é o **presidencialismo**, ao passo que a forma de governo é a **democracia**. No *sistema parlamentarista* não há identidade entre Chefe de Estado e Chefe de Governo, sendo que o Chefe de Estado pode ser um rei ou um presidente, ao passo que o Chefe de Governo é o Primeiro Ministro, o qual exerce o governo conjuntamente com seu gabinete. De outro vértice, no *sistema presidencialista* há identidade entre os Chefes de Estado e de Governo, sendo a mesma pessoa. Em *âmbito federal* o Chefe do Poder Executivo é o Presidente da República, auxiliado pelos Ministros de Estado (art. 76 da CF). Nos *âmbitos estadual* e *distrital* o Chefe do Poder Executivo é o Governador (do Estado ou do Distrito Federal), o qual é auxiliado por Secretários de Estado ou Distrital. Por fim, no *âmbito municipal* o Chefe do Poder Executivo é o Prefeito, auxiliado pelos Secretários Municipais. As eleições para os cargos de Chefes do Executivo (em todas as esferas da federação) ocorrerão no primeiro domingo do mês de outubro, em primeiro turno e, em havendo segundo turno, no último domingo de outubro do ano anterior ao término do mandato do seu antecessor. Ressalte-se que no caso de *eleições municipais* só haverá segundo turno, se houver necessidade, nos Municípios com mais de 200.000 (duzentos mil) eleitores.

Poder Executivo	A despeito da regra mencionada no parágrafo anterior, há que se destacar que a EC n.º 107, de 02/7/2020, **alterou a data das eleições municipais para o mês de novembro de 2020**, em virtude da pandemia da COVID-19. Em virtude disso, em um primeiro momento, as eleições municipais do ano de 2020 serão realizadas nos dias 15 (em primeiro turno) e 29 (em segundo turno, onde houver). O quórum de votação em primeiro turno é por *maioria absoluta*, excluídos os em brancos e nulos. Caso nenhum candidato obtenha a maioria absoluta, haverá o segundo turno em até 20 (vinte) dias, concorrendo os dois mais votados, considerando-se eleito quem obtiver a maioria dos votos válidos (**sistema majoritário de dois turnos**). O mandato do Chefe do Executivo é de 04 (quatro) anos, sendo permitida atualmente uma reeleição consecutiva. O *impedimento* caracteriza-se por ser uma situação temporária, passageira, ao passo que a *vacância* constitui em uma causa de caráter definitivo. Havendo a vacância ou impedimento no cargo de Presidente da República, automaticamente, assumirá o seu Vice. Ocorrendo casos de *impedimento* ou *vacância* dos cargos de Presidente **e** Vice-Presidente da República, a Constituição Federal preceitua que nessas hipóteses serão chamados a assumir o cargo, sucessiva e temporariamente, o: Presidente da Câmara dos Deputados; o Presidente do Senado; e o Presidente do Supremo Tribunal Federal. Ocorrendo a *vacância de ambos os cargos* (Presidente e Vice-Presidente da República) no *primeiro biênio* do governo, será realizada nova **eleição direta**. Por sua vez, se aquela vacância ocorrer nos *últimos dois anos do governo*, será realizada **eleição indireta** (única hipótese constitucionalmente prevista). As **atribuições** do Chefe do Poder Executivo Federal são as matérias ligadas à atuação do Presidente como Chefe de Estado e Chefe de Governo. Elas estão estampadas, de *forma exemplificativa*, no art. 84 da Constituição Federal. A partir das atribuições insculpidas no art. 84 da CF, podemos dizer que são atribuições relacionadas à ***Chefe de Estado*** aquelas constantes nos incisos VII, VIII, XIV (primeira parte – Ministros do STF e dos Tribunais Superiores), XV, XVI, XVIII, XIX, XX, XXI e XXII. As demais atribuições ali previstas estão relacionadas à ***Chefia de Governo***. Em virtude do ***princípio republicano***, em nosso ordenamento jurídico pátrio a regra é a responsabilidade do Presidente da República. Nesse sentido é que a nossa CF prevê tanto a *responsabilidade política*, quanto a *responsabilidade penal* do Chefe do Poder Executivo Federal. Além disso, pode ser *responsabilizado civilmente*. A *responsabilidade política*, segundo nossa doutrina, compreende os denominados *crimes de responsabilidade*, que consistem em infrações de natureza político-administrativa que poderão ensejar punições de índole política, *com perda do cargo e inabilitação ao exercício da função pública*. Por sua vez, a *responsabilidade penal* tem o condão de apurar a prática de *infrações penais* por parte do Presidente da República, infrações essas previstas tanto no Código Penal, quanto na legislação extravagante, que poderá ensejar a aplicação de penas privativas de liberdade, restritivas de direitos ou de multa.

Poder Executivo	No tocante ao Presidente da República os crimes de responsabilidade estão previstos no art. 85 da CF (de *forma exemplificativa*) e na Lei n.º 1.079/50. Caso se constate que o Chefe do Executivo praticou um crime de responsabilidade, ele será submetido ao denominado processo de *impeachment* (que significa impedimento ou impugnação). O procedimento no caso da prática de crime de responsabilidade, conforme se extrai do texto da CF, é composto por duas fases: A primeira fase consiste na autorização da Câmara dos Deputados (art. 51, I, e art. 86), mediante aprovação de 2/3 (dois terços) de seus membros. A segunda, por sua vez, prevê a deliberação sobre a instauração ou não do processo. Uma vez autorizado, inicia-se propriamente o processo e julgamento pelo Senado Federal (art. 52, II), sendo que nesse caso quem atua como presidente é o Presidente do Supremo Tribunal Federal. Uma vez instaurado o processo pelo Senado Federal, ficará o Presidente da República *suspenso automaticamente* de suas funções, *por até* 180 (cento e oitenta) dias. Havendo a condenação pelo crime de responsabilidade serão **impostas duas sanções**: a) perda do cargo; e, b) inabilitação para o exercício de funções públicas por 08 (oito) anos, sem prejuízo de responder criminalmente por seus atos. A despeito disso, na ocasião do julgamento da ex-Presidente Dilma, houve o denominado *fatiamento do julgamento*, vez que em um primeiro momento votou-se pelo reconhecimento ou não da prática da infração política. Como o resultado foi pelo reconhecimento da infração, passou-se a votar, em um segundo momento, sobre a perda ou não das funções públicas. Nesse segundo julgamento, contudo, os Senadores votaram pela manutenção dos direitos políticos. No caso de **infração penal comum** por parte do Presidente da República, o procedimento está previsto na CF e na Lei n.º 8.038/90. Para que o processo tenha início é *imprescindível autorização prévia da Câmara dos Deputados* (cf. art. 51, I, CF), sendo que o julgamento será feito pelo STF (**prerrogativa de foro**). Da mesma forma que ocorre no processo de *impeachment*, aqui o Presidente da República também ficará afastado temporariamente de suas funções, *por até* 180 (cento e oitenta) dias, a contar do recebimento da peça acusatória oferecida pelo Procurador-Geral da República, sendo que findo esse prazo sem julgamento, o Presidente da República retornará ao exercício de suas funções, sem prejuízo da continuidade das investigações. Caso o Presidente da República seja condenado criminalmente, após o trânsito em julgado haverá a *suspensão de seus direitos políticos e a consequente cessação imediata de seu mandato*.

Poder Executivo	Foram outorgadas ao Chefe do Executivo apenas as denominadas *imunidades formais*, quais sejam: (i) **necessidade de autorização prévia da Câmara dos Deputados** (art. 51, I, da CF); (ii) **não se admite, em hipótese alguma, prisão cautelar em face do Presidente da República. Admite-se, apenas, a denominada prisão pena** (art. 86, § 3.º, da CF); e, (iii) **irresponsabilidade penal relativa (**art. 86, § 4º, da CF). Os **Ministros de Estado** são auxiliares do Presidente da República, escolhidos por esse, livremente e demissíveis *ad nutum*. São escolhidos dentre brasileiros, maiores de vinte e um anos e no exercício dos direitos públicos. Registre-se, contudo, que apenas o Ministro da Defesa precisa ser brasileiro nato, por força do disposto no art. 12, § 3.º, VII, da CF. O **Conselho da República** é órgão superior de consulta do Presidente da República, sendo composto pelas pessoas elencadas no art. 89 da CF. O **Conselho de Defesa Nacional**, por sua vez, é órgão de consulta do Chefe do Executivo Federal em *assuntos relacionados com a soberania nacional e defesa do Estado Democrático*.
Poder Judiciário	O Poder Judiciário é composto pelos seguintes órgãos: (i) Supremo Tribunal Federal (STF); (ii) Conselho Nacional de Justiça (CNJ); (iii) Superior Tribunal de Justiça (STJ); (iv) Tribunais Regionais Federais (TRF's) e Juízes Federais; (v) Tribunais e Juízes do Trabalho; (vi) Tribunais e Juízes Eleitorais; (vii) Tribunais e Juízes Militares; e, (viii) Tribunais e Juízes dos Estados e do Distrito Federal e Territórios. Ressalte-se que a denominada *Justiça Especializada* é composta pelas Justiças do Trabalho, Eleitoral e Militar, sendo que todas as demais (seja Federal ou Estadual) integram a denominada *Justiça Comum*. O **Estatuto da Magistratura**, o qual possui natureza jurídica de Lei Complementar e é de iniciativa exclusiva do Supremo Tribunal Federal, sendo que atualmente vige a LC n.º 35/90. O art. 93 da Constituição Federal traz alguns *princípios* (requisitos) que devem ser observados pelo Estatuto da Magistratura, sendo que destacamos os seguintes: ingresso na careira (inciso I); promoção na carreira e acesso aos Tribunais de 2.º grau (incisos II e III); subsídio dos magistrados (inciso V); aposentadoria (VI); publicidade dos julgamentos (inciso IX); possibilidade de criação de Órgão Especial (inciso XI), dentre outros princípios. São garantias funcionais (ou de órgãos) asseguradas pela Constituição Federal aos magistrados: **Vitaliciedade**; **Inamovibilidade**; e, **Irredutibilidade de subsídio.** Conquanto existam essas prerrogativas para o livre desempenho da função jurisdicional, a própria CF prevê algumas **condutas vedadas** (são denominadas também de *garantias funcionais de imparcialidade dos órgãos*) aos magistrados, condutas essas previstas no parágrafo único do art. 95. A CF garante (garantia institucional), ainda, ao Poder Judiciário as **autonomias administrativa** e **financeira**. Pelo instituto do **quinto constitucional** 1/5 (um quinto) dos lugares dos TRF's, dos TJ's e do TJDFT será composto de membros do Ministério Público, com mais de 10 (dez) anos de carreira, e de advogados de notório saber jurídico e de reputação ilibada, com mais de 10 (dez) anos de efetiva

Poder Judiciário	atividade profissional, indicados em lista sêxtupla pelos órgãos de representação das respectivas classes. Referida regra, aplica-se ainda, aos Tribunais do Trabalho (cf. arts. 111-A, I; e, 115, I, ambos da CF) e para o STJ (cf. art. 104, parágrafo único). O **Supremo Tribunal Federal** é o órgão máximo do Poder Judiciário brasileiro, possuindo competência sob todo território nacional. Ele é composto por 11 (onze) Ministros, escolhidos dentre cidadãos com mais de trinta e cinco e menos de setenta anos de idade, de notável saber jurídico e reputação ilibada. Para ser Ministro do Supremo Tribunal Federal é imprescindível ser *brasileiro nato*, haja vista o disposto no art. 12, § 2.º, IV, da CF. É o órgão do Poder Judiciário **incumbido de decidir, *em única ou última instância*, questões constitucionais**. Tanto é assim que ele é considerado o "*guardião da Constituição Federal*". As competências do Supremo Tribunal Federal vêm disciplinadas no art. 102 da Constituição Federal, podendo ser dividida em: *originária* (inciso I) e *recursal* (incisos II e III). Para a configuração da **competência recursal** os autos poderão chegar ao Supremo Tribunal por intermédio de *recurso ordinário* ou pelo *recurso extraordinário*. A **Súmula Vinculante** terá por **objetivo** a *validade*, a *interpretação* e a *eficácia de normas* em que haja controvérsia atual entre órgãos judiciários ou entre esses e a Administração Pública, que acarrete grave insegurança jurídica e relevante multiplicação de processos sobre questão idêntica. O **Superior Tribunal de Justiça** compõe-se de, no mínimo, 33 (trinta e três) Ministros, os quais serão nomeados pelo Presidente da República, dentre brasileiros com mais de 35 (trinta e cinco) e menos de 70 (setenta) anos de idade, de notável saber jurídico e reputação ilibada, depois de aprovada a escolha pela maioria absoluta do Senado Federal. A competência do STJ, da mesma forma que do STF, vem organizada em: a) *competência originária* (inciso I) e b) *competência recursal* (incisos II e III). A **Justiça Federal** não se enquadra no rol das denominadas Justiças Especializadas, haja vista fazer parte da Justiça Comum, no âmbito federal. Portanto, está vinculada ao Superior Tribunal de Justiça. Em primeiro grau de jurisdição ela é representada por ***Juízes Federais***, os quais possuem a competência fixada constitucionalmente no art. 109. Destaque-se a figura da denominada "**federalização dos crimes contra os direitos humanos**". Em havendo grave violação dos direitos humanos, o Chefe do Ministério Público Federal (Procurador-Geral da República), a ***fim de assegurar o cumprimento de obrigações decorrentes de tratados internacionais de direitos humanos dos quais o Brasil seja parte***, poderá suscitar, perante o STJ, *em qualquer fase do inquérito ou processo*, incidente de deslocamento de competência (IDC) para a Justiça Federal.

Poder Judiciário	Pela atual estrutura organizacional há 05 (cinco) Tribunais Regionais Federais espalhados pelo país. Cada um dos TRF's tem sua composição própria, sendo que a Constituição Federal elenca o número mínimo de integrantes, bem como seus requisitos. Vejamos. Destaque-se que o TRF de cada região possui ***competência originária***, *bem como* ***recursal***. São órgãos que integram a **Justiça do Trabalho**: Tribunal Superior do Trabalho, Tribunais Regionais do Trabalho e Juízes do Trabalho. Para ampliar o atendimento a ser ofertado à população, a CF estabelece que os Tribunais Regionais Federais instalarão **justiça itinerante**, com a realização de audiências e demais funções de atividade jurisdicional, nos limites territoriais da respectiva jurisdição, servindo-se de equipamentos públicos e comunitários. Ademais, referidos Tribunais **poderão funcionar descentralizadamente**, constituindo *Câmaras regionais*, a fim de assegurar o pleno acesso ao jurisdicionado à justiça em todas as fases do processo. A **Justiça Eleitoral** é composta pelos seguintes órgãos: Tribunal Superior Eleitoral; Tribunais Regionais Eleitorais; Juízes Eleitorais; e, Juntas Eleitorais. A organização e competência dos tribunais, juízes de direito e juntas eleitorais serão estabelecidas por intermédio de **lei complementar**. Consoante regra estabelecida pela própria Constituição Federal as decisões do Tribunal Superior Eleitoral são *irrecorríveis*, salvo as que contrariarem o próprio texto constitucional, bem como as denegatórias de *habeas corpus* ou mandado de segurança. A **Justiça Militar** é composta pelo Superior Tribunal Militar e por Tribunais e juízes militares instituídos por lei. A Justiça Militar tem competência para processar e julgar os crimes militares definidos em lei. Compete a cada um dos Estados, observados os princípios estabelecidos na Constituição Federal, a organização de sua Justiça (**Tribunal de Justiça**). A competência de cada um dos Tribunais de Justiça é definida pelas respectivas Constituições Estaduais. Ademais, cada Estado Membro possuirá sua lei de organização judiciária própria, a qual é de iniciativa privativa do respectivo Tribunal de Justiça. A Justiça Comum Estadual possui competência ***residual***.

Funções Essenciais à Justiça	Segundo a Constituição Federal são integrantes das funções essenciais da Justiça: Ministério Público; Advocacia Pública; Advocacia Privada; e, Defensoria Pública. O **Ministério Público** é uma instituição *independente* e *autônoma* dos demais Poderes constituídos (Executivo, Legislativo e Judiciário), sendo que há doutrinadores que afirmam tratar-se de um quarto poder. A Constituição Federal prevê que são **princípios institucionais** do Ministério Público: **Unidade**; **Indivisibilidade**; e, **Independência funcional.** A Constituição Federal divide o Ministério Público em dois grupos, quais sejam: *Ministério Público dos Estados* e *Ministério Público da União*. O Ministério Público da União, por sua vez, é composto pelo Ministério Público Federal, Ministério Público do Trabalho, Ministério Público Militar e Ministério Público do Distrito Federal e Territórios. Os membros do Ministério Público possuem as mesmas garantias dos Magistrados. Da mesma forma, a eles são impostas vedações constitucionais. A **Advocacia Pública** é instituição que abarca as atividades exercidas pela Advocacia-Geral de União e as atividades desempenhadas pelos Procuradores dos Estados e Distrito Federal. Tem por *finalidade a representação judicial* e *extrajudicial* da União, incumbindo-lhe, nos termos da Lei Complementar que dispuser sobre sua organização e funcionamento, as atividades de consultoria e assessoramento jurídico do Poder Executivo. A **Advocacia Priva** também faz parte dos órgãos que integram as funções essenciais à Justiça. Conquanto haja previsão constitucional de que o advogado é indispensável à administração da justiça, não devemos nos esquecer que há exceções a essa regra, vez que há situações em que o advogado é dispensável. À **Defensoria Pública** incumbem-lhe fundamentalmente a *orientação jurídica, a promoção dos direitos humanos e a defesa em todos os graus* (judicial e extrajudicialmente) *dos direitos individuais e coletivos, de forma integral e gratuita aos necessitados*, nos termos do inciso LXXIV ao art. 5.º da CF. São princípios institucionais da Defensoria Pública a *unidade*, a *indivisibilidade* e a *independência funcional*. Tais princípios são os mesmos que regem o Ministério Público, razão pela qual remeto o leitor ao "item 5.1" do presente capítulo.

EXERCÍCIOS

Questões

1- (PC/GO – Delegado de Polícia – CESPE - 2017) - Assinale a opção correta a respeito da organização dos poderes e do sistema de freios e contrapesos no direito constitucional pátrio

a) Adotada por diversos países, entre eles o Brasil, a ideia de tripartição dos poderes do Estado em segmentos distintos e autônomos entre si — Legislativo, Executivo e Judiciário — foi concebida por Aristóteles.

b) A atividade legislativa e a de julgar o presidente da República nos crimes de responsabilidade são funções típicas do Poder Legislativo.

c) Constitui exemplo de mecanismo de freios e contrapesos a possibilidade de rejeição, pelo Congresso Nacional, de medida provisória editada pelo presidente da República.

d) As expressões poder, função e órgão são sinônimas.

e) A CF adotou o princípio da indelegabilidade de atribuições de forma absoluta, inexistindo qualquer exceção a essa regra.

2 – (PC/RJ – Delegado de Polícia – FUNCAB – 2012) - No que se refere às três funções do Estado, quando o Executivo, através do Presidente da República, adota medida provisória com força de lei; o Judiciário elabora seu regimento interno; o Legislativo julga o Presidente da República nos crimes de responsabilidade e, ainda, o Legislativo pratica atos de fiscalização financeira do Executivo, é correto afirmar:

a) Ocorrem respectivamente: função atípica do Executivo de natureza legislativa, função atípica do Judiciário de natureza executiva, função atípica do Legislativo de natureza jurisdicional e, por último, função típica do Legislativo.

b) Ocorrem respectivamente: função atípica do Executivo de natureza jurisdicional, função atípica do Judiciário de natureza legislativa, função típica do Legislativo e, por último, função atípica do Legislativo de natureza executiva.

c) Ocorrem respectivamente: função atípica do Executivo de natureza legislativa, função atípica do Judiciário de natureza legislativa, função atípica do Legislativo de natureza jurisdicional e, por último, função típica do Legislativo.

d) Ocorrem respectivamente: função típica do Executivo, função típica do Judiciário, função atípica do Legislativo de natureza executiva e, por último, função atípica do Legislativo de natureza executiva.

e) Ocorrem respectivamente: função atípica do Executivo de natureza jurisdicional, função atípica do Judiciário de natureza executiva, função atípica do Legislativo de natureza jurisdicional e, por último, função atípica do Legislativo de natureza executiva.

3 – (PC/GO – Delegado de Polícia – UEG – 2018) - A respeito do Senado Federal, segundo a Constituição (CRFB) e o Supremo Tribunal Federal (STF), é certo que:

a) O senador infiel não perde o mandato por mudar de partido, pois, segundo o princípio majoritário, o mandato pertence ao candidato, e não ao partido.
b) Cada Estado e o Distrito Federal elegerão três senadores, com mandato de oito anos, e a representação no Senado será renovada de quatro em quatro anos, alternadamente, por um e dois terços, razão pela qual cada Estado e o Distrito Federal elegerão em 2018 um senador.
c) O candidato a senador, assim como o governador e vice-governador de Estado e do Distrito Federal, precisa contar com a idade mínima de trinta anos.
d) O senador precisa renunciar ao respectivo mandato até seis meses antes do pleito caso queira concorrer a outro cargo, como o de Presidente da República, o de governador de Estado ou do Distrito Federal e o de prefeito.
e) O senador representa o povo pelo qual foi majoritariamente eleito.

4 – (PC/GO – Delegado de Polícia – UEG – 2018) - O foro por prerrogativa de função, segundo o Supremo Tribunal Federal (STF):

a) Pode ser previsto, pela Constituição Estadual, em favor dos Delegados de Polícia, em respeito à autonomia dos estados-membros e ao princípio federativo.
b) Teve seu rol de beneficiários reduzido recentemente pelo STF, a exemplo do que já acontece em outros países, como Alemanha, Itália e Portugal.
c) Inicia-se com a diplomação do parlamentar federal e encerra-se com o término do mandato, qualquer que seja o estágio do processo.
d) Cessa, e o processo segue para a primeira instância se o parlamentar renunciar ou perder o cargo durante o prazo para apresentação de alegações finais.
e) Por mutação constitucional, passou a aplicar-se apenas aos crimes cometidos durante o exercício do cargo e diretamente relacionados às suas

funções, de modo que o crime cometido por parlamentar após a diplomação, mas sem relação direta com o cargo, será processado e julgado em primeiro grau.

5 – (PC/SP – Delegado de Polícia – VUNESP – 2018) – Supondo que o Senador Y deixe de comparecer, em cada sessão legislativa, à terça parte das sessões ordinárias do Senado Federal, é correto assinalar que:

a) Perderá o seu mandato automaticamente, mediante decisão constitutiva por maioria simples do Senado Federal.
b) Perderá o seu mandato automaticamente, mediante decisão declaratória por maioria absoluta do Senado Federal.
c) Perderá o seu mandato, mediante decisão constitutiva do Congresso Nacional, assegurando-se contraditório e ampla defesa.
d) Perderá o seu mandato automaticamente, mediante decisão constitutiva por maioria absoluta do Senado Federal, independentemente de que lhe seja assegurado contraditório e ampla defesa.
e) Perderá o seu mandato, mediante decisão declaratória do Senado Federal, salvo se a ausência decorra de licença ou missão autorizada pela Casa legislativa.

6 – (PC/ES – Delegado de Polícia – Instituto Acesso – 2019) – A Constituição da República Federativa do Brasil define as condutas consideradas como crime de responsabilidade se praticadas pelo Presidente da República no âmbito das suas funções. Em relação aos crimes de responsabilidade cometidos pelo Presidente da República, NÃO é correto afirmar que:

a) O Presidente da República, na vigência de seu mandato, não pode ser responsabilizado por atos estranhos ao exercício de suas funções.
b) É crime de responsabilidade o ato do Presidente da República que atente contra a Constituição Federal e, especialmente, contra o exercício dos direitos políticos, individuais e sociais.
c) Ao Senado compete decidir se deve receber ou não a denúncia cujo prosseguimento foi autorizado pela Câmara.
d) Não há direito à defesa prévia antes da avaliação da denúncia pelo Presidente da Câmara.
e) O Presidente ficará suspenso de suas funções nos crimes de responsabilidade, após a instauração do processo pela Câmara dos Deputados.

7 – (PC/GO – Delegado de Polícia – UEG – 2018) - Em relação ao Poder Executivo, segundo a Constituição (CRFB) e o Supremo Tribunal Federal (STF):

a) O Presidente da República pode decretar guerra e delegar aos Ministros de Estado a atribuição de decretar e executar intervenção federal.
b) Os Presidentes da Câmara dos Deputados, do Senado Federal e do Supremo Tribunal Federal perdem a Chefia de Poder tão logo se tornem réus criminais perante o STF, em virtude da potencial assunção da Presidência da República.
c) O Presidente da Câmara dos Deputados, por estar na linha sucessória da Presidência da República, não pode ser responsabilizado por atos estranhos ao exercício de suas funções.
d) O Presidente da República pode expedir "decretos autônomos" e delegar aos Ministros de Estado, ao Procurador-Geral da República ou ao Advogado-Geral da União a atribuição de conceder indulto e comutar penas.
e) O Governador do Estado só pode ser processado criminalmente pelo Superior Tribunal de Justiça após prévia autorização da Assembleia Legislativa local nos casos em que a Constituição Estadual assim o exigir.

8 – (PC/SP – Delegado de Polícia – VUNESP – 2018) – Supondo que o Presidente da República decida nomear como novo Ministro de Defesa FULANO DE TAL, é correto afirmar que referido Ministro:

a) Deverá possuir no mínimo 18 anos de idade, podendo ser brasileiro nato ou naturalizado, no gozo de seus direitos políticos.
b) Obrigatoriamente, deverá possuir mais de 21 anos de idade e ser exclusivamente brasileiro nato, no gozo de seus direitos políticos.
c) Uma vez nomeado, caso pratique crime de responsabilidade juntamente com o Presidente da República, será julgado pelo Supremo Tribunal Federal.
d) Deverá contar no máximo 30 anos de idade, podendo ser brasileiro nato ou naturalizado, no gozo dos seus direitos políticos.
e) Tendo preenchido os requisitos constitucionais para sua nomeação e assumido o cargo, caso pratique infração penal comum, será julgado pelo Superior Tribunal de Justiça.

9 – (PC/BA – Delegado de Polícia – VUNESP – 2018) – O Poder Judiciário é um dos poderes constituídos da República Federativa do Brasil, cujo regime jurídico vem tratado nos artigos 92 e seguintes da Constituição Federal e assevera que:

a) Os servidores receberão delegação para a prática de atos de mero expediente sem caráter decisório.

b) A atividade jurisdicional será ininterrupta, sendo vedadas férias coletivas nos juízos de duplo grau de jurisdição e tribunais superiores, funcionando, nos dias em que não houver expediente forense normal, juízes em plantão permanente.

c) Todos os julgamentos dos órgãos do Poder Judiciário serão públicos, e as decisões judiciais fundamentadas, quando necessário.

d) A distribuição de processos será imediata, em todos os graus de jurisdição, salvo se o jurisdicionado assim não o requerer.

e) Pelo voto da maioria simples dos membros do respectivo órgão especial poderão os tribunais declarar a inconstitucionalidade de lei ou ato normativo do Poder Público.

10 – (PC/DF – Delegado de Polícia – FUNIVERSA – 2015) – A respeito do Poder Judiciário e da política judiciária nacional de tratamento adequado dos conflitos de interesse no âmbito do Poder Judiciário, assinale a alternativa correta:

a) Não cabe recurso extraordinário a acórdão proferido pelo STJ nos processos de homologação de sentenças estrangeiras.

b) Para atender aos juízos, aos juizados ou às varas com competência nas áreas cível, fazendária, previdenciária, de família e penal, os tribunais deverão criar os centros judiciários de solução de conflitos e cidadania para realizarem sessões e audiências de conciliação e mediação.

c) Suponha-se que um silvícola tenha cometido crime de homicídio contra outro silvícola, por motivos de ciúmes, dentro de uma reserva indígena. Nesse caso, conforme entendimento do STF, a competência para julgar esse crime será da justiça estadual.

d) O Conselho Nacional de Justiça compõe-se de quinze membros com mandato de dois anos, sendo vedada a recondução.

e) O procurador-geral da República pode, desde que após a conclusão do inquérito policial, havendo graves violações aos direitos humanos, requerer que ação penal tramite perante a justiça federal.

11 – (PC/ES – Delegado de Polícia – Instituto Acesso – 2019) – A Constituição define dentre as funções essenciais à justiça a existência do Ministério Público, da Advocacia Pública, da Advocacia e da Defensoria Pública. Seguem-se cinco afirmações sobre os órgãos citados:

I – É vedado a seus membros receber, saldo em casos excepcionais, honorários, percentagens ou custas processuais;

II – O Advogado Geral da União representa a União na execução da dívida ativa de natureza tributária;

III – O advogado é dispensável à administração da justiça, sendo inviolável por seus atos e manifestações no exercício da profissão, mesmo que fora dos limites da lei;

IV – A defesa dos direitos individuais e coletivos, de forma integral e gratuita, aos necessitados, em todos os graus e apenas no âmbito judicial, incumbe à Defensoria Pública;

V – A destituição do Procurador-Geral da República, por iniciativa do Presidente da República, deverá ser precedida de autorização da maioria absoluta do Senado Federal.

Marque a alternativa que contém a(s) afirmativa(s) correta(s) com relação aos órgãos citados do enunciado.

a) Quatro delas: II, III, IV e V.
b) Quatro delas: I, II, III e IV.
c) Apenas a V.
d) Apenas a III.
e) Apenas a II.

12 – (PC/MG – Delegado de Polícia – FUMARC – 2018) – A Emenda Constitucional n. 80, de 4 de junho de 2014, foi responsável por alterar dispositivos do Capítulo IV - Das Funções Essenciais à Justiça, do Título IV - Da Organização dos Poderes. Em relação à Defensoria Pública, esta emenda:

a) Assegura às Defensorias Públicas Estaduais autonomia funcional e administrativa, além da iniciativa de sua proposta orçamentária.
b) Atribui à Defensoria Pública a iniciativa legislativa quanto à fixação de subsídios dos defensores públicos.
c) Averba que a Defensoria Pública é instituição essencial à função jurisdicional do Estado.
d) Estende aos defensores públicos a garantia da inamovibilidade, na forma assegurada aos membros do Poder Judiciário.

13 – (PC/BA – Delegado de Polícia – VUNESP – 2018) – A Casa na qual tenha sido concluída a votação de projeto de lei deverá enviá-lo ao Presidente da República que, ao considerar o projeto:

a) No todo ou em parte, inconstitucional ou contrário ao interesse público, vetá-lo-á total ou parcialmente, no prazo de quinze dias úteis, contados da data do recebimento.
b) Inconstitucional, em parte, poderá apor veto parcial, no prazo de quinze dias úteis, abrangendo artigo, parágrafo, inciso, alínea ou expressão verbal.

c) No todo ou em parte, inconstitucional ou contrário ao interesse público, vetá-lo-á total ou parcialmente, no prazo de trinta dias contados da data do recebimento.

d) Contrário ao interesse público, vetá-lo-á totalmente, não podendo fazê-lo, neste caso, de forma parcial, já que não há como cindir o interesse público.

e) No todo ou em parte, inconstitucional, vetá-lo-á total ou parcialmente, no prazo de vinte dias contados da data do recebimento.

14 – (PC/PA – Delegado de Polícia – FUNCAB – 2016) - Sobre o Processo Legislativo, assinale a alternativa correta.

a) A matéria constante de proposta de emenda constitucional rejeitada ou havida por prejudicada somente poderá constituir objeto de novo projeto, na mesma sessão legislativa, mediante proposta da maioria absoluta dos membros de qualquer das Casas do Congresso Nacional.

b) A iniciativa popular de lei ordinária pode ser exercida pela apresentação ao Congresso Nacional de projeto de lei subscrito por, no mínimo, um por cento do eleitorado nacional, distribuído pelo menos por cinco Estados, com não menos de três décimos por cento dos eleitores de cada um deles.

c) É vedada a edição de medidas provisórias sobre matéria relativa a nacionalidade, à cidadania, aos direitos políticos, aos partidos políticos e ao direito eleitoral.

d) A Constituição Federal poderá ser emendada mediante proposta de um terço, no mínimo, dos membros da Câmara dos Deputados e do Senado Federal.

e) A proposta de emenda constitucional será discutida e votada em cada Casa do Congresso Nacional, em dois turnos, considerando-se aprovada se obtiver, em ambos, dois quintos dos votos dos respectivos membros.

15 – (PC/RJ – Delegado de Polícia – CESPE/CEBRASPE – 2022) - A Constituição Federal de 1988, em seu art. 2.º, adota a tradicional separação de Poderes. Assim, o legislador constituinte garantiu relativa independência a cada um dos Poderes Legislativo, Executivo e Judiciário, como mecanismo apto a assegurar os fundamentos do Estado democrático de direito. Considerando que as constituições escritas foram concebidas com o objetivo precípuo de fixar instrumentos normativos de limitação do poder estatal, assinale a opção correta.

a) A separação de Poderes está fundamentada no princípio da interdependência funcional: apesar da especialização dos Poderes, existe uma subordinação das funções executiva e jurisdicional ao Poder Legislativo, em razão do que dispõe o art. 1.º da Constituição Federal de 1988, ao estabelecer que a República Federativa do Brasil constitui-se em Estado democrático de direito.

b) A especialização funcional confere a cada um dos Poderes do Estado uma função precípua, que a doutrina denomina de função harmônica. Assim, embora o Poder Executivo disponha da função executiva, poderá exercer funções típicas dos Poderes Legislativo e Judiciário, caso haja autorização do Senado Federal, conforme previsto no art. 52 da Constituição Federal de 1988.

c) Em razão da necessária harmonia entre os Poderes, o Poder Judiciário exerce sua função típica voltada para a atividade jurisdicional, solucionando as lides que lhe são apresentadas, mas também poderá exercer a função atípica de legislar, contanto que observe as regras do processo legislativo previstas no art. 59 e seguintes da Constituição Federal de 1988.

d) Em razão da independência orgânica, os membros do Poder Legislativo gozam das denominadas imunidades parlamentares, com um conjunto de prerrogativas que lhes permitem atuar com independência no exercício da fiscalização do Poder Executivo.

e) Em razão do disposto no art. 2.º da Constituição Federal de 1988, tanto a independência orgânica quanto a especialização funcional, típicas da divisão dos Poderes, devem ser exercidas de forma absoluta, afastando-se a possibilidade do exercício das funções chamadas atípicas por qualquer dos Três Poderes.

16 – (PM/MT – Sargento da Polícia Militar – PM/MT – 2021) - O art. 2º da Constituição Federal de 1988 prescreve: *"São Poderes da União, independentes e harmônicos entre si, o Legislativo, o Executivo e o Judiciário"*. Sobre o referido princípio constitucional da separação dos poderes, analise as assertivas.

I- O sentido da separação dos poderes consiste, em rigor, na divisão entre as funções típicas e atípicas do poder estatal, visto que o poder do Estado como tal é divisível.

II- No sistema de divisão dos poderes, inexiste qualquer hierarquia entre os respectivos órgãos e funções do poder estatal, todos operando na esfera de suas competências constitucionalmente estabelecidas.

III- A separação dos poderes é caracterizada pela atuação conjunta dos três Poderes direcionada à consecução dos objetivos constitucionais, sendo tal atuação juridicamente limitada por esferas de competências próprias e mecanismos de controle recíprocos.

IV- O princípio da separação dos poderes tem como objetivo o controle do poder pelo poder, o que se concretiza por um conjunto de técnicas, a citar o direito de veto do chefe do Poder Executivo, a aprovação pelo Legislativo do orçamento dos demais órgãos estatais e o controle judicial dos atos dos demais poderes. Estão corretas as assertivas:

a) I, II e IV, apenas.

b) I, II e III, apenas.

c) III e IV, apenas.

d) II, III e IV, apenas.

e) I e III, apenas.

Gabarito e Explicação

Questão	Gabarito	Abordagem do assunto no livro
1	C	Capítulo 3
2	C	Capítulos 2, 3 e 4
3	A	Capítulo 2
4	E	Capítulo 2
5	E	Capítulo 2
6	E	Capítulo 3
7	C	Capítulo 3
8	B	Capítulo 3
9	A	Capítulo 4
10	C	Capítulo 4
11	C	Capítulo 5
12	B	Capítulo 5
13	A	Capítulo 2
14	C	Capítulo 2
15	D	Capítulo 2
16	D	Capítulo 3

PARTE 17

DEFESA DO ESTADO E DAS INSTITUIÇÕES DEMOCRÁTICAS

Capítulo 1

Considerações Iniciais

A primeira parte desse título ("Da Defesa do Estado") traz os *instrumentos que buscam proteger o País durante os momentos de crises constitucionais*. Tais instrumentos são: **Estado de Defesa** e **Estado de Sítio**. Esse é o tópico que estudaremos neste capítulo, e nos dois seguintes.

Frise-se, que a segunda parte ("Das Instituições Democráticas"), por sua vez, elenca todas as *instituições responsáveis pela Defesa do País*, quais sejam: **Forças Armadas** (Capítulo II) e os **órgãos responsáveis pela Segurança Pública** (Polícia Federal, Polícia Rodoviária Federal, Polícia Ferroviária Federal, Polícias Civis, Polícias Militares e Corpos de Bombeiros Militares, bem como Polícias Penais).

Como se sabe, dentro do Estado Democrático de Direito a Constituição Federal zela para que exista um *equilíbrio estável* entre todas as forças, procurando manter uma dialética entre os diversos grupos que o integram. Caso haja o rompimento desse equilíbrio constitucional, em virtude do fato de ter ocorrido uma extrapolação dos parâmetros jurídicos fixados na norma constitucional, estaremos diante da denominada **crise constitucional**.

Verificado esse rompimento, bem como a instalação da crise constitucional, nossa Carta Magna prevê mecanismos para o restabelecimento da ordem. Nesse diapasão, verificamos a existência do **sistema constitucional de crises** que deve ser entendido como um conjunto de normas constitucionais que tem por objetivo a manutenção ou restabelecimento da normalidade constitucional.

E quais são os mecanismos que integram o sistema constitucional de crises? Temos o **estado de defesa** e o **estado de sítio**. Conquanto sejam medidas excepcionais, ambas estão previstas na CF, com todos os principais aspectos. Estamos, portanto, diante de uma **legalidade extraordinária** autorizadora da adoção de referidas medidas.

Por fim, há que se destacar que nossa doutrina preceitua que para a execução dessas medidas excepcionais será necessária a observância de 03 (três) requisitos:

(i) *necessidade* (somente se não for possível restabelecer a normalidade com a adoção de outras medidas é que elas poderão ser adotadas);

(ii) *temporalidade* (elas devem viger pelo tempo estritamente necessário); e,

(iii) *obediência irrestrita aos preceitos estabelecidos na CF* (por se tratar de medida excepcional, é imperiosa a estrita e irrestrita observância às normas constitucionais).

Capítulo 2

Estado de Defesa

O Estado de Defesa é o instrumento de controle de crises constitucionais que encontra pertinência visando à *preservação* ou *restabelecimento*, em *locais definidos* (restritos e determinados), a ordem pública ou a paz social, ameaçada por grande instabilidade institucional ou atingida por calamidades públicas de grandes proporções.

Por se tratar de situação excepcional as hipóteses de cabimento constitucionalmente previstas são **taxativas** (*numerus clausus*).

Somente o Chefe do Executivo Federal (Presidente da República) detém a *titularidade* para a decretação do Estado de Defesa. Conquanto não haja vinculação à atuação do Presidente da República, é imprescindível que sejam ouvidos o Conselho da República e o Conselho de Defesa (*parecer meramente consultivo*).

A materialização desse instrumento será feita por intermédio de *decreto presidencial*, no qual deverão constar as seguintes informações:

(i) **Tempo de duração da medida** (prazo máximo de 30 – trinta – dias, admitindo-se uma prorrogação por igual período, *desde que persistam as razões que justificaram sua decretação*);

(ii) **Áreas abrangidas**; **restrições de direitos** (cf. alíneas do inciso I do § 1.º do art. 136 da CF);

(iii) **Quais locais serão ocupados** e os **bens e serviços públicos utilizados**.

Poderão ser impostas as seguintes *medidas restritivas de direitos*:

a) reunião, ainda que exercida no seio das associações;

b) sigilo de correspondência;

c) sigilo de comunicação telegráfica e telefônica.

Ademais, será possível *decretar a medida* de ocupação e uso temporário de bens e serviços públicos, na hipótese de calamidade pública, podendo responder a União Federal por eventuais danos e custos decorrentes.

O § 3.º do art. 136 da Constituição Federal assim estabelece:

> "Na vigência do estado de defesa:
>
> I - a prisão por crime contra o Estado, determinada pelo executor da medida, será por este comunicada imediatamente ao juiz competente, que a relaxará, se não for legal, facultado ao preso requerer exame de corpo de delito à autoridade policial;
>
> II - a comunicação será acompanhada de declaração, pela autoridade, do estado físico e mental do detido no momento de sua autuação;
>
> III - a prisão ou detenção de qualquer pessoa não poderá ser superior a dez dias, salvo quando autorizada pelo Poder Judiciário;
>
> IV - é vedada a incomunicabilidade do preso".

Uma vez decretado (ou prorrogado) o Estado de Defesa, o ato será imediatamente submetido ao controle político (*controle político imediato*) por parte do Congresso Nacional, o qual decidirá sobre a medida por **maioria absoluta**. Além disso, ao Congresso Nacional, através de Comissão composta por 05 (cinco) de seus membros, incumbirá o acompanhamento e fiscalização das medidas, bem como verificação da constitucionalidade e legalidade daquelas. Nesse segundo caso, há um *controle político concomitante.*

Por fim, *cessadas as situações que ensejaram a crise constitucional* ou, uma vez rejeitado o decreto, a medida excepcional do Estado de Defesa terminará imediatamente. Logo que cessar o Estado de Defesa, as medidas adotadas e aplicadas sob sua vigência serão relatadas ao Presidente da República, em mensagem ao Congresso Nacional, com especificação e justificação das providências adotadas, com relação nominal dos atingidos e indicação das restrições aplicadas. Temos aqui o que a doutrina comumente chama de *controle político sucessivo* ou '*a posteriori*'.

Não obstante a existência de controle político, o Estado de Defesa também está submetido ao *controle jurisdicional*, o qual pode ser concomitante com a medida excepcional ou sucessiva a ela.

Capítulo 3

Estado de Sítio

Trata-se de instrumento utilizado para controle de crises constitucionais que encontra pertinência nas seguintes situações: (a) *comoção grave de repercussão nacional*; (b) *ocorrência de fatos que comprovem a ineficácia do Estado de Defesa*; e, (c) na *declaração de estado de guerra ou a reposta a agressão armada estrangeira*.

Considerando tratar-se de situação excepcional, da mesma forma que ocorre no Estado de Defesa, as hipóteses de cabimento previstas também são **taxativas**.

Conquanto sejam institutos utilizados em situações distintas, o procedimento para decretação do Estado de Defesa é praticamente o mesmo que o do Estado de Sítio (titularidade do Presidente da República, sendo necessária a oitiva do Conselho da República e do Conselho de Defesa, após autorização do Congresso Nacional).

Um ponto a ser destacado aqui diz respeito ao decreto presidencial que deverá conter as informações acerca do tempo de duração (se for o caso: quando a decretação for baseada na declaração de estado de guerra ou resposta a agressão armada estrangeira, o prazo será indefinido, até o término delas); normas necessárias à sua concretização; garantias constitucionais suspensas; o executor das medidas.

Por se tratar de situação de crise mais grave, as medidas coercitivas que poderão ser adotadas durante a decretação do estado de sítio *são mais abrangentes que as do estado de defesa*. Entretanto, o constituinte diferenciou as medidas restritivas a serem impostas, dependendo do pressuposto de sua decretação. Vejamos.

> Art. 139. Na vigência do estado de sítio decretado com fundamento no art. 137, I, só poderão ser tomadas contra as pessoas as seguintes medidas:
>
> I - obrigação de permanência em localidade determinada;
>
> II - detenção em edifício não destinado a acusados ou condenados por crimes comuns;
>
> III - restrições relativas à inviolabilidade da correspondência, ao sigilo das comunicações, à prestação de informações e à liberdade de imprensa, radiodifusão e televisão, na forma da lei;
>
> IV - suspensão da liberdade de reunião;
>
> V - busca e apreensão em domicílio;

> VI - intervenção nas empresas de serviços públicos;
>
> VII - requisição de bens.
>
> Parágrafo único. Não se inclui nas restrições do inciso III a difusão de pronunciamentos de parlamentares efetuados em suas Casas Legislativas, desde que liberada pela respectiva Mesa.

De outro vértice, no caso de o Estado de Sítio ter sido decretado com base no inciso II do art. 137 da CF, como não há regra parecida com a constante no art. 139, a doutrina entende que **há possibilidades, em tese, de serem decretadas medidas outras**. Entretanto, será imprescindível que:

a) Haja justificação do Presidente da República quanto à necessidade de adoção de tais medidas;

b) haja aprovação, por parte do Congresso Nacional, por maioria absoluta de seus membros, das medidas coercitivas; e,

c) haja previsão expressa da adoção de tais medidas no decreto instituidor.

Ainda, a depender do pressuposto autorizador de sua decretação, haverá **prazo** diferenciado de duração. Vejamos.

No caso do Estado de Sítio decretado com base no **inciso I do art. 137** da Constituição Federal, ***o prazo de duração será de 30 (trinta) dias, prorrogáveis por prazos iguais e sucessivos*** (não há limitação para o número de prorrogações, sendo imprescindível demonstrar a manutenção da medida). Por sua vez, se o pressuposto autorizativo for aquele previsto no **inciso II** do mesmo dispositivo, ***não há prazo definido, durante a medida enquanto perdurar a guerra ou a agressão armada estrangeira.***

Aqui também existe *controle político* e *controle jurisdicional*. O primeiro é exercido de forma prévia, pois a Constituição Federal exige, de forma clara, a autorização prévia do Congresso Nacional, por maioria absoluta de seus membros para a decretação da medida. Por sua vez, será possível pleno controle jurisdicional de legalidade, durante a medida, bem como após a cessação de sua vigência.

Capítulo 4

Forças Armadas

As Forças Armadas são instituições nacionais *permanentes* e *regulares*, organizadas com base na hierarquia e na disciplina, sob a autoridade suprema do Presidente da República, destinando-se à *defesa da Pátria, à garantia dos poderes constitucionais e, por iniciativa de qualquer destes, da lei e da ordem*. Destaque-se que a garantia da lei e da ordem consiste em *atribuição subsidiária*, vez que aquela cabe, em um primeiro momento, aos órgãos de segurança pública.

Integram as Forças Armadas o Exército, a Marinha e a Aeronáutica.

Questão interessante a ser abordada aqui diz respeito à regra do § 2.º do art. 142 da Constituição Federal que estabelece que *não caberá* habeas corpus *em relação a punições disciplinares militares*.

A despeito da literalidade desse dispositivo constitucional, a **jurisprudência do STF** é no sentido de que referida regra deve ser interpretada de forma mais branda, ou seja, somente em face do mérito que é incabível a impetração de *habeas corpus*. A partir desse entendimento, forçoso concluir que no caso de apreciação dos pressupostos de legalidade será perfeitamente possível o acionamento e manifestação do Poder Judiciário.

Considerando o disposto no art. 61, § 1.º, I e II, alínea "f", da CF, é de *competência privativa* do Chefe do Executivo Federal as leis que fixem ou modifiquem os efetivos das Forças Armadas e as leis que disponham sobre militares das Forças Armadas, seu regime jurídico, provimento de cargos, promoções, estabilidade, remuneração, reforma e transferência para a reserva.

Com a promulgação da Emenda Constitucional n.º 77/2014, foi estabelecida nova hipótese de acumulação remunera lícita de vencimentos, sendo que se houver compatibilidade de horários, os profissionais de saúde das Forças Armadas poderão, na forma da lei, exercer outro cargo ou emprego civil, desde que privativo de profissional de saúde com profissão regulamentada. É importante que nesses casos haja prevalência das atividades militares.

Interessante fazer algumas observações a respeito da **obrigatoriedade do serviço militar obrigatório** (art. 143, CF) e a **escusa de consciência** (art. 5.º, VIII, CF). A partir desse direito fundamental, haverá a desobrigação do alistado do serviço militar obrigatório, desde que haja a prestação alternativa. Nesses casos, compete às Forças Armadas atribuir serviço alternativo aos que, em tempo de paz, após alistados, alegarem força de consciência em decorrência de crença religiosa ou de convicção filosófica ou política para não prestarem atividades de caráter militar. Tendo em vista que se trata de norma constitucional de eficácia limitada, coube à Lei n.º 8.239/91 estabelecer a respeito do serviço alternativo ao serviço militar obrigatório. Caso ocorra a alegação de consciência para a não prestação do serviço militar obrigatório e o interessado recuse a cumprir a prestação alternativa imposta, por foça do comando normativo contido no art. 15, IV, da CF, haverá a ***suspensão dos direitos políticos*** daquela pessoa.

Por fim, faz-se necessário observar que no ano de 2020 foi impetrado o Mandado de Injunção n.º 7.311 no intuito de regulamentar o caput do art. 142 da Constituição Federal, **objetivando-se reconhecer o Poder Moderador das Forças Armadas.** A despeito de existir doutrina reconhecendo esse Poder Moderador, vejamos o posicionamento do Supremo Tribunal Federal:

> 1. Mandado de injunção por meio do qual se requer a regulamentação do art. 142 da Constituição, de forma a estabelecer o escopo e o modo de atuação das Forças Armadas, em situações de ameaça àDemocracia.2. O art. 142, *caput*, da Constituição é norma de eficácia plena, que não suscita dúvidas sobre a posição das Forças Armadas na ordem constitucional. A lei mencionada pelo art. 142, § 1º, a seu turno, corresponde à Lei Complementar nº 97/1999. Não há, portanto, que se falar em omissãoinconstitucional.3. Nos quase 30 anos de democracia no Brasil, sob a Constituição de 1988, as Forças Armadas têm cumprido o seu papel constitucional de maneira exemplar: profissionais, patrióticas e institucionais. Presta um desserviço ao país quem procura atirá-las no varejo da política. 4. O Poder Moderador só existiu na Constituição do Império de 1824 e restou superado com o advento da Constituição Republicana de 1891. Na prática, era um resquício do absolutismo, dando ao Imperador uma posição hegemônica dentro do arranjo institucional vigente. Nas democracias não há tutores.5. Sob o regime da Constituição de 1988vigora o sistema de freios e contrapesos (*checks and balances*), no qual os Poderes são independentes, harmônicos e se controlam reciprocamente. Não se deve esquecer, tampouco, a importância do controle social, de grande relevância nas sociedades abertas e democráticas.6. Nenhum elemento de interpretação –literal, histórico, sistemático ou teleológico –autoriza dar ao art. 142 da Constituição o sentido de que as Forças Armadas teriam uma posição moderadora hegemônica. Embora o comandante em chefe seja o Presidente da República, não são elas órgãos de governo. São instituições de Estado, neutras e imparciais, a serviço da Pátria, da democracia, da Constituição, de todos os Poderes e do povo brasileiro. 7. Interpretações que liguem as Forças Armadas à quebra da institucionalidade, à interferência política e ao golpismo chegam a

ser ofensivas. Em mais de uma manifestação oficial, o Ministro da Defesa, que fala em nome do Exército, da Marinha e da Força Aérea, já se manifestou pela liberdade, pela democracia e pela independência dos Poderes. Assim é, porque assim deve ser.8. Mandado de injunção a que se nega seguimento.

Capítulo 5

Segurança Pública

5.1 Conceito e considerações gerais

A segurança pública é *dever do Estado, direito e responsabilidade de todos*, tendo como função a preservação da ordem pública e da incolumidade das pessoas e do patrimônio.

Conquanto seja uma obrigação imposta ao Estado, segundo o próprio mandamento constitucional ela também é de responsabilidade de todas as pessoas que integram a sociedade, existindo uma responsabilidade mútua entre Estado e sociedade. Isso não significa dizer que, necessariamente, se deparando com a ocorrência de um ilícito penal o cidadão comum deverá intervir para fazer cessar a prática delitiva, mas sim tem a obrigação de acionar os órgãos de segurança pública para tanto.

A segurança pública, portanto, consiste numa atuação de preservação ou restabelecimento de convivência social que permite que todos usufruam de seus direitos e exerçam suas atividades sem serem perturbados por terceiros.

Os órgãos que integram a Segurança Pública no país, de acordo com a Constituição Federal, são:

a) Polícia Federal;

b) Polícia Rodoviária Federal;

c) Polícia Ferroviária Federal;

d) Polícias Civis;

e) Polícias Militares e corpos de bombeiros militares;

f) Polícias Penais (inserida pela EC n.º 104/19).

Doutrinariamente, costuma-se fazer uma distinção entre *polícia ostensiva* (ou preventiva) e *polícia judiciária*. A primeira possui a função precípua de realizar patrulhamento ostensivo e prevenir a prática de infrações penais, antecipando-se ao cometimento dessas. A polícia judiciária, por sua vez, é aquela que possui a atribuição de investigar uma infração penal, atuando após sua prática. Embora não seja muito adepto[1] dessa expressão, alguns doutrinadores denominam a polícia judiciária de *polícia repressiva*.

Enquadram-se na categoria das *polícias judiciárias* a Polícia Federal e as Polícias Civis dos Estados Membros e Distrito Federal. Todos os demais órgãos são enquadrados na categoria das *polícias ostensivas*.

Recentemente, o Supremo Tribunal Federal reconheceu ser formal e materialmente constitucional a LC n.º 144/2014, que modificou a LC n.º 51/1985, tratando sobre a aposentadoria dos policiais, trazendo critérios mais favoráveis em favor dos policiais para a concessão de aposentadoria voluntária (STF. Plenário. ADI 5241/DF, Rel. Min. Gilmar Mendes, julgado em 2/8/2021 – informativo n.º 1027).

5.2 Segurança Pública como direito fundamental

Não obstante o fato de a segurança pública estar prevista no art. 144 da CF, não restam dúvidas ser ela um direito fundamental do indivíduo. Tal afirmação encontra fundamento nos seguintes dispositivos constitucionais:

> "Art. 5.º, *caput*, da CF – Todos são iguais perante a lei, sem distinção de qualquer natureza, garantindo-se aos brasileiros e estrangeiros residentes no País a inviolabilidade do direito à vida, à liberdade, à igualdade, à **segurança** e à propriedade, nos termos seguintes: (...)".
>
> "Art. 6.º, *caput*, da CF – São direitos sociais a educação, a saúde, a alimentação, o trabalho, a moradia, o transporte, o lazer, a **segurança**, a previdência social, a proteção à maternidade e à infância, a assistência aos desamparados, na forma desta Constituição".

Ademais, pela regra constante no § 2.º do art. 5.º da CF, verificamos que o rol de direitos fundamentais é meramente exemplificativo, existindo diversos outros ao longo da CF, bem como em instrumentos normativos diversos.

Destaque-se que no plano internacional há também grande procuração com a segurança pública. Vejamos:

> "Art. 3.º da **Declaração Universal dos Direitos do Homem** – Todo o indivíduo tem direito à vida, à liberdade e à **segurança pessoal**".
>
> "Art. I da **Declaração Americana dos Direitos e Deveres do Homem** – Todo ser humano tem direito à vida, à liberdade e à **segurança** de sua pessoa".

---

1. Não coaduno muito com a ideia dessa denominação (polícia repressiva) para não deixar a falsa percepção de que se tratam de polícias opressoras. A ideia da expressão "repressiva" deve-se ao fato de que a atuação das Polícias Judiciárias dar-se-á após a prática da infração penal.

> "Art. 9.º do **Pacto Internacional sobre Direitos Civis e Políticos** - 1. toda pessoa tem direito à liberdade e à **segurança** pessoais".
>
> "Art. 7.º do **Pacto de São José da Costa Rica** – 1. Toda pessoa tem direito à liberdade e à **segurança** pessoais".

Conquanto se trate, sem dúvida alguma, de um direito fundamental, doutrina diverge em qual dimensão a segurança pública se enquadra. Alguns doutrinadores, ao fundamento de que a segurança pública possui uma titularidade difusa e caráter transindividual, onde a titularidade pertence a toda a sociedade, de forma geral, alocam a segurança pública na **terceira dimensão dos direitos fundamentais**. Outra parcela, por seu turno, aloca a segurança pública na **quinta dimensão dos direitos fundamentais**, ao argumento de que ela está em perfeita harmonia com o direito à defesa da paz.

Independentemente em qual dimensão está inserida a segurança pública é inegável que ela é considerada um direito fundamental do indivíduo.

5.3 Exercício do direito de greve

Inicialmente, há que se ressaltar que a Constituição Federal garante ao servidor público o direito de greve (art. 37, VII). A despeito de se tratar de uma norma constitucional de eficácia limitada, e inexistir, até o presente momento, a lei específica para regulamentar referido direito, a **jurisprudência do STF** firmou-se no sentido de que os servidores públicos poderão realizar greve, aplicando-se a lei n.º 7.783/89 (setor privado) até que sobrevenha lei federal específica, conforme já tivemos oportunidade de estudar na presente obra.

Importante consignar que, por expressa disposição constitucional (art. 142, § 3.º, IV, CF), os militares estão proibidos de fazerem greve, bem como se sindicalizarem. Em virtude disso, tanto os integrantes das Forças Armadas (art. 142, *caput*, da CF), quanto os integrantes das Polícias Militares dos Estados-Membros e do Distrito Federal **não podem realizar greve**.

Com base nos dois parágrafos anteriores vimos que ao servidor público é assegurado o direito de greve, ao passo que aos militares veda-se referido direito. Em razão disso, indaga-se: **é possível que os integrantes dos demais órgãos de segurança pública exerçam o direito à greve**?

Conquanto não exista norma constitucional proibitiva nesse sentido, e a despeito dos integrantes dos órgãos de segurança pública serem servidores públicos, a **jurisprudência do STF** firmou-se no sentido de ser ***impossível a realização de greve por aqueles***. Vejamos,

> "A atividade policial é carreira de Estado imprescindível à manutenção da normalidade democrática, sendo impossível sua complementação ou substituição

> pela atividade privada. A carreira policial é o braço armado do Estado, responsável pela garantia da segurança interna, ordem pública e paz social. E o Estado não faz greve. O Estado em greve é anárquico. A CF não permite. Aparente colisão de direitos. Prevalência do interesse público e social na manutenção da segurança interna, da ordem pública e da paz social sobre o interesse individual de determinada categoria de servidores públicos. Impossibilidade absoluta do exercício do direito de greve às carreiras policiais. Interpretação teleológica do texto constitucional, em especial dos arts. 9º, § 1º; 37, VII; e 144. (...) tese de repercussão geral: 1 – O exercício do direito de greve, sob qualquer forma ou modalidade, é vedado aos policiais civis e a todos os servidores públicos que atuem diretamente na área de segurança pública. 2 – É obrigatória a participação do poder público em mediação instaurada pelos órgãos classistas das carreiras de segurança pública, nos termos do art. 165 do CPC, para vocalização dos interesses da categoria. (ARE 654.432, rel. p/ o ac. min. Alexandre de Moraes, j. 5-4-2017, P, *DJE* de 11-6-2018, Tema 541).

Não obstante esse julgado específico, já havia jurisprudência do STF mais antiga, entendendo que os serviços públicos, em razão de sua essencialidade para a sociedade, devem ser prestados em sua totalidade, aplicando-se isso, por analogia, aos policiais. Nesse sentido:

> "(...) 1. O Supremo Tribunal Federal, ao julgar o MI n. 712, afirmou entendimento no sentido de que a Lei n. 7.783/89, que dispõe sobre o exercício do direito de greve dos trabalhadores em geral, é ato normativo de início inaplicável aos servidores públicos civis, mas ao Poder Judiciário dar concreção ao artigo 37, inciso VII, da Constituição do Brasil, suprindo omissões do Poder Legislativo. 2. Servidores públicos que exercem atividades relacionadas à manutenção da ordem pública e à segurança pública, à administração da Justiça – aí os integrados nas chamadas carreiras de Estado, que exercem atividades indelegáveis, inclusive as de exação tributária – e à saúde pública. A conservação do bem comum exige que certas categorias de servidores públicos sejam privadas do exercício do direito de greve. Defesa dessa conservação e efetiva proteção de outros direitos igualmente salvaguardados pela Constituição do Brasil. 3. Doutrina do duplo efeito, segundo Tomás de Aquino, na Suma Teológica (II Seção da II Parte, Questão 64, Artigo 7). Não há dúvida quanto a serem, os servidores públicos, titulares do direito de greve. Porém, tal e qual é lícito matar a outrem em vista do bem comum, não será ilícita a recusa do direito de greve a tais e quais servidores públicos em benefício do bem comum. Não há mesmo dúvida quanto a serem eles titulares do direito de greve. A Constituição é, contudo, uma totalidade. Não um conjunto de enunciados que se possa ler palavra por palavra, em experiência de leitura bem comportada ou esteticamente ordenada. Dela são extraídos, pelo intérprete, sentidos normativos, outras coisas que não somente textos. A força normativa da Constituição é desprendida da totalidade, totalidade normativa, que a Constituição é. Os servidores públicos são, seguramente, titulares do direito de greve. Essa é a regra. Ocorre, contudo, que entre os serviços públicos há alguns que a coesão social impõe sejam prestados

plenamente, em sua totalidade. Atividades das quais dependam a manutenção da ordem pública e a segurança pública, a administração da Justiça --- onde as carreiras de Estado, cujos membros exercem atividades indelegáveis, inclusive as de exação tributária --- e a saúde pública não estão inseridos no elenco dos servidores alcançados por esse direito. Serviços públicos desenvolvidos por grupos armados: as atividades desenvolvidas pela polícia civil são análogas, para esse efeito, às dos militares, em relação aos quais a Constituição expressamente proíbe a greve [art. 142, § 3º, IV]. 4. No julgamento da ADI 3.395, o Supremo Tribunal Federal, dando interpretação conforme ao artigo 114, inciso I, da Constituição do Brasil, na redação a ele conferida pela EC 45/04, afastou a competência da Justiça do Trabalho para dirimir os conflitos decorrentes das relações travadas entre servidores públicos e entes da Administração à qual estão vinculados. Pedido julgado procedente. (STF - Rcl: 6568 SP, Relator: Min. EROS GRAU, Data de Julgamento: 21/05/2009, Tribunal Pleno, Data de Publicação: incDJe-181 DIVULG 24-09-2009 PUBLIC 25-09-2009 EMENT VOL-02375-02 PP-00736)

5.4 Polícia Federal

É a *Polícia Judiciária da União*, atuando, em regra, após a ocorrência de infrações penais (polícia de investigação) perpetradas em face da União Federal, suas entidades autárquicas ou empresas públicas. Ela é instituída por lei (Decreto 73.332, de 19/12/1973) como órgão permanente, organizado e mantido pela União e estruturado em carreira.

O § 1.º do art. 144 da CF, além de trazer a conceituação acima, elenca em quatro incisos as *atribuições constitucionais* da Polícia Federal. Vejamos, de forma individualizada, cada uma dessas atribuições:

> "I - apurar infrações penais contra a ordem política e social ou em detrimento de bens, serviços e interesses da União ou de suas entidades autárquicas e empresas públicas, assim como outras infrações cuja prática tenha repercussão interestadual ou internacional e exija repressão uniforme, segundo se dispuser em lei".

Pelo dispositivo ora em comento a atribuição da Polícia Federal, conforme a primeira parte será definida em *virtude da natureza da infração penal* (contra a ordem política e social) ou *quando a infração penal afetar diretamente* os bens, serviços e interesses lesionados da União Federal ou de suas entidades autárquicas e empresas públicas, sendo que *no caso de violação indireta* ***não subsistirá*** *a atribuição da Polícia Federal*, ocasião em que a atribuição passará a ser da Polícia Civil. Nesse sentido,

> 1. O bem jurídico tutelado pelo crime de perigo de desastre ferroviário é a incolumidade pública, consubstanciada na segurança dos meios de comunicação e transporte. Indiretamente, também se tutelam a vida e a integridade física das pessoas vítimas do desastre. 2. Ausente especificada ofensa direta a bens, serviços e interesses da União, não se dá hipótese de competência da Justiça Federal para

persecução do crime previsto no art. 260, IV, §2º, c/c art. 263, ambos do Código Penal, a teor do art. 109, IV, da Constituição Federal. 3. Trancamento determinado do inquérito policial instaurado pela Polícia Federal, com sua remessa à Polícia Civil, tendo em vista o reconhecimento da competência estadual para o feito. 4. Recurso ordinário em habeas corpus provido". (RE 883746, Rel: Min. Dias Toffoli, julgado em 31/08/2015, publicado em processo eletrônico dje-178 divulg 09/09/2015 public 10/09/2015)

Também há atribuição da Polícia Federal nas infrações cuja prática tenha *repercussão interestadual* ou *internacional* e *exija repressão uniforme*, segundo se dispuser em lei.

O fundamento dessa segunda parte dá-se em virtude da necessidade de investigação e atividade policial uniforme regional ou nacional, além do fato de a Polícia Federal atuar em nível do Brasil.

A parte final do dispositivo em questão está disciplinada pela Lei n.º 10.446/02, alterada pelas Leis n.º 12.894/13 (inseriu o inciso V ao art. 1.º), n.º 13.124/15 (inseriu o inciso VI ao art. 1.º) e n.º 13.642/18 (inseriu o inciso VII ao art. 1.º). Assim sendo, a Polícia Federal[2], sem prejuízo da atuação de outras forças de segurança pública, poderá proceder à investigação, *dentre outras*[3], das seguintes infrações penais:

a) Sequestro, cárcere privado e extorsão mediante sequestro, se o agente foi impelido por motivação política ou quando praticado em razão da função pública exercida pela vítima;

b) Formação de cartel;

c) Relativas à violação a direitos humanos, que a República Federativa do Brasil se comprometeu a reprimir em decorrência de tratados internacionais de que seja parte;

d) Furto, roubo ou receptação de cargas, inclusive bens e valores, transportadas em operação interestadual ou internacional, quando houver indícios de atuação de quadrilha ou bando em mais de um Estado da Federação;

e) Falsificação, corrupção, adulteração ou alteração de produto destinado a fins terapêuticos ou medicinais e venda, inclusive pela internet, depósito ou distribuição do produto falsificado, corrompido, adulterado ou alterado;

---

2. Embora a Lei n.º 10.446/02 traga em sua redação original a expressão Departamento de Polícia Federal, através de Instrução Normativa da lavra do Exmº Diretor Geral da Polícia Federal a expressão foi substituída apenas e tão somente por "Polícia Federal".

3. Através dessa expressão denota-se que o rol não é taxativo, sendo que há possibilidades de a Polícia Federal investigações crimes outros não previstos em referida lei, desde que atendidos aos pressupostos ali previstos e haja autorização do Ministro da Justiça.

f) Furto, roubo ou dano contra instituições financeiras, incluindo agências bancárias ou caixas eletrônicos, quando houver indícios de atuação de associação criminosa em mais de um Estado da Federação;

g) quaisquer crimes praticados por meio da rede mundial de computadores que difundam conteúdo misógino, definidos como aqueles que propagam o ódio ou a aversão às mulheres.

Para proceder à investigação dos crimes mencionados nas letras acima é necessário o preenchimento dos seguintes *pressupostos*: (a) existir repercussão interestadual ou internacional; e, (b) repressão uniforme. Verificados os pressupostos, a Polícia Federal poderá atuar, desde que tal providência seja *autorizada* ou *determinada* pelo Ministro de Estado da Justiça.

> "II - prevenir e reprimir o tráfico ilícito de entorpecentes e drogas afins, o contrabando e o descaminho, sem prejuízo da ação fazendária e de outros órgãos públicos nas respectivas áreas de competência".

Da análise desse dispositivo verificamos que a atuação da Polícia Judiciária da União se dará, também, *antes da prática do ilícito*, vez que o constituinte utilizou o verbo *prevenir*. Entre as atividades de prevenção ao tráfico ilícito de entorpecentes e drogas afins podemos mencionar as atividades de proibição de plantio, colheita, cultura e exploração de qualquer planta que possa servir de base para o processo de produção de entorpecentes. Outra atividade de prevenção comumente realizada pela Polícia Federal é a erradicação de plantações de pés de maconha no interior da Bahia, bem como em outros Estados da federação.

A repressão ocorre após a prática do crime, sendo necessária a instauração de procedimento apuratório para tanto.

Frise-se que pela norma constitucional, para a *fixação da atribuição* da Polícia Federal pouco importa se o tráfico ilícito de entorpecentes e drogas afins é internacional ou interno, vez que a própria norma não faz essa distinção. Em virtude disso, a meu ver, *a atribuição constitucional para investigação sobre tráfico ilícito de drogas sempre será da Polícia Federal*! Em razão disso, não raras vezes a Polícia Federal adota atos de polícia judiciária que tramitam tanto na Justiça Estadual (no caso de tráfico interno – local ou interestadual) quanto na Justiça Federal (tráfico internacional).

Além do crime de tráfico ilícito de drogas, o inciso em questão disciplina a atribuição da Polícia Federal em outros dois crimes: *descaminho* e *contrabando*.

Destaque-se que até o ano de 2014 ambos os delitos estavam previstos no art. 334 do Código Penal, sendo que após o advento da Lei n.º 13.008/14 houve desmembramento dos delitos, estando o crime de descaminho previsto no art. 334 e o de contrabando no art. 334-A.

De forma resumida, podemos entender o *descaminho* como sendo aquele crime em que o agente busca iludir, mediante artifício, ardil ou qualquer outro meio fraudulento, o pagamento de direito ou imposto devido em face da entrada ou saída de mercadoria não proibida. O *contrabando*, por sua vez, é o delito em que ocorre a importação ou exportação de mercadoria, absoluta ou relativamente, proibida de circular no país.

> "III - exercer as funções de polícia marítima, aeroportuária e de fronteiras".

As funções previstas em referido inciso dizem respeito tanto à *atuação de polícia administrativa* quanto à de *polícia preventiva*, por parte da Polícia Federal.

No desempenho das funções de *polícia marítima* a Polícia Federal atua efetuando o controle migratório de passageiros nos diversos navios e demais embarcações que aportam em portos brasileiros. Além disso, em algumas regiões em que há sede da Polícia Federal ela também atua no patrulhamento ostensivo.

Nos aeroportos (*polícia aeroportuária*) a Polícia Federal também é responsável pelo controle migratório de todas as pessoas que ingressam ou deixam o país. Ademais, também é responsável pela fiscalização e combate a ilícitos penais de suas atribuições.

Destaque-se que o fato de um crime ser cometido em zona aeroportuária (seja ou não restrita) não atrai, por si só, a atribuição da Polícia Federal para sua investigação, devendo haver uma conjugação dos dispositivos constitucionais e legais que estabelecem sua atribuição investigatória.

Por fim, na região de fronteira (*polícia de fronteiras*) a Polícia Federal também desempenha um papel administrativo, vez que é responsável pelo controle migratório de todas as pessoas que circulam pelas regiões fronteiriças, além de atuar de forma preventiva na prática de crimes. Diversamente do que ocorre nas áreas aeroportuárias, a atribuição dos crimes cometidos na região fronteiriça é, via de regra[4], da Polícia Federal, especialmente pelo fato da transnacionalidade delitiva.

> "IV - exercer, com exclusividade, as funções de polícia judiciária da União".

A Polícia Federal é responsável pela investigação de crimes que afetem, diretamente, bens, interesses ou serviços da União ou de suas entidades autárquicas ou empresas públicas federais, além de outros delitos previstos na legislação infraconstitucional.

Uma vez cometido um crime a Polícia Federal passará a investigar o fato, por meio de inquérito policial, o qual é conduzido, exclusivamente, pelo Delegado de Polícia Federal. Com o advento da Lei n.º 12.830/13 houve a positivação do

---

4. Utilizei-me da expressão "via de regra", pois pode haver situações em que a atribuição é da Polícia Civil. A título de exemplo, imagine um cidadão ingressando em território nacional portando um cigarro de maconha, para uso próprio. Como não há que se falar em crime de "porte de entorpecente internacional", a Polícia Federal carecerá de atribuição para tanto.

entendimento consolidado de que o Delegado de Polícia detém a condição de autoridade policial.

Importante consignar que as funções de Polícia Judiciária e a apuração de infrações penais exercidas pelo Delegado de Polícia são de *natureza jurídica*, *essenciais* e *exclusivas de Estado*, o que demonstra a suma importância de uma investigação policial imparcial. Destaque-se que o fato de possuir natureza jurídica, nada tem a ver com a alegação de que o Delegado de Polícia se transformou (ou quer se transformar) em magistrado, conquanto ambas as atribuições possuam essa natureza jurídica. Cada um desses profissionais integra uma instituição distinta, com atribuições distintas!

Ademais, o inquérito policial é de suma importância para que o investigado tenha ciência, imediata ou não, dos fatos apurados.

Por fim, é de se consignar que para que o inquérito policial alcance efetivamente seu objetivo, é de extrema necessidade que a autoridade policial responsável tenha uma conduta imparcial, objetivando-se apurar os fatos trazidos à baila, independentemente da pessoa que está sendo investigada. Além disso, a atuação com esmero dos agentes da autoridade (investigador, inspetor, agente, escrivão, peritos, dentro outros) é de suma importância para o deslinde do feito.

5.5 Polícia Rodoviária Federal

Trata-se de polícia ostensiva da União, podendo ser entendida como sendo órgão permanente, organizado e mantido por aquele ente federado, estruturado em carreira, destinando-se ao *patrulhamento ostensivo das rodovias federais*, nos termos da lei.

Importante consignar que a Polícia Rodoviária Federal possui a função precípua de efetuar o patrulhamento ostensivo das rodovias federais, não podendo realizar funções atribuídas constitucionalmente às polícias judiciárias, sob pena de inconstitucionalidade.

A despeito de se exigir a edição de ato normativo infraconstitucional para tratar a respeito de suas atribuições, não é crível que o legislador atue em descompasso com o constituinte, devendo descrever aquelas com base, apenas e tão somente, nas atribuições de patrulhamento ostensivo.

Destaque-se que no início de outubro do ano de 2019 foi editada uma Portaria do Ministério da Justiça e Segurança Pública disciplinando a atuação da Polícia Rodoviária Federal, sendo que um dos dispositivos outorgou poderes investigatórios. Nesse ponto, o art. 1.º do referido ato normativo:

> Portaria n.º 739/19 - MJSP
>
> Art. 1º Esta Portaria estabelece diretrizes para a participação da Polícia Rodoviária Federal em operações conjuntas nas rodovias federais, estradas federais ou em áreas de interesse da União, com:

> I - os órgãos do Ministério Público;
>
> II - os órgãos integrantes do Sistema Único de Segurança Pública - Susp; e
>
> III - a Receita Federal do Brasil.
>
> Parágrafo único. As operações combinadas, planejadas e desencadeadas em equipe poderão ser de natureza ostensiva, *investigativa*, de inteligência ou mistas, e serão executadas nos limites das respectivas competências dos órgãos integrantes do Susp, nos termos do § 2º do art. 10 da Lei nº 13.675, de 11 de junho de 2018.

A partir da leitura do parágrafo único da Portaria n.º 739/19 salta aos olhos a inconstitucionalidade do referido ato normativo, vez que ao arrepio da Constituição Federal, outorgou-se, por ato normativo infralegal, poderes investigatórios (relacionados à Polícia Judiciária) à Polícia Rodoviária Federal.

Diante da flagrante inconstitucionalidade material, em janeiro de 2020, o Ministro do Supremo Tribunal Federal Dias Tóffoli suspendeu, em sede de liminar, os efeitos da referida Portaria do MJSP, entendendo que essa extrapolou as atribuições constitucionais da Polícia Rodoviária Federal. Vejamos excerto dessa decisão liminar constante da ADI 6.296/DF:

> "Ademais, a Portaria nº 739/2019, de 3 de outubro de 2019, editada pelo Ministro de Estado da Justiça e Segurança Pública, ao dispor que a Polícia Rodoviária Federal participará de operações de natureza investigativa ou de inteligência, conferiu a ela atribuições inerentes à polícia judiciária, competências que extrapolam as atividades de patrulhamento da malha rodoviária federal".

Ocorre que, no mês de março de 2020, o rel. Marco Aurélio cassou a liminar concedida pelo Min. Dias Toffoli, restabelecendo os efeitos da referida Portaria. A despeito dessas decisões liminares monocráticas, até o fechamento da presente obra não houve julgamento do mérito da ação em questão.

Por fim, tendo em vista recentes declarações feitas junto à imprensa, restar aguardar qual será o posicionamento do futuro Ministro da Justiça e Segurança Pública (Flávio Dino) sobre a efetiva revogação de referida Portaria.

5.6 Polícia Ferroviária Federal

Trata-se de polícia ostensiva da União, podendo ser entendida como sendo órgão permanente, organizado e mantido por aquele ente federado, estruturado em carreira, destinando-se ao *patrulhamento ostensivo das ferrovias federais*, nos termos da lei.

Conforme se verifica é uma norma constitucional de eficácia limitada que precisa de lei (ato normativo infraconstitucional) para ser disciplinado, devendo referida lei estar em harmonia com o preceito constitucional em tela.

5.7 Polícias Civis

As Polícias Civis dos Estados-Membros e do Distrito Federal exercem as funções de *polícia judiciária* (dos respectivos entes federados) e de apuração de infrações penais, com **exceção** das *infrações penais militares* e *daquelas de atribuição da Polícia Federal*, sendo uma polícia investigativa. Elas estão subordinadas aos respectivos Governadores dos Estados e Distrito Federal.

Destaque-se que sua atribuição é considerada *residual*, sendo necessário verificar antes se é o caso ou não de atribuição da Polícia Federal ou da Polícia Militar.

Conquanto não possuam atribuição de investigação para apurar infrações penais militares, a **jurisprudência do Supremo Tribunal Federal** é no sentido que a simples circunstância de existir o envolvimento de policiais militares nas investigações de infrações penais comuns, estranhos à atividade militar, não tem o condão de retirar as atribuições da Polícia Civil para a investigação, não se falando em deslocamento do inquérito policial para a polícia castrense.

Importante registrar que a despeito da previsão em algumas Constituições Estaduais, a **jurisprudência do STF** é firme no sentido de ser **vedada a outorga de foro especial por prerrogativa de função aos delegados de polícia**.

Ademais, o STF entende ser *inconstitucional de norma estadual que assegure a independência funcional a delegados de polícia, bem como que atribua à polícia civil o caráter de função essencial ao exercício da jurisdição e à defesa da ordem jurídica*. Conforme entendimento firmado, as normas, ainda que originárias do poder constituinte decorrente, que venham a atribuir autonomia funcional, administrativa ou financeira a outros órgãos ou instituições **não constantes da CF, padecem de vício de inconstitucionalidade material, por violação ao princípio da separação dos Poderes**. (ADI 5522/SP, Rel. Min. Gilmar Mendes, julgamento virtual finalizado em 18/2/2022).

Ainda, na linha da jurisprudência do STF, *é inconstitucional normas de Constituição Estadual, oriunda de iniciativa parlamentar, que disponha sobre a nomeação, pelo governador do estado, de ocupante do cargo de Diretor-Geral da Polícia Civil, a partir de lista tríplice elaborada pelo Conselho Superior de Polícia* (ADI 6923/RO, relator Min. Edson Fachin, julgamento virtual finalizado em 28.10.2022).

Não se compatibiliza com a Constituição Federal a norma de Constituição Estadual, oriunda de iniciativa parlamentar, que atribui às funções de polícia judiciária e à apuração de infrações penais exercidas pelo Delegado de Polícia natureza jurídica e caráter essencial ao Estado (ADI 5528/TO, Rel. Min. Nunes Marques, j. 21/11/2022). E mais: **é inconstitucional** norma de Constituição Estadual que estabelece a natureza jurídica da Polícia Civil como função essencial à atividade jurisdicional do Estado e à defesa da ordem jurídica, bem como atribui ao Delegado de Polícia a garantia de independência funcional (ADI 5517/ES, Rel. Min. Nunes Marques, j. 21/11/2022).

5.8 Polícias Militares e corpos de Bombeiros Militares

Aos Policiais Militares são atribuídos o policiamento ostensivo e a preservação da ordem pública (polícia preventiva), ao passo que aos bombeiros, além das atribuições da lei, incumbe a execução de atividades da defesa civil.

Com base no texto constitucional podemos verificar que tanto as Polícias Militares quanto os Corpos de Bombeiros Militares são considerados forças auxiliares e reservas do Exército, subordinando-se aos Governadores dos Estados, do Distrito Federal e dos Territórios.

Destaque-se que o **Supremo Tribunal Federal** possui entendimento firme (ADI 3.614) no sentido de que **ofende a Carta Magna a atribuição aos policiais militares da função de atendimento em delegacias de polícia**, nos Municípios que não dispõem de servidor de carreira para o desempenho das funções de Delegado de Polícia.

Por fim, há que se destacar que ao julgar (11/3/2022) a ADI n.º 5.637/MG o STF firmou o entendimento de *ser constitucional norma estadual que prevê a possibilidade da lavratura de termos circunstanciados pela Polícia Militar e pelo Corpo de Bombeiro Militar.*

5.9 Polícias Penais

A Emenda Constitucional n.º 104, de 04/12/2019, inseriu o inciso VI no *caput* do art. 144 da Carta Magna, prevendo que as Polícias Penais (federal, estaduais e distrital) integram os órgãos de segurança pública.

Elas são vinculadas ao órgão administrador do sistema penal da Unidade Federativa a que pertencem, cabendo a elas a segurança dos estabelecimentos penais.

Destaque-se que as Polícias Penais Estaduais e Distrital subordinam-se aos Governadores dos respectivos Estados-Membros e do Distrito Federal e Territórios. Importante notar que inexiste polícia penal municipal!

Por expressa previsão constitucional o preenchimento do quadro de servidores dessa nova modalidade de órgão policial será feito, exclusivamente, por *intermédio de concurso público*, bem como por *meio da transformação* dos cargos isolados, dos cargos de carreira dos atuais agentes penitenciários e dos cargos públicos equivalentes.

Impende destacar, por fim, que a promulgação da EC/104 **não tem o condão de transformar, automaticamente,** os cargos existentes no país em policiais penais, vez que **há a necessidade de atuação por parte do Poder Público em realizar concursos públicos, ou transformar os cargos existentes por intermédio de ato normativo infraconstitucional.**

5.10 Guardas Municipais

Destaque-se que as Guardas Municipais não foram inseridas nos incisos do *caput* do art. 144 da Constituição Federal, *razão pela qual há vozes no sentido de que elas não fazem parte das forças de segurança pública*. Inclusive, a própria jurisprudência **dominante do STF** é nesse sentido. Vejamos.

> "Apesar de concordar que há 'dados empíricos expressivos' no sentido de que as guardas municipais exercem atividade de risco, elas estão disciplinadas no parágrafo 8º do artigo 144 da Constituição Federal e, portanto, *não integram a estrutura da segurança pública* (artigo 144 e incisos da Constituição). O legislador não contemplou as guardas municipais com o direito previsto no artigo 40, parágrafo 4º, inciso II, da Constituição Federal, que prevê que é possível a adoção de requisitos diferenciados de aposentadoria, por meio de lei complementar, para servidores que exerçam atividades de risco". (Ministro Relator Luís Roberto Barroso – agravos regimentais nos MI's 6.773, 6.515, 6.770, 6.780 e 6.874)

Para o Supremo Tribunal Federal, portanto, o rol previsto no *caput* do art. 144 da Constituição Federal **é taxativo**, não podendo ser ampliado por norma infraconstitucional.

Ao julgar (24/6/2020) a ADI 2575/PR (informativo n.º 938) o STF, mais uma vez, reafirmou seu posicionamento sobre a taxatividade dos integrantes dos órgãos de segurança pública, que estão previstos nos incisos I a VI do caput do art. 144 da CF/88. Nesse sentido, veja-se excerto do julgamento:

> (...)
>
> No que se refere à constitucionalidade da redação originária do art. 50 da Constituição paranaense, o colegiado adotou o entendimento firmado no julgamento da ADI 2.827, no sentido de que o rol de órgãos encarregados do exercício da segurança pública, previsto no art. 144, I a V, da CF, é taxativo e de que esse modelo federal deve ser observado pelos estados-membros e pelo Distrito Federal.
>
> Destacou, ainda, que nada impede que a Polícia Científica, órgão responsável pelas perícias, continue a existir e a desempenhar suas funções, sem estar, necessariamente, vinculada à Polícia Civil, razão pela qual afastou a alegada inconstitucionalidade da redação originária do art. 50 da Constituição paranaense. Contudo, reputou necessário, com vistas a evitar confusão pelo uso do termo "Polícia Científica", conferir-lhe interpretação conforme, para afastar qualquer interpretação que lhe outorgue caráter de órgão de segurança pública.

Não obstante tal divergência, s.m.j, elas fazem parte dessas forças de segurança, mas com *atuação específica e limitada*, conforme se verá logo a seguir.

Diversamente da obrigatoriedade da existência dos órgãos mencionados acima, a criação das Guardas Municipais é uma *faculdade* dos Municípios, *ex vi* do § 8.º do art. 144 da CF. A Guarda Municipal é uma instituição de caráter civil, uniformizada e armada (conforme previsto em lei), vinculada ao Poder Executivo do Município.

Caso o Município opte em criar a Guarda Municipal essa será **destinada, constitucionalmente, à proteção dos bens, serviços e instalações daquele**, conforme dispuser a lei que a instituir. Destaque-se que essa lei regulamentadora deverá seguir os parâmetros constitucionais preestabelecidos, não sendo possível que ela amplie as atribuições outorgadas, sob pena de flagrante inconstitucionalidade material.

Frise-se no ano de 2014 foi promulgada a Lei n.º 13.022 que trata do denominado Estatuto Geral das Guardas Municipais, diploma que trouxe normas gerais para regular a instituição, inclusive ampliando suas atribuições constitucionalmente outorgadas.

Após a promulgação dessa lei a Federação Nacional de Entidades de Oficiais Militares Estaduais (FENEME) ingressou com uma Ação Direta de Inconstitucionalidade (ADI 5156) junto ao Supremo Tribunal Federal questionando diversos dispositivos daquele diploma. Sublinhe-se que no final do ano de 2020 houve o indeferimento liminar da referida ação constitucional, por falta de legitimidade ativa da requerente. Em síntese, o STF entendeu que *a ação não poder ser conhecida, em razão da ilegitimidade ativa da Federação Nacional de Entidades de Oficiais Militares Estaduais (FENEME) para a proposição da presente ação. A jurisprudência do STF é consolidada no sentido da ausência de legitimidade dos sindicatos e das federações, mesmo aquelas de âmbito nacional, para propor ações de controle concentrado. A Corte entende que é privativa das confederações a legitimação para ação direta de inconstitucionalidade.*

Impende registrar que não obstante essas divergências, o STF entende que é constitucional a atribuição às guardas municipais do *exercício de poder de polícia de trânsito*, inclusive para imposição de sanções administrativas legalmente previstas.

Não obstante esse posicionamento, no início do segundo semestre de 2022 (j. 16/8/2022) a 6.ª Turma do STJ, firmou o entendimento de que *as guardas municipais não possuem competência para patrulhar supostos pontos de tráfico de drogas, realizar abordagens e revistas em indivíduos suspeitos da prática de tal crime ou ainda investigar denúncias anônimas relacionadas ao tráfico e outros delitos cuja prática não atinja de maneira clara, direta e imediata os bens, serviços e instalações municipais* (REsp 1.977.119-SP).

Antes de finalizar a abordagem do tema relacionado à Guarda Municipal, importante destacar que no final do primeiro semestre do ano de 2021 a **jurisprudência do Supremo Tribunal Federal quase sofreu alteração sobre a taxatividade ou não do rol do art. 144, *caput*, da CF**. Nesse sentido, vejamos o teor do julgamento da ADI 6621:

> 1. A Associação Nacional dos Delegados de Polícia Judiciária apresenta-se como entidade apta a, nos termos do art. 103, IX, da CRFB/88, ajuizar ação direta

de inconstitucionalidade que questiona desenho institucional da segurança pública com possíveis reflexos sobre a atuação de Delegados da Polícia Civil. 2. A despeito da consolidada jurisprudência deste Supremo Tribunal Federal sobre a impossibilidade de conhecer, em ação direta, da incompatibilidade entre decretos secundários e a legislação ordinária, o Decreto nº 5.979/2019, do Estado do Tocantins, revela suficiente generalidade, abstração e independência normativa para permitir a fiscalização abstrata de sua constitucionalidade. 3. **A tradicional compreensão sobre a taxatividade do rol do art. 144 da Constituição da República cedeu lugar a interpretação menos restritiva, permitindo aos entes federativos criarem polícias científicas autônomas que, do ponto de vista da organização administrativa, não estejam vinculadas à Polícia Civil.** 4. Não ofende a Constituição da República legislação estadual que considera agentes de necrotomia, papiloscopistas e peritos oficiais como servidores da polícia civil de Estado-membro, remetendo o poder de controle e supervisão exercido sobre eles a Superintendência de Polícia Científica. 5. Ação direta julgada improcedente. (negritei)

Na ocasião do julgamento da ADI em questão o *STF consolidou o entendimento de que a ordem constitucional estabelece a competência concorrente entre a União e os estados para tratar da segurança pública. O Congresso Nacional, por sua vez, aprovou a Lei n.º 13.675/18, que disciplina a organização e o funcionamento dos órgãos responsáveis pela segurança pública, concretizando o comando do art. 7.º do art. 144 da Constituição. E, de acordo com essa lei, são integrantes operacionais do Sistema Único de Segurança Pública não apenas os órgãos constantes do rol constitucional, mas também os institutos oficiais de criminalística, medicina legal e identificação.*

De forma sintetizada, com base no julgamento da ADI 6621/TO, verifica-se que o STF entendeu que os Estados-Membros poderão optar por garantir a autonomia formal aos institutos de criminalística ou integrá-los aos demais órgãos de segurança pública, sem que haja qualquer ofensa material à CF.

A despeito ainda não seja considerada pela jurisprudência do STF como sendo um órgão de segurança pública, embora haja divergências doutrinárias, há que se destacar que a PEC 32/2020, que trata da Reforma Administrativa, pretende a inclusão das Guardas Municipais como sendo forças de segurança pública, transformando-as em polícia ostensiva, com as mesmas atribuições das polícias militares.

5.11 Segurança Viária

Assim como as Guardas Municipais, os órgãos de segurança viária não são considerados integrantes das forças de segurança pública.

As funções dos órgãos de segurança pública estão relacionadas à *gestão de trânsito*. Nesse sentido, temos:

§ 10. A segurança viária, exercida para a preservação da ordem pública e da incolumidade das pessoas e do seu patrimônio nas vias públicas:

I - compreende a educação, engenharia e fiscalização de trânsito, além de outras atividades previstas em lei, que assegurem ao cidadão o direito à mobilidade urbana eficiente; e,

II - compete, no âmbito dos Estados, do Distrito Federal e dos Municípios, aos respectivos órgãos ou entidades executivos e seus agentes de trânsito, estruturados em Carreira, na forma da lei.

5.12 Força Nacional

Com o advento da Lei n.º 11.473/07 criou-se a possibilidade de a União Federal firmar convênio com os Estados-Membros e o DF para executar atividades e serviços imprescindíveis à preservação da ordem pública e da incolumidade das pessoas e do patrimônio (cf. art. 3.º).

Antes dessa lei, que incluiu o Distrito Federal no projeto, foi expedido o Decreto n.º 5.289, de 29/11/2004, que efetivamente criou a Força Nacional de Segurança Pública.

Referida lei embasou o surgimento da Força Nacional de Segurança Pública, a qual possui suas atuações desenvolvidas através de coordenação conjunta da União Federal e do ente federativo que firmar o acordo. A Força Nacional funciona como sendo a "Polícia Militar no âmbito da União", mas não possui quadro fixo de servidores, sendo composta por policiais militares, policiais civis, bombeiros militares e profissionais de perícia dos estados e Distrito Federal.

A respeito da utilização da Força Nacional importante trazer à baila o seguinte julgado:

> É plausível a alegação de que a norma inscrita no art. 4º do Decreto 5.289/2004, naquilo em que dispensa a anuência do governador de estado no emprego da Força Nacional de Segurança Pública, viole o princípio da autonomia estadual.
>
> Trata-se de referendo de decisão que concedeu medida cautelar em ação cível originária para ordenar à União que retire dos municípios de Prado e Mucuri o contingente da Força Nacional de Segurança Pública mobilizado pela Portaria 493/2020. A citada Portaria, expedida pelo Ministro de Estado da Justiça e Segurança Pública, autorizou o emprego da Força Nacional naquelas localidades, em apoio ao Ministério da Agricultura, Pecuária e Abastecimento, sem que houvesse formal e expressa solicitação do governador do estado da Bahia.
>
> Há plausibilidade jurídica do direito evocado, porque pesam legítimas dúvidas sobre a constitucionalidade do art. 4º do Decreto 5.289/2004, que, alterado pelo Decreto 7.957/2013, estendeu o conteúdo semântico da norma e criou uma regra adicional ampliadora do rol dos legitimados a requerer o emprego da Força Nacional. A autorização unilateral do emprego da Força Nacional, parece, em juízo

de delibação, contrariar as normas de escalão superior das quais deveria retirar sua validade. Nesse sentido, o art. 241 da Constituição Federal (CF) se refere expressamente à celebração de convênios de cooperação ou consórcios públicos entre os entes federados para assegurar a continuidade de serviços públicos. Além disso, com exceção das hipóteses de intervenção federal, previstas no art. 34 da CF, não se identificam dispositivos hábeis a contornar a autonomia dos estados, em sua integridade administrativa e territorial, sem que se obedeça à exigência de exteriorização de vontade apta a ser elemento de suporte de fato jurídico. Em análise típica de controle de legalidade, a validade do art. 4º do Decreto 5.289/2004 deve ser contrastada com a Lei 11.473/2007, que dispõe sobre cooperação federativa no âmbito da segurança pública.

- Presente, também, o requisito do perigo da demora. Em primeiro lugar, em razão da gravidade do objeto em litígio, uma vez que o pacto federativo é essencial para o correto funcionamento das instituições republicanas. A jurisprudência da Corte confere significativo peso argumentativo à autonomia dos Estados-membros. Dessa forma, a mobilização de força de segurança pública em território estadual, ressalvado ulterior juízo de mérito, implica grave ameaça ao equilíbrio da Federação. Em segundo lugar, a citada gravidade é exacerbada por se tratar, justamente, de tópico referente à segurança pública. O horizonte possível de emprego do uso da força apresenta risco que é da essência da própria atividade. Existe fundado temor de que, ao final do curso natural do processo, o uso da violência monopolística do Estado se revele, a um só tempo, ilegítimo e irreversível. Havendo vidas envolvidas, tanto da população local quanto dos membros das forças de segurança, é razoável assumir que existe um risco elevado na demora do julgado. Por fim, o objeto da demanda não ocorre em um vácuo histórico, mas durante a mais severa crise sanitária dos últimos cem anos (decorrente da pandemia do Covid-19). Em razão disso, a mobilização do contingente exógeno de forças de segurança inegavelmente apresenta riscos de contaminação para a população local.

O Plenário, por maioria, referendou a decisão concessiva da cautelar. Vencido o ministro Roberto Barroso (ACO 3427 Ref-MC/BA, rel. Min. Edson Fachin, julgamento em 24.9.2020).

A partir da leitura do julgado em tela denota-se não ser possível o envio da Força Nacional de Segurança para atuar em determinado Estado-Membro sem que tenha havido pedido ou concordância do respectivo Governador.

Quadro Sinótico

DEFESA DO ESTADO E DAS INSTITUIÇÕES DEMOCRÁTICAS	
Conceito e considerações gerais	Como se sabe, dentro do Estado Democrático de Direito a Constituição Federal zela para que exista um *equilíbrio estável* entre todas as forças, procurando manter uma dialética entre os diversos grupos que o integram. Caso haja o rompimento desse equilíbrio constitucional, em virtude do fato de ter ocorrido uma extrapolação dos parâmetros jurídicos fixados na norma constitucional, estaremos diante da denominada **crise constitucional**. Verificado esse rompimento, bem como a instalação da crise constitucional, nossa Carta Magna prevê mecanismos para o restabelecimento da ordem. Nesse diapasão, verificamos a existência do **sistema constitucional de crises**, destacando a existência do **estado de defesa** e do **estado de sítio.** Para a execução dessas medidas excepcionais será necessária a observância de 03 (três) requisitos: (i) *necessidade*; (ii) *temporalidade*; e, *obediência irrestrita aos preceitos estabelecidos na CF*.
Estado de Defesa	O Estado de Defesa é o instrumento de controle de crises constitucionais que encontra pertinência visando à *preservação* ou *restabelecimento*, em *locais definidos* (restritos e determinados), a ordem pública ou a paz social, ameaçada por grande instabilidade institucional ou atingida por calamidades públicas de grandes proporções. A materialização desse instrumento será feita por intermédio de *decreto presidencial*, no qual deverá conter o tempo de duração da medida; áreas abrangidas; restrições de direitos; locais serão ocupados e os bens e serviços públicos utilizados. O prazo de duração da medida será de 30 (trinta) dias, prorrogável por uma única vez, por igual período. Destaque-se que a medida será passível de *controle político* (por parte do Congresso Nacional), bem como de *controle jurisdicional*, o qual pode ser concomitante com a medida excepcional ou sucessiva a ela.

Estado de Sítio	Trata-se de instrumento utilizado para controle de crises constitucionais que encontra pertinência nas seguintes situações: (a) *comoção grave de repercussão nacional*; (b) *ocorrência de fatos que comprovem a ineficácia do Estado de Defesa*; e, (c) na *declaração de estado de guerra ou a reposta a agressão armada estrangeira*. O decreto presidencial deverá conter as informações acerca do tempo de duração (se for o caso: quando a decretação for baseada na declaração de estado de guerra ou resposta a agressão armada estrangeira, o prazo será indefinido, até o término delas); normas necessárias à sua concretização; garantias constitucionais suspensas; o executor das medidas. Por se tratar de situação de crise mais grave, as medidas coercitivas que poderão ser adotadas durante a decretação do estado de sítio *são mais abrangentes que as do estado de defesa* (art. 139, CF), sendo que, inclusive, poderão ser decretadas medidas outras diversas das previstas na CF. No caso do Estado de Sítio decretado com base no inciso I do art. 137 da Constituição Federal, *o prazo de duração será de 30 (trinta) dias, prorrogáveis por prazos iguais e sucessivos*. Por sua vez, se o pressuposto autorizativo for aquele previsto no inciso II do mesmo dispositivo, *não há prazo definido, durante a medida enquanto perdurar a guerra ou a agressão armada estrangeira*. Aqui também existe *controle político* e *controle jurisdicional*.
Forças Armadas	As Forças Armadas (Aeronáutica, Exército e Marinha) são instituições nacionais *permanentes* e *regulares*, organizadas com base na hierarquia e na disciplina, sob a autoridade suprema do Presidente da República, destinando-se à *defesa da Pátria, à garantia dos poderes constitucionais e, por iniciativa de qualquer destes, da lei e da ordem*. Destaque-se que a garantia da lei e da ordem consiste em *atribuição subsidiária*, vez que aquela cabe, em um primeiro momento, aos órgãos de segurança pública.
Forças Armadas	A CF dispõe que *não caberá* habeas corpus *em relação a punições disciplinares militares*. A despeito da literalidade desse dispositivo constitucional, a **jurisprudência do STF** é no sentido de que referida regra deve ser interpretada de forma mais branda, ou seja, somente em face do mérito que é incabível a impetração de *habeas corpus*. Com a promulgação da Emenda Constitucional n.º 77/2014, foi estabelecida nova hipótese de acumulação remunera lícita de vencimentos, sendo que se houver compatibilidade de horários, os profissionais de saúde das Forças Armadas poderão, na forma da lei, exercer outro cargo ou emprego civil, desde que privativo de profissional de saúde com profissão regulamentada.

Segurança Pública	A segurança pública é *dever do Estado, direito e responsabilidade de todos*, tendo como função a preservação da ordem pública e da incolumidade das pessoas e do patrimônio. A segurança pública, portanto, consiste numa atuação de preservação ou restabelecimento de convivência social que permite que todos usufruam de seus direitos e exerçam suas atividades sem serem perturbados por terceiros. Integram a Segurança Pública no país a Polícia Federal; a Polícia Rodoviária Federal; a Polícia Ferroviária Federal; as Polícias Civis dos Estados-Membros e do Distrito Federal; as Polícias Militares e corpos de bombeiros militares dos Estados-Membros e do Distrito Federa; e, as Polícias Penais (inserida pela EC n.º 104/19). Enquadram-se na categoria das *polícias judiciárias* a Polícia Federal e as Polícias Civis dos Estados Membros e Distrito Federal. Todos os demais órgãos são enquadrados na categoria das *polícias ostensivas*. Não obstante o fato de a segurança pública estar prevista no art. 144 da CF, não restam dúvidas ser ela um direito fundamental do indivíduo. A jurisprudência do STF firmou-se no sentido de ser *impossível a realização de greve por integrantes das forças de segurança pública*, não obstante sejam considerados servidores públicos. **Polícia Federal** - é a *Polícia Judiciária da União*, atuando, em regra, após a ocorrência de infrações penais (polícia de investigação) perpetradas em face da União Federal, suas entidades autárquicas ou empresas públicas. O § 1.º do art. 144 da CF, elenca em quatro incisos as atribuições constitucionais da Polícia Federal. **Polícia Rodoviária Federal** - trata-se de polícia ostensiva da União, podendo ser entendida como sendo órgão permanente, organizado e mantido por aquele ente federado, estruturado em carreira, destinando-se ao *patrulhamento ostensivo das rodovias federais*, nos termos da lei. **Polícia Ferroviária Federal** - trata-se de polícia ostensiva da União, podendo ser entendida como sendo órgão permanente, organizado e mantido por aquele ente federado, estruturado em carreira, destinando-se ao *patrulhamento ostensivo das ferrovias federais*, nos termos da lei. **Polícias Civis** - exercem as funções de *polícia judiciária* (dos respectivos entes federados) e de apuração de infrações penais, com **exceção** das *infrações penais militares* e *daquelas de atribuição da Polícia Federal*, sendo uma polícia investigativa. Elas estão subordinadas aos respectivos Governadores dos Estados e Distrito Federal. Destaque-se que sua atribuição é considerada *residual*, sendo necessário verificar antes se é o caso ou não de atribuição da Polícia Federal ou da Polícia Militar. **Polícias Militares e corpos de Bombeiros Militares** – possuem atribuição para o policiamento ostensivo e a preservação da ordem pública (polícia preventiva), ao passo que aos bombeiros, além das atribuições da lei, incumbe a execução de atividades da defesa civil. **Polícias Penais** - A Emenda Constitucional n.º 104, de 04/12/2019, inseriu o inciso VI no *caput* do art. 144 da Carta Magna, prevendo que as Polícias Penais (federal, estaduais e distrital) integram os órgãos de segurança pública. Elas são vinculadas ao órgão administrador do sistema penal da Unidade Federativa a que pertencem, cabendo a elas a segurança dos estabelecimentos penais.

Segurança Pública	**Guardas Municipais** - não foram inseridas nos incisos do *caput* do art. 144 da Constituição Federal, *razão pela qual há vozes no sentido de que elas não fazem parte das forças de segurança pública*. Inclusive, a própria jurisprudência dominante do STF é nesse sentido. Diversamente da obrigatoriedade da existência dos órgãos mencionados acima, a criação das Guardas Municipais é uma *faculdade* dos Municípios, *ex vi* do § 8.º do art. 144 da CF. A Guarda Municipal é uma instituição de caráter civil, uniformizada e armada (conforme previsto em lei), vinculada ao Poder Executivo do Município. Caso o Município opte em criar a Guarda Municipal essa será destinada, constitucionalmente, à proteção dos bens, serviços e instalações daquele, conforme dispuser a lei que a instituir. **Segurança Viária** - não são considerados integrantes das forças de segurança pública. As funções dos órgãos de segurança pública estão relacionadas à *gestão de trânsito*. **Força Nacional** - possui suas atuações desenvolvidas através de coordenação conjunta da União Federal e do ente federativo que firmar o acordo. A Força Nacional funciona como sendo a "Polícia Militar no âmbito da União", mas não possui quadro fixo de servidores, sendo composta por policiais militares, policiais civis, bombeiros militares e profissionais de perícia dos estados e Distrito Federal.

EXERCÍCIOS

Questões

1 - (PC/ES – Delegado de Polícia – Instituto Acesso - 2019) - A segurança pública é dever do Estado, devendo ser exercida para a preservação da ordem pública e da incolumidade das pessoas e do patrimônio, através das polícias federal, rodoviária federal, ferroviária federal, civis, militares e corpos de bombeiros militares. (*questão reescrita para adequação às alterações promovidas pela EC n.º 104/19*)

É INCORRETO afirmar que

a) A segurança viária compreende a educação, engenharia e fiscalização de trânsito, além de outras atividades previstas em lei, que assegurem ao cidadão o direito à mobilidade urbana eficiente.

b) Às polícias militares cabem a polícia ostensiva e a preservação da ordem pública.

c) As polícias militares e corpos de bombeiros militares, forças auxiliares e reserva do Exército subordinam-se, juntamente com as polícias civis e as polícias penais estaduais e distrital, aos Governadores dos Estados, do Distrito Federal e dos Territórios.

d) A polícia ferroviária federal se destina ao patrulhamento ostensivo das ferrovias federais.

e) Cabe às polícias civis apurar infrações penais contra a ordem política e social cuja prática tenha repercussão interestadual ou internacional e exija repressão uniforme.

2 – (PC/SE – Delegado de Polícia – CESP – 2018) – Conforme disposições constitucionais a respeito da organização da segurança pública, julgue o item a seguir.

O poder constituinte originário, ao tratar da segurança pública no ordenamento constitucional vigente, fez menção expressa à segurança viária, atividade exercida para a preservação da ordem pública, da incolumidade das pessoas e de seu patrimônio nas vias públicas

( ) Certo

( ) Errado

3 – (PC/SE – Delegado de Polícia – CESPE – 2018) - Conforme disposições constitucionais a respeito da organização da segurança pública, julgue o item a seguir.

Incumbem às polícias civis a função de polícia judiciária e a apuração de infrações penais contra a ordem política e social, excetuadas as infrações de natureza militar

( ) Certo

( ) Errado

4 – (PC/SE – Delegado de Polícia – CESPE – 2018) – Conforme disposições constitucionais a respeito da organização da segurança pública, julgue o item a seguir.

As polícias militares, os corpos de bombeiros militares e as polícias civis subordinam-se aos governadores dos estados, do Distrito Federal e dos territórios.

( ) Certo

( ) Errado

5 - (PC/SE – Delegado de Polícia – CESPE – 2018) – Conforme disposições constitucionais a respeito da organização da segurança pública, julgue o item a seguir.

A segurança pública, exercida para preservação da ordem pública e da incolumidade das pessoas e do patrimônio, é responsabilidade de todos.

( ) Certo

( ) Errado

6 – (PF – Delegado de Polícia – CESPE – 2018) - Acerca da disciplina constitucional da segurança pública, do Poder Judiciário, do MP e das atribuições da PF, julgue o seguinte item.

A PF tem competência para apurar infrações penais que causem prejuízos aos interesses da União, ressalvadas aquelas que atinjam órgãos da administração pública indireta no âmbito federal.

( ) Certo

( ) Errado

7 – (PC/GO – Delegado de Polícia – UEG – 2018) – O Delegado de Polícia, ainda segundo a Constituição (CRFB) e o Supremo Tribunal Federal (STF):

a) Não pode possuir nenhuma tatuagem no corpo nem alegar-se adventista do sétimo dia, para recusar o plantão de sexta para sábado, pois no Brasil o Estado é laico.

b) Pode questionar a condução de investigações penais pelo Ministério Público, cuja atribuição limita-se à propositura da ação penal pública.
c) Está subordinado ao governador do Estado, e o respectivo concurso pode exigir altura mínima para ingresso.
d) Pode instaurar procedimento investigatório a partir de delação anônima, independentemente de prévia averiguação sumária.
e) Pode interromper manifestações voltadas à descriminalização das drogas, como a chamada "marcha da maconha", pois esse tipo de evento extrapola os direitos à livre manifestação do pensamento e de reunião, além de configurar apologia ao crime.

8 – (PC/RS – Delegado de Polícia – FUNDATEC – 2018) – Reza a Constituição que a segurança pública, dever do Estado, direito e responsabilidade de todos, é exercida para a preservação da ordem pública e da incolumidade das pessoas e do patrimônio. Assinale a alternativa correta em relação às atribuições dos órgãos da segurança pública.

a) Celso Antônio Bandeira de Mello define o poder de polícia quanto ao seu exercício, promovendo uma bipartição do conceito e definindo o poder de polícia em sentido amplo e em sentido estrito. Em sentido amplo, refere-se ao complexo de atos legislativos, judiciais e executivos que tutelam a liberdade e a propriedade dos indivíduos, ajustando-as aos interesses da coletividade. Em sentido estrito, por sua vez, relaciona-se exclusivamente com as intervenções dos três Poderes que pretendem evitar atividades particulares conflitantes com os interesses coletivos, sendo elas, as autorizações, as licenças e os regulamentos.
b) As Polícias Civis são instituições nacionais permanentes e regulares, organizadas com base na hierarquia e na disciplina, sob a autoridade suprema do Governador do respectivo Estado, e destinam-se à defesa da Pátria, à garantia dos poderes constitucionais e, por iniciativa de qualquer destes, da lei e da ordem.
c) Conforme dispositivo da CF, os municípios poderão constituir guardas municipais destinadas à proteção de seus bens, serviços e instalações, conforme dispuser a lei. Destarte, é constitucional a atribuição às guardas municipais do exercício de poder de polícia de trânsito, inclusive para imposição de sanções administrativas legalmente previstas.
d) O conceito jurídico de ordem pública se confunde com incolumidade das pessoas e do patrimônio (Art. 144 da CF/1988). Sem embargo, a ordem pública se constitui em bem jurídico que pode resultar mais ou menos

fragilizado pelo modo personalizado com que se dá a concreta violação da integridade das pessoas ou do patrimônio de terceiros, tanto quanto da saúde pública (nas hipóteses de tráfico de entorpecentes e drogas afins).

e) Os Estados-membros podem criar órgão de segurança pública diverso dos previstos na CF.

9 – (PC/SP – Delegado de Polícia – VUNESP – 2018) – Suponha que o Presidente da República, depois de ouvir o Conselho da República e o Conselho de Defesa Nacional, decretou estado de defesa para restabelecer a paz social ameaçada por grave e iminente instabilidade institucional no local X.

Nesse caso, é certo assinalar que:

a) O estado de defesa poderá ser instituído pelo prazo máximo de 45 dias, prorrogado uma única vez por mais 45 dias.

b) O decreto poderá restringir tanto o sigilo de comunicação telegráfica como telefônica.

c) O decreto que instituir o estado de defesa poderá se dar por prazo indeterminado em casos de grave violação da ordem pública.

d) Na vigência do estado de defesa a prisão ou detenção de qualquer pessoa não poderá ser superior a 30 dias, salvo quando autorizada pelo Poder Judiciário.

e) O direito de reunião poderá ser restringido, excetuando-se naquelas exercidas no seio das associações.

10 – (PC/BA – Delegado de Polícia – VUNESP – 2018) – Assinale a alternativa que corretamente trata do sistema constitucional de crises.

a) Na hipótese extrema do estado de defesa, quando medidas enérgicas devem ser tomadas para preservar a ordem pública, o preso pode ficar, excepcionalmente, incomunicável.

b) O Estado de Sítio pode ser defensivo, tendo como pressuposto material a ocorrência de uma comoção grave, cuja repercussão é nacional e que não pode ser debelada com os instrumentos normais de segurança.

c) Logo que cesse o Estado de Defesa ou o Estado de Sítio, as medidas aplicadas em sua vigência pelo Presidente da República serão relatadas em mensagem ao Supremo Tribunal Federal, pois cumpre ao Judiciário o controle de legalidade dos atos praticados.

d) Cessado o Estado de Sítio, cessam imediatamente seus efeitos, de modo que os atos coercitivos autorizados em decreto, executados pelos delegados do Presidente da República, são imunes ao controle judicial.

e) Os pareceres emitidos pelos Conselhos da República e de Defesa Nacional não são vinculantes, cabendo a decretação do estado de defesa ao Presidente da República, que expedirá decreto estabelecendo a duração da medida.

11 – (PC/RO – Escrivão de Polícia – CESPE/CEBRASPE – 2022) - De acordo com o texto constitucional, a polícia ostensiva e a preservação da ordem pública cabem à(s):

a) polícias civis.
b) polícias penais.
c) Polícia Rodoviária Federal.
d) polícias militares.
e) Polícia Federal.

12 – (PC/ES – Delegado de Polícia – CESPE/CEBRASPE – 2022) - Acerca da defesa do Estado e das instituições democráticas, assinale a opção correta.

a) Decretado o estado de defesa ou sua prorrogação, o presidente da República, dentro de vinte e quatro horas, submeterá o ato com a respectiva justificação ao Congresso Nacional, que decidirá por maioria absoluta.

b) O Congresso Nacional apreciará o decreto dentro de cinco dias contados de seu recebimento, devendo continuar funcionando enquanto vigorar o estado de defesa.

c) O tempo de duração do estado de defesa não será superior a 45 dias, podendo ser prorrogado uma vez, por igual período, se persistirem as razões que justificaram a sua decretação.

d) Cessado o estado de defesa ou o estado de sítio, cessarão também seus efeitos, não podendo haver a responsabilização pelos ilícitos cometidos por seus executores ou agentes, haja vista o seu caráter excepcional.

e) Na vigência do estado de defesa, poderá ser tomada medida de detenção em edifício não destinado a acusados ou condenados por crimes comuns.

13 – (Polícia Penal/GDF – Policial Penal – Instituto AOCP – 2022) - Conforme o entendimento do Supremo Tribunal Federal (STF), o exercício do direito de greve, sob qualquer forma ou modalidade, é vedado a todos os servidores públicos que atuem diretamente na área de segurança pública.

( ) Certo

( ) Errado

14 – (PC/MG – Analista da Polícia Civil – FUMARC - 2022) - Sobre as atribuições constitucionais dos órgãos de Segurança Pública, é **CORRETO** afirmar:

a) A polícia civil destina-se a apurar infrações penais contra a ordem política e social ou em detrimento de bens, serviços e interesses da União ou de suas entidades autárquicas e empresas públicas, assim como outras infrações cuja prática tenha repercussão interestadual ou internacional e exija repressão uniforme, segundo se dispuser em lei.

b) A polícia rodoviária federal destina-se a exercer as funções de polícia marítima, aérea e de fronteiras.

c) Às polícias civis, dirigidas por delegados de polícia de carreira, incumbem, ressalvada a competência da União, as funções de polícia judiciária e a apuração de infrações penais, exceto as militares.

d) As polícias militares e os corpos de bombeiros militares, forças auxiliares e reserva do Exército subordinam-se, juntamente com as polícias civis e as polícias penais estaduais e distrital, aos Prefeitos Municipais das respectivas lotações dos agentes de segurança pública.

15 – (PC/MG – Analista da Polícia Civil – FUMARC – 2022) - Sobre a Segurança Pública, prevista no Título V (Da Defesa do Estado e das Instituições Democráticas) da Constituição da República de 1988, analise as assertivas abaixo:

I. A segurança pública é dever do Estado e direito de todos, sendo exercida para a preservação da ordem pública e da incolumidade das pessoas e do patrimônio, inexistindo qualquer responsabilidade atribuída aos brasileiros para com ela.

II. As guardas municipais, destinadas à proteção de bens, serviços e instalações dos respectivos Municípios, são órgãos integrantes da Segurança Pública, estando previstas, expressamente, no art. 144, *caput*, da Constituição da República de 1988.

III. A polícia ferroviária federal integra a estrutura orgânica da Segurança Pública; organizada e mantida pela União, cabendo-lhe, na forma da lei, o patrulhamento ostensivo das ferrovias federais.

IV. A segurança viária, exercida para a preservação da ordem pública e da incolumidade das pessoas e do seu patrimônio nas vias públicas, compete, no âmbito dos Estados, do Distrito Federal e dos Municípios, aos respectivos órgãos ou entidades executivos e seus agentes de trânsito.

Estão **CORRETAS** apenas as assertivas constantes em:

a) I, II e III.
b) I, III e IV.
c) II e III.
d) III e IV.

16 – (PC/RJ – Delegado de Polícia – CESPE/CEBRASPE – 2022) - Conforme art. 144, § 4.º, da CF, "às polícias civis, dirigidas por delegados de polícia de carreira, incumbem, ressalvada a competência da União, as funções de polícia judiciária e a apuração de infrações penais, exceto as militares". Em face desse dispositivo e do regime jurídico do poder de polícia, é correto afirmar que:

a) lei pode delegar a pessoas jurídicas de direito privado parcelas do exercício do poder de polícia judiciária, segundo jurisprudência recente do Supremo Tribunal Federal.
b) razões de interesse público — como urgência para preenchimento de vaga ou necessidade premente de certa investigação de grave crime contra direitos fundamentais — podem justificar a nomeação de comissionada de delegado de polícia.
c) delegados de Polícia de carreira podem exercer polícia administrativa.
d) a polícia judiciária não se confunde com a polícia administrativa, embora ambas decorram do exercício do poder de império tipicamente estatal, indelegável a entidades privadas.
e) o poder de polícia administrativa vem sendo criticado na doutrina como uma reminiscência autoritária do direito administrativo. Por isso, há quem sustente que ele foi substituído pela ideia de regulação ou de ordenação. Esse entendimento foi vitorioso recentemente no caso BH Trans, julgado pelo Superior Tribunal de Justiça.

17 – (PC/PB – Delegado de Polícia Civil – CESPE/CEBRASPE – 2022) - São consideradas reservas do Exército brasileiro as:

a) polícias militares, os corpos de bombeiros e as polícias penais.
b) polícias militares e as polícias penais.
c) polícias militares e os corpos de bombeiros militares.
d) polícias militares e a polícia penal distrital.
e) polícias penais e os corpos de bombeiro militares.

18 – (PJC/MT – Escrivão e Investigador de Polícia – UFMT – 2022) - Em consonância com as disposições constitucionais acerca das polícias civis, analise as afirmativas.

I- Compete privativamente à União legislar sobre organização, garantias, direitos e deveres das polícias civis.

II- As funções de polícia judiciária e a apuração de infrações penais de competência da União, exceto as militares, poderão ser objeto de delegação às polícias civis estaduais e distrital, desde que haja previsão legal específica.

III- Os servidores policiais serão remunerados exclusivamente por subsídio, fixado em parcela única, vedado o acréscimo de qualquer espécie remuneratória, conforme disposto em lei específica, observada a iniciativa privativa em cada caso.

IV- As forças policiais, civis, militares e penais estaduais e distrital subordinam-se aos Governadores dos Estados e do Distrito Federal, respectivamente.

Estão corretas as afirmativas:

a) I e IV, apenas.

b) I, II e III, apenas.

c) I, III e IV, apenas.

d) II e III, apenas.

e) III e IV, apenas.

19 – (PC/RJ – Inspetor de Polícia Civil – FGV – 2021) - Em razão de uma calamidade de grandes proporções na natureza, o presidente da República consultou alguns ministérios para avaliar a possível decretação do estado de defesa nas áreas abrangidas, bem como o procedimento a ser observado. Na situação descrita, o estado de defesa:

a) não pode ser decretado, já que a calamidade que o autoriza é a de natureza institucional e política, não a decorrente da ação da natureza;

b) pode ser decretado, após provocação do Conselho da República e do Conselho de Defesa Nacional, e prévia aquiescência do Congresso Nacional;

c) pode ser decretado, desde que ouvidos o Conselho da República e o Conselho de Defesa Nacional, com posterior apreciação do decreto pelo Congresso Nacional;

d) pode ser decretado, mas pelo Congresso Nacional, a partir de provocação do presidente da República, após autorização do Conselho da República e do Conselho de Defesa Nacional;

e) pode ser decretado, desde que haja prévia aquiescência do Congresso Nacional, sendo facultativa a manifestação do Conselho da República e do Conselho de Defesa Nacional.

20 – (PC/MG – Escrivão de Polícia – FUMARC – 2021) - "A segurança pública é dever do Estado e consiste na prestação da ordem pública e da incolumidade das pessoas e do patrimônio (art. 144 da CR/88). Para sua concretização, envolve o exercício do poder de polícia - como atividade limitadora de direitos individuais em prol do interesse público, mas em sua modalidade especial, isto é, de *segurança*. A política de segurança, por sua vez, se divide em polícia administrativa – que atua preventivamente, evitando, assim, que o ilícito administrativo aconteça - e em polícia judiciária - destinada à atividade de investigação e, por isso, tem atuação repressiva, já que depende da ocorrência do ilícito penal (Bernardo Gonçalves Fernandes *in* Curso de Direito Constitucional).

NÃO condiz com o tratado no capítulo da Constituição, sobre a segurança pública:

a) A lei disciplinará a organização e o funcionamento dos órgãos responsáveis pela segurança pública, de maneira a garantir a eficiência de suas atividades.
b) Às polícias civis, dirigidas por delegados de polícia de carreira, incumbem, ressalvada a competência da União, as funções de polícia judiciária e a apuração de infrações penais, exceto as militares.
c) Às polícias penais, vinculadas ao órgão administrador do sistema de segurança pública da unidade federativa a que pertencem, cabe a segurança interna das cadeias públicas.
d) Os municípios poderão constituir guardas municipais destinadas à proteção de seus bens, serviços e instalações, conforme dispuser a lei.

21 – (PC/RJ – Perito Legista – FGV – 2021) - Joana, Antônia e Nana, estudiosas das políticas de segurança pública, travaram intenso debate a respeito das competências constitucionais dos órgãos que atuam nessa área. Joana afirmou que compete primordialmente à polícia federal prevenir e reprimir o tráfico ilícito de entorpecentes e drogas afins, sem prejuízo da atuação de outros órgãos públicos. Antônia defendeu que compete à polícia civil apurar as infrações penais, ressalvada a competência dos órgãos da União, incluindo aquelas praticadas pelos integrantes da polícia penal. Nana, por sua vez, defendeu que as polícias penais estão imediatamente vinculadas ao comandante do batalhão de cada área e mediatamente ao governador do Estado ou do Distrito Federal, conforme o caso. Considerando a disciplina constitucional:

a) apenas Nana está certa;
b) apenas Antônia está certa;
c) Joana, Antônia e Nana estão certas;
d) Joana, Antônia e Nana estão erradas;
e) apenas Joana e Antônia estão certas.

Gabarito e Explicação

Questão	Gabarito	Abordagem do assunto no livro
1	E	Capítulo 5
2	Errado	Capítulo 5
3	Errado	Capítulo 5
4	Certo	Capítulo 5
5	Certo	Capítulo 5
6	Errado	Capítulo 5
7	C	Capítulo 5
8	C	Capítulo 5
9	B	Capítulo 2
10	E	Capítulos 2 e 3
11	D	Capítulo 5
12	A	Capítulo 2
13	Certo	Capítulo 5
14	C	Capítulo 5
15	D	Capítulo 5
16	C	Capítulo 5
17	C	Capítulo 5
18	E	Capítulo 5
19	C	Capítulo 2
20	C	Capítulo 5
21	E	Capítulo 5

PARTE 18

ORDEM SOCIAL

Capítulo 1

Considerações Iniciais

Segundo a Constituição Federal, a **ordem social** é formada por um conjunto de regras constitucionais relativas à saúde, à previdência, à assistência social, à educação, à cultura, ao desporto, à ciência e tecnologia, à comunicação social, ao meio ambiente, à família, à criança, ao adolescente, ao idoso e aos índios (denominação essa utilizada pela CF e que faremos algumas ponderações em momento oportuno).

A **base** da ordem social é o ***primado do trabalho***. Trata-se de expressão de conteúdo indeterminado, não havendo um conceito pacífico por parte da doutrina. Entretanto, ante as diversas áreas que integram a ordem social, referida expressão deve ter uma interpretação bem ampla.

Os **objetivos** da ordem social, por sua vez, são o ***bem-estar social*** e a ***justiça social***. O objetivo dessa regra é viabilizar a existência digna, paz social e o exercício na maior extensão possível dos direitos fundamentais, especialmente em razão da defesa dos hipossuficientes (crianças, adolescentes, idosos e índios), montando-se uma estrutura adequada (ao menos, em tese) das demandas sociais fundamentais, bem como do seu aprimoramento.

Sublinhe-se que o Estado exercerá a função de planejamento das políticas sociais, assegurada, na forma da lei, a participação da sociedade nos processos de formulação, de monitoramento, de controle e de avaliação dessas políticas.

A despeito da existência de algumas críticas doutrinárias, integram a ordem social os seguintes assuntos: *seguridade social; educação, cultura e desporto; ciência, tecnologia e inovação; comunicação social; meio ambiente; família, criança, adolescente, jovem e idoso; e, índios.*

A partir de agora, estudaremos alguns aspectos principais desses assuntos.

Capítulo 2

Seguridade social

Está prevista nos arts. 194 a 204 da CF.

Consoante se extrai da Constituição Federal a seguridade social compreende o conjunto integrado de ações de iniciativa dos Poderes Públicos e da sociedade, destinadas a assegurar os direitos relativos à *saúde*, *previdência* e *assistência social*.

São **objetivos** da seguridade social:

a) Universalidade da cobertura e de atendimento;
b) Uniformidade e equivalência dos benefícios e serviços às populações urbanas e rurais;
c) Seletividade e distributividade na prestação dos benefícios e serviços;
d) Irredutibilidade do valor dos benefícios;
e) Equidade na forma de participação no custeio;
f) Diversidade da base do financiamento, identificando-se, em rubricas contábeis específicas para cada área, as receitas e as despesas vinculadas a ações de saúde, previdência e assistência social, preservado o caráter contributivo da previdência social (redação dada pela EC n.º 103/19); e,
g) Caráter democrático e descentralizado da administração, mediante gestão quadripartite, com participação dos trabalhadores, dos empregadores, dos aposentados e do Governo nos órgãos colegiados.

Ela será **financiada** por toda a sociedade, de forma direta e indireta, nos termos da lei (norma de eficácia limitada), mediante:

a) Recursos provenientes dos orçamentos de todos os Entes Federados (União, Estados, Municípios e Distrito Federal) – essas receitas constarão dos respectivos orçamentos, não integrando o orçamento da União Federal. Frise-se que a proposta do orçamento da seguridade social será elaborada de forma integrada pelos órgãos responsáveis pela saúde, previdência e assistência social, tendo em vista as metas e prioridades estabelecidas na lei de diretrizes orçamentárias, assegurada a cada área a gestão de seus recursos;

b) Contribuições sociais do empregador, da empresa e da entidade a ele equiparada, na forma da lei, incidentes sobre: a folha de salários e demais rendimentos do trabalho pagos ou creditados, a qualquer título, à pessoa física que lhe preste serviço, mesmo sem vínculo empregatício; a receita ou o faturamento e o lucro;

c) Contribuições sociais do trabalhador e dos demais segurados da previdência social, podendo ser adotadas alíquotas progressivas de acordo com o valor do salário de contribuição, não incidindo contribuição sobre aposentadoria e pensão concedidas pelo Regime Geral de Previdência Social (redação dada pela EC n.º 103/19);

d) Contribuições sociais sobre a receita de concursos de prognósticos;

e) Contribuições sociais do importador de bens ou serviços do exterior, ou de quem a lei a ele equiparar.

Importante consignar, neste momento, algumas alterações realizadas em nossa Constituição Federal por intermédio da EC n.º 103/19. Senão, vejamos.

A primeira delas diz respeito ao fato de que as contribuições previstas no inciso I do art. 195 da Carta Magna **poderão ter alíquotas diferenciadas em razão da atividade econômica, da utilização intensiva de mão de obra, do porte da empresa ou da condição estrutural do mercado de trabalho, bem como autorizada a adoção de bases de cálculo diferenciadas apenas no caso das alíneas "b" e "c" do dispositivo em comento.**

Ademais, veda-se a moratória e o parcelamento em prazo superior a 60 (sessenta) meses e, nos termos da lei complementar, a remissão e a anistia das contribuições sociais de que tratam a alínea "a" do inciso I e o inciso II do *caput* do art. 195.

Houve a revogação do § 13 do art. 195, bem como a inserção do § 14 estabelecendo que **o segurado somente terá reconhecida como tempo de contribuição ao Regime Geral de Previdência Social e competência cuja contribuição seja igual ou superior à contribuição mensal mínima exigida para sua categoria, assegurado o agrupamento de contribuições.**

Feitas essas considerações gerais, analisaremos a partir de agora cada um dos direitos integrantes da seguridade social. Desde já, destacamos que a análise mais aprofundada dos temas relacionados à seguridade social será feita na disciplina de Direito Previdenciário.

2.1 Saúde

A saúde é *direito de todos e dever do Estado*, devendo ser garantido mediante políticas sociais e econômicas que visem à redução do risco de doença e de outros agravos e ao acesso universal e igualitário às ações e serviços para sua promoção, proteção e recuperação. Constitucionalmente, ela vem prevista nos artigos 196 a 200.

No âmbito infraconstitucional há diversas leis que regem a respeito do direito à saúde. Dentre elas destacamos: Leis n.º 8.080/90 (*Condições para a promoção, proteção e recuperação da saúde*); 9.313/96 (*Distribuição gratuita de medicamentos aos portadores e doentes de AIDS*); 9.434/97 (*Transplantes*); 9.797/99 (*Obrigatoriedade da cirurgia plástica reparadora da mama pela rede do SUS*); e, 9.961/00 (*Agência Nacional de Saúde Suplementar – ANS*).

As ações e serviços de saúde são considerados de **relevância pública**, cabendo ao Poder Público dispor, nos termos da lei, sobre sua regulamentação, fiscalização e controle.

A respeito do tema saúde importante frisar que o STF firmou a seguinte tese: "É constitucional a obrigatoriedade de imunização por meio de vacina que, registrada em órgão de vigilância sanitária, (i) tenha sido incluída no Programa Nacional de Imunizações ou (ii) tenha sua aplicação obrigatória determinada em lei ou (iii) seja objeto de determinação da União, estado, Distrito Federal ou município, com base em consenso médico-científico. Em tais casos, não se caracteriza violação à liberdade de consciência e de convicção filosófica dos pais ou responsáveis, nem tampouco ao poder familiar".

Vejamos teor do ARE 1.267.879/SP (j. 16 a 17/12/2020 – informativo n.º 1003):

> É ilegítima a recusa dos pais à vacinação compulsória de filho menor por motivo de convicção filosófica.
>
> O direito à liberdade de consciência e de crença é objeto de especial proteção pelo texto constitucional (CF, art. 5º, VI e VIII) (1), que destaca o pluralismo como um dos valores essenciais do Estado brasileiro (CF, art. 1º, V) (2). Todavia, em certas hipóteses, a liberdade de crença e de convicção filosófica precisa ser ponderada com outros direitos, entre os quais a vida e a saúde.
>
> A obrigatoriedade de tomar vacinas testadas, aprovadas e registradas pelas autoridades competentes é uma dessas situações. No caso em que estiverem em jogo direitos fundamentais de terceiros ou de toda a coletividade, a decisão do indivíduo de se submeter ou não a uma medida sanitária não produz efeitos apenas sobre a sua esfera jurídica, mas também sobre a de outras pessoas, que não necessariamente compartilham das mesmas ideias.
>
> A obrigatoriedade da vacinação está prevista em alguns diplomas legais vigentes de longa data, como a Lei 6.259/1975 (Programa Nacional de Imunizações), a Lei 6.437/1977 (relativa às infrações à legislação sanitária federal) e a Lei 8.069/1990 (Estatuto da Criança e do Adolescente). Tal previsão jamais foi

reputada inconstitucional. Mais recentemente, a Lei 13.979/2020 (referente às medidas de enfrentamento da pandemia da Covid-19), de iniciativa do Poder Executivo, instituiu comando na mesma linha.

Ademais, diversos fundamentos justificam a legitimidade do caráter compulsório de vacinas quando existentes consenso científico e registro nos órgãos de vigilância sanitária, entre os quais: a) o Estado pode, em situações excepcionais, proteger as pessoas mesmo contra a sua vontade (dignidade como valor comunitário); b) a vacinação é importante para a proteção de toda a sociedade, não sendo legítimas escolhas individuais que afetem gravemente direitos de terceiros (necessidade de imunização coletiva); e c) o poder familiar não autoriza que os pais, invocando convicção filosófica, coloquem em risco a saúde dos filhos (melhor interesse da criança).

No caso, trata-se de recurso extraordinário contra acórdão do Tribunal de Justiça do Estado de São Paulo (TJSP), que determinou que pais veganos submetessem o filho menor às vacinações qualificadas como obrigatórias pelo Ministério da Saúde, a despeito de suas convicções filosóficas.

Ainda no que tange ao direito em questão, bem como à vacinação, sublinhe-se que ao julgar as ADI's 6586/DF e 6587/DF, o Supremo Tribunal Federal firmou a seguinte tese: *"(A) A vacinação compulsória não significa vacinação forçada, por exigir sempre o consentimento do usuário, podendo, contudo, ser implementada por meio de medidas indiretas, as quais compreendem, dentre outras, a restrição ao exercício de certas atividades ou à frequência de determinados lugares, desde que previstas em lei, ou dela decorrentes, e (i) tenham como base evidências científicas e análises estratégicas pertinentes, (ii) venham acompanhadas de ampla informação sobre a eficácia, segurança e contraindicações dos imunizantes, (iii) respeitem a dignidade humana e os direitos fundamentais das pessoas; (iv) atendam aos critérios de razoabilidade e proporcionalidade, e (v) sejam as vacinas distribuídas universal e gratuitamente; e (B) tais medidas, com as limitações acima expostas, podem ser implementadas tanto pela União como pelos Estados, Distrito Federal e Municípios, respeitadas as respectivas esferas de competência".*

Frise-se que os serviços de saúde poderão ser executados diretamente pelo próprio Estado ou através de terceiros, seja por pessoa física, seja por jurídica de direito privado.

Nesse tópico é importante fazer menção ao denominado **Sistema Único de Saúde** – SUS (art. 198 da CF), o qual é entendido como sendo o conjunto de ações e serviços de saúde, prestado por órgãos e instituições públicas federais, estaduais e municipais, da Administração direta e indireta e das fundações mantidas pelo Poder Público.

Segundo o próprio texto constitucional o SUS abrange as ações e serviços de saúde prestados por uma rede **regionalizada** e **hierarquizada**, porém, com **gestão descentralizada** (direção única em cada esfera de governo). Além da descentralização, constitui diretriz da política constitucional do sistema único de saúde o seu *atendimento integral, com prioridade para as atividades preventivas*, sem prejuízo dos serviços assistenciais, e a *participação da comunidade.*

Dentre as diversas *atribuições* afetas ao SUS podemos destacar:

a) Controlar e fiscalizar procedimentos, produtos e substâncias de interesse para a saúde e participar da produção de medicamentos, equipamentos, imunológicos, hemoderivados e outros insumos;

b) Executar as ações de vigilância sanitária e epidemiológica, bem como as de saúde do trabalhador;

c) Ordenar a formação de recursos humanos na área de saúde;

d) Participar da formulação da política e da execução de ações de saneamento básico;

e) Incrementar em sua área de atuação, o desenvolvimento científico e tecnológico e a inovação;

f) Fiscalizar e inspecionar alimentos, compreendido o controle de seu teor nutricional, bem como bebidas e águas para consumo humano;

g) Participar do controle e fiscalização de produção, transporte, guarda e utilização de substâncias e produtos psicoativos, tóxicos e radioativos; e,

h) Colaborar na proteção do meio ambiente, nele compreendido o do trabalho.

O SUS será **financiado** com recursos do orçamento da seguridade social dos entes federativos, bem como por outras fontes (cf. § 1.º do art. 198 da CF). Destaque-se que a própria norma constitucional traz regras sobre os percentuais e critérios de aplicação dos recursos públicos na área de saúde.

Os gestores locais do SUS poderão admitir *agentes comunitários de saúde e agentes de combate às endemias*, por meio de *processo seletivo público*, de acordo com a natureza e complexidade de suas atribuições e requisitos específicos para sua atuação. Uma vez descumpridos os requisitos específicos fixados na CF, tais agentes poderão perder o cargo.

A EC n.º 120/2022 trouxe importantes regras a respeito dos agentes comunitários de saúde e dos agentes de combate às endemias. Vejamos.

O vencimento dos referidos profissionais fica sob responsabilidade da União, e cabe aos Estados, ao Distrito Federal e aos Municípios estabelecer, além de outros consectários e vantagens, incentivos, auxílios, gratificações e indenizações, a fim de valorizar o trabalho desses profissionais. Os recursos destinados ao pagamento do vencimento deles serão consignados no orçamento geral da União com dotação própria e exclusiva, não podendo ser inferior a 02 (dois) salários-mínimos, repassados pela União aos Municípios, aos Estados e ao Distrito Federal. Ademais, referidos profissionais terão também, em razão dos riscos inerentes às funções desempenhadas, aposentadoria especial e, somado aos seus vencimentos, adicional de insalubridade.

Impende destacar, ainda, que os recursos financeiros repassados pela União aos Estados, ao Distrito Federal e aos Municípios para pagamento do vencimento ou de qualquer outra vantagem dos agentes comunitários de saúde e dos agentes de combate às endemias não serão objeto de inclusão no cálculo para fins do limite de despesa com pessoal.

Por fim, é de se destacar que a **iniciativa privada** pode atuar no setor de assistência à saúde, sendo vedada a participação de empresas ou capitais estrangeiros, salvo nos casos previstos em lei. A CF autoriza ainda as *instituições privadas a participarem de forma complementar do SUS*, segundo as diretrizes deste, mediante a celebração de contrato de direito público ou de convênio, tendo preferência as entidades filantrópicas e as sem fins lucrativos, sendo proibida a destinação de recursos públicos para auxílios ou subvenções às instituições privadas com fins lucrativos.

2.2 Previdência Social

O tema a respeito da previdência social vem previsto nos arts. 201 e 202 da Constituição Federal. Considerando as importantes alterações trazidas em nosso ordenamento jurídico com a promulgação da Emenda Constitucional n.º 103/19 (12/11/19), chamo a atenção dos leitores para uma leitura atenta daquela.

A partir das lições doutrinárias constatamos que a previdência social foi uma conquista consagrada com o advento das denominadas Constituições Sociais, consolidando-se a partir da implantação do Estado Social.

As principais leis (atos normativos infraconstitucionais) que regem o instituto em questão são as de n.º 8.212/91 (Plano de Custeio da Seguridade Social) e n.º 8.213/91 (Plano de Benefícios da Previdência Social).

Após a promulgação da EC n.º 103/19, é de se destacar que a previdência social será organizada sob a forma do Regime Geral de Previdência Social, de caráter contributivo e de filiação obrigatória, observados critérios que preservem o equilíbrio financeiro e atuarial, e atenderá, na forma da lei, a cobertura dos eventos de **incapacidade temporária ou permanente para o trabalho** e idade avançada, a proteção à maternidade, especialmente à gestante; a proteção ao trabalhador em situação de desemprego involuntário; o salário-família e o auxílio-reclusão para os dependentes dos segurados de baixa renda; a pensão por morte do segurado, homem ou mulher, ao cônjuge ou companheiros e dependentes, observado o disposto no § 2.º.

Veda-se, atualmente, a adoção de requisitos ou critérios diferenciados para concessão de benefícios, ressalvada, nos termos da lei complementar, a possibilidade de previsão de idade e tempo de contribuição distintos da regra geral para concessão de aposentadoria exclusivamente em favor dos segurados (a) com deficiência, previamente submetidos a avaliação biopsicossocial realizada por equipe multiprofissional e interdisciplinar e (b) cujas atividades sejam exercidas com efetiva exposição a agentes químicos, físicos e biológicos prejudiciais à saúde ou associação destes agentes, vedada a caracterização por categoria profissional ou ocupação.

Diversamente do que ocorre com os benefícios e serviços da assistência social e da saúde *os beneficiários da previdência social devem pagar contribuições para usufruir de suas prestações*, havendo, portanto, uma contrapartida por parte do beneficiário. Em virtude disso é que decorre o **caráter contributivo**.

Ademais, todos os trabalhadores que não possuem regime próprio de previdência social devem se vincular, obrigatoriamente (filiação obrigatória), ao Regime Geral de Previdência Social (RGPS), na qualidade de segurado. Destaque-se que há vedação à filiação ao RGPS, na qualidade de segurado facultativo, de pessoa participante de regime próprio de previdência.

Segundo a norma constitucional, deve existir um equilíbrio entre o que é pago pelo Poder Público a título de prestação previdenciária e a arrecadação do Estado com as contribuições previdenciárias, tentando-se evitar que o sistema de custeio seja deficitário. Essa peculiaridade decorre do denominado **equilíbrio financeiro e atuarial**.

Frise-se que o art. 201 da CF traz diversos benefícios assegurados aos trabalhadores que façam parte do Regime Geral de Previdência Social. De acordo com a Lei n.º 8.213/91, são benefícios e serviços *assegurados ao segurado* (a) a aposentadoria por invalidez, (b) a aposentadoria por idade, (c) a aposentadoria por tempo de contribuição, (d) a aposentadoria especial, (e) o auxílio-doença, (f) os salários família e maternidade, bem como o (g) auxílio-acidente. Referida lei, ainda, prevê a (a) pensão por morte e o (b) auxílio-reclusão aos *dependentes do segurado*, além de prever o (a) serviço social e (b) a reabilitação profissional, tanto ao *segurado quanto ao dependente.*

É de se destacar que no caso de regimes próprios de previdência social o rol de benefícios restou limitado às aposentadorias e à pensão por morte.

Dentre esses benefícios, merece destaque o da **aposentadoria**. Atualmente, para que o trabalhador se aposente são necessários dois requisitos: a) *tempo de contribuição*; e, b) *idade.*

A última reforma da previdência (EC n.º 103/19) acabou por alterar a idade mínima para aposentadora, bem como o tempo de contribuição.

No que tange à idade mínima a CF prevê que o homem deve ter 65 (sessenta e cinco) anos e a mulher 62 (sessenta e dois) anos, observado o tempo mínimo de contribuição. Em se tratando de ***trabalhadores rurais e para os que exerçam suas atividades em regime de economia familiar*** (produtor rural, garimpeiro e pescador artesanal), a idade mínima será de 60 (sessenta) anos, se homem, e 55 (cinquenta e cinco), se mulher. Ao filiado ao RGPS, *até a data de entrada em vigor da EC n.º 103/19*, fica assegurado o direito à aposentadoria quando preenchidos, cumulativamente, os seguintes requisitos: (a) 30 (trinta) anos de contribuição, se mulher, e 35 (trinta e cinco) anos de contribuição se homem; e, (b) o somatório da idade e do tempo de contribuição, incluídas as frações, equivalente a 86 (oitenta e seis) pontos, se mulher, e 96 (noventa e seis pontos), se homem, observado o dispostos nos §§ 1.º e 2.º do art. 15 daquela Emenda Constitucional.

A regra constitucional traz uma diminuição de 05 (cinco) anos de idade, para o ***professor*** que comprovar tempo de efetivo exercício das funções de magistério na educação infantil e no ensino fundamental e médio, fixado em lei complementar.

Importante frisar que o tempo de **serviço militar** exercido nas atividades de que tratam os arts. 42, 142 e 143 da Constituição Federal, bem como o tempo de contribuição ao RGPS ou regime próprio de previdência social, terão contagem recíproca para fins de inativação militar ou aposentadoria, e a compensação financeira será devida entre as receitas de contribuição, referentes aos militares e as receitas de contribuição aos demais regimes.

No caso do **servidor público federal** que tenha ingressado no serviço público em cargo efetivo, até a entrada em vigor da EC n.º 103/19, é possível a *aposentadoria voluntária* desde que preenchidos os seguintes requisitos, cumulativamente:

a) 56 (cinquenta e seis) anos de idade, se mulher, e 61 (sessenta e um) anos de idade, se homem, observando-se o disposto no § 1.º do art. 4.º da EC n.º 103/19 (aumento na idade);
b) 30 (trinta) anos de contribuição no caso da mulher e 35 (trinta e cinco) no caso do homem;
c) 20 (vinte) anos de efetivo exercício no serviço público;
d) 05 (cinco) anos no cargo efetivo em que se der a aposentadoria; e,
e) O somatório da idade e do tempo de contribuição, incluídas as frações, equivalente a 86 (oitenta e seis) pontos, se mulher, e 96 (noventa e seis) pontos, se homem, observadas as regras contidas nos §§ 2.º e 3.º do art. 4.º da EC n.º 103/19.

No caso do **policial** civil do órgão a que se refere o inciso XIV do *caput* do art. 21, o policial dos órgãos a que se referem o inciso IV do *caput* do art. 51, o inciso XIII do *caput* do art. 52 e os incisos I a III do *caput* do art. 144, todos da CF, bem como o ocupante de cargo de **agente federal penitenciário ou socioeducativo** que tenham ingressado na respectiva carreira até a data de entrada em vigor da EC n.º 103/19, poderão aposentar-se, na forma da Lei Complementar n.º 51/85, observada a idade mínima de 55 (cinquenta e cinco) anos para ambos os sexos ou o disposto no § 3.º do art. 5.º daquela EC.

Além dessas regras gerais, foram inseridas diversas outras regras de transição para os beneficiários que vinculados ao RGPS ou a regimes próprios. Em razão disso, faz-se necessário uma leitura atenta dos dispositivos trazidos pela EC n.º 103/19, conforme já mencionado no início desse tópico.

Por fim, é de se destacar que o *equilíbrio financeiro* e o *atuarial* do RGPS deverão ser comprovados por meio de garantia de equivalência, a valor presente, entre o fluxo das receitas estimadas e das despesas projetadas, apuradas atuarialmente, que, juntamente com os bens, direitos e ativos vinculados, comparados às obrigações assumidas, evidenciem a solvência e a liquidez do plano de benefícios.

2.3 Assistência Social

A assistência social vem prevista nos arts. 203 e 204 da Constituição Federal, sendo que no âmbito infraconstitucional a principal lei que a regulamenta é a de n.º 8.742/93 (Lei Orgânica da Assistência Social - LOAS).

Diversamente do que ocorre com os benefícios relacionados à previdência social, a assistência social será prestada a quem dela necessitar, *independentemente de contribuição* à seguridade social.

A assistência social é considerada uma ***política de seguridade social não contributiva***, que provê os mínimos sociais, realizada através de um conjunto integrado de ações de iniciativa pública e da sociedade, objetivando-se garantir o atendimento às necessidades básicas de quem dela necessitar.

Os **objetivos** da assistência social dividem-se em: a) prestação de serviços sociais; e, b) benefício.

Constituem objetivos da assistência social:

a) a proteção à família, à maternidade, à infância, à adolescência e à velhice;
b) o amparo às crianças e adolescentes carentes;
c) a promoção da integração ao mercado de trabalho;
d) a habilitação e reabilitação das pessoas portadoras de deficiência e a promoção de sua integração à vida comunitária;
e) a garantia de um salário-mínimo de benefício mensal à pessoa portadora de deficiência e ao idoso que comprovem não possuir meios de prover à própria manutenção ou de tê-la provida por sua família, conforme dispuser a lei;
f) a redução da vulnerabilidade socioeconômica de famílias em situação de pobreza ou de extrema pobreza.

Pela norma constitucional os *benefícios sociais* são:

a) Proteção à família, à maternidade, à infância, à adolescência e à velhice;

b) Amparo às crianças e aos adolescentes carentes;

c) Promoção da integração ao mercado de trabalho; e,

d) Habilitação e reabilitação das pessoas portadoras de deficiência e a promoção de sua integração à vida comunitária.

De outro vértice, o **único benefício assistencial** prestado é a *garantia de um salário mínimo de benefício mensal à pessoa portadora de deficiência e ao idoso* que comprovem não possuir meios de prover à própria manutenção ou de tê-la provida por sua família, conforme dispuser a lei – essa prestação é conhecida como benefício de prestação continuada.

Segundo o art. 20, § 3.º, da Lei n.º 8.742/93, "*considera-se incapaz de provar a manutenção da pessoa com deficiência ou idosa a família cuja renda mensal per capita seja inferior a ¼ (um quarto) do salário-mínimo*".

Conquanto o dispositivo legal em comento preveja um critério objetivo para a concessão do LOAS, o Plenário do Supremo Tribunal Federal, no julgamento dos RE's n.º 567985/MT e 580963/PR, afirmou **não ser um critério absoluto**, tendo declarado, incidentalmente, a inconstitucionalidade do dispositivo, por considerar que o referido critério está defasado para caracterizar a situação de miserabilidade. Afirmou o Pretório Excelso que, para aferir que o idoso ou deficiente não tem meios de se manter, o juiz está livre para se valer de outros parâmetros, não estando vinculado do critério da renda *per capita* estabelecido pela lei.

Registre-se que a assistência social é financiada com recursos do orçamento da seguridade social, bem como através de outras fontes.

Por fim, é de consignar que a assistência social possui duas **diretrizes**, a saber:

a) A descentralização político-administrativa; e

b) A participação da população.

Capítulo 3

Educação, Cultura e Desporto

A **educação** possui assento constitucional nos arts. 205 a 214, sendo que no âmbito infraconstitucional há a Lei n.º 9.394/96 (Estabelece as diretrizes e bases da educação nacional).

Ela é considerada um *direito de todos e dever do Estado e da família*, sendo promovida e incentivada com a colaboração da sociedade, visando ao pleno desenvolvimento da pessoa, seu preparo para o exercício da cidadania e sua qualificação para o trabalho.

Conquanto seja um dever do Estado, é possível o fornecimento do ensino educacional por parte da iniciativa privada, desde que autorizada pelo Poder Público, devendo ainda cumprir as normas gerais da educação nacional e se submeter ao procedimento de avaliação da qualidade de ensino.

Para o fornecimento de ensino educacional é imprescindível a observância aos seguintes **princípios**:

a) Igualdade de condições para o acesso e permanência na escola;
b) Liberdade de aprender, ensinar, pesquisar e divulgar o pensamento, a arte e o saber;
c) Pluralismo de ideias e de concepções pedagógicas, e coexistência de instituições públicas e privadas de ensino;
d) Gratuidade do ensino público em estabelecimentos oficiais;
e) Valorização dos profissionais da educação escolar, garantidos, na forma da lei, planos de carreira, com ingresso exclusivamente por concurso público de provas e títulos, aos das redes públicas;
f) Gestão democrática do ensino público, na forma da lei;
g) Garantia de padrão de qualidade;
h) Piso salarial profissional nacional para os profissionais da educação escolar pública, nos termos de lei federal (incluído pela EC 53/06); e
i) Garantia do direito à educação e à aprendizagem ao longo da vida.

A *educação escolar* é **obrigatória** por parte do Estado e **gratuita**, constituindo *direito público subjetivo de todos*. Ela é composta pela *educação básica* (educação infantil, ensino fundamental e ensino médio) e pela *educação superior*.

A *educação infantil* compreende a creche (de 00 a 03 anos) e a pré-escola (de 04 a 05 anos). O *ensino fundamental* compreende a faixa etária dos 06 aos 14 anos, ao passo que o *ensino médio* entre 15 a 17 anos de idade.

No que tange à educação infantil, importante trazer à baila excerto do julgamento proferido pelo STF no RE-AgR 436.996:

> "A educação infantil representa prerrogativa constitucional indisponível, que, deferida às crianças, a estas assegura, para efeito de seu desenvolvimento integral, e como primeira etapa do processo de educação básica, o atendimento em creche e, também, o acesso à pré-escola (CF, art. 208, IV). – Essa prerrogativa jurídica, em consequência, impõe, ao Estado, por efeito da alta significação social de que se reveste a educação infantil, a obrigação constitucional de criar condições objetivas que possibilitem, de maneira concreta, em favor das 'crianças até 5 (cinco) anos de idade' (CF, art. 208, IV), o efetivo acesso e atendimento em creches e unidades de pré-escola, sob pena de configurar-se inaceitável omissão governamental, apta a frustrar, injustamente, por inércia, o integral adimplemento, pelo Poder Público, de prestação estatal que lhe impôs o próprio texto da Constituição Federal. – A educação infantil, por qualificar-se como direito fundamental de toda criança, não se expõe, em seu processo de concretização, a avaliações meramente discricionárias da Administração Pública, nem se subordina a razões de puro pragmatismo governamental. – Os Municípios – que atuarão, prioritariamente, no ensino fundamental e na educação infantil (CF, art. 211, § 2º) – não poderão demitir-se do mandato constitucional, juridicamente vinculante, que lhes foi outorgado pelo art. 208, IV, da Lei Fundamental da República, e que representa fator de limitação da discricionariedade político-administrativa dos entes municipais, cujas opções, tratando-se do atendimento das crianças em creche (CF, art. 208, IV), não podem ser exercidas de modo a comprometer, com apoio em juízo de simples conveniência ou de mera oportunidade, a eficácia desse direito básico de índole social.

Ao julgar o RE 1.008.166/SC o Supremo Tribunal Federal firmou a seguinte tese: "1. A educação básica em todas as suas fases — educação infantil, ensino fundamental e ensino médio — constitui direito fundamental de todas as crianças e jovens, assegurado por normas constitucionais de eficácia plena e aplicabilidade direta e imediata. 2. A educação infantil compreende creche (de zero a 3 anos) e a pré-escola (de 4 a 5 anos). Sua oferta pelo Poder Público pode ser exigida individualmente, como no caso examinado neste processo. 3. O Poder Público tem o dever jurídico de dar efetividade integral às normas constitucionais sobre acesso à educação básica." Logo, o Estado tem o dever constitucional de assegurar às crianças entre zero e cinco anos de idade o atendimento em creche e pré-escola. (RE 1008166/SC, relator Min. Luiz Fux, julgamento finalizado em 22.9.2022)

Outro ponto que merece destaque aqui diz respeito ao entendimento do Supremo Tribunal Federal, externado na ADC 17, de que *"é constitucional a exigência de 6 (seis) anos de idade para o ingresso no ensino fundamental, cabendo ao Ministério da Educação a definição do momento em que o aluno deverá preencher o critério etário"*.

As *Universidades* possuem autonomia para definirem suas estruturas didático-científicas, administrativas, financeiras e patrimoniais, devendo obedecer ao **princípio da indissociabilidade** entre *ensino*, *pesquisa* e *extensão*.

Conquanto o sistema de cotas nas universidades seja constitucional, ao proferir o julgamento da ADI n.º 4868, o Plenário do Pretório Excelso declarou a inconstitucionalidade de lei distrital que previa que 40% (quarenta porcento) das vagas das universidades e faculdades públicas do Distrito Federal fossem reservadas aos alunos que estudaram em escolas públicas do DF. Veja-se a ementa do julgado:

> "1. Ação direta de inconstitucionalidade. 2. Lei Distrital 3361/2004. Sistema de cotas para ingresso nas Universidades e faculdades públicas do Distrito Federal. 3. Reserva de 40% das vagas para alunos que comprovem ter cursado integralmente os ensinos fundamental e médio em escolas públicas do Distrito Federal. 4. Discriminação em razão da origem. Critério espacial que não se justifica em razão da política de ação afirmativa que busca garantir igualdade de oportunidade aos oriundos da escola pública. 5. Ação direta de inconstitucionalidade julgada procedente para declarar a inconstitucionalidade da expressão 'do Distrito Federal', constante do artigo 1º da Lei Distrital 3.361/2004. Modulação de efeitos".

O último tópico a ser aqui tratado diz respeito ao denominado **plano nacional de educação**, sendo que sua estrutura atual decorre da EC n.º 59/09. A lei infraconstitucional regulamentará o plano nacional de educação, de duração decenal, com o objetivo de articular o sistema nacional de educação em regime de colaboração e definir diretrizes, objetivos, metas e estratégias de implementação para assegurar a manutenção e desenvolvimento do ensino em seus diversos níveis, etapas e modalidades por meio de ações integradas dos poderes públicos das diferentes esferas federativas que conduzam a:

a) Erradicação do analfabetismo;
b) Universalização do atendimento escolar;
c) Melhoria da qualidade do ensino;
d) Formação para o trabalho;
e) Promoção humanística, científica e tecnológica do País; e
f) Estabelecimento de meta de aplicação de recursos públicos em educação como proporção do produto interno bruto.

Na organização de seus sistemas de ensino, a União, os Estados, o Distrito Federal e os Municípios definirão formas de colaboração, de forma a assegurar a universalização, a qualidade e a equidade do ensino obrigatório. Referidos entes exercerão ação redistributiva em relação a suas escolas.

Ressalte-se que recentemente o STF decidiu que as universidades públicas *podem cobrar mensalidade* em cursos de especialização. Nesse sentido, veja-se o excerto do julgamento a seguir:

> (...) Em suma, o Plenário concluiu ser preciso reconhecer que nem todas as atividades potencialmente desempenhadas pelas universidades se referem exclusivamente ao ensino. A função desempenhada por elas é muito mais ampla do que as formas pelas quais elas obtêm financiamento. Assim, o princípio da gratuidade não as obriga a perceber exclusivamente recursos públicos para atender sua missão institucional. Ele exige, porém, que, para todas as tarefas necessárias à plena inclusão social, missão do direito à educação, haja recursos públicos disponíveis para os estabelecimentos oficiais. O termo utilizado pela CF é que essas são as tarefas de manutenção e desenvolvimento do ensino. Consequentemente, são a elas que se estende o princípio da gratuidade. Nada obstante, é possível às universidades, no âmbito de sua autonomia didático-científica, regulamentar, em harmonia com a legislação, as atividades destinadas preponderantemente à extensão universitária, sendo-lhes, nessa condição, possível a instituição de tarifa (...)". (RE 597854/GO, rel. Min. Edson Fachin, julgamento em 26.4.2017. (RE-597854)

Impende destacar, ainda, que o Plenário do STF tem entendimento firmado no sentido de que o ensino religioso nas escolas públicas brasileiras pode ter natureza confessional. Em virtude disso, será permitido aos alunos, que voluntariamente se matricularem, o pleno exercício de seu direito subjetivo ao ensino religioso como disciplina dos horários, normas das escolas públicas de ensino fundamental, ministrada de acordo com os princípios de sua confissão religiosa, por integrantes da mesma, devidamente credenciados e, preferencialmente, sem qualquer ônus para o Poder Público. Veja:

> "(...) Entendeu que o Poder Público, observado o binômio laicidade do Estado [CF, art. 19, I (3)] e consagração da liberdade religiosa no seu duplo aspecto [CF, art. 5º, VI (4)], deverá atuar na regulamentação integral do cumprimento do preceito constitucional previsto no art. 210, § 1º da CF (5), autorizando, na rede pública, em igualdade de condições, o oferecimento de ensino confessional das diversas crenças, mediante requisitos formais de credenciamento, de preparo, previamente fixados pelo Ministério da Educação. Dessa maneira, será permitido aos alunos se matricularem voluntariamente para que possam exercer o seu direito subjetivo ao ensino religioso como disciplina dos horários normais das escolas públicas. O ensino deve ser ministrado por integrantes, devidamente credenciados, da confissão religiosa do próprio aluno, a partir de chamamento

público já estabelecido em lei para hipóteses semelhantes (Lei 13.204/2015) e, preferencialmente, sem qualquer ônus para o Poder Público. A Constituição garante a liberdade de expressão às ideias majoritárias e a minoritárias, progressistas e conservadoras, políticas e ideias religiosas. Assim, não se pode, previamente, censurar a propagação de dogmas religiosos no ensino religioso para aquele que realmente quer essas ideias. Os dogmas de fé são o núcleo do conceito de ensino religioso. Dessa forma, o Estado violaria a liberdade de crença ao substituir os dogmas da fé, que são diversos em relação a cada uma das crenças, por algo neutro. A neutralidade no ensino religioso não existe. O que deve existir é o respeito às diferenças no ensino religioso. (ADI 4439/DF, rel. orig. Min. Roberto Barroso, red. p/ o ac. Min. Alexandre de Moraes, julgamento em 27.9.2017)

Ainda, no que tange à educação, importante enfrentarmos a seguinte questão: ***é possível a adoção do denominado* homeschooling *no Brasil?***

Inicialmente, o *homeschooling* é a prática por intermédio do qual os pais (ou responsáveis) pela criança ou adolescente assumem a obrigação pela sua escolarização formal, deixando de delegá-la às instituições oficiais de ensino, estuando em sua própria casa, com os ensinamentos transmitidos pelos pais ou por terceiras pessoas escolhidas por eles. Ele não deve ser confundido com o *unschooling*, que consiste na desescolarização.

Feita essa observação, há que se ressaltar que o **Supremo Tribunal Federal**, no julgamento do RE 888.815/RS, decidiu *não ser possível o ensino domiciliar como meio lícito de cumprimento, por parte da família, do dever de prover educação*. A despeito de inexistir vedação absoluta ao ensino domiciliar, a Colenda Corte entendeu que o ensino domiciliar não pode ser atualmente exercido porque não há legislação que regulamente os preceitos e as regras aplicáveis a essa modalidade de ensino. Portanto, para o STF essa modalidade de ensino somente pode ser implementada no Brasil após uma regulamentação por intermédio de lei federal na qual sejam previstos mecanismos de avaliação e fiscalização, devendo essa lei respeitar os mandamentos constitucionais que tratam sobre a educação. Nesse sentido, temos:

> "1. A educação é um direito fundamental relacionado à dignidade da pessoa humana e à própria cidadania, pois exerce dupla função: de um lado, qualifica a comunidade como um todo, tornando-a esclarecida, politizada, desenvolvida (CIDADANIA); de outro, dignifica o indivíduo, verdadeiro titular desse direito subjetivo fundamental (DIGNIDADE DA PESSOA HUMANA). No caso da educação básica obrigatória (CF, art. 208, I), os titulares desse direito indisponível à educação são as crianças e adolescentes em idade escolar. 2. É dever da família, sociedade e Estado assegurar à criança, ao adolescente e ao jovem, com absoluta prioridade, a educação. A Constituição Federal consagrou o dever de solidariedade entre a família e o Estado como núcleo principal à formação educacional das crianças, jovens e adolescentes com a dupla finalidade de defesa integral dos direitos das crianças e dos adolescentes e sua formação em cidadania,

para que o Brasil possa vencer o grande desafio de uma educação melhor para as novas gerações, imprescindível para os países que se querem ver desenvolvidos. 3. A Constituição Federal não veda de forma absoluta o ensino domiciliar, mas proíbe qualquer de suas espécies que não respeite o dever de solidariedade entre a família e o Estado como núcleo principal à formação educacional das crianças, jovens e adolescentes. São inconstitucionais, portanto, as espécies de *unschooling* radical (desescolarização radical), *unschooling* moderado (desescolarização moderada) e *homeschooling* puro, em qualquer de suas variações. 4. O ensino domiciliar não é um direito público subjetivo do aluno ou de sua família, porém não é vedada constitucionalmente sua criação por meio de lei federal, editada pelo Congresso Nacional, na modalidade "utilitarista" ou "por conveniência circunstancial", desde que se cumpra a obrigatoriedade, de 4 a 17 anos, e se respeite o dever solidário Família/Estado, o núcleo básico de matérias acadêmicas, a supervisão, avaliação e fiscalização pelo Poder Público; bem como as demais previsões impostas diretamente pelo texto constitucional, inclusive no tocante às finalidades e objetivos do ensino; em especial, evitar a evasão escolar e garantir a socialização do indivíduo, por meio de ampla convivência familiar e comunitária (CF, art. 227). 5. Recurso extraordinário desprovido, com a fixação da seguinte tese (TEMA 822): "Não existe direito público subjetivo do aluno ou de sua família ao ensino domiciliar, inexistente na legislação brasileira".

A **cultura** vem prevista na Constituição Federal nos arts. 215 a 216-A. Ao Estado cabe garantir a todos o *pleno exercício dos direitos culturais* e *acesso às fontes da cultura nacional*, através do apoio e incentivo da valorização e da difusão das manifestações culturais. Ademais, o Estado protegerá as manifestações das culturas populares, indígenas e afro-brasileiras, bem como de outros grupos participantes do processo civilizatório nacional.

A fim de viabilizar o fomento à cultura a Constituição Federal previu o denominado **plano nacional de cultura**, plano esse plurianual, devendo ser estabelecido em lei ordinária.

Consagra a Carta Magna que o plano nacional de cultura visa ao desenvolvimento cultural do país e à integração das ações do Poder Público que conduzem à:

a) Defesa e valorização do patrimônio cultural brasileiro;

b) Produção, promoção e difusão de bens culturais;

c) Formação de pessoal qualificado para a gestão da cultura em suas múltiplas dimensões;

d) Democratização do acesso aos bens de cultura; e

e) Valorização da diversidade étnica e regional.

Destaque-se que os bens de natureza material e imaterial, tomados individualmente ou em conjunto, portadores de referência à identidade, à ação, à memória dos diferentes grupos formadores da sociedade brasileira constituem **patrimônio cultural brasileiro**.

Nesse conceito visto no parágrafo anterior incluem-se: a) as formas de expressão; b) os modos de criar, fazer e viver; c) as criações científicas, artísticas e tecnológicas; d) as obras, objetos, documentos, edificações e demais espaços destinados às manifestações artístico-culturais; e) os conjuntos urbanos e sítios de valor histórico, paisagístico, artístico, arqueológico, paleontológico, ecológico e científico.

Frise-se que a EC n.º 71/12 criou o denominado **Sistema Nacional de Cultura**, o qual será disciplinado por lei ordinária federal. Referido sistema é organizado em regime de colaboração, de forma descentralizada e participativa, instituindo um processo de gestão e promoção conjunta de políticas públicas de cultura, democráticas e permanentes, pactuadas entre os entes da Federação e a sociedade, tendo por objetivo promover o desenvolvimento humano, social e econômico com pleno exercício dos direitos culturais.

Ademais, o § 1.º do art. 216-A da CF elenca os **princípios** a serem seguidos pelo Sistema Nacional de Cultura. Para fins de concurso público basta a memorização de referidos princípios.

Ao julgar o RE n.º 627.432/RS (rel. Min. Dias Tóffoli, j. 18/3/2021) o STF firmou a tese de que *são constitucionais a cota de tela, consistente na obrigatoriedade de exibição de filmes nacionais nos cinemas brasileiros, e as sanções administrativas decorrentes de sua inobservância*. De acordo com a colenda Corte a **cota de tela** promove intervenção voltada a viabilizar a efetivação do direito à cultura, sem, por outro lado, atingir o núcleo dos direitos à livre iniciativa, à livre concorrência e à propriedade privada, apenas adequando as liberdades econômicas à sua função social.

O **desporto** está previsto em um único artigo, qual seja, o 217 da CF. Ele é direito de cada um, cabendo ao Estado fomentar as práticas esportivas *formais* e *não formais*, bem como incentivar o lazer como forma de promoção social.

Conquanto seja obrigação do Estado fomentar o desporto, as entidades dirigentes e associações possuem autonomia para estabelecer regras de organização e funcionamento.

Admite-se a destinação de recursos públicos ao desporto, sendo prioritariamente ao educacional. De forma excepcional, e em casos específicos, admite-se sua destinação aos esportes, profissionais ou não profissionais, de alto rendimento. Nesses casos excepcionais admite-se tratamento diferenciado entre os esportes.

Importante mencionar, ainda, a existência da denominada *Justiça Desportiva*, a qual possui atribuição para julgar questões atinentes à disciplina e às competições desportivas. Não obstante possua esse nome ela não é o órgão do Poder Judiciário, tendo cunho administrativo.

A Justiça Desportiva é formada pelos seguintes órgãos: Comissões Disciplinares, Tribunais de Justiça Desportiva e Superior Tribunal de Justiça Desportiva (órgão máximo).

Considerando o **princípio** constitucional **da inafastabilidade da jurisdição** (art. 5.º, XXXV, da CF), é possível que o Poder Judiciário analise as matérias relativas ao desporto. Entretanto, pela própria regra constitucional, isso somente será possível após o esgotamento das instâncias da Justiça Desportiva.

Capítulo 4

Ciência e Tecnologia

Estão disciplinadas nos arts. 218 e 219-B. Ao Estado compete à promoção e incentivo do desenvolvimento científico, capacitação tecnológica, pesquisa tecnológica e inovação.

Destaque-se que a CF elenca duas *espécies distintas de pesquisa*, quais sejam: **científica básica** (recebe tratamento prioritário do Estado, tem em vista o bem público e o progresso da ciência) e **pesquisa tecnológica** (voltada preponderantemente para a solução dos problemas brasileiros e para o desenvolvimento do sistema produtivo nacional e regional).

Há previsão constitucional a respeito de alguns incentivos às empresas e às entidades que financiam ou, de alguma forma, promovem o desenvolvimento tecnológico nacional. Para tanto, serão observadas as seguintes regras: (a) o Estado apoiará a formação de recursos humanos nas áreas de ciência, pesquisa e tecnologia, e concederá aos que delas se ocupem meios e condições especiais de trabalho; (b) a lei apoiará e estimulará as empresas que invistam em pesquisa, criação de tecnologia adequada ao País, formação e aperfeiçoamento de seus recursos humanos e que pratiquem sistemas de remuneração que assegurem ao empregado, desvinculada do salário, participação nos ganhos econômicos resultantes da produtividade de seu trabalho; e, (c) é facultado aos Estados e ao Distrito Federal vincular parcela de sua receita orçamentária a entidades públicas de fomento ao ensino e à pesquisa científica e tecnológica.

Por fim, merecem destaques dois pontos acrescentados pela EC n.º 85/15. Vejamos.

O primeiro deles diz respeito à criação dos ***instrumentos de cooperação*** (art. 219-A) utilizados para o compartilhamento de recursos humanos especializados e capacidade instalada, bem como para a execução de projetos de pesquisa, de desenvolvimento científico e tecnológico e de inovação, mediante contrapartida financeira ou não financeira, nos termos de lei ordinária.

O outro ponto diz respeito ao ***Sistema Nacional de Ciência, Tecnologia e Inovação***, o qual será organizado em regime de colaboração, entre entes públicos e privados, com vistas a promover o desenvolvimento científico e tecnológico e a inovação.

Capítulo 5

Comunicação Social

A comunicação social (arts. 220 até 224) abrange a **liberdade de informação**, sendo transmitida por diferentes meios de comunicação como os veículos impressos (jornais, e revistas) e os meios de radiodifusão sonora (rádio) ou de sons e imagens (TV).

Destaque-se que nosso Estado Democrático de direito veda expressamente toda e qualquer *censura* de natureza política, ideológica e artística (art. 5.º, incisos IV, V, X, XIII e XIV, da CF).

Não se admite que o exercício do direito à liberdade de expressão seja cerceado *nem pelo Estado, nem pelo particular*. Nessa linha de ideias, o Supremo Tribunal Federal decidiu, no bojo dos autos da ADI 4815/DF:

> "(...) 3. A Constituição do Brasil proíbe qualquer censura. O exercício do direito à liberdade de expressão não pode ser cerceada pelo Estado ou por particular.
>
> 4. O direito de informação, constitucionalmente garantido, contém a liberdade de informar, de se informar e de ser informado. O primeiro refere-se à formação da opinião pública, considerado cada qual dos cidadãos que pode receber livremente dados sobre assuntos de interesse da coletividade e sobre as pessoas cujas ações, público-estatais ou público-sociais, interferem em sua esfera do acervo do direito de saber, de aprender sobre temas relacionados a suas legítimas cogitações.
>
> 5. Biografia é história. A vida não se desenvolve apenas a partir da soleira da porta de casa.
>
> 6. Autorização prévia para biografia constitui censura prévia particular. O recolhimento de obras é censura judicial, a substituir a administrativa. O risco é próprio do viver. Erros corrigem-se segundo o direito, não se coartando liberdades conquistadas. A reparação de danos e o direito de resposta devem ser exercidos nos termos da lei (...).

Admite-se, até a presente data, a propaganda comercial de tabaco, bebidas alcoólicas, agrotóxicos, medicamentos e terapias. Entretanto, em tais casos, há restrições impostas pela própria norma constitucional (cf. art. 220, § 3.º, II, CF), sendo imprescindível a advertência sobre os malefícios decorrentes de seu uso.

Ademais, o STF entende que a Lei n.º 9.294/96, que impõe restrições ao uso e à propaganda de tabaco, bebidas alcoólicas, medicamentos, terapias e defensivos agrícolas, é constitucional. De acordo com a Colenda Corte *não viola o texto constitucional a imposição legal de restrições à publicidade de produtos fumígenos e de inserção de advertências sanitárias em suas embalagens quando se revelarem adequadas, necessárias e proporcionais para alcançar a finalidade de reduzir o fumo e o consumo do tabaco, hábitos que constituem perigo à saúde pública.* (ADI 3311/DF, rela. Min. Rosa Weber, julgamento virtual finalizado em 13/9/2022)

Com relação à *produção e à programação* das emissoras de rádio e televisão deverão ser observados os seguintes **princípios**:

a) Preferência a finalidades educativas, artísticas, culturais e informativas;
b) Promoção da cultura nacional e regional e estímulo à produção independente que objetive sua divulgação;
c) Regionalização da produção cultural, artística e jornalística, conforme percentuais estabelecidos em lei; e
d) Respeito aos valores éticos e sociais da pessoa e da família.

Por fim, é de se destacar que tanto o rádio quanto a televisão, por constituírem serviços públicos, *dependem de concessão, permissão* ou *autorização* para poderem funcionar, atos esses concretizados através de outorga do Poder Executivo. No caso das emissoras de rádio o prazo da concessão ou permissão será de 10 (dez) anos, ao passo que para as emissoras de televisão será de 15 (quinze) anos.

Capítulo 6

Meio Ambiente

A despeito de sua importância o tema sobre o meio ambiente veio tratado em apenas um dispositivo constitucional, qual seja, o art. 225.

Legalmente o **meio ambiente** é definido como sendo o conjunto de condições, leis, influências e interações de ordem física, química e biológica, que permite, abriga e rege a vida em todas as suas formas (cf. art. 3.º, I, da Lei n.º 6.938/81).

Consoante disposto em nossa Carta Magna *todos têm direito ao meio ambiente ecologicamente equilibrado, bem de uso comum do povo e essencial à sadia qualidade de vida, impondo-se ao Poder Público e à coletividade o dever de defendê-lo e preservá-lo para as presentes e futuras gerações.*

Denota-se que a própria CF atribui tanto ao Poder Público quanto à coletividade o dever de defender um meio ambiente ecologicamente equilibrado.

A política do meio ambiente brasileira é fundada na concepção do **desenvolvimento sustentável**, sendo que a Lei nº 6.938/81 (Política Nacional do Meio Ambiente) estabelece que deve haver uma *compatibilização entre o desenvolvimento econômico-social e a preservação da qualidade do meio ambiente e do equilíbrio ecológico.*

E para assegurar a efetividade do direito ao meio ambiente ecologicamente equilibrado *incumbe* ao Poder Público:

a) Preservar e restaurar os processos ecológicos essenciais e prover o manejo ecológico das espécies e ecossistemas;

b) Preservar a diversidade e a integridade do patrimônio genético do País e fiscalizar as entidades dedicadas à pesquisa e manipulação de material genético;

c) Definir, em todas as unidades da Federação, espaços territoriais e seus componentes a serem especialmente protegidos, sendo a alteração e a supressão permitidas somente através de lei, vedada qualquer utilização que comprometa a integridade dos atributos que justifiquem sua proteção. A Floresta Amazônica, a Mata Atlântica, a Serra do Mar, o Pantanal

Mato-Grossense e a Zona Costeira são patrimônio nacional (art. 225, §4º);

d) Exigir, na forma da lei, para instalação de obra ou atividade potencialmente causadora de significativa degradação do meio ambiente, estudo prévio de impacto ambiental (EIA/RIMA), a que se dará publicidade;

e) Controlar a produção, a comercialização e o emprego de técnicas, métodos e substâncias que comportem risco para a vida, a qualidade de vida e o meio ambiente;

f) Promover a educação ambiental em todos os níveis de ensino e a conscientização pública para a preservação do meio ambiente;

g) Proteger a fauna e a flora, vedadas, na forma da lei, as práticas que coloquem em risco sua função ecológica, provoquem a extinção de espécies ou submetam os animais a crueldade;

h) Manter regime fiscal favorecido para os biocombustíveis destinados ao consumo final, na forma de lei complementar, a fim de assegurar-lhes tributação inferior à incidente sobre os combustíveis fósseis, capaz de garantir diferencial competitivo em relação a estes, especialmente em relação às contribuições de que tratam a alínea "b" do inciso I e o inciso IV do *caput* do art. 195 e o art. 239 e ao imposto a que se refere o inciso II do *caput* do art. 155 da CF (**incluído pela EC n.º 123/2022**).

De acordo com o STF é *inconstitucional a concessão automática de licença ambiental no sistema responsável pela integração para o funcionamento de empresas que exerçam atividades de risco médico nos termos da classificação estabelecida em ato do Poder Público. Isso porque, o licenciamento ambiental dispõe de base constitucional e não pode ser suprimido, ainda que de forma indireta, por lei. Também, não pode ser simplificado a ponto de ser esvaziado, salvo se a norma que o excepcionar apresentar outro instrumento apto a assegurar a proteção ao meio ambiente com igual ou maior qualidade.* (ADI 6808/DF, rel. Min. Cármen Lúcia, julgamento em 28/4/2022)

Destaque-se que Constituição Federal, em diversos dispositivos, elenca uma série de princípios norteadores a respeito do meio ambiente, dentre eles: **do meio ambiente ecologicamente equilibrado como direito fundamental da pessoa humana** (art. 225, *caput*, primeira parte); **da equidade intergeracional** ou **da solidariedade intergeracional** ou **intergeracionalidade** (art. 225, *caput*, parte final); **da prevenção e precaução** (art. 225, § 1.º, IV e V); **do poluidor pagador** (art. 225, §§ 2.º e 3.º); **da obrigatoriedade de atuação estatal** ou **da natureza pública da proteção ambiental** (art. 225, *caput*, parte final); **da participação comunitária** ou **democrático** (art. 225, "caput", parte final e § 1.º, VI); **da informação** (art. 225, § 1.º, IV); **da educação ambiental** (art. 225, § 1.º, VI); **da função socioambiental da propriedade** (arts. 5.º, XXII e XXIII; 170, II e III; 182, § 2.º; e, 186); **da cooperação**

entre os povos (art. 4.º, IX); e, **do controle do poluidor pelo poder público** ou **do limite** (art. 225, § 1.º, V).

Frise-se que existem diversos outros princípios atinentes ao Direito Ambiental que não foram aqui mencionados, especialmente em virtude da finalidade de nossa obra. Ademais, dependendo da doutrina utilizada haverá uma diferenciação de nomenclatura entre tais princípios.

Nesse ponto, importante a leitura do julgado a seguir a respeito do **princípio da proibição do retrocesso socioambiental**:

> A revogação de normas operacionais fixadoras de parâmetros mensuráveis necessários ao cumprimento da legislação ambiental, sem sua substituição ou atualização, compromete a observância da Constituição Federal (CF), da legislação vigente e de compromissos internacionais.
>
> O direito ao meio ambiente ecologicamente equilibrado se configura como direito fundamental da pessoa humana. Na condução das políticas públicas assecuratórias do direito fundamental ao meio ambiente ecologicamente equilibrado, cabe à Administração fazer cumprir a Constituição e as leis, conferindo-lhes a máxima efetividade. Cumpre salientar que a adequada tutela do direito ao meio ambiente ecologicamente equilibrado é norteada pelo princípio da precaução, que alicerça preferência da preservação à restauração.
>
> A supressão de marcos regulatórios ambientais, procedimento que não se confunde com a sua atualização e ajustes necessários, configura quadro normativo de retrocesso no campo da proteção e defesa do direito ao meio ambiente ecologicamente equilibrado (CF, art. 225, *caput*) e, consequentemente, dos direitos fundamentais à vida (CF, art. 5º, *caput*) e à saúde (CF, art. 6º), a ponto de provocar a impressão da ocorrência de efetivo desmonte da estrutura estatal de prevenção e reparação dos danos à integridade do patrimônio ambiental comum. Além de vulnerar princípios basilares da CF e sonegar proteção adequada e suficiente a direito fundamental, promove desalinho, quando não o rompimento, em relação a compromissos internacionais de caráter supralegal assumidos pelo Brasil e que moldam o conteúdo desses direitos (ADPF 747/DF, relatora Min. Rosa Weber, julgamento virtual finalizado em 13.12.2021; e, ADPF 749/DF, relatora Min. Rosa Weber, julgamento virtual finalizado em 13.12.2021).

Importante consignar aqui que a própria Constituição Federal prevê a possibilidade da ***responsabilização penal da pessoa jurídica*** pela prática de crimes ambientais. Conquanto a CF não imponha a necessária **dupla imputação** para a responsabilização criminal da pessoa jurídica, até pouco tempo a jurisprudência do STJ andava em descompasso com a do STF.

> Entretanto, atualmente, tanto o STF quanto STJ estão no mesmo sentido admitindo ser possível a responsabilização penal da pessoa jurídica por delitos ambientais *independentemente* da responsabilização concomitante da pessoa física que agia em seu nome, ***não se adotando*** **mais a chamada "teoria da dupla imputação"**.

Por fim, é de se registrar que, infelizmente, foi promulgada a EC n.º 96/17 (06/6/17) acrescentando o § 7.º no art. 225 da CF determinando *que as práticas desportivas que utilizem animais não são consideradas cruéis, nas condições que especifica*. Salvo melhor juízo, tal norma representa um retrocesso na questão ambiental, vez que acaba por admitir "práticas desportivas" que, notoriamente, maltratam os animais (p.ex., a denominada vaquejada). É de se destacar que pouco tempo antes (outubro de 2016), o Plenário do Supremo Tribunal Federal havia julgado procedente a Ação Direta de Inconstitucionalidade (ADI) 4983, ajuizada pelo procurador-geral da República contra a Lei 15.299/2013, do Estado do Ceará, que *regulamentava a vaquejada como prática desportiva e cultural no estado*. A maioria dos ministros acompanhou o voto do relator, ministro Marco Aurélio, que considerou haver *crueldade intrínseca* aplicada aos animais na vaquejada.

Capítulo 7

Família, Criança, Adolescente e Idoso

O presente tema vem disciplinado nos arts. 226 a 230 da CF.

Segundo a Constituição Federal a **família** é tida como a *base da sociedade brasileira, tendo especial proteção do Estado.*

Pelas regras expressas em nossa Carta Magna somente se admite o casamento e a união estável entre o homem e a mulher. Entretanto, devido à evolução da sociedade, o Poder Judiciário já tem admitido a união entre pessoas do mesmo sexo.

> Nesse sentido, importante mencionar a histórica decisão proferida no bojo dos autos da ADI 4.277 e da ADPF132, em que o Supremo Tribunal Federal reconheceu como *constitucional a união estável entre pessoas do mesmo sexo, tendo sido dada interpretação conforme à CF para excluir qualquer significado do art. 1.723 do Código Civil que impeça o reconhecimento da união entre pessoas do mesmo sexo como entidade familiar* (J. 05.5.2011 – Plenário). Destaque-se que, alguns meses depois de referido julgamento, o Superior Tribunal de Justiça (Resp. 1.183.378/RS) decidiu pela inexistência de óbices legais à celebração de casamento entre pessoas do mesmo sexo.

Posteriormente ao julgamento desses casos históricos, o Conselho Nacional de Justiça editou a Resolução n.º 175/13, *ato normativo esse que veda às autoridades competentes a recusa de habilitação, celebração de casamento civil ou de conversão de união estável em casamento de pessoas do mesmo sexo, sob a pena de imediata comunicação ao respectivo Juiz Corregedor para as providências cabíveis.*

Basicamente, para a fundamentação da proteção da união homoafetiva, o Poder Judiciário levou em conta o **princípio da dignidade da pessoa humana**, bem como os **direitos à intimidade, da não discriminação e da igualdade de tratamento entre pessoas de sexos distintos e as pessoas de mesmo sexo que queiram constituir uma entidade familiar**. Dessa forma, é possível que as pessoas do mesmo sexo que venham a constituir uma entidade familiar também gozem de proteção especial dada pelo Estado, à luz do que preceitua o *caput* do art. 226 da CF.

Atualmente é possível a constituição de *entidade familiar* entre:

a) Homem e mulher;

b) Qualquer dos pais e seus descendentes (cf. § 4.º do art. 226 da CF);

c) Pessoas do mesmo sexo.

Inovando a ordem jurídica anterior (pautada na antiga Constituição Federal), nossa CF estabeleceu, ainda, (a) a igualdade entre homem e mulher, no tocante aos direitos e deveres durante a sociedade conjugal; e, (b) a possibilidade de divórcio.

Pelas regras atualmente em vigor o Estado deve proporcionar todos os meios necessários de assistência à família, incumbindo, inclusive, a criação de mecanismos para coibir a violência doméstica. Para tanto, no ano de 2006 foi editada a Lei n.º 11.340 (Lei Maria da Penha).

Feitas essas observações no tocante à família, passaremos a analisar os tópicos referentes à **criança**, **adolescente** e **jovem**.

A Constituição Federal impõe um *dever recíproco* à família, sociedade e Estado, para assegurar à criança, ao adolescente e ao jovem, com **absoluta prioridade**, os direitos à vida, saúde, alimentação, educação, lazer, profissionalização, cultura, dignidade, respeito, liberdade e convivência familiar e comunitária. Ademais, aqueles deverão colocar as crianças, adolescentes e jovens salvos de toda forma de negligência, discriminação, exploração, violência, crueldade e opressão.

Ressalte-se que a CF previu uma série de direitos às crianças e adolescentes, sendo que o Estatuto da Criança e do Adolescente (Lei n.º 8.069/90) ampliou aqueles, além de estabelecer algumas obrigações a eles. O E.C.A. define a **criança** como sendo o menor de até 12 (doze) anos de idade incompletos, ao passo que o **adolescente** é o menor entre 12 (doze) e 18 (dezoito) anos de idade. Considera-se **jovem** pessoa com idade entre 15 (quinze) a 29 (vinte e nove) anos de idade, *ex vi* do Estatuto da Juventude (Lei n.º 12.852/13).

Às crianças, adolescentes e jovens é assegurado ainda o **direito à proteção especial** que abrange (a) a proibição de trabalho noturno, perigoso ou insalubre aos menores de 18 (dezoito) anos; (b) idade mínima de 14 (quatorze) anos para admissão ao trabalho, que deverá ser na condição de aprendiz até os 16 (dezesseis) anos; (c) garantia de direitos previdenciários e trabalhistas; (d) garantia de acesso do trabalhador adolescente e jovem à escola; (e) garantia de pleno e formal conhecimento da atribuição de ato infracional, igualdade na relação processual e defesa técnica por profissional habilitado, segundo dispuser a legislação tutelar específica; (f) obediência aos princípios de brevidade, excepcionalidade e respeito à condição peculiar de pessoa em desenvolvimento quando da aplicação de qualquer medida privativa da liberdade; (g) estímulo do Poder Público, por meio de assistência jurídica, incentivos fiscais e subsídios, nos termos da lei, ao acolhimento, sob a forma de guarda, de criança ou adolescente órfão ou abandonado; e, (h) programas de prevenção e atendimento especializado à criança, ao adolescente e ao jovem dependente de entorpecentes e drogas afins. Ademais, a própria regra constitucional prevê que a lei punirá severamente o abuso, a violência e a exploração sexual da criança e do adolescente.

Ainda no tocante às crianças e adolescentes é de se destacar que, para fins penais, eles são considerados *inimputáveis*, sendo que o E.C.A. regula os atos infracionais (condutas praticadas pelas crianças ou adolescentes assemelhadas às infrações penais). Ao estabelecer a inimputabilidade dos menos de 18 (dezoito) anos, o constituinte originário acabou por adotar o **critério biológico** para aferição da maioridade penal. Impende destacar que parcela da doutrina entende que o disposto no art. 228 da CF constitui uma garantia fundamental, sendo uma verdadeira cláusula pétrea.

A CF faz previsão também ao instituto da *adoção*, a qual será assistida pelo Poder Público, na forma da lei, que estabelecerá casos e condições de sua efetivação por parte de estrangeiros. A adoção de menores de 18 (dezoito) anos será regida pelo Estatuto da Criança e Adolescente, ao passo que a das pessoas maiores está prevista no art. 1.619 do Código Civil.

Por fim, registre-se a previsão constitucional a respeito do **idoso** (cf. art. 230). É dever da família, da sociedade e do Estado amparar as pessoas idosas, assegurando-se sua participação na comunidade, defendendo sua dignidade e bem-estar e garantindo-lhes o direito à vida.

Segundo a Lei n.º 10.741/03 (Estatuto do Idoso) considera-se idoso aquela pessoa com idade igual ou superior a 60 (sessenta) anos.

Pela regra constitucional denota-se que há uma *obrigação comum* à família, sociedade e Estado, a fim de que cuidem dos idosos. Esses possuem os mesmos direitos que os demais integrantes de nossa sociedade, recebendo um atendimento com maior atenção e prioridade. Recentemente adveio a Lei n.º 13.466/17 que alterou o Estatuto do Idoso criando o que a doutrina vem chamando de **superprioridade aos maiores de 80 (oitenta) anos de idade**.

Capítulo 8

Indígenas

Inicialmente, há que se consignar que a despeito da Constituição Federal trazer a expressão "índio", preferi me valer da denominação "indígena" que é mais aceita pela nossa doutrina.

A CF (arts. 231 e 232) assegura aos indígenas sua organização social, costumes, línguas, crenças e tradições, bem como os direitos originários sobre as terras que tradicionalmente ocupam. Preceitua, ainda, que os índios, suas comunidades e organizações são partes legítimas para ingressar em juízo em defesa de seus direitos e interesses, competindo ao Ministério Público Federal intervir em todos os atos processuais.

As causas envolvendo *interesses dos indígenas* competem à Justiça Federal. Ressalte-se, contudo, que para ser da competência da Justiça Federal as causas devem estar relacionadas aos interesses dos indígenas, considerados enquanto comunidade. Se, p.ex., um indígena for morto na rua por terceira pessoa a competência para processamento e julgamento será da Justiça Estadual.

Importante consignar neste tópico a regra constante do § 2.º do art. 231 da CF que traz a figura das "terras tradicionalmente ocupadas" pelos indígenas, que são aquelas habitadas em caráter permanente por estes, utilizadas para suas atividades produtivas, imprescindíveis à preservação dos recursos ambientais necessários ao bem-estar e as necessárias a sua reprodução física e cultural.

> Durante o julgamento do denominado caso "Raposa Serra do Sol" (Pet. 3388) o STF firmou o entendimento de que são consideradas *terras tradicionalmente ocupadas pelos índios* aquelas que eles habitavam na data da promulgação da Constituição Federal de 1988 (**critério temporal**) e, complementarmente, se houver efetiva relação dos índios com a terra (**critério da tradicionalidade da ocupação**).

Nesse ponto, gostaria de deixar registrada expressão cunhada pelo ex-Ministro do STF Carlos Ayres Britto, durante o julgamento do caso ora em comento, expressão essa conhecida como **renitente esbulho**. Por essa expressão devemos entender que se, na época da promulgação da nossa atual Constituição os indígenas não mais ocupavam a terra *porque dela haviam sido expulsos* em virtude de conflito possessório, considera-se que eles foram vítimas de esbulho e, assim, essa área será considerada terra indígena em consonância com o art. 231 da CF.

Questão interessante também diz respeito ao fato de que o STF entende ser necessário que a União e a Fundação Nacional do Índio (FUNAI) executem e implementem atividade de proteção territorial nas terras indígenas, independentemente de sua homologação. Nesse sentido:

> Nos termos do art. 231 da Constituição Federal (CF/1988) (1), a União tem o dever (e não a escolha) de demarcar as terras indígenas. No caso, a não homologação das demarcações dessas terras deriva de inércia deliberada do Poder Público, em afronta ao direito originário dos índios.
>
> Ademais, ao afastar a proteção territorial em terras não homologadas, a FUNAI sinaliza a invasores que a União se absterá de combater atuações irregulares em tais áreas, o que pode constituir um convite à invasão de terras que são sabidamente cobiçadas por grileiros e madeireiros, bem como à prática de ilícitos de toda ordem. Além disso, a suspensão da proteção territorial abre caminho para que terceiros passem a ali transitar, o que põe em risco a saúde dessas comunidades, expondo-as a eventual contágio por COVID-19 e outras enfermidades.
>
> Com base nesse entendimento, o Plenário ratificou a medida cautelar já concedida para determinar: (i) a suspensão imediata dos efeitos do Ofício Circular 18/2021/CGMT/DPT/FUNAI e do parecer 00013/2021/COAF-CONS/PFE-FUNAI/PGF/AGU; e (ii) a implementação de atividade de proteção territorial nas terras indígenas pela FUNAI, independentemente de estarem homologadas. O ministro André Mendonça acompanhou o voto do relator com ressalvas. (ADPF 709 MC-segunda-Ref/DF, relator Min. Roberto Barroso, julgamento virtual finalizado em 25.2.2022)

Por fim, ainda no que tange aos indígenas, importante consignar a existência da Lei n.º 6.001/73.

Quadro Sinótico

ORDEM SOCIAL	
Considerações iniciais	Segundo a Constituição Federal a **ordem social** é formada por um conjunto de regras constitucionais relativas à saúde, à previdência, à assistência social, à educação, à cultura, ao desporto, à ciência e tecnologia, à comunicação social, ao meio ambiente, à família, à criança, ao adolescente, ao idoso e aos índios. A **base** da ordem social é o ***primado do trabalho***. Os **objetivos** da ordem social, por sua vez, são o ***bem-estar social*** e a ***justiça social***.
Seguridade Social	A seguridade social compreende o conjunto integrado de ações de iniciativa dos Poderes Públicos e da sociedade, destinadas a assegurar os direitos relativos à *saúde*, *previdência* e *assistência social*. Os **objetivos** da seguridade social encontram-se previstos nos incisos do parágrafo único do art. 194 da CF. Ela será **financiada** por toda a sociedade, de forma direta e indireta, nos termos de lei ordinária, por intermédio de contribuições dirigidas a diversos segmentos da sociedade. As contribuições previstas no inciso I do art. 195 da Carta Magna poderão ter alíquotas diferenciadas em razão da atividade econômica, da utilização intensiva de mão de obra, do porte da empresa ou da condição estrutural do mercado de trabalho, bem como autorizada a adoção de bases de cálculo diferenciadas apenas no caso das alíneas "b" e "c" do dispositivo em comento. Ademais, veda-se a moratória e o parcelamento em prazo superior a 60 (sessenta) meses e, nos termos da lei complementar, a remissão e a anistia das contribuições sociais de que tratam a alínea "a" do inciso I e o inciso II do *caput* do art. 195. O segurado somente terá reconhecida como tempo de contribuição ao Regime Geral de Previdência Social e competência cuja contribuição seja igual ou superior à contribuição mensal mínima exigida para sua categoria, assegurado o agrupamento de contribuições.

Seguridade Social	A **saúde** é *direito de todos e dever do Estado*, devendo ser garantido mediante políticas sociais e econômicas que visem à redução do risco de doença e de outros agravos e ao acesso universal e igualitário às ações e serviços para sua promoção, proteção e recuperação. As ações e serviços de saúde são considerados de **relevância pública**, cabendo ao Poder Público dispor, nos termos da lei, sobre sua regulamentação, fiscalização e controle. O SUS (sistema único de saúde) abrange as ações e serviços de saúde prestados por uma rede **regionalizada** e **hierarquizada**, porém, com **gestão descentralizada** (direção única em cada esfera de governo). Além da descentralização, constitui diretriz da política constitucional do sistema único de saúde o seu *atendimento integral, com prioridade para as atividades preventivas*, sem prejuízo dos serviços assistenciais, e a *participação da comunidade*. Após a promulgação da EC n.º 103/19, é de se destacar que a **previdência social** será organizada sob a forma do Regime Geral de Previdência Social, de caráter contributivo e de filiação obrigatória, observados critérios que preservem o equilíbrio financeiro e atuarial, e atenderá, na forma da lei, a cobertura dos eventos de incapacidade temporária ou permanente para o trabalho e idade avançada, a proteção à maternidade, especialmente à gestante; a proteção ao trabalhador em situação de desemprego involuntário; o salário-família e o auxílio-reclusão para os dependentes dos segurados de baixa renda; a pensão por morte do segurado, homem ou mulher, ao cônjuge ou companheiros e dependentes, observado o disposto no § 2.º. Veda-se, atualmente, a adoção de requisitos ou critérios diferenciados para concessão de benefícios, ressalvada, nos termos da lei complementar, a possibilidade de previsão de idade e tempo de contribuição distintos da regra geral para concessão de aposentadoria exclusivamente em favor dos segurados (a) com deficiência, previamente submetidos a avaliação biopsicossocial realizada por equipe multiprofissional e interdisciplinar e (b) cujas atividades sejam exercidas com efetiva exposição a agentes químicos, físicos e biológicos prejudiciais à saúde ou associação destes agentes, vedada a caracterização por categoria profissional ou ocupação. É de caráter contributivo. Ademais, deve existir um equilíbrio entre o que é pago pelo Poder Público a título de prestação previdenciária e a arrecadação do Estado com as contribuições previdenciárias, tentando-se evitar que o sistema de custeio seja deficitário (**equilíbrio financeiro e atuarial**). A **assistência social** será prestada a quem dela necessitar, *independentemente de contribuição* à seguridade social. É considerada uma ***política de seguridade social não contributiva***, que provê os mínimos sociais, realizada através de um conjunto integrado de ações de iniciativa pública e da sociedade, objetivando-se garantir o atendimento às necessidades básicas de quem dela necessitar. Seus objetivos da dividem-se em: (a) prestação de serviços sociais; e, (b) benefício. Por fim, é de consignar que a assistência social possui duas diretrizes, a saber: (a) A descentralização político-administrativa; e, (b) A participação da população

Educação, cultura e desporto	A **educação** é considerada um *direito de todos e dever do Estado e da família*, sendo promovida e incentivada com a colaboração da sociedade, visando ao pleno desenvolvimento da pessoa, seu preparo para o exercício da cidadania e sua qualificação para o trabalho. Conquanto seja um dever do Estado, é possível o fornecimento do ensino educacional por parte da iniciativa privada, desde que autorizada pelo Poder Público, devendo ainda cumprir as normas gerais da educação nacional e se submeter ao procedimento de avaliação da qualidade de ensino. A *educação escolar* é obrigatória por parte do Estado e gratuita, constituindo *direito público subjetivo de todos*. Ela é composta pela *educação básica* (educação infantil, ensino fundamental e ensino médio) e pela *educação superior*. A *educação infantil* compreende a creche (de 00 a 03 anos) e a pré-escola (de 04 a 05 anos). O *ensino fundamental* compreende a faixa etária dos 06 aos 14 anos, ao passo que o *ensino médio* entre 15 a 17 anos de idade. As *Universidades* possuem autonomia para definirem suas estruturas didático-científicas, administrativas, financeiras e patrimoniais, devendo obedecer ao *princípio da indissociabilidade* entre *ensino*, *pesquisa* e *extensão*. Impende destacar, ainda, que o Plenário do STF tem entendimento firmando no sentido de que o ensino religioso nas escolas públicas brasileiras pode ter natureza confessional. Ressalte-se, ainda, que o **Supremo Tribunal Federal**, no julgamento do RE 888815/RS, decidiu *não ser possível o ensino domiciliar como meio lícito de cumprimento, por parte da família, do dever de prover educação*. A despeito de inexistir vedação absoluta ao ensino domiciliar, a Colenda Corte entendeu que o ensino domiciliar não pode ser atualmente exercido porque não há legislação que regulamente os preceitos e as regras aplicáveis a essa modalidade de ensino. Portanto, para o STF essa modalidade de ensino somente pode ser implementada no Brasil após uma regulamentação por intermédio de lei federal na qual sejam previstos mecanismos de avaliação e fiscalização, devendo essa lei respeitar os mandamentos constitucionais que tratam sobre a educação. A **cultura** vem prevista na Constituição Federal nos arts. 215 a 216-A. Ao Estado cabe garantir a todos o *pleno exercício dos direitos culturais* e *acesso às fontes da cultura nacional*, através do apoio e incentivo da valorização e da difusão das manifestações culturais. Ademais, o Estado protegerá as manifestações das culturas populares, indígenas e afro-brasileiras, bem como de outros grupos participantes do processo civilizatório nacional. A EC n.º 71/12 criou o denominado **Sistema Nacional de Cultura**, o qual será disciplinado por lei ordinária federal. Referido sistema é organizado em regime de colaboração, de forma descentralizada e participativa, instituindo um processo de gestão e promoção conjunta de políticas públicas de cultura, democráticas e permanentes, pactuadas entre os entes da Federação e a sociedade, tendo por objetivo promover o desenvolvimento humano, social e econômico com pleno exercício dos direitos culturais.

Educação, cultura e desporto	O **desporto** é direito de cada um, cabendo ao Estado fomentar as práticas esportivas *formais* e *não formais*, bem como incentivar o lazer como forma de promoção social. Conquanto seja obrigação do Estado fomentar o desporto, as entidades dirigentes e associações possuem autonomia para estabelecer regras de organização e funcionamento. A *Justiça Desportiva*, a qual possui atribuição para julgar questões atinentes à disciplina e às competições desportivas. Não obstante possua esse nome ela não integra o órgão do Poder Judiciário, tendo cunho administrativo.
Ciência e tecnologia	Destaque-se que a CF elenca duas *espécies distintas de pesquisa*, quais sejam: **científica básica** (recebe tratamento prioritário do Estado, tem em vista o bem público e o progresso da ciência) e **pesquisa tecnológica** (voltada preponderantemente para a solução dos problemas brasileiros e para o desenvolvimento do sistema produtivo nacional e regional).
Comunicação social	A **comunicação social** abrange a *liberdade de informação*, sendo transmitida por diferentes meios de comunicação como os veículos impressos (jornais, e revistas) e os meios de radiodifusão sonora (rádio) ou de sons e imagens (TV). Destaque-se que nosso Estado Democrático de direito veda expressamente toda e qualquer *censura* de natureza política, ideológica e artística. É de se destacar que tanto o rádio quanto a televisão, por constituírem serviços públicos, *dependem de concessão, permissão* ou *autorização* para poderem funcionar, atos esses concretizados através de outorga do Poder Executivo. No caso das emissoras de rádio o prazo da concessão ou permissão será de 10 (dez) anos, ao passo que para as emissoras de televisão será de 15 (quinze) anos.
Meio ambiente	Legalmente o **meio ambiente** é definido como sendo o conjunto de condições, leis, influências e interações de ordem física, química e biológica, que permite, abriga e rege a vida em todas as suas formas (cf. art. 3.º, I, da Lei n.º 6.938/81). Consoante disposto em nossa Carta Magna *todos têm direito ao meio ambiente ecologicamente equilibrado, bem de uso comum do povo e essencial à sadia qualidade de vida, impondo-se ao Poder Público e à coletividade o dever de defendê-lo e preservá-lo para as presentes e futuras gerações*. A política do meio ambiente brasileira é fundada na concepção do **desenvolvimento sustentável**, sendo que a Lei nº 6.938/81 (Política Nacional do Meio Ambiente) estabelece que deva haver uma *compatibilização entre o desenvolvimento econômico--social e a preservação da qualidade do meio ambiente e do equilíbrio ecológico*. Dentre os princípios norteadores a respeito do meio ambiente, destacamos: do meio ambiente ecologicamente equilibrado como direito fundamental da pessoa humana; da equidade intergeracional ou da solidariedade intergeracional; da prevenção e precaução; do poluidor pagador; da obrigatoriedade de atuação estatal ou da natureza pública da proteção ambiental; da participação comunitária ou democrático; da informação; da educação ambiental; da função socioambiental da propriedade; da cooperação entre os povos; e, do controle do poluidor pelo poder público. Importante consignar aqui que a própria Constituição Federal prevê a possibilidade da *responsabilização penal da pessoa jurídica* pela prática de crimes ambientais.

Família, criança, adolescente e idoso	Segundo a Constituição Federal a **família** é tida como a *base da sociedade brasileira, tendo especial proteção do Estado*. Pelas regras expressas em nossa Carta Magna somente se admite o casamento e a união estável entre o homem e a mulher. Entretanto, devido à evolução da sociedade, o Poder Judiciário já tem admitido a união entre pessoas do mesmo sexo. Atualmente é possível a constituição de *entidade familiar* entre: homem e mulher; qualquer dos pais e seus descendentes (cf. § 4.º do art. 226 da CF); pessoas do mesmo sexo. A Constituição Federal impõe um *dever recíproco* à família, sociedade e Estado, para assegurar à criança, ao adolescente e ao jovem, com **absoluta prioridade**, os direitos à vida, saúde, alimentação, educação, lazer, profissionalização, cultura, dignidade, respeito, liberdade e convivência familiar e comunitária. Ademais, aqueles deverão colocar as crianças, adolescentes e jovens salvos de toda forma de negligência, discriminação, exploração, violência, crueldade e opressão. O E.C.A. define a **criança** como sendo o menor de até 12 (doze) anos de idade incompletos, ao passo que o **adolescente** é o menor entre 12 (doze) e 18 (dezoito) anos de idade. Considera-se **jovem** pessoas com idade entre 15 (quinze) a 29 (vinte e nove) anos de idade, *ex vi* do Estatuto da Juventude. Às crianças, adolescentes e jovens é assegurado ainda o **direito à proteção especial** que abrange (a) a proibição de trabalho noturno, perigoso ou insalubre aos menores de 18 (dezoito) anos; (b) idade mínima de 14 (quatorze) anos para admissão ao trabalho, que deverá ser na condição de aprendiz até os 16 (dezesseis) anos; (c) garantia de direitos previdenciários e trabalhistas; (d) garantia de acesso do trabalhador adolescente e jovem à escola; (e) garantia de pleno e formal conhecimento da atribuição de ato infracional, igualdade na relação processual e defesa técnica por profissional habilitado, segundo dispuser a legislação tutelar específica; (f) obediência aos princípios de brevidade, excepcionalidade e respeito à condição peculiar de pessoa em desenvolvimento quando da aplicação de qualquer medida privativa da liberdade; (g) estímulo do Poder Público, por meio de assistência jurídica, incentivos fiscais e subsídios, nos termos da lei, ao acolhimento, sob a forma de guarda, de criança ou adolescente órfão ou abandonado; e, (h) programas de prevenção e atendimento especializado à criança, ao adolescente e ao jovem dependente de entorpecentes e drogas afins. Ademais, a própria regra constitucional prevê que a lei punirá severamente o abuso, a violência e a exploração sexual da criança e do adolescente. Registre-se a previsão constitucional a respeito do **idoso** (cf. art. 230). É dever da família, da sociedade e do Estado amparar as pessoas idosas, assegurando-se sua participação na comunidade, defendendo sua dignidade e bem-estar e garantindo-lhes o direito à vida. Recentemente adveio a Lei n.º 13.466/17 que alterou o Estatuto do Idoso criando o que a doutrina vem chamando de **super-prioridade aos maiores de 80 (oitenta) anos de idade**.

Indígenas	A CF assegura aos indígenas sua organização social, costumes, línguas, crenças e tradições, bem como os direitos originários sobre as terras que tradicionalmente ocupam. Preceitua, ainda, que os indígenas, suas comunidades e organizações são partes legítimas para ingressar em juízo em defesa de seus direitos e interesses, competindo ao Ministério Público Federal intervir em todos os atos processuais. As causas envolvendo *interesses dos indígenas* competem à Justiça Federal. Ressalte-se, contudo, que para ser da competência da Justiça Federal as causas devem estar relacionadas aos interesses dos indígenas, considerados enquanto comunidade. Se, p.ex., um índio for morto na rua por terceira pessoa a competência para processamento e julgamento será da Justiça Estadual.

EXERCÍCIOS

Questões

1 - (PC/ES – Delegado de Polícia – Instituto Acesso - 2019) - Em julgamento de Recurso Extraordinário (RE-AgR 436.996), o Supremo Tribunal Federal entendeu que o atendimento em creche e o acesso à unidades de pré-escola à criança menor de 05 (cinco) anos de idade não podem fundar-se em juízo de simples conveniência ou de mera oportunidade. Isto porque o sistema de ensino municipal é constitucionalmente regido por normas de eficácia

a) Submetida ao princípio da reserva do possível.

b) Contida, ou seja, têm aplicabilidade indireta, mediata e reduzida.

c) Limitada, ou seja, têm aplicabilidade indireta, mediata e reduzida e estabelecem diretrizes para as políticas públicas.

d) Plena, ou seja, têm aplicabilidade direta, imediata e integral, que não se submetem ao princípio da reserva do possível.

e) Contida, ou seja, têm aplicabilidade direta, imediata e possivelmente não integral.

2 – (PC/ES – Delegado de Polícia – Instituto Acesso – 2019) - A Constituição Federal de 1988 trata da Educação Nacional no Capítulo III do Art. 205 a 2014 em que pactua a educação como direito de todos, e sofreu alterações com as Emendas Constitucionais (EC) nº 11, de 1996, e nº 53, em 2006. Com relação às mudanças introduzidas pela EC nº 53/2006, é correto afirmar que

a) A igualdade de condições de acesso foi incluída na CF para garantir a aplicação do ENEM e das cotas nas universidades.

b) A inclusão do pluralismo de ideias foi um marco para a democracia nas escolas e para a liberdade de cátedra.

c) A valorização dos profissionais da educação escolar e a inclusão do piso salarial nacional foram mudanças importantes na CF.

d) A gratuidade do ensino público nas escolas oficiais foi um avanço importante que não estava garantido antes da EC 53.

e) O padrão de qualidade foi inserido para avaliar a produtividade do corpo docente das escolas e definir a política salarial do magistério.

3 – (PC/ES – Delegado de Polícia – Instituto Acesso – 2019) - "Um protesto de grupos indígenas bloqueou pontos de estradas de Aracruz, no Norte do Espírito Santo, até o meio da tarde desta quinta-feira (31). Ficaram interditados, por cerca de cinco horas, trechos da ES-010, ES-257 e na Rodovia Primo Bitti (entrada de Caieiras Velha)" (G1/Globo, 31/01/2019).

A Constituição da República Federativa do Brasil destinou um capítulo específico à proteção das comunidades indígenas, sendo INCORRETO afirmar que:

a) As terras tradicionalmente ocupadas pelos índios destinam-se a sua posse permanente, cabendo-lhes o usufruto exclusivo das riquezas do solo, dos rios e dos lagos nelas existentes.

b) São reconhecidos aos índios sua organização social, costumes, línguas, crenças e tradições, e os direitos originários sobre as terras que tradicionalmente ocupam.

c) As terras tradicionalmente ocupadas são inalienáveis e indisponíveis, e os direitos sobre elas, imprescritíveis.

d) É vedada a remoção dos grupos indígenas de suas terras, salvo, "*ad referendum*" do Congresso Nacional, em caso de catástrofe ou epidemia que ponha em risco sua população, ou no interesse da soberania do País, após deliberação do Congresso Nacional, garantido, em qualquer hipótese, o retorno imediato logo que cesse o risco.

e) Os índios, suas comunidades e organizações são representados pelo Ministério Público, com exclusividade, para ingressar em juízo em defesa de seus direitos e interesses.

4 – (PC/ES – Delegado de Polícia – Instituto Acesso – 2019) - "O Tribunal de Justiça do Distrito Federal negou recurso do candidato aprovado em concurso da Polícia Civil, mas que foi desqualificado do certame por ser reprovado na etapa de sindicância de vida pregressa. Ele foi condenado em 2001 por participação no assassinato do índio Galdino Jesus dos Santos. O crime aconteceu em 20 de abril de 1997, quando o candidato tinha 16 anos. Ele e outros quatro jovens de classe média de Brasília atearam fogo no índio, que dormia em uma parada de ônibus da W3 Sul. [...]

[...] a sindicância da vida pregressa e investigação social avalia a idoneidade moral do candidato no âmbito social, administrativo, civil e criminal.

O requisito consta no edital como "indispensável para aprovação" no concurso e é avaliado por uma comissão formada pela direção da Polícia Civil." (GLOBO. com, G1DF, 16.jul.2015).

Com relação ao disposto na Constituição Federal de 1988 sobre o direito constitucional dos índios, está INCORRETA a seguinte afirmação:

a) As Terras Indígenas são inalienáveis e indisponíveis, e o direito sobre elas é imprescritível.
b) Legislar sobre populações indígenas é assunto de competência privativa da União.
c) Serão asseguradas às comunidades indígenas a utilização de suas línguas maternas e processos próprios de aprendizagem.
d) Processar e julgar a disputa sobre direitos indígenas é competência dos juízes estaduais, onde ocorre o conflito.
e) É vedado remover os índios de suas terras, salvo casos excepcionais e temporários.

5 – (PC/GO – Delegado de Polícia – UEG – 2018) - Ao asseverar sobre a proteção do meio ambiente, a Constituição Federal de 1988:

a) Adotou uma visão estrita para o vocábulo "meio ambiente", pois reconhece a proteção do patrimônio natural em seu artigo 225.
b) Deixou de aludir expressamente ao desenvolvimento sustentável, apesar de ele poder ser inferido do artigo 170, VI, quando se refere ao meio ambiente como princípio que rege a ordem econômica.
c) Buscou limitar as atividades nucleares, ao exigir que o licenciamento ambiental de novas usinas dependa de lei estadual específica, por meio da qual se defina sua localização.
d) Recepcionou a Lei de Política Nacional do Meio Ambiente, ao exigir o relatório ambiental preliminar de todos os empreendimentos potencialmente causadores de significativa degradação do meio ambiente.
e) Ensejou uma maior flexibilidade para a definição, a manutenção e a modificação dos limites de unidades de conservação da natureza, o que pode ser feito por ato do Poder Executivo.

6 – (PF – Delegado de Polícia – CESPE – 2013) - Considerando o disposto na CF acerca na ordem social, julgue o item subsequente.

As terras tradicionalmente ocupadas pelos índios, incluídas no domínio constitucional da União Federal, são inalienáveis, indisponíveis e insuscetíveis de prescrição aquisitiva.

( ) Certo

( ) Errado

7 - (PC/PI - Agente de Polícia Civil - NUCEPE - 2018) - A ordem social brasileira fundamenta-se no primado do trabalho, de forma a proporcionar o bem-estar e a justiça social à população. Marque a alternativa que contempla a ordem social, quando a Constituição Federal trata da Família, da Criança, do Adolescente, do Jovem e do Idoso.

a) A família, base da sociedade, tem especial proteção do Estado. O casamento e a união estável têm efeitos civis, sendo os direitos e deveres referentes à sociedade conjugal exercidos igualmente pelo homem, mulher e filhos maiores de 18 (dezoito) anos.

b) O casamento civil pode ser dissolvido pelo divórcio, após prévia separação judicial por mais de um ano nos casos expressos em lei, ou comprovada separação de fato por mais de um ano.

c) A família, a sociedade e o Estado têm o dever de amparar as pessoas idosas, assegurando sua participação na comunidade, defendendo sua dignidade e bem-estar e garantindo-lhes o direito à vida. Os programas de amparo aos idosos serão executados preferencialmente em casas de repouso, e aos maiores de setenta e cinco anos é garantida a gratuidade dos transportes coletivos urbanos.

d) Os pais têm o dever de assistir, criar os filhos menores. O Estado tem o dever de educar os menores. E os filhos, em qualquer idade, têm o dever de ajudar e amparar os pais, em qualquer tempo, independentemente de carência ou enfermidade.

e) É dever da família, da sociedade e do Estado assegurar à criança, ao adolescente e ao jovem, com absoluta prioridade, o direito à vida, à saúde, à alimentação, à educação, ao lazer, à profissionalização, à cultura, à dignidade, ao respeito, à liberdade e à convivência familiar e comunitária, além de colocá-los a salvo de toda forma de negligência, discriminação, exploração, violência, crueldade e opressão.

8 - (PC/RO - Escrivão de Polícia Civil - FUNCAB - 2014) - Segundo a Constituição Federal de 1988, integra a Seguridade Social:

a) A segurança pública.

b) A cultura.

c) A educação.
d) A comunicação social.
e) A previdência social.

9 – (PC/RO – Escrivão de Polícia – CESPE/CEBRASPE – 2022) - A Constituição Federal de 1988, em seu artigo 225, prevê que todos têm direito ao meio ambiente ecologicamente equilibrado e que, para que a efetividade desse direito seja assegurada, incumbe ao poder público, entre outras medidas, promover a educação ambiental em todos os níveis de ensino e a conscientização pública para a preservação do meio ambiente. Com base nessas informações, assinale a opção que indica o princípio que norteia a referida educação ambiental.

a) princípio do desenvolvimento sustentável.
b) princípio da precaução.
c) princípio da informação.
d) princípio da responsabilização.
e) princípio poluidor-pagador

10 – (PC/RO – Agente de Polícia – CESPE/CEBRASPE – 2022) - Acerca da ordem social prevista na Constituição Federal de 1988 (CF), julgue os itens a seguir.

I - As condutas lesivas ao meio ambiente sujeitarão os infratores, pessoas físicas ou jurídicas, a sanções penais e administrativas, independentemente da obrigação de reparar os danos causados.
II - Aos maiores de sessenta e cinco anos é garantida a gratuidade dos transportes coletivos urbanos.
III - Os índios são partes legítimas para ingressar em juízo em defesa de seus direitos, devendo o Ministério Público intervir em todos os atos do processo.

Assinale a opção correta.

a) Apenas o item I está certo.
b) Apenas os itens I e II estão certos.
c) Apenas os itens II e III estão certos.
d) Apenas os itens I e III estão certos.
e) Todos os itens estão certos.

11 – (PC/SP – Delegado de Polícia – VUNESP – 2022) - Assinale a alternativa que está em conformidade com os mandamentos constitucionais sobre o direito à educação no Brasil.

a) É dever do Estado o atendimento ao educando, em todas as etapas da educação.
b) O ensino é livre à iniciativa privada, a qual pode se submeter à avaliação de qualidade pelo Poder Público.
c) O Estado não poderá destinar recursos públicos a escolas comunitárias, confessionais ou filantrópicas.
d) Os Municípios atuarão prioritariamente no ensino médio e na educação infantil.
e) A União, os Estados, o Distrito Federal e os Municípios exercerão ação redistributiva em relação a suas escolas.

12 – (PC/RJ – Investigador Policial – FGV – 2022) - O governador do Estado Alfa recebeu a notícia de que, em razão da não realização da receita estimada para o exercício financeiro, não seria possível implementar diversos programas de trabalho da área de seguridade social, que abrange, à luz da ordem constitucional:

a) segurança pública, segurança patrimonial e segurança privada apoiada;
b) a generalidade dos direitos sociais de natureza prestacional;
c) segurança pública, previdência e assistência social;
d) saúde, previdência e assistência social;
e) previdência e assistência social.

13 – (PC/RJ – Inspetor de Polícia Civil – FGV – 2021) - Maria e João, que tinham diversos filhos, procuraram se informar a respeito do acesso à educação, bem como se haveria algum programa suplementar, de natureza pública, para apoiar o educando. Na ocasião, receberam a informação de que:

(1) apenas o acesso à educação infantil e ao ensino fundamental era obrigatório e gratuito;
(2) os programas suplementares eram estruturados conforme a avaliação política de cada ente federativo e sua disponibilidade orçamentária e financeira, sendo, portanto, facultativos;
(3) existia a garantia de progressiva universalização do ensino médio gratuito.

À luz da sistemática constitucional:

a) as informações 1, 2 e 3 estão incorretas;
b) as informações 1, 2 e 3 estão corretas;
c) apenas a informação 1 está correta;
d) apenas a informação 2 está correta;
e) apenas a informação 3 está correta.

Gabarito e Explicação

Questão	Gabarito	Abordagem do assunto no livro
1	D	Capítulo 3
2	C	Capítulo 3
3	E	Capítulo 8
4	D	Capítulo 8
5	B	Capítulo 6
6	C	Capítulo 8
7	E	Capítulo 7
8	E	Capítulo 2
9	C	Capítulo 6
10	E	Capítulo 5, 6 e 7
11	E	Capítulo 3
12	D	Capítulo 2
13	E	Capítulo 3

PARTE 19

CONTROLE DE CONSTITUCIONALIDADE

Capítulo 1

Considerações Iniciais

O denominado controle de constitucionalidade das normas constitui uma das criações mais interessantes do direito constitucional e da ciência política, vez que a adoção das variadas formas nos mais diversos sistemas constitucionais, mostra sua flexibilidade e capacidade de se adequar aos mais diversos sistemas políticos, sendo curioso observar sua expansão na ordem jurídica atual.

Analisando-se a sistemática atual a respeito do controle de constitucionalidade verificamos que foi deixado de lado o antigo *monopólio da ação direta*, vez que essa somente poderia ser proposta, exclusivamente, pelo Procurador-Geral da República. Com a ampliação do rol de legitimados ativos para a propositura das ações em sede de controle abstrato de constitucionalidade conclui-se que houve considerável avanço do presente instituto.

Embora tenha sido mantido o modelo tradicional de *controle difuso*, a adoção de instrumentos como a ação direta de inconstitucionalidade por omissão, o mandado de segurança coletivo e, especialmente a ação direita de inconstitucionalidade, conferiram um novo perfil a esse sistema de controle. Ademais, foi inserido em nosso ordenamento jurídico brasileiro o remédio constitucional conhecido como *mandado de injunção*, o qual já foi devidamente estudado na presente obra.

A Constituição Federal é o instrumento normativo através do qual se disciplina a criação das denominadas regras essenciais do Estado, organiza os entes estatais, bem como elenca o procedimento legislativo. Em virtude dessas características resta cristalina a posição hierárquica preeminente das normas constitucionais (**princípio da supremacia da Constituição Federal**).

Destaque-se, contudo, que somente será possível se falar em controle de constitucionalidade naqueles países que adotem, quanto à estabilidade, uma *constituição do tipo rígida*. Isso porque, se as normas constitucionais forem flexíveis, não existirá procedimento diferenciado das demais espécies normativas, sendo que no caso seria realizado, apenas e tão somente, um *controle de legalidade das normas*, levando-se em conta, especialmente, o critério da temporalidade.

Segundo a clássica lição de Hans Kelsen o ordenamento jurídico pode ser representado por uma pirâmide, sendo que no topo dela estão as normas constitucionais (Constituição Federal e demais normas materialmente constitucionais), as quais são consideradas *normas (ou fundamentos) de validade* dos demais atos normativos do sistema, que se encontram hierarquicamente abaixo daquelas.

Para uma compreensão mais simples devemos analisar o ordenamento jurídico brasileiro de cima para baixo, sendo que no topo da pirâmide encontram-se as normas constitucionais e todos os demais atos normativos hierarquicamente abaixo daquelas. Portanto, somente podemos dizer que uma norma é constitucional se ela estiver em harmonia com as normas constitucionais vigentes à época em que aquela for promulgada.

Atualmente há uma tendência de ampliar o conteúdo do parâmetro de constitucionalidade, com aquilo que a doutrina vem chamando de ***bloco de constitucionalidade*** (ou ***paradigma de controle***). Através desse instituto a doutrina moderna afirma que o parâmetro de constitucionalidade *não se limita apenas às normas constantes da Constituição Federal e sim também pelas leis com valor constitucional material, pelos tratados e convenções internacionais sobre direitos humanos aprovados nos termos do § 3.º do art. 5.º da CF, bem como pelo conjunto de preceitos e princípios, explícitos ou implícitos, decorrentes da própria Carta Magna.*

Em virtude da supremacia da Constituição é que surge o instituto do **controle de constitucionalidade** o qual, de forma didática, pode ser conceituado como sendo a *verificação de compatibilidade vertical entre as normas constitucionais e os demais atos normativos que se encontram hierarquicamente abaixo delas.*

O controle de constitucionalidade é um *instrumento de tutela e proteção* do **princípio da supremacia da Constituição**, buscando *manter a harmonia* do ordenamento jurídico.

Destaque-se que somente é possível falar que uma norma é constitucional ou não se ela foi editada e promulgada *após a Constituição Federal (e normas constitucionais) em vigor à época*. Se a norma infraconstitucional for constitucional, e a norma constitucional que serviu de parâmetro de aferição for revogada, é possível que aquela seja incorporada ou não pelo novo ordenamento jurídico. Se estiver em consonância com o atual regramento constitucional, dizemos que ela foi ***recepcionada***, sendo que continuará a viger. De outro vértice, se aquela norma estiver em desacordo com a nova Constituição Federal dizemos que ela ***não foi recepcionada*** pela nova ordem (sendo extirpada tacitamente do ordenamento jurídico), sendo incorreto dizer que ela é inconstitucional. Nessas situações estaremos diante do denominado *direito constitucional intertemporal.*

Portanto, tecnicamente, o parâmetro para se afirmar se a norma infraconstitucional é ou não constitucional é a Constituição Federal (e demais normas constitucionais) **vigente ao tempo em que aquela entrou em vigor**. Em virtude disso é que podemos dizer que a inconstitucionalidade é congênita, ou seja, o vício está presente no nascimento da norma! Ressalte-se, contudo, que não raras vezes doutrina e jurisprudência, afastando-se do termo técnico, acabam por utilizar as expressões em questão de forma indiscriminada.

Antes de finalizar esse capítulo, impende tecer rápidas considerações a respeito da denominada **reclamação constitucional**, sendo que o estudo aprofundado ficará a cargo da disciplina de Processo Civil.

Por expressa previsão constitucional ela se destina a preservar a competência do STF, bem como garantir a autoridade de suas decisões. Ademais, do ato administrativo ou decisão judicial que contrariar a súmula aplicável ou que indevidamente a aplicar, caberá reclamação ao STF que, julgando-a procedente, anulará o ato administrativo ou cassará a decisão judicial reclamada e determinará que outra seja proferida com ou sem aplicação da súmula, conforme o caso.

Além disso, caberá reclamação junto ao STJ para preservação de sua competência e garantia da autoridade de suas decisões.

O TST também possui competência originária para processar e julgar a reclamação para a preservação de sua competência e garantia da autoridade de suas decisões.

Consoante as regras estabelecidas no Código de Processo Civil (art. 988) são partes legítimas para propor a reclamação tanto o Ministério Público, quanto a parte interessada (autor, réu e terceiros).

Capítulo 2

Evolução Histórica do Controle de Constitucionalidade

2.1 No mundo

Conforme ensinamentos doutrinários o controle de constitucionalidade encontra seus primeiros contornos na **civilização ateniense** (**antiguidade clássica**), com a existência dos denominados *nómoi* (representavam as leis constitucionais na época, vez que dispunham sobre a organização do Estado, além de somente serem alteradas por intermédio de procedimentos especiais) e *pséfisma* (representavam as leis ordinárias, as quais deviam obediência aos *nómoi*).

Em seguida, na **Idade Média** as leis naturais possuíam *status* de norma superior (derivação divina), sendo que todas as normas deviam ser frutos daquelas, sob pena de nulidade.

Posteriormente, durante a **primeira metade do século XVII** predominou na Inglaterra a doutrina de Sir Edward Coke, segundo a qual *predominava a superioridade da Common Law*, em face do Rei e do Parlamento. Referida garantia, nas lições de Coke, era garantida pelos juízes.

Destaque-se, contudo, que as ideias de Sir Edward Coke:

> "Foram abandonadas na Inglaterra com a revolução de 1688, a partir da qual foi proclamada a doutrina da supremacia do Parlamento (*supremacy of the Parliament*), ainda hoje vigente naquele País, onde não se fala em controle judicial de constitucionalidade. Contudo, da doutrina de Coke ficaram os frutos, que serviram de força inspiradora não só para os *founding fathers* da nova Nação, com o para a formação do pioneiro sistema, pelo menos em bases modernas e sistemáticas, da *judicial review* do direito norte americano"[1].

1. CUNHA JÚNIOR, Dirley da. *Curso de Direito Constitucional*. 12ª ed. rev., ampl. e atual. Salvador: Juspodivm, 2018. P. 240.

Ainda, importante mencionar o denominado **sistema americano da *judicial review of legislation*, ou difuso de controle de constitucionalidade**. A partir do constitucionalismo norte-americano é que surge a ideia da **supremacia da Constituição**.

Foi com a famosa decisão no caso *Marbury v. Madison* (1803) que houve a consagração da supremacia da Constituição em face dos demais atos normativos, bem como a do poder e dever dos magistrados de negar aplicação às demais leis contrárias àquela. Consolidou-se, nessa época, o denominado **sistema judicial** de controle de constitucionalidade das leis, que acabou servindo de modelo e referência obrigatória para muitos países Americanos e Europeus.

Com a decisão proferida pelo *Justice Marshall* foi acolhida a tese de que as Constituições constituem normas jurídicas fundamentais e supremas a quaisquer outras normas, devendo sempre prevalecer.

A despeito de sua importância para o reconhecimento da supremacia da Constituição, há que se destacar que o sistema americano de controle de constitucionalidade era somente *difuso-incidental*, ou seja, confiado a todos os magistrados para que, nos casos concretos, pudessem reconhecer qualquer inconstitucionalidade das normas infraconstitucionais. Não podemos nos esquecer, contudo, que a Suprema Corte Norte-Americana desempenha um papel determinante e hegemônico no sistema da *judicial review of legislation*, tendo em vista o **princípio do *stare decisis***2.

Conquanto a decisão de inconstitucionalidade fosse *limitada ao sistema difuso-incidental*, a Suprema Corte acabou por atenuar seu posicionamento inicial, haja vista ter admitido o controle em sede de ações declaratórias. Entretanto, para que isso seja possível é imprescindível que exista uma *controvérsia real*, não bastando uma simples controvérsia hipotética.

De uma forma esquematizada, podemos trazer as seguintes características do sistema americano de constitucionalidade:

i. A decisão de inconstitucionalidade tem *natureza jurídica de declaratória*, vez que apenas reconhece uma situação preexistente;
ii. Como regra, o vício de inconstitucionalidade é verificado no *plano da validade* da norma, diversamente do que ocorre com o sistema austríaco em que o plano aferido é o da eficácia;
iii. A lei declarada inconstitucional é desprovida de qualquer força vinculativa, haja vista ser um ato nulo;
iv. Em regra, a invalidação da norma deve retroagir ao início do momento de seu nascimento, gerando efeitos *ex tunc*;
v. Tendo em vista que a lei "já nasceu morta", ela nunca chegou a entrar no plano da eficácia.

2. O princípio do *stare decidis* preceitua a eficácia vinculante das decisões da Suprema Corte, bem como da força de seus precedentes, sendo que àquela compete a última e definitiva palavra a respeito de questões constitucionais dos EUA.

Na Europa, a partir das lições preceituadas por **Hans Kelsen**, houve a adoção da doutrina americana de controle de constitucionalidade, mas a partir de um **sistema concentrado**. Isso significa dizer que competia, com exclusividade, a um órgão jurisdicional específico (Tribunal Constitucional) decidir a respeito de questões envolvendo a constitucionalidade das normas.

Destaque-se que o **sistema austríaco de jurisdição concentrada** (Constituição Austríaca de 1920) acabou servindo de base para diversos países europeus.

Em um primeiro momento referido controle vedava que os juízes exercessem o controle de constitucionalidade, vez que competia a um órgão exclusivo a declaração da constitucionalidade das normas. Posteriormente, entretanto, com a reforma da Constituição Austríaca de 1929, passou-se a admitir também o ***controle incidental***, provocado por via de exceção (ou defesa).

Importante consignar, contudo, que enquanto os efeitos da decisão no sistema difuso americano são retroativos (*ex tunc*), gerando nulidade absoluta da lei, no sistema austríaco concentrado, eles são prospectivos (*ex nunc*), causando apenas a anulabilidade da norma.

Feitas essas rápidas considerações sobre os precedentes históricos, passaremos a analisar a evolução do controle de constitucionalidade em nosso ordenamento jurídico.

2.2 No Brasil

A **Constituição Imperial de 1824** não possuía qualquer tipo de sistema parecido com os modelos atuais de controle de constitucionalidade.

Denota-se que foi outorgado ao Poder Legislativo a incumbência de fazer leis, interpretá-las, suspendê-las e revogá-las, bem como velar pela guarda da Constituição. Isso porque, preponderava a denominada *soberania do Parlamento*.

Em virtude disso, somente o Poder que faz a norma é que detém a titularidade para interpretá-las, segundo sua vontade e fins.

Denota-se, portanto, que na Constituição Imperial inexistia lugar para o menor modelo judicial de controle de constitucionalidade.

A **Constituição de 1891** inaugurou uma nova concepção com o regime republicano, sendo que a influência do direito norte-americano pareceu ser decisiva para a consolidação do sistema difuso, consagrado já na chamada Constituição provisória de 1890.

Através do Decreto n.º 848, de 11/10/1890 estabeleceu-se o julgamento incidental da inconstitucionalidade, mediante provocação dos litigantes, prevendo-se, também, o controle de constitucionalidade das leis estaduais ou federais.

Reconheceu-se ao Supremo Tribunal Federal competência para rever, em última instância, decisões proferidas pelas Justiças dos Estados quando questionados tratados ou leis federais ou quando se contestasse a validade de leis ou de atos dos governos locais em face da Constituição ou de leis federais.

> "O único lance da Constituição americana, onde se estriba ilativamente o juízo, que lhe atribui essa intenção, é o do art. III, seç. 2ª, cujo teor reza assim: 'O poder judiciário estender-se-á a todas as causas, de direito e equidade, que nasceram desta Constituição, ou das leis dos Estados Unidos'. Não se diz aí que os tribunais sentenciarão sobre a validade, ou invalidade, das leis. Apenas se estatui que conhecerão das causas regidas pela Constituição, como conformes ou contrárias a ela. Muito mais concludente é a Constituição brasileira. Nela não só se prescreve que 'Compete aos juízes ou tribunais federais processar e julgar as causas, em que alguma das partes fundar a ação, ou a defesa, em disposição da Constituição Federal' (art. 60, a); como, ainda, que 'Das sentenças das justiças dos Estados em última instância haverá recurso para o Supremo Tribunal Federal, quando se questionar sobre a validade de tratados e leis federais, e a decisão do tribunal do Estado for contrária (art. 59, § 1º, a)'. A redação é claríssima. Nela se reconhece, não só a competência das justiças da União, como a das justiças dos Estados, para conhecer da legitimidade das leis perante a Constituição. Somente se estabelece, a favor das leis federais, a garantia de que, sendo contrária à subsistência delas a decisão do tribunal do Estado, o feito pode passar, por via de recurso, para o Supremo Tribunal Federal. Este ou revogará a sentença, por não procederem as razões de nulidade, ou a confirmará pelo motivo oposto. Mas, numa ou noutra hipótese, o princípio fundamental é a autoridade reconhecida expressamente no texto constitucional, a todos os tribunais, federais, ou locais, de discutir a constitucionalidade das leis da União, e aplicá-las, ou desaplicá-las, segundo esse critério. É o que se dá, por efeito do espírito do sistema, nos Estados Unidos onde a letra constitucional, diversamente do que ocorre entre nós é muda a este propósito"[3].

Ficava claro que o controle de constitucionalidade não se havia de fazer *in abstracto*. Como os tribunais não intervinham na elaboração das leis, eles também não podiam intervir em sua aplicação geral, na visão de Rui Barbosa. Ele ainda afirmava que a *judicial review* seria um poder de hermenêutica, e não um poder de legislação.

A partir desse momento, denota-se que houve a consolidação do sistema difuso de controle de constitucionalidade no Direito brasileiro.

A **Constituição de 1934** trouxe significativas alterações no sistema de controle de constitucionalidade. O constituinte determinou que a regra de declaração de inconstitucionalidade somente seria realizada pela *maioria da totalidade de membros dos tribunais*, evitando a insegurança jurídica advinda da constante mudança no entendimento dos tribunais.

3. BARBOSA, Rui apud MENDES In: BRANCO; COELHO; MENDES, *Curso de Direito Constitucional*. 5ª ed. São Paulo: Saraiva, 2010. P. 1195.

Foi prevista constitucionalmente, no art. 91, IV, a competência do Senado Federal para "*suspender a execução, no todo ou em parte, de qualquer lei ou ato, deliberação ou regulamento, quando hajam sido declarados inconstitucionais pelo Poder Judiciário*", dando-se efeito *erga omnes* à decisão proferida pelo Supremo Tribunal Federal.

Com essa previsão o constituinte teve o intuito de resolver o problema da falta de eficácia *erga omnes* das decisões proferidas pelo Supremo Tribunal Federal no bojo do controle de constitucionalidade. Entretanto, com base no direito comparado, tinha o constituinte dado poder excessivo ao Senado Federal, o que acabaria por transformar solução em problema, com a divisão de competências entre os Poderes Judiciário (STF) e Legislativo (Senado Federal).

A despeito disso, inegável que a alteração mais inovadora trazida nessa Constituição foi a previsão de declaração de inconstitucionalidade para evitar a intervenção federal. Por intermédio dessa modalidade seria possível ao Poder Judiciário resolver conflitos federativos, pois a eficácia da lei interventiva, que era de iniciativa do Senado Federal, ficava condicionada à declaração de inconstitucionalidade. Vejamos o preceituado no art. 12 da CF de 1934, destacando-se os §§ 2.º e 3.º:

> Art 12 - A União não intervirá em negócios peculiares aos Estados, salvo:
>
> I - para manter a integridade nacional;
>
> II - para repelir invasão estrangeira, ou de um Estado em outro;
>
> III - para pôr termo à guerra civil;
>
> IV - para garantir o livre exercício de qualquer dos Poderes Públicos estaduais;
>
> V - para assegurar a observância dos princípios constitucionais especificados nas letras *a* a *h* , do art. 7º, nº I, e a execução das leis federais;
>
> VI - para reorganizar as finanças do Estado que, sem motivo de força maior, suspender, por mais de dois anos consecutivos, o serviço da sua dívida fundada;
>
> VII - para a execução de ordens e decisões dos Juízes e Tribunais federais.
>
> § 1º - Na hipótese do nº VI, assim como para assegurar a observância dos princípios constitucionais (art. 7º, nº I), a intervenção será decretada por lei federal, que lhe fixará a amplitude e a duração, prorrogável por nova lei. A Câmara dos Deputados poderá eleger o Interventor, ou autorizar o Presidente da República a nomeá-lo.
>
> § 2º - Ocorrendo o primeiro caso do nº V, a intervenção só se efetuará depois que a Corte Suprema, mediante provocação do Procurador-Geral da República, tomar conhecimento da lei que a tenha decretado e lhe declarar a constitucionalidade.
>
> § 3º - Entre as modalidades de impedimento do livre exercício dos Poderes Públicos estaduais (nº IV), se incluem:
>
> a) o obstáculo à execução de leis e decretos do Poder Legislativo e às decisões e ordens dos Juízes e Tribunais

b) a falta injustificada de pagamento, por mais de três meses, no mesmo exercício financeiro, dos vencimentos de qualquer membro do Poder Judiciário.

A despeito das significativas evoluções referentes ao controle de constitucionalidade, a **Constituição de 1937** trouxe lastimável retrocesso ao mecanismo em questão. Embora não tenha introduzido modificação no modelo difuso de controle e tenha preservado o quórum especial de exigência para a declaração de inconstitucionalidade, o constituinte *rompeu com a tradição e determinou regra segundo a qual caso uma lei seja declarada inconstitucional.*

O Presidente da República podia, caso afirmasse que a lei era necessária ao bem-estar do povo, à promoção ou defesa de interesse nacional de alta monta, submetê-la novamente ao Parlamento. Caso fosse validada por 2/3 (dois terços) de votos em cada uma das Câmaras, *tornava-se inexistente a decisão do Tribunal.* Com isso, é inegável que houve a instituição de uma peculiar modalidade de revisão constitucional.

Não obstante isso:

> "A subordinação do julgado sobre a inconstitucionalidade da lei à deliberação do Parlamento coloca o problema da elaboração democrática da vida legislativa em seus verdadeiros termos, impedindo, em nosso meio, a continuação de um preceito artificioso, sem realidade histórica para nós e que, hoje, os próprios americanos, por muitos de seus representantes doutíssimos, reconhecem despido de caráter de universalidade e só explicável em países que não possuem o sentido orgânico do direito administrativo. Leone, em sua *Teoría de La política*, mostra com surpreendente clareza, como a tendência para controlar a constitucionalidade das leis é um campo aberto para a política, porque a Constituição, em si mesma, é uma lei *sui generis*, de feição nitidamente política, que distribui poderes e competências fundamentais"[4].

Com isso, chegamos à conclusão inegável de que a competência para confirmar ou não a inconstitucionalidade declarada pelo Supremo, deve ser aberta também ao campo da política.

Não obstante a triste opção do constituinte originário quando da confecção da Constituição de 1937, a **Constituição Federal de 1946** restaurou a tradição do controle judicial no Direito brasileiro, preservando a exigência de maioria absoluta dos membros do Tribunal para a eficácia da declaração de inconstitucionalidade, mantendo-se a atribuição do Senado Federal para suspender a eficácia das leis declaradas inconstitucionais pelo Supremo Tribunal Federal. Além disso, a par da

4. FILHO, Cândido Motta apud MENDES In: BRANCO; COELHO; MENDES. *Curso de Direito Constitucional*. 5ª ed. São Paulo: Saraiva, 2010. P. 1194.

competência de julgar recursos ordinários, disciplinou-se a apreciação de recursos extraordinários.

Ademais, foi atribuída ao Procurador-Geral da República a titularidade da representação de inconstitucionalidade, para os efeitos de intervenção federal, nos casos de violação dos seguintes princípios: a) forma republicana federativa; b) independência e harmonia entre os Poderes; c) temporariedade das funções eletivas, limitada a duração destas à das funções federais correspondentes; d) proibição da reeleição de governadores e prefeitos para o período imediato; e) autonomia municipal; f) prestação de conta da Administração; e, g) garantias do Poder Judiciário.

Com essa nova estrutura constitucional, a intervenção federal dependia da declaração de inconstitucionalidade pelo Supremo Tribunal Federal.

Viu-se consagrado o modelo abstrato de controle de constitucionalidade sob forma de representação que haveria de ser proposta pelo Procurador-Geral da República, embora a proposta de alterar o art. 64 da Constituição, conferindo eficácia *erga omnes* à declaração de inconstitucionalidade proferida pelo Supremo Tribunal Federal, fora rejeitada.

De uma maneira mais tímida a **Constituição Federal de 1967** não inovou muito no sistema de controle de constitucionalidade. Manteve íntegro o controle difuso e a ação direta de inconstitucionalidade subsistiu, tal como prevista na Constituição de 1946.

Registre-se que a representação para fins de intervenção, conferida ao Procurador-Geral da República, foi ampliada, com o objetivo de assegurar a observância dos chamados princípios constitucionais sensíveis, bem como para prover a execução de lei federal.

De outro vértice, não foi incorporada à disposição que permitia a criação do processo de competência originária nos Tribunais de Justiça dos Estados, para declaração de lei ou ato dos Municípios que contrariassem as Constituições dos Estados.

Destaque-se que a **Emenda n. 1/69** previu expressamente o controle de constitucionalidade de lei municipal, em face da Constituição estadual, com referência a intervenção no Município.

A Emenda n.º 7/77 introduziu, ao lado da representação de inconstitucionalidade, a representação para fins de interpretação de lei ou ato normativo federal ou estadual, outorgando ao Procurador-Geral da República legitimidade para provocar o pronunciamento do Supremo Tribunal Federal (cf. art. 119, I, "e"). Consagrou, também, o entendimento de que o Supremo Tribunal Federal tem competência para deferir pedido de cautelar, formulado pelo Procurador-Geral da República, pondo termo à controvérsia.

Finalmente, com o advento da denominada **Constituição Cidadã** (**CF de 1988**), houve *significativa ampliação dos meios de proteção judicial e, consequentemente, do controle de constitucionalidade das leis.*

O legislador constituinte dedicou particular atenção à chamada *omissão do legislador*. Ao lado do mandado de injunção (remédio constitucional) foi introduzido o processo de controle abstrato de constitucionalidade por omissão.

A grande mudança acontece no controle abstrato de normas com a criação da *ação direta de inconstitucionalidade* de lei ou ato normativo estadual ou federal. Se a intensa discussão causada na vigência da Constituição anterior sobre o monopólio da ação por parte do Procurador-Geral não levou a uma mudança da jurisprudência, salta aos olhos que na CF/88 houve uma ampliação do direito de propositura, ou seja, dos legitimados ativos à propositura.

A legitimidade ativa para a propositura da ação direta de inconstitucionalidade e da ação declaratória de constitucionalidade vem expressa no art. 103 da atual Constituição Federal, que assim preceitua:

> Art. 103. Podem propor a ação direta de inconstitucionalidade e a ação declaratória de constitucionalidade:
>
> I - o Presidente da República;
>
> II - a Mesa do Senado Federal;
>
> III - a Mesa da Câmara dos Deputados;
>
> IV - a Mesa de Assembleia Legislativa ou da Câmara Legislativa do Distrito Federal
>
> V - o Governador de Estado ou do Distrito Federal;
>
> VI - o Procurador-Geral da República;
>
> VII - o Conselho Federal da Ordem dos Advogados do Brasil;
>
> VIII - partido político com representação no Congresso Nacional;
>
> IX - confederação sindical ou entidade de classe de âmbito nacional.

A Constituição Federal reduziu o significado do controle de constitucionalidade difuso ao ampliar a legitimação para a propositura da ação direta de inconstitucionalidade, permitindo que as controvérsias constitucionais relevantes sejam submetidas diretamente ao Supremo Tribunal Federal.

A Emenda Constitucional n.º 3 firmou a competência do STF para conhecer e julgar a *ação declaratória de constitucionalidade* de lei ou ato normativo federal, processo que tem eficácia contra todos e efeito vinculante relativamente aos demais órgãos do Executivo e do Judiciário.

A *arguição de descumprimento de preceito fundamental* (ADPF), no entanto, veio prevista de forma singela e tímida na Constituição em seu art. 102, § 1.º, nos seguintes termos: "*a arguição de descumprimento de preceito fundamental, decorrente desta Constituição, será apreciada pelo Supremo Tribunal Federal, na forma da lei*".

Esse instituto trouxe significativas mudanças no sistema de controle de constitucionalidade brasileiro.

> "Em primeiro lugar, porque permite a antecipação de decisões sobre controvérsias constitucionais relevantes, evitando que elas venham a ter um desfecho definitivo após longos anos, quando muitas situações já se consolidaram ao arrepio da 'interpretação autêntica' do Supremo Tribunal Federal. Em segundo lugar, porque poderá ser utilizado para – de forma definitiva e com eficácia geral – solver controvérsia relevante sobre a legitimidade do direito ordinário pré-constitucional em face da nova Constituição que, até o momento, somente poderia ser veiculada mediante a utilização do recurso extraordinário. Em terceiro, porque as decisões proferidas pelo Supremo Tribunal Federal nesses processos, haja vista a eficácia *erga omnes* e o efeito vinculante, fornecerão a diretriz segura para o juízo sobre a legitimidade ou a ilegitimidade de atos de teor idêntico, editados pelas diversas entidades municipais. Finalmente, deve-se observar que o novo instituto pode oferecer respostas adequadas para dois problemas básicos do controle de constitucionalidade no Brasil: o controle da omissão inconstitucional e a ação declaratória nos planos estadual e municipal"[5].

Registre-se que os legitimados ativos para a propositura da ADPF são os mesmos previstos no art. 103 da Constituição Federal, por expressa previsão contida no art. 2.º, I, da Lei n.º 9.882/99. Nesse ponto, chamo a atenção dos leitores que enfrentarão provas de concursos públicos, *pois é errado dizer que os legitimados da ADPF estão previstos na CF/88*. Eles estão previstos em lei, que remete à Constituição Federal. É uma sutil diferença, mas que o examinador pode criar embaraços.

---

5. BRANCO, Paulo Gustavo Gonet; COELHO, Inocêncio Martins; MENDES, Gilmar Ferreira. *Curso de Direito Constitucional*. 5.ª ed. São Paulo: Saraiva, 2010. P. 1220.

Capítulo 3

Controle de Convencionalidade

Importante consignar que em virtude da globalização e das regras de Direito Internacional, surgiu o instituto denominado ***controle de convencionalidade***, que *é a verificação de compatibilidade entre a legislação nacional e as normas de proteção internacional (tratados e convenções internacionais) ratificadas pelo Governo brasileiro e em vigor no país.*

No final do ano de 2016 a 5.ª Turma do STJ decidiu pela não aplicabilidade do crime de desacato (art. 331 do Código Penal), haja vista que, ao se valer do controle de convencionalidade, decidiu que a figura típica desse tipo é incompatível com o art. 13 do Pacto de São José da Costa Rica, do qual o Brasil é signatário:

> "O art. 2º, c/c o art. 29, da Convenção Americana de Direitos Humanos prevê a adoção, pelos Estados Partes, de 'medidas legislativas ou de outra natureza', visando à solução de antinomias normativas que possam suprimir ou limitar o efetivo exercício de direitos e liberdades fundamentais. Na sessão de 4/2/2009, a Corte Especial do STJ, ao julgar, pelo rito do art. 543-C do CPC/1973, o REsp 914.253/SP adotou o entendimento firmado pelo STF no RE 466.343/SP, no sentido de que os tratados de direitos humanos, ratificados pelo país, têm força supralegal, 'o que significa dizer que toda lei antagônica às normas emanadas de tratados internacionais sobre direitos humanos é destituída de validade'. Trata-se do **controle de convencionalidade**, cuja finalidade é compatibilizar as normas internas com os tratados e convenções de direitos humanos, nos termos de doutrina pioneira, no Brasil. Dessarte, ao contrário do que entenderam as instâncias ordinárias, a ausência de lei veiculadora de *abolitio criminis* não inibe a atuação do Poder Judiciário na verificação de possível inconformidade do art. 331 do CP, que prevê a figura típica do desacato, com o art. 13 do Pacto de São José da Costa Rica, que estipula mecanismos de proteção à liberdade de pensamento e de expressão. A Comissão Interamericana de Direitos Humanos - CIDH já se manifestou a respeito do tema em casos que envolveram outros países, resultando, sempre, em decisões pela prevalência do art. 13 do Pacto de São José sobre normas internas que tipificam o crime em exame. No relatório

especial de 1995, a Comissão afirmou que as leis de desacato se prestam ao abuso, como meio para silenciar ideias e opiniões consideradas incômodas pelo *establishment*, bem assim proporcionam maior nível de proteção aos agentes do Estado do que aos particulares, em contravenção aos princípios democrático e igualitário (CIDH, Relatório sobre a compatibilidade entre as leis de desacato e a Convenção Americana sobre Direitos Humanos, OEA/Ser. L/V/II.88, doc. 9 rev., 17 de fevereiro de 1995, 197-212). A CIDH, em seu 108º período ordinário de sessões, realizado de 16 a 27/10/2000, aprovou a Declaração de Princípios sobre Liberdade de Expressão, que estatui: '11. Os funcionários públicos estão sujeitos a um maior controle por parte da sociedade. As leis que punem a manifestação ofensiva dirigida a funcionários públicos, geralmente conhecidas como *leis de desacato*' atentam contra a liberdade de expressão e o direito à informação.' Ora, as recomendações da CIDH assumem força normativa interna. A adesão ao Pacto de São José significa a transposição, para a ordem jurídica interna, de critérios recíprocos de interpretação, sob pena de negação da universalidade dos valores insertos nos direitos fundamentais nele reconhecidos. Embora a jurisprudência afaste a tipicidade do desacato quando a palavra ou o ato ofensivo resultar de reclamação ou crítica à atuação funcional do agente público (RHC 9.615/RS, Quinta Turma, DJ 25/9/2000), o esforço intelectual de discernir censura de insulto à dignidade da função exercida em nome do Estado é por demais complexo, abrindo espaço para a imposição abusiva do poder punitivo estatal. Não há dúvida de que a criminalização do desacato está na contramão do humanismo, porque ressalta a preponderância do Estado - personificado em seus agentes - sobre o indivíduo. A existência de tal normativo em nosso ordenamento jurídico é anacrônica, pois traduz desigualdade entre funcionários e particulares, o que é inaceitável no Estado Democrático de Direito preconizado pela CF/88 e pela Convenção Americana de Direitos Humanos. Ademais, a punição do uso de linguagem e atitudes ofensivas contra agentes estatais é medida capaz de fazer com que as pessoas se abstenham de usufruir do direito à liberdade de expressão, por temor de sanções penais, sendo esta uma das razões pelas quais a CIDH estabeleceu a recomendação de que os países aderentes ao Pacto de São José abolissem suas respectivas leis de desacato. Observe-se, por fim, que o afastamento da tipificação criminal do desacato não impede a responsabilidade ulterior, civil ou até mesmo de outra figura típica penal (calúnia, injúria, difamação etc.), pela ocorrência de abuso na expressão verbal ou gestual ofensiva, utilizada perante o funcionário público. (Resp. 1.640.084-SP, Rel. Min. Ribeiro Dantas, por unanimidade, julgado em 151216, DJe 01/2/17).

Portanto, para referida Turma teria ocorrido a **descriminalização do desacato**.

Entretanto, no mês de maio de 2017, a 3.ª Seção do STJ (reunião dos Ministros da 5.ª e 6.ª Turmas) ao julgar o HC 379.269/MS decidiu que **o desacato continua sendo crime em nosso ordenamento jurídico brasileiro**, não havendo incompatibilidade entre o art. 331 do Código Penal e o art. 13 do Pacto de São José da Costa Rica:

"A questão posta gira em torno de eventual afastamento, em controle de convencionalidade, do crime de desacato (art. 331 do CP) do ordenamento jurídico brasileiro em razão de recomendação expedida pela Comissão Interamericana de Direitos Humanos (CIDH), para fins de incidência, ou não, do princípio da consunção na hipótese examinada. Inicialmente, importa destacar, quanto à faceta estruturante do Sistema Interamericano, que são competentes para conhecer das matérias concernentes na Convenção Americana de Direitos Humanos (CADH): a Comissão Interamericana de Direitos Humanos (CIDH) e a Corte Interamericana de Direitos Humanos (IDH). De acordo com o art. 41 da referida Convenção (Pacto de São José da Costa Rica) – da qual o Brasil é signatário – a CIDH possui a função primordial de promover a observância e a defesa dos direitos humanos. Porém, da leitura do dispositivo, é possível deduzir que os verbos relacionados às suas funções não ostentam caráter decisório, mas tão somente instrutório ou cooperativo. *Prima facie*, depreende-se que a referida comissão não possui função jurisdicional. A Corte Interamericana de Direitos Humanos, por sua vez, é uma instituição judiciária autônoma cujo objetivo é a aplicação e a interpretação da Convenção Americana sobre Direitos Humanos, possuindo função jurisdicional e consultiva, de acordo com o art. 2º do seu respectivo Estatuto. Já o art. 68 da aludida norma supralegal prevê que os Estados Partes na Convenção se comprometem a cumprir a decisão da Corte em todo caso em que forem partes, o que denota de forma patente seu caráter vinculante. Acentue-se que as deliberações internacionais de direitos humanos decorrentes dos processos de responsabilidade internacional do Estado podem resultar em: recomendação; decisões quase judiciais e decisão judicial. A primeira revela-se ausente de qualquer caráter vinculante, ostentando mero caráter 'moral', podendo resultar dos mais diversos órgãos internacionais. Os demais institutos, porém, situam-se no âmbito do controle, propriamente dito, da observância dos direitos humanos. Desta feita, a despeito do que fora aduzido no inteiro teor do voto proferido no REsp 1.640.084/SP – no sentido de que o crime de desacato é incompatível com o art. 13 do Pacto de São José da Costa Rica, por afrontar mecanismos de proteção à liberdade de pensamento e de expressão – certo é que as recomendações não possuem força vinculante, mas, na ótica doutrinária, tão somente '*poder de embaraço*' ou '*mobilização da vergonha*'. Outrossim, cabe ressaltar, não houve nenhuma deliberação da Corte Interamericana de Direitos Humanos (IDH) sobre eventual violação do direito à liberdade de expressão por parte do Brasil, mas tão somente pronunciamentos emanados pela CIDH. Ainda que assim não fosse, a Corte Interamericana de Direitos já se posicionou acerca da liberdade de expressão, rechaçando tratar-se de direito absoluto. Nessa toada, tem-se que **o crime de desacato não pode, sob qualquer viés, seja pela ausência de força vinculante às recomendações expedidas pela CIDH, seja pelo viés interpretativo, ter sua tipificação penal afastada.** (HC 379.269/MS. **Rel. Min. Reynaldo Soares da Fonseca, Rel. para acórdão Min. Antônio Saldanha Palheiro, por maioria, julgado em 24/5/2017, DJe 30/6/2017).**

Em agosto de 2018, monocraticamente, o ministro Celso de Mello, do Supremo Tribunal Federal, indeferiu pedido de *Habeas Corpus* 154.143, no qual a Defensoria Pública do Estado do Rio de Janeiro pedia o trancamento da ação penal a que um colombiano respondia, na Justiça fluminense, pela prática do crime de desacato. Para o decano do STF, **a conduta imputada ao denunciado, de desacatar funcionários públicos no exercício de suas funções, *extrapola o direito à liberdade de expressão*, que não pode amparar comportamentos delituosos.**

Na referida decisão, de forma a demonstrar o caráter não absoluto do direito à livre expressão, fundamentou o Min. Celso de Mello:

> "Os abusos no exercício da liberdade de manifestação do pensamento, quando praticados, legitimarão, sempre *a posteriori*, a reação estatal aos excessos cometidos, expondo aqueles que os praticarem a sanções jurídicas, de caráter civil ou, até mesmo, de índole penal".

Destaque-se que no final do primeiro semestre do ano de 2020, ao julgar a ADPF 496, o Plenário do Supremo Tribunal Federal entendeu que o art. 331 do Código Penal foi recepcionado pela Carta Constitucional de 1988, estando em vigor. Nesse sentido, vejamos:

> Ementa: DIREITO CONSTITUCIONAL E PENAL. ARGUIÇÃO DE DESCUMPRIMENTO DE PRECEITO FUNDAMENTAL. CRIME DE DESACATO. ART. 331 DO CP. CONFORMIDADE COM A CONVENÇÃO AMERICANA DE DIREITOS HUMANOS. RECEPÇÃO PELA CONSTITUIÇÃO DE 1988. 1. Trata-se de arguição de descumprimento de preceito fundamental em que se questiona a conformidade com a Convenção Americana de Direitos Humanos, bem como a recepção pela Constituição de 1988, do art. 331 do Código Penal, que tipifica o crime de desacato. 2. De acordo com a jurisprudência da Corte Interamericana de Direitos Humanos e do Supremo Tribunal Federal, a liberdade de expressão não é um direito absoluto e, em casos de grave abuso, faz-se legítima a utilização do direito penal para a proteção de outros interesses e direitos relevantes. 3. A diversidade de regime jurídico – inclusive penal – existente entre agentes públicos e particulares é uma via de mão dupla: as consequências previstas para as condutas típicas são diversas não somente quando os agentes públicos são autores dos delitos, mas, de igual modo, quando deles são vítimas. 4. A criminalização do desacato não configura tratamento privilegiado ao agente estatal, mas proteção da função pública por ele exercida. 5. Dado que os agentes públicos em geral estão mais expostos ao escrutínio e à crítica dos cidadãos, deles se exige maior tolerância à reprovação e à insatisfação, limitando-se o crime de desacato a casos graves e evidentes de menosprezo à função pública. 6. Arguição de descumprimento de preceito fundamental julgada improcedente. Fixação da seguinte tese: "Foi recepcionada pela Constituição de 1988 a norma do art. 331 do Código Penal, que tipifica o crime de desacato".

(ADPF 496, Relator: Min. Roberto Barroso, Tribunal Pleno, j. 22/06/2020, PROCESSO ELETRÔNICO DJe-235 DIVULG 23-09-2020 PUBLIC 24-09-2020)

Ainda sobre controle de convencionalidade, interessante pontuar que a Corte IDH possui jurisprudência no sentido de que a obrigação de controlar a convencionalidade das normas internas é dever não só dos juízes, mas também de outros órgãos do Estado, nos limites de suas atribuições:

> Quando um Estado é parte em um tratado internacional como a Convenção Americana, *todos os seus órgãos*, incluídos seus juízes, estão a ele submetidos, o qual os obriga a velar a que os efeitos das disposições da Convenção não se vejam diminuídos pela aplicação de normas contrárias a seu objeto e fim, pelo que os juízes *e órgãos vinculados à administração da Justiça em todos os níveis têm a obrigação de exercer ex officio um "controle de convencionalidade"* entre as normas internas e a Convenção Americana[1].

Daí o preciso ensinamento de Valerio Mazzuoli acerca da atuação da Polícia Judiciária:

> *A Polícia Judiciária não só pode como deve aferir a convencionalidade das leis no caso concreto*, sugerindo que sejam invalidados os dispositivos legais que violem tratados de direitos humanos em vigor no Estado ou o bloco de convencionalidade (costumes internacionais relativos a direitos humanos, sentenças e opiniões consultivas da Corte Interamericana de Direitos Humanos etc.). *Poderá o Delegado de Polícia, assim, detectar a inconvencionalidade* de norma interna que inviabilize, *v. g.*, a efetivação de uma garantia amparada pelo sistema internacional de proteção de direitos humanos[2].

Na mesma linha os professores Henrique Hoffmann e Ruchester Marreiros:

> Outrossim, ao detectar uma norma inconvencional, é dever do delegado de polícia tomar decisão fundamentada deixando de aplicá-la (o que não significa sua expurgação do ordenamento jurídico, repita-se). Na sequência, para garantir o rápido controle judicial, deve a autoridade policial remeter cópia do procedimento (incluindo a decisão motivada) ao juiz em exíguo lapso temporal de 24 horas, por analogia (art. 3º do CPP) com o prazo da remessa de cópia do auto de prisão em flagrante (art. 306, §1º do CPP[3]).

---

1. Corte IDH, Caso Gelman vs. Uruguai, Sentença de 24/02/2011.
2. MAZZUOLI, Valerio de Oliveira. *Curso de direitos humanos*. 4ª.ed. São Paulo: GEN/Método, 2017. P. 464/469.
3. HOFFMANN, Henrique; BARBOSA, Ruchester Marreiros. *Controle de convencionalidade pelo Delegado de Polícia*. In: FONTES, Eduardo; HOFFMANN, Henrique (Org.). *Temas Avançados de Polícia Judiciária*. 4a. ed. Salvador: Juspodivm, 2020. P. 63.

Capítulo 4

Sistemas de Controle

Quando estudamos esse tópico temos que ter em mente que o cerne da questão *é saber qual órgão que detém a competência* para declarar a inconstitucionalidade de uma norma. Segundo a doutrina majoritária, podemos ter 03 (três) controles distintos.

O **controle político** (ou **não** judicial) é aquele realizado pelos entes políticos (Poder Legislativo e Poder Executivo) e não pelo Poder Judiciário. Frise-se que o principal fundamento dessa outorga de atribuição a órgãos políticos deve-se ao fato de que a Constituição deve ser interpretada por órgãos com maior sensibilidade jurídica, haja vista que aquela é uma norma jurídica qualificada, não podendo ser reduzida a uma mera interpretação hierárquica.

Por sua vez, o **controle judicial ou jurisdicional**, de origem norte-americana, é aquele realizado por órgão do Poder Judiciário, através do manuseio de alguma ação judicial para tanto.

Há também o denominado **controle misto** (**eclético** ou **híbrido**) que é aquele realizado tanto pelo Poder Judiciário quanto pelos demais Poderes.

Nas constituições contemporâneas, bem como no caso da Constituição Federal brasileira, adota-se o denominado **controle judicial**. Destaque-se que somente por intermédio do Poder Judiciário é que poderá ser provocada a jurisdição constitucional dos magistrados no Brasil.

Não podemos nos esquecer, contudo, que há doutrinadores que afirmam que no Brasil vige um sistema misto, mas com prevalência do controle judicial. Isso porque, há a possibilidade de um projeto de lei ser rejeitado (pelo próprio Poder Legislativo) ou vetado (pelo Poder Executivo) ao argumento da inconstitucionalidade.

Capítulo 5

Modelos de Controle

Quanto aos modelos de controle a doutrina nos ensina que eles podem ser de (03) três tipos: **sistema difuso, sistema concentrado** e **sistema eclético**. Devemos ter em mente aqui o *número (ou quantidade) de órgãos exercentes.*

O **sistema difuso** (ou **aberto**) de constitucionalidade é aquele que *qualquer magistrado* pode exercer o controle de constitucionalidade. Referido controle surgiu nos Estados Unidos da América a partir do julgamento do famoso caso *Marbury v. Madison* (1803). Na ocasião, a Suprema Corte Norte Americana decidiu que o Poder Judiciário poderia deixar de aplicar uma lei ao caso concreto a ele submetido, por entender aquela inconstitucional. Portanto, a partir desse momento, passou-se a entender que os magistrados somente deveriam aplicar aos casos a eles submetidos os atos normativos que considerem compatíveis com as normas constitucionais. Dentre os países que adotam esse sistema podemos destacar os EUA, Canadá, Argentina e Bolívia.

Interessante registrar que há precedente no Supremo Tribunal Federal entendendo que o *controle difuso poderá ser exercido de ofício*. Nesse sentido, veja-se excerto extraído da decisão do Pleno no bojo dos Embargos Declaratórios no Recurso Extraordinário n.º 219.934-SP:

> "(...) 1. A Constituição Federal prevê, em seu art. 37, II, in fine, a ressalva à possibilidade de "nomeações para cargo em comissão declarado em lei de livre nomeação", como exceção à exigência de concurso público. Inconstitucional o permissivo constitucional estadual apenas na parte em que permite a incorporação "a qualquer título" de décimos da diferença entre a remuneração do cargo de que seja titular e a do cargo ou função que venha a exercer. A generalização ofende o princípio democrático que rege o acesso aos cargos públicos. 2. Ao Supremo Tribunal Federal, como guardião maior da Constituição, incumbe declarar a inconstitucionalidade de lei, sempre que esta se verificar, ainda que *ex officio*, em razão do controle difuso, independente de pedido expresso da parte (...)".

De outro vértice, no **sistema concentrado** (ou **reservado**) existe uma restrição para o exercício do controle de constitucionalidade, sendo ele realizado por *um único órgão* com competência precípua em tutelar pela Constituição (Federal ou Estadual). Esse sistema surgiu na Áustria (1920), tendo como precursor o jurista Hans Kelsen, segundo o qual a função precípua desse sistema não seria a solução de casos concretos, mas a anulação genérica de ato normativo incompatível com as normas constitucionais, razão pela qual deveria ser realizada, exclusivamente, por uma Corte Constitucional (no caso, o Tribunal Constitucional Austríaco). Esse sistema é verificado na Áustria, Alemanha, Chile, Uruguai, Paraguai, Itália, dentre outros.

Temos, ainda, o denominado **sistema eclético** (**misto** ou **híbrido**) que prevê que o controle de constitucionalidade poderá ser realizado tanto de forma difusa quanto concentrada. Vige esse sistema no Brasil, Colômbia, Equador, Venezuela, Peru, Portugal, dentre outros.

É de se destacar que o **Brasil** adota o **sistema eclético de controle de constitucionalidade**, haja vista que nossa Constituição Federal admite tanto o exercício do controle difuso, quando do concentrado.

Por fim, frise-se que no âmbito federal, compete ao Supremo Tribunal Federal realizar o controle concentrado de constitucionalidade das normas, sendo que no âmbito Estadual a competência para exercer referido controle é dos Tribunais de Justiças respectivos. Todos os demais magistrados poderão exercer o controle difuso.

Capítulo 6

Formas de Impugnação

A inconstitucionalidade das normas poderá se dar por duas formas (vias ou modos) distintas de impugnação, ou seja, o modo pelo qual o ato normativo poderá ser questionado perante o Poder Judiciário.

Pelo sistema **principal** (**abstrato** ou **pela via de ação**) a análise de constitucionalidade do ato normativo será o *objeto principal da causa*, ou seja, a ação especial é manuseada com o intuito precípuo de se questionar a constitucionalidade ou inconstitucionalidade da norma. Ataca-se a lei em tese, sendo que o pedido é a própria questão constitucional. Nesse caso, como a inconstitucionalidade será reconhecida no dispositivo da decisão, ela fará coisa julgada material.

No Brasil, no âmbito federal, essa ação deverá ser manuseada diretamente junto ao Supremo Tribunal Federal (competência originária).

Esse *sistema será abstrato*, vez que a impugnação da constitucionalidade do ato é feita independentemente da existência de qualquer lide concreta.

Pelo sistema da **via incidental** (**via de exceção** ou **de defesa**) o controle é exercido como questão prejudicial (*incidenter tantum*) da ação principal, razão pela qual a questão constitucional consiste na causa de pedir da ação. Nesse caso, estaremos diante de um caso concreto, em que no bojo da ação principal a parte, para fundamentar seu pedido principal, suscita a inconstitucionalidade da norma que embasou o ponto central do questionamento. Diversamente do que ocorre no sistema abstrato, aqui não há que se falar em coisa julgada material no que tange à questão da inconstitucionalidade da norma.

Tendo em vista que no controle incidental objetiva-se resolver um litígio real entre as partes envolvidas, forçoso concluir que *aquele sempre será concreto*.

Frise-se, entretanto, que as correlações entre controle incidental e difuso, ou entre o principal e o concentrado, diz respeito ao nosso ordenamento jurídico, não se aplicando, necessariamente aos demais ordenamentos. Logo, verifica-se que no Brasil **vigora ambas as formas de impugnação**.

Com base no estudado até o presente momento, temos que:

> "(...) o sistema americano acolhe o controle difuso, instrumentalizado pela via de exceção, de maneira que os organismos jurisdicionais podem deixar de aplicar as leis que contrariarem a Constituição, como emerge do art. 3.º da Constituição americana, regulamentado pela *Rules of the Supreme Court of the United States* (11.01.1999). Outrossim, o sistema austríaco aplica o controle concentrado, instrumentalizado pela via de ação direta, de sorte que o Tribunal Constitucional deve pronunciar a inconstitucionalidade das leis federais ou regionais submetidas à sua apreciação, como exsurge do art. 140 da Constituição austríaca, reconhecida como *Oktoberverfassung* (01.10.1920)"[1].

Por fim, é de se destacar que desde o advento das Leis n.º 9.868/99 e 9.882/99, abalizada doutrina afirma que há uma tendência no fortalecimento do controle de constitucionalidade concentrado-principal.

1. MORAES, Guilherme Peña de. *Curso de Direito Constitucional*. 2.ª ed. rev. e atual. Niterói, RJ: Impetus, 2008. P. 142.

Capítulo 7

Momento do Exercício

No que tange ao momento do exercício do controle de constitucionalidade temos que ele poderá ser exercido de maneira preventiva ou repressiva.

O **controle preventivo** (ou **prévio**) de constitucionalidade é aquele realizado durante o processo legislativo de formação do ato normativo, podendo ser exercido pelos Poderes Legislativo (p.ex.: pela Comissão de Constituição e Justiça), Executivo (através do veto) e Judiciário (p.ex.: julgando mandado de segurança impetrado por parlamentar). Esse controle é realizado *antes da norma jurídica ser inserida* em nosso ordenamento jurídico.

Há que se frisar que a **jurisprudência do STF** admite, de forma excepcional, o controle preventivo *in concreto*, em fase de mandado de segurança impetrado por parlamentar federal para a defesa de suas prerrogativas em decorrência de *vício de inconstitucionalidade formal* (MS n.º 20.257/DF). Por outro lado, em se tratando de *vício de inconstitucionalidade material*, o Supremo Tribunal Federal não tem admitido o controle judicial preventivo (MS 32.033/DF).

De outro vértice, o **controle repressivo** (**sucessivo** ou **posterior**) é aquele exercido após a norma ter sido inserida no ordenamento jurídico. Via de regra, referido controle é exercido pelo Poder Judiciário. Entretanto, de forma excepcional, é possível que o controle em questão seja exercido também pelo Poder Legislativo (arts. 49, V; 62; 68 e 84, IV, todos da Constituição Federal).

No tocante ao exercício do controle repressivo por parte do Poder Executivo há divergências doutrinárias. No âmbito da jurisprudência, o STJ enfrentou a matéria no ano de 1993 (REsp 23121/GO) tendo consagrado a tese do controle em questão pelo Executivo. No âmbito do STF, por seu turno, há um único precedente, também do ano de 1993 mencionando a questão de forma superficial, afirmando que os "*Poderes Executivo e Legislativo, por sua chefia, poderão tão só determinar aos seus órgãos subordinados que deixem de aplicar administrativamente as leis ou atos com força de lei que considerem inconstitucionais*" (ADI 221-MC/DF).

Por fim, importante registrar que no ano de 2021 o Supremo Tribunal Federal entendeu que o Tribunal de Contas da União, por não possuir função jurisdicional, não pode exercer o controle de constitucionalidade nos processos sob sua análise com fundamento no enunciado da Súmula 347 da Colenda Corte, vez que esse verbete está comprometido desde a promulgação da atual Carta Magna. Ademais, o STF entendeu que *ao declarar incidentalmente a inconstitucionalidade de dispositivos da Lei n.º 13.464/2017 aos casos concretos submetidos à sua apreciação, a corte de contas, na prática, retira a eficácia da lei e acaba determinando aos órgãos da administração pública federal que deixem de aplicá-la aos demais casos idênticos, extrapolando os efeitos concretos e entre as partes de suas decisões. Com isso, o TCU estaria usurpando competência exclusiva do STF* (cf. Mandados de Segurança 35.410, 35.490, 35.494, 35.498, 35.500, 35.836, 35.812 e 35.824).

Capítulo 8

Espécies de Controle

Embora não exista um posicionamento pacífico na doutrina a respeito das espécies de inconstitucionalidade, farei algumas considerações sobre as mais cobradas em concursos públicos.

A **inconstitucionalidade por ação** é aquela decorrente de uma *conduta comissiva* por parte do Poder Público, quando de sua atuação durante o processo legislativo. Segundo a doutrina a denominada inconstitucionalidade por ação poderá se caracterizar em três situações distintas, a saber:

a) Por vício formal;

b) Por vício material;

c) Por vício de decoro parlamentar (cf. art. 55, § 1.º, da CF).

Sintetizando, temos que a **inconstitucionalidade por ação por vício formal** decorre da violação do *devido processo de formação do ato normativo* (processo legislativo), ao passo que a **por vício material** decorre de vício de matéria (conteúdo) abordada no ato normativo.

A **inconstitucionalidade por vício de decoro parlamentar**[1] é aquela que decorre do § 1.º do art. 55 da CF, dispositivo esse que elenca hipóteses em que há *incompatibilidade com o decoro parlamentar.*

De outro vértice, a **inconstitucionalidade por omissão** é aquela decorrente de *inércia legislativa* (omissão legislativa), quando não há a regulamentação das denominadas normas constitucionais de eficácia limitada.

Temos também a **inconstitucionalidade total** (recai sobre todo o ato normativo) e a **parcial** (recai sobre apenas parte do ato normativo).

1. LENZA, Pedro. *Direito Constitucional Esquematizado*. 15.ª ed. São Paulo: Saraiva, 2011. P. 230.

Existe a espécie denominada de **inconstitucionalidade direta**, que é aquela que ocorre ante a *desconformidade verificada entre atos normativos primários e a norma constitucional.* Por outro lado, há a **inconstitucionalidade indireta** (ou **reflexa**), que se dá nas situações em que a desconformidade decorre de *violação direta com um ato normativo secundário com o primário, mas de maneira indireta com a Constituição*[2]. Destaque-se que nessa espécie o Supremo Tribunal Federal tem posicionamento de que, na realidade, há verdadeiro controle de ilegalidade, não se caracterizando em controle de inconstitucionalidade propriamente dito.

Não podemos confundir essa última espécie com a **inconstitucionalidade consequente** (ou **derivada**), pois esta se verifica quando a declaração da inconstitucionalidade da norma regulamentada *leva ao lógico e inevitável reconhecimento da invalidade da norma que a regulamenta.*

Fala-se, ainda, em **inconstitucionalidade originária** e **superveniente**. A primeira ocorre quando o ato é eivado de inconstitucionalidade no *momento de sua produção*, haja vista o desrespeito aos princípios e regras das normas constitucionais vigentes à época. A superveniente, por outro lado, verifica-se quando a *invalidade da norma resulta de sua incompatibilidade com o texto futuro* (originário ou derivado).

Veja-se que na *inconstitucionalidade superveniente* a norma infraconstitucional era constitucional quando de seu nascimento, tendo se tornado inconstitucional com a promulgação de nova norma constitucional. Entretanto, há que se consignar que a **jurisprudência do Supremo Tribunal Federal** é no sentido da *não admissibilidade dessa espécie.* Isso porque, para nosso ordenamento jurídico pátrio a ***inconstitucionalidade é congênita***, isto é, nasce com a norma. *Portanto, para nós, ou a norma é constitucional ou é inconstitucional: ela nunca se torna constitucional ou inconstitucional*!

Por fim, gostaríamos de mencionar a existência da denominada **inconstitucionalidade chapada (enlouquecida** ou **desvairada**), a qual se caracteriza em *situações de inconstitucionalidade que salta aos olhos, não havendo qualquer dúvida sobre o vício que a macula.*

2. Podemos exemplificar na hipótese em que um decreto regulamentar extrapola os limites da lei que o regulamenta, desrespeitando também normas constitucionais, de maneira indireta.

Capítulo 9

Declaração Parcial de Nulidade sem Redução de Texto e Interpretação Conforme a Constituição

Ambas são *técnicas de decisão* utilizadas pelo Supremo Tribunal Federal quando do enfrentamento de questões relacionadas à inconstitucionalidade de determinada norma. A despeito de serem institutos que, via de regra, são trazidos de forma conjunta pela doutrina, não podemos confundi-los.

Destaque-se que a confusão é até compreensível, vez que ambas as técnicas estão previstas no mesmo dispositivo legal, qual seja, o parágrafo único do art. 28 da Lei n.º 9.868/99, *in verbis*:

> A declaração de constitucionalidade ou de inconstitucionalidade, inclusive a interpretação conforme a Constituição e a declaração parcial de inconstitucionalidade sem redução de texto, têm eficácia contra todos e efeito vinculante em relação aos órgãos do poder Judiciário e à Administração Pública federal, estadual ou municipal.

A técnica da **declaração parcial de nulidade sem redução de texto** é utilizada pela Colenda Corte quando há a constatação da existência de uma regra legal inconstitucional que, em decorrência da redação adotada pelo legislador infraconstitucional, não há como ser excluída do texto normativo sem que sua supressão gere um efeito indesejado. A fim de se evitar que a lei seja extirpada de nosso ordenamento jurídico, o STF se vale dessa técnica para, sem suprimir nenhuma palavra do texto da lei, *afastar sua aplicação em relação a determinadas pessoas, grupos ou a certos períodos*. Nesse caso, somente a essas pessoas, grupos ou períodos é que a lei é tida como inconstitucional, sendo constitucional nos demais casos. Nesse sentido,

> "O Tribunal, por unanimidade, julgou parcialmente procedente o pedido formulado na inicial da ação para dar ao artigo 014 da Emenda Constitucional nº

020, de 15 de dezembro de 1998, **sem redução de texto, interpretação conforme a Constituição Federal**, para excluir sua aplicação ao salário da licença à gestante a que se refere o artigo 7.º, inciso XVIII da referida Carta". (ADI 1946. Plenário. J. 03/4/2003)

Por sua vez, a técnica da **interpretação conforme a Constituição** será adotada no caso de *normas polissêmicas*, ou seja, aquelas que possuem vários sentidos. Nessas situações, o Supremo Tribunal Federal, valendo-se dessa técnica, entenderá que a norma é constitucional *desde que interpretada desta ou daquela maneira*. Qualquer outra interpretação dada em descompasso com o entendimento do STF, será inconstitucional. Veja-se o excerto a seguir:

> "(...) O sexo das pessoas, salvo disposição constitucional expressa ou implícita em sentido contrário, não se presta como fator de desigualação jurídica. Proibição de preconceito, à luz do inciso IV do art. 3º da Constituição Federal, por colidir frontalmente com o objetivo constitucional de "promover o bem de todos". Silêncio normativo da Carta Magna a respeito do concreto uso do sexo dos indivíduos como saque da kelseniana 'norma geral negativa', segundo a qual 'o que não estiver juridicamente proibido, ou obrigado, está juridicamente permitido'. Reconhecimento do direito à preferência sexual como direta emanação do princípio da 'dignidade da pessoa humana': direito a auto-estima no mais elevado ponto da consciência do indivíduo. Direito à busca da felicidade. Salto normativo da proibição do preconceito para a proclamação do direito à liberdade sexual. O concreto uso da sexualidade faz parte da autonomia da vontade das pessoas naturais. Empírico uso da sexualidade nos planos da intimidade e da privacidade constitucionalmente tuteladas. Autonomia da vontade. Cláusula pétrea.
>
> (...) O *caput* do art. 226 confere à família, base da sociedade, especial proteção do Estado. Ênfase constitucional à instituição da família. Família em seu coloquial ou proverbial significado de núcleo doméstico, pouco importando se formal ou informalmente constituída, ou se integrada por casais heteroafetivos ou por pares homoafetivos. A Constituição de 1988, ao utilizar-se da expressão família", não limita sua formação a casais heteroafetivos nem a formalidade cartorária, celebração civil ou liturgia religiosa. Família como instituição privada que, voluntariamente constituída entre pessoas adultas, mantém com o Estado e a sociedade civil uma necessária relação tricotômica. Núcleo familiar que é o principal lócus institucional de concreção dos direitos fundamentais que a própria Constituição designa por "intimidade e vida privada" (inciso X do art. 5º). Isonomia entre casais heteroafetivos e pares homoafetivos que somente ganha plenitude de sentido se desembocar no igual direito subjetivo à formação de uma autonomizada família.
>
> (...) Ante a possibilidade de interpretação em sentido preconceituoso ou discriminatório do art. 1.723 do Código Civil, não resolúvel à luz dele próprio, faz-se necessária a utilização da técnica de **interpretação conforme à Constituição**. Isso para excluir do dispositivo em causa qualquer significado que impeça o reconhecimento da união contínua, pública e duradoura entre pessoas do mes-

mo sexo como família. Reconhecimento que é de ser feito segundo as mesmas regras e com as mesmas consequências da união estável heteroafetiva". (ADI 4277/DF. Plenário, j. 05/5/2011)

Mais recentemente, ao julgar (08/10/2021) a ADI 6529 MC/DF, da relatoria da Min. Cármen Lúcia, o STF entendeu que:

> O Plenário, por maioria, deferiu, em parte, pedido de medida cautelar em ação direta de inconstitucionalidade a fim de conferir interpretação conforme à Constituição Federal (CF) ao parágrafo único do art. 4º da Lei 9.883/1999 (1) para estabelecer que: a) os órgãos componentes do Sistema Brasileiro de Inteligência (Sisbin) somente podem fornecer dados e conhecimentos específicos à Agência Brasileira de Inteligência (Abin) quando comprovado o interesse público da medida, afastada qualquer possibilidade de esses dados atenderem interesses pessoais ou privados; b) toda e qualquer decisão que solicitar os dados deverá ser devidamente motivada para eventual controle de legalidade pelo Poder Judiciário; c) mesmo quando presente o interesse público, os dados referentes a comunicações telefônicas ou dados sujeitos à reserva de jurisdição não podem ser compartilhados na forma do dispositivo em razão daquela limitação, decorrente do respeito aos direitos fundamentais; e d) nas hipóteses cabíveis de fornecimento de informações e dados à Abin, é imprescindível procedimento formalmente instaurado e existência de sistemas eletrônicos de segurança e registro de acesso, inclusive para efeito de responsabilização, em caso de eventuais omissões, desvios ou abusos.

Capítulo 10

Controle Difuso de Constitucionalidade

10.1 Considerações iniciais

Em sede de controle difuso, diante de uma lide (processo subjetivo) submetida à apreciação do Poder Judiciário, uma das partes suscita dúvida sobre a constitucionalidade (fundamento jurídico) de um ato normativo que tenha relação com a lide. Ou seja, ***a inconstitucionalidade não será o objetivo principal do autor da ação, mas será imprescindível sua apreciação para o enfrentamento do pedido principal***. Em virtude disso é que se diz que o controle nesse caso é denominado de **incidental** (*incidenter tantum*).

Nesse caso, portanto, o magistrado deverá obrigatoriamente enfrentar a inconstitucionalidade do ato normativo invocada por uma das partes como fundamento jurídico da pretensão deduzida. Não há como o magistrado julgar o pedido da ação deduzida sem que decida sobre a (in)constitucionalidade do ato normativo.

Destaque-se que a questão relacionada à constitucionalidade poderá ser arguida em toda e qualquer espécie de ação, *mas sempre de forma incidental*. As partes deduzem uma pretensão em juízo, objetivando-se um provimento jurisdicional, que não o reconhecimento da (in)constitucionalidade. Ocorre que, para fundamentar o pedido principal qualquer uma das partes invoca a questão constitucional, que deverá ser enfrentada, incidentalmente, sendo que somente assim o magistrado poderá decidir a lide.

10.2 Legitimidade

O fato de o controle de constitucionalidade dar-se no curso de uma ação (processo subjetivo) submetida ao crivo do Judiciário, é que se afirma que quem detém a legitimidade nesse caso são *todos os intervenientes no procedimento judicial*.

Em razão disso é que poderá suscitar o controle incidental de inconstitucionalidade quaisquer das partes (autor e réu); os terceiros intervenientes; o Ministério

Público, quando oficiar no feito; bem como o magistrado ou tribunal, de ofício, *salvo o Supremo Tribunal Federal no recurso extraordinário*, em que se exige o prequestionamento.

A despeito da possibilidade do magistrado ou tribunal, de ofício, reconhecer a inconstitucionalidade incidental da norma, não podemos nos olvidar da regra constante do art. 10 do Código de Processo Civil[1] que antes disso deverá, obrigatoriamente, ouvir as partes, observando-se o princípio do contraditório.

10.3 Competência

A competência em sede de controle difuso é de *qualquer órgão do Poder Judiciário*. Em razão disso, o juiz de primeiro grau poderá declarar a inconstitucionalidade, de maneira incidental, para decidir o mérito.

Para saber qual o órgão do Poder Judiciário que detém competência originária, bem como recursal, devemos nos atentar às regras constitucionais e às leis de organização judiciária.

Uma vez chegando a demanda nos tribunais faz-se necessária a obediência à regra constitucional da **reserva do plenário** ou ***full bench*** (art. 97, CF), segundo a qual *somente pela maioria absoluta de seus membros ou dos membros do respectivo órgão especial poderão os tribunais declarar a inconstitucionalidade de lei ou ato normativo do Poder Judiciário*. Isso quer dizer que não há possibilidades de um ou alguns poucos membros do tribunal declarar a inconstitucionalidade da norma, em respeito ao **princípio de presunção de constitucionalidade das normas**.

Nesse sentido imperioso a transcrição do enunciado da Súmula Vinculante n.º 10 do STF:

> "Viola a cláusula de reserva de plenário (CF, art. 97) a decisão de órgão fracionário de tribunal que, embora não declare expressamente a inconstitucionalidade de lie ou ato normativo do Poder Público, afasta a sua incidência no todo ou em parte".

Registre-se que ao julgar (04/2/2020) o RE 635.088 AgR/DF a 1.ª Turma do Supremo Tribunal Federal decidiu que *viola a cláusula de reserva de plenário e a SV 10 a decisão de órgão fracionário do Tribunal que permite que empresa comercialize produtos em desacordo com as regras previstas em Decreto federal, sob o argumento de que este ato normativo violaria o princípio da livre concorrência*.

Não obstante isso, a legislação infraconstitucional traz duas exceções a essa regra, previstas no parágrafo único do art. 949 do Código de Processo Civil, *in verbis*:

1. Art. 10. O juiz não pode decidir, em grau algum de jurisdição, com base em fundamento a respeito do qual não se tenha dado às partes oportunidade de se manifestar, ainda que se trate de matéria sobre a qual deva decidir de ofício.

> "Parágrafo único. Os órgãos fracionários dos tribunais não submeterão ao plenário ou ao órgão especial a arguição de inconstitucionalidade **quando já houver pronunciamento destes** ou **do plenário do Supremo Tribunal Federal sobre a questão**".

Há que se destacar que a observância da cláusula de reserva de plenário (*condição de eficácia jurídica*) aplica-se apenas às hipóteses em que o Poder Judiciário decidir pela inconstitucionalidade da norma. Em sentido contrário, se o órgão fracionário declarar a constitucionalidade de uma lei ou ato normativo, não precisará observá-la. Ademais, essa cláusula não precisará ser observada se o tribunal fracionário decidir a causa aplicando-se a técnica da interpretação conforme, haja vista que nessa situação não há que se falar em declaração de inconstitucionalidade.

Veja-se: a cláusula de reserva do plenário aplica-se apenas aos órgãos colegiados, não se aplicando aos juízos singulares! Tal conclusão extrai-se da própria redação contida no art. 97 da CF/88.

Questão interessante a ser enfrentada nesse momento diz respeito à *aplicabilidade ou não da cláusula de reserva de plenário* às **Turmas Recursais** (colegiado formado por três juízes que possuem a função de julgar recursos contra as decisões proferidas pelo juizado). A despeito de ser uma instância recursal integrante da estrutura dos Juizados Especiais, o entendimento do Supremo Tribunal Federal é que aquelas não são consideradas Tribunais, pois não estão previstas no rol exaustivo do art. 92 da Constituição Federal. Em virtude disso, entende-se que as **Turmas Recursais não precisam observar a cláusula de reserva de plenário** (ARE 792.562 – AgR. 2ª Turma do STF. j. 18/3/2014).

Sublinhe-se que o **Supremo Tribunal Federal** tem entendimento firmado de que **não há necessidade de observância da cláusula de reserva de plenário** quando aquele órgão realizar o controle difuso de constitucionalidade, ao julgar o respectivo recurso extraordinário. O principal argumento é que a Constituição Federal outorgou a missão precípua do STF em guardar a CF.

10.4 Parâmetro de controle

Em sede controle difuso o parâmetro de controle *não se restringe à Constituição Federal em vigor, nem aos tratados e convenções internacionais sobre direitos humanos que forem aprovados conforme preceituado pelo § 3.º do art. 5.º da CF*, podendo ser realizado, inclusive, *em face de Constituição já revogada.*

Nesse último caso, contudo, somente será possível ter como parâmetro uma Constituição Federal revogada, se a lei ou ato normativo questionado tiver sido editado na vigência daquela.

10.5 Procedimento

Em sede de controle difuso, em que a inconstitucionalidade é suscitada de maneira incidental, inexiste um procedimento específico a ser observado, sendo que ele variará conforme a ação que tiver sido proposta.

A despeito disso, não podemos nos esquecer que assim que a questão estiver tramitando junto ao Tribunal é imprescindível a observância da cláusula de reserva de plenário.

Conquanto a inconstitucionalidade esteja sendo questionada de forma incidental, dentro de um caso concreto, é perfeitamente possível que a matéria chegue ao STF via **recurso extraordinário**, que é o meio idôneo para a parte interessada, em sede de controle difuso, levar ao conhecimento da Colenda corte controvérsia judicial concreta, *questionada nos juízos inferiores.*

Admitir-se-á o recurso extraordinário, das causas decididas em única ou última instância, quando a decisão recorrida (i) contrariar dispositivo desta Constituição; (ii) declarar a inconstitucionalidade de tratado ou lei federal; (iii) julgar válida lei ou ato de governo local contestado em face desta Constituição; ou, (iv) julgar válida lei local contestada em face de lei federal.

Contudo, é imprescindível que o recorrente demonstre a repercussão geral das questões constitucionais discutidas no caso em concreto, sendo considerado pressuposto constitucional de admissibilidade, *ex vi* do § 3.º do art. 102 da CF/88. Destaque-se que a recusa ao recurso extraordinário somente poderá se dar pela manifestação de, pelo menos, 2/3 de seus membros.

Nesse ponto, importante tecer algumas considerações a respeito da **ação civil pública** em sede de controle difuso.

Embora durante muito tempo tenha prevalecido o entendimento junto ao Supremo Tribunal Federal sobre a impossibilidade do exercício do controle difuso em ação civil pública, quando da tutela de interesses difusos ou coletivos, atualmente o posicionamento é outro, qual seja, pela sua admissibilidade. Entretanto, isso somente será possível se a inconstitucionalidade não for utilizada como pedido principal de referida ação constitucional, mas apenas de forma incidental.

Vejamos excerto da Reclamação 1.733-SP, da relatoria do Min. Celso de Mello (cf. informativo n.º 212):

> O Supremo Tribunal Federal tem reconhecido a legitimidade da utilização da ação civil pública como instrumento idôneo de fiscalização incidental de constitucionalidade, pela via difusa, de quaisquer leis ou atos do Poder Público, mesmo quando contestados em face da Constituição da República, desde que, nesse processo coletivo, a controvérsia constitucional, longe de identificar-se como objeto único da demanda, qualifique-se como simples questão prejudicial, indispensável à resolução do litígio principal.

Ademais, abalizada doutrina nos ensina:

> A declaração incidental de inconstitucionalidade, considerando que na ação civil pública a decisão definitiva produz efeitos *erga omnes, ultra partes* ou *erga victimae*, consoante a pretensão seja deduzida para a tutela de direitos difusos, coletivos ou individuais homogêneos, não provoca efeitos *erga omnes*, pois a eficácia subjetivamente ilimitada do provimento de procedência pressupõe que a sentença ou o acórdão tenha sido alcançada pela autoridade da coisa julgada material, o que, a toda evidência, não ocorre na hipótese, já que a inconstitucionalidade é suscitada como questão prejudicial, e não como questão principal, sendo declarada na fundamentação, e não no dispositivo, de acordo com o art. 504, inc. II, do CPC[2].

10.6 Efeitos da decisão

Inicialmente, conforme já tivemos a oportunidade de ver, em sede de controle difuso a inconstitucionalidade é suscitada em um caso concreto, ou seja, em uma relação jurídica processual em que há partes (autor e réu). O pedido da ação não é a inconstitucionalidade!

Em razão disso, conforme *entendimento clássico* do STF reconhecendo a inconstitucionalidade de uma lei ou ato normativo, em sede de controle difuso, a decisão de mérito produzirá, como regra, os seguintes efeitos: a) *ex tunc*; b) *inter partes*; e, c) não vinculante. Em virtude disso, após declarar a inconstitucionalidade no caso concreto, em sede de recurso extraordinário, o STF deverá comunicar sua decisão ao Senado Federal a fim de que este, se entender dessa forma, suspenda a execução da lei viciada, no todo ou em parte, *ex vi* do art. 52, X, da CF.

Ocorre que, no final do ano de 2017, ao julgar as ADIs 3406/RJ e 3470/RJ, o STF abandonou sua concepção tradicional, ocorrendo verdadeira **mutação constitucional**. Pelo novo posicionamento do STF a eficácia da decisão de mérito declarando a inconstitucionalidade incidental em sede de controle difuso será (a) *erga omnes* e (b) com efeito vinculante (o efeito *ex tunc*, em princípio, será mantido). Vejamos a ementa a seguir:

> "Ação Direta de Inconstitucionalidade. Lei n.º 3.579/2001 do Estado do Rio de Janeiro. Substituição progressiva da produção e da comercialização de produtos contendo Asbesto/Amianto. Legitimidade Ativa *Ad Causam*. Pertinência Temática. Art. 103, IX, da Constituição da República. Alegação de inconstitucionalidade formal por usurpação da competência da União. Inocorrência. Competência legislativa concorrente. Art. 24, V, VI e XII, e §§ 1º a 4º, da Constituição da República. Convenções n.ºs 139 e 162 da OIT. Convenção de Basileia sobre o controle de movimentos transfronteiriços de resíduos perigosos e seu depósito.

2. MORAES, Guilherme Peña de. *Curso de Direito Constitucional*. 8.ª ed. São Paulo: Atlas, 2016, p. 177.

Regimes protetivos de direitos fundamentais. Inobservância. Art. 2º da lei n.º 9.055/1995. Proteção insuficiente. Arts. 6º, 7º, XXII, 196 e 225 da Constituição da República. Constitucionalidade material da Lei Fluminense nº 3.579/2001. Improcedência. Declaração incidental de inconstitucionalidade do art. 2º da lei n.º 9.055/1995. **Efeito vinculante** e ***erga omnes***". (ADI 3406/RJ, Plenário do STF. j. 29/11/2017)

Conquanto não tenha sido consignado expressamente na decisão do Pretório Excelso, veio a tona a denominada **teoria da abstrativização do controle difuso**, vez que a decisão em controle difuso *terá os mesmos efeitos da decisão proferida em controle abstrato*.

A despeito dessa alteração de posicionamento por parte do Supremo Tribunal Federal, se a decisão for proferida apenas por um juiz singular, os efeitos permanecerão os mesmos inicialmente mencionados: *inter partes* e não vinculante.

Registre-se que por força da Lei n.º 9.868/99 é possível que o STF, por decisão de, pelo menos, 2/3 (dois terços) de seus membros, em situações excepcionais, tendo em vista razões de segurança jurídica ou relevante interesse social, outorgue efeito *ex nunc* (prospectivo) à sua decisão, ou fixe outro momento para o início da eficácia de sua decisão. Temos, aqui, a denominada **modulação dos efeitos da sentença**.

Por fim, importante consignar que no mês de fevereiro de 2023, ao julgar o RE 955.227/BA, o Supremo Tribunal Federal firmou o Tema 885 (repercussão geral): os efeitos temporais da coisa julgada nas relações jurídicas tributárias de trato sucessivo são imediatamente cessados quando o STF se manifestar em sentido oposto em julgamento de controle concentrado de constitucionalidade ou de recurso extraordinário com repercussão geral.

10.7 Atuação do Senado Federal

Antes da decisão proferida no bojo da ADI 3406/RJ o Senado Federal, diante da declaração de inconstitucionalidade em sede de controle difuso por parte do STF, possuía uma atuação muito mais ampla. Senão, vejamos.

O art. 52, X, da Constituição Federal outorgou ao Senado Federal a atribuição de suspender o ato declarado inconstitucional pela Colenda Corte, conferindo-se eficácia *erga omnes* a essa. A doutrina preceitua que o Senado Federal não está obrigado a suspender a execução da lei ou ato normativo declarado inconstitucional, em sede de controle difuso, pelo Supremo Tribunal Federal, sendo um ato discricionário.

Caso entenda ser conveniente e oportuno suspender a execução dessa lei ou ato normativo declarado inconstitucional, o Senado Federal expedirá uma resolução, a qual poderá ser objeto de controle de constitucionalidade. Não obstante seja um ato discricionário, uma vez expedida a resolução, não será possível que o Senado Federal se retrate.

Cabe anotar que embora o Senado Federal tenha essa atribuição constitucional de suspensão das leis (federais, estaduais, distritais ou municipais) declaradas inconstitucionais, não é possível que ele restrinja ou amplie a extensão do julgado da Colenda Corte.

Não obstante isso, caso se confirme o posicionamento adotado no final de 2017 (ADI's 3.406 e 3.470/RJ), a função do Senado Federal restará esvaziada. Isso porque, ao conferir efeitos *erga omnes* e vinculante à decisão proferida em sede de controle difuso de constitucionalidade, nos mesmos moldes da decisão em sede de controle abstrato, caberá ao Senado Federal apenas e tão somente dar publicidade à decisão do STF, não tendo mais aplicabilidade o inciso X do art. 52 da CF.

Capítulo 11

Controle Abstrato de Constitucionalidade

Em se tratando de controle abstrato de constitucionalidade, no âmbito federal, poderão ser manuseadas 05 (cinco) ações distintas: (a) ação direta de inconstitucionalidade genérica; (b) ação direta de inconstitucionalidade por omissão; (c) ação direta de inconstitucionalidade interventiva[1]; (d) ação declaratória de constitucionalidade; e, (e) arguição de descumprimento de preceito fundamental.

São ações diretas que poderão ser manuseadas pela via abstrata, com o intuito de defender a supremacia da Constituição Federal. Destaque-se que elas serão propostas exclusivamente junto ao Supremo Tribunal Federal.

A doutrina pátria admite a possibilidade da aplicação do **princípio da fungibilidade** entre as ações em questão, conquanto possuam funções distintas no sistema jurídico. Não obstante isso, é imprescindível que haja o atendimento de todos os requisitos de admissibilidade da ação adequada.

De acordo com entendimento do STF as hipóteses de impedimento e suspeição restringem-se aos processos subjetivos, razão pela qual não se aplicam, como regra, ao processo de controle concentrado de constitucionalidade. Entretanto, é possível que o próprio ministro, por razões de foro íntimo, manifeste a sua não participação no julgamento (cf. ADI 6362/DF – j. 02/9/2020 – informativo n.º 989).

Impende destacar que o STF entende que a ação de controle concentrado de constitucionalidade **não pode ser utilizada como sucedâneo das vias processuais ordinárias**. Conforme entendimento da Colenda Corte A natureza jurídica dos processos de índole objetiva não se mostra compatível com a análise aprofundada de fatos envolvendo supostas práticas ilícitas, atos de improbidade administrativa

1. Importante registrar que nem todos os doutrinadores inserem a ADI Interventiva como sendo espécie de ação em sede de controle abstrato de constitucionalidade, abordando-a apenas quando do estudo da intervenção federal.

ou infrações criminais imputadas a particulares, servidores públicos ou autoridades políticas. A jurisdição constitucional prestada por meio do processo de controle concentrado de constitucionalidade tem por objeto, única e exclusivamente, a validade formal ou material de leis e atos administrativos dotados dos atributos da generalidade, impessoalidade e abstração, por isso o seu caráter objetivo (ADPF 686/DF, relatora Min. Rosa Weber, julgamento virtual finalizado em 18.10.2021).

A partir de agora, estudaremos cada uma dessas ações em se de controle abstrato.

11.1 Ação Direta de Inconstitucionalidade Genérica (ADI ou ADI Genérica)

11.1.1 Finalidade e competência

Ela encontra fundamento de validade no art. 102, I, "a", CF, bem como na Lei n.º 9.868/99.

Possui por **finalidade** impedir que uma norma que viole a Constituição permaneça no ordenamento jurídico. É uma ação que tem *natureza de defesa de todas as normas constitucionais visando à preservação da supremacia constitucional.*

Impende destacar que o § 2.º do art. 125 da Constituição Federal autorizou que os Estados instituam controle concentrado de constitucionalidade de suas leis ou atos normativos estaduais ou municipais, em face das respectivas Constituições Estaduais, por intermédio de ADI (genérica ou por omissão). Nesse caso, a competência para julgamento é exclusiva do Tribunal de Justiça do respectivo Estado-Membro. Observe-se, ainda, que a própria norma em comento veda a legitimidade ativa para apenas um único órgão.

É ação de controle de constitucionalidade *judicial, abstrato* e *repressivo*, em que se busca a defesa objetiva da Constituição.

Estudaremos os principais aspectos da ADI proposta no âmbito federal.

No âmbito federal o único órgão que detém **competência** para o processo e julgamento dessa ação é o **Supremo Tribunal Federal**.

Questão interessante que reflete na competência diz respeito às **normas de reprodução** (obrigatória) e de **imitação**. A despeito da divergência doutrinária sobre qual órgão competente para o julgamento da ADI, a **jurisprudência do Supremo Tribunal Federal** firmou-se no sentido de que em ambas as situações a *competência será do Tribunal de Justiça* do respectivo Estado-Membro. Entretanto, há tratamento diferenciado para ambas as espécies.

Da decisão do respectivo Tribunal de Justiça que julgar casos envolvendo *normas de reprodução*, caberá **recurso extraordinário**. Veja a ementa a seguir:

> "Estado do Rio de Janeiro. Lei Orgânica do Município da Capital, de 05.04.90, arts. 25 e 27. Dispositivos que se mostram incompatíveis com a Constituição

Federal. No primeiro caso, por haverem legitimado acumulações não contempladas nos §§ 1.º e 2.º do art. 17 do texto transitório; e, no segundo, por ofensa ao art. 37, II, do texto permanente da Carta da República. Recurso extraordinário provido, com declaração de inconstitucionalidade dos dispositivos impugnados (STF. RE: 187.142/RJ. Rel. Ilmar Galvão. J. 13/8/1998. Tribunal Pleno).

Nessa situação, a decisão tomada no recurso extraordinário fará coisa julgada contra todos (*erga omnes*), possuindo todos os efeitos inerentes ao processo objetivo, haja vista tratar-se de controle de constitucionalidade concentrado e abstrato, não obstante o recurso extraordinário ser um meio de impugnação próprio do controle difuso.

Por sua vez, a **decisão** do respectivo Tribunal de Justiça que julgar, em sede de controle de constitucionalidade, as denominadas *normas de imitação*, será **irrecorrível**. Nesse sentido,

> "EMENTA: Recurso extraordinário. O Plenário desta Corte, a partir do julgamento da Reclamação 383, firmou o entendimento de que compete ao Tribunal de Justiça Estadual julgar ação direta de inconstitucionalidade contra lei municipal impugnada em face de dispositivos constitucionais estaduais que reproduzem dispositivos constitucionais federais de observância obrigatória para os Estados-membros. Dessa orientação divergiu o acórdão recorrido. Recurso extraordinário conhecido e provido, para que o Tribunal *a quo*, afastada a preliminar que o levou a extinguir o processo, prossiga no julgamento da ação direta de inconstitucionalidade em causa, como entender de direito".

E se existirem duas ações diretas de inconstitucionalidade, uma perante o Supremo Tribunal Federal e outra no Tribunal de Justiça do respectivo Estado, contra o mesmo ato normativo estadual violador de norma de reprodução obrigatória? Há precedentes da Colenda Corte firmando sua competência e determinando a suspensão da outra ação:

> "EMENTA: Ação direta de inconstitucionalidade. Pedido de liminar. Lei n.º 9332, de 27 de dezembro de 1995, do Estado de São Paulo. Rejeição das preliminares de litispendência e de continência, porquanto, quando tramitam paralelamente duas ações diretas de inconstitucionalidade, uma no Tribunal de Justiça local e outra no Supremo Tribunal Federal, contra a mesma lei estadual impugnada em face de princípios constitucionais estaduais que são reprodução de princípios da Constituição Federal, suspende-se o curso da ação direta proposta perante o Tribunal estadual até o julgamento final da ação direta proposta perante o Supremo Tribunal Federal, conforme sustentou o relator da presente ação direta de inconstitucionalidade em voto que proferiu, em pedido de vista, na Reclamação 425" (ADI 1425/SP, Rel. Min. Moreira Alves, Plenário. J. 16/5/2007).

E se o ato normativo contestado em face de norma de reprodução for municipal? Segundo nossa doutrina pátria:

> "(...) quando a lei ou ato normativo municipal for contestado em face de norma da Constituição Estadual *repetida* da Constituição Federal por força de reprodução obrigatória, cumpre ao Tribunal de Justiça do Estado o julgamento da ADI, com recurso extraordinário para o Supremo Tribunal Federal. Mas é importante esclarecer que o Tribunal de Justiça só pode realizar a fiscalização abstrata em tela, tendo como paradigma de confronto, exclusivamente, a norma da Constituição do Estado (a *norma repetida*), jamais a norma da própria Constituição Federal, sob pena de usurpação da competência do Supremo Tribunal Federal"[2].

11.1.2 Legitimados

Os **legitimados ativos** encontram-se previstos no *caput* do art. 103 da Constituição Federal. A doutrina comumente divide os legitimados ativos em **legitimados universais e especiais (temáticos).**

Os **legitimados universais** são aqueles que não precisam comprovar pertinência temática para questionar a matéria, haja vista a atuação ampla daqueles no que tange à defesa da Constituição. São considerados legitimados universais o Presidente da República, as Mesas do Senado Federal e da Câmara dos Deputados, o Procurador-Geral da República, o Conselho Federal da Ordem dos Advogados do Brasil e o Partido Político com representação no Congresso Nacional.

Por sua vez, os **legitimados especiais** são aqueles que precisam demonstrar a pertinência temática entre sua atuação com o caso a ser questionado. São considerados especiais a Mesa da Assembleia Legislativa de Estado ou da Câmara Legislativa do Distrito Federal, o Governador de Estado ou do Distrito Federal, bem como a confederação sindical ou entidade de classe de âmbito nacional.

Importante consignar que a atual **jurisprudência do STF** admite a instauração do controle abstrato por "associações de associações" (são as associações de âmbito nacional que congregam exclusivamente pessoas jurídicas).

Nesse sentido:

> "O Tribunal concluiu julgamento de agravo regimental em ação direta de inconstitucionalidade no qual se discutia se entidades que congregam pessoas jurídicas consubstanciam entidades de classe de âmbito nacional, para os fins de legitimação para a propositura de ação direta. Tratava-se, na espécie, de agravo regimental interposto pela Federação Nacional das Associações dos Produtores de Cachaça de Alambique - FENACA contra decisão do Min. Celso de Mello, relator, que, por ausência de legitimidade ad causam da autora, julgara extinto o processo e declarara o prejuízo da apreciação do pedido de medida cautelar - v. Informativo 346. Por maioria, deu-se provimento ao recurso, por se entender que a autora possui legitimidade ad causam, haja vista ser entidade de classe que

2. CUNHA JÚNIOR, Dirley da. *Curso de Direito Constitucional.* 12ª. ed. rev. ampl. e atual. Salvador: Juspodivm, 2018. P. 315.

atua na defesa da mesma categoria social, apesar de se reunir em associações correspondentes a cada Estado. Vencidos os Ministros Celso de Mello, relator, e Carlos Britto que mantinham a decisão agravada, salientando a orientação da Corte segundo a qual não se qualificam como entidades de classe aquelas que, congregando exclusivamente pessoas jurídicas, apresentam-se como verdadeiras associações de associações, nem tampouco as pessoas jurídicas de direito privado, ainda que coletivamente representativas de categorias profissionais ou econômicas. (CF, art. 103: "Podem propor a ação de inconstitucionalidade:... IX - confederação sindical ou entidade de classe de âmbito nacional."). (ADI 3153 AgR/DF, rel. Min. Celso de Mello, rel. p/ acordão Min. Sepúlveda Pertence, 12.8.2004 - ADI-3153)

Frise-se que, recentemente, a 2.ª Turma do STF, ao julgar o RE 1.126.828 AgR/SP (rel. orig. Min. Edson Fachin, red. p/ o ac. Min. Cármen Lúcia, julgado em 4/2/2020) decidiu que *o Procurador Municipal tem legitimidade para a interposição de recurso extraordinário em face de acórdão de Tribunal de Justiça proferido em sede de representação de inconstitucionalidade em defesa de lei ou ato normativo estadual ou municipal.* Com isso, concluímos que os Procuradores dos Estados, dos Municípios, das Assembleias Legislativas, dentre outros, possuem legitimidade para a interposição de recursos em ação direta de inconstitucionalidade. Esses são legitimados que poderão "assinar o recurso".

Todavia, não podemos confundir esse julgado com o incidente decidido no bojo da ADI n.º 4420/SP:

> "1. Intempestividade dos embargos de declaração, interpostos posteriormente ao trânsito em julgado do acórdão embargado.
>
> 2. Os Estados-Membros não se incluem no rol dos legitimados a agir como sujeitos processuais em sede de controle concentrado de constitucionalidade. Não se admite, no modelo de processo objetivo, a intervenção de terceiros subjetivamente interessados no feito.
>
> 3. Agravo a que se nega provimento".

Impende destacar que, a respeito das entidades de classe de âmbito nacional, não basta que elas declarem no seu estatuto ou ato constitutivo que possuem caráter nacional, sendo imprescindível a existência de associados ou membros em, pelo menos, 09 (nove) entes Federativos (Estados-Membros e Distrito Federal). Portanto, para que possuem legitimidade ativa para ajuizar ADI é imprescindível o preenchimento desse quórum. Ao julgar a ADI 3287, em 05/8/2020, portanto, o Supremo Tribunal Federal acabou por adotar, por analogia à Lei n.º 9.096/95 (art. 7.º, § 1.º), um critério objetivo.

Ademais, a *entidade que não representa a totalidade de sua categoria profissional não possui legitimidade ativa para ajuizamento de ações de controle concentrado de constitucionalidade* (ADI 6465 AgR/DF, Plenário do STF. Rel. Min. Alexandre de Moraes, j. em 19/10/2020).

Sublinhe-se que se o **Governador do Estado** estiver **cautelarmente afastado** de suas funções o STF entende que ele não possui legitimidade ativa para a propositura da ADI:

> Governador de estado afastado cautelarmente de suas funções — por força do recebimento de denúncia por crime comum — não tem legitimidade ativa para a propositura de ação direta de inconstitucionalidade.
>
> A interpretação que melhor se coaduna com a Constituição Federal (CF) é aquela que — diante de afastamento cautelar, no qual se suspendem as relações entre o ocupante do cargo e o desempenho das funções correlatas — rejeita, com mais razão, a possibilidade de o governador afastado propor ação direta. De uma parte, porque a atribuição contida no art. 103, V, da CF (1) só pode ser entendida como componente do feixe de funções típicas do cargo e, portanto, alvo da suspensão. De outra, em virtude do lugar central que ocupa a legitimação para a propositura de ações diretas no desenho das instituições democráticas, não se pode conceber que esta capacidade seja preservada ao chefe do Poder Executivo quando outras lhe são defesas.
>
> Ademais, a possibilidade de conferir-se a governador afastado de suas funções o direito de propositura de ação direta de inconstitucionalidade conduz à situação de grave inconsistência, pois, ou retira-se essa faculdade do governador em exercício, ou se permite que aquele, de forma anômala, concorra com este no acesso à fiscalização abstrata das normas.
>
> Com base nesse entendimento, o Plenário negou provimento a agravo regimental e manteve a decisão do relator que não conheceu da ação direta por manifesta ilegitimidade ativa **ad causam** do autor. (ADI 6728 AgR/DF, relator Min. Edson Fachin, julgamento virtual finalizado em 30.4.2021)

Não há que se falar aqui em **legitimado passivo**, vez que a ação ataca a lei de forma abstrata.

11.1.3 Objeto

O **objeto possível** da ADI é a ***lei ou ato normativo federal ou estadual***, *não se incluindo as leis municipais* (estamos tratando apenas em nível constitucional), ***editados posteriormente à promulgação da CF***. Em hipótese alguma será admissível o início do controle abstrato em face de Constituições Federais anteriores. Ademais, poderão ser impugnados leis ou atos normativos expedidos pelo Distrito Federal no desempenho de sua competência estadual.

Com relação ao controle dos atos normativos previstos no art. 59 da CF, não há dúvidas de que todos eles podem figurar como objeto possível na ADI. Entretanto, importante tecer considerações a respeito da possibilidade ou não de outros atos normativos servirem como objeto possível de ADI. Senão, vejamos.

Os ***tratados internacionais*** incorporados no ordenamento jurídico brasileiro, ostentem ou não status de norma constitucional, poderão ter sua constitucionalidade suscitada, razão pela qual poderão servir de objeto em sede de ADI.

Por não ostentarem características de ato normativo, as ***súmulas*** não poderão servir de objeto possível em sede de ADI. Sublinhe-se que, não obstante entendimento divergente na doutrina, o Supremo Tribunal Federal entende que as ***súmulas vinculantes*** também não podem ser objeto de ADI, pelo mesmo fundamento relativo às súmulas não vinculantes.

No começo do ano de 2019 o STF entendeu que enquanto a **medida provisória revogadora de uma lei**, questionada via ADI, não tenha sido apreciada pelo Congresso Nacional, *não há que se falar em perda de objeto da ADI* (Plenário. ADI 5717/DF, ADI 5709/DF, ADI 5716/DFe ADI 5727/DF, Rel. Min. Rosa Weber, julgados em 27/3/2019). Vejamos a decisão proferida na ADI 5717:

> "1. O Supremo Tribunal Federal definiu interpretação jurídica no sentido de que **apenas a modificação substancial**, promovida durante o procedimento de deliberação e decisão legislativa de conversão de espécies normativas, **configura situação de prejudicialidade superveniente da ação** a acarretar, por conseguinte, a extinção do processo sem resolução do mérito. Ademais, faz-se imprescindível o aditamento da petição inicial para a convalidação da irregularidade processual. Desse modo, a hipótese de mera conversão legislativa da medida provisória não é argumento suficiente para justificar prejudicialidade processual superveniente. 2. Medida provisória não revoga lei anterior, mas apenas suspende seus efeitos no ordenamento jurídico, em face do seu caráter transitório e precário. Assim, aprovada a medida provisória pela Câmara e pelo Senado, surge nova lei, a qual terá o efeito de revogar lei antecedente. Todavia, caso a medida provisória seja rejeitada (expressa ou tacitamente), a lei primeira vigente no ordenamento, e que estava suspensa, volta a ter eficácia. 3. Conversão do exame da medida cautelar em julgamento do mérito da demanda. 4. O argumento de desvio de finalidade para justificar o vício de inconstitucionalidade de medida provisória, em razão da provável direção de cargo específico para pessoa determinada não tem pertinência e validade jurídica, porquanto, na espécie, se trata de ato normativo geral e abstrato, que estabeleceu uma reestruturação genérica da Administração Pública. Esse motivo, inclusive, autorizou o acesso à jurisdição constitucional abstrata. 5. Impossibilidade de reedição, na mesma sessão legislativa, de medida provisória revogada, nos termos do prescreve o art. 62, §§2º e 3º. Interpretação jurídica em sentido contrário, importaria violação do princípio da Separação de Poderes. Isso porque o Presidente da República teria o controle e comando da pauta do Congresso Nacional, por conseguinte, das prioridades do processo legislativo, em detrimento do próprio Poder Legislativo. Matéria de competência privativa das duas Casas Legislativas (inciso IV do art. 51 e inciso XIII do art. 52, ambos da Constituição Federal). 6. O alcance normativo do § 10 do art. 62, instituído com a Emenda Constitucional n. 32 de 2001, foi definido no julgamento das ADI 2.984 e ADI 3.964, precedentes

judiciais a serem observados no processo decisório, uma vez que não se verificam hipóteses que justifiquem sua revogação. 7. Qualquer solução jurídica a ser dada na atividade interpretativa do art. 62 da Constituição Federal deve ser restritiva, como forma de assegurar a funcionalidade das instituições e da democracia. Nesse contexto, imperioso assinalar o papel da medida provisória como técnica normativa residual que está à serviço do Poder Executivo, para atuações legiferantes excepcionais, marcadas pela urgência e relevância, uma vez que não faz parte do núcleo funcional desse Poder a atividade legislativa. 8. É vedada reedição de medida provisória que tenha sido revogada, perdido sua eficácia ou rejeitada pelo Presidente da República na mesma sessão legislativa. Interpretação do §10 do art. 62 da Constituição Federal. 9. Ação direta de inconstitucionalidade julgada procedente para declarar a inconstitucionalidade da Lei n. 13.502, de 1º de novembro de 2017, resultado da conversão da Medida Provisória n.º 782/2017".

Há que destacar que há **precedente do STF** entendendo que a **Resolução do CNMP** consiste em ato normativo de caráter geral e abstrato, editado pelo Conselho no exercício de sua competência constitucional, razão pela qual constitui ato normativo primário, sujeito a controle de constitucionalidade, por ação direta, no Supremo Tribunal Federal (Plenário. ADI 4263/DF, Rel. Min. Roberto Barroso, julgado em 25/4/2018). Ademais, a Colenda Corte entende ser cabível ADI contra **Resolução do Tribunal Superior Eleitoral** que tenha, em seu conteúdo material, *norma de decisão de caráter abstrato, geral e autônomo*, apta a ser apreciada pelo STF em sede de controle abstrato de constitucionalidade (STF. Plenário. ADI 5122, Rel. Min. Edson Fachin, julgado em 3/5/2018).

Registre-se não ser possível, no entendimento do STF, a utilização de ADI para o controle de **decreto regulamentar de lei estadual**. Aquela ação só seria admissível, e possível, se fosse para atacar um decreto autônomo. Mas sendo um decreto que apenas regulamenta a lei, não é hipótese de cabimento de ADI (Plenário. ADI 4409/SP, Rel. Min. Alexandre de Moraes, julgado em 6/6/2018).

Ainda, o STF entende ser cabível ADI contra **recomendação conjunta de Tribunal de Justiça e de Tribunal Regional do Trabalho** recomendando aos juízes que considerem como sendo da Justiça do Trabalho a competência para autorizar o trabalho de crianças e adolescentes em eventos de natureza artística. No entendimento do STF, esta recomendação deve ser considerada como ato de caráter primário, autônomo e cogente, inovando no ordenamento jurídico, razão pela qual pode ser impugnada por meio de ADI (Plenário. ADI 5326/DF, Rel. Min. Marco Aurélio, julgado em 27/9/2018).

O **parâmetro** (ou **norma de referência**) **de controle** é a Constituição Federal em vigor, bem como os tratados e convenções internacionais sobre direitos humanos.

Segundo **posicionamento do Supremo Tribunal Federal** se a lei impugnada por meio de uma Ação Direta de Inconstitucionalidade *for alterada antes do julga-*

mento da ação, o autor dela deverá aditar a petição inicial demonstrando que a nova redação do dispositivo impugnado apresenta o mesmo vício de inconstitucionalidade que existia na redação original. A revogação, ou substancial alteração, do complexo normativo impõe ao autor o ônus de apresentar eventual pedido de aditamento, caso considere subsistir a inconstitucionalidade na norma que promoveu a alteração ou revogação. Se o autor não fizer isso, o STF não conhecerá da ADI, julgando prejudicado o pedido em razão da perda superveniente do objeto. (Plenário. ADI 1931/DF, Rel. Min. Marco Aurélio, julgado em 7/2/2018).

Na visão do STF, a alteração do parâmetro constitucional, *quando o processo ainda está em curso*, não prejudica o conhecimento da ADI. Isso porque, evitam-se situações em que uma lei que nasceu claramente inconstitucional volte a produzir, em tese, seus efeitos (Plenário. ADI 145/CE, Rel. Min. Dias Toffoli, julgado em 20/6/2018).

Para finalizar as possíveis divergências envolvendo alguns atos normativos, há que se consignar que o posicionamento atual da Colenda Corte é que as ***normas orçamentárias*** (leis de efeito concreto) podem ser objeto em sede de ADI. Vejamos:

> "(...) II. Controle abstrato de constitucionalidade de normas orçamentárias. Revisão de jurisprudência. O Supremo Tribunal Federal deve exercer sua função precípua de fiscalização da constitucionalidade das leis e dos atos normativos quando houver um tema ou uma controvérsia constitucional suscitada em abstrato, independente do caráter geral ou específico, concreto ou abstrato de seu objeto. Possibilidade de submissão das normas orçamentárias ao controle abstrato de constitucionalidade.
>
> III. Limites constitucionais à atividade legislativa excepcional do Poder Executivo na edição de medidas provisórias para abertura de crédito extraordinário. Interpretação do art. 167, § 3º c/c o art. 62, § 1º, inciso I, alínea 'd', da Constituição. Além dos requisitos de relevância e urgência (art. 62), a Constituição exige que a abertura do crédito extraordinário seja feita apenas para atender a despesas imprevisíveis e urgentes. Ao contrário do que ocorre em relação aos requisitos de relevância e urgência (art. 62), que se submetem a uma ampla margem de discricionariedade por parte do Presidente da República, os requisitos de imprevisibilidade e urgência (art. 167, § 3º) recebem densificação normativa da Constituição. Os conteúdos semânticos das expressões 'guerra', 'comoção interna' e 'calamidade pública' constituem vetores para a interpretação/aplicação do art. 167, § 3º c/c o art. 62, § 1º, inciso I, alínea 'd', da Constituição. 'Guerra', 'comoção interna' e 'calamidade pública' são conceitos que representam realidades ou situações fáticas de extrema gravidade e de consequências imprevisíveis para a ordem pública e a paz social, e que dessa forma requerem, com a devida urgência, a adoção de medidas singulares e extraordinárias. A leitura atenta e a análise interpretativa do texto e da exposição de motivos da MP nº 405/2007 demonstram que os créditos abertos são destinados a prover despesas correntes, que não estão qualificadas pela imprevisibilidade ou pela urgência. A edição da MP nº 405/2007 configurou um patente desvirtuamento

> dos parâmetros constitucionais que permitem a edição de medidas provisórias para a abertura de créditos extraordinários". (ADI 4048-MC, Rel. Min. Gilmar Mendes. j. 14/5/2008)

Há que se destacar que no mês de dezembro de 2019, ao julgar a ADI 1244 QO/SP, o Plenário do Supremo Federal decidiu ser cabível ação direta de inconstitucionalidade contra **deliberação administrativa do Tribunal** que determina o pagamento de reajuste decorrente da conversão da URV em reais ("plano real") aos magistrados e servidores. Não obstante esse julgamento, o mérito da ação não chegou a ser julgado em razão de perda superveniente de seu objeto, vez que a deliberação administrativa em tela foi revogada.

Sublinhe-se, ainda, que em virtude do fato de possuir natureza normativa e abstrata, é possível que **lei estadual que disponha sobre criação, incorporação, fusão ou desmembramento de municípios**, seja objeto de controle abstrato de constitucionalidade. Nesse sentido, veja-se a ementa da ADI 1825 (j. 15/4/2020):

> "Constitucional. Criação de Município. Lei posterior que altera os limites do município sem cumprir os requisitos do art. 18, § 4.º da Constituição Federal. Ato normativo que se sujeita ao controle concentrado de constitucionalidade, pois altera limites do Município. Precedente. Caracteriza-se a ofensa à constituição Federal. Precedentes. Liminar deferida".

Por fim, o Supremo Tribunal Federal admite a propositura de ADI em face de **resolução de Conselho Profissional** que não trata de mero exercício de competência regulamentar, mas tenha expressado conteúdo normativo que lidou diretamente com direitos e garantias tutelados pela Constituição (ADI 3481/DP. Pleno do STF. Rel. Min. Alexandre de Moraes, j. 06/3/2021 – informativo n.º 1008).

11.1.4 Procedimento

O procedimento da ADI vem previsto na Lei n.º 9.868/99.

A petição inicial deverá indicar o dispositivo de lei ou ato normativo impugnado, os fundamentos jurídicos do pedido em relação a cada uma das impugnações, bem como o pedido com suas especificações. Ademais, ela deve ser apresentada em duas vias, devendo conter cópias da lei ou ato normativo impugnado e os documentos necessários para comprovar a impugnação.

Frise-se que se a petição inicial for subscrita por advogado ela deverá ser acompanhada, também, de *procuração com poderes específicos*, devendo constar a lei ou ato normativo a ser impugnado na ação proposta. Caso contrário, a ação não será reconhecida. Entretanto, impende mencionar que durante o julgamento da ADI 6051, em 27/3/2020, o Plenário do STF entendeu tratar-se de um vício sanável, sendo perfeitamente possível sua regularização antes de eventual reconhecimento da carência da ação.

Tendo em vista que o controle abstrato de constitucionalidade, em nosso ordenamento jurídico, está submetido ao **princípio do pedido**, o Supremo Tribunal Federal estará vinculado ao pedido ao apreciar uma ADI, ficando sua apreciação adstrita aos dispositivos normativos expressamente mencionados. Por outro lado, isso não significa dizer que ele está vinculado à causa de pedir (fundamentos jurídicos), podendo declarar a inconstitucionalidade dos dispositivos questionados por qualquer fundamento. Em razão disso, é que se fala que em sede de controle abstrato de constitucionalidade a **causa de pedir** é **aberta**.

Há precedentes (ADI 1926 – j. 20/4/2020) do STF admitindo o aditamento da petição inicial para a inclusão de novos dispositivos legais. Entretanto, isso somente é possível nas hipóteses em que a inclusão da nova impugnação *dispensar a requisição de novas informações e manifestação*, bem como *não prejudicar o cerne da ação*. Em julgamento mais recente (16/4/2021) o STF voltou a afirmar *não ser admitido o aditamento à inicial da ADI após o recebimento das informações dos requeridos e das manifestações do AGU e do PGR* (Pleno do STF. ADI 4541/BA, Rel. Min. Cármen Lúcia).

Em virtude do fato dos atos inconstitucionais nunca se convalidarem, fala-se que a propositura da ação direta de inconstitucionalidade em nosso ordenamento jurídico não está sujeita a prazo, razão pela qual é uma **ação imprescritível**.

E mais. Uma vez proposta a ADI, não se admite sua desistência (nem da liminar), haja vista o **princípio da indisponibilidade da ação**.

Uma vez recebida a ação direta de inconstitucionalidade o relator pedirá **informações** aos órgãos ou às autoridades das quais emanou a lei ou ato normativo impugnado, devendo aquelas serem prestadas no prazo de 30 (trinta) dias, a contar do recebimento do pedido. Frise-se, contudo, que se existir pedido de medida cautelar, antes de sua apreciação, o relator pedirá que as autoridades ou órgãos dos quais emanou a lei ou o ato impugnado manifestem-se sobre o pedido no prazo de 05 (cinco) dias. Nessa última situação, após o julgamento do pedido cautelar, o relator pedirá as informações à tais autoridades ou órgãos, no prazo de 05 (cinco) dias.

Por expressa disposição legal **veda-se a intervenção de terceiros** na ADI. O principal motivo é que essa ação é um *processo objetivo* no qual inexistem partes e direitos subjetivos a serem tutelados.

Não obstante isso, a própria lei admite a figura do ***amicus curiae*** (amigo da corte). Essa figura pode ser representada por entidades ou órgãos que não detém legitimação para a propositura da ação, mas podem ser admitidos para se manifestarem no curso da ação sobre questão constitucional discutida. Há que se observar que além da apresentação de memoriais, com informações e argumentos, o Supremo

Tribunal Federal passou a admitir a possibilidade de sustentação oral pelo *amicus curiae*. Frise-se que o Regimento Interno do STF disciplina a participação dessa figura no processo em questão.

Sublinhe-se, contudo, que a despeito da possibilidade de intervenção do *amicus curiae* na ação direta de inconstitucionalidade, ele não possui direito subjetivo ao ingresso no processo. Ademais disso, para sua admissão é imprescindível o preenchimento de duas condições, de forma cumulativa: (i) *relevância da matéria* e (ii) *representatividade do postulante*.

Ainda no que tange à figura do *amicus curiae* há que se observar que se o relator admitir a participação daquele no processo, sua *decisão* será *irrecorrível*. De outro vértice, em sendo denegatória a decisão, poderá ser interposto *agravo*, de acordo com a literalidade do § 2.º do art. 7.º da Lei n.º 9.868/99.

Ocorre que, após o julgamento (17/10/2018) do RE n.º 602.584, o Supremo Tribunal Federal passou a entender **ser irrecorrível a decisão do relator que *admitir* ou *inadmitir*** o ingresso do *amicus curiae* ao feito.

Não obstante isso, a questão voltou a pauta alguns anos depois. Explico.

Na data de 06/8/2020 o Plenário do STF, ao julgar a ADI 3396 AgR/DF, em apertada votação (5x4) entendeu ser **possível a interposição de recurso de agravo** contra a decisão denegatória de ingresso no feito como *amicus curiae*. Veja-se a ementa do julgado em questão:

> Controle abstrato de constitucionalidade – Decisão que fundamentadamente não admitiu a intervenção, como "amicus curiae", de pessoa física – Ausência de representatividade adequada – Impossibilidade de defender, em sede de controle normativo abstrato, direitos e interesses de caráter individual e concreto – legitimidade daquele que não é admitido como "amicus curiae" para recorrer dessa decisão do relator – agravo interno conhecido – recurso improvido.

Com base na decisão em questão o STF entendeu ser recorrível a decisão denegatória de ingresso no feito como *amicus curiae*, bem como ser possível a interposição de recurso por parte de terceiro, quando denegada sua participação na qualidade de *amicus curiae*. Além do mais, o STF entendeu que a *pessoa física não tem representatividade adequada para intervir na qualidade de* amicus curiae *em ADI*.

Considerando que no ano de 2018, conforme visto a pouco, o STF tinha posicionamento diferente do firmado na ADI em questão, bem como tendo em vista que nessa ação direta de inconstitucionalidade a votação foi apertada (5x4) e dois Ministros (Alexandre de Moraes e Roberto Barroso) não votaram, o candidato deve ficar bem atento nas provas que estão por vir!

Transcorrido o prazo para apresentação das informações, serão ouvidos, sucessivamente, o **Advogado-Geral da União** (AGU) e o **Procurador-Geral**

da República (PGR), que deverão manifestar-se, cada qual, no prazo de 15 (quinze) dias.

Conquanto a regra disposta no § 3.º do art. 103 da CF outorgue uma atribuição especial (defesa da constitucionalidade da norma) ao **Advogado-Geral da União**, a **jurisprudência do STF** firma-se no sentido de que o AGU terá plena autonomia para agir, escolhendo se defenderá a constitucionalidade ou não da norma impugnada, conforme sua própria convicção jurídica.

Já o **Procurador-Geral da República** atuará como *fiscal da Constituição Federal*, defendendo o ordenamento constitucional contra os atos normativos a ele incompatíveis. Logo, deverá opinar em todas as ações de controle concentrado, sendo sua manifestação (parecer) imprescindível. Entretanto, o parecer do PGR é meramente opinativo, não vinculando o STF.

Nesse ponto, questão interessante poderá surgir. Tendo em vista que o Procurador-Geral da República, diversamente do que ocorre com o Advogado-Geral da União, é um dos legitimados ativos à propositura da ADI, *como ficaria a situação em que ele ingressa com a ação e, posteriormente, emite um parecer*? Na linha da **jurisprudência do STF**, não há qualquer problema na situação ora apresentada. Isso porque, o fato de o PRG ingressar com a ação direta de inconstitucionalidade não constituirá impeditivo para sua posterior manifestação (parecer) sendo que, inclusive, ele poderá opinar, futuramente, pela improcedência da ação por ele proposta. Isso não significa dizer, contudo, que ele poderá desistir da ação.

Transcorridos os prazos de manifestação do Advogado-Geral da União e do Procurador-Geral da República, o **relator** lançará o **relatório**, com cópia a todos os Ministros da Colenda Corte, pedindo dia para julgamento.

Caso haja necessidade de esclarecimento de matéria ou circunstância de fato ou de notória insuficiência das informações existentes nos autos, poderá o relator **requisitar informações adicionais, designar perito** ou **comissão de peritos** para que emita parecer sobre a questão, ou **fixar data para, em audiência pública, ouvir depoimentos** de pessoas com experiência e autoridade na matéria. Poderá, ainda, **solicitar informações** aos Tribunais Superiores, aos Tribunais federais e aos Tribunais estaduais acerca da aplicação da norma impugnada no âmbito de sua jurisdição. Contudo, as informações, perícias e audiências em tela serão realizadas no prazo de trinta dias, contado da solicitação do relator.

Destaque-se que é possível a concessão de **medida cautelar**, para assegurar a utilidade de futura decisão de mérito, desde que estejam presentes o *fumus boni iuris* e o *periculum in mora*. Além do preenchimento desses requisitos, é imprescindível que ela seja concedida por decisão da **maioria absoluta** dos Ministros do STF, devendo estar presentes na sessão, ao menos, 08 (oito) Ministros, salvo no caso de recesso em que se admite a concessão monocrática por parte do Presidente do STF, *ad referendum* do Pleno. Ademais, *mesmo fora do período de recesso, mas em* *caso de urgência*, a **jurisprudência do STF** tem admitido a concessão monocrática, por parte do Ministro relator, de medida cautelar, *ad referendum* do Pleno.

Uma vez concedida, a medida cautelar produzirá os seguintes **efeitos**: (a) ***ex nunc***, como regra (salvo se o STF determinar que sejam *ex tunc*); (b) **eficácia *erga omnes***; e, (c) **efeito vinculante** (em relação aos demais órgãos do Poder Judiciário, bem como à Administração Pública Direta e Indireta, em todas as esferas). Em virtude desse último efeito, forçoso concluir que o julgamento de todos os processos em trâmite que envolvam a aplicação da lei ou ato normativo objeto da ação restará suspenso, enquanto a medida cautelar perdurar.

Com a suspensão da norma impugnada, ante o deferimento da medida cautelar, a legislação anterior porventura existente voltará a viger (**efeito repristinatório**), *salvo manifestação expressa do STF em sentido contrário*. Portanto, somente se houver manifestação expressa do STF em sentido contrário, e existir pedido expresso do autor nesse sentido (pedido cumulativo), é que o efeito repristinatório não será gerado.

A legislação, para o julgamento da **decisão de mérito**, exige a presença de, pelo menos, 08 (oito) ministros para deliberação (quórum de instalação), sendo que a decisão final deve se dar pelo voto favorável de pelo menos 06 (seis) ministros, observando-se a própria **cláusula de reserva de plenário**.

A decisão de mérito produzirá **eficácia *erga omnes*** (levando em consideração que o processo de controle concentrado de constitucionalidade não possui partes, a decisão é válida e produz seus efeitos para toda a coletividade); **efeito vinculante** (os efeitos das decisões vinculam a atuação do Poder Judiciário, *salvo com relação ao próprio STF*, e da Administração Pública em geral, *excluindo-se o Poder Legislativo*, sob pena de ocorrer a denominada **fossilização das normas**); e, **efeito *ex tunc***.

Como regra, as decisões de mérito que declarem a inconstitucionalidade retroagem no tempo (*ex tunc*), até o momento do surgimento da norma. Isso porque, a inconstitucionalidade é congênita, ou seja, a norma nasce inconstitucional e assim permanecerá até sua retirada do ordenamento jurídico, não sendo possível se tornar uma norma constitucional, em hipótese alguma. Entretanto, por disposição legal expressa há a possibilidade de, excepcionalmente, ser realizada a **modulação dos efeitos temporais das decisões** do controle de constitucionalidade, sendo que o próprio STF pode indicar e precisar o momento do tempo que as decisões produzirão seus efeitos, inclusive com declaração de efeitos prospectivos.

Destaque-se, ainda, que pelas regras contidas no art. 27 da Lei n.º 9.868/99 há a possibilidade de reconhecimento do denominado **efeito *pro futuro***, vez que *por razões de segurança jurídica ou de excepcional interesse social*, é possível que o Supremo Tribunal Federal, por *maioria absoluta de 2/3 (dois terços) de seus membros*, decida que aquela decisão só tenha eficácia *em momento que venha a ser fixado*.

Existe, também, a possibilidade da ocorrência do denominado **efeito repristinatório em relação à legislação anterior**. Conforme visto a pouco, para que ele não ocorra é imprescindível que o autor assim o requeira, bem como que o STF assim o declare.

Destaque-se a **natureza ambivalente** ou **dúplice** da ADI, vez que ela produz eficácia jurídica em um ou outro sentido, seja declarando a norma inconstitucional, seja declarando-a constitucional. Isso significa dizer que se ela for julgada procedente a norma será declarada inconstitucional, ao passo que se a ação for julgada improcedente, a norma será declarada constitucional.

Impende registrar, ainda, que ao julgar a ADI-MC 5.316/DF (rel. Min. Luiz Fuz, j. 21/5/2015) o Supremo Tribunal Federal firmou a tese de que "*a **cumulação simples de pedidos típicos de ADI e de ADC é processualmente cabível em uma única demanda** de controle concentrado de constitucionalidade, desde que satisfeitos os requisitos previstos na legislação processual civil*".

Uma vez declarada a inconstitucionalidade ou constitucionalidade da norma em ação direta, a decisão é **irrecorrível**, sendo admitido apenas a interposição dos denominados *embargos declaratórios*.

Frise-se, por fim, que a decisão da Colenda Corte somente produzirá efeitos a partir da publicação da ata da sessão de julgamento, no Diário da Justiça Eletrônico, não sendo necessário o trânsito em julgado, nem a publicação integral do respectivo acórdão.

11.2 Ação Direta de Inconstitucionalidade por Omissão (ADO ou ADI por Omissão)

11.2.1 Finalidade. Competência. Legitimados.

Encontra seu fundamento de validade no art. 102, I, "a", CF, bem como na Lei n.º 9.868/99.

Tem por **finalidade** *identificar e tentar sanar a omissão* (total ou parcial) do legislador no sentido de sua obrigação constitucional de legislar, visando combater a inércia (omissão) do Poder Público, a fim de tornar efetiva disposição constitucional que necessite de complementação infraconstitucional.

Na **jurisprudência do STF** essa espécie de ação em controle abstrato não se limita à omissão legislativa, alcançando-se a omissão de órgãos administrativos que permaneceram inertes, em descompasso com a norma constitucional.

A **competência** para processo e julgamento da ADO, no âmbito federal, é do Supremo Tribunal Federal.

Os **legitimados ativos** são os mesmos da ADI, razão pela qual o leitor deverá rever as observações ali apostas. Entretanto, a doutrina nos adverte que **se a**

omissão constitucional for oriunda da inércia de um dos legitimados do art. 103 da CF, ***ele não poderá deflagrar a ADO***. Isso porque, seria um contrassenso o legitimado acionar o judiciário para obter um provimento jurisdicional dando uma ordem ao próprio legitimado ativo!

Os **legitimados passivos**, por sua vez, são os *órgãos ou autoridades omissas*, que não cumpriram com seu dever constitucionalmente imposto.

11.2.2 Objeto

O **objeto** dessa ação em abstrato é suprir a *omissão constitucional*, tornando efetiva a norma constitucional de eficácia limitada.

Entretanto, partindo-se das lições de José Afonso da Silva, faz-se necessário distinguir entre as normas **constitucionais de eficácia limitada definidoras de princípios instrutivos ou organizativos de natureza facultativa**, das **de obrigatória**. Considerando que as primeiras (natureza facultativa) apenas outorgam uma faculdade de legislador infraconstitucional, *elas não admitem a propositura da ADO*. Situação diversa, contudo, ocorre com as segundas.

Sublinhe-se que somente poderão ser impugnadas por essa ação as *omissões normativas federais e estaduais*, além das *omissões distritais concernentes às competências estaduais do Distrito Federal*.

11.2.3 Procedimento

Tendo em vista que a ADO vem regulamentada também pela Lei n.º 9.868/99, o procedimento dela é muito parecido com o da ADI. Em razão disso, tecerei apenas considerações a respeito das peculiaridades daquela, sendo que aquilo que não for tratado aqui seguirá os mesmos apontamentos feitos na ADI.

A despeito da **jurisprudência do STF** entender que não há necessidade de se proceder à citação do **Advogado-Geral da União**, haja vista inexistir norma legal impugnada para ser defendida, com a alteração da Lei n.º 9.868/99 promovida pela Lei n.º 12.063/99, há a previsão de que *o* ***relator*** *poderá solicitar manifestação do AGU, a qual deverá ser encaminhada no prazo de 15 (quinze) dias*.

De outro vértice, é obrigatória a manifestação do **Procurador-Geral da República**, tendo o prazo de 15 (quinze) dias, após o transcurso do prazo para as informações. Registre-se que o § 3.º do art. 12-E da Lei n.º 9.868/99 prevê a manifestação do PGR somente naquelas ações em que ele não for o autor.

É admissível a concessão de **medida cautelar**, desde que constatada a *urgência e relevância da matéria*. O conteúdo da cautelar variará conforme a determinação fixada pelo Supremo Tribunal Federal.

Para a **decisão de mérito** será necessária a presença de, pelo menos, 08 (oito) ministros (quórum de instalação), devendo haver o voto favorável de pelo menos 06 (seis) ministros (quórum de votação) para a prolação da decisão.

No que tange aos *efeitos da decisão* haverá diferenciação dependendo do responsável pela omissão. Em se tratando de **órgão administrativo** será dada ciência da decisão e estipulado o prazo de 30 dias para solução da omissão. Entretanto, é cabível prazo maior e mais razoável de acordo com a compreensão do próprio STF quanto ao cabimento. Por outro lado, quando se tratar de **órgão legislativo** será dada ciência ao órgão competente para adoção das medidas normativas necessárias para que a omissão seja suprida. Em que pese não haver, neste caso, o prazo previamente definido, o atual entendimento da corte suprema é de que é cabível, sim, neste caso, a definição de prazo para a solução da omissão. Não podemos nos esquecer que a decisão de mérito proferida tem *natureza mandamental*, tendo maior intensidade.

Ademais, a decisão produzirá **eficácia *erga omnes***, sendo que ela transcende o julgado, gerando consequências para além do processo em que houve o julgamento.

Frise-se que a ADI por Omissão **não deve** ser confundida com o instituto do Mandado de Injunção. Vejamos no quadro a seguir as principais diferenças entre ambos os institutos:

	ADI por Omissão	**Mandado de Injunção**
Legitimidade ativa	Art. 103 da CF	M.I. Individual – art. 3.º da Lei n.º 13.300/16 M.I. Coletivo – art. 12 da mesma lei.
Finalidade	Declarar se há omissão, ante a inexistência de determinada medida necessária para tornar efetiva a norma constitucional.	Viabilizar o exercício de um direito específico.
Cabimento	Quando faltar norma regulamentadora relacionada com qualquer norma constitucional de eficácia limitada.	Quando faltar norma regulamentadora de direitos e liberdades constitucionais, bem como das prerrogativas inerentes à nacionalidade, soberania e cidadania.

Efeitos	A eficácia é *erga omnes*, desencadeando consequências para além do processo julgado. O Poder Judiciário, uma vez declarada a inconstitucionalidade, dará ciência ao Poder competente para que este adote as providências necessárias. Em se tratando de órgão administrativo, este terá um prazo de 30 (trinta) dias para adotar a medida necessária à efetivação do direito. Entretanto, se o responsável pela omissão for o Poder Legislativo, não há prazo estabelecido.	A eficácia é *inter partes*, não determinando a transcendência subjetiva do julgado. Julgada procedente a ação o Poder Judiciário determinará prazo razoável para que o impetrado promova a edição da norma regulamentadora, bem como estabelecerá as condições em que se dará o exercício dos direitos, liberdades ou prerrogativas reclamadas.

11.3 Ação Declaratória de Constitucionalidade (ADC ou ADCon)

11.3.1 Finalidade. Competência. Legitimados.

Encontra fundamento no art. 102, I, "a", CF, bem como na Lei n.º 9.868/99.

Tem por **finalidade** *confirmar a constitucionalidade* de uma determinada norma sobre a qual existam dúvidas acerca de sua validade diante da supremacia constitucional. Nesse ponto, não podemos nos esquecer do **princípio da presunção relativa de constitucionalidade das normas.**

Analisando-se a ação declaratória de constitucionalidade verificamos que ela *possui a mesma natureza jurídica* que a ação direta de inconstitucionalidade, razão pela qual, não raras vezes, vemos a doutrina afirmar que a **ADC é uma ADI de sinal trocado**. Em virtude disso, elas possuem as mesmas características, sendo que o processo e julgamento são praticamente o mesmo, com pequenas peculiaridades.

A **competência** para o processo e julgamento é exclusiva do **Supremo Tribunal Federal.**

Os **legitimados ativos**, desde a promulgação da EC n.º 45/04, são os mesmos da ADI genérica.

Não há **legitimados ativos**, pois a lei é atacada em tese.

11.3.2 Objeto

Diversamente do que ocorre na ADI genérica, seu **objeto** são as *leis ou atos normativos federais* (cf. art. 102, I, "a", *in fine*, da CF), não se admitindo a propositura da ação declaratória de constitucionalidade em face de leis ou atos normativos estaduais, distritais ou municipais.

Denota-se, portanto, que a utilização da ADC é mais restrita que a da ADI genérica.

11.3.3 Procedimento

O procedimento da ADC é muito semelhante ao da ADI genérica, razão pela qual farei as ponderações necessárias daqueles pontos que forem diferentes.

Inicialmente, importante registrar que é **imprescindível que para sua propositura** exista ***controvérsia judicial relevante***, percebida em sede do controle incidental. Para sua propositura não basta a existência de divergência doutrinária sobre o tema.

Referida controvérsia judicial deve estar pondo em risco o *princípio da presunção de constitucionalidade das normas.*

Com base nos estudos realizados a partir dos arts. 13 e seguintes da Lei n.º 9.868/99, verifica-se que a controvérsia judicial deverá ser demonstrada na própria petição inicial, por intermédio da indicação da existência de ações judiciais em andamento em que a constitucionalidade da norma esteja sendo impugnada, levando-se ao conhecimento do STF os argumentos a respeito da constitucionalidade ou não daquela, objetivando-se que a Colenda Corte uniformize o entendimento sobre ela. Ademais, o STF tem entendimento consolidado de que o requisito da controvérsia judicial relevante deve ser *qualitativo* e não quantitativo.

Nessa espécie de ação *não há que se falar em* **informações**. Do mesmo modo, o STF entende que não há obrigatoriedade de citação do **Advogado-Geral da União**.

É possível a concessão de **medida cautelar**, devendo ser observados tanto o quórum de instalação, quanto de votação, vistos na ADI. Em sendo deferida produzirá os seguintes efeitos: (a) *erga omnes*; e, (b) vinculante a todos os demais órgãos do Poder Judiciária e a Administração Pública em geral, salvo no tocante ao Poder Legislativo.

Sublinhe-se, contudo, que a consequência da concessão da cautelar em sede de ADC será a *determinação para que os magistrados suspendam o julgamento de todos os processos que envolverem a aplicação da lei ou ato normativo impugnado na ADC, até julgamento definitivo dessa pelo STF.*

No que tange aos demais aspectos procedimentais, remeto os leitores ao estudo da ADI.

11.4 Arguição de Descumprimento de Preceito Fundamental (ADPF)

11.4.1 Finalidade. Competência. Legitimidade.

A ADPF encontra fundamento no art. 102, § 1.º, da CF e na Lei n.º 9.882/99.

Pode-se afirmar que a ADPF tem a **finalidade** de *impedir que normas ou condutas contrárias a preceitos fundamentais*[3] *previstos na Constituição permaneçam comprometendo a regularidade do sistema constitucional.*

A **competência** para processo e julgamento é exclusiva e originária do **Supremo Tribunal Federal.**

Diversamente do que ocorre nas demais ações de controle abstrato estudadas até o presente momento, a Constituição Federal não trouxe o rol de legitimados ativos para a propositura da ADPF, cabendo à legislação infraconstitucional tal tarefa. Nesse sentido, o art. 2.º, II, da Lei n.º 9.882/99 previu que os **legitimados ativos** são aqueles elencados no art. 103, I a IX, da CF, ou seja, os mesmos legitimados da ADI e ADC.

Considerando o rol em questão, verifica-se que a intenção do legislador foi atribuir à ADPF a natureza objetiva, pois ela não poderá ser utilizada diretamente pelo interessado, como instrumento hábil a tutelar eventual direito subjetivo violado. Por esse motivo, a despeito de falta de previsão legal, entendemos que em sede de ADPF também vige o **princípio da indisponibilidade da ação**, sendo que uma vez proposta, não será admissível sua desistência.

Não há **partes passivas**, pois, essa ação é proposta em face de uma lei, ato ou omissão do poder público supostamente violador de um preceito constitucional fundamental.

11.4.2 Classificação

A ação de arguição de descumprimento de preceito fundamental pode ser classificada como:

a) *Principal, direta ou autônoma* – proposta com a finalidade de evitar ou reparar lesão a preceito fundamental que tenha resultado de ato violador por parte do poder público;

b) *Incidental ou por derivação* – pode ser proposta no decorrer de um processo judicial na existência de um estado de incerteza sobre a constitucionalidade da matéria (relevante controvérsia judicial).

---

3. Não há um consenso na doutrina sobre o significado da expressão "preceitos fundamentais". Há quem defenda tratar-se de expressão sinônima aos direitos e garantias fundamentais. Outros afirmam tratar-se de fundamentos e objetivos da República Federativa do Brasil. Entendo que referia expressão abarca ambas as definições, bem todos os direitos assegurados aos cidadãos.

A despeito de a ADPF incidental encontrar assento legal no art. 6.º, § 1.º, da Lei n.º 9.882/99, a maioria da doutrina, e o próprio Supremo Tribunal Federal, somente aceitam a ADPF como sendo *processo objetivo*, ou seja, sem partes, sem possibilidade de discussão ou tutela de interesses subjetivos.

11.4.3. Objeto

Seu **objeto** compreende os *atos do poder público que violem preceito fundamental constitucionalmente previsto*, bem como as *leis e atos normativos federais, estaduais, municipais e pré-constitucionais.*

Dada a atual previsão legal verifica-se que a arguição de descumprimento de preceito fundamental é um mecanismo de aferição abstrata, por parte do Supremo Tribunal Federal, da legitimidade do *direito pré-processual* (conjunto de normas anteriores à atual CF e que foram por essa recepcionadas) *e do direito municipal em face da Constituição Federal*, representando um avanço em sede de controle abstrato. Isso porque, nem a apreciação do direito pré-processual, nem do direito municipal em face da CF, são permitidas nos processos objetivos de fiscalização de controle abstrato de constitucionalidade.

Em razão dessa amplitude permitida pela legislação infraconstitucional, parcela da doutrina afirma que poderão ser objeto da ADPF os *atos infralegais regulamentares* de qualquer esfera da federação, vez que não poderão ser impugnados por meio da ADI genérica.

Impende registrar que na linha da **jurisprudência do Supremo Tribunal Federal** a expressão *ato do Poder Público* não engloba os denominados *atos políticos*. Nesse sentido, vejamos a ementa da ADPF 1/RJ (rel. Min. Néri da Silveira, j. 03/2/2000):

> "Arguição de descumprimento de preceito fundamental. Lei nº 9882, de 3.12.1999, que dispõe sobre o processo e julgamento da referida medida constitucional. 2. Compete ao Supremo Tribunal Federal o juízo acerca do que se há de compreender, no sistema constitucional brasileiro, como preceito fundamental. 3. Cabimento da arguição de descumprimento de preceito fundamental. Necessidade de o requerente apontar a lesão ou ameaça de ofensa a preceito fundamental, e este, efetivamente, ser reconhecido como tal, pelo Supremo Tribunal Federal. 4. Arguição de descumprimento de preceito fundamental como instrumento de defesa da Constituição, em controle concentrado. 5. Arguição de descumprimento de preceito fundamental: distinção da ação direta de inconstitucionalidade e da ação declaratória de constitucionalidade. 6. O objeto da arguição de descumprimento de preceito fundamental há de ser 'ato do Poder Público' federal, estadual, distrital ou municipal, normativo ou não, sendo, também, cabível a medida judicial 'quando for relevante o fundamento da controvérsia sobre lei ou ato normativo federal, estadual ou municipal, incluídos os anteriores à Constituição'. 7. Na espécie, a inicial aponta como descumprido,

por ato do Poder Executivo municipal do Rio de Janeiro, o preceito fundamental da 'separação de poderes', previsto no art. 2º da Lei Magna da República de 1988. O ato do indicado Poder Executivo municipal é veto aposto a dispositivo constante de projeto de lei aprovado pela Câmara Municipal da Cidade do Rio de Janeiro, relativo ao IPTU. 8. No processo legislativo, o ato de vetar, por motivo de inconstitucionalidade ou de contrariedade ao interesse público, e a deliberação legislativa de manter ou recusar o veto, qualquer seja o motivo desse juízo, compõem procedimentos que se hão de reservar à esfera de independência dos Poderes Políticos em apreço. 9. Não é, assim, enquadrável, em princípio, o veto, devidamente fundamentado, pendente de deliberação política do Poder Legislativo - que pode, sempre, mantê-lo ou recusá-lo, - no conceito de 'ato do Poder Público', para os fins do art. 1º, da Lei nº 9882/1999. Impossibilidade de intervenção antecipada do Judiciário, - eis que o projeto de lei, na parte vetada, não é lei, nem ato normativo, - poder que a ordem jurídica, na espécie, não confere ao Supremo Tribunal Federal, em via de controle concentrado. 10. Arguição de descumprimento de preceito fundamental não conhecida, porque não admissível, no caso concreto, em face da natureza do ato do Poder Público impugnado".

Ainda, nessa mesma linha jurisprudencial, o Supremo Tribunal Federal tem firme entendimento de que não poderão ser concebidos como atos do Poder Público lesivos a preceito fundamental os enunciados de Súmulas da Corte:

"EMENTA: Agravo Regimental na Arguição de Descumprimento de Preceito Fundamental. Enunciados de Súmula do Supremo Tribunal Federal. Revisão. Inadequação da via. Negativa de seguimento da arguição". (ADPF AgR 80/DF. Rel. Min. Eros Grau. J. 12/6/2006)

Incabível, ainda, a ADPF que tenha por objeto, *exclusivamente*, decisão judicial transitada em julgado (ADPF 105/AL, rel. Min. Gilmar Mendes, j. 14/3/2012).

Tendo em vista o objetivo de nossa obra, bem como considerando que boa parte dos leitores almejam ingressar nas carreiras de segurança pública diz respeito à denominada "**ADPF das Favelas**". No final do ano de 2019 o Partido Socialista Brasileiro ingressou cum uma ADPF (635) junto ao Supremo Tribunal Federal pleiteando que fossem reconhecidas e sanadas as alegadas graves lesões a preceitos fundamentais da Constituição perpetradas pelo Estado do Rio de Janeiro na elaboração e implementação de sua política de segurança pública, principalmente no que tange à excessiva e crescente letalidade da atuação policial.

Ao julgar referida ação constitucional o STF entendeu que *o Estado do Rio de Janeiro deve elaborar, no prazo máximo de 90 dias, um plano para redução da letalidade policial e controle das violações aos direitos humanos pelas forças de segurança, que apresente medidas objetivas, cronogramas específicos e previsão dos recursos necessários para a sua implementação.*

Veja-se excerto do julgamento extraído do site do Supremo Tribunal Federal:

Nesse mesmo sentido, até que plano mais abrangente seja formulado, o emprego e a fiscalização da legalidade do uso da força devem ser feitos à luz dos "Princípios Básicos sobre a Utilização da Força e de Armas de Fogo pelos Funcionários Responsáveis pela Aplicação da Lei", com todos os desdobramentos daí derivados. Desse modo, cabe às forças de segurança a análise, diante das situações concretas, da proporcionalidade e da excepcionalidade do uso da força, servindo os princípios como guias para o exame das justificativas apresentadas **a fortiori**.

Portanto, o uso da força letal por agentes de Estado só se justifica quando, ressalvada a ineficácia da elevação gradativa do nível da força empregada para neutralizar a situação de risco ou de violência, exauridos os demais meios, inclusive os de armas não-letais, e necessário para proteger a vida ou prevenir um dano sério, decorrente de uma ameaça concreta e iminente.

Ademais, nos termos do art. 227 da Constituição Federal, é imperiosa a necessidade de dar prioridade absoluta às investigações de incidentes que tenham como vítimas crianças ou adolescentes.

Além disso, a fim de resguardar o direito à vida, deve-se reconhecer a obrigatoriedade de disponibilização de ambulâncias em operações policiais previamente planejadas em que haja a possibilidade de confrontos armados.

De igual modo, no caso de buscas domiciliares por parte das forças de segurança do Estado do Rio de Janeiro, devem ser observadas as seguintes diretrizes constitucionais, sob pena de responsabilidade: (i) a diligência, no caso específico de cumprimento de mandado judicial, deve ser realizada somente durante o dia, vedando-se, assim, o ingresso forçado a domicílios à noite; (ii) a diligência, quando feita sem mandado judicial, pode ter por base denúncia anônima; (iii) a diligência deve ser justificada e detalhada por meio da elaboração de auto circunstanciado, que deverá instruir eventual auto de prisão em flagrante ou de apreensão de adolescente por ato infracional e ser remetido ao juízo da audiência de custódia para viabilizar o controle judicial posterior; e (iv) a diligência deve ser realizada nos estritos limites dos fins excepcionais a que se destina. (ADPF 635 MC-ED/RJ, relator Min. Edson Fachin, julgamento em 2 e 3.2.2022)

11.4.4 Subsidiariedade

Por expressa previsão legal *não será admitida arguição de descumprimento de preceito fundamental quando houver qualquer outro meio eficaz de sanar a lesividade*, razão pela qual se verifica que o legislador atribuiu à ADPF um caráter *residual* (*subsidiário*).

Não obstante a literalidade do texto legal, boa parte da doutrina entende que ele não deve ser levado ao pé da letra. Inclusive, o próprio Supremo Tribunal Federal tem adotado essa postura, vez que a Corte tem apreciado, em cada caso concreto que ali chega, a existência ou não de algum outro meio processual apto a anular, com efetividade, a alegada lesividade.

Registre-se, entretanto, que parcela da doutrina entende que a exigência do requisito da subsidiariedade, por parte do legislador infraconstitucional, seria uma afronta à Constituição Federal, haja vista estar limitando a utilização dessa importante ação:

> "(...), com a arguição de descumprimento, as outras ações diretas de controle concentrado de constitucionalidade, isto é, a ação direta de inconstitucionalidade e a ação declaratória de constitucionalidade devem ser, segundo pensamos, redirecionadas para a tutela exclusiva das outras normas constitucionais que não se encontrem inseridas no raio de proteção especial da arguição, ou seja, que não se qualifiquem como preceitos constitucionais fundamentais. A propósito disto, tentaremos desconsiderar, por flagrante inconstitucionalidade, o caráter de subsidiariedade que surpreendentemente lhe emprestou o legislador ordinário".[4]

Ante essa natureza subsidiária da ADPF é possível admitir a aplicação do **princípio da fungibilidade**, ou seja, a despeito de ser proposta uma ADPF junto ao Supremo Tribunal Federal é possível que a Corte a receba como alguma outra ação de controle objetivo de constitucionalidade, desde que preenchidos todos os requisitos.

11.4.5 Procedimento

Segundo a lei disciplinadora da ADPF, a petição inicial será apresentada em duas vias, devendo conter a indicação do preceito fundamental que se considera violado, a prova da violação do preceito fundamental, indicação e cópia do ato questionado, bem como o pedido com suas especificações. Caso a ação se fundamente no art. 1.º, parágrafo único, I, deverá também haver a comprovação da existência de controvérsia judicial relevante sobre a aplicação do preceito fundamental que se considera violado.

Se o **relator** entender que não é o caso de ADPF ela será *indeferida liminarmente*, cabendo *agravo* no prazo de 05 (cinco) dias.

De outro vértice, se o relator receber a petição inicial, ele decidirá a respeito do pedido cautelar (se existir), solicitando **informações**, no prazo de 10 (dez) dias, às autoridades ou órgãos responsáveis pela prática do ato questionado. Após o transcurso do referido prazo, o **Procurador-Geral da República**, naquelas ações em que não for autor, deverá se manifestar no prazo de 05 (cinco) dias. Conquanto não haja previsão legal nesse sentido, o Supremo Tribunal Federal entende ser obrigatória a participação e manifestação do **Advogado-Geral da União.** Em seguida, procederá à confecção do **relatório**, com cópia aos demais Ministros, solicitando dia para o julgamento.

É possível a concessão de **medida cautelar**, sendo que nesse caso produzirá (a) efeito *erga omnes* e, se assim for determinado pelo STF, (b) efeito vinculante. Se

---

4. CUNHA JÚNIOR, Dirley da. *Curso de Direito Constitucional*. 12ª ed. rev. e atual. Salvador: Juspodivm, 2018. P. 379.

esse for concedido, a liminar concedida terá o condão de determinar que todos os magistrados suspendam o andamento de processos (ou efeitos de decisões judiciais ou qualquer outra medida) que apresentem relação com a matéria objeto da ADPF.

No que tange à **decisão de mérito** importante tecer as considerações que se seguem. Conquanto a lei seja omissa, em virtude da norma impositiva constante do art. 97 da CF, é necessária a presença da maioria absoluta dos Ministros, toda vez que deva ser declarada a inconstitucionalidade da lei ou ato normativo do Poder Público. A decisão final deve se dar pelo voto favorável de pelo menos 2/3 (dois terços) dos Ministros (quórum de votação). Referida decisão produzirá seus efeitos para toda a coletividade (***erga omnes***), bem como **efeito vinculante.**

Da mesma forma que ocorre com a ação direta de inconstitucionalidade é possível o reconhecimento do denominado **efeito *pro futuro***, vez que a Lei n.º 9.882/99 (art. 11) trouxe regra idêntica à da Lei n.º 9.868/99.

Há que se observar que a decisão de mérito da ADPF, diversamente do que ocorre na ADI e ADC, **produz efeitos imediatos**, independentemente de publicação do acórdão, por expressa previsão legal (art. 10, § 1.º, da Lei n.º 9.882/99).

No começo do ano de 2018 o Supremo Tribunal Federal decidiu ser possível a celebração de acordo em sede de ADPF (processo de índole objetiva), desde que fique demonstrado que há no feito um conflito intersubjetivo subjacente (implícito), que comporta solução por meio de autocomposição. Nessa situação o Judiciário não irá chancelar ou legitimar nenhuma das teses jurídicas defendidas pelas partes no processo, homologando apenas as disposições patrimoniais que forem combinadas e que estiverem dentro do âmbito da disponibilidade das partes. Nesse caso a homologação estará apenas resolvendo um incidente processual, com vistas a conferir maior efetividade à prestação jurisdicional:

> "I – Homologação de Instrumento de Acordo Coletivo que prevê o pagamento das diferenças relativas aos Planos Econômicos Bresser, Verão e Collor II, bem como a não ressarcibilidade de diferenças referentes ao Plano Collor I. II – Viabilidade do acordo firmado por legitimados coletivos privados, em processo de índole objetiva, dada a existência de notável conflito intersubjetivo subjacente e a necessidade de conferir-se efetividade à prestação jurisdicional. III – Presença das formalidades extrínsecas e das salvaguardas necessárias para a chancela do acordo, notadamente de representatividade adequada, publicidade ampla dos atos processuais, admissão de *amici curiae* e complementação da atuação das partes pela fiscalização do Ministério Público. IV – Decisão do Supremo Tribunal Federal que assume o caráter de marco histórico na configuração do processo coletivo brasileiro, como forma de ampliação do acesso à Justiça, diante da disseminação das lides repetitivas no cenário jurídico nacional atual e da possibilidade de solução por meio de processos coletivos. V – Inocorrência de previsão de suspensão das ações durante o prazo de adesão dos poupadores.

> VI – Divergências entre a parte e seu advogado quanto à adesão do acordo solucionam-se por meio das regras relativas ao contrato de mandato. VII - Adoção de um sistema de honorários advocatícios contingentes que é de suma importância para fortalecer a posição do autor coletivo e, consequentemente, do próprio processo coletivo. VIII - Acordo que deve ser homologado tal como proposto, de maneira a pacificar a controvérsia espelhada nestes autos, que há décadas se arrasta irresolvida nos distintos foros do País, possibilitando-se aos interessados aderir ou não ao ajuste, conforme a conveniência de cada um. IX – Decisão que não implica qualquer comprometimento desta Suprema Corte com as teses jurídicas veiculadas na avença, especialmente aquelas que pretendam, explícita ou implicitamente, vincular terceiras pessoas ou futuras decisões do Poder Judiciário. (Plenário. ADPF 165/DF, Rel. Min. Ricardo Lewandowski, julgado em 1º/3/2018)

Por fim, há que se registrar que no julgamento da ADPF 347 TPI-Ref/DF (rel. orig. Min. Marco Aurélio, red. p/ o ac. Min. Alexandre de Moraes, j 18/3/2020), o Plenário do STF decidiu que, por não possuir legitimidade ativa para a propositura da ação, o *amicus curiae* admitido não possui, também, legitimidade para pleitear qualquer medida cautelar. Ademais, restou decidido que o relator não pode, de ofício, na ADPF que trata sobre o Estado de Coisas Inconstitucional dos presídios, determinar medidas para proteger presos do COVID-19.

11.5 Ação Direta de Inconstitucionalidade Interventiva ou Representação interventiva

Inicialmente, a despeito de parcela da doutrina inserir essa ação nas espécies de controle abstrato de constitucionalidade, na verdade trata-se de *controle concreto*, haja vista que o seu objeto concerne à composição de um conflito real.

Essa espécie encontra seu fundamento no art. 36, III, da Constituição Federal, tendo cabimento quando houver a violação dos denominados **princípios constitucionais sensíveis** (art. 34, VII, CF). Ademais, seu procedimento vem estabelecido na Lei n.º 12.562/11.

Referida ação tem por **finalidade** a resolução de um conflito de natureza federativa (União x Estado-Membro ou Distrito Federal). Aqui, não se objetiva declarar a inconstitucionalidade de um ato normativo estadual ou distrital, *mas apenas declarar a intervenção federal em um desses entes federativos*. Entretanto, para a declaração da inconstitucionalidade é imprescindível o reconhecimento da inconstitucionalidade de um comportamento comissivo ou omissivo do ente federativo, comportamento esse que acaba por não reconhecer observância aos princípios constitucionais sensíveis.

O **legitimado ativo** para a propositura dessa ação é o Procurador-Geral da República (no âmbito federal), o qual precisará *representar* junto ao Supremo Tribunal Federal. Por ser o único legitimado ativo, ele atua como sendo um *substituto processual.*

Destaque-se que se houver necessidade de se propor a representação interventiva junto ao Tribunal de Justiça, será legitimado ativo o Procurador-Geral de Justiça. Isso se dará na hipótese de intervenção estadual em alguns de seus Municípios.

O **órgão competente** para o julgamento da ação será o Supremo Tribunal Federal, na hipótese de intervenção federal, ao passo que no caso de intervenção estadual, o respectivo Tribunal de Justiça.

O **parâmetro** para a propositura da ação interventiva federal são os *princípios constitucionais sensíveis*, previstos no art. 34, VII, da CF. Por outro lado, para a ação interventiva estadual os princípios constitucionais sensíveis estão previstos nas respectivas Constituições Estaduais, sendo que eles servirão de parâmetro.

Ainda, importante mencionar que o **objeto** da presente *ação é toda ação ou omissão* (pouco importando sua natureza) *que viola os princípios constitucionais sensíveis.*

Impende registrar que o *Supremo Tribunal Federal* tem entendimento firme no sentido de apenas julgar procedente essa ação em casos de manifesto propósito de violação dos princípios constitucionais sensíveis e da permanência dos graves fatos que ensejaram a propositura daquela.

Atualmente se admite a concessão de **medida liminar**, desde que presentes o *periculum in mora* e o *fumus boni iuris*, sendo necessária a decisão por maioria absoluta dos Ministros do STF.

Com relação à **decisão de mérito** há que se destacar que é imprescindível que estejam presentes, no mínimo, 08 (oito) ministros, para se instalar a sessão de votação. A decisão final deve se dar pelo voto favorável de, pelo menos, 06 (seis) dos Ministros.

Em sendo a *ação julgada procedente*, o Presidente do STF, após a publicação do acórdão, **comunicará e requisitará** ao Presidente da República para que *ele dê cumprimento à intervenção* (art. 36, §§ 1.º e 3.º, da CF), no prazo improrrogável de 15 (quinze) dias, *sob pena de crime de responsabilidade.*

A decisão que julgar (procedente ou improcedente) a ação representativa será **irrecorrível**, não se admitindo a impugnação por meio de ação rescisória. A despeito disso, é possível a oposição de *embargos de declaração*, quando houver obscuridade, contradição ou omissão do julgado.

Capítulo 12

Controle de Constitucionalidade nos Estados-Membros e Distrito Federal

Da mesma forma que ocorre no âmbito federal, é possível que haja o *controle difuso-incidental* e o *concentrado-principal*, nos Estados-Membros e Distrito Federal.

Verifica-se o *controle difuso-incidental* nas hipóteses em que qualquer juiz ou tribunal possa examinar, em um caso concreto, a inconstitucionalidade de um ato normativo. Por sua vez, o *concentrado-principal* é aquele em que somente os Tribunais Estaduais ou Distrital terão competência para o processo e julgamento da inconstitucionalidade de uma lei, questionada abstratamente.

Com base no estudado até o presente momento, forçoso observar que o **controle de constitucionalidade pela via incidental ou concreta** exercido pelos juízes ou tribunais estaduais poderá se dar tanto para a defesa da Constituição Federal, quanto da Constituição Estadual do respectivo Estado-Membro. A despeito disso, é importante ressaltar que *não existe a possibilidade* de controle de constitucionalidade de lei federal em face da Constituição do Estado!

Quando do exercício do controle pela via incidental, não podemos nos esquecer que se faz necessária a observância também da denominada **cláusula de reserva de plenário**, quando a questão tramitar junto aos tribunais.

Registre-se que a decisão judicial em sede de controle difuso-incidental, por se tratar de um caso concreto, produzirá **eficácia *inter partes***. Dessa decisão será possível a interposição de **recurso extraordinário** ao STF, nos termos do art. 102, III, da CF.

No exercício do *controle de constitucionalidade concentrado-principal* os **Tribunais de Justiça dos Estados-Membros e do Distrito Federal** possuem **competência** para o processo e julgamento da:

a) ação direta de inconstitucionalidade de lei ou ato normativo *estadual, distrital* ou *municipal* em face da Constituição Estadual ou Lei Orgânica do DF;

b) ação direta de inconstitucionalidade por omissão de medida para tornar efetiva a norma da Constituição Estadual ou Lei Orgânica do DF;

c) ação direta de inconstitucionalidade interventiva visando à intervenção dos Estados-Membros nos respectivos Municípios para assegurar a observância dos princípios constitucionais sensíveis;

d) ação declaratória de constitucionalidade de lei ou ato normativo estadual ou distrital questionado em face da Constituição do Estado-Membro ou da Lei Orgânica do DF; e,

e) arguição de descumprimento de preceito fundamental decorrente da Constituição Estadual ou Lei Orgânica do DF.

> Coexistindo duas ações diretas de inconstitucionalidade, uma ajuizada perante o tribunal de justiça local e outra perante o Supremo Tribunal Federal (STF), o julgamento da primeira - estadual - somente prejudica o da segunda - do STF - se preenchidas duas condições cumulativas: 1) se a decisão do tribunal de justiça for pela procedência da ação e 2) se a inconstitucionalidade for por incompatibilidade com preceito da Constituição do Estado sem correspondência na Constituição Federal. Caso o parâmetro do controle de constitucionalidade tenha correspondência na Constituição Federal, subsiste a jurisdição do STF para o controle abstrato de constitucionalidade.
>
> Com esse entendimento, em conclusão, o Plenário, por maioria, rejeitou a prejudicialidade da ação direta. Afastada essa preliminar, por votação unânime, julgou procedente o pedido formulado para declarar a inconstitucionalidade da expressão "e Graduação em Curso de Administração Pública mantido por Instituição Pública de Ensino Superior, credenciada no Estado do Amazonas" contida no caput do art. 3º, bem assim do § 1º do art. 3º e do § 4º do art. 5º da Lei amazonense 2.778/2002.
>
> Na espécie, houve o ajuizamento de representação de inconstitucionalidade perante o Tribunal de Justiça estadual contra os preceitos também impugnados nesta ação direta. A Corte local julgou procedente o pleito, tendo a manifestação transitado em julgado.
>
> Prevaleceu o voto do ministro Alexandre de Moraes (relator), que, ao negar o prejuízo da ação, compreendeu que a decisão do tribunal amazonense não compromete o exercício do controle de constitucionalidade pelo STF.
>
> Como regra, o trâmite de demanda estadual simultânea deve ser suspenso para aguardar-se o pronunciamento do STF, conforme jurisprudência desta Corte, o que não ocorreu. O relator compreendeu subsistir a jurisdição do Supremo para o controle abstrato, presente declaração de inconstitucionalidade, de eficácia limitada, com base em norma da Constituição do Estado que constitua reprodução, obrigatória ou não, de dispositivo da Constituição Federal.
>
> Caso contrário, seria possível que um tribunal de justiça, por não suspender o trâmite de representação de inconstitucionalidade, desse interpretação à norma de repetição obrigatória que valeria apenas para o respectivo estado-membro.

> Isso, porque o STF poderia conferir interpretação diversa à norma de repetição obrigatória para os demais entes da Federação.
>
> O ministro Roberto Barroso salientou que é prerrogativa do STF dar a última palavra sobre a compatibilidade de uma lei com a Constituição Federal.
>
> Vencidos os ministros Marco Aurélio e Dias Toffoli (presidente) quanto ao prejuízo. Ambos consideraram que, tendo o tribunal de justiça assentado a inconstitucionalidade e a decisão transitado em julgado, não subsiste o objeto da ação direta, por não figurar mais no cenário jurídico e o controle concentrado de constitucionalidade pressupor ato normativo autônomo abstrato em plena vigência.
>
> No mérito, o colegiado declarou a inconstitucionalidade dos dispositivos impugnados, por ofensa ao princípio constitucional da igualdade no acesso a cargos públicos e por ofensa à vedação federativa de criar-se distinções entre brasileiros. (ADI 3659/AM, rel. Min. Alexandre de Moraes, j. em 13.12.2018)

Importante consignar que não cabe ação direta de inconstitucionalidade no Tribunal de Justiça do respectivo Estado-Membro lei ou ato normativo municipal que viole a Lei Orgânica Municipal. Vejamos o seguinte excerto:

> Não se admite controle concentrado de constitucionalidade de leis ou atos normativos municipais em face da lei orgânica respectiva.
>
> Com efeito, não é possível extrair, da literalidade do art. 125, § 2°, da Constituição Federal, o cabimento de controle concentrado de constitucionalidade de leis ou atos normativos municipais contra a lei orgânica respectiva.
>
> Não compete ao Poder Legislativo, de qualquer das esferas federativas, suspender a eficácia de lei ou ato normativo declarado inconstitucional em controle concentrado de constitucionalidade.
>
> As decisões tomadas em controle concentrado já são dotadas de eficácia *erga omnes*. Desse modo, a atuação do Poder Legislativo só se justifica no âmbito do controle difuso — de modo a expandir a todos os efeitos de decisão dotada originalmente com eficácia "entre as partes".
>
> Com base nesses entendimentos, o Plenário julgou procedente o pedido formulado em ação direta para declarar a inconstitucionalidade da expressão "ou de lei ou ato normativo municipal em face da Lei Orgânica respectiva" do art. 61, I, **l**, assim como do § 3° do art. 63 da Constituição do Estado de Pernambuco (ADI 5548/PE, relator Min. Ricardo Lewadowski, julgamento virtual finalizado em 16.8.2021).

É constitucional o dispositivo de constituição estadual que confere ao Tribunal de Justiça local a **prerrogativa de processar e julgar ação direta de constitucionalidade contra leis e atos normativos municipais tendo como parâmetro a Constituição Federal**, desde que se trate de normas de reprodução obrigatória pelos estados. As normas constitucionais de reprodução obrigatória, por possuírem validade nacional, integram a ordem jurídica dos estados-membros ainda quando omissas em suas Constituições estaduais, inexistindo qualquer discricionariedade em sua incorporação pelo ordenamento local (ADI 5647/AP, relatora Min. Rosa Weber, julgamento virtual finalizado em 3.11.2021).

Em recente julgamento o STF entendeu que a procuradoria jurídica estadual ou municipal possui legitimidade para interpor recurso em face de acórdão de tribunal de justiça proferido em representação de inconstitucionalidade. Conforme a r. decisão, prevalece o entendimento de que a ausência de assinatura do Chefe do Poder Executivo na petição recursal não constitui óbice para a análise do recurso, sendo suficiente que a peça seja subscrita pelo procurador, que também detém legitimidade recursal em ações de controle de constitucionalidade. (ARE 873.804 AgR-segundo-ED-EDv-AgR/Rj, rel. Min. Cármen Lúcia, j. em 13/10/2022).

Quadro Sinótico

CONTROLE DE CONSTITUCIONALIDADE	
Considerações iniciais	O denominado controle de constitucionalidade das normas constitui uma das criações mais interessantes do direito constitucional e da ciência política, vez que a adoção das variadas formas nos mais diversos sistemas constitucionais, mostra sua flexibilidade e capacidade de se adequar aos mais diversos sistemas políticos, sendo curioso observar sua expansão na ordem jurídica atual. A Constituição Federal é o instrumento normativo através do qual se disciplina a criação das denominadas regras essenciais do Estado, organiza os entes estatais, bem como elenca o procedimento legislativo. Em virtude dessas características resta cristalina a posição hierárquica preeminente das normas constitucionais (**princípio da supremacia da Constituição Federal**). Destaque-se, contudo, que somente será possível se falar em controle de constitucionalidade naqueles países que adotem, quanto à estabilidade, uma *constituição do tipo rígida*. Isso porque, se as normas constitucionais forem flexíveis, não existirá procedimento diferenciado das demais espécies normativas, sendo que no caso seria realizado, apenas e tão somente, um *controle de legalidade das normas*, levando-se em conta, especialmente, o critério da temporalidade. Atualmente há uma tendência de ampliar o conteúdo do parâmetro de constitucionalidade, com aquilo que a doutrina vem chamando de ***bloco de constitucionalidade*** (ou ***paradigma de controle***). Através desse instituto a doutrina moderna afirma que o parâmetro de constitucionalidade *não se limita apenas às normas constantes da Constituição Federal e sim também pelas leis com valor constitucional material, pelos tratados e convenções internacionais sobre direitos humanos aprovados nos termos do § 3.º do art. 5.º da CF, bem como pelo conjunto de preceitos e princípios, explícitos ou implícitos, decorrentes da própria Carta Magna*. Em virtude da supremacia da Constituição é que surge o instituto do **controle de constitucionalidade** o qual, de forma didática, pode ser conceituado como sendo a *verificação de compatibilidade vertical entre as normas constitucionais e os demais atos normativos que se encontram hierarquicamente abaixo delas*. Somente é possível falar que uma norma é constitucional ou não se ela foi editada e promulgada *após a Constituição Federal (e normas constitucionais) em vigor à época*. do denominado *direito intertemporal*.

Evolução Histórica	O controle de constitucionalidade encontra seus primeiros contornos na **civilização ateniense** (**antiguidade clássica**), com a existência dos denominados *nómoi* (representavam as leis constitucionais na época, vez que dispunham sobre a organização do Estado, além de somente serem alteradas por intermédio de procedimentos especiais) e *pséfisma* (representavam as leis ordinárias, as quais deviam obediência aos *nómoi*). Em seguida, na **Idade Média** as leis naturais possuíam *status* de norma superior (derivação divina), sendo que todas as normas deviam ser frutos daquelas, sob pena de nulidade. Posteriormente, durante a **primeira metade do século XVII** predominou na Inglaterra a doutrina de Sir Edward Coke, segundo a qual *predominava a superioridade da Common Law*, em face do Rei e do Parlamento. Referida garantia, nas lições de Coke, era garantida pelos juízes. Ainda, importante mencionar o denominado **sistema americano da *judicial review of legislation*, ou difuso de controle de constitucionalidade**. A partir do constitucionalismo norte-americano é que surge a ideia da **supremacia da Constituição**. Foi com a famosa decisão no caso *Marbury v. Madison* (1803) que houve a consagração da supremacia da Constituição em face dos demais atos normativos, bem como a do poder e dever dos magistrados de negar aplicação às demais leis contrárias àquela (**sistema judicial** de controle de constitucionalidade). Na Europa, a partir das lições preceituadas por **Hans Kelsen**, houve a adoção da doutrina americana de controle de constitucionalidade, mas a partir de um **sistema concentrado**. A **Constituição Imperial de 1824** não possuía qualquer tipo de sistema parecido com os modelos atuais de controle de constitucionalidade, sendo que era outorgado ao Poder Legislativo a incumbência de velar pela guarda Constituição. A **Constituição de 1891** inaugurou uma nova concepção com o regime republicano, sendo que a influência do direito norte-americano pareceu ser decisiva para a consolidação do sistema difuso, consagrado já na chamada Constituição provisória de 1890. Reconheceu-se ao Supremo Tribunal Federal competência para rever, em última instância, decisões proferidas pelas Justiças dos Estados quando questionados tratados ou leis federais ou quando se contestasse a validade de leis ou de atos dos governos locais em face da Constituição ou de leis federais. A **Constituição de 1934** trouxe significativas alterações no sistema de controle de constitucionalidade. O constituinte determinou que a regra de declaração de inconstitucionalidade somente seria realizada pela *maioria da totalidade de membros dos tribunais*, evitando a insegurança jurídica advinda da constante mudança no entendimento dos tribunais. A alteração mais inovadora trazida nessa Constituição foi a previsão de declaração de inconstitucionalidade para evitar a intervenção federal. Por intermédio dessa modalidade seria possível ao Poder Judiciário resolver conflitos federativos, pois a eficácia da lei interventiva, que era de iniciativa do Senado Federal, ficava condicionada à declaração de inconstitucionalidade.

Evolução Histórica	A **Constituição de 1937**, por sua vez, trouxe lastimável retrocesso ao sistema de controle de constitucionalidade. Embora não tenha introduzido modificação no modelo difuso de controle e tenha preservado o quórum especial de exigência para a declaração de inconstitucionalidade, o constituinte *rompeu com a tradição e determinou regra segundo a qual caso uma lei seja declarada inconstitucional.* A **Constituição Federal de 1946** restaurou a tradição do controle judicial no Direito brasileiro, preservando a exigência de maioria absoluta dos membros do Tribunal para a eficácia da declaração de inconstitucionalidade, mantendo-se a atribuição do Senado Federal para suspender a eficácia das leis declaradas inconstitucionais pelo Supremo Tribunal Federal. Além disso, a par da competência de julgar recursos ordinários, disciplinou-se a apreciação de recursos extraordinários. Ademais, foi atribuída ao Procurador-Geral da República a titularidade da representação de inconstitucionalidade, para os efeitos de intervenção federal. Viu-se consagrado o modelo abstrato de controle de constitucionalidade sob a forma de representação que haveria de ser proposta pelo Procurador-Geral da República. De uma maneira mais tímida a **Constituição Federal de 1967** não inovou muito no sistema de controle de constitucionalidade. Manteve íntegro o controle difuso e a ação direta de inconstitucionalidade subsistiu, tal como prevista na Constituição de 1946. Destaque-se que a **Emenda n. 1/69** previu expressamente o controle de constitucionalidade de lei municipal, em face da Constituição estadual, com referência a intervenção no Município. A Emenda n. 7/77 introduziu, ao lado da representação de inconstitucionalidade, a representação para fins de interpretação de lei ou ato normativo federal ou estadual, outorgando ao Procurador-Geral da República legitimidade para provocar o pronunciamento do Supremo Tribunal Federal. Consagrou, também, o entendimento de que o Supremo Tribunal Federal tem competência para deferir pedido de cautelar, formulado pelo Procurador-Geral da República, pondo termo à controvérsia. Finalmente, com o advento a **Constituição de 1988**, houve *significativa ampliação dos meios de proteção judicial e, consequentemente, do controle de constitucionalidade das leis.* A grande mudança acontece no controle abstrato de normas com a criação da *ação direta de inconstitucionalidade* de lei ou ato normativo estadual ou federal. A legitimidade ativa para a propositura da ação direta de inconstitucionalidade e da ação declaratória de constitucionalidade vem expressa no art. 103 da atual Constituição Federal, passando a ser mais ampla. A Constituição Federal reduziu o significado do controle de constitucionalidade difuso ao ampliar a legitimação para a propositura da ação direta de inconstitucionalidade, permitindo que as controvérsias constitucionais relevantes sejam submetidas diretamente ao Supremo Tribunal Federal. A Emenda Constitucional n.º 3 firmou a competência do STF para conhecer e julgar a *ação declaratória de constitucionalidade* de lei ou ato normativo federal, processo que tem eficácia contra todos e efeito vinculante relativamente aos demais órgãos do Executivo e do Judiciário. A *arguição de descumprimento de preceito fundamental* (ADPF), no entanto, veio prevista de forma singela e tímida na Constituição em seu art. 102, § 1.

Controle de Convencionalidade	Importante consignar que em virtude da globalização e das regras de Direito Internacional, surgiu o instituto denominado ***controle de convencionalidade***, que *é a verificação de compatibilidade entre a legislação nacional e as normas de proteção internacional (tratados e convenções internacionais) ratificadas pelo Governo brasileiro e em vigor no país.*
Sistemas de Controle	O **controle político** (ou **não** judicial) é aquele realizado pelos entes políticos (Poder Legislativo e Poder Executivo) e não pelo Poder Judiciário. Por sua vez, o **controle judicial ou jurisdicional**, de origem norte americana, é aquele realizado por órgão do Poder Judiciário, através do manuseio de alguma ação judicial para tanto. Há também o denominado **controle misto (eclético** ou **híbrido)** que é aquele realizado tanto pelo Poder Judiciário quanto pelos demais Poderes. Nas constituições contemporâneas, bem como no caso da Constituição Federal brasileira, adota-se o denominado **controle judicial**.
Modelos de Controle	O **sistema difuso** (ou **aberto**) de constitucionalidade é aquele que *qualquer magistrado* pode exercer o controle de constitucionalidade. Referido controle surgiu nos Estados Unidos da América a partir do julgamento do famoso casso *Marbury v. Madison* (1803). De outro vértice, no **sistema concentrado** (ou **reservado**) existe uma restrição para o exercício do controle de constitucionalidade, sendo ele realizado por *um único órgão* com competência precípua em tutelar pela Constituição (Federal ou Estadual). Esse sistema surgiu na Áustria (1920), tendo como precursor o jurista Hans Kelsen. Temos, ainda, o denominado **sistema eclético** (**misto** ou **híbrido**) que prevê que o controle de constitucionalidade poderá ser realizado tanto de forma difusa quanto concentrada. É de se destacar que o **Brasil** adota o **sistema eclético de controle de constitucionalidade**, haja vista que nossa Constituição Federal admite tanto o exercício do controle difuso, quando do concentrado.
Formas de Impugnação	Pelo sistema **principal** (**abstrato** ou **pela via de ação**) a análise de constitucionalidade do ato normativo será o *objeto principal da causa*, ou seja, a ação especial é manuseada com o intuito precípuo de se questionar a constitucionalidade ou inconstitucionalidade da norma. Ataca-se a lei em tese, sendo que o pedido é a própria questão constitucional. Pelo sistema da **via incidental** (**via de exceção** ou **de defesa**) o controle é exercido como questão prejudicial (*incidenter tantum*) da ação principal, razão pela qual a questão constitucional consiste na causa de pedir da ação. Nesse caso, estaremos diante de um caso concreto, em que no bojo da ação principal a parte, para fundamentar seu pedido principal, suscita a inconstitucionalidade da norma que embasou o ponto central do questionamento. Nosso ordenamento jurídico acolheu as duas formas de impugnação.

Momento do Exercício	O **controle preventivo** (ou **prévio**) de constitucionalidade é aquele realizado durante o processo legislativo de formação do ato normativo, podendo ser exercido pelos Poderes Legislativo (p.ex.: pela Comissão de Constituição e Justiça), Executivo (através do veto) e Judiciário (p.ex.: julgando mandado de segurança impetrado por parlamentar). Esse controle é realizado *antes da norma jurídica ser inserida* em nosso ordenamento jurídico. De outro vértice, o **controle repressivo** (**sucessivo** ou **posterior**) é aquele exercido após a norma ter sido inserida no ordenamento jurídico. Via de regra, referido controle é exercido pelo Poder Judiciário. Entretanto, de forma excepcional, é possível que o controle em questão seja exercido também pelo Poder Legislativo (arts. 49, V; 62; 68 e 84, IV, todos da Constituição Federal).
Espécies de Controle	A **inconstitucionalidade por ação** é aquela decorrente de uma *conduta comissiva* por parte do Poder Público, quando de sua atuação durante o processo legislativo. Ela pode ser verificada em três situações: (i) **inconstitucionalidade por ação por vício formal** (decorre da violação do *devido processo de formação do ato normativo*), (ii) **por vício material** (decorre de vício de abordada no ato normativo), ou (iii) **por vício de decoro parlamentar** (é aquela que decorre do § 1.º do art. 55 da CF, dispositivo esse que elenca hipóteses em que há *incompatibilidade com o decoro parlamentar*). A **inconstitucionalidade por omissão** é aquela decorrente de *inércia legislativa*. Temos também a **inconstitucionalidade total** (recai sobre todo o ato normativo) e a **parcial** (recai sobre apenas parte do ato normativo). Existe a espécie denominada de **inconstitucionalidade direta**, que é aquela que ocorre ante a *desconformidade verificada entre atos normativos primários e a norma constitucional*. Por outro lado, há a **inconstitucionalidade indireta** (ou **reflexa**), que se dá nas situações em que a desconformidade decorre de *violação direta com um ato normativo secundário com o primário, mas de maneira indireta com a Constituição*. Não podemos confundir essa última espécie com a **inconstitucionalidade consequente** (ou **derivada**), pois esta se verifica quando a declaração da inconstitucionalidade da norma regulamentada *leva ao lógico e inevitável reconhecimento da invalidade da norma que a regulamenta*. Fala-se, ainda, em **inconstitucionalidade originária** (o ato é eivado de inconstitucionalidade no *momento de sua produção*) e **superveniente** (*a invalidade da norma resulta de sua incompatibilidade com o texto futuro*). Por fim, temos a **inconstitucionalidade chapada** (**enlouquecida** ou **desvairada**), a qual se caracteriza em *situações de inconstitucionalidade que salta aos olhos, não havendo qualquer dúvida sobre o vício que a macula*.

Declaração parcial de nulidade sem redução de texto e Interpretação conforme a Constituição	A técnica da **declaração parcial de nulidade sem redução de texto** é utilizada pela Colenda Corte quando há a constatação da existência de uma regra legal inconstitucional que, em decorrência da redação adotada pelo legislador infraconstitucional, não há como ser excluída do texto normativo sem que sua supressão gere um efeito indesejado. A fim de se evitar que a lei seja extirpada de nosso ordenamento jurídico, o STF se vale dessa técnica para, sem suprimir nenhuma palavra do texto da lei, *afastar sua aplicação em relação a determinadas pessoas, grupos ou a certos períodos*. Por sua vez, a técnica da **interpretação conforme a Constituição** será adotada no caso de *normas polissêmicas*, ou seja, aquelas que possuem vários sentidos. Nessas situações, o Supremo Tribunal Federal, valendo-se dessa técnica, entenderá que a norma é constitucional *desde que interpretada desta ou daquela maneira*. Qualquer outra interpretação dada em descompasso com o entendimento do STF, será inconstitucional.
Controle Difuso de Constitucionalidade	Em sede de controle difuso, diante de uma lide (processo subjetivo) submetida à apreciação do Poder Judiciário, uma das partes suscita dúvida sobre a constitucionalidade (fundamento jurídico) de um ato normativo que tenha relação com a lide. Ou seja, ***a inconstitucionalidade não será o objetivo principal do autor da ação, mas será imprescindível sua apreciação para o enfrentamento do pedido principal***. Em virtude disso é que se diz que o controle nesse caso é denominado de **incidental** (*incidenter tantum*). Destaque-se que a questão relacionada à constitucionalidade poderá ser arguida em toda e qualquer espécie de ação, *mas sempre de forma incidental*. O fato de o controle de constitucionalidade dar-se no curso de uma ação (processo subjetivo) submetida ao crivo do Judiciário, é que se afirma que quem detém a **legitimidade** nesse caso são *todos os intervenientes no procedimento judicial*. A **competência** em sede de controle difuso é de *qualquer órgão do Poder Judiciário*. Em razão disso, o juiz de primeiro grau poderá declarar a inconstitucionalidade, de maneira incidental, para decidir o mérito. Uma vez chegando a demanda nos tribunais faz-se necessária a obediência à regra constitucional da **reserva do plenário** ou ***full bench*** (art. 97, CF). Há que se destacar que a observância da cláusula de reserva de plenário (*condição de eficácia jurídica*) aplica-se apenas às hipóteses em que o Poder Judiciário decidir pela inconstitucionalidade da norma. As **Turmas Recursais não precisam observar a cláusula de reserva de plenário** (ARE 792.562 – AgR. 2ª Turma do STF. j. 18/3/2014). O **parâmetro** de controle *não se restringe à Constituição Federal em vigor, nem aos tratados e convenções internacionais sobre direitos humanos que forem aprovados conforme preceituado pelo § 3.º do art. 5.º da CF*, podendo ser realizado, inclusive, *em face de Constituição já revogada*.

Controle Difuso de Constitucionalidade	Em sede de controle difuso, em que a inconstitucionalidade é suscitada de maneira incidental, inexiste um **procedimento** específico a ser observado, sendo que ele variará conforme a ação que tiver sido proposta. É perfeitamente possível que a matéria chegue ao STF via **recurso extraordinário**, que é o meio idôneo para a parte interessada, em sede de controle difuso, levar ao conhecimento da Colenda corte controvérsia judicial concreta, *questionada nos juízos inferiores*. Conforme *entendimento clássico* do STF reconhecendo a inconstitucionalidade de uma lei ou ato normativo, em sede de controle difuso, a decisão de mérito produzirá, como regra, os seguintes efeitos: a) *ex tunc*; b) *inter partes*; e, c) não vinculante. Ocorre que, no final do ano de 2017, ao julgar as ADIs 3406/RJ e 3470/RJ, o STF abandonou sua concepção tradicional, ocorrendo verdadeira **mutação constitucional**. Pelo novo posicionamento do STF a eficácia da decisão de mérito declarante a inconstitucionalidade incidental em sede de controle difuso será (a) *erga omnes* e (b) com efeito vinculante. Antes da decisão proferida no bojo da ADI 3406/RJ o Senado Federal, diante da declaração de inconstitucionalidade em sede de controle difuso por parte do STF, possuía uma atuação muito mais ampla. Não obstante isso, caso se confirme o posicionamento adotado no final de 2017 (ADI's 3.406 e 3.470/RJ), a função do Senado Federal restará esvaziada. Isso porque, ao conferir efeitos *erga omnes* e vinculante à decisão proferida em sede de controle difuso de constitucionalidade, nos mesmos moldes da decisão em sede de controle abstrato, caberá ao Senado Federal apenas e tão somente dar publicidade à decisão do STF, não tendo mais aplicabilidade o inciso X do art. 52 da CF. As ações diretas poderão ser manuseadas pela via abstrata, com o intuito de defender a supremacia da Constituição Federal. Destaque-se que elas serão propostas exclusivamente junto ao Supremo Tribunal Federal. **Ação Direta de Inconstitucionalidade Genérica** (ADI ou ADI Genérica) - Possui por **finalidade** impedir que uma norma que viole a Constituição permaneça no ordenamento jurídico. No âmbito federal o único órgão que detém **competência** para o processo e julgamento dessa ação é o **Supremo Tribunal Federal**. Os **legitimados ativos** encontram-se previstos no *caput* do art. 103 da Constituição Federal. A doutrina comumente divide os legitimados ativos em **legitimados universais** (aqueles que não precisam comprovar pertinência temática para questionar a matéria, haja vista a atuação ampla daqueles no que tange à defesa da Constituição) e **legitimados especiais** (aqueles que precisam demonstrar a pertinência temática entre sua atuação com o caso a ser questionado). Não há que se falar aqui em **legitimado passivo**, vez que a ação ataca a lei de forma abstrata. O **objeto possível** da ADI é a ***lei ou ato normativo federal ou estadual***, *não se incluindo as leis municipais* (estamos tratando apenas em nível constitucional), ***editados posteriormente à promulgação da CF***. Em hipótese alguma será admissível o início do controle

Controle Difuso de Constitucionalidade	abstrato em face de Constituições Federais anteriores. Ademais, poderão ser impugnados leis ou atos normativos expedidos pelo Distrito Federal no desempenho de sua competência estadual. O **procedimento** da ADI vem previsto na Lei n.º 9.868/99. Tendo em vista que o controle abstrato de constitucionalidade, em nosso ordenamento jurídico, está submetido ao **princípio do pedido**, razão pela qual o Supremo Tribunal Federal estará vinculado ao pedido ao apreciar uma ADI, ficando sua apreciação adstrita aos dispositivos normativos expressamente mencionados. Por outro lado, isso não significa dizer que ele está vinculado à causa de pedir (fundamentos jurídicos), podendo declarar a inconstitucionalidade dos dispositivos questionados por qualquer fundamento. Em razão disso, é que se fala que em sede de controle abstrato de constitucionalidade a **causa de pedir** é **aberta**. Trata-se de uma **ação imprescritível**. Uma vez proposta a ADI, não se admite sua desistência (nem da liminar), haja vista o **princípio da indisponibilidade da ação**. Por expressa disposição legal **veda-se a intervenção de terceiros** na ADI. Não obstante isso, a própria lei admite a figura do ***amicus curiae*** (amigo da corte). Destaque-se que é possível a concessão de **medida cautelar**, para assegurar a utilidade de futura decisão de mérito, desde que estejam presentes o *fumus boni iuris* e o *periculum in mora*. Além do preenchimento desses requisitos, é imprescindível que ela seja concedida por decisão da **maioria absoluta** dos Ministros do STF, devendo estar presentes na sessão, ao menos, 08 (oito) Ministros, salvo no caso de recesso em que se admite a concessão monocrática por parte do Presidente do STF, *ad referendum* do Pleno. Ademais, *mesmo fora do período de recesso, mas em caso de urgência*, a **jurisprudência do STF** tem admitido a concessão monocrática, por parte do Ministro relator, de medida cautelar, *ad referendum* do Pleno. Uma vez concedida, a medida cautelar produzirá os seguintes **efeitos**: (a) ***ex nunc***, como regra (salvo se o STF determinar que sejam *ex tunc*); (b) **eficácia *erga omnes***; e, (c) **efeito vinculante** (em relação aos demais órgãos do Poder Judiciário, bem como à Administração Pública Direta e Indireta, em todas as esferas). Em virtude desse último efeito, forçoso concluir que o julgamento de todos os processos em trâmite que envolvam a aplicação da lei ou ato normativo objeto da ação restará suspenso, enquanto a medida cautelar perdurar. A legislação, para o julgamento da **decisão de mérito**, exige a presença de, pelo menos, 08 (oito) ministros para deliberação, sendo que a decisão final deve se dar pelo voto favorável de pelo menos 06 (seis) ministros, observando-se a própria **cláusula de reserva de plenário**. A decisão de mérito produzirá **eficácia *erga omnes*** (levando em consideração que o processo de controle concentrado de constitucionalidade não possui partes, a decisão é válida e produz seus efeitos para toda a coletividade); **efeito vinculante** (os efeitos das decisões vinculam a atuação do Poder Judiciário, *salvo com relação o próprio STF*, e da Administração Pública em geral, *excluindo-se o Poder Legislativo*, sob pena de ocorrer a denominada **fossilização das normas**); e, **efeito *ex tunc*.** Destaque-se a **natureza ambivalente** ou **dúplice** da ADI, vez que ela produz eficácia jurídica em um ou outro sentido, seja declarando a norma inconstitucional, seja declarando-a constitucional. Isso significa dizer que se ela for julgada procedente a norma será declaração inconstitucional, ao passo que se a ação for julgada improcedente, a norma será declarada constitucional.

Controle Difuso de Constitucionalidade	**Ação Direta de Inconstitucionalidade por Omissão** (ADO ou ADI por Omissão) - Tem por **finalidade** *identificar e tentar sanar a omissão* (total ou parcial) do legislador no sentido de sua obrigação constitucional de legislar, visando combater a inércia (omissão) do Poder Público, a fim de tornar efetiva disposição constitucional que necessite de complementação infraconstitucional. A **competência** para processo e julgamento da ADO, no âmbito federal, é do Supremo Tribunal Federal. Os **legitimados ativos** são os mesmos da ADI, razão pela qual o leitor deverá rever as observações ali apostas. Os **legitimados passivos**, por sua vez, são os *órgãos ou autoridades omissas*, que não cumpriram com seu dever constitucionalmente imposto. O **objeto** dessa ação em abstrato é suprir a *omissão constitucional*, tornando efetiva a norma constitucional de eficácia limitada. Tendo em vista que a ADO vem regulamentada também pela Lei n.º 9.868/99, o procedimento dela é muito parecido com o da ADI. A despeito da **jurisprudência do STF** entender que não há necessidade de se proceder à citação do **Advogado-Geral da União**, haja vista inexistir norma legal impugnada para ser defendida, com a alteração da Lei n.º 9.868/99 promovida pela Lei n.º 12.063/99, há a previsão de que *o **relator** poderá solicitar manifestação do AGU, a qual deverá ser encaminhada no prazo de 15 (quinze) dias*. É admissível a concessão de **medida cautelar**, desde que constatada a *urgência e relevância da matéria*. O conteúdo da cautelar variará conforme a determinação fixada pelo Supremo Tribunal Federal. Para a **decisão de mérito** será necessária a presença de, pelo menos, 08 (oito) ministros (quórum de instalação), devendo haver o voto favorável de pelo menos 06 (seis) ministros (quórum de votação) para a prolação da decisão. No que tange aos *efeitos da decisão* haverá diferenciação dependendo do responsável pela omissão. Em se tratando de **órgão administrativo** será dada ciência da decisão e estipulado o prazo de 30 dias para solução da omissão. Entretanto, é cabível prazo maior e mais razoável de acordo com a compreensão do próprio STF quando ao cabimento. Por outro lado, quando se tratar de **órgão legislativo** será dada ciência ao órgão competente para adoção das medidas normativas necessárias para que a omissão seja suprida. Em que pese não haver, neste caso, o prazo previamente definido, o atual entendimento da corte suprema é de que é cabível, sim, neste caso, a definição de prazo para a solução da omissão. Não podemos nos esquecer que a decisão de mérito proferida tem *natureza mandamental*, tendo maior intensidade.

Controle Difuso de Constitucionalidade	**Ação Declaratória de Constitucionalidade** (ADC ou ADCon) - Tem por **finalidade** *confirmar a constitucionalidade* de uma determinada norma sobre a qual existam dúvidas acerca de sua validade diante da supremacia constitucional. Nesse ponto, não podemos nos esquecer do **princípio da presunção relativa de constitucionalidade das normas**. A **competência** para o processo e julgamento é exclusiva do **Supremo Tribunal Federal**. Os **legitimados ativos**, desde a promulgação da EC n.º 45/04, são os mesmos da ADI genérica. Não há **legitimados ativos**, pois a lei é atacada em tese. Seu **objeto** são as *leis ou atos normativos federais* (cf. art. 102, I, "a", *in fine*, da CF), não se admitindo a propositura da ação declaratória de constitucionalidade em face de leis ou atos normativos estaduais, distritais ou municipais. O **procedimento** da ADC é muito semelhante ao da ADI genérica, razão pela qual farei as ponderações necessárias daqueles pontos que forem diferentes. É **imprescindível que para sua propositura** exista ***controvérsia judicial relevante***, percebida em sede do controle incidental. Para sua propositura não basta a existência de divergência doutrinária sobre o tema. *Não há que se falar em* **informações**. Do mesmo modo, o STF entende que não há obrigatoriedade de citação do **Advogado-Geral da União**. É possível a concessão de **medida cautelar**, devendo ser observados tanto o quórum de instalação, quanto de votação, vistos na ADI. Em sendo deferida produzirá os seguintes efeitos: (a) *erga omnes*; e, (b) vinculante a todos os demais órgãos do Poder Judiciária e a Administração Pública em geral, salvo no tocante ao Poder Legislativo. Sublinhe-se, contudo, que a consequência da concessão da cautelar em sede de ADC será a *determinação para que os magistrados suspendam o julgamento de todos os processos que envolverem a aplicação da lei ou ato normativo impugnando na ADC, até julgamento definitivo dessa pelo STF.* **Arguição de Descumprimento de Preceito Fundamental** (ADPF) - Tem a **finalidade** de *impedir que normas ou condutas contrárias a preceitos fundamentais previstos na Constituição permaneçam comprometendo a regularidade do sistema constitucional*. A **competência** para processo e julgamento é exclusiva e originária do **Supremo Tribunal Federal**. O art. 2.º, II, da Lei n.º 9.882/99 previu que os **legitimados ativos** são aqueles elencados no art. 103, I a IX, da CF, ou seja, os mesmos legitimados da ADI e ADC. Não há **partes passivas**, pois, essa ação é proposta em face de uma lei, ato ou omissão do poder público supostamente violador de um preceito constitucional fundamental. A ação de arguição de descumprimento de preceito fundamental pode ser classificada como: *principal, direta ou autônoma* (proposta com a finalidade de evitar ou reparar lesão a preceito fundamental que tenha resultado de ato violador por parte do poder público); ou *incidental ou por derivação* (pode ser proposta no decorrer de um processo judicial

Controle Difuso de Constitucionalidade	na existência de um estado de incerteza sobre a constitucionalidade da matéria). Seu **objeto** compreende os *atos do poder público que violem preceito fundamental constitucionalmente previsto*, bem como as *leis e atos normativos federais, estaduais, municipais e pré-constitucionais*. Impende registrar que na linha da **jurisprudência do Supremo Tribunal Federal** a expressão *ato do Poder Público* não engloba os denominados *atos políticos*. Por expressa previsão legal *não será admitida arguição de descumprimento de preceito fundamental quando houver qualquer outro meio eficaz de sanar a lesividade*, razão pela qual verifica-se que o legislador atribuiu à ADPF um caráter *residual* (***princípio da subsidiariedade***). Segundo a lei disciplinadora da ADPF, a petição inicial será apresentada em duas vidas, devendo conter a indicação do preceito fundamental que se considera violado, a prova da violação do preceito fundamental, indicação e cópia do ato questionado, o pedido com suas especificações. Caso a ação se fundamente no art. 1.º, parágrafo único, I, deverá também haver a comprovação da existência de controvérsia judicial relevante sobre a aplicação do preceito fundamental que se considera violado. Se o **relator** entender que não é o caso de ADPF ela será *indeferida liminarmente*, cabendo *agravo* no prazo de 05 (cinco) dias. De outro vértice, se o relator receber a petição inicial, ele decidirá a respeito do pedido cautelar (se existir), solicitando **informações**, no prazo de 10 (dez) dias, às autoridades ou órgãos responsáveis pela prática do ato questionado. Após o transcurso do referido prazo, o **Procurador-Geral da República**, naquelas ações em que não for autor, deverá se manifestar no prazo de 05 (cinco) dias. Conquanto não haja previsão legal nesse sentido, o Supremo Tribunal Federal entende ser obrigatória a participação e manifestação do **Advogado-Geral da União.** Em seguida, procederá à confecção do **relatório**, com cópia aos demais Ministros, solicitando dia par ao julgamento. É possível a concessão de **medida cautelar**. A **decisão de mérito** deve se dar pelo voto favorável de pelo menos 2/3 (dois terços) dos Ministros (quórum de votação). Referida decisão produzirá seus efeitos para toda a coletividade (***erga omnes***), bem como **efeito vinculante.** **Ação Direta de Inconstitucionalidade Interventiva ou Representação interventiva** – Essa espécie encontra seu fundamento no art. 36, III, da Constituição Federal, tendo cabimento quando houver a violação dos denominados **princípios constitucionais sensíveis** (art. 34, VII, CF). Ademais, seu procedimento vem estabelecido na Lei n.º 12.562/11. Tem por **finalidade** a resolução de um conflito de natureza federativa (União x Estado-Membro ou Distrito Federal). Aqui, não se objetiva declarar a inconstitucionalidade de um ato normativo estadual ou distrital, *mas apenas declarar a intervenção federal em um desses*

Controle Difuso de Constitucionalidade	*entes federativos*. O **legitimado ativo** para a propositura dessa ação é o Procurador-Geral da República (no âmbito federal), o qual precisará *representar* junto ao Supremo Tribunal Federal. Por ser o único legitimado ativo, ele atua como sendo um *substituto processual*. A representação interventiva junto ao Tribunal de Justiça, será proposta pelo o Procurador-Geral de Justiça. O **órgão competente** para o julgamento da ação será o Supremo Tribunal Federal, na hipótese de intervenção federal, ao passo que no caso de intervenção estadual, o respectivo Tribunal de Justiça. O **parâmetro** para a propositura da ação interventiva federal são os *princípios constitucionais sensíveis*, previstos no art. 34, VII, da CF. Por outro lado, para a ação interventiva estadual os princípios constitucionais sensíveis estão previstos nas respectivas Constituições Estaduais, sendo que eles servirão de parâmetro. O **objeto** da presente *ação é toda ação ou omissão* (pouco importando sua natureza) *que viola os princípios constitucionais sensíveis*. Admite-se a concessão de **medida liminar**. Com relação à **decisão de mérito** há que se destacar que é imprescindível que estejam presentes, no mínimo, 08 (oito) ministros, para se instalar a sessão de votação. A decisão final deve se dar pelo voto favorável de, pelo menos, 06 (seis) dos Ministros. Em sendo a *ação julgada procedente*, o Presidente do STF, após a publicação do acórdão, **comunicará e requisitará** ao Presidente da República para que *ele dê cumprimento à intervenção* (art. 36, §§ 1.º e 3.º, da CF), no prazo improrrogável de 15 (quinze) dias, *sob pena de crime de responsabilidade*.
Controle de Constitucionalidade nos Estados-Membros e no Distrito Federal	Verifica-se o *controle difuso-incidental* nas hipóteses em que qualquer juiz ou tribunal possa examinar, em um caso concreto, a inconstitucionalidade de um ato normativo. Por sua vez, o *concentrado-principal* é aquele em que somente os Tribunais Estaduais ou Distrital terão competência para o processo e julgamento da incompetência de uma lei, questionada abstratamente. Com base no estudado até o presente momento, forçoso observar que o **controle de constitucionalidade pela via incidental ou concreta** exercido pelos juízes ou tribunais estaduais poderá se dar tanto para a defesa da Constituição Federal, quanto da Constituição Estadual do respectivo Estado-Membro. A decisão judicial em sede de controle difuso-incidental, por se tratar de um caso concreto, produzirá **eficácia *inter partes***. Dessa decisão será possível a interposição de **recurso extraordinário** ao STF, nos termos do art. 102, III, da CF. No exercício do *controle de constitucionalidade concentrado-principal* os **Tribunais de Justiça dos Estados-Membros e do Distrito Federal** possuem **competência** para o processo e julgamento das ações correlatas.

EXERCÍCIOS

Questões

1 - (PC/ES – Delegado de Polícia – Instituto Acesso - 2019) - O Controle de Constitucionalidade existe como forma de garantir a supremacia da Constituição Federal, impedindo que norma infraconstitucional entre em contrariedade ou que reduza o que está estabelecido na lei maior.

Seguem-se cinco afirmações:

I – Deixará de ter aplicabilidade o ato normativo de órgão estatal no momento em que for declarada sua inconstitucionalidade;

II – A chamada Inconstitucionalidade por ação vincula-se à ideia de um comportamento ativo por parte do Poder Público que diverge dos princípios constitucionalmente consagrados.

III – A ação de inconstitucionalidade por omissão pode ser proposta no caso de não se proceder às providências normativas para efetivar normas constitucionais que requeiram regulamentação ulterior.

IV – A inconstitucionalidade material ocorre quando é desrespeitado todo o processo para as formações das leis pré-fixado na Constituição.

V – A inconstitucionalidade material se vislumbra quando a lei, embora criada por autoridade competente e conforme o procedimento estabelecido, apresenta dispositivos que confrontam a Constituição.

Estão corretas as afirmativas

a) I, II, III e IV.

b) II, III, IV e V.

c) I, III, IV e V.

d) I, II, III e V.

e) I, II e VI.

2 – (PC/ES – Delegado de Polícia – Instituto Acesso – 2019) - A Constituição Federal de 1988 estabelece as autoridades que são competentes para propor a ação direta de inconstitucionalidade (ADI) e a ação declaratória de constitucionalidade (ADC). Marque a alternativa que enumera apenas as autoridades que NÃO podem propor ADI e ADC.

a) Partidos políticos com representação no Congresso Nacional.

b) Mesa de Assembleia Legislativa ou da Câmara Legislativa do Distrito Federal.
c) Presidente da República e Governador de Estado ou do Distrito Federal.
d) Deputado Federal; Senador e Ministro de Estado.
e) Procurador Geral da República; Conselho Federal da Ordem dos Advogados e entidade de classe de âmbito nacional.

3 – (PC/ES – Delegado de Polícia – Instituto Acesso – 2019) - Em ação interposta junto ao STF, a Ação Direta de Inconstitucionalidade (ADI) 5766, a Procuradoria Geral da República (PGR) questiona pontos da Reforma Trabalhista (Lei 13.467/2017) que estabelecem a necessidade de pagamento de honorários periciais e advocatícios pela parte derrotada (honorários de sucumbência), mesmo que esta seja beneficiária da Justiça gratuita. Também é alvo da ação dispositivo no qual se estabelece pagamento de custas pelo beneficiário da Justiça gratuita que faltar injustificadamente à audiência de julgamento. O pleito da PGR objetiva que o STF realize, sobre as normas questionadas, um controle:

a) Concreto e difuso.
b) Abstrato e difuso.
c) Abstrato e concentrado de constitucionalidade.
d) Prévio.
e) Difuso e concentrado.

4 – (PF – Delegado de Polícia – CESPE – 2018) - A respeito dos direitos fundamentais e do controle de constitucionalidade, julgue o item que se segue.

Dada a concretude regulamentar de decreto do Poder Executivo que verse sobre a liberdade de reunião em manifestação pública, sua suspensão não pode ser pleiteada mediante ação direta de inconstitucionalidade.

( ) Certo
( ) Errado

5 – (PC/ES – Escrivão de Polícia Civil – Instituto AOCP – 2019) - Inconstitucionalidade é a desconformidade entre uma norma da Constituição e outra infraconstitucional. A respeito do Controle de Constitucionalidade, é correto afirmar que:

a) A cláusula de reserva de plenário, prevista no artigo 97 da Constituição Federal, caracteriza-se como condição de eficácia jurídica da declaração de inconstitucionalidade dos atos do Poder Público.
b) Por meio da Ação Direta de Constitucionalidade (ADC), busca-se declarar a inconstitucionalidade de lei ou ato normativo federal.

c) A Ação Direta de Inconstitucionalidade por Omissão (ADO) caracteriza-se como meio de controle difuso de constitucionalidade.

d) A Arguição de Descumprimento de Preceito Fundamental não pode se dar na modalidade incidental, somente autônoma.

e) São algumas das peculiaridades da Ação Direta Genérica de Inconstitucionalidade (ADI genérica): admite desistência, é passível de ação rescisória e pode ter seu objeto ampliado pelo Supremo Tribunal Federal.

6 – (PC/SP – Delegado de Polícia – VUNESP – 2018) - Assinale a alternativa correta a respeito do Controle de Constitucionalidade no Brasil.

a) A decisão sobre a constitucionalidade ou a inconstitucionalidade da lei ou do ato normativo somente será tomada se presentes na sessão pelo menos seis Ministros.

b) Após a propositura da ação direta de inconstitucionalidade, somente se admitirá a sua desistência mediante concordância da autoridade responsável pela edição da lei ou ato normativo impugnado.

c) Em se tratando de Ação Direta de Constitucionalidade, o Supremo Tribunal Federal, por decisão da maioria simples de seus membros, poderá deferir pedido de medida cautelar consistente na determinação de que os juízes e os Tribunais suspendam o julgamento dos processos que envolvam a aplicação da lei ou do ato normativo objeto da ação até seu julgamento definitivo.

d) A medida cautelar deferida na Ação Direta de Inconstitucionalidade, que será em regra dotada de eficácia contra todos de efeito *ex nunc*, torna aplicável a legislação anterior acaso existente, salvo manifestação expressa em sentido contrário.

e) Os partidos políticos, independentemente de representação no Congresso Nacional, possuem legitimação para propor Ação Direta de Inconstitucionalidade, uma vez que possuem representatividade nacional.

7 – (PC/MG – Delegado de Polícia Substituto – FUMARC – 2018) - Segundo precedentes do Supremo Tribunal Federal, a comprovação da relação de pertinência temática em ação direta de inconstitucionalidade e ação declaratória de constitucionalidade **NÃO** é exigida para:

a) O Conselho Federal das Ordem dos Advogados do Brasil.

b) Mesa de Assembleia Legislativa ou da Câmara Legislativa do Distrito Federal.

c) Entidades de classe de âmbito nacional.

d) Confederações sindicais.

8 – (PC/MA – Delegado de Polícia – CESPE/CEBRASPE – 2018) - Acerca da doutrina e da jurisprudência do STF a respeito das técnicas de interpretação constitucional, julgue os itens a seguir.

I A técnica da interpretação conforme pode ser utilizada tanto no controle de constitucionalidade difuso quanto no abstrato.

II Como técnica de exegese, a interpretação conforme impõe a decretação da inconstitucionalidade da norma, atendendo à vontade do legislador.

III A interpretação constitucional segue os mesmos cânones hermenêuticos da interpretação das demais normas jurídicas.

IV A declaração de nulidade sem redução de texto gera o vício de inconstitucionalidade da norma e o seu afastamento do mundo jurídico.

Estão certos apenas os itens

a) I e II.

b) I e III.

c) III e IV.

d) I, II e IV.

e) II, III e IV.

9 – (PC/TO – Agente de Polícia – AROEIRA – 2014) – Quando o Supremo Tribunal Federal apreciar a inconstitucionalidade, em tese, de norma legal ou ato normativo, citará, previamente, para defender o ato ou texto impugnado, o

a) Ministro de Estado da Justiça.

b) Conselho Federal da OAB.

c) Advogado-Geral da União.

d) Procurador-Geral da República

10 – (PC/AP – Delegado de Polícia – FCC – 2017) – De acordo com o sistema brasileiro de controle de constitucionalidade de leis e atos normativos,

a) Lei federal que condiciona a criação de associações à prévia autorização da Administração pública, editada anteriormente à Constituição Federal, é com ela incompatível, podendo ser objeto de ação direta de inconstitucionalidade.

b) Tratado internacional proibindo a prisão civil por dívida, que for aprovado em cada Casa do Congresso Nacional, em dois turnos, por três quintos dos votos dos respectivos membros, não tem hierarquia equivalente às emendas constitucionais, ingressando no ordenamento jurídico como norma infraconstitucional, mas supralegal, podendo ser objeto de controle abstrato de constitucionalidade.

c) Lei federal que determine o uso de algemas em todos os réus presos que compareçam a audiências judiciais é inconstitucional, podendo ser objeto de reclamação constitucional por violar súmula vinculante editada pelo STF.

d) O ajuizamento de ação direta de inconstitucionalidade em face de lei estadual, perante o Tribunal de Justiça do Estado, não impede que a mesma lei seja impugnada perante o Supremo Tribunal Federal, mediante a propositura de ação direta de inconstitucionalidade.

e) Acórdão do Tribunal de Justiça do Estado que julgue, por maioria simples de seus membros, improcedente ação direta de inconstitucionalidade contra ato normativo estadual, resulta na declaração de inconstitucionalidade da norma, com efeitos vinculantes e contra todos.

11 – (PC/MG – Delegado de Polícia – FUMARC – 2021) - Lei do Município "Alpha" dispôs sobre o aumento da remuneração apenas dos Delegados do sexo masculino que atuam na Delegacia local. No que tange ao controle de constitucionalidade desta lei, no Supremo Tribunal Federal, é **CORRETO** afirmar:

a) Apenas por meio do Recurso Extraordinário, a constitucionalidade desta lei poderá ser alçada àquela jurisdição.

b) É cabível, neste caso, representação de inconstitucionalidade interventiva, proposta pelo Presidente da República, para promoção de intervenção federal naquele município.

c) É possível a análise originária de constitucionalidade desta lei, caso seja questionada e reconhecida pela Suprema Corte, a ofensa a preceito fundamental da Constituição federal.

d) Somente por meio de Ação Direta de Inconstitucionalidade Genérica, poderá ser verificada a constitucionalidade desta lei.

12 – (PC/MS – Delegado de Polícia – FAPEC – 2021) - Sobre Controle de Constitucionalidade e de acordo com a jurisprudência dos tribunais superiores, assinale a alternativa correta.

a) Normas constitucionais produzidas pelo poder constituinte originário poderão ser objeto de controle difuso ou concentrado de constitucionalidade.

b) De acordo com o STF, tratados internacionais que versem sobre direitos humanos, incorporados ao ordenamento brasileiro, adquirem status de lei ordinária e servem de parâmetro para controle de convencionalidade.
c) Ainda que determinada lei atacada por ADPF tenha sido revogada antes do julgamento pela Corte Suprema, é possível a manutenção da ação, em virtude da persistência da utilidade da prestação jurisdicional.
d) O STF não admite ADI contra resoluções do TSE que tenham caráter autônomo e inovador.
e) O preâmbulo da CF/88 pode servir de parâmetro de controle de constitucionalidade.

13 – (PC/PR – Delegado de Polícia – NC/UFPR – 2021) - Assinale a alternativa correta a respeito do controle de constitucionalidade no direito brasileiro.

a) Cabe ao Supremo Tribunal Federal o julgamento de recurso extraordinário contra o acórdão do Plenário que decide o incidente de inconstitucionalidade.
b) Compete ao Supremo Tribunal Federal o julgamento de ação declaratória de constitucionalidade contra ato normativo federal ou estadual.
c) Declarada a inconstitucionalidade por omissão, será dada ciência ao poder competente para a adoção das providências necessárias.
d) Compete ao Supremo Tribunal Federal o processamento e o julgamento de arguição de descumprimento de preceito fundamental contra regulamento presidencial que dispõe sobre a organização da administração federal.
e) A modulação dos efeitos da decisão de inconstitucionalidade ocorrerá por voto de seis ministros, se houver pedido expresso das partes.

14 – (PC/CE – Inspetor de Polícia Civil – IDECAN – 2021) - É legitimado para propor a Ação Declaratória de Constitucionalidade:

a) o Advogado-Geral da União.
b) um partido político.
c) uma entidade de classe de âmbito nacional.
d) o Presidente de um Tribunal Regional Federal.
e) o Presidente do Conselho Nacional de Justiça.

15 – (PC/CE – Escrivão de Polícia Civil – IDECAN – 2021) - Em decisão judicial de primeira instância, o juízo do Município X decidiu aumentar o vencimento de professor da rede municipal de ensino, fundamentando sua decisão

exclusivamente no princípio da isonomia. A decisão pode ser objeto de qual remédio constitucional?

a) Ação Direta de Inconstitucionalidade.
b) Arguição de Descumprimento de Preceito Fundamental.
c) Mandado de Injunção.
d) Reclamação Constitucional.
e) Mandado de Segurança.

16 – (PC/SP – Delegado de Polícia – VUNESP – 2022) - A Constituição Federal de 1988 contempla o controle de constitucionalidade nos âmbitos estadual e municipal. Sobre a matéria, é correto afirmar que:

a) a ordem constitucional vigente não autoriza a disciplina pelas Constituições Estaduais do controle abstrato de inconstitucionalidade da omissão.
b) a lei municipal não pode ser objeto de controle de constitucionalidade pelo Supremo Tribunal Federal.
c) o parâmetro para o controle abstrato de normas perante o Tribunal de Justiça estadual será exclusivamente a Constituição Estadual.
d) normas da Constituição Estadual que reproduzam normas da Constituição Federal implicam na descaracterização daquelas como parâmetro de controle de constitucionalidade estadual.
e) a autorização para que os Estados instituam a representação de inconstitucionalidade de lei ou ato normativo estadual em face da Constituição Estadual não implica na legitimação destes para instituir ação declaratória de inconstitucionalidade.

17 – (GDF – Policial Penal – Instituto AOCP – 2022) - Sobre o direito constitucional, julgue o seguinte item.

O preâmbulo da CF não é norma de reprodução obrigatória nos Estados. Contudo, diante de sua plena eficácia, pode ser utilizado como parâmetro para o controle de constitucionalidade.

( ) Certo
( ) Errado

18 – (PC/AM – Delegado de Polícia – FGV – 2022) - O Partido Político XX solicitou que sua assessoria analisasse a possibilidade de ser ajuizada ação direta de inconstitucionalidade por omissão (ADO), em razão da não edição de lei, pelo Estado Beta, para a regulamentação de norma da Constituição da República de 1988.

A assessoria respondeu corretamente que a ADO:

a) pode ser utilizada, mas apenas se a norma da Constituição da República, a ser regulamentada, tiver eficácia contida.
b) pode ser ajuizada, mas apenas se a União já tiver se desincumbido da edição de normas gerais sobre a temática.
c) somente pode ser ajuizada em razão da omissão de autoridades da União, não sendo cabível na hipótese em tela.
d) somente pode ser utilizada, na hipótese em tela, caso a União tenha delegado, por meio de lei complementar, o exercício da competência legislativa.
e) pode ser utilizada, desde que se esteja perante descumprimento de um comando para legislar, não perante pura opção normativa de disciplinar, ou não, certa temática.

19 – (PC/PB – Delegado de Polícia Civil – CESPE/CEBRASPE – 2022) - Se, em ação direta de inconstitucionalidade proposta perante o Supremo Tribunal Federal, for alegada a inconstitucionalidade de certa lei federal:

a) a decisão definitiva de mérito vinculará o Poder Legislativo.
b) o Poder Legislativo ficará impossibilitado de revogar a lei questionada.
c) o Poder Legislativo ficará impossibilitado de reeditar o diploma julgado inconstitucional.
d) a decisão definitiva de mérito vinculará parcialmente o Poder Judiciário.
e) a decisão definitiva de mérito vinculará todos os níveis da administração pública.

Gabarito e Explicação

Questão	Gabarito	Abordagem do assunto no livro
1	D	Capítulo 1
2	C	Capítulo 11
3	C	Capítulos 5 e 6
4	Errado	Capítulo 11
5	A	Capítulo 10
6	D	Capítulo 11
7	A	Capítulo 11
8	B	Capítulo 9
9	C	Capítulo 11
10	D	Capítulo 11
11	C	Capítulo 11
12	C	Capítulo 11
13	C	Capítulo 11
14	C	Capítulo 11
15	D	Capítulo 1
16	C	Capítulo 11
17	Errado	Capítulo 11
18	E	Capítulo 11
19	E	Capítulo 11

Bibliografia

AGRA, Walber de Moura. *Curso de Direito Constitucional.* 4ª ed. rev. e atual. Rio de Janeiro: Forense, 2008.

ALEXY, Robert. *Teoria dos direitos fundamentais.* 7ª ed. rev. e atual. São Paulo: Malheiros, 2008.

AMARO. Frederico. *Sinopses para concursos - V. 27 - Direito Previdenciário.* 8.ª Edição. Salvador: Juspodivm, 2017.

ARAÚJO, Luiz Alberto David de; e, NUNES JÚNIOR, Vidal Serrano. *Curso de Direito Constitucional*, 6.ª São Paulo: Editora Saraiva, 2002.. 2002.

ÁVILA. Humberto. *Teoria dos princípios: da definição à aplicação dos princípios jurídicos.* 7. ed. rev. e atual. São Paulo: Malheiros: 2007.

BARROSO, Luís Roberto. *Curso de Direito Constitucional Contemporâneo* - Os Conceitos Fundamentais e a Construção do Novo Modelo. 7.ª ed. São Paulo. Saraiva Educação.

_____. *Judicialização, Ativismo Judicial e Legitimidade Democrática.* https://www.conjur.com.br/2008-dez-22/judicializacao_ativismo_legitimidade_democratica.

BASTOS, Celso Ribeiro. *Curso de Direito Constitucional.* 22.ª ed. atual. São Paulo: Saraiva, 2001.

BOBBIO, Norberto. *Teoria do Ordenamento Jurídico.* 10.ª edição. Editora UNB.

BONAVIDES. Paulo. *Curso de Direito Constitucional.* 7.ª ed., rev. atual. e ampl. São Paulo: Malheiros, 1997.

BRANCO, Paulo Gustavo Gonet; COELHO, Inocêncio Martins; MENDES, Gilmar Ferreira, *Curso de Direito Constitucional.* 5.ª ed. São Paulo: Saraiva, 2010. P. 1220.

BUENO. Cássio Scarpinella. *Ações Constitucionais.* 5.ª ed. revista, ampliada e atualizada. Salvador: Editora Juspodivm.

BULOS, Uadi Lammêgo. *Constituição Federal anotada.* 2.ª ed. rev. atual. Saraiva: São Paulo, 2000.

CANOTILHO, José Joaquim Gomes. Direito constitucional e teoria da Constituição. 6.ed. Coimbra: Almedina, 2002.

CARVALHO, Matheus. *Manual de Direito Administrativo*. 5.ª Edição. Salvador: Juspodivm, 2018.

COSTA, Nelson Nery. *Ciência Política*. 3.ª ed. Rio de Janeiro: Forense, 2012.

CUNHA. Rogério Sanches. *Código Penal para Concursos*. 10ª Edição. 2017 Salvador: Juspodivm, 2017.

CUNHA JÚNIOR. Dirley da. *Curso de Direito Constitucional*. 12.ª Edição. Revista, ampliada e atualizada. Salvador: Juspodivm, 2018.

DEZEN JÚNIOR, Gabriel. *Constituição Federal Interpretada*. 1.ª Edição Niterói: Impetus, 2010.

DIDIER JR, Fredie (Organizador). *Ações Constitucionais*. 5.ª Edição. Revista, ampliada e atualizada. Salvador: Juspodivm, 2011.

DINIZ, Maria Helena. *Norma constitucional e seus efeitos*. 3.ª ed. São Paulo: Ed. Saraiva, 1997.

DROMI, José Roberto. *La Reforma Constitucional: El Constitucionalismo del "por-venir"*. In: *El Derecho Público de Finales de Siglo: Uma Perpectiva Iberoamericana*. Madrid: Fundación BBV, 1997.

DWORKIN, Ronald. *O império do direito*. Trad. Jefferson Luiz Camargo. São Paulo: Martins Fontes, 2007.

ELY, John Hart. *Democracia e desconfiança: uma teoria do controle judicial de constitucionalidade*. Trad. Juliana Lemos. 1.ª ed. São Paulo: Martins Fontes, 2010.

FARIAS, Talden; COUTINHO, Francisco Seráphico da Nóbrega; MELO, Geórgia Karênia R. M.M. *Direito Ambiental*. Coleção Sinopses para Concursos. Salvador: Juspodivm, 2013.

FERNANDES, André Dias. *Modulação de efeitos e decisões manipulativas no controle de constitucionalidade brasileiro – possibilidades, limites e parâmetros*. Salvador: Juspodivm, 2018.

FERRAZ, Anna Cândida da Cunha. *Poder Constituinte dos Estados-Membros*. São Paulo: RT, 1979.

FERREIRA, Olavo Augusto Vianna Alves. *Controle de Constitucionalidade e seus efeitos*. 4.ª Edição, revista e atualizada. Salvador: Juspodivm, 2018.

FONTELES, Samuel Sales. *Hermenêutica Constitucional*. Salvador: Juspodivm, 2018.

FONTES, Eduardo; HOFFMANN, Henrique (Org.). *Temas Avançados de Polícia Judiciária*. 4ª. ed. Salvador: Juspodivm, 2020.

GARCIA, Leonardo de Medeiros; THOMÉ, Romeu. *Direito Ambiental*. Coleção Leis Especiais para Concursos. V. 10. 2.ª ed. rev. ampl. e atual. Salvador: Juspodivm, 2010.

GONÇALVES, Luiz Carlos dos Santos. *Comissões Parlamentares de Inquérito – Poderes de Investigação*. São Paulo: Juarez de Olveira. 2001.

GRINOVER, Ada Pellegrini; GOMES FILHO, Antônio Magalhães; FERNANDES, Antônio Scarance. *Recursos no Processo Penal*. 2.ª ed. revista e atualizada. Editora Revista dos Tribunais. 2000.

HESSE, Konrad. *Elementos de Direito Constitucional da República Federal da Alemanha*. Trad. Luís Afonso Heck, Porto Alegre: Sergio Antônio Fabris, 1998.

LENZA, Pedro. *Direito Constitucional Esquematizado*. 20ª Edição. São Paulo: Saraica, 2016.

MARTINS, Flávia Bahia. *Direito Constitucional*. Niterói: Impetus, 2.ª ed. 2011.

MAZZUOLI, Valério de Oliveira. *Curso de Direitos Humanos*. 6.ª Edição, revista, atualizada e ampliada. São Paulo: Editora Método, 2019.

MEIRELLES, Hely Lopes. *Mandado de Segurança, Ação Popular, Ação Civil Pública, Mandado de Injunção, Habeas Data*. 18. Ed. São Paulo: Malheiros. 1997.

MENDES, Gilmar Ferreira. BRANCO, Paulo Gustavo Gonet. *Curso de Direito Constitucional*. 9.ª Edição. São Paulo: Saraiva, 2014.

MENDES, Gilmar Ferreira. *Direitos Fundamentais e Controle de Constitucionalidade*. 2.ª Ed. São Paulo: Celso Bastos Editor, 1999.

____. *Jurisdição Constitucional*. 4.ª ed. São Paulo: Ed. Saraiva, 2003.

MORAES, Alexandre de. *Direito Constitucional*. 33.ª Edição. São Paulo: Atlas, 2017.

____. *Constituição do Brasil interpretada e legislação constitucional*. 1.ª ed. São Paulo: Atlas. 2002.

____. *Jurisdição Constitucional e Tribunais Constitucionais: garantia suprema da constituição*. 1.ª ed. São Paulo: Atlas. 2002

MORAES. Guilherme Peña de. *Curso de Direito Constitucional*. 2.ª Edição. São Paulo: Atlas, 2009.

PACELLI. Eugênio. *Curso de Processo Penal*. 16.ª Edição. São Paulo: Atlas, 2012.

PAULO, Vicente; ALEXANDRINO, Marcelo. *Direito Constitucional Descomplicado*. 16.ª Edição, revista, atualizada e ampliada. Rio de Janeiro: Forense; São Paulo: Método. 2017.

PIOVESAN, Flávia. *Direitos humanos e o direito constitucional internacional*. 7.ª ed., rev. atual., e ampl. São Paulo. Saraiva, 2006.

PONTES, João Gabriel Madeira. *Democracia militante em tempo de crise*. Editora Lumen Juris, 2020.

PORTELA, Paulo Henrique Gonçalves. *Direito Internacional Público e Privado.* 3.ª Ed., rev. atual. e ampl. Salvador: Juspodivm. 2011.

SANTOS, Bruno Aguiar. *Neoconstitucionalismo – a ideia fadada ao fracasso do arbítrio.* Salvador: Juspodivm, 2018.

SARLET, Ingo Wolfgang. *A eficácia dos direitos fundamentais.* 7ª ed., ver. atual. e ampl. Porto Alegre. Livraria do Advogado. 2007.

SILVA, José Afonso da. *Curso de Direito Constitucional Positivo.* 39ª Edição. São Paulo: Malheiros, 2016.

_____. *Aplicabilidade das Normas Constitucionais.* 7.ª ed. São Paulo: Ed. Malheiros, 2007.

_____. *Princípios do Processo de Formação das Leis no Direito Constitucional.* São Paulo: Ed. RT, 1964.

SILVA NETO. Manoel Jorge e. *Curso de Direito Constitucional.* 3.ª Edição. Rio de Janeiro: Lumen Juris, 2008.

TAVARES, André Ramos. *Curso de Direito Constitucional.* 7.ª Edição, revista e atualizada. São Paulo: Editora Saraiva, 2009.

TAVARES, André Ramos. BASTOS, Celso Ribeiro. *As tendências do Direito Público no Limiar de um Novo Milênio.* São Paulo. Ed. Saraiva. 2000.

TEMER. Michel. *Elementos de Direito Constitucional.* 14.ª Edição. São Paulo: Malheiros, 1998.

STF. *A Constituição e o Supremo.* 5.ª Edição. 2016.

WAMBIER. Teresa Arruda Alvim. *Ações Constitucionais.* 5.ª Ed, revista, ampliada e atualizada. Salvador: Juspodivm, 2011.

www.stf.jus.br

www.stj.jus.br

www.dizerodireito.com.br

www.meusitejuridico.com.br

www.planalto.gov.br

EDITORA
JusPODIVM
www.editorajuspodivm.com.br

Impresso por:

Docuprint
CNPJ 01.036.332/0001-99

JUS2631